U0085929

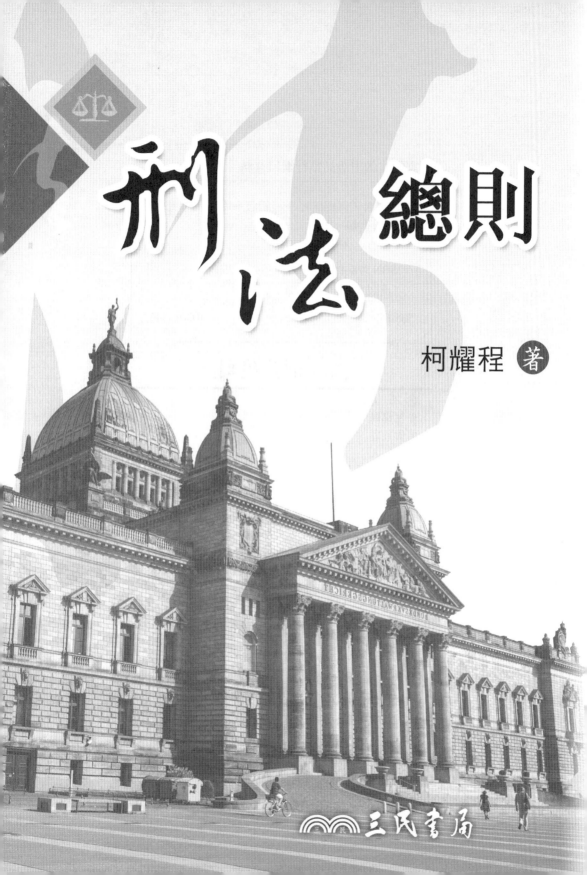

刑法總則

柯耀程 著

三民書局

國家圖書館出版品預行編目資料

刑法總則 / 柯耀程著. －－初版一刷. －－臺北市：
三民, 2014
　　面；　公分

　　ISBN 978-957-14-5929-5　（平裝）

　　1.刑法總則

585.1　　　　　　　　　　　　　　　　103011546

ⓒ　刑法總則

著 作 人	柯耀程
責任編輯	沈家君
美術設計	張明萱
發 行 人	劉振強
著作財產權人	三民書局股份有限公司
發 行 所	三民書局股份有限公司
	地址　臺北市復興北路386號
	電話　(02)25006600
	郵撥帳號　0009998-5
門 市 部	(復北店) 臺北市復興北路386號
	(重南店) 臺北市重慶南路一段61號
出版日期	初版一刷　2014年8月
編　　號	S 586150

行政院新聞局登記證局版臺業字第○二○○號

有著作權‧不准侵害

ISBN　978-957-14-5929-5　（平裝）

http://www.sanmin.com.tw　三民網路書店

※本書如有缺頁、破損或裝訂錯誤，請寄回本公司更換。

序

　　蟄伏山中二十載，常自比為山村野夫，所以山村者，近山田園景致悠悠，外無車水馬龍的繁囂，生活步調和緩而安詳，於此可以冥想發呆，可以清靜悠閒度日，雖不能如大隱隱於市，但求能小隱隱於野；自嘲為野夫者，乃胸無點墨腹笥甚窘，學問尚不如恆河一沙，學養淺薄，如米粒之珠，其光不大，粗淺見地，如螢蟲之翅，飛之不遠，難登高雅之堂，惟求在學術幻海中，能自修自度，自得其樂，或可玄思妄想，能否無勞片舟登彼岸。

　　鑽研刑事法學三十年，所能知者，竟如蠟炬將成灰，火光越來越小，所不知者，卻如霜雪堆疊，冰封越積越厚，疑問自然也越來越多，所知的學問卻遠不及無知的疑問。雖說追求學問，當如修道之法，應求積絲累寸、積寸累尺，使根基越積越厚，但清修二十年，卻因本性質拙，未嘗絲毫進步，更遑論測根基之深淺。汗顏之際，或許這就是續為求知的動力吧！儘管讀書會意之時，看似明燈乍現，趕緊抓住那一霎的片刻，亂書成文，編文成冊，但終究只是野人獻曝而已。道本是先人所傳，非個人所能自專，刑法學理發展至今，或有體系大備的假象，但仍有感於法理詮釋的不足，總想一窺究竟，是以，所撰之文，是否仍僅是一己之偏？所提之見，是否也只是摘葉尋枝？想學人直指根源，求道一以貫之，但終未可得！

刑法總則一書，就在學問與疑問的掙扎之間形成，不敢狂言是嘔心瀝血之作，但終究是階段性所知所得的一個交代，本於自我本體性的思維，將該書的體系分成四大部分，包括基礎原理原則、法律概念及法律關係的詮釋，在體系架構上，力求邏輯層次的脈絡清晰，從存在面向的行為事實，遞次進展到刑法的評價關係，最終以刑罰權實現關係的要求，作為原理原則論述的收尾，亦即始於行為的詮釋，而終於刑罰權實現的執行與時效，務使得評價對象與評價關係的層次分明。在基礎理念的詮釋上，亦求儘量簡顯明確，避免落入循環論證的迷思之中，並以導引初學者建構體系觀念，作為結構性的安排，使能建構出體系完整、概念清晰的刑法基礎觀念。

　　本書承蒙三民書局的邀約，感於其不嫌我學淺愚拙，編輯團隊全力協助，使得本書得以付梓，謹致上最誠摯的感謝。

柯耀程

謹序

刑法總則

目次

序

第二編　犯罪行為論

第三編　法律效果

第一編

基礎理念

第一章　刑法的基本概念

刑法是法治社會中行為的約制規範，是一個社會秩序維護不可或缺的法治手段。人類社會的發展，本就是從單純的原民社會，漸趨走向多元化、精細的分工社會，當社會分工越來越細密的時候，人與人之間所產生的各種關係，就越來越複雜，當發生爭端時，就必須仰賴法律制度來加以調解。法律是人類社會特有的產物，是人類社會基於思想與經驗的傳承，所形成的一種規範共同生活秩序、安排人際關係，以及決定權利歸向的理念認知，亦即法律是一種透過人類思想的作用，所產生的一種生活秩序的規範。人類發展至今，法律已經成為維繫人類社會秩序所不可或缺的機制，是以「有法律斯有社會」的意義，也就在於法律規範的具體作用。在社會中所存在的權利義務關係的界分，必須仰賴法律制度先行設定一定的規則，使社會每一環節，都得以順暢的運行與推展。

在一個法治社會之中，違反社會秩序本有程度輕重之別，最嚴重的破壞行為者，應屬於犯罪行為，對於犯罪行為的防治與處罰，自有人類社會以來，都採取最嚴厲的方式予以制裁，不論是允許私鬥方式的報復，或是由國家發動刑罰權予以懲處。至於對犯罪的認定，不論是以社會集體意識的認知方式，採取不成文的認定方式；或者是透過法律規範化的形式，予以明文規範，在社會認知的基礎上，犯罪都是最嚴重的社會秩序違反問題，處理這樣的問題，在法律秩序層面所採用之手段，於概念上都可以稱之為刑法。簡單地說，對抗犯罪的法律手段，不管是成文或是不成文，也不論法律存在的形式是否是以刑法為名，本質上都可以視之為刑法。

社會中對於行為規範的方式，有不同形式的規範存在，對於違反共同行為或生活規範的行為，也有不同的制裁方式，刑法固然是社會制裁規範的一環，但並非所有違反社會規範的行為，都必須以刑法來加以規範與制裁。基本上，刑法僅對於違反社會規範最嚴重的行為，因其具有應刑罰性，而必須以最嚴厲的制裁手段，方得以收社會抗治之效時，方有刑法動用的餘地。

一個社會中，對抗侵害社會秩序的行為，通常會有不同的社會控制手段，若是透過正式的法律規範加以制約者，稱之為正式社會控制手段；若屬於單純倫理道德約制者，乃為非正式社會控制手段❶。而刑法僅是全般社會控制手段的一種。

❶　一般稱「社會控制」者，乃只維持社會生活秩序所需的手段，此種社會控制的手段，約略分為二：1.正式社會控制 (formelle soziale Kontrolle) 手段的法律規範；2.非正式社會控

嚴格而言，人類生活秩序的維持，主要依賴的手段，仍以非正式社會控制手段為主。正式社會控制手段的法律規範，僅在於非正式社會控制手段無效時，方有使用的空間。故而，正式社會控制手段乃整體社會控制手段的最後手段 (ultima ratio)，而刑法因其所使用的手段，乃極具有權利剝奪性格的刑罰，在所有的正式社會控制手段中，具有相當嚴厲的制裁性格，故又屬於所有正式社會控制手段中最嚴厲的手段，其係所有制裁規範中，對於基本權利的剝奪最嚴厲的手段，因此刑法乃社會控制手段中最後手段的最後手段 (ultima ratio der ultima ratio)，其係屬於社會防衛的最後界線。

第一節　刑法的意涵

對於刑法概念的理解，一般均認為：刑法是規定犯罪成立、並對於犯罪科以刑事制裁手段，作為法律效果反應的法律規定全體。簡單地說，刑法者，乃規定犯罪，並對其科處刑罰的法律規定，這是刑法概念的形式性意義，在這樣的定義理解上，或許會有循環定義之嫌，蓋刑法既是規範犯罪，並對之科處刑罰的法律規定，則是否必須先對於犯罪，以及刑罰作一清楚的定義？否則如何以犯罪及刑罰作為刑法的定義的基礎？總不能問及刑法時，即說「刑法是規範犯罪，並科處刑罰的法律規範」；而問及犯罪時，卻說是「以刑法規範科處刑罰的對象」；而問及刑罰時，卻又說是「刑法對於犯罪的法律反應或制裁手段」，這樣的概念理解，會陷入一個循環論證的矛盾之中。既然刑法、犯罪與刑罰是建構刑法的基礎概念，且刑法又建立在犯罪與刑罰的基本認識之上，則對於刑法概念的理解，必須先從「何謂犯罪？」及「什麼是刑罰？」的剖析著手，以便能更精確地掌握刑法的基本意涵。

制 (unformelle soziale Kontrolle) 手段的社會共同規範。通常正式社會控制手段，係指具有正式明文規範的法律而言；而非正式社會控制手段，則是指非成文化的社會共同習慣、禮俗或宗教等，具有約制性的規範，統稱其為社會倫理 (Sozialethik)。社會中人類共同生活的秩序，主要係透過此二種維持手段，使之得以正常運作。而人類共同生活賴以維持的規範，主要係以非正式社會控制手段的倫理與道德來維繫，其大多屬於非成文性質，其作用主要係以內在心理強制力的效應，作為維繫社會共同生活的機制，與正式社會控制手段的外在客觀強制力作用，有所不同。Vgl. Jescheck-LK, 11. Aufl., Einführung Rn. 1.

第一項　規範犯罪的法律

刑法既是規範犯罪的法律規定，欲理解刑法，自然應先從其所規範對象的犯罪概念著手。犯罪並不會平白而生，它不是一種玄想的產物，也不是一種單純的惡念，更不會是一種命中注定的瑕疵，犯罪是一種實存的社會現象，是一種由人類意識活動所形成的社會破壞性現象。人類共同生活的社會中，對於若干侵害別人的行為事實，會遭受到人類共同意識的嫌惡，甚至會被嚴重唾棄，但在法治社會中，任何人走偏鋒或不行正道的行為，倘若沒有刑法法律加以規定時，則不會因此受到厭惡，進而受到正式的法律制裁。只有法律規範予以禁止（或命令當為）的事實情狀，才會成為犯罪，而受到刑罰之制裁。或許人類從古往今來的生活經驗中發覺，在人類共同生活中，有若干惡性之行為，自始以來即被共同的價值觀念所認定為犯罪，例如殺人、放火、強盜財物等，都是人類根本意識中所嫌惡，必須予以禁止者，對於這類惡性事實的認知，經思想傳承，而成為犯罪規範的核心體認，進而以法律加以禁止，使之成為依法有據的犯罪，而作為刑法規範的核心；惟社會不斷發展，價值體系也不斷創新，有若干行為會影響到人類共同生活的秩序，也須隨時檢討，納入規範的範圍，而成為某一時期社會價值觀念下的犯罪類型。不論是人類基礎存在價值所共同唾棄的行為事實，或是基於特定社會共同秩序所應予禁止者，都必須透過法律予以規範，方得以被視為犯罪。

刑法所規範的對象，係以一定行為所造成權利侵害的事實，作為判斷的對象，惟並非所有的權利侵害關係，都會落入刑法的判斷範圍，例如不小心損害他人之器物，雖然也是權利侵害的行為，但卻僅是民事上損害賠償之問題而已，尚且稱不上是刑法規範的對象，也因此稱不上是犯罪。得以作為刑法規範對象者，必須是行為侵害特定的權利，此權利的侵害關係，以刑法有加以規範者為限❷。而刑法判斷權利侵害的核心對象者，乃是以人類有意識之行為，作為規範的核心對象，亦即刑法所加以規範者，故當一定行為所造成之特定權利侵害為對象，而且該權利具有刑法保護的重要性與必要性（刑法所欲加以保護的法益），當行為對於此種權利的侵害到達一定的程度時，在法秩序與法社會中，無法加以容忍，必須採取

---

❷　刑法所設定權利侵害者，基本上是由個人權利侵害為基礎，所設定的權利有六項：即生命、身體完整性、自由、私密、名譽、財產等六種權利，以此擴充而有整體性權利侵害，包括公共安全、文書之純正性、人際關係間交往之信賴關係，乃至國家存立之基礎、公務員職務之純正與公正性、公權力之正當性等。

嚴屬的制約方式，方足以平衡惡害，而將此種行為造成權利侵害（法益侵害）的行為，透過刑法規範，使之入罪。對此一行為侵害權利之事實，經過刑法評價之後，方有所謂犯罪與否可言。

舉凡一定的行為事實，透過刑法構成要件之檢視後，如行為事實的內容與法定要件完全一致，即可對該行為事實稱之為犯罪（更精準地說：刑事不法之行為）。因此刑法被視為是規範犯罪形成，進而賦予一定刑罰法律效果之規範，乃在其是作為判斷一定行為事實，將其評價為犯罪的基本規範。反之，如一定之行為事實，並無與刑法規定完全相合之處者，則即使該行為有一定侵害權利之情況存在，亦不能被稱之為犯罪。是故，一定行為之侵害權利事實，必須經過刑法要件的檢視，方得以視為犯罪，從而對於刑法概念之理解，乃稱其為「判斷一定侵害行為是否為犯罪的法律規範」是謂。

第二項　對犯罪科以刑罰的法律

刑法透過刑罰手段，對於犯罪加以制裁，以均衡因犯罪所生法秩序的破壞。至於什麼是「刑罰」？是否只要是對於社會危害性行為的處罰手段，都可以稱之為刑罰？還是只有一定的處罰手段，才得以稱得上刑罰？國家對於不遵守法律規範的行為，通常設有違反的制裁手段，藉以使受侵害的社會秩序，回復平和之狀態，然規範違反的行為有輕有重，相對地其制裁的方式，自然也有層次之差異，並非所有制裁手段都能被視為刑罰，必須從發動的前提來加以觀察，方能判別刑罰與非刑罰之制裁手段。從概念上的理解，對於犯罪的制裁手段，稱之為刑罰。

然而制裁犯罪的法律手段，應該選擇何種處罰的手段？或許我們耳熟能詳地瞭解處死罪大惡極犯罪人的手段，或是將犯罪人抓起來關的手段，都可以被視之為刑罰，然而，在為數甚多的國家干預手段中，雖不乏拘束人身自由，或是剝奪犯罪人財產的制裁手段，卻不能均以「刑罰」看待，例如同樣是拘束人身自由的拘役與拘留（既往的行政制裁手段，現已不復存在，但仍有所謂留置等方式存在），拘役被設定為刑罰手段，但拘留則不是；同樣屬於財產罰的罰金與罰鍰，雖然二者都是一種強制性的手段，且性質相近，但並非皆可以被視為刑罰。簡單地說，這二種手段都是罰錢，但罰金是屬於刑罰手段，罰鍰則僅是一種行政罰、或是一種程序罰的手段而已，為何同樣性質的制裁手段，有些制裁手段的屬性稱為刑罰？而有些卻不是刑罰？其區隔的界限何在？

在現行法的規定中，刑罰手段可以區分三種主要的類型，稱為主刑：1.生命

刑：即以剝奪犯罪行為人生命的制裁方式，簡稱為死刑；2.自由刑：即以剝奪犯罪人自由的制裁手段，以其制裁程度不同，可分為無期自由刑（無期徒刑）、有期自由刑（有期徒刑及拘役）；3.財產刑：即以剝奪或懲處行為人為一定財產支付的制裁手段，主要是以罰金為手段。在此三種主要的刑罰手段之外，另對於一定犯罪所使用之工具及犯罪所得所生之財物或利益，以及對於犯罪行為人所具有的一定資格，亦隨著主刑的科處或在主刑之外，另予以剝奪，此種附隨的制裁手段，稱之為從刑，現行法的規定中，有沒收、追徵、追繳或抵償與褫奪公權二種附隨刑罰存在。另外對於特定之犯罪行為人，因基於行為人矯治及社會防衛之必要者，在傳統刑罰之外，另定有特別的制裁措施，稱之為保安處分，其性質仍舊是屬於刑事制裁。在現行體制內，對於犯罪的制裁手段有刑罰及保安處分，概念上稱之為「刑事制裁雙軌制」體系。

第二節　刑罰權的規範

　　刑法存在的基礎，從理念而言，乃在確認刑罰權的關係，亦即對於犯罪行為經由法律的判斷作用，確認其存在刑罰權的關係，藉由刑法規範的判斷，確認刑罰權的存在、刑罰權具體作用的類型範圍、刑罰權的具體實現關係等，以對於犯罪行為及犯罪行為人，施予對應其犯罪行為相稱的衡平制裁。是以犯罪必須經由具體法律的明文判斷，以確認刑罰權存在與實現的關係，作為對應犯罪的基礎規範。

　　國家刑罰權的由來，乃是經過長期思想累積下的產物。觀人類存在與發展的歷史，邃古之初，人事簡單，基於自然單純的思維，認為人際間的權利侵害，最簡單且為理所當然的對應關係，就是血債血還的復仇，而這種衝突解決方式的實現，大都直接採取自力救濟的手段。因此，對於犯罪所形成之侵害，都採取私讎或血讎的解決方式，以尋求權利的平復，此時對於犯罪人的制裁主張者，僅限定在被害人，或其具有血緣宗族關係之人，刑罰權仍屬於完全私權的領域。惟自社會型態漸漸形成，人事關係日繁，為維持社會之穩定，乃不得不對於私讎加以限制，於是避難所及決鬥之制度乃因應而生，被害人雖不得對於犯罪人及其血緣宗族之人恣意為復仇，必須先透過避難資格之考核，如犯罪人具有受庇護之情狀者，避難所則決定以賠償金的方式，對被害人作權利損害之填補，被害人不得對加害人為報復；如加害人不具有受庇護之情形者，乃將其逐出避難所，任由被害人及其血緣宗族之報復，或是採用決鬥以定紛爭的方式解決。雖然對於加害人的制裁，

因避難所設置之後，產生些許的變化，雖然有了禁止復仇的宣示及對被害人支付賠償金的制度，但此時的犯罪制裁的權利觀念，仍舊是停留在私人之手，畢竟加害人無得受庇護的情形下，對於犯罪行為人制裁權，仍舊屬於被害人及其血緣宗族❸，這是初民社會血讎制度的基礎構想。

待至封建城邦制度興起，領域觀念逐漸強化，國家形式也在歷史的發展過程中漸次形成，為維繫領主權力及國家機制的運作，以及確保人民共同生活的社會秩序，對於犯罪的制裁乃漸漸不允許採用私刑的形式為之，刑罰權的觀念也漸漸形成，且逐漸將對於犯罪之人的制裁權限，從原本私權的關係轉變為國家權力的觀念，血讎的觀念被完全禁止，對於犯罪人的制裁，不再是被害人私人的事務，而是屬於社會群體共同關注的問題，刑罰權乃歸於國家所有。從刑罰權的發展過程觀察，在國家初生的階段，刑罰權係歸屬於特定之封建領主、城邦封邑或是帝王所有，刑罰權必須透過法令規章（雖然漸漸成文化，但終究是為保障君權所設），而法令規章又都為王族或皇族所設。雖然刑罰權歸屬於國家，但終究專屬於君王專屬之權限，爾後隨著封建城邦沒落，現代國家型態的興起，刑罰權為國家專屬性權力的基礎，乃更為落實，且刑罰權亦隨著人權保障與民主法治的理念，朝向更理性化的發展。於是乎刑罰權歸屬的變動，乃從屬於被害人所有，轉向成為國家所有人專斷之權力，而形成刑罰權專屬化 (Monopolisierung der Strafenbefugnis)。

從刑罰發展的歷史過程觀察，刑罰處罰的觀念，已經從「如何制裁」的單純觀念，轉向「如何節制國家權力」的思考。刑罰權專屬國家權力所衍生的問題，乃在於 1.如何節制刑罰權的濫用；2.如何予以犯罪人適當之制裁，二個問題之上。刑罰權從私權轉變成為國家之公權的發展過程中，對於犯罪加害人的制裁觀念思考，從原本歸屬的問題：究竟應屬被害人或是兼顧公共利益的國家？在刑罰權收歸國家所有之後，固然制裁權的發動關係，形成一致化的基礎，但卻也衍生出另一個問題，亦即如何對於刑罰權專屬化加以節制的問題。在人類的歷史中，刑罰權專屬國家所有之後，形成君主專制、罪刑擅斷的局面，刑罰權的形成、發動與實現單憑君主一己之意，這樣的專屬性關係，即使在成文法化的英國大憲章 (Magna Charta des englischen Königs Johann von 1215) 時代，雖然刑事制裁得透過

---

❸ 關於刑罰的發展，Vgl. Nagler, Die Strafe 1970 (Neudruck der Ausgabe 1918), S. 40ff.；Radbruch/Gwinner, Geschichte des Verbrechens 1990, S. 16f.；Jescheck/Weigend, Strafrecht AT, 5. Aufl., S. 63, 64。

成文化的法律加以限制，但此一時期仍舊是以保障君權為根本，根本無法妥善節制刑罰權。於是乎，對於刑罰權專屬化的節制問題，乃成為刑法與人權保障發展歷史的主要奮鬥的議題。

　　人類思想經歷啟蒙時期之後，一方面由於自由思想的期盼，導致君主專制體制漸漸崩潰，代之而起的是民主的國家形式；另一方面則是對於罪刑擅斷的反動與厭惡，期待一個基於人類理性而生的合理性機制，在這樣歷史發展的背景與對於國家權力反動思潮的衝擊下，催生出作為節制國家權力的法治國思想 (Gedanken des Rechtsstaats)，並在刑法對於犯罪之制裁觀念中，確立了「判斷犯罪及科處刑罰必須透過法律明定」的基本構想，於是「法定原則 (Grundsatz der Gesetzlichkeit)」的基本理念乃漸漸成形。

　　自十八世紀後，刑罰權的觀念乃又從專屬性專斷的國家恣意型態，發展成為國家理性的權力節制觀念，雖然刑罰權仍舊專屬於國家所有，但這樣的權力形成與發動，都需受到合理性思維之拘束，一方面刑罰權的形成，必須透過法律明文加以規範；另一方面法律規範的本身不能悖於人類理性之本然。於是現代民主法治國家的刑罰權觀念與焉成形，而罪刑法定原則的基礎效應也隨之漸漸鞏固。

　　在刑法歷史的發展過程中，刑罰權從被害人私權的血緣宗族報復，轉向成為國家主權之專屬，刑罰權的歸屬終被定位為國家主權之作用，為確立國家刑罰制裁權限的定位，乃有成文法制化的形成❹。在法制成文化之後，具有雙重之意義存在，一方面使得國家權力的行使，得以有成文之依據；另一方面國家權力的作用，必須受到成文法的限制，避免以非成文的自然法則觀念，將不利益加諸人民身上。

　　綜觀歷史的發展，刑罰制裁的觀念，約略經歷三個階段的轉變：

　　1.專屬私權時期：此一時期的主要觀念，乃建構在自然思維的應報觀念之上，反應在外者，則為被害人對於加害人所形成的血緣宗族式復仇方式。

---

❹　刑事制裁法律成文化的基礎構想，主要的思維有二：1.基於主權者的利益 (Interesse des Souveräns)，透過成文化的立法，使得法律規定得以明白清楚的揭露，並宣示對於法律規範絕對服從的效力；2.透過成文法 (lex scripta) 的規範，以保障免於受主權者之恣意 (Schutz vor obrigkeitlicher Willkür)。在這樣的歷史背景下，乃形成第一部成文化的法典，即西元前十七世紀巴比倫的「漢摩拉比法典 (Codex Hammurapi's ca. 1700 vor Chr.)」，至此揭開法律成文化的歷史。而對於保障人民免受主權者恣意者，更推西元前五世紀的「十二銅表法 (Zwölftafelgesetz ca. 5. Jrh. Vor Chr.)」，此一法典乃羅馬法形成的基礎。Alledem vgl. Krey, Keine Strafe ohne Gesetz 1983, S. 3, 8。

2.**國家絕對專屬時期:** 此一階段主要係社會結構漸漸形成，群聚、部落慢慢興起，集體式的生活形態取代簡單的人事關係，國家形式也逐漸成形，集體性的組織形式，除要確保同一群聚部落不受外來之侵犯；另一方面基於社會內部的安全秩序之維持，對於犯罪行為的制裁，乃從自然與道德的刑罰觀念，漸漸轉變成為社會的刑罰觀念❺，畢竟嚴重侵害他人生命及身體的行為，雖然直接受害的是被害人，但其所撼動者，實是整體社會，故以復仇為核心思維的犯罪制裁方式，漸漸受到禁止乃至被摒棄，制裁的權限回歸國家所有，刑罰權國家化的觀念漸漸形成。至封建專制時期，更將刑罰權專屬封建領主與國家統治者的觀念，予以絕對性之強化，而成為主權專屬性的一環，並且為確保刑罰權專屬性，乃透過成文化的方式，確立刑罰權國家專屬的權力，逐漸演變成為統治者罪刑擅斷。

3.**刑罰權理性的相對時期:** 雖然刑罰權透過成文化的規範，似乎使得刑罰形成的基礎有了正當性，但事實卻與期待相左，由於刑罰權收歸國家所有之後，成為統治者專屬的統治利器，不免形成極端的罪刑擅斷弊病，而成文化的法律制度，尚且無法對於刑罰權作有效的節制，歷史的證明確實如此。基於對罪刑擅斷的反動，以及人權保障理念的發展，逐漸對於刑罰權專屬化且絕對的構想加以節制，於是刑罰權成文化乃導入法治國的理念，罪刑法定原則乃成為法治國思想下，節制刑罰權的主要機制。因此，現代刑法的規範，雖然將罪與刑透過成文化的立法技術加以規範，但其實質的意義，除罪刑法定之外，更具有對於國家刑罰權的節制作用。

一般對於刑法的概念，均單純將其界定為「對於犯罪行為賦予刑罰法律效果的規範總體」，這樣的概念界定，僅是粗略從刑法存在形式的作用面，作片面式的觀察；更精細而言，刑法的概念，除規範犯罪行為與刑罰的法律效果之外，更是國家刑罰權之形成、存在、效力範圍，以及刑罰權之發動與實現的規範全體。換言之，實定化的刑法所揭示者，無異是國家刑罰權形成之法規範正當性。

第三節　刑法架構

在法規的編排上，刑罰權規範的刑法區隔成二大部分，即總則編與分則編。

一、總則編

在總則編的規範內容，均屬於攸關刑罰權基本的指導性原則與適用規範，亦

---

❺　Vgl. Nagler, Die Strafe 1970 (Neudruck der Ausgabe 1918), S. 40ff.。

即屬於刑罰權之準則性規範；而分則編則是屬於刑罰權形成基本前提的犯罪規範，即犯罪可罰性成立的法定構成要件之個別規範。總則與分則間的關係，並非僅限縮基本規範與特別規範，或是抽象基礎規範與具體個別規範的關係而已。刑法總則係屬於刑罰權存在之基礎規範，其規範內容包括從刑罰權之形成、刑罰權內容與範圍之判定，以及刑罰權發動與實現的指導性原則，均需遵守刑法總則規範之指導；而刑法分則之規定者，則是屬於刑罰權形成的判斷要件，當刑罰權形成的判斷關係，係以評價客體的可罰性判斷為規範基礎，則刑法分則即是揭示此種可罰性判斷的法定條件，亦即對於個別具體性的行為事實，作法定成立條件之規定。大體來說，刑法總則是對於國家刑罰權存立的關係，作整體性與原則性之規範。

二、分則編

分則編係對於個別犯罪成罪條件作類型化的規範，可以視之為「各罪編」。刑法分則的體例作用，在於作個別犯罪成罪條件的規定，亦即對個別刑罰權形成內容之基本條件，作個別化的規範。其係以個別犯罪的法定要件形式呈現，亦即犯罪類型的個別化構成要件形式。刑法總則的規定，主要係針對刑罰權的形成、確認與實現，作原則性、整體性理念的規定；而刑法分則乃是確認刑罰權的個別化條件的規定，何種行為會成為刑罰制裁的對象，必須透過個別犯罪類型規定要件的檢視，而犯罪行為人的行為，究竟該當何罪？也必須先通過刑法分則個別犯罪目錄的檢驗。

又刑法總則係對於犯罪的刑罰權問題，作指導性及原則性的規範，而刑法分則則是個別具體犯罪認定的規範，在本質屬性上，刑法總則屬於原則性的普遍適用性規定，而刑法分則的個別犯罪類型規範，則是個別犯罪行為成罪判斷的條件規範，檢視行為是否構成犯罪，須先經過刑法分則個別犯罪類型的構成要件判斷。因此，刑法分則乃個別犯罪及其侵害法益構成的犯罪目錄，將行為侵害法益的類型，透過法定要件及類型化的規定，作為行為是否形成刑罰權的判斷基礎。

第四節　刑法的形式

刑法乃對於犯罪科與刑罰制裁手段的法律規範全體，具有刑罰手段的法律規範，乃針對於犯罪而定，從其存在的形式觀察，刑罰規範有存在於基本規範形式者，此種刑罰規定，乃存於基礎的刑法之中，屬於普通刑法，為所有刑罰法律的基礎規範；亦有存在於特殊刑罰規範的形式者，其係對於若干具有特殊性的犯罪

類型，透過專定的刑罰法律加以規範者，乃屬於刑法的特殊形式，亦即所謂「特別刑法」；又有存在於非刑法形式的法律規範中者，因有若干法律關係的類型，其於專屬的法律關係中，所形成的權利侵害，必須透過刑罰手段加以規制者，乃於一般民、商、行等法律中，加上具有重大權利侵害的罰則，此種藉由刑罰加以處罰的類型，乃置於所謂「附屬刑法」之中，於是刑法的概念，乃遍及普通刑法、特別刑法及附屬刑法。

刑法規範既然是針對犯罪而設，則舉凡對於特定行為事實，賦予刑罰法律效果的規範，其性質均屬於刑法的概念，不論此種規定是以何種法律形式存在，不論其係置於以刑法為名的法律之中，如刑法、陸海空軍刑法等，或是規定於特定的刑罰法律之中，其雖非以刑法作為法律存在的形式，但其規定的內容，完全屬於刑罰法律的規定者，如貪污治罪條例、組織犯罪防制條例、毒品危害防制條例、槍砲彈藥刀械管制條例、洗錢防制法等是，或者是於非屬於刑罰法律形式的法律中，加入個別刑罰的處罰規定者，亦即刑罰規定乃附屬於非刑罰法律形式的法律之中，而對於特定的違反行為，動用刑罰手段予以制裁的規範。例如公平交易法（第 35 條以下）、政府採購法（第 87 條以下）、銀行法（第 125 條以下）、證券交易法（第 171 條以下）、金融控股公司法（第 57 條以下）等不勝枚舉。

刑罰規範因規定的屬性與要求，依其規定於刑法或非刑法形式的法律之中，本質上都屬於刑法，僅因法律規定存在的形式不同，對於其所存在的法律形式，可以將此種刑罰規定，從其存在的形式，在概念上作三種區分： 1.普通刑法； 2.特別刑法； 3.附屬刑法。

一、普通刑法

普通刑法：指刑法典本身，亦即對於犯罪之成立與否，刑罰的發動前提條件，以及刑法適用的基本原理原則，作根本性、普遍性及常態性規範的刑法法規稱之。也就是對於犯罪成立的基礎條件、行為非難性的判斷、刑事責任的形成基礎，以及刑罰適用的基本關係，所作基礎性適用的法律規範。原則上普通刑法乃是規範犯罪的基本規定，對於犯罪的法律評價，不分人、事、時、地，均具有普遍性適用之刑法規範。普通刑法係國家規範犯罪與刑罰的基礎法律規範，也是所有具有刑罰形式的法律規定的基礎規範。其通常是以刑法典的形式存在，以作為國家刑罰權之基礎規範。

一般所稱刑法者，都是指普通刑法而言。由於普通刑法是一切刑法形式的基

礎規範，故其具體的內容，除對於犯罪形成加以規範外，更須對於刑法規範之形成、適用、效力及範圍加以界定，乃至對於犯罪與刑罰形成之具體判斷，包括行為判斷不法的基本條件、刑事責任之形成，乃至刑罰具體內涵的發生，以及刑罰執行問題等，都須詳予規範。就刑法存在之形式而言，普通刑法是具有完整規範內容的刑法法規，所有的刑法法理都是從普通刑法的規範基礎而生，因此，關於刑法法理的認識，乃至於刑法具體適用的基礎，都是從普通刑法為出發，故而，犯罪判斷的前提條件，以及刑事責任的確認判斷，乃至刑罰發動的根本性要求，都是以普通刑法為基礎。

二、特別刑法

特別刑法：對於特定犯罪的類型，原本在普通刑法中已有規範，但基於特殊的適用考量，對於此類的犯罪形成與處罰條件，在普通刑法之外，另以一定的法律形式加以規定者，即所謂之特別刑法。就法律規定的存在形式而言，特別刑法的存在，與普通刑法一樣，具有一定的法典形式，只是其所規範的內容，係就普通刑法所規定的事項，作人、事、時、地、物特殊性考量的規定，此種具有特別性之規定者，其規範所針對之特殊對象考量者，有的是針對特定之人，例如刑法中已有瀆職罪之規範，而對於公務員之貪污行為，另制定貪污治罪條例是；又少年事件處理法則是對於少年所做之專屬性處理的法規；有係針對特定事項所做之特別規範，例如槍砲彈藥刀械管制條例，係對於刑法中關於爆裂物犯罪（第 186 至 187 條）所為之特別規定；又毒品危害防制條例、性侵害犯罪防治法等，都是針對普通刑法中關於毒品與性犯罪所做之特別規定；另外關於特定時與地的問題者，此類規定在早期有所謂動員戡亂時期，或戒嚴時期的立法中，較為常見，例如戡亂時期檢肅匪諜條例（1950.6.13 公布施行）、戡亂時期肅清煙毒條例（1955.6.3 公布施行）、戡亂時期貪污治罪條例（1963.7.15 公布施行）等，然因國家政治生態回歸常態，對於此類特定時、地的特別刑法，業多已廢除，如戡亂時期檢肅匪諜條例是，或轉換為常態法制，如戡亂時期肅清煙毒條例轉換為肅清煙毒條例，再修正成為毒品危害防制條例；戡亂時期貪污治罪條例則轉換成為貪污治罪條例。

特別刑法形成的基礎，是以普通刑法所規定之事項，針對特定之人、事、時、地、物而作重複性之規定，其存在的形式本身，即是一種刑法規範的外形。所以在普通刑法之外，另外再行制定特別刑法，主要的構想，乃在於得以對於特定的

事項，作單純且單向的法律適用，這是基於法律適用之便捷性而設，但這樣的立法意義卻常被誤解，反而將特別刑法的制定目的，扭曲為對於特定犯罪型態的嚴刑峻罰，這恐有悖於特別刑法所以存在的意義與目的。

特別刑法的概念屬性，應是針對特定事項所為個別性之規範，為使其具體判斷與適用的法律關係得以聚焦化，以便在法律適用上，能更為便利與迅速，而將其從普通法規範的範疇中，予以作特別法典形式的訂定，其主要的立法構想，應是在於將特定的適用對象與範圍，作整合性的歸納，以利具體適用的便利性，故其與普通刑法在法律的適用關係上，係基於特別法優先於普通法適用之原則，對於普通刑法與特別刑法都有規範的同一事項，自然優先適用特別刑法。

在法治的常態下，法律的規範，宜回歸到普通法的適用，儘量避免過多的特別法，以免造成法律體系與適用上的混亂。我國刑事法制上存在著相當多的特別刑法，在觀念上，特別刑法似乎都是站在重刑化的基礎上，亦即特別刑法對於同一規範事項的處罰，往往比普通刑法來得重，這樣的思維基礎，不但有礙於法制的正常化，也阻隔進入法治國的可能性，這是法制上值得深思檢討的議題。

三、附屬刑法

附屬刑法：乃指刑罰規定的存在，雖非以獨立性的刑法法律形式，卻具有刑法規範之實質的法律規定，亦即在一般法律規定的外在形式，雖非屬於刑法法規，而多屬於行政法或民商法律規定，但其具體的內容，有以刑罰手段作為法律效果的規定者，稱之為附屬刑法，例如稅捐稽徵法、公職人員選舉罷免法、勞動基準法、證券交易法、破產法、著作權法、商業會計法……等，其法律存在的形式，都不是刑法法規，而是民、行或勞社法律的形式，但其內容中之個別規定，對於特定的法律關係違反之行為，以刑罰手段作為制裁的規範者，此種刑罰規定，即屬於附屬刑法。

此種依附於非刑法法律形式的刑罰法律規範者，乃屬於刑事單行法的存在形式，其主要係在於民商法規中，對應特定的違反行為，賦予刑罰制裁手段的法律規範。在附屬刑法的概念下，其所以稱為附屬者，乃在於刑罰的規定，只是附屬在行政或民商法律規定之中，但對於刑罰的規定者，其本質仍舊是刑法規範，故稱為附屬刑法❻。由於附屬刑法係存在非刑法形式的法規中，幾乎絕大多數的行

---

❻ 有一種說法是將附屬刑法稱之為行政刑法，這樣的對比方式並不正確，一方面附屬刑法仍是刑法之性質，並非行政法之性質；另一方面，附屬刑法所存在的法律規定，亦非僅

政、民商或金融法律規定的內容中，都定有違反一定法律關係的刑罰制裁規定，所形成的現象，則是有多少非刑法的法規，幾乎就有等數的附屬刑法存在，造成附屬刑法在我國法制中多如牛毛。

　　總之，稱刑罰法律者，不論是普通刑法、特別刑法或是附屬刑法，其本質都是刑法，蓋其規定都是以刑罰作為制裁手段的法律規定，所以會有概念上之區分者，乃在於其存在之個別形式不同而已，普通刑法與特別刑法大抵上都是以刑法性質的法律形式存在，亦即其都是屬於刑法典的形式；而附屬刑法其所存在的法律形式，都是依附於行政法、民商法或是金融法規而存在，其法律的外形並非刑法的形式，但本質則都是刑法的規定。

第五節　刑法的任務

　　法治國家的基礎，乃是以法為治，亦即國家的作為或事涉會互動的人際交往關係，必須以法律作為根本性的規範。是以，任何一種法律規定的存在，都有其存在的意義及規範的目的，就如同民法的存在，主要是為解決私權上的法律關係，舉凡因私人財產或身分上之爭議問題，自然須依賴民法來加以判斷與決定。而刑法存在的意義與目的，則是在於規範犯罪，對於已經發生的犯罪，透過刑罰權之作用而處罰犯罪人，藉以宣示權利與社會秩序的不可侵害性。

　　刑法在整體法律體系中，係屬於一種相當嚴厲的權利剝奪規範，具有制裁法的性格，其係對於嚴重的權利侵害行為，認定為犯罪，而賦予刑罰制裁的法律規範，在法治社會的規範角色，乃具有嚇阻與鎮壓犯罪的作用，藉由對犯罪的抗治作用，宣示其為權利保護的規範目的。

　　行為是否應被視為犯罪？何種權利的侵害具有應刑罰性？透過刑法規範的形式，得使法治社會有法可循，有明確的法律規範得以作為判斷與界分的標準。故而，刑法在法治社會與規範體系中，乃負有三種主要的任務：1.犯罪抗治的作用；2.法益保護的功能；3.界分犯罪的基準。

　　規定在行政法之中而已，而是散見在諸多的民商法律規定之中；再者，附屬刑法也不是單純基於行政作用的考慮而生，故實不宜將附屬刑法以行政刑法的概念稱之。同樣看法參照林東茂，刑法綜覽，7版，1～4頁。

第一項　犯罪抗治的作用

犯罪是一種社會的產物，對於社會秩序與共同生活賴以為存的共同體系，具有相當嚴重程度的破壞性，維持社會秩序與共同的價值與體制，必須仰賴有效的社會控制手段 (Mittel der sozialen Kontrolle)，刑法本是所有社會控制手段之最，其乃社會防衛的最後界限，是所有社會控制手段的最後屏障，也是最嚴屬的犯罪抗治手段。若依費爾巴哈 (Paul Johann Anselm v. Feuerbach, 1775～1833) 一般預防的心理強制論 (Generalprävention durch psychologischen Zwang)，認為刑罰的嚴屬性，具有犯罪預防的一般性作用，可透過刑罰的嚴屬性，使一般人在心理上產生威嚇性的心理強制作用，而不敢犯罪❼。

刑法存在的任務，在於社會防衛，而主要的對抗對象，就是犯罪行為，亦即刑法是國家作為抗治犯罪的控制手段，倘若沒有刑法的存在，國家與社會將無由存立，蓋國家欠缺對抗犯罪的強制手段與刑罰強制力時，犯罪將成為支配社會的主要力量，則國家與社會秩序的關鍵，就會回到叢林法則的決定模式。因此，刑法是國家對抗犯罪的宣示，也是權利保障的基礎規範。

第二項　法益保護的功能

所謂法益者，就一般形式的概念而言，乃指刑法所加以保護的權利或利益而言，係屬於刑法的保護客體 (strafrechtliches Schutzobjekt)。刑法作為法秩序中抗治犯罪的最後社會控制性手段，其所以抗治犯罪者，乃因犯罪行為具有侵害法社會共同生活所維繫的權利或利益，而此種共同生活追求的權利或利益，具有維繫人類社會共同生活的基本價值，此種權利或利益的保障，具有促使法秩序平和，以及擔保法社會中每個人發展的安全性與可期待性的擔保作用。倘若此種共同價值的權利或利益受到侵害，法社會及法秩序將會陷入一種安全疑慮的緊張狀態，而將有造成人類共同生活秩序崩潰的疑慮。從而，刑法作為法秩序最後維繫的手段，必須對抗造成共同價值侵害的犯罪行為，藉以維繫法社會與法秩序正常與健全的運作與發展。

刑法是對抗犯罪行為的規範，而行為之所以被視為犯罪，乃因其侵害社會共同生活的價值，破壞法秩序所防護的利益，亦即犯罪行為具有法益的侵害性，而此種法律必須加以保護的價值或利益，乃人類社會共同生活所需，是一種共同的

---

❼　Vgl. Jescheck/Weigend, Strafrecht AT, 5. Aufl. S. 72, 73；Zipf, Kriminalpolitik, 1980, S. 86。

權利價值。刑法對於法益保護的基礎方式，乃是透過明文規範犯罪的法律形式，藉由法規範所為之禁止或命令之宣示，對於行為有破壞法益，或有造成法益危險狀態行為的禁止，或是要求行為必須對於法益具有侵害性的危險狀態予以排除，對於違反者，賦予刑罰制裁手段。其對於犯罪制裁與處罰的宣示，一者確立權利不受無端侵害的保障；再者透過刑法的作用，使已生的社會秩序侵害，得以回歸平靜，換言之，以刑法規範犯罪的意義，乃在於宣示對犯罪的制裁與對抗，以使權利或法律所保護的利益或價值（法益）❽，得以受到保障。簡單地說，刑法的任務，是在明確地規範犯罪，藉著對犯罪之處罰，以宣示法益之保護。

　　刑法透過對於特定權利或利益的擔保宣示，揭示其為維繫法社會與法秩序共同生活的價值，此種價值必須受到尊重與保護，任何人不得對此種權利或利益，任意或恣意加以破壞。故刑法規範乃具有法益保障的作用，此所稱法益者，概括性地說，是一種法社會或法秩序之下，維繫人類共同生活健全與穩定發展的權利或利益，其具有象徵法秩序平和的作用，而須以刑法規範加以保護必要的價值存在。簡言之，**刑法所保護的法益，乃指具有透過刑罰手段加以擔保、而具有法律保護必要性的權利或價值。**

　　在法治國體制之下，權利的保護乃屬於規範體系的任務，基本權利的保障，除憲法於基本人權規範中，作宣示性的規定之外，權利保障的實現，則依法益價值的層次，或是法益侵害得以均衡的解決方式，依層次而於不同的法律規範中予以保護。刑法所保護的法益，乃屬於法秩序社會中較為重要的權利與利益，蓋其侵害所生的法秩序撼動程度也較高，至於其他未屬於刑法保護法益所納入的權利，並非無法規範保護的必要性，而是由不同層次的法律規範予以保障，在法秩序體系下，刑法所保護的法益，乃所有權利中最重要、最核心的部分，具有刑法加以保障的必要性，至於其他權利的保護，則以其他法律規定為已足。故刑法規範固有法益保護的作用，但並非所有人所具有的權利，均須藉由刑法加以保護，亦即並非有權利的侵害，即須動用刑罰加以制裁。刑法所保護的法益，乃屬於法秩序

---

❽　刑法的犯罪類型規範，必然有法益的概念存在，刑法中並不應存有欠缺法益的犯罪類型，或許在犯罪類型的規範中，可以發現有沒有被害人的犯罪類型，例如偽造罪（第 195 條以下），但卻不能有沒有保護法益的犯罪類型。法益概念作為刑法保護的對象，其或許是一種具體的形象（如身體的完整性），也可能是一種抽象性的理念（如公共安全、名譽等），法益作為刑法保護的對象，其主要的作用，一者以法益的價值層次，作為犯罪類型區分的標準；再者，明確宣示刑法所保護權利與價值的重要性，藉以確認刑事制裁的輕重。

中基本權利之重要者，其具有刑法的保護必要性。

　　由於刑法所保護的法益，乃屬於法秩序中最重要的權利與價值，並非將所有權利侵害的行為，都納入刑法規範之中，唯有侵害核心價值的權利，方有刑法發動的餘地，倘若權利的侵害，並非屬於刑法所規範者，並不表示該權利即毋須加以保護，而是透過其他規範的保障即為已足。故刑法的法益保障機能，乃僅針對法秩序中最重要的權利加以規範，故在法益保護的功能上，乃屬於補充的性格 (subsidiärer Charakter)。其主要考量的理由有二：一者，刑法係社會規範的最後防線，其僅對於最嚴重的權利侵害行為，作為其規範的對象；再者，作為其所保護的權利，在價值層次與程度上，亦應屬最具有保護必要性的權利，例如對於個人基本權利的保障，刑法中僅對於核心權利：生命、身體、自由、名譽、秘密及財產等六種，加以規範，其餘如人格、名銜、肖像等權利，對於這類權利侵害的保障，則由其他法律規定為規範，並不在刑法保護範圍內。是以刑法所保護的法益，相較於全般基本權利的保障，僅限於在法社會中，較為重要的法益，此乃為「法益保護的補充性 (Subsidiarität des Rechtsgüterschutzes)」性格❾。

第三項　界分犯罪的基準

　　在法定原則的要求下，唯有落入刑法規範中的行為，方屬於犯罪行為，如一定權利侵害的行為事實，並非刑法所規定的事項，自然也就無犯罪可言。故刑法係界分犯罪的法律規範。

　　刑法既是規範犯罪的法律，在其法律規定中，明確揭示出何種權利侵害的行為為犯罪，並在刑罰法律效果的規範中，揭示出行為的禁命與誡命，亦即何種行為不得為、何種行為當為之，如果違反這樣的要求，就會落入刑法制裁的範圍之

---

❾　在法治體系下，刑法係社會規範的最後手段 (ultima ratio der Sozialnorm)，其作為抗治犯罪的規範，自然係以保障一定權利免受犯罪侵害為任務，因權利侵害的對應平復方式，應建構在權利均衡的比例關係之上，而犯罪乃對於重大權利侵害的行為事實，此種重大權利的侵害，必須提升其抗治手段至刑法的層次，是以刑法乃社會規範之最後手段，其所保障的權利，亦屬於權利中之最重要應保護者，是以刑法法益乃法規範保護權利的一環，其作為其他法律規範無法提供更有效的保護時，而以刑罰的手段，作為終極性保護的對象。刑法法益乃屬無法由一般制裁性法規範保護時，而以刑事制裁手段介入保護的權利，其在權利保護的規範網絡上，乃屬於逾越非刑罰性規範範圍的權利內涵，而以刑法的保護，作此種權利保障的補充性規範，此乃為刑法保護法益所以為補充性格之意。Vgl. Roxin, Strafrecht AT, Bd. I, 4. Aufl., S. 45。

中，藉此以揭露出行為的指標，也就是清楚地告知社會的成員，必須遠離犯罪的範圍，藉此以達到壓制與預防犯罪的效應。

惟是否有侵害權利的行為，就會被視為犯罪，而動用刑罰加以制裁？則未必然如此，儘管刑法用以規範犯罪，但權利侵害的行為，也只是構成犯罪判斷的一個前提條件，倘若權利侵害的行為，並未在刑法的規範中予以規定，則即便有權利侵害，也無法以犯罪視之。因此，欲構成犯罪者，必須先滿足法律定有明文，而且採用刑罰手段加以制裁，方能稱得上是犯罪。至於如何之行為方得以刑法作犯罪之認定？進而賦予刑罰之制裁？則必須遵守著一定的指導原則，以作為判斷犯罪及科以刑罰的基礎理念。刑法本於法定原則的指導，唯有落入法有明文規定的範圍內，方會被視為犯罪；若具體行為事實，未落入法定規範的要件中，不論其是否具有倫理道德的非難性，或是具有權利的具體侵犯存在，均不能被視為犯罪，犯罪與否必須透過刑法法定規範的條件檢視，故刑法乃犯罪界定的基準規範。

第六節　刑事實體法與程序法

刑法乃規範犯罪，確認犯罪事實之可罰性，以及行為人因行為所生的刑事責任，並賦予刑罰制裁效果的實體法律規範，對於既已存在且確認的行為事實，透過法定要件的檢視，確認是否存在刑事不法及可罰性，同時對於具體存在的行為，基於法定原則的指導，確認行為人所為行為的罪與刑關係。基本上刑法以行為事實作為判斷基礎，從而得以確認犯罪與刑事制裁的關係。惟具體發生的行為事實，必須經過一定的確認程序，唯有行為事實確認之後，方有實體規範適用的餘地，而刑法本乃屬評價的靜態性規範，其本身並無確認犯罪行為事實的作用，其乃是已經確認的行為事實，作為刑罰規範適用的前提。對於行為事實的確認，則須仰賴刑事程序的運作。是以刑法乃規範刑罰權的實體，而刑罰權前提與本體的確認，以及具體刑罰權的實現與貫徹，則必須仰賴刑事程序的作用。

刑事實體法與程序法均屬於刑罰權的規範，刑罰權的存在、形成與判斷關係，乃屬於刑事實體法規範的範圍，從而具體的行為事實是否成立犯罪？其該當何罪？具體的刑罰權範圍為何？乃屬於刑事實體法規範的範圍；至於具體行為的確認，如何發動刑罰權的追訴與確認？乃至刑罰權的確認與實現，以及刑罰權具體的內涵為何？則須藉由刑事程序的進行，以資確認。是以刑罰權的本體，乃屬實體刑法的規範；而刑罰權的確認、實現與貫徹，則屬於刑事程序法的範疇。二者對於刑罰權的關係，必須相輔相成，不可或缺或偏廢，單有刑法雖可判斷刑罰權，但

欠缺刑事程序法的作用，刑罰權仍無得以實現；反之，若無刑事實體法對刑罰權作法定規範，空有程序法的存在，仍無法作為犯罪與刑罰確認的依據。故而，刑事實體法與程序法，對於刑罰權的判斷與確認、實現與貫徹，乃一體兩面，二者無法單獨存在，更無法加以切割。倘若無刑事實體法對於刑罰權做基礎的規範，刑事程序法對於審判權的認定，將失其依附；刑事程序若欠缺實體法的基礎，追訴的對象與啟動程序的條件，將失之空泛。故學習刑事法時，必須兼具實體與程序，不可有所偏漏。

第二章　刑法的指導原則

刑法既是規定犯罪行為，確認刑事責任，並科以犯罪行為人刑罰的法律規定。權利侵害的行為是否是犯罪？其所生的刑事責任，該如何加以判定？以及如何對於刑罰權加以確認，並妥善運用？諸等問題都必須有一定的準據，亦即刑罰判斷犯罪與科處刑罰，都必須遵守著一定的原理原則。刑法不能因為社會通念的嫌惡，而定人於罪；也不能以貌取人，而有趨美避醜的差別性待遇，更不能作為統治者排除異己的工具，以喜怒隨心的方式，恣意入人於罪。刑法的發動，必須受到一定指導原則的拘束，不論刑法規定的形成，或是對於一定行為事實的判斷，乃至於對於其規範的對象，都必須遵守著一定的原理原則，如此之刑法，方得以真正成為規範犯罪的法制。

在現代國家的權力結構中，刑罰權乃國家專屬的權利 (Monopol des Staates)，當國家權力具有基本權的干預關係時，必須受到法治國基本思維的限制，且權力干預必須遵守一定的準則與原則，否則會有國家權力濫權的疑慮。刑法指導原則乃為節制國家刑罰權的運作，使國家刑罰權能在一定的正當性軌跡上，對於刑罰權存在的判斷，以及刑罰權認定與實現的界限，均設定有一定的範圍與準繩，作為節制國家刑罰權的指導原則。

刑法的指導性原則，其功能有二：一者，作為認定犯罪與決定刑事責任的基礎；再者，作為節制刑罰權的發動，以及禁止其超越的防線。於刑法中，作為判斷犯罪與決定刑罰權的核心原則有三：即 1.法定原則；2.行為刑法原則；3.罪責原則。另刑法本於其制裁的色彩，以及作為社會防衛最後界限的特性，應受到二個理念性原則的指導：1.謙抑原則；2.無罪推定原則。

第一節　法定原則

什麼樣的行為會被視為犯罪？什麼時候的行為，會落入刑法的判斷範圍內，而成為犯罪？而對於犯罪行為，應如何確認行為人的責任？該科處何種刑罰制裁手段？都必須預先在法律之中加以規定，倘若沒有刑法法律之規定，或是沒有刑法法律的預先規定，即使有對於權利侵害的行為，也不能遽認為犯罪而加以處罰。此種基本理念，反應在刑法之中，即是所謂「罪刑法定原則」，簡單地說，法律沒有明文規定者，即不會也不能成立犯罪，更不能因此而受到刑罰的處罰。刑法第 1 條前段規定：「行為之處罰，以行為時之法律有明文規定者為限」，即是揭示法

定原則的指導性規範。這個規定的主要內涵意義有二：

1. **無法律即無犯罪 (nullum crimen, sine lege)**：亦即行為必須有法律規定，才會成為犯罪，當法律並無明文規定時，則任何行為都不會被視為犯罪。延伸其義，即指法無明文之規定，任何行為均不能視為法所不容之犯罪，更不能在法無明定的情況下，任意羅織入罪。

2. **無法律即無處罰 (nulla poena, sine lege)**：無法律之規定既不會使得行為成為犯罪，自然也就不會發生處罰的問題，也就是對於犯罪的處罰，必須有法律明文規定的存在，方得以對於犯罪加以處罰。此處有二重涵義，即(1)法律如無罪之規定，自然也就不生有處罰的問題；(2)法律雖有罪之規定，但卻欠缺刑罰的法律效果時，自然也無法據罪以論罰，而所謂刑之規範者，應包括刑法的種類與範圍。倘若法律規定雖有處罰的種類，卻欠缺一定之範圍時（不定期刑），在法定原則的要求下，依然不被允許。

刑法法定原則理念的緣起，屬於歷史進序發展過程的產物，而其歷史的根源萌芽於實定法的緣起，在一個受到習慣法主導的社會中，法律執行者的恣意，通常難以節制，而因沒有一定之遵循標準存在，對一個統治者而言，也是頻生困擾，於是乎有實定法出現之構想，惟不同歷史背景下，思維構想也有所差異，其主要差異的思想根源有二：其一為基於統治者的利益，蓋唯有透過法律實定化的作法，統治者得以清楚地宣示其立法的權力，並且透過法律實定化的方式，要求其統治之臣民絕對之服從，即使執法官或行政官員也需受到此種服從意旨的拘束，此種思維下所形成的實定法，例如漢摩拉比法典 (Codex Hammurapi's ca. 1700 vor Chr.)、查士丁尼治罪法 (Corpus Iuris Justinian's 534 nach Chr.)、約瑟二世治罪通典 (Allgemeines Gesetz über Verbrechen und derselben Bestrafung Joseph'II 1794)；另一種構想則是基於保護免受統治者恣意之侵犯，透過成文明定的法律 (lex scripta) 以保障人民免於受到主政者恣意之侵犯，以及無法預測的處罰，在此種構想下所形成的實定法，最早的是十二銅表法 (Zwölftafelgesetz ca. 5. Jhr. Vor Chr.)，爾後的卡羅利納犯罪法 (Constitutio Criminalis Carolina 1532) ❶。時序進至啟蒙時期，漸漸人權保障的觀念形成，加上法治國思想的啟迪，法定原則的理念，乃成為限制國家統治權恣意的根本原則，在無法律存在，或是基於不明確的法律規範，或是事後所生的法律，都不能作為既存行為處罰的依據，唯有法有明文，且在行為時即已存在的法律規定，方得以作為犯罪與刑罰認定與科處的基礎。

❶ 關於法定原則形成的歷史成因者，參照 Krey, Keine Strafe ohne Gesetz 1983, S. 3ff.。

　　法定原則作為刑法基礎的指導原則，對於何時得對行為為犯罪的判斷，以及對犯罪作何種程度與範圍的處罰，都必須有明文明確的規定。在這樣的原則下，其對於行為認定的意義，不但得以確保行為不被恣意認定為犯罪，以擔保權利不會被任意侵犯，以此作為行為是否為犯罪的明確界限；而法定原則對於國家刑罰權的作用，乃在於明確標定出國家刑罰權判斷與確認的界限與範圍，而確立國家判斷刑罰權形成的基線與判斷的對象，故而，法定原則乃是作為界定犯罪行為與處罰的明確標竿。

　　法定原則固然是對於行為認定罪刑的根本法則，然而法定原則本是一個抽象的法律概念與形象，就其存在的根本意義言，即所謂對於行為的規範，需遵守「法無明文不得認定、法無明文不得科處」的概念，但這樣的意涵，只是一個抽象與概括的理解，其實質的內涵，仍須透過具體化的詮釋，來加以實現。法定原則的實質內涵，係建構在四個具體化的支柱理念之上：1.習慣法直接適用之禁止；2.法律類推禁止；3.明確性原則；4.溯及既往禁止。

第一項　習慣法直接適用之禁止

　　法定原則的基礎，乃在於法須明定，亦即必須是成文法的形式，故對於不成文法的拘束性規範者，乃須予以禁止，故有**習慣法直接適用之禁止** (nullum crimen, nulla poena sine lege scripta)。

　　所謂習慣法者，係指人類對於一定行為模式或對於事物之觀察，所形成的一種定型化、具有反覆性的社會觀念，其本質具有：1.個別性；2.區域性；3.特定性；及 4.反覆性。由於個別的差異，習慣往往未能整合成規範所有群體的觀念基礎，然而，個別習慣如長久發展，亦能形成群體習慣，乃至社會習慣，例如宗教儀式、生活禮儀……等。如一個個別習慣經長期發展延續，而普遍受到認同，而具有拘束、制約的作用，在經由社會各成員共同認同後，乃形成具有共同拘束性基礎的社會規範，同時也是法律形成的內涵基本要素。但由於其未經法律明文化，雖具有拘束社會共同生活的作用，甚至其社會心理的拘束力常不下於法律，然而仍舊不能以之作為認定犯罪，以及作為刑罰形成或是加重處罰的基礎。

　　法定原則最根本的基礎，在於必須透過成文化的法律規定，方得以作為認定犯罪及科予處罰的依據，習慣法本身既未經成文化，且因其具有個別之差異性，故刑法並不允許其作為認定犯罪與形成刑罰的基礎。但習慣法之於刑法並非完全被排斥，習慣法對於刑法仍有雙重作用存在：

1.**意義填補之作用**：畢竟法律係透過文字語言而形成，在其對於具體事實的適用過程中，常會發生抽象的規定是否合於具體事實的斟酌，在法律適用的方法關係下，法律的適用係將抽象的法律規定，先予以具體化或是類型化，然後以之作為事實該當與否的觀察。在這樣的過程中，法律規定的內容，乃產生具有意義填補的必要性，亦即必須透過法律之解釋，方得以使規範的內容具體化，而作為解讀法律內涵意義所憑藉者，通常都是人類理性意識所累積的習慣，或是藉由習法、用法所生的法理，因此習慣法雖非成文法，不能逕為刑法認定犯罪及科處刑罰的直接基礎，但對於刑法抽象規範的內容具體化，亦無法不藉助習慣法來填補。故習慣法雖無法作為罪與刑直接認定之基礎，但間接意義之填補，仍不能排除習慣法之作用。

2.**以習慣法作有利之認定**：習慣法在法定原則下所以不能直接適用者，乃在於禁止其作為認定犯罪與形成刑罰，以及作為刑罰加重之基礎，但對於作為排除犯罪與刑罰，以及作為刑罰減輕之節制基礎者，則非法所不允許❷，例如刑法關於禁止錯誤（第 16 條）、正當事由或緊急避難事由（第 23、24 條）、中止未遂（第 27 條）之認定，以及共犯關係的形成（第 29、30 條）等。

在法定原則的規範下，對於犯罪的成立以及刑罰的發生，其認定的依據，必須是基於成文法的明文規定為限，如法無規定時，即不得對於任何行為擅自依據不成文之習慣法為判斷，亦即認定犯罪與科處刑罰的法律基礎，必須限定在成文法，且須有明文規定，不得以非成文之習慣法，作為犯罪認定與刑罰科處之依據。

第二項　法律類推禁止

法律的適用應僅限定在法有明文的基礎上，禁止立法上為法無明文以外之比附援引之規範，也禁止適用法律者為類推適用，故有刑罰法律類推禁止 (nullum crimen, nulla poena sine lege stricta)。

---

❷ 學理上對於習慣法在刑法領域中的禁止範圍，雖有所爭議，有認為習慣法禁止者，僅限定於犯罪類型化之構成要件，至於指導性規範之刑法總則者，並不必然需受到習慣法禁止之拘束，持這種見解者，如 Eser, in: Schönke/Schröder, Strafgesetzbuch 24. Aufl., Rn. 8ff., 15 zu §1。惟通說則認為習慣法禁止的範圍，不論是構成要件或是指導性之原則，均涵蓋之。Vgl. Dazu Krey, aaO., S. 111；Jescheck/Weigend, Strafrecht AT, 5. Aufl., S. 112；Roxin, Strafrecht AT, Bd. I, 4. Aufl., S. 159, 160；Stratenwerth, Strafrecht AT I, 4. Aufl., S. 56；Jakobs, Strafrecht AT, 2. Aufl., S. 90；Rudolphi-SK, Rn. 18 zu §1；Gribbohm-LK, 11. Aufl., Rn. 70 zu §1。

　　刑法明文規定的內容，因係透過文字抽象性之規範，常具有解釋的必要性，而所謂解釋者，簡單地說就是在規定涵蓋的範圍內，將法律規定予以具體化、明確化，就法學方法的結構關係而言，法律的形成，本就是基於社會一定事實的關係而來，惟社會事實本是具體存在的現象，對於一定事實形成規範的作用，無異是將具體事項予以抽象化的過程，此為規範形成的過程；當形成法律規範之後，所重者，應是對於一定社會事實的概化作用，強調的效應在於實用，而透過抽象與概化的作用，所形成的法律規範，在適用時，必須檢視規範內容與所欲規範事實的相容性，此時規範的適用關係，無異是再次將抽象的規範內涵予以具體化，以作為規範涵蓋類型與範圍之界定，惟再將抽象的規範適用於具體的事實時，如何將抽象規範予以具體化，則須仰賴法律之解釋，是以解釋是將抽象法律規範的內容與意涵，透過法律概念理解與法理詮釋的關係，加以具體化，以界定規範的範圍的一種法律適用的輔助方法。

　　刑法規範的闡明，允許使用解釋的方法，但不允許使用類推的方式，然而解釋與類推二者間的界限卻是相當模糊，何種概念詮釋與釐清的方式，可以稱為解釋？而何者卻是類推？有時不易劃定出嚴格的界限，但至少在方法的理解上，可以將「解釋」解為規範範圍內的概念釐清；而「類推」者，則是屬於範圍外的比附援引，而當無法判斷範圍內或外時，則採取較為嚴格的認定，認為是類推。既然刑法的法律規定，禁止使用類推的方式，作為法律適用時概念釐清的方法，則當無法判斷是解釋或類推時，也宜採嚴格的方式來判斷。

　　基本上，每一個規範都有一定之適用類型與範圍，在此一範圍內所為規範具體化之體現者，稱之為解釋，在法律規範範圍的觀察下，對於一定規範內容的具體化作用，可以將規範範圍作限縮性之解釋，例如生母殺嬰罪（第 274 條）所稱「殺其子女者」，所指之「子女」乃為甫生產之子女而言，並非其他之子女；另外，在一定規範的範圍內，規範適用的類型與對象範圍，亦有作擴張性之解釋者，例如對於公務員概念的擴張❸，延伸而至公文書範圍的擴張是，而對於偽造公文

---

❸　擴張解釋的基礎見解，源自於司法院大法官釋字第 8 號 (1952.9.25) 之解釋，以及之後釋字第 73 號 (1957.3.13) 解釋，將政府股份在百分之五十以上之公營事業機構的從業人員，均視之為刑法第 10 條第 2 項所稱之公務員。爾後實務之見解遂從此一解釋，而為刑法公務員概念之界定基準，如最高法院 50 年台上字第 1172 號判例是。由於公務員概念太過極致的擴張，乃在 2005 年修正刑法時，企圖將其規範的內容更為限制與明確化。在立法理由中所述，會造成公務員概念擴張者，皆屬立法不當之結果，故應予以修正，其實這根

書罪（第 211 條），或是公務員不實登載罪（第 213 條、第 214 條），其公文書的認定，均遽以「公務員職務上製作之文書」，作為認定犯罪的判斷依據。而當對於法律的適用，擴及到規範界限之外，作比附援引的任意適用，即所謂「類推」，例如刑法第 132 條洩漏國防以外秘密罪的規定，其本然適用的界限，應僅限定在國防以外的秘密，其具有損害國家權利者，方得以適用該條規範，蓋其既屬於侵害國家權利的犯罪，自然應從侵害權利的關係作為適用的詮釋。惟實務對於該條的適用範圍，卻遠超出規範的界限，只要是涉及應秘密的事項，不論是否侵害國家權利，均以該條為適用，造成規範適用過度浮濫的現象❹。

第三項　明確性原則

　　刑法為國家刑罰權之根本規範，對於刑罰權的形成基礎、刑罰權的範圍，以及刑罰權的決定關係，在法定原則的要求下，都必須明確加以規定，稱之為「**明確性原則** (nullum crimen, nulla poena sine lege certa)」，法律應儘量避免以不明確之法律概念，以及不明確的規範，作為刑罰權創設的基本前提要件，故而，明確性原則乃由此而生。

　　刑法作為犯罪成立判斷，以及刑罰科處的法律規定，對於何種行為會構成犯罪、會成立什麼犯罪，以及對於犯罪之處罰，刑罰的種類、範圍與程度如何，都須法律明確加以規定。固然，法律規範是由個別法律概念所組成，而個別法律概念或多或少都需加以解釋，以便釐清其概念意義及規範的對象與範圍。在法律規範具有解釋必要性的情況下，規範的明確與不明確，就成了相對性的界定問題。但可以確認的是，即使法律個別概念與要件都有解釋的必要性，但這是規範評價的意義，並不能因法律需要解釋，即認定其不夠明確。

　　畢竟法律規範的形成，是透過文字的形式，以精簡洗鍊的語言運用方式所構成，由這樣的語言文字運用所成的法律規定，可以透過意義的認知及概念的掌握，理解其適用的對象與範圍，不致會有模糊不清的認知混淆者，仍屬於規範明確性

　　本不是立法不當的問題，而是法律適用過於擴張解釋的結果。固然對於語焉不詳的法律概念之修正，有其必要性，但法律適用時的節制，更是法律形成後適用時最關鍵的環節，倘若在解釋上仍舊任意擴張，即使新修正的公務員概念，仍舊無法有效地規範以公務員為基礎的犯罪類型之適用範圍。

❹　批判見解參照柯耀程，洩漏國防以外秘密之洩密罪，月旦裁判時報，第 5 期，2010 年 10 月，111 頁以下。

的要求範圍。而所謂「不明確」者，則是在法律規定的文字運用上，採用語意不清、模稜兩可或艱澀難懂的文字，以致在解讀時，根本難以界定其適用的對象及適用之範圍，甚至內涵的文字意義也無法掌握，簡單地說，就是使用極端抽象的法律概念，作為規範的內容，如此既無從得知法律概念的意義，也無從明確界定出規範的適用範圍，這樣會造成法律適用者的曲解，乃至規範的類型與範圍變得莫衷一是。刑法規範所應避免的，是這種採用極端抽象法律概念，以及以艱澀難懂或模稜兩可的文字，作為規範的內容。

由於刑罰法律明確性之要求，係源自法治國思想，且來自憲法法律保留理念。故當刑罰法律規定欠缺明確性時，在法律存在的正當基礎上，即發生本質上之悖離，一方面不明確的刑罰規定，將悖於法治國思想所揭示以法律為準據的基礎思想，且牴觸憲法法律保留的基本理念，蓋刑罰法律之不明確，將使得刑罰權認定的界限，變得模糊不清，從而刑罰權極易被擴張式的創設，甚至被恣意認定；另一方面刑罰法律的不明確，無法真正揭示出罪與罰的界限與範圍，犯罪在何種條件下成立？刑罰制裁的程度與種類如何？將陷於游移不定、模稜兩可的泥淖之中，刑罰法律的保障功能 (Garantiefunktion)，亦將隨之崩解。如此，不但使人無所適從，也無法預期其行為是否成為刑罰法律規範的制裁對象。故而在法定原則的指導下，明確性原則乃成為刑法規範最根本的要求。

刑法係對於罪與罰的法律規範，在明確性的要求上，必須明確規範者，自然以犯罪及其法律效果為觀察對象。對此可分從三個方向來加以檢視：

一、作為犯罪認定的對象必須明確

刑法得以視為犯罪的判斷對象（評價客體）者，係以行為所生的權利侵害關係為基準，未有行為存在，則不能遽認定犯罪之形成，刑法第 1 條所揭示刑法的評價對象，係以行為為評價之核心，無行為即無犯罪，是以刑法規範的適用對象，必須以行為作為判斷的基礎，其既非以行為人，也非以人的素行或人格，更不是單純以人之思想作為判斷之依據。儘管行為是行為人有意識的產物，但行為人未有展露於外的行為時，即使其內心中存在著若干邪惡的想法，也都只是單純的思想而已，不能以之作為刑法發動之依據。

二、犯罪形成的法定條件必須明確

犯罪以行為作為成立的基礎，而行為必須符合何種法定的要件，方能將其視

為法律所不允許，而得以評價為犯罪，在法律規定的條件上必須明確，亦即作為犯罪行為判斷的法律構成要件，必須一方面界定出行為類型的範圍，另一方面構成要件適用的範圍為何，也須清楚界定，唯有構成要件夠明確，方能對於行為作成罪與否的判斷，倘若構成要件對於既存的行為，在規範的要件上，是否完全該當容有疑慮時，即無法作為該行為評價的基準，例如以妨害投票結果罪（刑法第146條）的規定，欲涵蓋所謂幽靈人口❺，顯然在明確性上容有不足。在成罪條件的明確性要求上，除法律所規定的條件與行為類型必須明確外，對於評價對象在認定的基準點關係上，也必須明確，亦即刑法何時方得以對行為加以作規範性之評價？其基準點必須明確。此一問題所涉及的主要問題，在於刑法介入判斷的時點認定關係，亦即對於行為評價起始點（著手）的認定問題上，倘若刑法欠缺對於一定類型的明確判斷時點，將使得若干情狀的刑法評價，明顯出於恣意，例如刑法關於預備行為或陰謀、預謀行為的認定，其根本欠缺一定的認定基準點，故關於預備及陰謀行為之處罰，恐有牴觸明確性原則之嫌。

三、法律效果的明確化

何種犯罪必須科處何種法律效果，法律必須將其種類與程度加以明確標定，何種犯罪類型的法律效果之種類、程度與範圍如何，必須明確加以界定，法律禁止絕對不定期刑的法律效果規範。同時，法律效果必須伴隨著犯罪的程度而定，此即罪刑相稱的要求。在現行法的法律效果規定中，每一種犯罪類型都有一定程度的法定刑規定，此種法律效果的規定，雖然有一定的刑度範圍，但這是因犯罪不法程度的差異性所然，並無違背法律效果明確性的要求，此種法定刑的刑度規範者，或許得稱之為「相對定期刑」之規定；而關於保安處分者，其通常係以期間之上限，作為保安處分效果之節制，則在明確性的要求上，或可稱之為「相對不定期刑」，不論在刑罰或是保安處分，在刑的程度與種類上，均有一定的範圍限制，故尚且不能認為其違背明確性原則❻。

---

❺　參見柯耀程，刑法問題評釋，99頁以下。

❻　在法律效果上會發生違背明確性要求者，應屬修正之刑法第91條之1強制治療的規定，此一規定不但將保安處分的法律效果，放到刑之執行完畢，這已經使得強制治療的正當性喪失依據，且治療期間為何，法也無規範，顯然是屬於絕對之不定期間，固然其以鑑定有無危險性為執行與否的條件，但可以預期者，無人敢冒無危險性的鑑定風險，如此一來，強制治療將成為變相之絕對不定期刑。這不但違反明確性原則，同時也有違憲之

第四項　溯及既往禁止

　　法定原則作為保障性之指導原則者，主要的意義，在於行為人於行為之時，即可預見法律規範之存在，唯有在法律既已存在的情況下，行為人無視於法律規範之禁止，遽而為一定法律所不允許之行為時，其法律評價的惡性關係方能視為存在，倘若法無明文以作為行為之規範時，一方面行為人根本無由得知其行為為法所不容，另一方面也無法判斷行為侵害所生的惡性程度為何，基於法的安定性，行為的處罰，僅能以行為時既已存在的法律，方得作為行為判斷的基礎，此種行為時既存的法律要求，不論是對於犯罪成立的認定，或是法律效果的反應皆然❼。故不能以事後所定之法律作為前行為適用的規範，亦即行為時無法律之規定，不能以事後的法律規定溯及適用於前行為，簡單地說，刑法的規定不能以事後法律規定來適用前行為，否則法定原則將完全崩潰❽，此即法律適用重要指導性原則的**溯及既往禁止** (nullum crimen, nulla poena sine lege praevia) 原則。

　　溯及既往禁止原則所規範的內涵，在於法律的適用關係，亦即不能以事後的法律規範，作為前行為事實評價的基準，如此會有發生惡化行為人法律地位的危險，而導致法的不安定性。惟溯及既往禁止原則，並非對於事後法律一概加以禁止，倘若事後法在成罪的規範上、或是處罰的程度上，都較之行為時法為輕時，則以事後的輕法作為適用的準據，並無牴觸禁止溯及既往的要求。因此，就具體

❼　禁止溯及既往原則所節制者，主要是在法律的適用關係上，亦即不得以事後之法作為前行為規範適用的基準，應屬於法律適用關係的節制。然而對於規範形成的立法者而言，此一原則亦有節制之作用，在此一原則之下，立法者不得制定任何會使得行為人法律地位惡化的溯及條款，如此而論，2005 年修正之刑法施行法，在期間的規定上，顯然都牴觸禁止溯及既往原則，蓋不論是刑法施行法第 3 條之 1 第 3 項、第 6 條之 1、第 7 條之 2、第 8 條之 1 及第 9 條之 3 的規定，均是以 2005 年 1 月 7 日為適用之分界點，但修正之刑法正式生效的時間卻是 2006 年 7 月 1 日，此無異是將事後生效的法律關係，前推至法律生效前的規範對象，顯然與溯及既往禁止原則發生牴觸。

❽　落實法律禁止溯及既往的原則，必須在法律適用的機制上（刑法第 2 條第 1 項）來實現，惟原刑法第 2 條第 1 項的規定，顯然係以事後法（新法）為適用的準則，雖然作例外從輕的規定，其與溯及既往禁止原則間，已產生根本性內涵本質的落差，故在本次刑法修正時，將法律適用的基準，修正為以行為時法（從舊），例外溯及既往適用新法的輕法，如此與溯及既往禁止原則，方得以相容，且在法律適用的關係上，也能接續刑法第 1 條所宣示的意義。

的法律關係而言，會發生有溯及既往的關係者，主要係因行為後對於行為規範的法律有所變動，而導致行為時與行為後法律規定之界限區分，此種規範前後所生的法律關係，有三種可以想像的情況：

一、行為時法律並無處罰之規定，而於行為後制定出規範該行為的處罰規定，此種關係，在學理上稱之為「入罪」，基於法定原則「後法不得適用前行為」之基本要求，自然不得以新生之規範，作為行為回溯的處罰，此乃溯及既往禁止的本然意義。

二、行為時有處罰之法律規定，但行為後該法律規定發生變更，關於罪的成立部分並無變動，所更動者僅在處罰的程度、種類與範圍而已，此時變更的關係有二種情形：⑴處罰的種類增加，程度變重，亦即行為時之處罰為輕，而行為後之處罰為重（所謂之入刑化），此種情形，必須嚴格遵守溯及既往禁止的要求，不得以後法之重取代行為時之輕；⑵處罰由重變輕，亦即行為時之處罰較後法之處罰為重，此時如以新法溯及適用舊行為，並無惡化行為人法律上權利之虞，反而使行為人更為有利，則自得以行為後之新法回溯適用舊行為之處斷，此為溯及既往禁止原則之例外❾。

三、行為時法律有處罰之規定，而於行為後廢除行為之處罰，此種情形稱之為除罪化（或完全除刑化）❿。由於此種從有變無的法律變動關係，並無惡化行為人法律地位之疑慮，當法律廢除行為處罰時，法律的本身已無法律存在，但從處罰變成不處罰的結果，法已無處罰之規定存在，此種情形如嚴格來說，並無所謂法律規定溯及既往的適用問題，其所溯及適用者，是一個不罰的理念而已，亦即法律已無處罰之規定（即已無規範存在），無法以法律存在的形式，作為溯及適用的準據，其所溯及者，僅是社會價值變更為不罰該種行為的價值理念。當然在通念上，仍將此種情形視為溯及既往的一種例外，只是此種關係，因法律廢除處

❾　參照林山田，刑法通論（上），10 版，87 頁。

❿　惟在法律變更為不處罰的情形中，有一種規範的類型，並不適用除罪的溯及關係，此即所謂「限時法 (Zeitgesetze)」的類型，限時法因有其效力存續的界限，在其效力存續中所為者，受該限時法之規範，即使該限時法失效後，在其效力存續中所為之行為者，仍應適用限時法時的規範，並無失效等同除罪的問題，自然也無除罪的溯及處理關係。這是法律制度中，較為特殊的一環，當然在適用關係上，是否完全無溯及既往例外的關係存在，學理也有爭議。此種排外規定最典型者，當屬德國刑法 §2 Abs. 4 之規定。關於學說爭議者，vgl. Gribbohm-LK, Rn. 39ff. zu §2; Schönke/Schröder/Eser, Rn. 37ff. zu §2; Rudolphi-SK, Rn. 14ff. zu §2。

罰之規定，在適用時已無實體法律可用，通常只需在處理程序中加以解決即可❶。

　　溯及既往禁止原則最主要的意涵，乃在於當後法適用前行為時，將使得行為人陷入不利的情狀，也將使人有「前是而後非」的矛盾，更會使人欠缺指標性的行為原則，蓋行為人於行為時，並無刑罰法律的規範，而於行為後予以納入刑罰之中，若得以使後法適用前行為，則任何行為皆有不確定的危機，其不知未來可能入罪，而使之受到羈絆。如此不但法律欠缺穩定性與確定性，甚至還會有恣意羅織入罪的情形發生，是以刑法對於犯罪與處罰的規範，禁止溯及既往來適用前行為，這正是刑法第 1 條所稱「行為時之法律」的意義。惟溯及既往禁止是刑罰規範適用的基礎原則（當然也拘束立法者，不得任意制定溯及既往的法律規定），然當法律溯及既往並非不利行為人，而係有利於行為人的行為認定時，自然也非嚴格予以禁止。故禁止溯及既往原則，乃有其原則與例外關係存在。

一、原則：後法不得適用前行為

　　「後法不得適用前行為」的基礎標準，乃是溯及既往禁止原則的核心理念，其意義乃在說明，對於既有存在的行為，不能以行為後的法律，作為該行為適用的依據，其目的既是在避免因後法而惡化原有的法律地位，則舉凡下列情形，都屬於該原則禁止的範圍：1.原本法無規定之行為，而事後將其納入法律規定之中；2.原本法律所規定之行為處罰為輕，後法卻予以更重之處罰；3.原本法律雖有處罰，但刑罰手段屬於較輕質的制裁方式，後法將之改變成較重質的處罰方式，例如原本僅科罰金，後法卻將其改成有期徒刑。這三種情形，後法都較行為時的規定更為惡化既有的法律關係，自然必須受到溯及既往適用禁止原則之拘束。

二、例外：後法較利於前法

　　當後法並無惡化既有法律地位的時候，則溯及既往禁止原則，乃例外得以被

---

❶　在處理除罪化的程序上，基本上不需再考慮實體法的規範關係，除非實體法之除罪者，並非單純刪除法律之規定，而是採取「不罰」的處理方式，例如刑法第 26 條不能未遂之修正，即採取此種方式。採用不罰的方式，僅見於刑法總則的規定修正上，對於犯罪成立類型化規定的構成要件，不會採用「不罰」的立法方式。如涉及除罪者，都會以刪除的方式為之。除罪的規範關係，係指行為時有法律規定存在，而行為後已無法律規定之存在，是以根本無法以不存在的法律，作溯及適用的實體處理，故都以程序處理的方式來反應，亦即以程序免訴（刑事訴訟法第 302 條第 4 款）的方式來處理。

允許，亦即當 1.行為時法有處罰，但行為後法律變更為不處罰； 2.行為時法律規定之處罰為重，而行為後之法律處罰為輕。在這樣的情況下，如堅持仍以行為時之法律規定為適用，則一方面容易使得刑法陷入僵化，喪失刑罰制裁的意義與目的；另一方面會使得法律理念的變更，與社會價值產生脫節，蓋刑法法律規定由有變無、或是由重變輕時，乃反應社會非難的程度產生變化，對於制裁的觀念，乃需隨著這樣的社會脈動而調整，不應自我束縛與限縮，而形成法律僵化與脫節的現象。

溯及既往禁止原則乃是法律適用的節制原則，其主要反應在當法律於行為後有所變動的情況，而刑法第 2 條第 1 項的法律適用規定，乃是反應溯及既往禁止原則的具體化規定。

第二節　行為刑法原則

刑法一方面作為犯罪規範的法律規定，用以制裁犯罪；另一方面刑法也必須是人類行為客觀遵循的標準，作為客觀規範人類行為的依據。是以，刑法作為判定犯罪的法律規範，所以形成犯罪者，應為人類的行為所形成的權利侵害，因權利所以能被侵害者，必然是人的行為所致，權利應不至於為人的思想、素行或性格所侵害。故刑法當是以行為作為其規範的對象，刑法判斷犯罪的基礎對象，既在於行為（刑法第 1 條所定，「行為之處罰」乃為其意），唯有行為方得成為犯罪，亦唯有行為方屬於刑法非難評價的對象，此即所謂「行為刑法」原則之意旨。是以，行為刑法原則是作為刑法適用對象的認定原則。

任何法律規定，都有其明確的規範對象，刑法更是如此。刑法既是規範犯罪的法律規定，何以成立犯罪，必須明確加以定位，基本上，犯罪是指重大的權利侵害，而會造成權利侵害者，既不是人的本身，也不是人單純的想法，更不會是人的平常素行，會侵害權利而成立犯罪者，僅限於是人的行為，因此，刑法是以「行為」作為犯罪成立的判斷基礎，也就是以行為作為刑法法律的規範對象，故「無行為，即無犯罪」乃成為刑法的指標性原則，一方面作為界定刑法判斷犯罪的基礎；另一方面確認刑法規範的對象與屬性。刑法作為犯罪判斷的規範，僅能以行為作為認定犯罪成立的根本條件，倘若非以行為作為犯罪的判斷，皆非行為刑法所允許。

所謂「行為刑法 (Tatstrafrecht)」的概念，乃是指刑法判斷的對象，僅限於行為，不能以行為以外的其他人的因素，例如思想、人格、美醜、長相或素行等因

素，作為刑法判斷犯罪時的規範對象。然而，刑法所有的規範，從犯罪的形成，到法律效果刑罰的產生，乃至於到刑罰執行的管考，特別是假釋，都是屬於刑法所必須加以規定的事項，特別是在具體的刑罰裁量時，必然會審酌到人的因素，包括行為人內在思想的動機、情緒與態度，也包括人平日的素行，這些規範似乎都不是單純以行為作為規範對象，是否因刑法的規定中，也有審酌非行為的事項，而謂刑法並非行為刑法？其實不然！固然在若干的規定並非是以人之行為作為規範對象，反而是以人的因素作為規範的內涵，但這樣並不能否定刑法為行為刑法的本質。蓋定位刑法規範的屬性，是以判斷可罰性的形成為基礎，詳言之，是以刑法得以處理的基本前提作為判別的依據，也就是刑法是以何種對象作為判斷犯罪的基礎。當犯罪成立的判斷基礎被限定在「行為」時，則所形成的刑法屬性，乃屬於「行為刑法」；反之，如將「人的本身」作為成立犯罪之基礎判斷條件時，即會使得刑法屬性成為「行為人刑法 (Täterstrafrecht)」；如以「思想」為成立犯罪基礎者，則形成「思想刑法 (Gedankenstrafrecht)」；如以「素行」作為犯罪之基礎者，則形成「素行刑法 (Lebensführungsstrafrecht)」。

刑法第 1 條規定明白揭示「行為之處罰」，係以行為作為處罰的依據，蓋唯有行為會成立犯罪，也只有犯罪的行為，方會落入刑法的評價之中。犯罪的判斷，不能以行為以外的事項，作為認定基礎，否則將有悖於行為刑法的原則，造成法律規範有瑕疵。嚴格而言，犯罪是刑法規範的核心任務，而得以成立犯罪者，僅限於行為。犯罪成立之後，對於犯罪的制裁，所賦予的刑罰，必須以行為的侵害關係作為基礎，刑罰的種類與處罰的輕重，都必須以犯罪作為基本前提，如無犯罪行為存在，不但不能產生刑罰的關係，更不會發生對人的評價關係，亦即沒有行為就沒有犯罪的存在；沒有犯罪就不會有刑罰發生的問題；沒有刑罰可以發生的前提，自然也沒有刑罰裁量的關係存在，因此，刑法規範的根本前提，是界定在行為，故其屬性為「行為刑法」，舉凡違背這樣的指導原則者，都可能是有瑕疵的法律規定❷。

---

❷ 刑法的屬性，到底是「行為刑法」或是「行為人刑法」？還是根本無屬性可言？其決定的標準，乃在於作為適用前提的對象為何的問題。就刑法而言，判斷犯罪成立與否，乃是所有刑法規範的基本前提，沒有犯罪的判斷，自然不會有刑罰的發生，也就不可能產生對於刑罰衡量的問題，故而，以何種對象作為犯罪成立判斷的基礎，就成為法律規定屬性決定的基準，以刑法而言，會成立犯罪者，僅限於行為所形成的權利侵害關係，故其係以行為作為犯罪判斷的基準，其屬性當屬「行為刑法」。然而在刑法的規定中，卻仍舊

第三節　罪責原則

　　刑法既以行為作為其評價的前提條件，對於具體行為所生的侵害（危險或實害），其應如何加以評價？對於行為及其所生侵害的非難程度如何？以及刑罰對於行為反應的強度與程度為何？都必須遵守一定的界限，若行為人因所為行為造成權利的侵害，對於行為所生具體事實的可非難性程度，必須因行為人主觀犯意的差異、行為形式的不同，以及侵害法益的個別化關係，在具體否定的非難程度與層次上，也必須作差異性的認定與處理。以行為非難性的確認，作為行為人所應承擔刑事責任的基礎，並以此而為刑事制裁手段的前提❸，故罪責乃為刑罰的前提條件，刑罰制裁的輕重、程度的高低，制裁手段的範圍與類型，均須以行為人所為行為的責任，作為認定與節制的基準界限。若無罪責，則無刑罰 (nulla poena sine lege culpa)。

　　罪責原則是刑法判斷刑事責任，並作為刑罰科處基礎的原則。簡單地說，處罰的輕重，必須以罪責作為指標。惟罪責的形成究竟是以何為依據，必須在刑法中明確揭示出來，否則既無法作為刑事責任認定的基礎，自然也無由發生刑罰處罰的問題，更不用說處罰程度的輕重。罪責乃反應行為人所為行為的惡性，其根源係源自行為人主觀意思的形成，故刑法第 12 條之規定，行為非出於故意或過失者，不罰。而過失的處罰又須有明文規定為限，此乃揭示刑事責任的基礎，必須出於行為主觀的犯意，非有犯意的存在，即無罪責的判斷。而犯意的本身，又須藉由行為以展現其主觀犯罪意思，並對於法律所保護權益的侵犯。是以罪責的判斷，乃取決於雙面的非難性格：1.行為人主觀意思及客觀行為，對於行為人主觀意思及客觀行為的不法非難；2.其對於法規範秩序敵對態度的不法意識的非難，

　　存在著悖於刑法基本屬性的矛盾規範，例如累犯的規定（第 47 條），累犯所以為刑罰之加重者，並非因其行為所致，而是因之前的犯罪行為，在本質上，發生刑罰的前提，並非在於行為，而是行為人之前的素行，亦即累犯加重至二分之一，所以發生此二分之一的刑罰效果者，並非行為，而是行為人之素行，此種規範固然有其歷史的形成關係，以及思維的基礎，但終究違反行為刑法的要求；同樣地，刑法第 134 條規定所謂非純正身分犯的公務員刑罰加重事項，其所以發生刑罰加重者，也非行為，而是行為人的身分關係，此規定顯然也不是以行為作為刑罰認定的依據，而是以行為人之身分，這樣同樣違反行為刑法的要求。事實上，違反行為刑法要求者，其規範都存在有問題，甚至都有悖誤之虞。

❸　Vgl. Kaufmann, Arthur, Das Schuldprinzip, 2. Aufl., 1976, S. 15。

作為罪責內涵的基礎，是以罪責乃源自行為人主觀惡性及客觀的不法，其惡性的程度與不法內涵，乃罪責決定的前提。

罪責判斷的前提條件，在於因行為所生的侵害關係，藉此以作為刑事責任存在與否判斷。罪責原則在刑法中揭示四個基本指導方針：

一、行為罪責

罪責形成的基礎，在於行為，而非在於行為人本身，或是其素行或性格，而行為必須是行為人有意識的行為，亦即行為必須是出於故意或至少有過失，方足以形成罪責（第12條），倘若非屬於有意識行為所生之侵害，則雖有侵害權利的情形，仍非屬於刑法所論斷的範圍，例如行為人因夢遊而撞傷人，夢遊並非行為人有意識之行為，自然無法論其為故意或過失，其根本不是刑法認定犯罪的行為，故不具有刑事責任；另外對於因精神障礙所為之行為，例如精神病患所為之侵害，其根本不解其行為之意義，刑法對此種行為，也僅能認定其不具有刑事責任（第19條第1項），而不使之承擔刑罰。

二、行為時罪責

罪責所以反應行為人因其行為的可受非難性，此非難性的判斷，既在於行為所形成，則罪責判斷的時點基礎，乃在於行為時，既非於行為前、亦非於行為後，罪責判斷的時間點既在行為時，則行為時行為人若屬於無責任能力人，不論是其年齡的因素，或是因精神障礙的原因，則該行為的可受非難性，即屬有缺陷，自無法以其行為後的修復，而認定其具有罪責。

三、罪責為刑罰效果的界限

刑事制裁係建構在行為人行為所生的罪責之上，制裁程度的輕重，乃以行為之可非難性為基礎，刑事制裁不可逾越罪責的範圍，此為超量（或稱逾越）禁止(Übermaßverbot)之限制，刑罰必須受到罪責範圍的嚴格拘束，換句話說，罪責是刑罰制裁的嚴格界限，舉凡刑罰的處罰，都必須限制在罪責的範圍內方得以被允許，刑罰的科處，必須嚴格受到罪責的拘束，任何刑罰之科處，都不能超出行為罪責的範圍，否則即為法所不允許，而有違背罪責原則。

四、罪刑相當

刑罰程度的輕重，必須遵守著罪責之程度，避免有重罪輕罰、輕罪重罰的情況，在構成要件中，罪與刑的關係，必須受到責任輕重的節制，例如殺人罪之罪責應重於一般財產犯罪；而故意犯罪應重於過失犯罪，是以罪責原則同時也反應出罪與刑相當的指導關係。

第四節　謙抑原則

刑法所要規範的事項，為社會中侵害權利最嚴重的犯罪行為，而犯罪所以必須以刑法加以非難者，乃因其侵害社會共同生活所重視的權利，以及平和法秩序下的基本價值，此種犯罪侵害關係的存在，足以撼動法社會的存利基礎，造成社會價值體系的緊張狀態，也導致法秩序平和狀態的受損，法社會必須採取對應性的手段，以使得受侵害的法秩序與法平和，回復其平靜狀態。而刑法理念的基礎，乃建構在法社會中社會倫理的價值理念之上❶，亦即刑法所要加以保護與規範者，乃屬於法社會中共同存在的價值，其透過法益的保護，作為權利保障的宣示，透過刑法規範及犯罪構成要件的體系，宣示對於倫理價值的防衛。

刑法所非難者，固然為違背或侵害社會倫理價值的行為，但並非所有違反或侵害社會倫理價值者，均為犯罪、均須以刑法加以規範。作為法社會防衛的機制，刑法僅對最嚴重的權利侵害行為加以規範，在法社會中，透過法律體系，作為正式社會控制的手段，法律體系本具有分工的作用❶，不同的法律關係，分由不同

---

❶ 刑法為所有法律中，最具有社會倫理色彩的法律規範，一者刑法規範的禁止或誡命內涵，其雖反應在權利的侵害面向，但此權利侵害的非難關係，主要係源於社會倫理價值的基本理念；再者，刑法本然性的基礎規範內容，不論是姦、淫、擄、掠、燒、殺、搜、刮，其所反應的基礎價值，均為人類社會所共同接受與尊重的價值，故刑法規範本於其社會防衛手段的性質，舉凡社會倫理所關注者，皆屬其主要規範的對象，此為法學所共同認知的基礎理念。參照林山田，刑法通論（上），10 版，54 頁；Wessels/Beulke, Strafrecht AT, 39. Aufl., S. 3。

❶ 刑法並非對於所有的社會現象均加以規範，其僅針對危害社會秩序，或是侵害權利嚴重的犯罪，方為其規範的範圍。刑法因其規範的對象，屬於法秩序中最嚴重的犯罪問題，其僅屬於社會眾多法現象的一環，其固然具有法益保護的作用，但並非所有的法益均由其保護，故刑法規範乃有所謂不完備或從屬的特性 (fragmentarische u. akzessorische Charakter)。Hierzu vgl. Jescheck/Weigend, Strafrecht AT, 5. Aufl., S. 52f.。

的法律機制做處理，私人間的財產或身分關係，乃由民法規範，即使有侵權行為的情況，亦屬於民法調處的範圍；若是國家或政府與人民的權利義務關係，不論是否有涉及權利的干預或義務的負擔，乃屬於一般行政法處理的範圍。唯有對於法秩序嚴重侵害的犯罪，其一者具有較高的社會倫理非難性；再者其所造成的權利侵害，亦屬法社會中難以容忍的狀況，一般性的法律手段無法作為有效回復法秩序平和的手段，唯有透過刑法的作用，方足以平復法秩序所生的危害。此時乃屬刑法發動的前提，是以**刑法乃整體法秩序中，正式社會控制手段的最後手段**(ultima ratio der formellen Sozialkontrolle)❶。刑法在整體法律體系中，所擔任的角色，係對最嚴重侵害行為的規範，在整體法秩序中，作為規範行為的法律規範，刑法之後，已無其他法律規定存在，刑法乃社會防衛的最後界限。

　　刑法對於犯罪的對抗，採用相當嚴厲的刑罰手段，而刑罰乃屬於剝奪犯罪行為人基本權利（自由、財產等）的制裁性手段。在所有社會防衛手段中，最嚴厲的手段，係為具有權利剝奪性質的制裁手段，而刑法更是所有制裁手段中，最嚴厲的制裁手段。因其具有相當嚴厲的性質，刑罰本為權利剝奪最嚴厲的手段，一經啟動，通常會造成無法回復的後果，其固然是對抗犯罪的手段，但對於犯罪的確認，以及對於罪犯的制裁或處遇，若有失慮之處，必將造成無可填補的效果，故對於刑法的發動，更須審慎。

　　刑法既屬於社會防衛的最後手段，意指當法秩序或權利受到侵擾的情況，如有較為柔性的法律得以規範時，刑法不宜遽為介入，此即刑法之謙抑原則 (Grundsatz der Bescheidenheit)，亦稱之為刑法的最後手段原則 (Grundsatz der ultima ratio)。刑法的謙抑原則，主要反應在二個層面上：1.法律規範具體適用的斟酌，應遵守最後手段原則；2.刑罰制裁手段的運用，應兼顧刑罰的適當性。

第一項　規範的審慎適用

　　刑法作為社會抗治犯罪的最後手段，一者在刑法之後，已無法律得以作為犯罪對應的規範，倘若刑法亦無法發生抗治犯罪的作用時，社會將再無規範得以適用，基於此故，刑法的啟動，必須審慎，不可遽將刑法推至社會防衛的第一線；再者，刑法本為制裁法之最，其嚴厲的程度，動輒剝奪人的自由與財產，亦即當

---

❶ 李斯特 (Franz von Liszt, 1851～1919) 認為，刑罰固為抗治犯罪的手段，但絕非唯一的手段，更非最有效的手段。Vgl. Franz v. Liszt, Strafrechtliche Aufsätze und Vorträge, 2. Bd. 1905 (Nachdruck 1970), S. 295。

刑法發動之時，必然造成自由與財產的強制性干預，此種嚴厲的強制性干預手段，雖是對抗犯罪不可或免的手段，但如能少用就應儘量少用，刑法唯有不得已時，方有啟動的必要。

刑法本於其最後手段的要求，對於犯罪成立的判斷，本應更為嚴格，同時在法律的適用上，亦當更具有人道的退讓思維。謙抑原則反應在具體法律規定中者，特別是對於輕微犯罪的情況，倘若得使刑法的適用關係轉向，亦即能不以犯罪視之時，應儘量採取寬容性的認定，在學理上對於竊取微不足道之物、口腹竊盜等極輕微的財產犯罪，亦發展出所謂不具「可罰的違法性」，作為規範迴避適用的理由；甚至犯罪具體事實的成立與否，若在判斷上有規範適用的疑慮時，亦應儘量採取規範不該當的認定，而非盡可能的羅織入罪。

刑法謙抑原則雖非屬於刑法內部支配性的基礎原則，而是屬於刑法理念的原則，亦即其屬於刑法宣示性的基礎理念，此種原則的違反，故不若罪責原則或法定原則一般，具有具體的內部效應，但在法治國思想下，刑法的運用，本應格外審慎，不應輕易入罪❼，而造成刑法的負面效應。

第二項　刑罰手段的運用

具體的犯罪行為事實成立之後，成罪的法律規範方得以適用，進而產生如何處罰的制裁問題，此乃進入科刑的階段。基於罪刑法定原則的要求，具體犯罪行為事實相對應的法律規範，本有法律效果的法定刑存在，依據法定刑的種類與範圍，作為具體刑罰科處的根據。通常法定刑係作為全般同類性犯罪的法律效果，然個別行為事實情狀不一，對於具體的行為事實，選擇適當的刑罰程度與類型，乃須有一定的遵循標準，通常在法定刑的範圍中，有刑度的上下之分，如何能達到罪刑相稱的科刑妥當性？此乃成為刑罰手段具體運用上的重要課題。

刑罰手段在抗治罪的功能上，或許僅能以「必要之惡」視之，刑罰的本質具

---

❼ 現行刑法運作的現況，規範運用最浮濫者，莫過於二端：1.刑法第 146 條第 2 項關於幽靈人口的規範，該項規定本不應存在，卻因實務過度認定的結果，而將此種選舉投票問題，遞為入罪的規範；2.刑法第 132 條洩漏國防以外機密罪的適用，該條規範既規定故意、亦規定過失；既規定公務員、亦規定非公務員，在規範的內容上，已經過度擴張，而成罪條件的認定上，實務更是將其適用範圍推至極限，形成恣意羅織入罪的法律規定，蓋實務的認定，舉凡非屬於國防秘密以外的應守秘密事項，均該當該條的規定，使該條成為名副其實的包山包海規定。參見柯耀程，刑法問題評釋，109 頁以下；柯耀程，洩漏國防以外秘密之洩密罪，月旦裁判時報，第 5 期，2010 年 10 月，111 頁以下。

有嚴厲性的應報色彩，雖然是回復法秩序平和的不可或缺手段，但刑罰終究具有一種惡害的本質，倘若能不動用，應儘量避免其發動，刑罰僅應在不得已的情形下，方有啟動的必要。若動輒將刑罰推到第一線，非但有動輒得咎的隱憂，更會造成社會對於刑罰的鈍感，再者當刑罰功能喪失時，法秩序將再無可對抗犯罪的手段❸。刑罰的動用必須格外審慎！在刑法既有規定的內容中，其實存在著刑法謙抑性的理念，其中包括刑罰轉向的思維，以及輕微犯罪減輕或不予科刑的規定。

　　刑罰轉向的思維，主要反應在三個層面：1.易刑處分的規定，主要為自由刑易科罰金（刑法第41條）及易服社會勞動（刑法第41條及第42條之1）的規範；2.刑罰暫緩執行的緩刑構想（刑法第74條），對於一定刑罰效果宣告者，若以暫不執行為適當時，得以為定期間及附條件的緩刑；3.提前釋放的假釋機制，對於機構性處遇的受刑人，若其有悛悔實據，且無害於法秩序的前提下，得於其刑之執行一定期間之後，予以假釋而提前回歸社會。

　　至於輕微犯罪的刑罰豁免思維，主要係針對於特定的輕微犯罪（如刑法第59條、第61條規定），因其犯罪情節甚為輕微，若動用刑罰的制裁，仍有情輕刑重的疑慮，此時允許為刑罰的免除或特別減輕。

第五節　無罪推定原則

　　刑法雖受到法定原則的具體拘束，在刑法規範的適用上，必須法有明文，方得以論罪與科刑，但法律本是透過文字形成，法律概念存在有一定的抽象性，其對於所規範對象的範圍與條件的界定，或因法律文字的意義、或因規範目的的內涵，並非全然明確清晰，故在法律規範的適用上，乃至在確認唯有罪的法律確定前，既不能遽為不利益的推論，也不能遽為有罪的論定，是以，具體法律的適用，在未得確認條件完全該當前提下，應視為無刑法規範的適用；而在確認行為人有罪之前，亦應將其視為無罪，此乃為無罪推定 (in dubio pro reo) 的基礎理念。

　　「無罪推定原則」的萌芽，主要係受啟蒙思想的影響，認為人不應淪為程序處理之客體，而應具有法律主體的地位，其係人類思想發展過程的產物，一者因人性尊嚴尊重與人權保障理念的蓬勃發展；再者，對於集權主義下「嫌疑刑罰 (Verdchtstrafe)」的反動，在刑事司法上確立了「無罪推定」的基本原則，也就是在刑事司法上，若不能明確證明犯罪事實成立，則須為有利於犯罪嫌疑人之認定。

---

❸　重刑化與刑罰輕易動用所生的弊端，參見柯耀程，變動中的刑法思想，2版，487頁以下。

「無罪推定原則」首先形諸約束性法律條文之規定者，當推 1950 年歐洲人權公約，在公約第 6 條第 2 項，即明文揭示「因可罰行為之被告者，於其犯罪被依法證明之前，須推定其無罪」。

在法治思想下，任何人並不需對其無罪加以證明。犯罪事實的存在與否，必須作積極性的確立，不能僅因消極地不能證明其不存在，即認定犯罪事實存在。因此，「無罪推定原則」在法規範的體系中，係屬於「保護規範 (Schutznorm)」[19]，國家不能因其無法完全證明犯罪事實存在，即將不利益之負擔歸於犯罪嫌疑人。是故，無罪推定原則乃具有人權保障功能 (Garantiefunktion der Menschenrechte)，其在防止國家對於犯罪嫌疑人為任意性之不利裁判。

無罪推定原則在實體法所具備的拘束性效力，主要在於對規範的要求，亦即當具體事實的規範該當性有疑慮時，不論是主觀要件或客觀要件的懷疑，均應受到此原則的拘束；反觀無罪推定原則作用於刑事程序法，其主要的作用則在於對於具體事實的認定，倘證據不足以形成事實存在的確認時，即須為事實不存在的認定。從而，無罪推定原則在實體法的主要拘束對象，乃在於對於規範評價的該當性作用；而在程序法的作用，首要任務，則在於事實認定的根本要求。

---

[19]　如歐洲人權公約第 6 條第 2 項之規定「因可罰行為之被告者，於其犯罪被依法證明之前，須推定其無罪」。Vgl. Löffeler, "In dubio pro reo" — einheitliche Antwort auf alle Zweifelsfragen?, in: JA 1987, S. 77.

⚜ 第三章　刑法的效力 ⚜

　　法權為國家主權之一，而國家的主權都有一定的範圍，只有在這一定範圍內，國家才可以主張其所擁有的主權，並對抗對於主權的干擾或侵犯。法權主要反應在國家的法律制度，從法律的規定，到依據法律所為的權利行使，都是在這樣一個權限範圍內，方得以主張。刑法為國法的一種，當然其效力的範圍，也僅能在主權得以主張的範圍下，方具有其規範的效力。

　　刑法適用判斷的對象基準，係建構在行為所生法益侵害的具體行為事實之上，而行為本屬於行為人主觀意思的展現，行為從開始著手到造成法益侵害的結果發生，通常具有一定的階段性與延續性性格，甚至行為的著手與法益侵害結果的發生，具有時間與空間的跳躍情狀時，刑法是否得以規範？乃屬刑法效力決定的議題。固然刑法以行為作為其適用判斷的基礎前提，行為之所在，乃刑法效力範圍決定之所在，然行為亦必須在刑法得以適用的範圍內，該行為方屬於刑法所要予以制裁的對象。

第一節　決定原則

　　決定刑法適用效力的基本原則有四：1.屬地原則（或稱領域原則，Grundsatz der Territorialität）；2.屬人原則 (Grundsatz der Personalität)；3.保護原則 (Schutzprinzip)；4.世界法原則 (Universalprinzip, Weltrechtsgrundsatz)。

　　該四原則雖為決定刑法效力的原則，然其在具體判斷上，有其基本與輔助性的關係，是以在決定刑罰權的存在與否？刑法是否得以適用？通常係以行為之所在的屬地關係，作為判斷的依據；若行為非屬於刑法適用地的範圍內，則再檢視行為人是否為本國人；倘若行為地與行為人均非屬於刑法原則性適用的範圍與對象，而是被侵害的對象時，則刑法的適用，乃須藉助保護原則與世界法原則，作為適用的決定。

　　具體地說，刑法為國家刑罰權判斷的基礎，而刑罰權係國家主權的一環，國家主權有一定的範圍，是以刑罰權亦有一定的效力範圍，而決定此一刑罰權範圍者，通常有二個基礎原則存在，即刑法的效力及於一定領域的「領域原則（或稱屬地原則）」；以及刑法的效力及於一定人的「屬人原則」。惟此二基本原則的規範，僅能對於我國具有主權主張的領域，以及對於本國人而適用，但對於非本國領域外之非本國人的犯罪行為，其侵害的對象為本國人或本國之法益，或是侵害

國際社會共同認定的基本價值時，此二效力決定的原則，則顯得有所侷限，故而在刑法的效力決定基礎上，除關於領域與人民的適用二原則之外，更輔以「保護原則」及「世界法原則」，此種刑罰權效力的決定，已經成為全世界法治國家根本的理念，在領域與人民的適用基礎上，輔以保護原則及世界共同維護與保障的理念與價值之世界法原則，不但使得刑法保護的功能得以彰顯，作為國家存在價值之本國人民的權利，得以受到本國法權之保障，也使得身為國際成員的國家，得以共同對抗國際所禁止的國際公罪。

　　雖然刑罰權決定的效力原則，有二主二輔的四個原則，這四個原則的彼此關係，是相輔相成互為補充的適用基礎，例如在本國領域外對於本國航空器犯刑法第 185 條之 1 之劫持航空器罪、或第 185 條之 2 之危害飛航安全罪，倘若行為人為本國人者，則得以為刑法適用的基礎判斷關係，既得以屬人原則決定，亦得以保護原則適用，也因劫持航空機或危害飛航安全的犯行，屬於國際社會共同對抗的國際公罪行為，亦得以根據世界法原則，作為決定刑法適用的規範基礎；惟倘若行為人為外國人時，則我國刑罰權得依保護原則與世界法原則而得到確認；又倘若被攻擊者為外國之航空器時，如行為人為本國人，則我國刑罰權之存立判斷，得依屬人原則與世界法原則決定之。是以刑罰權效力範圍判斷的四個原則，彼此間是相輔相成，彼此交錯而形成一個刑罰權判斷的嚴密網絡❶。

---

❶ 理論上刑罰權的主張，係屬於一個國家主權的宣示，雖然有若干治外法權關係的例外，但基本結構上，應不能有漏洞存在。很遺憾的是，我國刑法第 7 條與第 8 條的規定，在刑罰權成立的條件上，加上「最輕本刑為三年以上有期徒刑者」，並不恰當，蓋一方面形成刑罰權之選擇性關係，造成國家主權的存在需有選擇性的謬誤；另一方面形成對於本國人之縱容，其在本國領域外只要非屬最輕三年以上有期徒刑之罪者，均可免除刑罰之拘束，無異是放縱本國人得以在領域外胡作非為。其次，在第 8 條之規定，則成為對於本國法益保護有所不周的弊病，外國人對於本國人民之犯罪行為，只要非屬最輕三年以上有期徒刑之罪者，均可免除我國刑罰之拘束，無異是自我放棄刑罰主權的規定。而第 9 條亦屬於刑罰權主張之規範，對於適用刑法的行為，即使在國外受裁判與處罰，刑罰權之主張仍「應」存在，而非仍「得」存在，所不同者，應非刑罰權之主張，而是要不要再予以追訴或處罰而已。是以這些攸關刑罰權之根本規範，值得檢討修正。雖然修法過程中，有提議研修，可惜的是，這三條均維持現狀未予以調整。參照柯耀程，法例，二〇〇五年刑法總則修正之介紹與評析，2005 年 4 月，53 頁以下，56 頁註 3。

第一項　屬地原則

屬於屬地原則的規定者，有刑法第 3 條、第 4 條之規定。

屬地原則一般稱為領域原則，係指凡在本國領域內所為的犯罪行為，不問行為人或是被害人是否為本國人，均受到本國刑罰權之拘束❷。此一原則係基於國家法權範圍的根本觀念而來，亦即一個國家的法權效力及於其所統治的一定領域。刑法第 3 條前段之規定「本法於在中華民國領域內犯罪者，適用之」，即是宣示領域原則的基本規範。刑法的效力，原則上以領域內的犯罪，為其規範的對象，惟所稱「領域內犯罪」者，其範圍應如何予以界定？蓋犯罪包含有行為與結果，甚至有所謂中間現象或中間地帶，其可能發生於領域範圍外，是以刑法第 4 條規定，犯罪行為或結果，有一在領域內者，即有刑法的適用，此種行為地與結果發生地差異的情況，自然也包括其間的中間現象或中間地。故行為、結果或行為與結果發生的中間地，只要有在領域內者，即屬刑法適用的範圍。

惟稱領域者，有固有之不變領域與移動領域之分，所謂固有領域者，乃包括領土、領海與領空，在領域內犯罪者，均屬刑罰適用之範圍，至於領域內犯罪的界定，依刑法第 4 條之規定，犯罪之行為或侵害之結果，有一在領域內者，為領域內之犯罪，即使行為與結果之中間過程，亦屬行為之一部分，只要有一在領域內者，即屬刑法效力所及之範圍❸。惟自固有領域的觀念下，因國際交往的關係，基於國與國之間的尊重與互惠關係，領域的觀念，會有延伸及限縮的情況存在，其主要的情形有二：

1.我國在外國的駐外使館或領事館，基於國際法的基本原則，駐外使館屬於一國在駐在國行使國與國權利義務關係的機制，為一國主權代表的機構，當屬派駐國主權的範圍，是以在我國駐外的使領事館內犯罪者，視同在本國領域內之犯罪論，此為領域的延伸❹。

---

❷ 領域原則固然主張在本國領域內之犯罪者，均有刑法之適用，但基於國際外交禮遇之尊重關係，或是依國際慣例或契約關係，對於在本國領域內之特定外國人，得免除刑罰權主張，例如外國元首及其隨行人員，外交使節、領事人員或是其隨行之人等，是為領域原則之例外。

❸ 參見最高法院 70 年台上字第 5753 號判例。另關於在中國大陸地區之犯罪，是否得以適用我國刑法？雖然經最高法院之認可，但本國刑罰權果真能適用及中國地區？恐是一種掩耳盜鈴的心態而已。參見最高法院 90 年台上字第 4247 號判決。

❹ 最高法院 58 年度第 1 次民、刑庭總會會議決議㈡：刑法第三條所稱中華民國之領域，依

2.相對地，對於外國派駐我國的使領事館，其主權之範圍，也屬於派駐國，雖然使領事館之駐在地為我國固有領域範圍之內，但基於國際法上之慣例，為尊重派駐國之主權關係，雖然形式上駐在地仍屬本國之領域，在其派駐之使領事館內之犯罪行為者，固得以主張刑罰權，但關於處理程序之刑事管轄權之發動與行使，當尊重派駐國之意思，倘若派駐國同意放棄其刑事管轄權時，我國刑法方得介入處理。

又因國際交通的發展，國與國之人民往來日益頻繁，而所依賴之公眾運輸工具者，多為船艦與航空器，若依固有領域的界線來觀察，船艦與航空器在離開本國領海（十二浬）或領空時，即脫離刑法規範的範圍，當在非領域範圍內之船艦或航空器內之犯罪行為，將形成規範上之真空狀態，於是各國刑法莫不對於具有移動性之跨國間之公共交通工具，作刑罰權適用範圍之規範，我國刑法第 3 條後段之規定「在中華民國領域外之中華民國船艦或航空器內犯罪者，以在中華民國領域內犯罪論」即屬之。惟所稱本國船艦與航空器應如何界定？依一般國際之慣例，在形式上多以「國旗原則 (Flaggenprinzip)」為認定之基準，亦即船艦或航空器所懸掛或鑄印之旗幟為認定之基準；然實質的判斷關係者，則都是以船艦或航空器註冊地作為認定標準，亦即船艦或航空器之登記國，具有依領域原則之刑罰權之適用。是以船艦或航空器乃被視之為「想像（或稱擬制）的領域」，或稱之為「移動領域」，在屬於我國之船艦或航空器內之犯罪行為，本國刑罰權自得予以主

國際法上之觀念，固有真實的領域與想像的（即擬制的）領域之分，前者如我國之領土、領海、領空等是，後者如在我國領域外之我國船艦及航空機與我國駐外外交使節之辦公處所等是，但同條後段僅規定在我國領域外船艦及航空機內犯罪者，以在我國領域內犯罪論，對於在我國駐外使領館內犯罪者，是否亦屬以在我國領域內犯罪論，則無規定。按國際法上對於任何國家行使的管轄權，並無嚴格之限制，在慣例上本國對於本國駐外使領館內之犯罪者，能否實施其刑事管轄權，常以駐在國是否同意放棄其管轄權為斷。是以對於在我國駐外使領館內犯罪者，若有明顯之事證，足認該駐在國已同意放棄其管轄權，自得以在我國領域內犯罪論。此一決議內容，似乎誤解我國對於駐外使領館之領域觀念，一般而言，在本國使領館內之犯罪，應視為本國領域內之犯罪，至於本國刑事管轄權是否發揮其應有之作用，亦即刑事程序是否得以開啟，乃是事實上之問題，並非刑罰權主張之問題。同樣地，當犯罪發生在外國駐本國使領事館內時，本國雖也得主張刑罰權，但必須視外國之刑罰權是否同意放棄而定。另有與本文不同而與實務相同之意見者，認為現行法並未明文規定我國之駐外使領事館內之犯罪，以在本國犯罪之明文，為避免類推問題，自不宜認定適用我國刑法之適用範圍。參照林山田，刑法通論（上），10 版，132 頁。

張，不問船艦或航空器所在之地域是否屬於本國之固有領域之內❺。

第二項　屬人原則

屬人原則之基礎，乃在於一國之人民，不問其身分為何，或為公務員或為一般國民，都應受其本國法律規範之拘束，並同受其規範之保護，此乃事物之本然，故除此基本觀念之外，在刑法第 6 條、第 7 條之規定，即屬於屬人原則之規範。

所謂屬人原則者，乃謂凡本國人違反本國刑罰法律，無論行為人身處何處，是在本國領域內或是本國領域外，均受到刑法之規範❻。而屬人原則所稱之本國人者，其認定標準係以國籍 (Staatsangehörigkeit) 作為基礎，故只要具有我國國籍者，即屬刑法上所稱之本國人，基於本國人受本國法之規範，以及國家對其人民之主權關係，均適用刑法之規定。至於雙重國籍之人，在刑法的適用上，只要其具有本國國籍者，不問其是否尚具有其他國籍，仍屬刑法得以規範的範圍。

原則上，屬人原則係源自於國家與人民間基本連帶關係而存在，本不須透過法律加以創設，惟對於本國人在本國領域外之犯罪行為之規範，刑法第 6 條及第

---

❺ 領域原則固為判別刑罰權效力之基本原則，而對於具有移動能力的本國船艦或航空器，特別予以明文規範，將其視為本國領域的範圍，從而在本國航空器內之犯罪者，自然視為在本國領域內之犯罪，但如對於航空器所犯者為劫持或危害飛航安全之行為者，則如航空器屬於本國所有者，自得適用本國刑法（第 4 條、第 5 條第 4 款、第 7 條）；即使航空器非屬本國所有，基於國際飛安共同之要求，我國刑法亦得主張刑罰權之適用（第 5 條第 4 款），此則又為國際法原則之適用關係。另參照最高法院 69 年台上字第 4852 號判例。

❻ 惟屬人原則仍有若干例外存在，如憲法第 52 條規定，總統除犯內亂或外患罪外，非經罷免或解職，不受刑事上之訴究。另外憲法第 73 條及司法院大法官會議釋字第 165 號解釋，關於立法委員或地方民意代表在議會期間所為之議事事項言論，對外不負責任。此等例外究竟僅是程序追訴之障礙？或是刑罰權之豁免？嚴格而論，刑法既是犯罪之基本規範，何種行為為犯罪，自有構成要件加以規定，並不會因人的身分關係，使原為犯罪者，變成不是犯罪，是以屬人原則對於元首或是民意代表所作之例外，應非針對於刑罰權，僅是針對於刑事追訴的豁免而已，倘若解讀為刑罰權之排除，則刑法的效力乃被切割，而存有差異性之情況存在，恐非法治原則下之本旨。至於所謂言論免責的意義，並非針對於全部刑罰權之認定，而是是否成立犯罪的問題，在類型的構成要件中已經有所規範，故對於民意代表因會議期間所為之尊重者，應僅限定為刑事追訴的關係，而非刑罰權之豁免，此觀乎憲法第 74 條甚明。不同意見者，參見黃榮堅，基礎刑法學（上），3 版，43 頁。

7條特別設定規範適用的關係。第 6 條的規定，主要係針對公務員在本國領域外之特定犯罪行為，所作的適用規定，在第 6 條的規定中，包括公務員之瀆職罪（第 121 條至第 123 條、第 125 條、第 126 條、第 129 條、第 131 條、第 132 條及第 134 條）、公務員縱放人犯罪（第 163 條）、公務員職務上登載不實罪（第 213 條）及公務員侵占公物罪（第 336 條第 1 項），凡此所規定之事項，根本上都是屬於公務員職務犯罪的類型，且係針對得以在本國領域外所犯者。

　　另外，對於本國人於本國領域外之犯罪行為者，在第 7 條加以規範，惟其設定二個限制性條件，即 1.必須所犯為最輕本刑為有期徒刑三年以上之刑之罪，如所犯之罪不在此一範圍之中，則本國刑法並無適用之餘地❼； 2.所犯者，非依犯罪地之法律不加處罰者，倘若依犯罪地之法律不加處罰，則並無我國刑法之適用。

　　刑法乃刑罰權規範的基礎，而刑罰權屬於國家專屬性的權力，屬於國家主權的範圍，國家對於主權的主張，原則上並不能自我予以限縮，不論是對於本國人於領域外的犯罪行為規範，或是對外國人於領域外對本國人之犯罪，其所生的犯罪行為，均應由刑罰權作宣示性的主張，故對於領域外犯罪的刑法適用，不宜在條件上作任何限制。觀刑法第 7 條的規定，本國人於領域外的犯罪，其罪刑之輕重，必須屬於最輕本刑為有期徒刑三年以上之刑之罪，刑法方得以主張，此無異係一種對於本國人的特別縱容，意即只要不在本國領域內的犯罪，刑法的處罰有特別性的優惠，只要行為未落入最輕本刑為有期徒刑三年以上之刑之罪的範圍，領域內視其為犯罪，得為刑法適用，但在領域外，則非屬刑法效力所適用的範圍，此種適用規範，容易造成刑法規範上的漏洞。除非本國人所為之行為，在表象上似有落入構成要件的規範中，惟因所在地的法律並未對之予以規範，此即所謂的文化與法治理念的差異，對於行為於所在地法未加處罰的情形，本國法律雖似有該當的情形，仍不能逕以刑法規範予以處罰，故刑法第 7 條所規範的刑法效力限制，有嚴重的漏洞。

---

❼　刑法第 7 條的規定，對於刑罰權之主張，自我設定限制性條件，這樣的立法，顯然有嚴重之瑕疵，應加以修正，去除刑度限制條件。蓋對於本國人在領域外之犯罪行為，本於屬人原則之拘束，應一體適用，不應作犯罪輕重程度之限制，否則易形成刑法縱容本國人於領域外之行為。觀各國之立法例，如德國刑法 (§§6、7)、瑞士刑法 (§§3、4)、奧地利刑法 (§§64～67) 等，均無如我國所規定之限制，此所涉及者為主權之問題，故不宜加以限制在「最輕本刑為三年以上有期徒刑」。同樣認為刑法第 7 條的立法有瑕疵者，參見黃榮堅，基礎刑法學（上），3 版，42、43 頁。

又當本國人於本國領域外，遭受外國人之侵害時，刑法第 8 條的規範，亦以刑法第 7 條為適用基礎，亦即當本國人於領域外被侵害時，刑法的保護，仍限制在被侵害的嚴重程度，須達最輕本刑為有期徒刑三年以上之刑之罪時，刑法對於本國人法益的保護，方可以啟動；若本國人於領域外，雖為外國人所侵害，但其程度未達限制標準時，刑法乃自動拋棄其宣示性效力的主張，此無異自廢武功的規定，對於本國人的保護，出現相當嚴重的漏洞。

第三項　保護原則

在刑法的適用效力中，屬於保護原則者，有刑法第 5 條第 1、2、3、5、6、7款及第 8 條之規定。

保護原則的意旨，乃在於本國刑法應保護本國人民及本國權利，當本國人個人於領域外受侵害，或是領域外對於本國法律所保障法益的侵害，而以屬人原則、或是領域原則作為適用之規範時，基於本國人與本國法益的保障，刑法仍必須作明確性的宣示，此時乃須輔以保護原則，以對本國人或本國法益周延的保護，其意涵一者宣示本國刑法對於本國國民的保障，此種保障權益的主張，並不會因地域關係的不同而有差異；再者，對於本國整體性法益的侵害行為，刑法必須對之作絕對的宣示，此係國家尊嚴的根本性議題。故對於本國人或本國法益的侵害行為，刑法必須宣示其保護的絕對立場。保護原則作為刑法適用效力的判斷基準，主要係於本國人為被害人，或是於本國法益受侵害的情形，基於保護本國人及本國權利，必須對侵害者宣示刑法適用的立場。

刑法係一個國家刑罰權規範的基礎，而刑罰權者，則係對於一定國家所欲加以保護權利侵害的權力宣示，當刑法所保障的權利在領域之內受到侵害時，刑法自得依領域原則加以規範；惟當刑法所保障之權利受到領域外或在領域外之侵犯時，無法透過領域原則加以規範，如行為人為本國人時，尚且得以依屬人原則，而為刑罰權之主張，刑法仍有適用之空間，但如所為侵害者在領域外，且侵害之人非為本國人時，既無法依領域原則，也不能依屬人原則為刑法之適用，此時刑罰權保障之機制，乃出現規範不足的情況，是以為填補此種規範不及的權利侵害行為，乃須輔以保護原則，以確認本國刑法所欲保護之權利，得更周延地受到本國法之保護。

第四項　世界法原則

本法規定屬於世界法原則者，有刑法第 5 條第 4 款及第 8、9、10 款之規定。

所謂世界法原則者，乃出自於國際社會為維持共同秩序與價值之要求，對於一定之侵害行為，認定必須透過共同對抗的理念所生，蓋若干侵害人類共同價值的行為，其嚴重程度已為世人所共棄，非透過共同的抗治，無以杜絕此類共同性之犯罪行為，是以此種類型之行為，不問發生於何處，亦不問為何人所為，只要是國際社會中的成員，均得以主張其刑罰權之制裁，亦即此種行為被界定為「世界公罪」，任何國家均得以對之發動刑罰權以為制裁。當然，刑罰權為國家之主權，其若漫無邊際地對於一定之犯罪，採取世界法原則來干預者，必然會造成國與國間主權主張的緊張關係，是以得成為世界法原則的範圍，必須限定在國際公罪的條件上，也就是對於一定的犯罪行為，為國際社會所欲共同抗治，且其侵害關係常具有對象之不特定性之特性者，或者是屬於人類共通欲加保護之普世性價值者，其中最為典型者，當屬於恐怖主義，此類犯罪常具有對象的不特定性，且常為跨國性之犯罪，受侵害者，常是跨國的人民，故國際間莫不對於恐怖主義成立合作抗治的結合關係。

我國刑法採用世界法原則，以補刑罰權認定之不足者，共有四種類型： 1.屬於航空飛安的規範者，即刑法第 185 條之 1 之劫持航空器罪，以及第 185 條之 2 危害飛航安全罪（2005 年修正法增訂之規定）； 2.毒品罪，即涉及毒品危害防制條例所規定之運送、販賣等行為者； 3.販賣人口之行為者，即刑法第 296 條之 1 所規範之罪（2005 年修正法增訂之規定）； 4.海上搶劫之海盜行為者，即刑法第 333、334 條之海盜罪。對於所犯為上述四種犯罪行為者，不論犯罪地為何，犯罪行為人為何，只要進入本國法權所及之領域內，本國的刑罰權即得基於世界法原則之規範，對之發生刑法適用之作用。

犯罪行為若屬於國際社會所應共同譴責之犯行，例如國際社會對抗恐怖主義，或是對抗海盜行為等，不論行為地、行為人或被害人為何，任何國家均得以對之作刑罰權適用的主張，以資共同對抗此類犯罪行為。是以對於特定的犯罪類型，特別是屬於國際社會所共同譴責的類型，乃屬於國際公罪的型態，刑罰權對於此種犯罪類型，不問其行為人、行為地或被害人，均得依據世界法原則，作為刑法得以適用的主張。

第二節　刑法效力競合的處理

　　刑罰權為國家主權之一，國家對於刑罰權的主張，具有完全且絕對的自主性與獨立性，基本上刑罰權應完全掌於國家之手，既不能委請其他國家代行刑罰權的認定與判斷，更不能將刑罰權交予其他國家決定，舉凡將刑罰權交予他國代為行之的任何形式約定，或是對於他國的刑罰權宣示，竟予以採認的作法都不符合主權獨立的基本理念。或許基於共同抗治犯罪的司法互助構想，在於犯罪的追緝與認定，可以有共同合作的空間與必要性，但對於刑罰權的認定與判斷，乃屬於國家主權所不能拋棄的絕對界限。是以，當刑法確認其對於犯罪行為得以適用，不論行為地何在，也不論行為人究為本國人或是非本國人，刑罰權效力所及的宣示，乃具有必要性與應然性。

第一項　基本處理原則

　　刑法適用效力的範圍決定，以及刑罰權的存在判斷，主要是依據領域原則或通稱為屬地原則，只要在本國領域所為的犯罪行為，不論行為人是否為本國人，亦不問被害人國籍別為何，均屬刑罰權效力所及的範圍，均有刑法的適用；或依據屬人原則，刑法的效力，原則上適用於本國人，此種國籍專屬性的本國法規範關係，理應具有完全適用的效力，亦即不論本國人身在何處，其所為的犯罪行為，除所在地法律不予處罰者外，原則上都應有刑法適用的關係存在（惟刑法第 7 條不當設置限制性條件，致使本國人與本國領域外，必須所犯之罪為最輕本刑三年以上有期徒刑者，方得以適用）。除此之外，刑法規範除具有制裁犯罪行為的效應外，其對於本國人權利的保護，也為其核心之任務，故本國人於本國領域外，當為非本國人的行為所侵害時，刑法仍應宣示其保護的態度，故非本國人於本國領域外對本國人之犯罪，基於保護原則，仍有刑法的適用❽（現行法第 8 條受限於第 7 條的限制性條件，對本國人於領域外的刑法保護，顯然出現嚴重漏洞）；再者，當行為人非為本國人，且行為地亦不在本國領域內，但其犯罪行為乃屬國際社會所共同譴責之行為時，則輔以世界法原則，作為刑罰權參與國際社會共同抗治世界公罪的意旨，亦有刑法的適用。諸如海盜行為，其非屬本國人於公海上強

---

❽　由於行為人非本國人，且行為地亦非在本國領域，刑法的具體實現，或有事實的困難，但刑罰權效力所及的宣示，乃具有相當鮮明的宣示性效應，蓋唯有刑罰權效力所及，方得對之為追訴、審判與制裁，剩下的問題，只是實際追訴、審判與處罰的可能性問題。

劫任何國家的船艦，此種行為乃屬世界公罪的類型，任何一個國家均得以主張刑罰制裁的權力，我國刑法亦不例外。

刑罰權本具有主權宣示的效應，刑罰權存在的確認，本為刑罰權處理與實現的前提，須有刑法的適用，對於犯罪行為方得以為追訴、審判與處罰。若犯罪行為在本國領域內，則刑法具有適用的效力，當行為人亦在本國領域內時，則對其自然得逕為發動追訴、審判與處罰的處理機制；若行為人未於本國領域內，則屬追訴可能性處理的問題，並無影響刑罰權存立的效力。即使犯罪行為發生於我國領域外，只要刑法得以適用，不論該行為於領域外是否被處罰，對於我國刑罰權並無撼動。

第二項　外國裁判的對應

當犯罪行為發生於領域外，而刑法與犯罪地的法律均有處罰的規定，此時刑罰權的效力仍屬存在，而行為人於犯罪地法律加以追訴與處罰之後，其是否會影響我國刑法適用的效力？是否仍得依我國刑法規定加以處罰？此乃涉及刑法權專屬的絕對性問題，行為人雖於外國受到其法律的追訴與處罰，本國外的其他國家，依據其法律對於本得適用我國刑法的犯罪，不論其是否予以追訴或處罰，均不影響我國刑法適用的效力，亦不影響刑事程序的追訴關係。是以犯罪行為得以適用我國刑法規定時，該行為即使已於外國受到裁判，並接受其刑罰制裁，均不影響我國刑罰權的效力，亦即仍應依刑法規定為制裁，且對於實現刑罰權的刑事程序，亦不受外國裁判的影響，自得對該犯罪行為與行為人進行追訴、審判與處罰。蓋刑罰權屬於國家專屬主權，不可為代位的處理，亦不受其他國家已實現刑罰權的拘束。

刑法第9條的規定，對於同一行為，雖已受外國法律的審判與制裁，仍須依刑法規定予以論處，本國刑事追訴與審判程序，並不受外國裁判的影響或限制，甚至對於同一行為於外國已受刑事制裁之處罰，原則上行為人於外國所受的刑事處罰，並不能作為我國刑罰制裁的替代或折抵，此係刑罰權為一國主權的自主性意義。惟當同一犯罪行為已於外國受刑事處罰，固然我國刑罰的宣示與實現，並不受外國法律與其刑事制裁的拘束與影響，但顧及行為人可能受多重性處罰的不利益關係，自得斟酌其已受的刑事制裁，作為刑的執行減免事由，此種刑的執行減免，乃屬刑罰實際執行的問題。故當於外國犯罪，而刑法得以適用之時，雖行為人已於外國受刑事裁判，並受刑罰之執行，對本國刑法的適用，並不生影響，

仍須依本國刑法為論罪與科刑。唯一須予以考量者，僅在於行為人於外國已受刑之一部或全部執行時，我國刑事程序於罪刑宣告之後，得於執行程序免其應執行之刑的一部或全部之執行。

第三項　總則規範適用競合關係

刑法總則的規範，本是所有刑罰法律適用的基準規範，基本上所有的刑罰法律皆須遵守刑法總則所定之原理原則要求，惟刑法總則所規範者，在根本性之法律規範的型態中，又可以區隔出二種不同的規範類型：

1.屬於共通性的法律規範，此種規範類型屬於刑罰法律必須共同遵守的法律理念，在刑法的根本規定中，屬於不變的性質，亦即其他法律規定，也不得牴觸者，此種理念的共通性規範者，如法定原則、行為刑法原則、罪責原則等屬之。對於共通性的理念規範者，其他具有刑罰存在的法律規範，均不能設有排外的規定，當然這些理念性的共通規範，也不屬於刑法第 11 條但書規定的範圍，其係共通性之指導原則，不能任意加以排外❾。

2.屬於個別性適用的規範，例如傳統刑罰不能加諸在未滿十四歲人的身上，但其他具有教育或矯治性的措施，非必然即須加以排除，又如參與形式的認定關係者，非必然所有刑罰法律之規定，皆須遵守著刑法之規定，此種個別性的法律規範，主要係作概念性之引導，或是作共同性適用的基準，倘若有個別的要求者，仍得依個別之情狀或要求，而自為差異性之規定。

刑罰法律的體系，除刑法作為根本之基礎規範外，尚有因個別之人、事、地、物所形成的特別規定，其中有屬於具有法律之形式者（特別刑法），也有屬於單行性之規定者（附屬刑法），其與母法間的法律適用關係，雖然有「特別法優先普通法」的適用法則，但對於共同性的基準規範者，其與基礎規範間的關係，則須個別予以檢討。

在刑法與特別刑法或是附屬刑法間的法律適用關係，除普遍性須共同遵守的原則，如法定原則、罪責原則等之外，屬於得以自行調整之規定者，大略可區分為二種主要類型：

---

❾　從刑法的體系而言，刑法第 1 條至第 10 條的規定，乃屬於不能變更的規範，蓋其所涉及的問題，均屬於刑罰權判斷與範圍決定的規定，故屬共通不變的規範。

一、其他刑罰法律自設有基本適用的總則規定者

依刑法第 11 條之規定「本法總則於其他法律有刑罰或保安處分之規定者，亦適用之。但其他法律有特別規定者，不在此限」，如其他特別刑法自設有其適用之準據性規範時，如陸海空軍刑法即設有總則之規定，原則上以特別規定之總則性規定為適用之基準，惟如特別法之總則所未規定時，則因基礎規範的普遍性適用關係，仍有刑法總則之適用。

二、其他刑罰法律未設有基本適用的總則規定者

通常其他刑罰法律都未設有總則的規定，則其適用的關係，原則上係以刑法總則的規範為適用認定的準據，然而不論是特別刑法或是附屬刑法，在內容的規範上，有其特殊性，其與母法的刑法總則規定的適用關係，原則上有完全之適用，但個別刑罰法律的規定，可能有二種不同的規範情形存在： 1.在刑法總則的規範基礎上，特別要求一定之適用關係，例如刑法總則對於褫奪公權的規定，僅在第 37 條作原則性的規定，是否褫奪公權者，在刑法的規定屬於裁量性的規範，但若干刑罰法律則嚴格要求，所犯其所規定之罪者，必須予以宣告褫奪公權，例如貪污治罪條例第 17 條、組織犯罪防制條例第 13 條、公職人員選舉罷免法第 113 條等規定； 2.特別規定不適用刑法個別規範者，或者是自為刑法總則以外之規定者，例如洗錢防制法第 14 條關於沒收財產之規定是。

由於刑法總則為刑罰法律共同適用的基礎，而所謂刑罰法律者，當屬於凡以刑事制裁手段為法律效果者，均屬之，而屬於刑法的法律效果者，除傳統刑罰之外，應兼及於保安處分手段，故而在法律適用關係發生競合的情況下，究竟應為母法之適用或是為特別規定之適用，必須在刑法中作一個競合適用關係的根本性規定，而刑法第 11 條即是為此而設，惟原刑法第 11 條的規定，僅列入「刑罰」的用語，容易在保安處分的關係上出現問題，故修正法也將保安處分的法律規定，以便在發生與刑法母法間適用競合時，有明文遵循之依據。

⚜ 第四章　法律變更與適用 ⚜

　　現代刑法的適用關係，基於法定原則的基本要求，一方面確立評價的對象，為人類有意識之行為；另一方面刑法法律規定之適用，其對於評價客體的評價關係，亦界定在行為時適用之法律，是以行為時如未有法律規範時，該行為非但不能成為刑法評價的對象，也不能以事後的法律對之加以溯及適用。易言之，刑法規範得對行為發生評價關係的前提是，法律規定先於評價對象的行為存在，且評價對象必須完全屬於規範得以適用的範圍，如此方有刑法的適用問題發生。

　　基於溯及既往禁止原則的要求，法律的適用，係以行為時有明文規定者為限，亦即應以行為時的法律，作為適用的基礎。惟法律於行為時或是行為後發生改變時，不論其變更係規範範圍的改變、或是制裁效果的改變，在評價的法律適用關係，即產生究竟應適用何時法律之思考，究竟係適用裁判時的法律規定（從新），抑或是堅持適用行為時的法律（從舊），還是彈性思考社會事實改變的機制，而以刑法謙抑思想作較輕微之處罰（從輕）？乃成為法律適用時，必須先行確立的基礎。行為後法律發生變更時，其對該行為的法律適用，乃須遵守一定的準則。對此種法律發生變更的適用基礎，各國制度各有差異，大抵實定法國家的刑法，通常堅守著法定原則（主要為溯及既往禁止原則）的嚴格規範，原則上以行為時的法律（從舊）作為適用的基礎❶；而我國刑法（第 2 條第 1 項）對於法律適用的基準規範，原是適用裁判時（從新）的法律，而於 2005 年刑法修正時，將其調整為適用行為時法（從舊）為原則。

　　不論刑法對於評價對象的適用原則，係採用行為時法（從舊）、或是採用裁判時法（從新），似乎均彈性以輕法作為最終的適用，此種從輕法的適用，本屬於法律變更適用原則的例外❷，但此種從輕的適用機制，已然成為現代刑法法律適用

---

❶　這是完全符合法定原則的適用基準，德國刑法 §2 I 對於法律變更適用的機制，向來都是遵循著行為時法，作為適用的基礎準據。

❷　稱例外性適用基礎者，主要係基於刑法適用的原則性基礎受到罪刑法定原則的支配，得以作為原則性基礎者，僅存在之新舊法律規定之一，要不就以行為時法為適用基礎、要不就是以裁判評價時法為適用基礎，然而，既有新舊法之存在，便可能發生輕重不一的情況，倘行為時法為重而裁判時法為輕時，如堅持舊法以重加諸行為人，無異係悖於社會價值觀念之變遷，亦使得刑法陷於僵化；而若舊法為輕而新法為重時，堅持適用裁判時之新法，則無異使得行為人承擔行為時所無法預期之嚴重後果，此既悖於刑法溯及既往禁止之原則，亦使明確性原則受到破壞，故而不論係新法為輕、或是舊法為輕，乃在

關係，各種制度普遍接受的共識。不管刑法變更的適用關係，係採取從新或從舊，抑或都採取從輕的機制，倘若法律變更時，並無輕重之別（等重），或是法律的適用範圍發生變更時，或是既有輕重之別、也有適用範圍的改變，則該如何適用法律？恐亦是一個有待釐清的問題。

第一節　基礎概念與適用準據

刑法法律的變更，或許可單從其形式的更動來理解，舉凡法律的規定發生更易者，不論從無到有、從有到無，或是規範的內容有所調整，在概念上，都屬於法律變更，但是法律變更所重者，並非變更之本身，而是其所涉及的規範事項，因其變更之後的適用關係。而法律變更於何種情況下，方有適用檢討的問題存在？須先確認規範的適用對象，是否在規範變更前即已存在，倘若規範事項是在法律變更之後才發生者，則雖有法律變更之形式，卻不生適用問題檢討之實質，故唯有規範的事項跨越變更前後的法律規定時，方有檢討適用關係之餘地。

法律變更適用的前提，涉及所謂變更與適用的雙重概念，必須符合一定條件下的法律變更，方有檢討適用的問題。因此，必須先理解變更的意義，方能為正確的法律適用。在變更的概念上，有二對象需先加以界定：1.法律變更：其應是指作為評價事實的法律發生改變，而此種改變會造成評價關係的差異，所以在適用時必須遵守著一定的指導原則，以為法律適用的基礎；2.事實變更：則應是指作為法規範評價對象的事實，因客觀情狀發生改變，而使得原本法律評價的對象，其形象與原評價規範的內涵間，發生本質性的改變之謂。唯有規範的變動跨越評價對象時，方有檢討適用的問題，從而確立法律變更基本的適用準則，乃刑法正確適用的基礎。

第一項　從舊從優原則

刑法第 2 條第 1 項的規定，乃刑法法律變更適用關係的基礎規範，原本對於行為處罰的基準，乃以從新法為原則，而行為時法較有利時，則例外採從優適用的關係。惟此種從新為原則、從優為例外的基礎適用規範，其與法定原則所揭示的行為時法，顯然有不相容之處，故於 2005 年刑法修正時，將法律變更的適用關係，從原本的從新從輕適用原則，變更為以行為時法為適用基準、而以行為後法

適用原則之外例外承認適用輕法。是以輕法之適用既無法作為法律適用之基礎，僅是一種權衡的例外而已，其既非原則，自然稱其為例外適用之基礎。

從優適用為例外的從舊從優原則（一般稱之為「從舊從輕」）。

　　法律變更的適用關係，可從三個面向加以觀察❸：1.行為時無法律之規範，而行為後有法律規範（入罪問題）：此種情況依刑法第1條之規定，自然不能為後法之適用（此為從新原則難以解釋之處）；2.行為時有法律處罰之規定，而行為後變更為不處罰者（除罪問題）：此種情況係指行為時成罪，而行為後法律已廢除其處罰者，其或許原則上可適用刑法第2條第1項，所謂從輕關係，但對於實務操作上，根本無需為實體上之認定，而僅需於程序上為免訴判決即可；3.行為時法律對於行為有所處罰之規定，而適用規範於行為後發生變更，仍有處罰者：此種情形又有三種情形值得思考：(1)行為時之處罰為重，此時不論是從新從輕或是從舊從輕，最終適用之結果，均為從輕（新法，屬於例外）；(2)行為時之處罰為輕，而行為後法律變更為重者，此時不論從新從輕，或是從舊從輕，所得之結果亦均為從輕（舊法，屬於原則）；(3)行為規範雖生變動，但先後之處罰相同者，雖然不論從新或從舊，結果都是一樣，但在法律效力及法定原則適用的問題上，倘若依從新規定，勢必造成法定原則有違反之虞，因此宜以從舊適用為妥。故而刑法第2條在未來的適用關係，在實務的操作上，與舊法從新從輕適用的結果，影響並不大。

第二項　法定原則的相容性

　　檢視法律變更的適用關係，必須嚴守著法定原則的基本要求，亦即必須具有法定原則的相容性，其適用規則方有其正當性。法定原則的基本要求，於行為時必須有法律的規定存在，且該行為是否成罪而須加以處罰，必須以行為時法律規定為限，是以法律變更適用的根本要求，必須先符合法定原則的基本要求，亦即必須是以行為時的法律規定，作為法律適用的檢視基礎。是以，刑法第2條第1項新舊法適用關係的判斷，亦須以法定原則作為基礎原則。

　　會發生法律變更的適用問題者，必須同時具備有二基本前提關係：*1.新舊之法規範對於所規範的對象，具有評價客體同一性 (Identität des Bewertungsobjekts) 關係，亦即先後規範對於所規範的對象與範圍具有重疊性。易言之，新舊規範對於規範的內容具有同一性的關係存在；2.法律發生變更，在規範事項發生到評價完成前，亦即評價事項跨越新舊法，具體而言，對於原已受法律規範的事實，因規範的變更，行為事實既受到行為時法律之規範，該規範之法律於行為後方生變*

---

❸　另參照柯耀程，刑法的思與辯，4頁。

更，使得行為事實跨越新舊規定之規範。倘若法律未有變更，則行為事實僅受到既有法律之規範，則根本不生法律適用比較的問題；同樣地，若僅法律本身發生修正，但其並未有規範之事實存在，僅能視為單純的法律變更而已，並無適用檢討的問題存在，蓋倘無規範對象的具體事實存在，即使法律變更，該法律的適用效力，亦僅具有往後之效力而已，並無新舊規範比較適用的問題存在，唯有受規範的行為事實跨越新舊法律規定時，方有規範適用比較的問題。

然而，同一評價對象是否跨越新舊法律規定，而產生法律適用檢討的問題，必須就具體的法律變更的時點作觀察。倘若原受評價的行為事實已經為既有規範評價完成，則雖有法律於行為後發生變更，仍無有規範比較適用的問題；唯有既有的評價對象尚未評價完成，而規範之法律發生變更者，方有比較新舊法律規定的適用關係，亦即檢討法律適用問題時，必須對於評價事實的評價尚未完成，方有可能；倘已經評價完成之事項，即便法律發生變更，亦無適用檢討的問題存在。而在確認法律變更的適用基準時，法定原則（主要為溯及既往禁止原則）乃具體適用的根本性指標，除有後法為輕的情形，否則均應遵守著行為時法的準據。

第二節　法律與事實變更

稱法律變更者，乃指法律規範的內容有所改變，其亦包括二種情況：

第一項　法規範本身的變更

此即一般所稱法律變更，係指規範行為事實的法律規定改變，而發生前後法律規定不同的情況，此種情況又包含三種可能的情形，即 1.原本法律未有規定，而新增訂規範所生之變更，此種情形屬於純然入罪化的法律變更； 2.法律原有規定，卻將既有規定刪除，此種法律變更乃典型之（完全）除罪化； 3.將既有的法律規定加以修正，而產生新舊法律規定，其或可能為規範範圍的變化，亦可能未發生規範範圍的變化，僅對於法律效果予以修正，此種變更自然可在細部觀察，又可再區分三種變更之情形：(1)構成事實內容的規範發生變更，但法律效果並未修正，易言之，即僅構成要件內容的改變（部分入罪或除罪），連帶使得規範的範圍發生變化，但法律效果並未加以變更；(2)構成要件並未改變，僅對於法律效果作調整，而發生刑罰的變更（入刑或除刑）；(3)罪與刑的規定同時修正，而產生構成要件變化，法律效果也變化。

第二項　規範內容的變更

　　基本的法律規定雖無任何文字上之修正，但其實質規範的內容卻已變動，此種變更的情形，常發生於空白構成要件 (Blankettatbestand) 的類型中，蓋空白構成要件的本質，係一種具有補充必要性的構成要件，其常藉助其他法律或行政命令，作為其規範之實質內容，例如刑法第 192 條傳染病規定違反者，於法的本身僅規定「傳染病」，至於何為傳染病，則有待法令之補充，是以刑法規定並未改變，所變者僅為補充性之規定，此種情形刑法法律雖未作任何形式上的更動，但其所涉及的規範範圍，顯然因補充規定的改變而發生變更，故仍屬於「變更」概念檢討的範圍，有所疑義者，僅在於此種變更究竟係法律變更，或是如實務所認為的事實變更？而上述所觸及的問題，均僅止於對於「變更」概念的單純形式理解，其所涉及的實質問題，亦即法律適用的問題，仍須從變更類型中逐一分析，方得使刑法的變更與適用問題，得到全盤的釐清。

　　故稱法律變更者，應非單純法規範文字變動的情形而已，而應是指具體規範的對象與規範的範圍，因法律的修正而發生改變而言。於檢討法律變更的問題時，必須從規範事項與範圍加以觀察，並非僅係單純從法律規定本身來看，故不論是法律本身文字的修正，或是本身雖無修正，但因其他具體規定的修正，而導致其適用對象與範圍發生更動時，均屬於法律變更的概念。

　　法律變更的概念，並非僅侷限在此種既狹隘又擴張的意義，即使法律規定本身並無發生文字修正之變動，但其所規範的對象或範圍發生改變時，仍應視為法律變更，蓋一方面雖法律規定本身未被修正，然其適用之範圍可能因解釋或是適用對象的改變，而發生前後不一的情形，如其不屬於法律變更，自然便無適用檢討的問題，將使得法律對於評價對象之判斷，發生相當難以理解的情況，例如懲治走私條例中（第 2 條第 1、3 項）關於管制物品之種類、數額，既須由行政主管機關公告，如公告內容發生改變，必然影響該條規範之範圍，雖該條文字並無修正，但其所規範的對象與範圍已經發生改變，如行為人行為時所為之私運物品，原屬於該條規範範圍，但在裁判時卻發生行政命令修正，而行為人所私運物品不再屬於處罰之範圍，倘此種變更關係不屬於法律變更，則無刑法第 2 條適用之餘地。

　　因此，刑法所稱法律變更者，實應包含法規範本身的變更以及實質規範對象與範圍的變更，甚至在探討法律變更時，不宜僅從法律規定的形式，作字義性之

觀察，而應同時顧及法律規範之適用範圍與對象的變化。故空白構成要件的具體規範事項變更，仍應屬於法律變更。

第三項　事實變更

所謂「事實變更」者，係法律變更的相對性概念，亦即法律變更係法規範或其評價範圍發生改變之謂；而事實變更者，則是指法律規範所評價的對象發生改變而言，其原本並不涉及法律變更適用的問題，僅是單純法律評價對象的變更而已。惟何種情況得以視為評價對象的改變（亦即事實變更）？如單純僅從變更的概念觀察，則有二種不同的情況：1.法律規範的評價對象發生改變，亦即透過行政規章或命令改變原有規範的評價對象範圍，惟此種改變固然涉及到規範評價的事實層面範圍，通說亦將其視為事實變更，然此種變更雖非法律形式的改變，而僅涉及其規範的事實發生改變，惟其所影響的範圍，卻是法律規範的評價範圍，固然其改變部分僅涉及事實層面的事項，但已足以使形成法律規範的內容發生變動，而使得規範前後的適用範圍發生改變，因而在概念上，仍不應將其視為事實變更，反而應是屬於法律變更的概念；2.原法律所規定的事實，因事實發生的過程而出現客觀外在的改變，亦即事實層面的變更。此種改變通常具有一定的特殊現象，即對於已生的客觀事實，屬於原法律規範評價的範圍，卻因時空進展的關係，導致原已發生的客觀事實發生變化，致使原得適用之規範，發生規範適用上之質疑，例如行為人因故意或過失造成他人之傷害，嗣後卻又發生死亡結果，即是屬於典型的事實變更，亦唯有此種變更時，方得以稱為事實變更。

事實變更的情況，因法律的評價與適用關係不同，而有不同的事實情狀存在，其主要的型態有二：1.非同質性與同一性關係的事實變更，亦即行為人所為之行為事實發生質的改變，例如行為人原係單純剝奪他人行動自由，卻於該事實成立之後發生轉換，變成擄人勒贖，二者間似乎係行為人之行為事實發生改變，但此種改變卻發生行為事實本質性的變化，造成根本無由維持原本法律的評價與認定關係，此種事實的改變，不但屬於事實的轉換，也使得法律適用發生評價改變的問題❹。此種類型的事實變更最基本的形象，乃在於原本客觀的行為事實與轉變

---

❹ 此種法律認定適用的轉換機制，並非法理才有的東西，而是在法律規定中即已存在，例如刑法第 329 條即是此種轉換關係的法定規定，蓋行為本為竊盜或搶奪，但因當場施強暴脅迫而產生轉換為準強盜之性格。事實上準強盜罪與竊盜或搶奪的事實性質，已屬不同，因強暴脅迫之行為事實的性質與竊盜或搶奪，非同質或同一。

的事實間，並無同質性或同一性關係，故而在評價上，亦須將原本事實與轉變事實個別作不同規範適用的評價，而且此種事實變更必然僅存在於法律適用評價之前，不可能發生於評價確認之後，故屬於評價前的事實變更；2.同質性與同一性關係的事實變更，亦即原行為事實與嗣後事實間雖產生變異，但二事實在本質上仍屬於同一，例如行為人為傷害行為並造成傷害之事實，惟嗣後卻發生侵害事實加劇的情況，或發生重傷害或死亡結果，而使得原本傷害的事實發生改變，然而此種改變，雖致原事實與後事實發生差異，但就行為而言係屬同質，其前後事實則屬同一。因其係同質性的變更，故而在評價上，前評價的適用規範，於後事實發生時，已無法維持，僅能依後事實的評價關係，作為法律適用的基礎，亦即前評價規範為後得以適用的規範所取代。此種事實變更可能發生於評價未完成之前，亦可能發生於評價完成之後，是以會發生必須重新評價的問題。

　　事實變更的概念，本非屬於法律變動檢討適用的問題，而僅是對於所變更事實應如何評價的問題。上述二種事實變更的型態，最大的差別者，乃在於評價關係的差異，第一種情況所生事實變更者，前後事實均須各自受到個別法律的評價，並無後事實取代前事實的情況，前後事實係並存的關係，而須論以數罪併罰；第二種情況的事實變更，具有同質性或同一性，其前後事實僅具有單一的法律適用，並無規範適用並存的情況，後事實的發生對於前事實具有取代的效應，亦即對於前事實不須再為獨立的評價，而直接融入後事實的評價之中。此種同質性事實的變更，最大的特質乃在於所發生變化的事實，並非行為、而是行為所造成的侵害結果，具有侵害程度的昇層關係，例如對於他人傷害之行為，卻發生嗣後重傷害或死亡的結果，此係原為普通傷害的事實，但因侵害所造成結果的昇層關係，最終事實卻為重傷害或致死的結果，此種事實的轉變，乃屬於侵害昇層關係，依法應論以傷害罪之加重結果犯（刑法第 277 條第 2 項）。

第三節　變更的適用

　　法律變更適用的實質意義，固然在於評價客體跨越新舊規範，而產生適用問題之檢討，但何時發生重新適用評價問題？乃取決於規範的對象為何而定，亦即法律變更致使得規範適用必須重新檢討時，必須先觀察該法律規定及其所規範的事項，其具有跨越新舊規範的情形，而且決定規範適用的基礎標準，亦因規範變更而產生適用檢討的問題，否則即便是規範發生改變，而無關乎規範適用基礎前提，亦不生新舊規範適用檢討的問題。

第一項　內容與範圍

刑法規範的變更，主要係因法律的修正，而會發生變更適用的檢討者，必須觀察刑法規範的具體內容。刑法的規範除規範犯罪行為與刑罰的法律效果之外，更是國家刑罰權之形成、存在、效力範圍，以及刑罰權之發動與實現的規範全體。換言之，實定化的刑法所揭示者，無異是國家刑罰權形成之法規範正當性。因此，刑法所涵蓋的內容，至少應包含六個主要的具體對象：

一、**刑罰權的範圍界定**：主要係界定刑罰權的效力，包括對人效力的規範（刑罰權效力的屬人原則）、適用地的效力或稱轄域範圍（刑罰權效力的屬地原則）、刑罰權放射效應的範圍（包括保護原則及世界法原則）。

二、**刑罰權形成的認定基礎**：刑罰權的形成，必須有一定具體的前提關係，亦即係以犯罪行為之可罰性判斷，作為刑罰權判斷的基礎，而行為可罰性之認定，主要係從犯罪行為的不法及刑事責任的認定為根本，從刑法規範內容觀察，屬於此一部分者，包含刑法總則第 12 條至第 31 條之規定，以及刑法分則關於犯罪類型規範之構成要件全體，乃至其他特別（特別刑法）或個別（附屬刑法）的刑罰法律均屬之。

三、**刑罰權的具體內容與手段**：刑罰權是一種權力的形式，其是對抗犯罪行為的制裁機制，主要的制裁手段，係以刑罰與保安處分作為具體內容，規範上包括刑法總則第 32 條至第 40 條、第 51 條至第 56 條（第 55 條後段之牽連關係與第 56 條之連續關係規定，在 2005 年刑法修正時被刪除）、第 86 條至第 99 條，以及刑法分則中個別犯罪類型之法定刑規定是。

四、**制裁手段之裁量規範**：確認刑罰權之後，必須對於個別犯罪行為及情狀賦予具體的制裁手段，由於行為手段、情狀及所生之損害各有差異，故具體刑罰權的內容，必須透過審查其個別行為事實之整體情狀，以賦予具體貼切並合於行為的法律效果，故有刑罰裁量規範之存在，規範範圍包含易刑處分之裁量與行為事實之法律效果裁量。就規範內容而言，此一部分包括刑法總則第 41 條至第 46 條、第 57 條至第 73 條。

五、**刑罰實現的規範**：刑罰權主要的作用在於實現，而所謂刑罰權實現者，重點在於刑罰的執行問題，故關於刑罰是否執行、如何執行，以及執行的假釋關係者，均屬於具體刑罰權實現的問題，在刑法的規範中，自然須有所規定，就規定的內容而言，屬於此一部分者，包括緩刑及撤銷緩刑的規定（第 74 條至第 76

條），以及執行所生假釋及撤銷的規定（第 77 條至第 79 條之 1）是。

　　六、**關於刑罰權存續效力之時效規範：** 刑罰權發生後在實現之前，是否具有無限之效力？亦即刑罰權在未實現前，應否擁有絕對存續的效力？在觀念上具有雙向的思維可能性，如果認為刑罰權的效力不受時間之限制，僅有實現一途，則關於存續效力的問題，似乎不需也無待法律規範之規定，理所當然地國家對其主張，全然不需受到時間的節制，而犯罪發生後所形成刑罰權主張的關係，在犯罪追訴與處罰完成前，其效力始終存在，並無時效完成的問題；反之，如認為國家刑罰權應受到一定之節制，當國家對於其權力怠於行使，而具有可歸責於國家權力行使之怠惰者，則刑罰權之存續效力，應同樣受到一定之限制，於是乃有時效之規範存在。就現代刑法具有節制國家刑罰權之作用來看，當國家怠於行使刑罰權時，其不利益的關係，不應轉嫁給行為人。因此，當刑罰權之事由發生時，國家對於犯罪具有追訴的權限，倘若國家機關怠於行使追訴，此乃屬於國家怠於行使刑罰追訴的情況，此種刑罰權存在的狀態，經過一定之時間後，則國家對於犯罪之追訴權限，乃應受到限制，於是產生刑罰權發動的追訴時效 (Verfolgungsverjährung) 的規範；同樣地，當刑罰權被確認之後，經過追訴、審判而至確定刑罰權的具體內容時，刑罰權最終階段的實現問題，即刑之執行問題，乃成為刑罰權存續關係最後一階段的旅程，只有這一階段實現之後，刑罰權方得視為完全實現。惟當犯罪發生後，經過刑罰權確認程序之發動，即經過刑事程序之追訴與審判確定之後，乃進至行刑之問題，當刑之執行名義發生，卻因國家怠於行使行刑權時，經過一定之時間，該行刑權之主張，亦應受到一定之限制，此即所謂刑罰權實現之行刑時效 (Vorstreckungsverjährung) 之規範問題。在我國刑法的規定中，關於刑罰權發動之時效規定者，乃定於刑法第 80 條至第 83 條；而行刑時效的規定，則定於第 84 條與第 85 條❺。

---

❺　我國刑法關於時效之規範，似乎僅單純從時間上作節制，並無考慮到發生時效進行之事由，故而即使非可歸責於追訴或行刑機關者，時效仍然照舊進行，雖然在規定中，有時效停止的規定，但仍舊無法解決歸責性問題。照理說，時效之進行，而有罹於時效消滅之虞者，主要係因可歸責於有權機關怠於行使權力之故；倘追訴與行刑機關並無可歸責之事由時，自然也不應使之承受時效上之不利益，2005 年刑法修正時，雖也考慮到這樣的構想，但僅作提高時效期間之修正，並未完全落實歸責理念。參照刑法第 80 條及第 84 條之修正理由。另外，雖稱我國刑法係繼受自德國刑法，但我國並未如德國刑法關於時效中斷與延長之規定，在追訴時效上，德國刑法 §78c 之規定，如追訴已經發起，則追訴時效自然視為中斷，且當中斷原因消失，時效則重新計算之規定；而行刑時效上，在德

第二項　變更適用的決定基準

刑法中法律變更者，因其性質及所規範的對象，並非完全相同，故法律變更後會發生適用問題的檢討者，因所規範對象的決定機制不同，決定標準亦會有所差異，例如認定不法的規範發生改變，使得原本適用事實的規範與變更之規範發生適用檢討之問題者，其決定的前提標準乃在行為時的觀察；又如對於得否易科罰金規範的變更者，其決定的前提並非行為時法律的規範如何，而是以裁判時為依據。是以，當法律變更而發生規範適用的檢討問題時，必須先確認足以造成適用檢討的先決條件，亦即判斷作適用檢討的評價對象基準何在。在刑法的規範中，作為適用關係檢討的判斷前提標準，並非一成不變，而是隨著法律規範的對象與性質差異而有所不同，而決定性的基準乃在於個別規範的適用對象。

具體而言，不同規範取向的法律發生變更時，其適用問題的決定標準，乃各有差異，其判斷的標準，乃在於規範的個別事項是否跨越新舊法。以下為刑法規範變更時，個別決定法律適用關係的判斷基準：

一、**以行為時作為決定基準者**：舉凡判斷具體行為事實是否成立犯罪的法律規定，若此種法律有所變更時，均必須以行為時的法律規定，作為適用的準據，例如刑法總則中，關於不法、責任的規定，以及所有刑法分則個別構成要件，均屬於對行為成罪判斷的規範，其有規範的變更時，必須先以行為時的法律，作為適用檢討的基準。簡單地說，舉凡屬於可罰性成立與否有關係的法律變更者，即屬於成罪關係的變更者，也就是涉及罪刑判斷的問題者，其決定的標準，以規範評價對象的行為是否跨越法律規範的界線為定，此一界線即為行為時與裁判確定前的區間，倘此一區間中，規範行為的法律發生變更者，自然使得行為跨越評價關係的界線，而具有檢討新舊法適用的問題；惟倘法律變更非發生於此一法定評價的區間者，縱規範本身於外觀上確實發生變更，仍毋須為適用關係之檢討。

二、**以裁判時（或宣告時）為基準者**：法律規範所涉及的對象與範圍，並非行為可罰性成立的判斷，而是刑罰更易的宣告，即易刑處分的類型者，法律變更會發生適用選擇與檢討的判斷基礎，並非在於行為時的行為，而是在於刑罰宣告時的法律關係❻。詳言之，對於易刑處分的法律關係適用者，倘若於行為後裁判

---

❻ 國刑法§79b 法院得因行刑機關之聲請，為行刑時效二分之一的一次延長。德國刑法關於時效的規定，確實有其值得借鏡之處，值得修法時作為參考，但遺憾的是，在 2005 年修正刑法總則時，卻未詳為審酌，僅作時效時間之延長而已。

確定前發生變更，則是否有新舊法律適用問題檢討的時點，乃取決於裁判時的法律觀察，倘若行為時法律的規定，在行為後法律適用前發生變更，則完全適用裁判時的法律規定，至於行為時或行為後法律規定如何，則非所問，蓋決定易刑處分與否，以及易刑處分的類型如何，並非以行為時作為決定基準，而是以裁判時作為基準，亦即易刑處分僅發生在刑的宣告關係，如宣告時得以易刑處分，方有檢視易刑與否的適用關係存在，故僅在於裁判時方有檢討易刑處分之法律變更適用問題。又如緩刑宣告規定的變更適用者，其決定性的判斷標準，亦非在於行為時，而係以裁判時，更明確地說，係在刑罰宣告之時為基準，蓋緩刑的條件並非針對行為而設，而係針對宣告刑作為宣告緩刑的條件，故僅有宣告刑的條件方為緩刑適用的基礎。例如現行緩刑條件者，係以宣告二年以下有期徒刑、拘役或罰金為條件，倘此一規定於裁判時變更為三年以下有期徒刑之宣告為緩刑之條件者，則已為刑罰之宣告者，並無適用之餘地，僅於待宣告之案件方得以適用；又如緩刑期間為二年以上五年以下，倘宣告為四年之緩刑者，而其緩刑期間規定改變為一年以上三年以下者，則四年緩刑之宣告亦無變更之可能，唯有尚待宣告者，方得以適用❼。

　　三、以刑罰執行作為決定基準：若法律規範是以刑罰執行為其規範內容，亦即規定刑罰具體執行關係的規定，如規範發生變更時，其決定適用檢討問題的基礎，乃在於具有執行名義的具體刑罰發生的關係，方有因法律變更之適用檢討問題，倘若執行名義未發生，即使關於執行的法律發生改變，並不會因其係行為後所生之法律變更，而必然產生適用交錯的考量問題，其必定是以發生執行名義時，法律發生變更者，方有檢討的餘地，例如行刑時效的起算及消滅問題，必定係以發生執行名義的情況，方有檢討適用的關係，如果執行名義未發生，而關於行刑時效的規定變更，仍無新舊適用比較的問題。

❻　關於法律變更的適用決定基準，常為實務與學理所忽略，乃至於時而發生錯誤。對於易刑處分的法律修正（刑法第41條及刑法施行法第3條之1），業於2001年1月4日立法院三讀通過，2001年1月10日總統公布施行，其決定法律適用關係者，並非在於行為時，而應在於裁判宣告時，倘若此一修正係在裁判確定前者，則得為變更法律之適用。然而，施行法增訂之第3條之1，顯然係誤解此種法律適用的決定性基準，故誤訂其溯及既往亦得適用之規定，此誠屬謬誤。

❼　至於其是否得有刑法第2條第3項之適用，而自動減縮為三年，則仍屬有待檢討的問題，惟從第2條第3項規定觀察，其係屬於除罪化之規定，倘緩刑已宣告確定後發生期間變更者，恐在適用上迭有疑慮。故仍應視為無第2條第3項之適用。

四、以實際刑罰之執行為判斷基準者：在刑法中會發生刑罰執行問題者，最典型的法律規範應屬假釋的規定，蓋假釋者係於刑之執行方會發生的事由，倘無刑之執行，則根本無由發生是否假釋考量的問題。是以對於假釋與否，其法律的變更，決定適用關係的基準，並非在於行為時，而是在於刑之執行時，若刑之執行期間假釋規定發生變更，則有法律變更適用的衡酌問題；反之，若無刑之執行，儘管未來會發生刑罰執行的問題，而假釋的規定發生改變，仍無適用比較的問題存在，例如行為人犯罪行為係於假釋規定修正前所為，而裁判期間假釋規定發生變更，至裁判確定發監執行時，假釋規定並無再次變更，則其得為假釋考量的執行期間，仍應以變更後之假釋規定為基準，並不生前後比較適用的問題❽。是以，決定假釋規定變更適用與否的基準，並非如刑法施行法第 7 條之 1 第 1 項所定，係在行為時，而是在於刑事法發生實際之執行時為準，跨越新舊規範界線的評價對象者，係刑之實際執行，而非行為。倘有刑之執行，而假釋條件之規定發生變更，則因作為決定適用的基準存在，乃有檢討新舊規範適用的問題；倘若假釋規範的變更，並無刑之實際執行時，則根本無對於假釋條件規定作新舊比較之餘地。

五、以假釋時作為判斷基準：假釋期間的法律規定，如發生變更時，其適用關係的決定基準，必須有實際的假釋存在，否則假釋期間起算與計算的前提事由不存在，根本沒有適用假釋期間規定的問題。蓋假釋期間規定如何適用，並非僅從靜態法律規定觀察，而是必須從其法規範適用的前提對象作為認定標準，亦即

❽　假釋規定（刑法第 77 條）自 1935 年 1 月 1 日公布刑法全文之後，迄今總共經過五次修正（即 1954 年 7 月 21 日、1994 年 1 月 28 日、1997 年 11 月 26 日，1999 年 4 月 21 日，以及 2005 年 2 月五次），其中最為重要者乃在於 1994 年 1 月 28 日及 1997 年 11 月 26 日所修正公布的規定，其中對於執行期間作過相當程度的調整，特別是 1994 年之修正，係將原無期徒刑執行逾十五年、有期徒刑執行逾二分之一的規定，修正為無期徒刑執行逾十年、有期徒刑執行逾三分之一；而 1997 年之修正又將 1994 年之修正規定修回原來之規定，同時在刑法施行法增訂第 7 條之 1，將適用基準定在「行為時」，其間關於假釋的刑執行期間規定，發生前後的變更，自然對於可能發生的適用問題，仍須加以考量。然在 1997 年修正時增訂其適用基準的規定（刑法施行法第 7 條之 1），並不正確，蓋假釋規定的變更，決定的基準並非在於行為時或是裁判時，而是在刑之執行時，因為假釋的性質，以及是否發生假釋的事由，並非行為時即得以預見，故而無法以行為時作為法律適用決定的基準，必俟實際執行發生時，方有檢討假釋與否的餘地，故而當假釋規定適用條件發生變更時，其決定的基準係以刑罰之實際執行為法律關係發生的基準點，亦以實際執行作為法律適用的決定標準。從而刑法施行法第 7 條之 1 的規定，將假釋條件決定的基準置於「行為時」，完全係一種錯誤的認知，亦是一種立法的錯誤。

必須以是否存在有假釋狀態為基準，其既與行為時無關，亦與裁判宣告或刑罰執行名義無涉，更與刑之執行與否不生關連，蓋得以作為跨越規範評價的對象，並非行為，亦非刑之執行，而是是否已生假釋狀態，未有假釋必無由檢討是否變更適用假釋期間規定的問題。因此，假釋期間的修正，乃至於假釋撤銷事由的法律變更，其有新舊比較的情況，僅在於實際假釋狀態跨越新舊規範，方有檢討的餘地，否則如法規範變更係於假釋前者，既未有實際假釋存在，自然無法發生新舊規定跨越的問題，也就毋須檢討是否有變更適用的問題，而僅能適用決定基準後的法律規定。

　　此種法律變更適用的判斷基準，並非都是以行為作為基準，而是必須以各規範之具體事項而定。基本上，是否發生規範變更的適用，其檢視的基礎，並非僅在於規範本身，亦不完全在於行為之上，畢竟個別法律規範所得以適用的類型與範圍，並非完全同一，有些規定係以行為的可罰性認定為其規範對象；有些則係以評價的法律關係，例如以宣告的裁量、刑罰之執行，或是執行方式衡量為規範對象。故而，決定法規範變更的適用問題者，其適用關係之衡酌，必然係以該發生變更規範的規範對象，為其適用之決定標準。在說明法律變更所生適用關係比較問題時，最顯而易見的情況，乃在追訴權時效與行刑權時效的判斷上，就追訴權時效規定（刑法第 80 條至第 83 條之規定）而言，倘若此種規定有所變更時，會發生適用比較關係者，其適用關係的判斷，必定係以行為跨越新舊規範為決定基準；而關於行刑權時效規定（刑法第 84、85 條之規定），如發生變更時，其決定法律變更的適用關係者，並非以行為時為決定基準，而是以行刑名義發生時為準，亦即以裁判確定時為適用關係比較之基準。是以刑法判斷規範變更的適用問題時，適用關係的決定基準，乃取決於個別規範的對象而定。

第四節　刑法的解釋

　　刑法明文規定的內容，因係透過文字抽象性之規範，常具有解釋的必要性，而所謂解釋者，簡單地說就是在規定涵蓋的範圍內，將法律規定予以具體化、明確化，就法學方法的結構關係而言，法律的形成，本就是基於社會一定事實的關係而來，惟社會事實本是具體存在的現象，對於一定事實形成規範的作用，無異是將具體事項予以抽象化的過程，此為規範形成的過程；當形成法律規範之後，所重者，應是對於一定社會事實的概化作用，強調的效應在於實用，而透過抽象與概化的作用，所形成的法律規範，在適用時，必須檢視規範內容與所欲規範事

實的相容性，此時規範的適用關係，無異是再次將抽象的規範內涵予以具體化，以作為規範涵蓋類型與範圍之界定，惟再將抽象的規範適用於具體的事實時，如何將抽象規範予以具體化，則須仰賴法律之解釋，是以解釋是將抽象法律規範的內容與意涵，透過法律概念理解與法理詮釋的關係，加以具體化，以界定規範的範圍的一種法律適用的輔助方法。

　　基本上，每一個規範都有一定之適用類型與範圍，在此一範圍內所為規範具體化之體現者，稱之為解釋，在法律規範範圍的觀察下，對於一定規範內容的具體化作用，可以將規範範圍作限縮性之解釋，例如生母殺嬰罪（刑法第 274 條）所稱「殺其子女者」，所指之「子女」乃為甫生產之子女而言，並非其他之子女；另外，在一定規範的範圍內，規範適用的類型與對象範圍，亦有作擴張性之解釋者，例如自首規定的成立條件與適用範圍（刑法第 62 條）的「未發覺之罪」是，其稱未發覺之罪者，本應包含偵查機關對行為人及行為事實的未發覺，惟具體適用條件，只要是行為人未被發覺者，亦適用自首的減輕規定，是以擴張解釋界定其適用的範圍。

第一項　解釋的方法

　　法律規定係由文字所形成，不論是刑法總則的原理原則規定，或是刑法分則的個別犯罪類型的構成要件，由於刑法規範的內容，係將具體事實作抽象化的概念轉換，而形諸於各規範的條文之中，此種抽象化及價值化的法律規定，在具體適用時，必須先予以轉化為具體的意義，以便對於具體事實得以為包攝 (Subsumtion) 的適用觀察。將抽象的法律規範具體化的過程，不可或缺的工具，乃為解釋的方法。透過法學解釋的方法，闡明法律規範的概念及其適用的對象與範圍，此為刑法規範具體化的體現作用，而其所仰賴的工具，即為法學解釋方法。

　　目前對於法律的解釋，係以十九世紀薩維尼 (F. C. v. Savigny) 提出的四種法律規範的解釋方法，亦即文義解釋、邏輯解釋、體系解釋與歷史解釋，作為解釋的基礎 ❾。之後經過德國學者拉倫茲 (Karl Larenz) ❿ 作微調的修正，後雖個別解

---

❾ 薩維尼 (Friedrich Carl von Savigny, 1779～1861) 於其 1840 年所著「System des heutigen römischen Rechts」一書中，確立了現代法學方法論的解釋方法基礎。Vgl. Pawlowski, Methodenlehre für Juristen 1981, S. 49；ders., Einführung in die juristische Methodenlehre, 2. Aufl., 2000, S. 78；Bydlinski, Juristische Methodenlehre und Rechtsbegriff 1982, S. 436, 437.

❿ 其將解釋方法定調為 1. 文義解釋 (Wortsinn)； 2. 法規的意義整合解釋

釋方法在歷史發展的辯證中或有歧異❶，但法學概念與規範內容詮釋的輔助解釋方法，大抵都以四個解釋方法，作為釐清概念與規範適用的工具，亦即：1.文義解釋 (grammatische Auslegung)；2.歷史解釋 (historische Auslegung)；3.系統解釋 (systematische Auslegung)；4.目的解釋 (teleologische Auslegung)。這四種法律規定的解釋方法，幾已成為法學方法法律解釋的共識。

一、文義解釋

實定法律本是由文字所形成的規範形式，刑法規範或構成要件的內容，均為法律概念的組合，對於個別法律概念意義的釐清，首當以文義解釋作為闡明的方法，換言之，文義解釋乃在於闡明個別法律概念，例如刑法第 10 條法律用語的規定，即是源自文義解釋方法而來，又如刑法財產犯罪中所規定的「動產」，雖係援用民法第 66、67 條的規定，其亦屬於文義解釋的運用文義解釋，亦即從法律規定條文的文義或用語中，探求有質疑概念的內涵及界限範圍，又如刑法偽造文書罪（第 210 條以下）中的「文書」概念；妨害性自主罪中的「性交」、「猥褻」等概念，均需透過文義解釋的方式，闡明概念的內涵，以便確認出具體的規範事項。

二、歷史解釋

當對於現行法律規定的具體適用內容，無法透過規範的文義，確認適用對象及範圍時，乃必須回溯到立法形成的根源，以探求法律規範的真義，及其確切的規範對象與範圍，並探求法律規範立法之目的，及其制定的法律意義，例如對於幼童性侵害的法律適用關係，究竟是純粹強制性交罪或強制猥褻罪（第 221 條、第 224 條）的該當？或是屬於非強制性的性交（第 227 條），特別是對於未滿十四歲之男女之性交❷，其法律適用的關係，乃至法律規範的妥當性，在具體適用時，

(Bedeutungszusammenhang des Gesetzes)；3.立法者對規範意圖、目的及規範認知解釋（Regelungsabsicht, Zwecke und Normvorstellungen des historischen Gesetzgebers；又可視為概念系統解釋）；4.客觀目的解釋 (objektiv-teleologische Kriterien)。So Larenz, Methodenlehre der Rechtswissenschaft, 2. Aufl., 1992, S. 208～227。

❶　參見林山田，刑法通論（上），10 版，151～153 頁；auch Larenz, Methodenlehre der Rechtswissenschaft, 2. Aufl., 1992, S. 208ff.；Bydlinski, Juristische Methodenlehre und Rechtsbegriff 1982, S. 436ff.；Schmalz, Methodenlehre, 4. Aufl., 1998, S. 87ff.；Zippelius, Juristische Methodenlehre, 4. Aufl., 1985, S. 39ff.。

❷　刑法關於性侵害規定的條文，於 1999 年刑法部分條文修正時，從原本強姦罪修正為強制

為探求法律規範的真義，均需檢視法律變動的歷史規範，以便確實掌握其真正的規範目的與意旨。

三、系統解釋

法律規範有其一致性的關係，當單一法律條文的規定，無法就其本身得出具體的適用對象及範圍時，而必須作條文前後，乃至整體規範相關性規定的檢視，方足以確認規範適用的事項時，乃須藉助系統解釋的詮釋方式，以作具體條文內容的闡明，例如刑法第298條的略誘罪，其行為客體的規定，僅以「婦女」稱之，則所稱「婦女」，是否只要是女性即屬之？抑或是婦女乃指已成年之女性？因適用的行為客體概念有所不明，必須予以詮釋，惟欲得知「婦女」的確切概念，既無法以文義解釋，也不能從歷史解釋中求得，唯有假藉系統解釋，同時觀察刑法第298條、第241條及第240條的規定，作適當之詮釋，以界定出第298條略誘罪行為客體的範圍，以及其具體的適用關係。

四、目的解釋

當法律條文規範的內容，既無法單獨從文義、歷史或系統解釋中求得，而必須探求法律規定的目的性與法律保護之價值時，乃有目的解釋的必要，一方面刑法犯罪類型的規定，其具有法益保護的目的，而法益的概念，必須從其法律所欲保護的價值觀來理解，故當法律規範事項，對應於具體的行為事實，其適用與否有所不明，而須探求法律規範目的，則有目的解釋之必要。惟刑法因受到法定原則的拘束，目的解釋通常是一種最後不得已的解釋方式，對於刑法規範的解釋方法中，應是一種最後輔助性的解釋，故目的解釋有其侷限性。

由於刑法係規範國家刑罰權的基礎法律，其性質屬於嚴格的制裁法，因此對其認定與適用，必須採取相當嚴格的立場，其一方面受到法定原則的基礎規範，

性交罪，並在成立要件的內容中，加上「違反其意願」的用語，並將原本「準強姦罪」的規定，移置第227條。其實原本「準強姦罪」的規定，涵蓋有二種得以適用的範圍：1.對於未滿十四歲人的合意關係下所為之性行為；2.對於無法確認是否具有強制行為所致的性行為，特別是第二種情況，法律設定為舉證免除的規定，只要是對於未滿十四歲人所為，當無法確認為強制關係時，不論是否合意，均等同以強制性交的規定處罰，此種規定的意旨，卻因無知而被修正，乃至有社會紛紛擾擾的問題發生。這是對於構成要件內涵的無知所致，誠屬遺憾！

對於犯罪的判斷以及刑罰權的形成，均須有更為嚴格的要求，同時對於構成要件成立的判斷，也必須採取相當嚴謹的認定條件；同時因刑法具有法律規範體系最後手段的特性，對於其發動與適用，必須謹守其最後手段的要求，不能對於構成要件作恣意性的概念擴張，以致將刑法的規範推到法秩序防衛的第一線，同時更不能恣意羅織入罪，以危及刑法的穩定性及制裁法的最後防線。因此，目的解釋在刑法中，僅有在非不得已的情況下，亦即別無其他解釋方法得以闡明法律概念時，方得以採用目的解釋的方法，否則當其他解釋方法得以詮釋法律概念或適用對象與範圍時，即無目的解釋動用之餘地。

第二項　解釋的範圍與限制

刑法因受到法定原則的指導，對於法律的適用，必須先建立在法律明文的基礎上，然法律規定的內容與文字，常具有多義的性格，是以有解釋的必要，惟在闡明法律的意義與適用涵蓋範圍時，必須先從法律內部的意旨與文義關係作為解釋的出發點，不宜超脫出法律規定文字或意旨的範圍，故而，唯有在文義解釋、論理解釋（系統解釋）或歷史解釋的方式，均無法確認法律規定的該當與適用範圍時，才能有以法律規範目的為導向的目的解釋之適用。固然目的解釋在一般的運用上，有所謂「目的限縮解釋」及「目的擴張解釋」之區分，惟何種情況下，應採用「目的限縮解釋」、何種情形得以採用「目的擴張解釋」？在刑法的解釋中，本有其一定的原則存在，特別是採用「目的擴張解釋」之時，因其會產生與法定原則要求的緊張關係，避免因目的擴張解釋而陷入類推之嫌，對於目的解釋的容許性，必須受到特定條件的嚴格限制，其具體適用與設限的條件有二：

一、必須採取目的限縮解釋者

目的解釋因其本質已經貼近類推的界限，不得已必須採取目的解釋時，必須受到法定原則與無罪推定原則的嚴格檢視，同時也必須觀察是否有超出刑法的最後手段性格。故其作為闡明法律概念或構成要件的適用關係時，必須受到相當嚴格的管控。當具體事實的認定，有涉及犯罪成立要件、刑罰形成事由的判斷，或是涉及刑罰有加重之事由時，其若須採取目的解釋，方足以確認具體之適用關係時，僅能以目的限縮的解釋方式，否則恐有違背法定原則 (Analogieverbot der Gesetzlichkeit) 與無罪推定原則 (Grundsatz der in dubio pro reo)，乃至於違反刑法最後手段性 (ultima ratio) 的要求之虞。故而，當對於構成要件的成罪條件是否該

當，採用目的解釋作為闡明方法時，僅能作目的限縮的解釋，亦即應採取更為嚴格的要件解讀，以作為該當與否的判斷，例如刑法第 132 條洩漏國防以外秘密罪，其所規定「國防以外之職務應守秘密、文件或物品」的條件，應作嚴格的目的限縮，而其解釋的適用對象與範圍，應以「國防以外之秘密」為對象，亦即其得以成為規範對象者，以具有涉及國家安全或對於政府機關形象具有具體之危害者，方屬該罪規範範圍，蓋其設定的內涵，既屬於侵害國家法益事項，自然必須已涉及國家主權及國家安全與形象為適用範圍，除此之外，應以行政懲處方式，即為已足❸。

當必須嚴格限制目的解釋的詮釋方法時，所有作為解釋對象的概念與要件，必須受到相當侷限性的條件要求。雖然目的解釋係從規範的目的性為出發，從價值變動的關係，檢討規範存在的目的，以確認其應該存在的適用對象與範圍，然在檢視規範目的的同時，必須兼顧法律明文的規定，當構成要件的具體內容規定，無法實現規範目的時，亦即特定社會事實具有規範的必要性，但法律規定的內容卻無能為力，例如神棍騙色的社會事實，法律本應加以規範，但卻找不到構成要件足以規定，遍觀構成要件的內容，對於以欺騙行為作為取得性關係的方式，從條文的規定，僅刑法第 229 條的內容較為相近，但該規定的具體要件規範，卻係限縮在「使人誤信為配偶」，一般社會上的騙色事實，並無該規定得以適用的餘地，同時也不能直接以目的解釋遽認為以欺騙的方式，具有使人「違反其意願」的實質意涵，而遽適用刑法第 221 條之規定。於是法律應規定的事項，為有具體適切的規定，僅在現行法律規定中，存在相近的規範，而相近規範又無可適用時，乃產生所謂的規範或法規漏洞 (Normlücke od. Gesetzeslücke)，此種規範或法規的漏洞，在法定原則的要求下，並無法以任何解釋的方式予以填補，即使以規範目的為思維方向的目的解釋也無能為力，這應該是立法的問題，而不能恣意以目的解釋作為填補的工具❹。同時目的解釋不能超出其他三種解釋方法的既有範圍，

---

❸　參照柯耀程，洩漏國防以外秘密之洩密罪，月旦裁判時報，第 5 期，2010 年 10 月，111 頁以下。

❹　刑法最典型的情況，當屬於對所謂「幽靈人口」問題的處理。於 2007 年刑法修正「幽靈人口」規範（第 146 條第 2 項）之前，對於選舉所生的「幽靈人口」問題，實務的態度雖然分歧，但認為此種現象足以造成選舉的不公平，乃遽以刑法第 146 條第 1 項「使投票發生不正確之結果」，作為規範「幽靈人口」的論罪科刑依據。固然「幽靈人口」會使得選舉不公，但法律規範的內容，並不足以涵蓋到此種現象，僅從刑法第 146 條的規範，係在確立公平選舉之目的，以此作為目的解釋的適用，這已非是一種目的解釋，而是典型比

否則將使得目的解釋淪落為法律的類推，而有觸犯法定原則之虞。因此，對於構成要件的該當判斷、犯罪條件的成立、刑罰的形成，以及刑罰的加重等條件，如需動用目的解釋時，僅能以目的限縮的解釋為之。

二、得以允許作目的擴張解釋者

當遇有涉及犯罪阻卻事由，或是刑罰減免或阻卻事由時，方得以採取目的擴張的解釋方式，以作為概念釐清的詮釋基礎，例如對於刑法第 62 條自首條件的詮釋，雖然法律規定「對於未發覺之罪」作為自首的前提條件，但何謂「未發覺之罪」？究竟需要求為行為人與犯罪行為均未被發覺？抑或是只要是行為人未被發覺？而自首受裁判者，即得享有自首的減輕規定？因自首屬於刑罰減免事項，故在判斷其成立條件時，得以採取目的擴張的解釋方式，從而對於自首要件的判斷，只要行為未被發覺，即得合於自首之要件，不論犯罪行為事實是否已為偵查機關所發覺。

倘若對於構成要件成立、犯罪形成判斷，或是刑罰成立或加重的事項，採取目的擴張解釋時，乃屬於違反解釋要求的恣意性詮釋[15]，例如將「職務」的解釋，因非主管或是執行關係的法定職務時，逕以舉凡與職務具有因果相關，或是將具有職務影響力等之情形，逕為該當「職務」概念之解釋，則屬於目的擴張，有違目的解釋方法的要求，而使得刑法成罪的解釋，被不當擴張，除有悖於法定原則之要求外，亦有違反無罪推定原則之虞。故在尋求解釋方法，以闡明構成要件的內容時，如必須採用目的解釋的方法，宜格外慎重。

嚴格而論，基於刑法最後手段性之性格，以及無罪推定的要求下，刑法規範的解釋，應儘量避免擴張之解釋。惟當規範範圍有所不清，其是否對於一定之具體事實，有得以適用之餘地，存在有疑慮時，既無法在特定容許的範圍內，以解釋的方式來確認適用的對象，僅能認定一定事實並無法律規範得以適用，而不得任意以比附援引的方式，採取超出規範範圍外的任何解讀方式，來科處法無明確

附援引的類推。爾後為杜絕爭議，乃於 2007 年予以修正，增訂第 146 條第 2 項之規定，使得規範「幽靈人口」問題，依法有據。此固係法律漏洞填補的方式，但卻也衍生出刑法構成要件規範的正當性問題。相關問題的批判，參見柯耀程，刑法問題評釋，99 頁以下。

[15] 參見柯耀程，「職務」概念的解釋與限制，法學論叢，第 56 卷第 2 期，2011 年 4 月，1 頁以下。

規範的行為事實，否則極易形成以刑法羅織入罪之嫌❶。

第五節　法定概念規範

　　刑法對於特定犯罪成立的前提概念，諸如行為主體的資格、行為成立的要求，或是特定行為客體的概念，為避免適用上出現多義性的問題，乃在刑法總則中作統一性之規定，一方面避免個別規範在其適用條件與適用範圍時，造成有界定不清的情況，而使得法律規定有牴觸到明確性原則之虞；另一方面也可以杜絕實務適用法律時恣意之解釋，而導致過度擴張法律規範的意義。現行法在刑法總則有作統一性概念規範者，主要有刑法第 10 條關於法律形成條件概念之界定，以及第 13、14 條關於故意與過失的概念界定❷。

　　刑法總則所以對於一定概念作統一性之規定者，其主要的考量，應在於若干法律概念在適用上具有共通性的關係存在，且對於法律在適用的判斷上，具有概念範圍界定之必要，為避免適用認定的分歧，而產生多義性的認知，故有統一加以規定，乃至定義之必要性，但刑法總則對於犯罪成立的規範內容，無法鉅細靡遺地將所有概念都作統一性之規定，僅能選擇性地對於若干判斷上較具有爭議性，或是屬於多義性詮釋可能性，乃至對於概念範圍的界限不清的法律概念加以規範。

　　刑法總則對於犯罪構成要件內容，作個別形成概念之統一性規定者，當以第

---

❶　對於刑法類推禁止的認知，一般均認為凡涉及犯罪成立與刑罰形成，或是刑罰加重者，均應加以禁止。但如類推適用係針對於行為人有利的事項者，例如對於中止未遂之認定，或是正當事由存在與否的思考，則得予以允許。參見林山田，刑法通論（上），10 版，83、84 頁；Roxin, Strafrecht AT, Bd. I, 4. Aufl., 2006, S. 159；Jescheck/Weigend, Strafrecht AT, 5. Aufl., 1996, S. 136。惟類推禁止雖是保障行為人免於受到羅織，但更重要的是為確立法的安定性，刑法法定原則的本身，固然有保障行為人的重要意義，但並非為圖利行為人而設，既然法律規範所不及範圍，不論對於行為人是否有利，均非屬於規範的範圍與意涵，自然不能任意加以無限制擴張，故而類推有利行為人的見解，雖然作為類推禁止的例外，但在學理的檢討上，亦有其可議之處。Ausführlich vgl. Gribbohm-LK (Strafgesetzbuch: Leipziger Kommentar, 11. Aufl., 1997), Rn. 72ff. zu §1。

❷　另外有關於類型性或型態性之概念界定者，如第 17 條加重結果犯之規定、第 25 條未遂狀態的概念界定、第 29 條教唆犯與第 30 條幫助犯之概念規定，以及第 47 條累犯形成的界定等。由於其都屬於個別之類型或是行為狀態之形成關係，與法律用語作為個別規範成立關係的主體、客體、或侵害行為等有所差異，故真正屬於犯罪類型成立條件之統一性規範者，當以第 10 條之規定為根本規定。另參見林山田，刑法通論（上），10 版，159 頁以下。

10 條之規定為典型，在第 10 條法律用語與概念的規定中，主要的方向有五：

1.刑度計數的概念界定者，即第 1 項稱以上、以下、以內者，俱連本數或本刑計算，據此凡非包含本數或本刑者，如屬必須超過者，則以「逾」定之，如刑法第 77 條所定「無期徒刑逾二十五年，有期徒刑逾二分之一、累犯逾三分之二」、第 86 條第 3 項但書、第 99 條等規定，其所稱之「逾」，即指必須超過本刑，方足以當之；如不及者，則以「未滿或不滿」定之，如刑法第 18 條所稱之「未滿」、第 42 條第 6 項及第 72 條所稱之「不滿」，均指未達本數或本刑之意義。

2.作為一定行為主體資格之共通性要求者，由於在刑法各種犯罪類型的規範中，有一種特別犯的型態，其要求必須以公務員作為犯罪成立的行為主體，倘若欠缺此種主體的資格關係，不但會使得行為的判斷失其準據，也會因主體資格欠缺而使得犯罪無由成立，但此種主體資格應如何界定，方得以視之為適格的行為主體，而為進一步犯罪成立與否的判斷？前提條件係在於如何界定所謂「公務員」的概念範圍，惟在全部的法律規定中，公務員的概念，因不同的法律規定，其概念範圍有所差異❸，故刑法總則乃有規範之必要。

3.由此延伸，在刑法犯罪類型成立的關係中，有以公務員或公文書為行為客體❸者，而所謂公文書的概念，亦係由公務員的概念轉化而來，是以界定公務員的概念，同時觸及公文書概念的範圍認定，也影響以公務員或公文書為犯罪行為客體的形成關係。

4.以一定之侵害狀態為統一性規範者，通常對於行為所造成的侵害狀態，僅需在個別犯罪類型中規定即可，但如出現侵害狀態，具有一定的昇層關係時，作

---

❸ 從典型的公務員法律規定來觀察，例如公務員服務法所指之公務員者，舉凡受國家機關之雇用，而服務於國家或自治團體機關者，均屬於該法所稱之公務員，其概念的範圍較為廣泛；而公務人員任用法或是公務員懲戒法所指稱之公務員者，必須經國家公務員考試或銓敘或升等關係，而取得一定之資格者，方得成為其公務員之概念，其概念的範圍又較為狹隘。是以一個公務員的概念，不論在專屬公務員規定的法律規定，或是在一般的行政法規之中，概念皆有所差異。

❸ 以行為客體作為統一性定義規定者，在 2005 年修正時，亦將電磁紀錄的概念，導進第 10 條的規定，置於第 6 項之中，此一規定係移自刑法第 220 條第 3 項之規定，其主要適用的關係，原本係當作文書來界定，但因在 2003 年 6 月 25 日增修公布妨害電腦使用罪章（刑法第三十六章第 358 條至第 363 條），而使得電磁紀錄的概念具有成為行為客體判斷的不同適用關係，是以將其提列到刑法總則作統一性之定義規定。

為界定基本侵害與昇層侵害的界線，如有容易造成模糊不清或是模稜兩可的情狀時，則須透過統一性質之規定，來解決認定上之困擾，在刑法第 10 條的規定中，乃將「重傷」的概念作統一性之規定，以作為其與基本侵害間界分的基礎。

　　5.關於特定行為方式的定義，主要的規定為「性交」的概念[20]，其所因應者，為刑法第 221 條以下關於性侵害的行為型態。

　　2005 年刑法總則修正時，對於概念性規範也作相當程度的調整，其主要修正動向有三：1.公務員的概念的重新調整，採取較為限縮的立法方式，重新界定公務員的概念，進而也影響到公文書範圍的判斷，雖然公文書的規定並未修正，但其與公務員概念屬於連動的一體性關係，故形式上雖無修正公文書的概念，但同受到公務員概念限縮的影響，公文書的範圍也實質地限縮；2.重傷概念的明確化，將原本僅「毀敗」成立重傷害的概念範圍，導入功能性的嚴重減損概念；3.修正性交概念，將中性化的性交概念修正成為評價性的性交概念，並從原單向「進入」方得以成立性交的認知，擴張為雙向性「使之結合」亦成立性交的概念。茲將個別修正概念的意義範圍分述如次：

一、公務員概念

　　刑法於 2005 年修正時，試圖對於公務員的概念作較為限縮的規範，而將既有的公務員抽象且界限模糊的概念，改以較為精確描述性的文字，希望能給予公務員概念更為精準的概念範圍。公務員概念於修正後，明確地作出類型化的規定，確認公務員的認定，具有三種概念的類型：1.身分公務員；2.授權公務員；3.委託公務員。

　　公務員的概念，不論是舊有規定之「依法令從事於公務之人員」，或是修正法所提出的「1.依法令服務於國家、地方自治團體所屬機關而具有法定職務權限，以及其他依法令從事於公共事務，而具有法定職務權限者。2.受國家、地方自治團體所屬機關依法委託，從事與委託機關權限有關之公共事務者」，從概念的形成

---

[20]　在刑法第 10 條統一性概念規範的條文中，放入第 5 項「性交」概念者，係源自於 1999 年 4 月 21 日修正公布之性侵害罪所然，當然這樣的立法方式，也招致相當多的批判，參見林山田，評一九九九年的刑法修正，月旦法學雜誌，第 51 期，16 頁以下；林東茂，評刑法妨害性自由罪章之修正，月旦法學雜誌，第 51 期，70 頁以下；黃榮堅，刑法妨害風化罪章增修評論，月旦法學雜誌，第 51 期，81 頁以下。故而在本次修法時，也有建議將性交的定義性規範予以剔除，不過並未獲採納。

關係來看，都可以從二層面來加以觀察：1.以身分關係作概念之界定者，此種公務員的概念，主要係從取得公務員之資格為判斷，舉凡經國家政府機關或是地方自治團體之考選、銓敘或委派、遴選而取得任用資格者，均屬此類公務員的概念；2.基於功能性的基礎而為界定者，亦即不管是否具有正式國家機關所為之任用或委派資格，只要其所從事的工作事項，屬於公共性之事務，而具有一定之公權關係者，此即如「依法令從事於公務」，或是「從事於公共事務，而具有法定職務權限者」之規定㉑。

　　在我國刑法的規定中，似乎並未區隔這二種公務員的界定關係，而是將此二種公務員的界定概念，均視之為刑法上公務員之概念範圍㉒，故使得刑法公務員的概念，成為「最廣義公務員」之概念，則稱公務員者，在刑法中幾乎已到無所不包的境界，造成概念定義過於廣泛，從而對於原本屬於營利關係的公營事業，或是以私經濟行為為主的組織體，其從業人員也都被界定為公務員，形成公務員概念變成一種輕易入罪的代名詞㉓。嚴格而論，公務員所以成為刑法規範的對象者，應非從其身分關係所致，而應是其職務的關係所然，故而在刑法中宜採取較為嚴格的概念界定方式，以目的限縮的解釋方式，來詮釋公務員的概念為妥。

　　至於如何以限縮的方式來詮釋公務員的概念呢？主要的界定基礎，應從功能性的觀念出發，亦即以其所為之職務關係來加以觀察，而不是以組織體或是單純從公務員取得之身分關係來論。所謂功能性的概念，係從職務犯罪的成罪條件作

㉑　嘗試妥善將公務員概念重新加以界定者，參照甘添貴，刑法上公務員概念之界定與詮釋，最高法院「刑法修正後之適用問題」學術研討會論文，2006 年 6 月 28 日假最高法院舉行。

㉒　如以公務員作為行為主體的犯罪類型來看，原本不論是職務犯罪的類型，或是以公務員作為刑罰加重事由的類型，可以發現其對於公務員概念的界定，主要係從功能性的關係來界定，畢竟要有委棄守地的公務員者，必須其職務具有守護的職責關係，而會發生收賄問題者，亦是以其所執行之公務為基礎，但由於刑法第 134 條及貪污治罪條例（特別是第 4 條至第 6 條）的規定，則又單純以公務員之身分關係作為認定的基準，乃導致公務員概念被無限擴張。

㉓　始作俑者，當屬司法院釋字第 8 號及第 73 號之解釋，其認為政府股權占百分之五十以上之股份有限公司（如銀行），即屬公營事業機構，其從事於該公司職務之人員，應認為係刑法上之公務員。爾後實務與學理的認知，都是以「最廣義公務員」作為刑法公務員概念界定的刻板性印象。此一最廣義公務員概念，於 2005 年刑法修正之後，已無再適用的餘地。

觀察，雖然個別職務犯罪的類型，均是以公務員的身分，作主體條件的一般性規定，但具體的犯罪類型，除主體身分條件之外，更須從其職務的功能性導向，作是否能成立職務犯罪的判斷，蓋在公務員職務犯罪的類型中，大多數的型態，對於主體的要求，除其為公務員資格之外，更須屬於具有該職務相關的公務員，方得以成為該職務犯罪的主體，例如刑法第124條枉法裁判罪，其得以成為犯罪主體者，應僅限定在具有仲裁或審判資格之人；又刑法第125條的濫權追訴罪，其主體亦僅限定在具有罪偵查權限之公務員而已，並非所有具有公務員身分者，均得以成該罪的主體。是以，如非有與職務相關之行為者，即使具有公務員之身分，仍非屬刑法公務員犯罪類型規範的對象。因此公務員概念的界定，並不能單以概念性的規範作全般性的適用，而應同時從其所從事之公務或是公共事務的職務功能來觀察，從這樣的觀點來界定公務員，方能妥適解決基於委任關係所為公務員概念之判斷❷❹。從而，不論原有公務員概念的定義，或是修正法所為公務員概念之修正，如果忽略功能性概念界定的要求，將使得公務員概念的混淆情況難以改善。

又公務員概念之所以須加以界定，主要原因在於其係犯罪類型成立與否的判斷基準，而涉及公務員概念的犯罪類型者，主要的犯罪類型有三：1.以公務員為主體之類型，如公務員職務犯罪（第120條至第133條及第163條、第213條、第231條第2項、第231條之1第3項、第264條、第270條、第296條之1第5項、第318條及貪污治罪條例之罪）；2.以公務員為行為客體者，如妨害公務罪（第135條至第141條）及使公務員登載不實罪（第214條）；3.延伸至公務員概念的公文書概念❷❺者，例如偽造公文書（第211條）、公文書登載不實（第213

---

❷❹　在實務的操作認定中，確實可見試圖以此種功能性界定的概念來判斷者，例如最高法院70年台上字第1059號判例、75年台上字第3105號、75年台上字第6682號、76年台非字第224號、84年台上字第5755號、87年台上字第1901號、88年台上字第1124號、88年台上字第2273號判決。惟最高法院91年台上字第6130號判決則又採取身分關係的公務員概念，顯然在概念的認定上，仍舊相當游移不定。

❷❺　一般對於公文書的認定者，都是以刑法第10條第3項作為基礎，而該項公文書的概念，則又是源自公務員身分關係的概念界定為根本，遂導致只要公務員職務上所製作之文書，一概視之為公文書，事實上，並非公務員職務所製作者，必然一定為公文書，刑法第10條第3項的規定，充其量僅能作為公文書判斷的必要條件而已，尚且無法成為公文書之充分條件，更遑論為充要條件。關於公文書的界定者，參照柯耀程，刑法問題評釋，2004年12月，219頁以下。

條）及使登載不實於公文書（第 214 條）之規定是。就以公務員作為犯罪主體的類型觀察，雖然此類的犯罪構成要件，都要求以公務員作為行為主體的前提條件，但各該構成要件的內容中，其成立要件除主體關係外，更設定一定之職務關係，以作為界定公務員的主體資格，是以此種類型的立法基礎，不論是從法益侵害的觀點，或是從行為人所犯的型態來看，其所指之公務員概念者，並非單純僅以公務員身分關係，作為界定之準據，而仍舊係以功能性之職務判斷，作為判別公務員之依據；同樣地，以公務員作為行為客體者，如妨害公務的犯罪類型，其所以侵害者，亦非公務員本身，而是源自於職務執行的關係所生的保護必要性，故以公務員為行為客體者，公務員的概念，依舊是功能性的判別關係。從而對於公文書的概念認定，亦應從此種公務員的概念為出發，並非單純從身分關係來認定。

公務員概念經修正後，確實將原本毫無邊際的概念，限縮回具有公法關係的公務員概念，但修正後更重要的工作，則是在於需摒棄單純身分關係的認定方式，回歸到職務導向的功能性界定標準。

具體地說，所有的職務犯罪成立的條件，都是以公務員概念作為主體要求的前提條件，但並非公務員概念決定職務犯罪，亦非只要行為主體的條件，落入公務員概念之中，即得以判斷職務犯罪的確認。就職務犯罪類型觀察，在犯罪成立的條件上，除行為主體的要求外，均涉有職務行為的犯罪成立條件，亦即公務員得以成立職務犯罪者，除公務員資格外，更必須是其職務上的行為，否則即使具有公務員的身分，仍無法成就職務犯罪❷❻。此外，在若干職務犯罪類型中，因其犯罪屬性的特殊性，對於行為主體的資格，除一般性公務員的概念之外，行為主體的條件必須再加上此種特殊性的要求。例如刑法第 124 條枉法裁判罪的規定，行為主體固然是公務員，但該罪的類型特殊性要求，此公務員必須具備從事審判職務者，又第 125 條濫權追訴罪的主體要求，必須具有犯罪追訴或處罰之公務員，方能成為該罪行為主體的要求。

---

❷❻ 此種職務犯罪的職務行為要求，乃使得公務員的概念，除既有單純概念上的身分公務員、授權公務員及委託公務員概念外，加上一種「職務公務員」的概念。然而，因刑法有第 134 條的存在，此一規定在概念上，被稱之為「不純正職務犯罪」概念。於刑法修正時，原建議廢除刑法第 134 條規定，蓋其存在會混淆公務員概念的中立性，乃至造成刑法變成行為人刑法之虞，但此種建議被廢棄不用。至使得刑法檢討公務員概念，除因應職務犯罪之外，尚有此一不純正職務犯罪的問題。使得公務員概念的詮釋被極端化，這不是刑法修正所追求的本旨。

二、重傷概念

　　刑法對於傷害罪之規範者，有普通傷害罪（第277條、第284條各項前段）與重傷罪（第278條、第284條各項後段），以及法律有規範致重傷之加重結果犯，從傷害之侵害狀態來看，有普通傷害與重傷害之別，而普通傷害與重傷害者，皆屬於傷害人之身體或健康的關係，所不同者，在於造成侵害狀態程度的差異，故重傷與普通傷害間屬於侵害狀態昇層性的關係，惟在這樣的昇層關係下，必須傷害到達何種程度，方得以提升到重傷害？必須有一個界定的標準，刑法第10條第4項對此制定六款的統一性界分標準，即對於眼、耳、鼻、舌、身、意所造成毀敗性之侵害。刑法第10條第4項的立法方式，係採取一般慣用的立法技術，先將侵害狀態的關係，採取列舉式之規範，如毀敗或嚴重減損（原規定僅以毀敗為條件）視能、聽能、語能、味能或嗅能、肢體及生殖機能者，而在最後再採取概括式的立法方式，將未能以列舉式規範所及之相當性侵害，以概括的方式涵蓋在重傷害的概念之中❷❼。惟重傷害者，係屬對於身體或健康所為之嚴重的損壞行為，對於身體或健康的侵害程度與狀態，所可能想像的情況差異性相當大，究竟應採取何種詮釋的方式，方得以判斷所謂的毀敗或是嚴重減損？其攸關所形成之傷害狀態究為普通傷害？抑或是重傷害？故有詳予以說明之必要。

　　對於身體、精神或健康所造成傷害程度的判斷，可以從二方向來思考：即1.**物理性的觀點**來判斷，亦即所造成之傷害程度，必須達到物理外觀上毀敗或嚴重減損之程度，例如毆打他人，致使其腎臟破裂必須切除者，其已造成他人內臟器官物理性之變化，當屬重傷害❷❽；又如將整隻手臂從大臂以下完全砍斷，固為毀敗，如僅從手肘以下或僅將手腕以下砍斷者，其程度雖與從大臂以下截斷者不同，

---

❷❼　刑法第10條第4項原規定第1款至第5款所採取的列舉式規定者，皆以毀敗為條件，而在第6款採取概括式規定，雖然實務對於無法以前五款所定之條件來適用重傷之認定，但會以第6款之重大不治或難治的規定來涵蓋，惟在立法的基礎上，先列舉後概括的立法，所適用概括之規定者，必須程度與列舉規定相當，方得以概括規定適用之，概括規定並非在列舉之外的包羅式規定，自然也不能包山包海，所以如未達毀敗的程度者，也無法以概括式的規定，應將侵害程度視為重傷害。為解決此種立法技術上的困擾，在2005年修正刑法時，乃將列舉式各款，從原來僅以「毀敗」為條件者，修正為「毀敗或嚴重減損」，以杜絕法理上對立法適用範圍之質疑。原規定所造成的規範不足的批判者，參見林山田，刑法各罪論（上），5版，133頁以下。

❷❽　參照最高法院76年台上字第2967號判決。

但物理性的情狀，皆屬於毀敗，惟如並未將手臂砍斷，仍維持手臂物理性之外觀，但其手臂之神經系統或是關節系統，已經無法正常作用，如從物理性的觀點，恐無法完全視之為重傷害。是以物理性判斷的標準，會造成認定上的盲點，必須有其他輔助的判斷方式；2.**功能性的判斷方式**，即對於侵害身體、精神或健康的情況，乃以身體或健康所具備的功能為判別的標準，基本上身體不管外部之肢體、感官或是內部器官，其得以使身體正常運作者，並非全然以其外觀的物理性感官之作用而已，其主要的反而是在其作為身體器官的功能，當身體某一器官的功能喪失，即便其仍能維持物理性的存在，但身體的作用，卻已受到相當的限制，此時在判斷是否成立重傷害時，具有相當重要的作用，例如五官的存在，使人看起來像個人樣，但其主要的作用，並不是僅在於五官的物理性狀態而已，物理性狀態或許攸關美醜，但並不影響功能，故而判斷重傷者，除物理性之毀敗外，必須輔以功能性的判斷，方足以確實界定重傷害的概念範圍。

三、性交概念

　　性交概念出現在刑法之中，主要係源自 1999 年 4 月 21 日刑法性侵害犯罪類型修正而來，在 1999 年刑法修正時❷，以「性交」的概念取代原有「姦淫」的概念，除將相關類型的法定用語加以修正之外❸，並在第 10 條第 5 項中增加「性交」概念的規範，依原來之規定構成性交的條件範圍有二：1.以性器進入他人之

❷　此修正之批判者，參見林山田，評一九九九年的刑法修正，月旦法學雜誌，第 51 期，16 頁以下；林東茂，評刑法妨害性自由罪章之修正，月旦法學雜誌，第 51 期，70 頁以下；黃榮堅，刑法妨害風化罪章增修評論，月旦法學雜誌，第 51 期，81 頁以下。

❸　1999 年修正刑法，主要係以刑法第十六章（自第 221 條以下）的規定為主，修正的主軸，在於將傳統的性侵害關係，變更為更為明確的「性自主意思決定」，作為保障的法益，除章名變更之外，更將作為犯罪成立的基本概念「姦淫」改為「性交」。惟卻又有若干規定，仍舊維持舊有的「姦淫」用語，例如第 239 條之通姦者，其所謂通姦是指有配偶之人與人發生姦淫之謂，仍舊係以姦淫的概念，作為犯罪成立的要件；另如第 285 條傳染痲瘋病花柳病罪仍舊以「姦淫」為成立條件，這樣的概念變與不變，不知是修法時刻意的保留？或是修法時的遺漏？原本認為「姦淫」改變成「性交」的立意，是刑法中概念的改變，卻因遺留的舊概念，而發生「姦淫」與「性交」概念並存的關係。在此種關係下，卻僅在刑法第 10 條第 5 項概念規範中，增加「性交」的概念而已，如果真要將「姦淫」概念以「性交」取代，則似乎宜將所有原本以姦淫為要件之規定，修正為性交，特別是第 285 條之規定，應是修法上之遺漏。參照林山田，刑法各罪論（上），5 版，220、221 頁。

第二編

犯罪行為論

第一章　行為概念

犯罪既由行為所生，沒有行為自然難成犯罪，而刑法所評價的對象，正是以行為為出發的權利侵害事實，儘管刑法並非以單純的行為，作為其規範判斷的對象，而是以行為所生之權利侵害事實整體，作為犯罪成立與否的評價對象。進而於認定犯罪之後，對之科處刑罰的制裁。固然沒有侵害關係的存在，行為不會單獨成為刑法判斷的對象，然而，沒有行為的權利侵害關係，也不會成為刑法判斷所關注的對象，行為在成立犯罪所扮演的角色，就成為不可或缺的必要條件，一方面，行為是造成侵害事實的根源，沒有行為沒有侵害、沒有行為自然也沒有犯罪，行為乃成為形成侵害事實的核心要素；另一方面刑法的評價，更須以行為的侵害關係為基礎，故而行為也是刑法評價事實核心的根本前提。既然行為在刑法的評價中，並非單一受評價的對象，而是必須結合侵害關係，方有落入刑法判斷的可能，但其總是權利侵害事實的發動者，也是刑法法理形成的根本要素，可以將行為稱之為刑法評價的核心要素。

有行為的存在，方有犯罪成立的可能，在詮釋的要求上，依事物前提與本體的邏輯關係，在詮釋犯罪之前，應先做前提概念的論述，亦即行為概念宜在犯罪概念前先加以詮釋，故探討刑法的犯罪概念，宜先從行為概念著手。

第一節　行為理論

行為理論主要的任務，是界定人類的行為舉止，必須具備有何種條件，方才具有刑法上行為的適格，進而成為刑法評價的對象，以作是否成立犯罪的判斷，在刑法的理論中，行為理論是屬於最根本的對象判斷問題，必須先有認定刑法判斷對象的行為理論存在，方才有進一步評價為犯罪的犯罪理論論述的可能。

刑法固然是以人的行為舉止，作為規範評價與判斷的對象，惟這個對象的形象為何？是否人的動作與舉止，只要是從外觀上可以觀察出來，都可以稱為行為？那麼如果無法從外觀的舉止觀察出來者，是否就不能算是行為？也就是當行為屬於無法可以觀察出來的舉止與動作時，那麼此一沒有動作或舉止的靜止狀態，是否就不算是行為？究竟只要是人的動作舉止，只要是展現於外者，都可以被視為行為，而加以評價？還是對於人的行止舉動，必須具備一定的特性，並透過篩選確認後，才能稱得上行為，而成為刑法判斷的對象？欲解答這樣的問題，在學理的詮釋與界定上，乃有不同見解的提出，在學理的檢討上有四種主要的詮釋說法：

即因果行為論、目的行為論、社會行為論及個人行為論，這四種行為理論，都不是犯罪判斷的理論，而是作為刑法判斷前提的行為詮釋理論，也是論述刑法犯罪行為的前提對象。

第一項　因果行為論

因果行為論❶的觀點認為，行為是屬於刑法所要評價的核心前提要素，除行為之外，自然還有其他的事實情狀，例如所造成的權利損害、客觀的事實情狀等，會和行為一起接受刑法的判斷，而行為必須是造成這些權利損害與客觀情狀的根源，因此，認定刑法所評價的行為事實，是一種外在存在的具體現象，而這種現象是由行為所導致，故作為刑法判斷對象的行為事實，是一種客觀上的因果歷程事件，是以「行為為因、侵害事實為果」的客觀因果歷程關係。

因果行為論對於行為的看法，是將其視為一種客觀、外界可以觀察的因果歷程，更詳細地說，是將行為視為一種因果事件的導因，而這種導因，則是源於人出於自由意識所為的意識活動，由這種意識活動引發身體的動作，而導致於外界發生變動。故而在因果行為論的說法，行為是一種出於自由意識的活動，透過此種意識活動觸發身體的動作，而引起外界變動的關係，簡單地說，行為是一種由意識活動所形成的身體動作。

依據因果行為論的說法，舉凡是有意識的身體活動，都屬於刑法所稱的行為，而這個行為的概念，對於刑法的評價對象而言，只是一種導因，要能成為刑法判斷的完整對象，必須行為有導致外界的變動，而引發出一定之行為事實，方有落入刑法評價的範圍，在這樣的觀點下，只要是出於意識活動的身體動作者，都可以被視為刑法上的行為概念，諸如走路散步、說話、駕駛車輛等，都是其所稱之行為；反之，如果身體的動作，並非出於意識的作用，則就不能算是行為，故夢遊、夢囈、被深度催眠時之身體活動，甚至神經反射性的動作，因非出於意識，都不能被視為行為。

因果行為論對於行為的認識，認為必須是出於有意識的活動，並引發身體的活動，在這樣的詮釋下，確實可以將行為區隔為「有意識」與「無意識」的身體活動，對於非屬於意識支配的身體動作，不論是夢遊、夢囈或是自主神經反應的舉動，即使因此而有造成權利侵害的情事發生，因根本的前提不屬於行為，故也

---

❶　因果行為論是系統性論述行為概念最早的見解，其代表性人物有：貝林 (E. Beling) 及李斯特 (Franz von Liszt)。參照 Wessels/Beulke, Strafrecht AT, 34. Aufl., S. 32。

不是刑法所要評價的對象。因果行為論確實將行為的概念，以「意識活動」的概念加以區隔，唯有具有意識的身體活動，方得以被視為行為，如非出於意識之作用者，則既不屬於行為，也不會成為刑法感興趣的評價對象。此一見解確實將刑法所欲規範的行為，界定在必須是出於「意識」的活動。

　　因果行為論所要求者，須身體的活動，而導致外界發生變動，方得謂為行為，倘若基於意識的活動所生的身體舉動，是具有一定的外觀動作形式者，固然容易從外在的形式加以察覺，但倘若外觀上無法發覺發生身體活動時，例如靜止不動的情況，是否得以被當作行為來看待，就會發生問題，畢竟從外觀上無法發覺身體的活動時，此種靜止的情況，是否也是屬於單純的意識活動，恐怕判斷上會產生疑慮。這也是因果行為理論，必須修正的地方。

第二項　目的行為論

　　目的行為論❷主張，單純的意識活動，尚不足以被視為刑法上的行為，要能夠成為刑法所評價的行為，必須行為本身具有一定的目的性。而所謂行為的目的性，乃是指行為人所為之舉動，必須是一種有意識地指向某一個特定目的的實現，方得稱為行為，亦即行為必須是有意識的目的導向，但這個目的導向，並不是必然指向因果關係下的結果，而只是行為本身的目的而已，例如開車行為是一種有意識的目的性引導，倘若開車不具有目的性，這是相當可怕的一件事，就如同於瞌睡狀態下的駕駛，但行車發生事故致人成傷，對於成傷的行為並非屬於目的性之檢討範圍。反之，如果是屬於不具有目的的舉動，都只能視為一種單純的舉動而已，尚且不能被當作行為來看待，從而無意識的活動如夢遊、夢囈及自主性反射動作，乃至因精神障礙而無法作意識控制之舉止，都不具有目的性之存在，自然也就不是刑法所稱之行為。

　　目的行為論固然不否認行為與結果間的因果關係，但其並不認為任何在因果

❷　目的行為論是由威爾采 (Hans Welzel) 所提出，其主要是用以修正因果行為論的見解，蓋其認為行為並非只是單純的意識作用，所生外界變動的因果歷程，畢竟因果是盲目的，行為必須是一種具有目的性的導向狀態。持目的觀點的論者，自威爾采之後，為數相當多，包括如毛拉賀 (R. Maurach)、考夫曼 (Armin Kaufmann)、賀胥 (H. J. Hirsch)、魯賓費 (H.-J. Rudolphi)、使特拉騰威爾斯 (G. Stratenwerth) 等等。必須注意者，目的行為論與目的犯罪理論雖然都是從目的性觀念出發，但二者所論者，並不是一樣的問題，目的行為論是界定行為的理論；而目的犯罪理論則是法律判斷行為事實是否成為犯罪的理論，二者所詮釋的對象與內涵不同，不可同日而語。參照 Wessels/Beulke, aaO.。

關係的關連性判斷上,足以造成結果發生的舉動,都可以視為行為,畢竟具有目的性與不具有目的性的活動,都可能造成一定結果的發生。從因果關係而言,行為是因、結果是果,不具有目的性的行為,也可以是導致發生一定結果的導因,但未必是結果發生的目的性作用。故而,目的行為論認為,不具有目的性的結果導因者,並不能也不應被視為行為,充其量只是一種客觀事實上的偶然而已。在目的行為論的論點下,行為概念所要求者,並不是結果發生的目的性,而是導致結果發生的行為目的性,簡單地說,行為理論是在界分行為的資格,至於行為會造成什麼樣的結果,或許會超出原本行為目的性的範圍,例如以傷人之行為,卻發生他人死亡之結果,此時行為具有傷人的目的性,卻不具有死亡結果的目的性,故而,行為的資格認定,只要行為具有一定的目的性,就能被視為刑法上的行為,惟倘若行為的本身不具有目的性關係的存在,即使會發生一定的侵害結果,都無法被視為行為。舉例來說,護士甲為病人乙注射某種藥劑,但因過敏效應而導致病人乙發生休克死亡,對於護士甲而言,其所為注射行為是一種有目的的作為,但對於發生死亡之結果,則非行為人行為的目的,此時,因注射行為屬於護士有意識的特定作為,具有目的性存在,故仍應視為行為看待,只是該行為所生的死亡結果,則必須依具體情況認定是否成立過失,亦即護士有意識的特定作為(目的性),係注射行為,而非是有目的的致人於死的行為,因注射行為的目的性存在,故護士之行為乃具有刑法上行為之適格,只是對於所發生之死亡結果,並非屬於行為目的性的意識範圍,故無法以故意來定罪。

目的行為論解讀行為概念時,有二種問題會面臨詮釋的困難: 1.屬於不具目的性之行為卻發生侵害關係者,例如因走路跟蹌即將跌倒,本能性的尋找得以支撐的物體,卻因此而推倒他人,導致他人受傷,此時跟蹌跌倒的舉動,並不具有任何的行為目的性存在,如依目的行為論的看法,自然不能稱為行為,但卻因此造成他人受傷的侵害結果,由於不具有目的性而被排除在行為範圍之外,既非行為即無受評價之可能,那麼致人受傷似乎就無法論斷,甚至連判斷都不行,這是一個問題,也就是對於不小心的行為,因否定其目的性,而造成無法評價之虞❸;

---

❸ 目的行為論的核心思維,認為行為必須具有目的性,從而對於不具有目的性的舉動,都排除在行為範圍之外,如此一來對於刑法所規範的過失行為的認定者,顯然會有無法相容的問題。在早期的論點中,目的行為論是根本否認刑法中可以有過失行為存在的可能,蓋其認為過失行為者,並非屬於有意識的目的性活動,故不能被視為行為來處理。然而,此種見解根本就與刑法的過失規範相牴觸,故往後的目的論見解乃加以修正,認為過失

2.目的性應是建立在對於行為與外在情狀的認識基礎上，倘若欠缺此種認識時，是否仍舊可以判斷目的性之存否？這對於刑法「不認識過失」的詮釋，確實是一種考驗，這也造成目的性概念的界定問題。原本目的行為論是要釐清行為資格，卻使用一個相當抽象的「目的性」概念來說明，在未釐清行為資格之前，就必須先釐清所使用的目的性概念，無異是「漫江撒下鉤和線，從此釣起是非來」。

目的行為論最大的問題，乃是發生在其思維邏輯的錯置疑慮。目的行為論認為必須出於目的性者，方得以稱為行為，這樣的看法，似乎是將目的性與故意等同視之，確實在刑法規範之中，是以處罰故意行為為基礎，但什麼樣的行為可以被稱為故意行為？是屬於評價的問題，然而行為適格的判斷，並不是評價的問題，邏輯上一定是先有一定的行為，此一定行為具備有特定主觀內涵時，例如是蓄意的或是不小心的，才會被判定為故意或過失行為，倘若將目的性直接視為具有特定目的導向的意識，則顯然是將行為界定在與故意相當的概念下，會發生以規範反過來詮釋行為的錯置關係。

第三項　社會行為論

社會行為論❹認為刑法所規範的行為，是一種存在於社會的現象，而得以稱得上刑法上之行為者，必須該行為在社會上具有重要性存在，亦即行為者，乃是具有社會重要性的人類行為舉止。至於何謂社會重要性，則各家見解不一，有謂社會重要性者，乃指造成客觀上具有目的性結果發生之任意性作用；也有認為由人的意識所支配，且展現於外而造成一定可見之社會結果關係的人類舉動；亦有認行為係具有意識的舉動，而在客觀的社會通念下，具有一定的社會意義內涵者等，不一而足。

社會行為論所詮釋的行為概念，事實上是綜合因果行為論與目的行為論的見解而成，一方面用因果行為論的客觀化詮釋，認為行為必須是出自於意識活動的

行為仍具有所謂「潛在目的性」，亦即這是一種屬於可能性的目的作為，故仍具有目的性存在。但這樣的修正，顯然相當牽強，其根本卻未指出所謂潛在目的性的意義為何，顯然僅是為尋求與過失規定相容的牽強附會說法而已。

❹ 社會行為論將行為的概念，界定在必須指向具有社會重要性的舉動，凡是足以造成社會關係之權利侵害者，皆具有社會之重要性，而成為刑法上之行為。其代表性之人物有：史密特 (Eb. Schmidt)、恩吉許 (K. Engisch)、耶謝克 (H.-H. Jescheck)、郎格 (R. Lange)、沃爾夫 (E. A. Wolff) 等等。參照 Wessels/Beulke, aaO., S. 33。

產物，且會造成外界的變動關係，對於這樣的變動，必須具有社會重要性，否則單純的變動關係，並無法支撐行為的成立；另一方面又認為行為必須具備一定的社會重要性意義，這樣的社會重要性是具有一定意義的內涵的，也就是其必須指向一定的侵害關係而存在，故又有目的性的構想在其中。

但是，社會行為論的見解中，卻隱藏著二個根本性的疑問：1.刑法所評價的行為，本來就都具有社會的重要性，而行為理論就是要找出這樣具有重要性的行為，以便刑法規範得以評價。既是如此，則行為理論乃是界定何種行為，方具有使刑法加以評價的意義，而不是本末倒置地說行為必須具有社會重要性，方才是行為，這是一種反因為果、倒果為因的詮釋方式；2.判斷人類的意識活動，是否具有行為的適格，觀察的重點應該是自客觀存在的行為，來作觀察分析與判斷，而不是刑法所規範之行為均具有社會重要性，故對於行為的詮釋，即以社會重要性來說明。況且所謂「重要性」應如何認定？到底是從行為本身認定？還是從行為所造成的結果來認定？這恐怕也是社會行為論難以澄清的問題。例如散布是否具有社會重要性？夢遊可能引起社會的恐慌，但它是不是行為？這恐怕在社會行為論中，更不易回答。

第四項　個人行為論

個人行為論❺的觀點認為，行為既是出自於人，則認知行為的方法，自應從人出發，而將行為的概念，界定為是一種由個人人格整體所顯示出來的「人性化的展現」，亦即行為必須是能夠反應出個人的人格與思想，簡單地說，行為既是出自於人，則其必須是屬於人的「產物」，而這樣的「產物」，乃是一種身心靈的綜合，一種能夠反應出行為人所具備的人格特質與身心靈活動的產物。

進一步說，行為既是出自於人，人的本身不能僅是一種單純的表象，如果人只是一種單純個體性的存在現象，則其所為之行為，必然與一般動物無異，這樣的行為在刑法的認知上，是不具有意義的，要能夠成為刑法所欲加以評價的行為，必須行為的本身，是出自於行為人精神與心靈作用的產物，此種內在意識的展現，

---

❺ 此種見解主要是由德國慕尼黑大學刑法學者洛辛 (C. Roxin) 所提倡。其認為檢視行為資格必須從三種要素的觀點來思考：1.行為必須是行為事實的基本要素；2.行為必須具有連接個別犯罪類型的連結作用，亦即行為必須是犯罪形成的連結要素；3.行為概念必須具有區隔行為與非行為的功能，也就是行為概念必須是一個界定的要素。Vgl. Roxin, Strafrecht AT, Bd. I, 3. Aufl., S. 184ff., 205～215。

必須足以反應行為人的身心素質狀態，倘若僅是一種神經性的自主反應，只是身體的反射動作，或是無關乎精神或心靈作用的舉止，都只能被視為一種存在的表象，無法被視為行為，因為不具有精神意識作用之舉止，根本無法成為人的「人性化展現」。故而，要具備有成為刑法評價對象的行為資格者，必須是出自於人自主性的精神或心靈之作用，並將此種內心狀態對外展現，不論其所展現出的形式，是一種積極的動作，或是一種消極的不動作，都是屬於行為人內在人格的對外展現，此種展現形式，方得以稱為行為。

個人行為論立論的基礎，是以行為必須是行為人「人格的展現」為基礎，這樣的行為理論，固然對於未來刑法判斷故意或過失、判斷作為或不作為時，都可以提供適當程度的解決，但對於若干較為極端的情況，例如行為人受到絕對的強制之下，根本毫無反抗能力存在，其所為之舉動，是否也能視之為「人性化的展現」？恐會有問題，蓋其甚至連自我決定的可能性都不存在的情況下，如何稱得上是「人性化的展現」？倘若否定其具有自我精神或心靈的決定作用，則自然無法視為「人性化或人格化的展現」，理應將其所為之舉動，否定其成為行為之資格，也就不能落入刑法的評價範圍，如此受人強制所為之行為，就不具備「人格化之展現」，而不成為行為。然而，事實並非如此！這種受制於人的舉動，有二種可以想像的情況：其一為完全喪失行為控制力的情形，例如被人推一把，導致無法控制地向前傾倒，致使撞倒別人，使之受傷，此時因欠缺行為控制可能性，其向前傾倒的動作，是一種無法控制的本能反應，自然無法將其視為行為；其二為受意志控制而有即時或未來惡害發生的情形，例如甲強迫乙殺丙，否則乙將沒命，這是一種屬於意志絕對強制的情形，亦即行為人乙被迫只能選擇殺丙或被甲所殺，根本無法透過其精神或心靈的自由形成作用，來決定其行為舉止，假如乙果真將丙殺害，這樣的情形，是否也須否定其行為之資格？恐也有疑問。

第二節　行為理論分析

各種行為理論為詮釋行為的概念，嘗試透過各種說法，來剖析行為的界限與範圍，但似乎都仍舊存在著概念與形象上的缺陷，儘管理論說得冠冕堂皇，但最終的結論多少有不盡人意之處，或許這是刑法理論所普遍存在的現象。但回歸到較為嚴肅的問題，倘若刑法無法將其所要評價與判斷的對象，先在概念的形象上，作一番釐清，則如何能夠精準地對於行為加以判斷？這或許也是行為理論不斷思考的課題。

　　回到最根本的問題上，行為理論所要詮釋的行為概念，在整個刑法的評價結構中，係為確認刑法評價對象，亦即什麼行為方會落入刑法評價之中。須知，刑法以行為暨其所造成的侵害事實為犯罪評價的對象，這樣由行為與侵害事實所構成的行為事實，乃是刑法判斷與評價的對象，而侵害法益的事實，又是由行為所導致。是以，行為理論所要詮釋的行為概念，自然也必須是屬於先於刑法規範的存在面向，亦即是屬於客觀存在面的產物，對於這樣產物的詮釋，當然不能以規範的評價內容，作為釐清行為概念的判斷基準，其判斷與界定的標準，只能從存在面的關係來尋求。

　　刑法上所要界定的行為概念，應當是建立在是否可以成為刑法所評價的基礎上，既然評價的結果可能成為犯罪行為，也可能與犯罪無關，則行為概念的界定，宜採取較為寬廣的認知態度。從而，因果行為論所詮釋的行為，認定只要是一種有意識的活動，而足以導致外界的變動，即屬於行為的概念，不論所產生的外界變動，是否有法益侵害的問題，都不影響其成為行為的資格，這樣的定位，確實採取較為寬廣的認知方式，而且也將刑法行為概念的基本條件加以界定，其認為行為必須是一種有意識的活動，不論是積極的活動，或是消極的靜止，只要能確認其是屬於有意識者，即應被當作行為來看待，至於其是否果真發生侵害權利的情況，則是進一步必須觀察的事項，並不涉及行為資格的成立與否。

　　相對於因果行為論的行為概念詮釋，目的行為論、社會行為論，乃至於個人行為論的論點，都對於行為的資格，作若干不必要的限縮，對於界定行為概念的本身而言，恐會有所遺漏，而造成刑法原本應予以評價的行為，因行為資格被限縮，而造成無法被評價的遺憾。

　　行為理論的本旨，本就只是判定行為的資格，即使具有行為資格者，倘若未導致權利的侵害關係時，當然也不會成為刑法評價的對象，但如果沒有先確認此種行為資格，則會造成權利侵害關係的情況，無法加以認定，蓋此處有二個問題存在：1.有意識與無意識的行為都可能發生侵害權利的情況，例如精神狀態健全的情況下，不小心開車肇事致人成傷，這當然是行為，且須受刑法成罪之評價；但當駕駛途中，突然陷入昏迷，並因此肇事致人成傷，對於致人成傷的結果，二種行為關係都一樣，所不同者，則在於一者屬於有意識，另一者屬於無意識，所以行為的資格會有所不同；2.同樣是屬於具有行為資格者，有些會形成權利侵害，但有些不會發生，同是駕車的行為，有的駕駛行為會發生事故，有的則不會，而二者同屬於有意識的駕駛行為，倘若對於行為資格不作相同的對待，而僅以是否

肇事致人成傷來判斷，將使行為的概念受到結果的操控，而使是否具備行為資格的關係，顯得更為混淆。故而，行為概念的判斷，只是刑法評價行為的前提條件，並不能以所謂目的性、社會重要性，或是「人格化展現」的關係來加以限縮。

　　當行為概念被界定之後，表示合於行為概念資格的行為，都有可能成為刑法評價判斷的對象。但行為是否果真為刑法所判斷，則須再加入侵害的條件，而當行為資格與侵害條件都具備之後，刑法的判斷過程，才進入犯罪評價的階段。

第二章 犯罪理論

　　客觀上存在的行為事實被確認後，必須透過刑法的評價，方確認是否為犯罪。惟刑法究竟要如何評價已生的行為事實？其判斷與評價的步驟為何？則須進一步加以檢討。學理上將刑法判斷行為事實的邏輯性關係，經過系統性的詮釋，乃形成犯罪理論，易言之，刑法犯罪理論的存在意義，乃是學理檢討刑法判斷行為事實的關係，藉由不同詮釋方式，對於行為事實作犯罪成立與否的認定，其所形成的體系性見解，也就是檢討分析刑法應如何將一個行為事實，透過規範性的條件，判斷成為犯罪的系統性理論。

　　刑法的犯罪理論，所要談的是：對於一個既成的行為事實，要如何將其判斷為犯罪，也就是說，刑法是一個規範存在的形式，內容中有許多法條存在，有的是基礎原則的規範（總則）；有的是個別類型的成立要件（分則），當一個行為事實存在時，到底只要合於刑法的犯罪類型化規範，就可以稱為犯罪？還是仍必須作整體性判斷，才能決定為犯罪？在犯罪形成的判斷上，必須確認刑法判斷行為事實的基本模式，由這樣的思考關係所發展出來的體系性見解，就是所謂的刑法犯罪理論。

　　刑法對於一個行為事實，欲將其評價為犯罪，究竟要經過幾道程序？要經過多少規範條件的認定？方能得出犯罪之結果？同時各個檢視行為事實的規範條件內容與本質為何？亦即作為檢視行為事實的規範條件，其屬性如何被定位？乃產生不同的認知關係，其所形成的犯罪理論，主要的有三種：1.古典犯罪理論；2.新古典犯罪理論；3.目的犯罪理論。這三個詮釋刑法評價行為事實為犯罪的理論，都有其歷史的形成背景，以及所依循的立論基礎，其主要的內容，乃在於確認刑法對於行為事實的規範評價，其用以評價的條件具體內容的涵義為何，三個犯罪理論有其發展形成的先後順序關係。

　　在詮釋理論內容之前，必須對於理論形成的關係，先作一個簡要的說明。刑法犯罪理論的形成，是屬於二十世紀初的產物，蓋得以稱之為理論者，乃是指具有系統性的詮釋內涵為核心，在刑法犯罪理論出現之前，對於刑法評價的方式，學理上確實也有過努力，但都稱不上是系統化，真正賦予刑法體系性評價模式者，是始於二十世紀初，主要是起自德國刑法學者貝林 (Ernst von Beling, 1866～1932)❶，在貝林以前的刑法學理，雖然也努力建構一個體系性的評價模式，但判

---

❶　參照柯耀程，變動中的刑法思想，2版，17頁。

斷行為事實的規範條件，卻仍未能較精確及體系性地闡述，一直到貝林確立規範行為事實的刑法規範的具體內容，亦即刑法對於犯罪類型化規範的構成要件，刑法對於行為的評價，才算正式進入系統性的時代。

貝林將刑法對於個別行為事實的法律規定，稱之為構成要件，認定刑法規範的構成要件，是屬於對個別行為事實的類型化法律要件，進而開啟刑法評價行為事實的體系化理論之發展。

第一節　古典犯罪理論

古典犯罪理論的形成，主要是受到李斯特 (Franz von Liszt, 1851～1919) 及貝林的影響，李斯特認為刑法對於行為事實的評價，犯罪的成立，必須是違法且具有罪責存在的行為，而貝林在確認刑法對於個別行為事實的法定規範後，則更進一步確認違法的前提，必須先合於法律所規範的要件，於是提出構成要件該當、違法與罪責三個評價條件，從此刑法對於行為事實的評價，乃進入**構成要件該當性、違法性與罪責**三個階段的評價結構，亦即一個客觀存在的行為事實，要能夠稱之為犯罪，必須經過刑法規範構成要件該當之審查，進而為違法性之判斷，最後確認其罪責的範圍。而這三個規範條件的審查關係，是漸進式的結構，亦即依據邏輯順序遞次的檢視關係，倘若未能通過前一階段的條件檢驗，則無法進入次一階段，也就自然無法認定為犯罪，所以會被評價為犯罪者，必須完全通過這三個審查階段的審查。

第一項　基本架構

古典犯罪理論的見解，認為客觀存在的為事實，必須經過構成要件該當、違法及責任三個階段的審查，方得以判斷犯罪與否。至於各審查階段的具體屬性與意涵，乃各有差異。

首先，古典犯罪理論的見解，行為必須先經過構成要件的檢視，而構成要件是一種對於客觀存在的行為事實，所作的類型化規範，故而，刑法構成要件的本質，應是完全客觀的、中性的、不具有任何價值判斷的評價色彩的❷。此所謂「客觀」的意義，乃是指構成要件的內容，應只是對於客觀存在的行為事實，作相對應性的合致規範，因行為事實的存在是一種觀察與描述的關係，故構成要件也應只是

---

❷　這是貝林對於構成要件的理解與詮釋。參照林山田，刑法通論（上），10 版，184 頁；柯耀程，變動中的刑法思想，2 版，18 頁。

一種客觀的描述，不含有任何主觀與評價的成分。所有的主觀要素及內在心靈歷程，均排除於構成要件之外，而為罪責的範圍。亦即構成要件所涵蓋者，為單純客觀的、外在的要素；而所有主觀的、內在的要素，則完全歸於罪責內涵。所謂「無價值判斷色彩」的意義，乃指構成要件對於行為事實的判斷，全然不含法律的評價色彩。據此觀點，則一個侵害權利的行為事實，不論行為人主觀的行為意思為何，是蓄意所為？或是不小心所導致？是基於惡意所為？或是基於法的正當意思所為？都不在構成要件中檢討，只要行為事實的客觀面，合致於構成要件類型化的描述，即可視為構成要件該當。因此，在構成要件中，並無檢視故意或過失的問題存在。關於行為事實的評價關係，則是落於違法性與罪責的判斷範圍。

其次，當行為事實符合構成要件的檢視後，即具有構成要件該當的關係存在，評價的流程乃進入違法性判斷的範圍。而對於違法性具體內涵的認知，古典犯罪理論認為違法性的判斷，乃是以行為事實相較於法律規範客觀面的判斷關係，也就是客觀存在的行為事實，在形式上合於法律規定的整體性判斷，而這裡所稱合於法律規定者，並不是僅從構成要件的觀察，而是必須從構成要件，以及刑法總則的原則性規範一併審查，亦即當一個侵害行為存在時，其本身所具有構成要件該當，但仍須接受法律規定全體的檢視，亦即違法性的判斷，故而違法性乃是對於行為事實客觀上，是否符合法律所容許的檢視，如客觀上不被法律所接受，則違法性即行成立。

依據古典犯罪理論的說法，因正當防衛而導致於不法侵害者受到傷害之行為，仍有構成要件該當，但因其防衛行為的客觀評價，乃屬於法律所允許，故不具有違法性之存在。因此，在古典犯罪理論的界定下，違法性乃是對於行為事實客觀上的法律評價，違法性的判斷，雖然是屬於價值判斷的評價層面，但僅限於對行為事實的客觀面法律容許性的檢視，不涉及主觀評價判斷的成分。

最後，當行為事實的客觀面評價成立之後，乃進入主觀面向的判斷，亦即屬於罪責層次的檢視範圍。行為事實的主觀面判斷，係屬於罪責判斷的內容，故而主觀上的意識，包括故意、過失、意圖等都是屬於形成罪責的內容，主觀的意思乃是罪責的一種形式，故而故意、過失，乃至意圖等都是責任形式。因此罪責所評價者，乃是行為人展現在行為外觀的內在惡性關係，而形成故意責任或過失責任的區隔。

就古典犯罪理論的具體內容關係觀察，其所作體系性的評價模式，乃認為行為事實必須先經過客觀構成要件該當性之審查，且構成要件該當性的認定，是純

粹客觀的描述性作用，並不具有任何價值判斷色彩，刑法所為的價值判斷，主要是在於違法性與責任的檢視，違法性負責客觀面的評價，而責任則屬於主觀面的判斷。簡單地說，犯罪必須經過構成要件該當性、違法性與罪責三個階段的判斷，而各評價階段的性質如次：　1.構成要件：客觀、無評價色彩的事實情狀描述；　2.違法性：對行為事實客觀面的判斷；　3.罪責：行為事實主觀層面的評價與判斷。

第二項　古典犯罪理論的質疑

　　古典犯罪理論所提出的三階段行為事實評價模式，雖然受到往後學者的肯定，但其作為判斷行為事實的評價內容，乃受到相當大的批判，其中引起最大的質疑者有二：　1.構成要件能夠只是客觀的屬性嗎？沒有主觀的成分，如何可以稱得上構成要件得以成立呢？基本上，構成要件既是屬於犯罪類型的法律規範，行為事實的類型，在本質上本就有因意思不同所生的差異性存在，這樣的差異性能不在構成要件中區隔出來嗎？這是古典犯罪理論最受質疑的問題；　2.構成要件能夠毫無評價色彩嗎？構成要件難道只是一種因果關係的描述而已嗎？沒有評價的成分存在，構成要件又如何能夠成為法律的類型化規範呢？概念上如何可以理解，一個法律規範的該當，卻不具有任何評價的關係存在，這是相當難以想像的事。

　　在構成要件的屬性質疑上，當構成要件純屬客觀時，則對於行為的判斷，根本無法區隔故意與過失，乃至於無法定位以特定主觀要件作為犯罪類型特殊性的成立關係，特別是像意圖犯的類型成立判斷，將無從加以定位，蓋意圖的存在與否，本就是確認行為事實是否符合犯罪類型化的基本條件，倘若這樣的主觀要件不存在於構成要件中，而只是罪責的範圍，則恐怕連構成要件的成立都有問題，這樣的疑慮，對於意圖犯類型特別明顯，例如像竊盜罪、詐欺罪等，不在構成要件中判斷意圖的存在與否，則這樣的類型要認定成立或不成立都有困難。因此，構成要件欠缺主觀意思的成分，將無法確認犯罪類型的區隔，更難遽認構成要件是否該當。

　　另關於構成要件只是一種事實的描述關係，並無評價色彩的質疑，構成要件既是法律的規範，則規範的形成，不論個別組成的要件，或是構成要件的全體，都應該是一種規範的屬性，既是規範必有詮釋必要性存在，倘若無評價的色彩存在，對於若干犯罪類型的形成，恐怕都有問題，例如強制罪（第 304 條）中所規定「行無義務之事」與「妨害人行使權利」之要件要素，如不作評價的詮釋，當無法知悉義務為何？權利為何？同樣地，對於以「不法所有」作為成罪條件者，

例如竊盜罪、侵占罪、詐欺罪等，所稱「不法所有」的要件，如未經評價的詮釋，如何能以描述的方式，來認定「不法」成立，進而認定犯罪事實成立？這恐怕也是古典犯罪理論所難以自圓其說之處。對於行為事實的具體評價關係，乃有修正的必要，古典犯罪理論所界定的構成要件該當性、違法性與責任的具體內容，乃因主觀要件的辯證，以及規範評價性質的確認，而產生評價內容的修正。

第二節　新古典犯罪理論

新古典犯罪理論的形成，主要是以古典犯罪理論的詮釋基礎為根據，而在評價具體內涵加以修正，而產生的行為事實評價的模式。新古典犯罪理論主要是基於質疑與批判古典犯罪理論而生，由於古典犯罪理論將構成要件的內涵，界定在客觀的因果描述的基礎上，使得構成要件的屬性完全是客觀性質，這樣的說法，隨著主觀要件的發見❸並導入構成要件之中，古典犯罪理論對於構成要件的認知，乃隨之崩解，繼之而起的則是對於構成要件屬性的重新認識，乃至對於三段評價關係的具體內容，重新賦予新的意義。

第一項　基本思維架構

新古典犯罪理論的評價架構，仍舊延續古典犯罪理論的三階段評價模式，只是各評價階段的具體內容，不同於古典犯罪理論。然新古典犯罪理論的評價模式，並未背離古典犯罪理論的架構，只是對於個別評價條件的具體內容加以修正。新古典犯罪理論仍舊維持三階段的評價模式，亦即對於行為事實的判斷，仍舊維持構成要件該當性、違法性與罪責的判斷，所不同於古典犯罪理論者，乃在於新古典犯罪理論認為，行為乃行為人基於主觀意思所為的客觀現象，在構成要件中無法漠視主觀意思，構成要件如欠缺主觀的成分，則判斷行為事實的類型時，在構成要件的該當判斷，就會發生問題，因此將原本在罪責中才有的主觀要件，提升到構成要件之中，使得構成要件的屬性從原古典犯罪理論認知的客觀性質，兼具有主觀的成分，構成要件乃成為行為事實主、客觀類型化的規範。從而，故意與過失等主觀要件，乃成為構成要件的一環，使得主觀意思從原本僅屬於罪責形式的屬性，蛻變成為既具有構成要件主觀要件之性質，同時也是罪責的一種形式，

---

❸　主觀要件之發見，主要歸功於費瑟 (H. A. Fischer)、黑格勒 (A. Hegler)、麥耶 (Max Ernst Mayer) 和梅茲格 (Edmund Mezger) 等人，其中最具代表性之人物為梅茲格。參照柯耀程，變動中的刑法思想，2 版，20 頁。

兼具有構成要件主觀要件與罪責要素的雙重色彩。

同時，在構成要件與違法性的判斷上，新古典犯罪理論也認為，構成要件不能僅是一種行為事實描述的性質，而應具有判斷與評價的成分存在❹。從而，構成要件既是主客觀事實的構成要件，同時也具有法律允許的規範判斷關係，此時構成要件乃成為不法構成要件。由於原本古典犯罪理論將評價的關係完全置於違法性階段，如今新古典犯罪理論的見解，認為構成要件也必須具備評價的色彩。在對於行為事實的評價觀點上，由於構成要件與違法性同時具有價值判斷的性質，評價關係也形成雙重地位的結構，此時，構成要件與違法性的關係，乃成為形式與實質的評價關係，當行為事實具備構成要件該當時，乃認定其具備有**形式違法性**，而違法性所審查的實質違法性，乃具有雙重的思考：1.是否具有負面構成要件（亦稱為阻卻違法事由，或更精準地說稱之為正當性事由）的存在，如構成要件該當之行為事實，不具有負面構成要件之存在時，則形式違法性與實質違法性均成立，行為事實乃具有不法存在；倘若構成要件該當之行為事實，因有負面構成要件之存在，其雖具有形式違法性，但因無實質違法性，此時違法性的形成乃被阻卻，行為事實不能稱為不法；2.整體法秩序對於行為事實是否允許，蓋因構成要件該當之行為事實，在判斷上，已被直接認定具有形式違法性，剩下來的違法性判斷者，乃須依據整體法秩序是否允許，來作實質性之觀察，故違法性所掌握的判斷內涵，乃以整體法秩序的觀點，來作實質違法性的思考。

至於罪責的內涵，新古典犯罪理論並未大幅修正古典犯罪理論的觀點，依舊認為罪責屬於主觀評價的範疇。所不同者，只在於原本屬於罪責內容的故意、過失，因被構成要件瓜分，而成為具有構成要件主觀要件與罪責形式的雙重地位，除此變化之外，新古典犯罪理論提出所為規範性罪責判斷的見解，認為罪責者，應當是規範的罪責，在對於行為人行為之主觀層面非難的同時，必須揭示行為人之可責性，而使得罪責的判斷，從單純行為人主觀心理的作用關係，導到以規範判斷的規範責任觀念❺，因此，責任的判斷，除故意與過失等主觀罪責形式之外，

---

❹　麥耶 (Max Ernst Mayer) 從構成要件的分析中，發見在若干犯罪類型的規範中，存在著所謂「規範性的構成要件要素 (normative Tatbestandsmerkmale)」，其認為在若干構成要件類型中，的確存在著「有待補充的要素 (ergänzungsbedürftige Elemente)」，此類要素如不經評價，則殊難認定其是否該當，例如強制罪中的義務要素。此種須待評價的規範性要素的發見，旋即受到學界的認同，認為構成要件並非純然評價中立的，而係具有評價的規範要素存在。參照柯耀程，變動中的刑法思想，2 版，22 頁。

更加入價值判斷性質的可責性觀念。

　　因此，新古典犯罪理論的評價模式，仍舊延續古典犯罪理論的三段評價架構，其具體評價內容的核心重點：1.構成要件的屬性兼含有(1)主觀要件；(2)客觀要件；(3)評價性質，構成要件該當時即具有形式違法性；　2.違法性的屬性側重在實質違法性之審查，亦即當構成要件該當時，在違法性階段乃審查是否有阻卻違法的事由存在，即所謂實質違法性審查，如無阻卻事由存在時，違法性即屬成立；　3.罪責的內容包括故意過失的罪責形式，以及規範價值判斷的可責性概念。

第二項　新古典犯罪理論的疑慮

　　新古典犯罪理論雖然對於古典犯罪理論的缺陷，提出修正式的看法，將構成要件的屬性與內涵，更清楚地予以釐清，並對於三階段的評價關係，賦予更為貼近本質的意義，但卻忽略個別評價內涵的本質變化，會相對造成評價架構的變動。將行為事實的主觀層面，從罪責提到構成要件之中，將評價關係從違法性提至構成要件中，確實比古典犯罪理論對於構成要件的詮釋，有更進一步的澄清作用，也使得構成要件的本質面貌，更多一層清晰感，但新古典犯罪理論將主觀成分視為構成要件與罪責所共有，而賦予主觀要件雙重地位的定位，卻未進一步闡明這樣的雙重地位，個別在構成要件與罪責中，各應審查何種具體的內涵，也就是說，當主觀的意思在構成要件中就必須予以確認時，在罪責中主觀評價關係還要審查什麼，如罪責中仍對主觀意思再一次審查，則是否會發生重複評價的問題，這是新古典犯罪理論所未加以釐清的問題。

　　另外對於構成要件與違法性的評價關係，新古典犯罪理論將構成要件賦予評價的意涵，以構成要件作為刑法規範的意義上來看，這是符合規範存在的評價性質的見解，值得肯定，但構成要件與違法性都具有評價的性質，並將違法性區隔為形式違法性與實質違法性，以構成要件該當為形式違法性之形成，而再進一步檢討有無法秩序所容許之阻卻事由存在，以作為違法性判斷實質違法的基礎，在違法性中，似乎只剩下實質違法性的認定而已，這樣的說法，或許在純觀念的理解上，可以說得通，但刑法構成要件是刑法對犯罪的法律規範，而犯罪規範乃是對於最嚴重的社會問題（犯罪）所作的規範，在所有法秩序中，應無其他法律規定，可以凌駕其上，當刑法規範都已經認定構成要件該當之後，如何再以其他法秩序之整體觀察，來排除其違法性呢？這在法律規範層次是說不通的。

---

❺　參照林山田，刑法通論（上），10 版，179 頁。

　　新古典犯罪理論對於評價階段的屬性，都採取雙重位階色彩的認知方式，亦即：1.行為事實的主觀意思成分，同時屬於構成要件與罪責；2.評價的色彩同時存在於構成要件與違法性，這樣的定位固然進一步還原構成要件的本色，但卻使得違法性與罪責原來的面貌，有模糊混淆的疑慮，蓋將主觀意思部分從罪責中提升至構成要件中，則在罪責中的主觀評價對象，應剩下什麼？同樣地，將評價關係從違法性提至構成要件階段來判斷，則違法性階段還要評價什麼？這是新古典犯罪理論所存在的問題。

第三節　目的犯罪理論

　　由於新古典犯罪理論評價架構所存在的本然性疑慮，在 1930 年後，受到目的論者的影響❻，對於行為事實的評價體系，再次發生內容的轉變，而出現目的犯罪理論之見解。在目的犯罪理論的結構上，仍舊沿襲著三階段的評價模式，所不同者，則是在個別評價階段內容的差異。

第一項　行為目的性的思維

　　目的犯罪理論受到目的行為論見解的影響，認為行為既是一種具有目的性的意識活動，則在法律的評價時，必須及時反應出該行為事實的形象，因此認為構成要件必須具有主觀要件的存在，且這樣的主觀要件，也須反應出行為的目的性。此所稱主觀的目的性，乃是反應行為的一個重要的不法要素，而這個不法要素，必須在構成要件中即已具備，亦即在構成要件中，即須反應出對行為事實的認知與希望事實的發生，也就是對於行為事實發生的「知」與「欲」。目的犯罪理論將行為事實主觀面向的意思，完全從罪責的範圍中脫離出來，而將其置於構成要件之中，行為主觀意思乃完全成為構成要件的主觀要件，故意與過失或意圖等主觀意思，不再屬於罪責的內容，而是專屬於構成要件的主觀內涵，必須在構成要件中即行判斷與確認。從而構成要件的形象，乃成為對於行為事實的主、客觀要件的完整規範，行為事實的主客觀面，不再被拆解成二個評價層次。這樣的見解提出之後，隨即得到廣泛的迴響，進而目的犯罪理論的評價模式，乃成為刑法評價

---

❻　推展目的犯罪理論的評價關係者，代表性的人物有：封‧偉伯 (Hellmuth von Weber, 1893～1970)、楚‧多納 (Alexander Graf zu Dohna, 1876～1944) 及威爾采 (Hans Welzel, 1904～1977) 等，其中又以威爾采最為著名。參照林山田，刑法通論（上），10 版，180 頁。

行為事實的支配性理論。

對於違法性評價內容的看法，目的犯罪理論則是延續新古典犯罪理論的見解，仍舊維持違法性二分法的觀念，亦即形式違法性與實質違法性的看法，阻卻違法事由的檢視，依然是違法性判斷的核心事項，也就是判斷實質違法性成立與否的關鍵事項。

關於罪責層面的內涵，目的犯罪理論既然將主觀意思從罪責中完全析離，而置於構成要件之中，則罪責的內涵，乃重新定位為行為人對於其行為之可受非難性，以及對於法敵對態度或欠缺注意可非難性的不法意識。

從而目的犯罪理論對於行為事實評價的具體內涵，構成要件的定位是行為事實的主客觀要件，所有主觀意思成分，都屬於構成要件的內涵，構成要件也是不法構成要件，故意與過失等主觀意思要件，則是不法構成要件的主觀要件；而違法性的判斷，一如新古典犯罪理論，構成要件該當時，即具有形式違法性，在違法性中所要審查的具體內涵，則是法秩序是否容許的阻卻違法事由，如行為事實具有構成要件該當，且不具有阻卻違法事由存在時，則違法性即可視為成立；在罪責層面，因原主觀意思脫離罪責的範圍，使得罪責的內涵不再將故意與過失等主觀意思要件，視為一種罪責形式，而是屬於構成要件之主觀要件，罪責中剩下的是一種行為人行為時主觀心理狀態的可非難性，以及主觀惡性所反應出來的法敵對態度，包括對於過失的注意義務違反可非難性，以及對於故意之法敵對態度等不法意識。

第二項　目的犯罪理論的盲點

目的犯罪理論自 1930 年代被提出後，隨即成為刑法評價行為事實的支配性模式，雖然到 1970 年代之後，因三階段架構的評價模式受到挑戰，但現今行為事實的刑法評價關係，仍舊是以三階段評價模式為主流，在這個主流之中，又以目的犯罪理論為核心，雖然具體的判斷內容，或多或少有調整與修正，但架構卻始終維持其既有的形象。

嚴格而言，目的犯罪理論所存在的架構問題，也和古典犯罪理論與新古典犯罪理論一般，即使在評價階段的具體內容有所修正與調整，但卻忽略內容的變異，如此會造成架構完整性出現動搖的問題，而這些問題，在目的犯罪理論中，也未見有加以修復，諸如將主觀要件完全置於構成要件中時，構成要件與罪責內涵所生的變化，是否會影響架構完整性的維持；又在構成要件中賦予評價的色彩，其

與違法性間的關係，是否仍舊得以維持所謂形式違法性與實質違法性的關係？倘若再加入行為的主觀要件觀察，構成要件與違法性間的交雜情節，就更加明顯。舉一例說明，醫生為病人開刀的行為，當手術刀劃開病人身體時，其情況似乎與單純持刀砍傷人的身體，客觀上是一樣的，所不同的是在於醫生開刀的行為，主觀上並非純粹是傷害的意思，而是一種救治的意思，此種救治意思如何可以視為構成要件該當？如將醫生開刀行為視為構成要件該當，只是因實質違法性被阻卻，而不論以不法，則構成要件該當的說法，乃會出現瑕疵。畢竟醫生開刀的行為，其主觀意思，根本不是構成要件類型中的傷害故意，而是一種救治的意思，主觀既無該當構成要件，自然不屬於違法性檢討的問題。目的犯罪理論並未解決此種主觀要件定位的結構性關係，架構上仍有問題。

第四節　評價體系的轉變

　　基於行為評價從古典犯罪理論開始，即以三階段的評價架構，作為刑法評價行為事實的基本模式，經過新古典犯罪理論到目的犯罪理論的進化，這樣的評價架構，大體仍舊維持，只是評價內容已經變更，一直到1970年代以後，三階的架構，乃進入修正的時期。

　　刑法對於行為事實的評價，自從二十世紀初由貝林確認三階段評價模式之後，評價理論從古典犯罪理論經新古典犯罪理論的修正，再到目的犯罪理論的成形，始終都是維持既有三階段評價模式的架構，但因其具體評價標準的內涵，已經發生質變，是否仍能維持三階的架構，乃成問題，故漸漸出現有二階段評價模式的聲音。

第一項　評價模式的變革

　　自貝林將行為評價架構加以系統化迄今，三階段評價模式，始終支配著刑法對於行為的評價。然而整個犯罪行為評價的模式經過這二次的結構性轉變，其原來的型態已經蕩然無存，即使勉強維持，也已經成為斷垣殘壁。評價模式的內容轉變，使得構成要件在評價結構中的分量不斷增加，已經使貝林認定的類型化規定，從形式意義轉變成實質內涵，構成要件不再只是犯罪行為的類型化描述，而是實質判斷行為非價內容的類型性規範，其不但揭露出犯罪類型的型態，更揭示行為類型的不法內涵。構成要件已成為規範評價的類型化型態。由於此種內容的轉變，三階段的評價模式已經出現問題，雖然學理上仍舊眷戀三階段的評價結構，

但對於個別標準的內容掌握，已漸漸產生無能為力的現象。不可否認地，構成要件一方面代表刑法的禁止或誡命規範，另一方面，也揭示出刑事不法的類型性條件。從而將構成要件視為不法判斷的規範標準，顯然要比貝林的認定更為恰當。

由於構成要件內容被填實，從而違法性判斷即成多餘。對於不法判斷上，爭議較大者，則在於正當性事由的界定問題，三階段評價模式雖認為正當性事由與不法類型的性質不同，不應置於構成要件中認定，而應在違法性中判斷。惟一個落入刑法構成要件認定的行為，可以在其他法規範中找到合法的基礎，這是相當難以想像的事！蓋刑法規範係所有規範中，最嚴厲、也是最後防線的規範。因此，認為正當事由要從整體法規範判斷的觀點，並不適切。

此外，規範對於評價對象的評價，不能將評價客體任意加以分割，蓋評價客體具有一致性的特性，其僅可被判斷為成立或不成立，並不能被判斷為部分成立、部分不成立。如將正當性事由置於違法性中，則不論行為的客觀面或主觀面，均面臨被任意肢解的厄運。行為的主觀意思僅有一個完整的意思，在正當事由下，行為的意思應為正當的意思，不能被肢解成構成要件該當的意思，以及無法規範敵對的意思。任意的分割行為所代表的意義，僅係迎合構成要件的範圍，作削足適履的適用，並不能真正揭露出行為的不法是否成立。

三階段的評價模式其評價標準的具體內容，已經變得模糊不清，且整個架構也已經不完整，或可說已經名存實亡。在行為的整體評價關係，所判斷的不法與罪責關係，已經有所變化，不法的認定必須在構成要件該當即須判斷，否則不法內涵將無法確定，連帶罪責亦陷入問題。在現階段的學理發展，二階段的評價模式，似乎較為合理，也較能顯現出構成要件作為刑法對行為之禁止與誡命規範的特性。當然，評價模式的變化，必然牽動詮釋方式的轉變，由於構成要件已經成為不法判斷的中樞，行為是否為構成要件該當的不法行為，則成為判斷上的重要工作，對於此種成立或不成立的認定，必須重新探尋詮釋方式，雖然學理上有歸責理論的提出，但其內容仍有待補充，發展尚未完備，仍有相當大的空間亟待補強。在此對於行為評價架構的轉變與省思，並非企求解決任何問題，與其說釐清觀念，倒不如說是提供一個可以思考的方向，更為適切。

第二項　二階段評價模式的發展

所謂二階段評價模式，乃指對於行為事實的評價關係，採取「不法與罪責」二階段的評價標準，亦即以構成要件作為不法判斷的基準，而罪責部分，則仍舊

以不法為前提，並作責任能力與不法意識的認定。具體而論，行為事實的法律評價，主要是為確認行為的可罰性，而評價的具體內容，就在於決定不法與責任的規範評價關係，三階段評價模式將不法的判斷，分成構成要件該當與違法性二個評價階段，而將具體行為事實的客觀侵害關係，歸屬於構成要件判斷的範圍，而將正當性事由視為是違法性判斷的範圍，稱之為阻卻違法事由。惟經學理的辯證，認為構成要件的屬性，應是不法決定的規範基準，其本質應為整體不法構成要件，在判斷具體行為事實是否有構成要件該當時，必須同時兼顧構成要件表面（正面）的規範條件，以及是否有反面（負面）構成要件存在的關係，正當事由的存在，固然屬於決定行為是否違法的重要基礎，但其並非構成要件該當後的違法阻卻條件，而是同屬於構成要件規範的適用問題，其應為構成要件該當的阻卻事由，而非違法阻卻事由，亦即當有正當事由存在之時，即不得謂有構成要件該當。從而構成要件乃成為判斷行為不法的根本決定性條件，對於行為評價的具體內容，不再是三階段的構成要件該當、違法性與罪責的層次，而是以構成要件作為決定不法的判斷基準，在檢視構成要件該當的評價階段，必須同時判斷正反二面的關係，唯有構成要件的主客觀條件均該當，且並無正當事由的存在時，方可謂構成要件該當，其行為乃具有不法。因此，其與三階段評價模式最大的差異，乃將刑法評價的內涵，修正為判定不法與罪責的關係，而決定不法的基礎，完全置於構成要件該當的判斷上。構成要件該當的判斷，必須從其內涵作整體性的觀察，亦即同時對正、反面構成要件加以檢視。

　　構成要件既具有正反面的屬性，亦即屬於決定不法的規範性格，則其應定位為「整體不法構成要件」。在這樣的基礎屬性要求下，如何確認行為事實具有構成要件該當？在二階段的評價模式下，自然不能再以傳統三階模式的詮釋方式加以說明，而須另尋途徑。從 1970 年代以後，學說對於傳統詮釋方式的質疑，以及為因應新的評價模式，乃提出「歸責理論 (Zurechnungslehre)」的詮釋方式。基本上「歸責理論」並非刑法之基本原則，其僅是一種詮釋構成要件該當與否的判別方法而已。其所稱「歸責」者，係以構成要件作為詮釋的依據，也就是行為事實是否得以包攝於構成要件之意。在二階段模式下，對於行為不法的判斷乃落入構成要件之中，行為如具有不法構成要件的合致時，則即可判斷為不法行為。惟何時構成要件可視為成立？行為與構成要件之間，又將如何觀察？則是歸責理論先要解決的問題。

　　什麼是「歸責理論」呢？稱「歸責」不是在談責任的問題，而是在說明客觀

第三章　構成要件

刑法稱構成要件者，乃是指犯罪行為事實構成的法律要件全體，構成要件所反應的對象，乃是以具體的行為事實作為檢視的對象，而具體存在的行為事實，是一種存在面的形象，此種存在的具體事實，乃是由各種不同的結構關係所組成，包括行為人、行為、其行為的手段方式、行為作用的對象、客觀的行為事實狀態、以及所造成的損害關係。此種事實狀態的理解，通常是透過描述的方式。惟何以具體存在的行為事實，會被稱為犯罪？一個存在於客觀現實面的行為人行為，即使有對於他人權利造成損害，在未經法律規定檢視之前，充其量僅是一個客觀的現象而已，例如某甲開走別人的汽車（行為人的行為），而造成汽車所有人無法使用汽車（權利受到侵害），在未經法定竊盜罪構成要件檢視通過前，只是一個「開走他人汽車」的客觀現象而已，並不能直接判定甲開走他人汽車的行為，就是竊盜罪所規定的「偷」。此種行為是否成為竊盜罪的犯罪行為？必須經過法律所規定要件的檢視，亦即客觀所發生的行為事實，完全滿足法律規範所定的要件，才能夠判斷具體的行為事實是否屬於犯罪。此種法定的條件規範，即是構成要件的基本概念。

構成要件的對應對象，係行為人行為所造成的權利侵害事實，故而在構成要件的內容中，也必須存在著足以反應行為人所為行為事實的主、客觀要素，如此方能作為判斷具體行為是否該當法律要件的基礎，簡言之，構成要件是一種具體事實的法律規定，透過對於行為事實組成要素（行為人、內在意思、行為形式、行為對象、所造成的危害）的概念化，形成個別法律要素，經過各種法律要素的組合關係，所形成的法定要件。例如行為人對於被害人加以毆打，而導致於被害人遍體鱗傷，手腳及身體都有瘀傷、挫傷及撕裂傷，此種事實的狀態，如法律需加以禁止時，則將所有的傷害狀態，透過一個法律抽象性的概念「傷害或損害」，作概化性的規範，形成一個對於眾多的具體傷害事實，作統一性的概括性規範，而形成傷害具體事實的統一性適用的傷害罪構成要件，從而所有屬於傷害的具體事實，都涵蓋在「傷害他人之身體與健康」的構成要件要素之中。

對於構成要件概念的理解，可以將其視為是一種法律對於犯罪事實的規定。對於犯罪事實判斷的法律規定，似乎伴隨著成文法的存在而存在，惟是否法律予以成文法化之時，即有構成要件的概念呢？或許仍有相當值得檢討的空間。儘管法律成文法化的歷史相當久遠，而且對於特定行為的制裁作法與觀念，似乎自有

人類以來，即已深植人心，而且人類社會對於社會禁止行為，透過刑罰制裁手段以法律明文加以規範，也有相當長遠的歷史，但是以構成要件的概念，作為刑法判斷具體行為事實的基準，並將其作為犯罪判斷的體系性定位者，卻是二十世紀以後的事。因此在進入構成要件具體內容詮釋之前，應先對其犯罪體系的定位，以及所賦予的形象及其具有的功能先行加以瞭解。

第一節　構成要件的概念

　　構成要件乃指具體行為事實是否成立犯罪的法定要件，其主要的規範事項，乃在於確認行為事實的不法關係，亦即其係以行為事實作為規範的內容，具體事實所存在的主觀與客觀面的內容，係屬於構成要件規範的內容事項，如法律所規範的事項，非屬於行為事實的具體判斷者，該法律規定的屬性，即非屬於構成要件，例如刑法第 311 條的誹謗罪除外規定，雖然是屬於刑法規範，但卻不屬於構成要件。唯有屬於行為事實的法律規定，方屬於構成要件的概念，亦即構成要件是一種對於具體行為事實的刑法法定化的要件，其作為法律規範的判斷作用，主要是針對行為事實，對於行為事實以外的事項，則屬於刑法規範評價的要件，並非構成要件的概念。

第一項　構成要件的屬性

　　構成要件是一種判斷不法的法律規範，其本質屬於不法構成要件。既是對於行為事實不法的判斷，構成要件所具備的要件，除不法形成的要件之外，在其內含的本質上，必須同時兼顧到排除不法的正當性事由，也就是構成要件的該當，既是反應不法，則除其形式上要件的該當之外，其實質的內容，更須無阻卻的情況存在。通常構成要件的規定內容，都只是對於行為事實的不法，作類型性的規範，例如遺棄罪的行為事實，法律的規定為「遺棄無自救力之人者」，這樣的規定，並非僅在其表面的意義而已，也不是單純對於無自救力之人的棄而不顧，就會該當遺棄罪的構成要件，蓋所以遺棄者，可能因力有不逮，例如在災難之際，同時有多人受難，雖有救助也僅限於得以救得到的能力範圍內，雖因此而有無法救到的人，形象上似乎也是「遺棄無自救力之人」，但此時因有阻卻之事由存在，故雖最終仍有無法救助的情況，也不能遽認為遺棄罪該當。

　　構成要件是一種透過法律文字的規範，將具體的客觀情狀予以個別要件類型化的犯罪個別規範。其內涵除犯罪形象的個別要件之外，也涵蓋法律正當事由的

反面要件，如此方得顯示出構成要件是反應不法的規範標準，同時也含有反面排除正當性阻卻事由的存在，是一種整體判斷的不法構成要件。

　　構成要件所以作為刑法判斷犯罪的規範，其本質具有雙重的意涵：　1.構成要件的形象，具有**指示性規範**的本質，亦即刑法作為行為事實的制裁法，其所揭示的不法內涵，具有宣示「不當為、不應為」的意義，例如竊盜罪之規定，其所以必須加以處罰制裁者，所要宣示者，乃是對於受規範者作「不要犯竊盜罪」的宣示，故刑法構成要件是一種行為的指示性規範；　2.構成要件的內涵，是一種**評價性規範**，蓋構成要件對於違反的行為，予以不法的評價，以作為刑罰制裁法律效果發動的前提，對於社會中存在的行為，透過具體規範內容的命令（命令規範），亦即要求對於一定行為之當為，例如聚眾不解散罪的規定，透過解散命令的要求，如有應為而不為時，即判斷為法所不許，而成為不法；或是透過禁止（禁止規範），要求不得為一定的行為，例如殺人罪的規定，是一種禁止殺人的規範，如有違反時，乃成立殺人罪。故構成要件作為刑法規範的意涵，乃是一種具有評價性的規範，其評價的屬性，則是透過法律所規定，具有命令性的規範與禁止性的規範，而形成構成要件的規範本質。

第二項　構成要件的形成

　　構成要件所要規範的是客觀的行為事實，其最根本的型態，是由客觀現象的行為、客體、法益三個個別要素所組成，當然行為事實有的很單純，也有的背景因素很複雜，例如「*甲拿刀砍殺乙，而造成乙死亡*」的行為事實，這樣的一個事實行為，其中包含有持刀砍人的行為，而該行為的客體是乙，而侵害的狀態，則是將乙砍死，如果這是一個單純的行為事實，則甲所以砍死乙的行為，或許只是一個偶發的情況，這樣的情況，可能只成立一般的殺人罪；但如果甲所以砍殺乙者，是因為客觀有令人公憤之情狀者，則甲成立激於義憤殺人罪；又如甲之殺乙行為，本就有所預謀，則甲砍死乙的行為，卻會形成謀殺罪❶。通常規範係由「行為、客體、法益侵害」所形成的客觀事實，在刑法中所形成的構成要件，屬於基

---

❶　一種行為事實的形成，可能會有不同的成因，其所為之行為及造成之結果，即使是一樣的，但法律的評價卻會有所不同，例如殺人的行為事實，可能只是單純將人殺害，也可能是受到客觀環境或心理因素的影響，更可能是基於某種惡念或是預謀所為，情狀不一。我國刑法對於殺人的行為規範者，雖然也有不同情狀所為之不同規範，但並無如德國刑法 §211 所規定的謀殺罪，故如有謀殺者，也只能與一般殺人罪，作相同規範的適用。

本的構成要件，如在基本構成要件中，加入其他客觀情狀要素，則會變成與基本構成要件同質的變體構成要件。

　　構成要件的形成，是將具體的行為事實，予以要件式的抽象化，具體地說，是透過一種類型的概念，將所有不同的行為事實關係，作共同性要件及要素的規範，例如傷害他人的身體，具體的傷害方式，可能有刀傷、槍傷、拳傷、踢傷、棍傷等，同是傷害人的身體，方式卻各有不同，將這些不同的行為方式與手法，整合於一個抽象的傷害行為概念之下，加上其行為所造成之侵害關係，只是他人身體的一般性傷害，則形成一個傷害的基本構成要件。是以舉凡有傷害他人身體的行為事實，都將其置於傷害罪構成要件之下，此即是所謂將行為與侵害法益類型化的意義。

　　構成要件是一種行為事實規範化的產物，其形成的方式，是將行為事實透過類型化的作用，而形成個別行為事實的規範內容。以立法的類型化作用來看，構成要件所作的類型化者，有二種基本考量的形式：1.將行為形式予以類型化，亦即將同類的行為手段與形式，透過一個整合性的行為要素，將此類行為統一於該構成要件之下，例如傷害行為有許多個別的傷害方式、殺人的行為，也有眾多的行為形式存在，將這些眾多的行為形式整合在一個概念之下，而形成構成要件行為形式的類型化。採取這樣的類型化觀念者，刑法分則的個別構成要件，乃是以行為為名，例如殺人罪、傷害罪、竊盜罪、詐欺罪……等。我國刑法分則的規定，大抵是將犯罪類型的構成要件，採取這種分類的方式，亦即是採用行為形式，作為犯罪類型區分的立法方式；2.將侵害法益予以類型化的方式，亦即將所侵害的法益屬於同類者，歸類在同一性質的構成要件之中，例如對於生命法益之侵害，則歸類於殺人罪或過失致死，不論行為的意思為故意或過失，其所侵害的法益是相同者，則將其置於同一性質的構成要件範圍之中，採取這樣的分類方式者，其個別類型化的構成要件，乃以法益侵害為名，例如侵害生命法益之罪、侵害身體完整性之罪、侵害性自主之罪、侵害人身自由之罪等。

第三項　構成要件的形象

　　構成要件的概念，乃是法律對於具體事實的規範要件，且是一種透過明文化的法律要件。構成要件雖然是一種法律成文化的要件，但並非表示法律規定成文法化，即得視為構成要件。構成要件的概念，必須具有二個基礎的前提條件，方得以稱之為構成要件：1.構成要件必須是對於具體事實形成內容的法律規定，倘

若法律規定並非對於事實形成關係的規範者，雖仍舊是法律規定，但卻非構成要件的概念，構成要件必須是針對具體事實形成犯罪判斷的規定；2.構成要件必須是一種將具體事實個別形成部分，予以個別要件化的法律組成結構，其所反應者，必須是整體事實結構的完整內涵。在整體事實的結構中，至少包含有四個基本的要素，亦即行為人的意思、行為的形式、行為作用的對象（行為客體），以及權利的侵害（法益侵害，此為保護客體）❷，此四個基本事實的結構要素，乃構成要件必須以個別的法律要素加以組合，而形成構成要件的形象，並藉由此種組合關係，形成犯罪類型規範的構成要件。構成要件的基礎要求，必須是一種能對於具體事實加以反應的法律規範要件，作為刑法判斷具體行為事實的基準。

　　構成要件乃刑法對於行為事實判斷的法定條件，其係透過對於結合個別行為事實的要素結合，形成個別犯罪類型的類型化規範，就構成要件的屬性而言，其係屬於行為事實的犯罪判斷基礎，將個別犯罪透過描述性要素或規範性要素之整合，而作為犯罪類型「不法類型」化的規範❸，以對於具體所生的行為事實，作為進入刑法可罰性評價的基礎條件。

---

❷　行為客體與保護客體雖同屬於構成要件的內容，但概念上確有所差異，不可混為一談。稱行為客體者，乃指行為所攻擊與作用的具體對象，此種對象是屬於客觀具體存在的形象，其可以是一種實體，也可以是一個情境媒介（如刑法第 185 條之 3 酒駕的行為情境，其必須於公眾所使用的道路），舉凡行為作用或攻擊的對象，均稱為行為客體；又保護客體者，係指法律所要加以保護的價值或權利，也可稱之為法益，法益是一種價值或權利，其是一種思維上的理念，無法從實存面加以觀察。是以，行為客體是一種行為作用的實存對象；而保護客體則是一種法律價值與權利的觀念，二者間雖概念不同，卻具有密切關連的結構關係，保護客體的形象，通常必須藉由行為客體加以呈現，例如在殺人罪中，行為客體是實存的人，而保護客體則為生命，對於生命的侵害，必須透過行為客體加以呈現，蓋行為並不能直接接觸到保護客體，所以會有保護客體的侵害，乃須透過行為客體的反應。林山田，刑法通論（上），10 版，276、277 頁。

❸　構成要件的組成，係透過若干對於行為事實結構的描述性與規範性要素，將整體的行為事實作單型化的犯罪類型規範，例如竊盜罪的類型，不論所偷者為何物，只要屬於他人的財產，例如汽車、機具，或是金銀珠寶等錢財，都是竊盜的對象，而竊盜的成立行為，係將偷的行為，以竊取概念作為所有竊盜罪單型化的行為要件規定。竊盜罪的構成要件，係將所有竊取他人財物的型態，作為竊取的單型化類型規範。關於構成要件「單型」化的概念，係出自於 Beling 的構成要件概念。Vgl. Beling, Die Lehre vom Verbrechen 1906 (Nachdruck vom 1964), S. 3, 23f., 110。關於描述性與規範性要件者，vgl. Jescheck/ Weigend, Strafrecht AT, 5. Aufl., S. 269, 270。

第二節　構成要件的概念類型

構成要件從其形成的結構關係，約略可以作三種分類概念的區分：1.基本構成要件與變體構成要件；2.單一構成要件與結合構成要件；3.完整構成要件與空白構成要件。茲將構成要件概念的基本認知內容分述如次：

第一項　基本與變體構成要件

規範行為侵害同質性法益的構成要件，從其在刑事立法上的形成關係來觀察，構成要件可以區分為基本構成要件與變體構成要件。

所謂基本構成要件者，乃是指對於多樣化的行為事實，從個別類型中，擷取基本的行為形式與侵害關係所形成的構成要件，例如妨害自由的行為，其妨害行為有為私行拘禁、有為行動控制、也有為強制限制自由作為的方式，眾多的行為形式，先採取一種基礎的行為概念，作為行為形式的類型化規範，進而在整體行為事實類型化的過程，都是先形成基礎構成要件，再依行為侵害形式的差異性，作不同型態的構成要件規定，故從基礎妨害自由的規定（第 302 條），衍生出其他同類型的不同構成要件，如略誘、販賣或質押人口等，或是在基礎的行為侵害關係中，加入其他的客觀情狀，而使得原基礎構成要件的範圍，產生變化，此種因基本構成要件的變化所生之構成要件，即是變體構成要件的概念。

基本構成要件是指，對於犯罪類型基本型態的規範所形成的法定要件，例如傷害罪的基本構成要件，即是對於傷害行為事實最根本的規定（即第 277 條）；竊盜罪的基本構成要件，即是以最單純的普通竊盜罪（第 320 條）為基本構成要件。

而變體構成要件者，乃是由基本構成要件內容的修正，演變而生的構成要件，例如對於傷害罪的基礎類型中，加入情境因素，而使得同為侵害身體完整性的傷害行為，變體而成為激於義憤之傷害罪（第 279 條）；又竊盜行為事實的規範，在基本規定的普通竊盜罪構成要件之中，或因行為客體的差異性關係，或因加入若干客觀性情狀之因素，乃演變出加重竊盜罪與減輕竊盜罪的構成要件，前者如第 321 條加重竊盜罪之規定；後者如第 324 條同財共居親屬間之竊盜規定。

基本上基本構成要件與變體構成要件間的關係，應該是屬於犯罪性質相同的類型規範，亦即所規範的對象，係屬相同的行為類型，而變體構成要件既是由基本構成要件修正變更而來，則變體構成要件相較於基本構成要件，在屬性上，應當只是一種刑罰加重或減輕的變體而已，亦即所產生的變體，要不是形成基本構

成要件的加重構成要件，就是變為減輕構成要件，並無影響罪質的問題存在。

　　學理對於變體構成要件的認知，從組成構成要件內容的變化，在概念上區分為二種變體構成要件的概念：1.非獨立的變體構成要件，亦即對於基本構成要件之修正者，是對於行為要素以外的要素，所作的修正，例如對於傷害罪加入客觀情狀要素時，即產生變體的傷害罪，如激於義憤而傷害（刑法第 279 條）；又如修正客體要素時，如對於直系血親尊親屬犯傷害者，則又成為加重傷害罪之形式。在構成要件的屬性上，非獨立變體構成要件與基本構成要件，是屬於罪質相同的構成要件；2.獨立變體構成要件，概念上是指由一構成要件經修正，而成為另一新的且完全獨立於原構成要件以外之構成要件，此一新構成要件在本質上，已經異於原有的構成要件，故稱之為獨立變體構成要件。

　　惟嚴格而言，獨立變體構成要件並不能稱為變體構成要件，稱獨立變體構成要件者，是指某一種犯罪類型，因行為的核心要素，與其他行為具有同性質的關係，但因最根本的行為要素，成為某一犯罪的行為要件，而其他行為似乎是一種由該行為所為的轉型與修正而來，故而概念上似乎是一種變體關係，其實並非變體，而是獨立性的行為，例如竊盜罪的行為，是一種取走他人之物的行為，竊取行為的核心要素是「取走」，而「取走」的行為要素，除竊盜之外，尚有如搶奪行為、強盜行為等，都有「取走」的行為要素存在，不能因竊盜最終的核心要素是「取走」，即認為搶奪罪之搶奪行為是竊盜罪的獨立變體構成要件。

　　變體構成要件的「變體」，不能是行為形式的轉變，如變體對象為行為形式，則所產生之新構成要件者，概念上並不能稱為變體構成要件，而是一種新的獨立構成要件，其與基本構成要件間，或許僅有行為要素的相似性，但卻非源自基本構成要件的變體關係,故變體構成要件僅能在與基本構成要件的罪質相同情況下，方能稱之❹，因此，變體構成要件是一種基本行為以外之要素的變體，此種罪質相同的構成要件，方得以存在基本構成要件與變體構成要件的關係。

　　在具體的適用上，當客觀的行為事實該當於變體構成要件時，其情狀自然也看似該當基本構成要件，但因二者之罪質相同，僅能用其一，故僅須以變體構成要件為適用即滿足評價關係。例如破壞他人的門窗侵入行竊，此種行為事實乃該當於加重竊盜罪（第 321 條第 1 項第 2 款），當然這樣的行為也該當普通竊盜罪，只是普通竊盜罪的評價，會有不足的情況，蓋其無法涵蓋破壞門窗的客觀情狀，故只能以加重竊盜之構成要件來評價，不須也不能再以普通竊盜罪加以評價。

---

❹　柯耀程，刑法構成要件解析，79 頁。

第二項　單一與結合構成要件

構成要件的類型，從其所欲規範的行為形式，可以將構成要件的形象，區分為單一構成要件與結合構成要件。

以構成要件的形成內容結構來觀察，構成要件既是對於行為事實的類型化規定，自然是以行為為核心的對象，而行為的形象，本就具有多樣性，例如取人財物的行為，有密而取之、有公開取之、也有強而取之等眾多不同的形式存在。要將這樣的具體行為形式，反應在構成要件中，則構成要件對於形成的行為形式，其組成的要素，自然也就有所不同，有的是由單一行為要素所形成的行為形式類型，也有的行為形式，必須藉由數個行為要素的組合，方得以形成一個具體的行為形式。

單一構成要件者，乃指以單一行為要素為規範對象的構成要件而言，亦即單一形式的行為即得以成為一個獨立的行為時，則此種行為形式，是屬於較為單純的形式，例如竊盜罪的形成，是以一個「竊取」的行為要素，作為竊盜罪的行為形式；惟有若干行為形式，並非僅止於單一行為要素所形成，單一行為要素無法獨自形成某一種的行為類型，而須有數個行為要素共同組成一個完整的行為形式，例如強盜罪的強盜行為，其行為形成的要素並非僅有一個，而是有二個以上，包括「強制」的行為要素與「取走」的行為要素，因此，構成要件的形象，乃有以單一行為要素所形成的構成要件，也有以數個行為要素所形成的構成要件。

結合構成要件的基本概念，乃是組合數個行為要素而成的新構成要件，此種以行為要素結合的構成要件形式，在犯罪類型上也可以稱為「複行為犯」，例如強盜罪之構成要件，是組合「強制」與「取走」的行為要素，而形成一個新的構成要件；又如強制性交罪及強制猥褻罪之構成要件，係組合「強制」與「性交」、「強制」與「猥褻」的行為要素而成。結合構成要件的本然意義，應是指這種行為要素結合的構成要件。惟刑法構成要件之中，結合構成要件的概念，被擴張到構成要件與構成要件的結合關係，例如第 332 條強盜罪之結合罪，其係以強盜罪之構成要件與放火罪的構成要件、強制性交罪的構成要件、擄人勒贖罪的構成要件及殺人罪與重傷害罪之構成要件而成，在概念上，將此種構成要件結合的結合罪稱之為「形式結合罪」；而將行為要素組合而成的結合關係，稱之為「實質結合罪」概念。

第三項　完整與空白構成要件

從構成要件的規範內容，對於所要規定的事項及判斷的內容與條件，是否作專屬的規範，亦可在概念上區分為完整構成要件與空白構成要件。

稱完整構成要件者，乃是指構成要件對於所規範事項，作獨立而完整的規定者，對於犯罪之成立要件、構成行為事實的規範範圍與對象，在構成要件中即得以確認，也就是犯罪的成立條件，所有要件都已經規定於構成要件之中，刑法犯罪類型的規定，絕大部分是屬於此種完整的構成要件類型。諸如殺人罪、傷害罪、遺棄罪、竊盜罪等構成要件，只要從其規定的內容，即得以確認規範的範圍與對象，此類構成要件即可視為完整構成要件。

稱空白構成要件者，乃是指對於犯罪的成立，僅作類型性與原則性的規定，形成犯罪的條件，則是委諸其他法律規定，或是透過行政命令的方式，來補充犯罪具體的形成條件者。由於此種構成要件的類型，雖然對於犯罪成立的類型與成罪的原則性條件有作規定，但其具體成罪條件的內容，則須藉助其他法律或行政命令的規定來填補，是一種具有意義填補必要性的構成要件。例如第192條違背預防傳染病之法令與散佈傳染病罪，在法定構成要件之中，僅對於罪的本身作原則性的規定，至於犯罪具體形成的要件中，關於成罪條件的「傳染病」要件，則必須從傳染病防治法的規定，來作具體條件的補充。

第三節　構成要件的內涵

構成要件是反應行為事實的法律規範，而行為事實的形成，本就是行為人基於主觀意思的活動，而以行為造成侵害的具體現象，在法律的規定中，要對於這樣的具體事實，作該當性的判斷時，在構成要件的內容中，自然也必須對客觀存在的行為事實加以規範，不論是造成行為事實的主體（行為人）、行為事實的主觀層面意思，或是客觀面所發生的具體情狀均同，否則就無法判斷行為事實是否有構成要件的該當。因此，構成要件的具體內涵，自然必須包括三個層面的規定：

1.行為人，特別是對於行為人有限定特定資格的犯罪類型，例如公務員職務犯罪的類型，是以公務員的資格，作為行為人資格限制的犯罪類型；2.行為事實主觀意思；3.行為所造成的客觀侵害狀態，以及其他客觀情狀的要求。茲將構成要件之具體內容，分析如次：

第一項　主觀要件與客觀要件

行為事實的發生，必須是行為人具有一定意識的活動，因為刑法僅規範人類具有意識的行為事實。當行為人基於一定的意識，而將這種意識形之於外在之行為，亦即具體將意識轉化為一定的行為意思，而藉由行為對於權利產生侵害的關係，此時行為事實乃是一種基於特定的意思所生的侵害，對於這種侵害，在刑法的判斷中，必須確認行為人所據以為行為的意思，行為人所以造成侵害的事實，可能是一種有意或蓄意的行為所致；也可能是因為不小心或疏忽而導致侵害的發生。在行為主觀的層面，構成要件必須具備一定的條件，以作為判斷行為主觀面要素之標準。另行為所造成的客觀侵害狀態，乃是行為事實的客觀形象，包括行為客體及侵害關係，乃至特定的客觀情狀，這些客觀面存在的侵害現象，都是行為事實所以受到法律所非難的基礎，構成要件既是對於客觀行為事實的非難判斷，自然必須將成罪所設定的客觀條件，明定在構成要件之中，是以，行為事實是行為人主、客觀的產物，而構成要件又是對於此種行為事實的判斷，以確認何種行為事實會受到刑法的規範，在構成要件之中，最基礎的規範內容，自然必須具備有行為事實的主觀與客觀要件，如此方得對於行為事實作該當與否的判斷，也才能真正作為行為事實評價的基準規範。

構成要件中主觀要件所規範者，乃是行為所以發生的源頭，亦即行為人所為之行為，其內在的行為意思為何的規範。在構成要件的主觀要件規範中，主要的基礎要件有二：1.故意：此種主觀要件，是用以反應行為人之蓄意行為，也就是行為人有意所為之行為；2.過失：此種主觀要件，是作為行為人不小心行為所致侵害事實的判斷❺。除此之外，尚有一些主觀要件的特別要求，特別是作為限定特定類型的主觀意向，如意圖的規定，此種規定，主要是放在行為人有意的行為上，特別加上一定的內在意思條件，方得以成立犯罪，例如竊盜罪的成立，行為人固然知道所取用的東西，是屬於他人所有，不告而取，在主觀故意上，已經成立，但有故意的存在，尚且不能成立犯罪，必須再加上特定的意圖，即限定為不法所有之意圖，竊盜罪方得以成立。

客觀要件是由若干要素所組成，其中包括行為形式的要素、行為對象的客體要素、侵害權利的法益要素，乃至於其他客觀情狀的要素，這些要素主要是作為

❺　主觀構成要件的故意與過失，因其涉及的內涵，涵蓋整體客觀事實，故對於其具體內容需詳加分析與檢討。見下述第六章第六節及第七章。

規範行為事實客觀面的條件，透過客觀要件的觀察，以核對行為事實是否確如構成要件客觀要件所規定的內容，用以判斷行為事實客觀面的成立與否。

第二項　成文與不成文的要件要素

構成要件受到法定原則（具體而言為明確性原則）的規範，基本上必須將犯罪成立的法定要件，明確規定於構成要件之中，此種透過明文化規定，所形成的構成要件內容者，即稱為成文構成要件。然而，有一些屬於判斷必然性的內涵，得不待法律明文加以規定，在犯罪成立的判斷上，必須符合本然性條件要求者，在構成要件的規定中，即不須透過文字的描述方式，予以明確規定，在構成要件該當的判斷上，本然就必須將此種要件納入條件成立判斷，稱之為不成文構成要件。

成文構成要件者，乃指構成要件的具體成罪條件，透過法律明定的方式予以規範的構成要件而言，就廣義的概念理解觀察，舉凡有明文規定的要件，都可以稱之為成文構成要件。然而，在構成要件中，是否有特定的要件要素，非予以成文化不可？答案當然是肯定的。構成要件既然是以行為作為核心規範的對象，則行為的要件必須是成文化的規定，而不能是非成文化的條件，蓋構成要件是以行為作為判斷犯罪類型的主要對象，對於行為的要件（包括行為的類型形式、行為手段方式），必須予以明文規定；另外行為所侵害的法益，也須明文規定，否則即無法判斷行為事實的犯罪類型，雖在個別的構成要件中，似乎看不到法益的明文規定，而看似法益侵害的結果，是一種不成文的構成要件性質，但法益侵害在構成要件的體系中，本就是以類型化的規定方式，予以標明，雖在個別構成要件中，沒有明顯的法益侵害規定，但法益的要素，仍屬於成文構成要件要素。例如殺人罪的侵害法益，是以人的生命作為保護對象，雖然在殺人罪的個別構成要件中，看不到「死」的規定，但因殺人罪的類型，本就在同類型的法益侵害中予以標明，故而不須在個別規定中，特別明定必須殺死人才算成立，這是類型化統一規定的意義。

稱不成文構成要件，或是稱之為潛在構成要件者，則是指個別構成要件中，並無明文予以規定，但卻是犯罪成立的判斷，所不能缺少的條件，亦即即使法無明文規定，但在構成要件該當的判斷上，仍須具備此種條件，否則犯罪即無由判斷成立。最典型的不成文的構成要件要素，乃屬於結果犯的因果關係，蓋因果關係是屬於行為與法益侵害具體判斷的條件，侵害結果必須是行為所導致，否則即

無法認定行為的侵害關係，也就無法將侵害結果歸咎予該行為。在要求一定結果發生，作為犯罪成立基本條件的結果犯，在構成要件中，並無行為與結果串連的因果關係要素的明文規定，但本然的認知，即須將行為與結果的因果關係，納入犯罪成立判斷的前提上，雖然構成要件中，並無明文規定，但此種不成文的構成要件要素，也是屬於犯罪判斷的必要性條件，對於犯罪成立的判斷上，不成文構成要件也是屬於不可或缺的要件。

另外，對於若干犯罪的成立判斷，必須透過特定解釋方式，方足以判斷犯罪成立關係者，此種理論判斷的關係，也可以視為一種不成文的構成要件內涵，例如對於過失犯的成立判斷，具體的非蓄意行為，是否依具體情狀應成立過失？其判斷的關鍵，乃在於如何認定過失，一般都以行為所生結果的「信賴原則」，作為過失犯成立的詮釋基準❻，亦即在判斷過失行為之時，必須將此一原則作為判斷條件，對於過失行為所生的結果，通說認為在成文構成要件外，尚須檢視「信賴原則」，方足以判斷過失構成要件的該當性。

第四節　非構成要件的要件

雖然犯罪類型的成立要件，是以構成要件的方式來規範，惟在構成要件規定的法律條文中，並非所有法律文字的規定，都具備構成要件的性質，在法律規定中，有若干的要件，雖然與構成要件併列在法律文字的規定中，但其並非構成要件，因其所規定者，並不是用作行為事實的不法判斷，也就是與行為事實的不法形成無關的要件。

犯罪的成立及刑罰的實現，構成要件只是一個基本前提，在若干的類型中，除構成要件外，尚須有其他的條件要求存在。這類構成要件以外的額外要求者，主要有三種類型存在：1.客觀可罰性要件；2.刑罰阻卻或免除事由；3.訴訟條件。其個別的性質與作用，都是基於特殊考量，而在構成要件以外，額外所為的條件要求。

---

❻ 所謂「信賴原則 (Vertrauensgrundsatz)」的涵義，乃指行為人被要求、被期待、被信賴其為合乎規範要求的行為，在其所為的行為合於規範所要求時，方得以轉而要求相對人，亦能為合乎規範之行為，以及行為人必須被信賴其遵守規範要求之行為，倘若其有逾越規範所要求的範圍，則非法所容許。此一原則係於 1930 年代由德國帝國法院對於交通案件所創設的判斷標準。關於「信賴原則」的詮釋，參照林東茂，刑法綜覽，7 版，1–192 頁以下；Roxin, Strafrecht AT, Bd. I, 4. Aufl., S. 1070。而信賴原則的實務引用，參照最高法院 88 年台上字第 1582 號判例。

第一項　客觀可罰性要件

所謂客觀可罰性要件，乃是指在構成要件不法判斷以外的額外條件，此種條件並不能決定行為事實的不法，也與責任的判斷無關，但對於犯罪的成立，卻具有決定性的作用。一個犯罪的形成，除須有構成要件的不法及責任條件的確認之外，如法律有要求必須更具備有一定的客觀條件存在，犯罪方屬完全成立，才可以對之加以科處刑罰者，此種額外附加的客觀條件，即為客觀可罰性要件。簡單地說，客觀可罰性要件乃是指犯罪成立，在構成要件以外的客觀要件而言。

一、客觀可罰性要件的作用

客觀可罰性要件既是屬於構成要件以外的犯罪成立要件，其作用僅在於決定犯罪成立與否，與構成要件的內涵無關，故不涉及主觀要件與客觀構成要件。客觀可罰性要件對於犯罪成立與否的判斷，僅需從客觀的觀察，如要求有客觀可罰性要件的情形，有客觀可罰性要件存在，則犯罪成立；反之，如客觀可罰性要件不存在，即使構成要件已經該當，犯罪仍舊不成立。從而客觀可罰性要件，並無決定不法的效力，亦即與不法的形成無關，只與犯罪的成立有關。

通常並非所有的犯罪類型，在犯罪成立的條件，都有客觀可罰性要件存在，只有對於若干特殊的情狀，要求犯罪成立，除須有不法與責任之外，另外附帶需要有客觀的特定情狀，犯罪方能成立，此種要求有客觀可罰性要件的情形，乃可視為是犯罪成立的附帶條件。

二、客觀可罰性要件與客觀構成要件之區別

不論是構成要件，或是客觀可罰性要件，都規定在法律的條文之中，如何判斷某一個條件，到底是構成要件，抑或是客觀可罰性要件？例如在偽證罪（第168條）中，證人、鑑定人於偵查或審判程序中，具結後而為虛偽之陳述，那些是屬於構成要件？而什麼是客觀可罰性要件？似乎都不能從條文中看出來，但也不是無法找出區隔的標準。由於構成要件者，是行為事實形成不法的判斷依據，故舉凡涉及不法判斷的要件，都是屬於構成要件；當有法律規定的內容，其存在與不存在，都無關乎不法的形成時，此種要件即為客觀可罰性要件，在偽證罪的規定中，偵查或審判程序的要求，顯然影響不法的形成，而虛偽陳述者，則是不法行為本身，不法的內涵，乃在於因行為而有造成權利侵害的關係，惟「具結」

的要件，在我國刑法中，其存在與否，都不會影響偽證的不法內涵，其只是作為判斷犯罪成立的處罰依據而已，故「具結」乃成為客觀可罰性要件❼。

　　在我國刑法中，對於犯罪成立的要求，除構成要件以外，另額外要求客觀可罰性要件者，其實並不多，例如第 168 條偽證罪的「具結」、第 238 條詐術締婚罪的「致婚姻無效之裁判或撤銷婚姻之裁判確定」、第 283 條聚眾鬥毆罪的「致人於死或重傷」。這些要件的存在與否，都不會影響不法程度與內涵的判斷，但對於成罪的關係，額外要求必須具備此種條件，方得以對於具體行為事實，做犯罪的判斷，進而產生刑罰的效果。

　　客觀可罰性要件與客觀構成要件，同樣是屬於行為事實的客觀面判斷者，但二者在判斷與性質上卻截然不同，其間的差異如下：

　　1.客觀構成要件具有決定不法的作用，其有欠缺時，構成要件即無法成立，自然行為也就無不法，更不須再檢討是否為犯罪；而客觀可罰性要件不具有不法形成的效力，不論其存在與否，都無關乎不法的判斷。

　　2.客觀構成要件必須是主觀要件的內涵，如此的行為不法，方得以完全形成，故客觀構成要件與主觀要件間，具有如影隨形的關連性；客觀可罰性要件並非主觀要件的內容，其與主觀要件並無關連性，對於犯罪形成的判斷，僅須單純從客觀面觀察其是否存在，如存在，則犯罪成立；如不存在，則犯罪不成立。

　　3.客觀構成要件與主觀要件具有密切的關連性，是屬於主觀要件的內容，故當主觀要件與客觀要件不一致時，會發生錯誤的問題；而客觀可罰性要件，因與主觀意思無涉，故根本不生錯誤的問題。

　　綜合來說，刑罰的發生，是以犯罪為前提，而犯罪的判斷，則是以不法、罪責及其他條件共同形成。構成要件是與不法形成相關的要件，而客觀可罰性要件，則僅是單純客觀上的事由，無關乎不法的形成判斷。

---

❼　我國刑法偽證罪僅規定必須「具結」方得以成罪，惟德國刑法除具結成罪之偽證罪 (§154 Meineid) 外，尚有無具結之偽證罪 (§153 Falsche uneidliche Aussage)，是以德國將「具結」當作是客觀構成要件要素，而非客觀可罰性要件。蓋其有具結偽證罪之處罰（一年以上有期徒刑）較無具結偽證罪（三個月以上五年以下有期徒刑）具有較高之不法內涵，是以具結為不法內涵之成立要件，屬於構成要件；惟我國偽證罪之規定，不能作如是解，蓋其性質為犯罪成立之要件，無關乎不法內涵，是以需視為客觀可罰性要件。至於此種僅規定具結之偽證罪是否完整，則有值得審慎思考之餘地。參照柯耀程，刑法問題評釋，123 頁以下、130 頁。

第二項　刑罰阻卻或免除事由

刑罰阻卻或免除事由，基本上與犯罪的形成無關，僅與法律效果的刑罰有關，更精準地說，刑罰阻卻或免除事由，是對於刑罰的反動，只有在決定刑罰發生時，才有此種條件的存在，這種條件是以犯罪已經成立作為前提，蓋只有犯罪成立後，檢討法律效果的刑罰時，才會有刑罰阻卻或免除事由的存在，如果犯罪都不成立，自然沒有法律效果的問題，當然就沒有刑罰阻卻或免除事由的檢討餘地。

刑罰阻卻或免除事由，通常是伴隨著行為人個人的行為事實而生，並不是一種普遍化的條件，亦即並不是判斷犯罪成立與否的條件。在法律的規定中，對於刑罰阻卻或免除事由，通常是以「免除其刑」來規定，不論是應免或得免，都是屬於刑法阻卻或免除的事由，此種事由存在時，在科刑的程序中，多以「免刑判決」為之。例如第 275 條第 3 項之謀為同死的加功自殺，得免除其刑；又如配偶或同財共居親屬間的財產犯罪行為，也有「得免除其刑」之規定（第 324 條第 1 項、第 338 條、第 343 條、第 351 條第 1 項）。

第三項　訴訟條件

在刑法犯罪類型的規範中，有若干類型的規定，除實體上犯罪成立的規定者外，更兼含有刑罰權實現的程序運作條件，畢竟刑法僅是犯罪與刑罰存在的判斷規範，至於如何確認犯罪，以及如何實現刑罰，則須仰賴程序的操作，也就是一個侵害的行為事實存在，必須仰賴刑事程序的認定事實，以及論罪科刑來實現。對於若干的犯罪型態，雖然在實體的判斷上，犯罪的成立已經充足，且刑罰的存在也可確認，但對於此種刑罰權的存在，是否必須加以實現，乃設定訴訟條件來節制。故訴訟條件可以視為一種「刑罰權實現的限制事由」。

訴訟條件的屬性，無關乎犯罪成立及刑罰存在的判斷，其僅涉及程序上能否進行追訴而已。更精確地說，此種程序條件的要求，主要是用來限制追訴的可能性，故要有追訴的關係存在，自然都是以犯罪的成立，且具有刑罰存在可能的情況為前提，如果沒有犯罪的存在，自然也不須檢討訴訟條件的問題。

第五節 構成要件的犯罪類型

犯罪事實的形成，可以從四個基礎面向來觀察：1.行為人；2.行為意思；3.行為形式；4.侵害關係。欲瞭解構成要件的犯罪類型形象，必須從其整體內容形成的關係作為出發點，構成要件的規範類型，主要是從規範的犯罪類型屬性上來觀察，亦即對於構成要件規範內容的形象，透過不同角度的觀察，歸納出犯罪類型。由於構成要件的內涵中，主要的形成要件形象與成罪要求，具有不同的要素存在，以不同的要素作為觀察分析的標準，會得出不同犯罪類型的型態。在類型概念的區分上，從事實結構的四個基礎關係，在類型概念的區分上，可以演化成為六種不同的觀察點，從不同觀察點出發，所形成的犯罪類型化規範，也各有概念上的差異。此六種結構差異性的類型分類方式為：1.依行為主體資格的要求來分，可以將構成要件規範的類型，區分為一般犯與特別犯；2.依行為存在的形式來分，可以區分為作為犯與不作為犯；3.依行為結果的要求來分，可以區分為舉動犯與結果犯；4.依行為對法益侵害的程度，可以區分為實害犯與危險犯；5.依行為對於侵害關係的要求，可以將犯罪類型區分為狀態犯與繼續犯；6.依照行為主觀意思區分，犯罪類型主要有二大類，即故意犯與過失犯。

從構成要件具體規範的形象，可以以其成立要件面向的要求，作類型化的區分，這樣的分類，只是對犯罪類型的形成與條件要求，建立共通性的關係理解，並非表示一個構成要件的形式，僅適用單一犯罪類型的分類。這些分類的方式，是從犯罪形成的不同角度，作不同屬性的分類，一個構成要件從其規範內容的觀察角度不同，可以有多面性的類型化概念，例如殺人罪，如果從行為主體的要求來看，因其並不特定要求行為人的資格，故屬於一般犯；又從其行為存在的形式來看，可以以積極的行為方式（作為）也可以消極不作為的方式，來實現殺人的要件，故其是屬於不純正的作為犯（也可以稱為不純正之不作為犯）；由從行為結果的要求，殺人罪要求以結果發生作為完全成罪之條件，故屬於結果犯，以此類推，同一構成要件從不同角度的觀察，可以得出不同的分類關係。

第一項 一般犯與特別犯

依構成要件對於行為人主體資格的要求與否，可以將構成要件所揭示的犯罪類型，區分為一般犯與特別犯。

一、一般犯

　　稱一般犯者，乃是指構成要件形成的條件，對於行為主體並不作特定資格或條件的限制，亦即任何人都能成為此種犯罪的行為人。此種不要求行為主體資格的犯罪類型，其成立的主要條件，不在行為人，而是在於所為之行為，也就是說，這種行為的本質，任何人都能為之，不限定特定人才有這樣的行為。例如殺人、傷害、妨害自由或是偷搶拐騙等行為，任何人均能成為此類犯罪的行為主體，在構成要件中，絕大多數的犯罪類型，都是屬於此種類型，亦即不對於行為人作特定資格的限制。

二、特別犯

　　稱特別犯者，乃是指構成要件的成立，必須限定特定行為主體之資格，只有行為人符合一定之資格時，才有構成要件成立的可能，倘若行為人欠缺犯罪成立所限定的特定資格者，不但行為主體的條件有所欠缺，甚至連行為可否稱得上與構成要件該當都有問題。蓋行為是行為人的行為，行為要能適格，必須行為人的資格先合適資格之要求，否則，當行為人資格不符時，其所為之行為，恐也難稱得上是構成要件的行為。易言之，此類構成要件並非一般人都可以實現，必須行為人具有特定之主體資格，方有成立之可能。構成要件的犯罪類型中，對於要求一定主體資格，作為構成要件該當的前提條件者，並不在少數，例如公務員職務犯罪（公務員貪污與瀆職等罪），即是最典型的特別犯類型，蓋這類犯罪除行為事實的要求之外，更在前提上，要求具備一定的行為主體資格，倘若欠缺此種特定資格，則犯罪將無由成立。

　　特別犯既是對於犯罪類型的形成，要求必須合於一定的行為主體資格，以作為犯罪成立的基本條件，而行為主體資格的要求，有的是基於本然性的身分關係；也有的是基於犯罪成立的行為專屬性要求；更有的是因特定犯罪形成型態的限制，而使得行為主體的資格，也隨之受到限制，故在特別犯的概念下，因行為主體資格的要求關係不同，又可將犯罪類型細分為三種型態：

㈠身分犯

　　即行為主體資格的要求，是以行為人所應具備的特定身分關係為前提，例如以公務員的身分資格，作為犯罪成立的行為人資格要求，例如公務員職務犯罪的

類型，都是屬於此種身分犯的型態，蓋此種類型的行為，非具有公務員身分資格者，不能成立。以收受賄賂罪（第 121、122 條）為例，得以成立收賄罪者，行為主體僅限於具有公務員身分之人，倘不具有公務員身分者，其所收受的行為，自然也不叫收賄，更不能單獨成立收賄罪。猶有進者，例如枉法裁判罪，行為主體非有權裁判的法官或仲裁人，無法成立；濫權追訴罪非有追訴權之人，無法為之。

㈡己手犯

己手犯（或稱親手犯）也是特別犯的一種類型，其概念是指犯罪類型的成立，僅限定在具有特定資格之人親自為之，不能假手於他人。這種特別犯的形式，主體的要求，並不是源自行為人本然性的身分要求，而是一種對於行為人專屬性的犯罪成立要求。最典型的例子，如重婚罪（第 237 條）、通姦罪（第 239 條）、偽證罪（第 168 條）是。此類犯罪主要是源於犯罪形成的本質要求，如重婚罪的成立，限定在具有婚姻關係之人，或是同時與二人以上結婚者；而通姦罪也是限定在有配偶之人，本人（無法假手他人）與配偶以外之異性為通姦；偽證罪的行為人，也是限定在為證明特定犯罪的證人、鑑定人親自所為。侵占與背信罪也是屬於此種型態。

㈢特定犯罪的主體要求

在構成要件的犯罪類型中，尚有一類的特別犯類型，其既非行為人本然性的身分資格、也不是行為實現的親手要求，而是犯罪結構關係所形成的主體資格條件者，此類犯罪的成立，也不是一般人都能為之，例如自行墮胎罪（第 288 條），僅限定在有懷胎的婦女，方得以成立自行墮胎罪，非此一主體雖然也能犯墮胎罪，但並非屬於自行墮胎的構成要件，充其量僅是加功墮胎（第 289 條或第 291 條）的問題而已。

特別犯的概念，是對照於一般犯而來的相對性概念，亦即是一種對於犯罪行為主體是否有要求一定資格，作為犯罪類型劃分的概念理解，這樣的類型區分，應該是以構成要件的成立與否為觀察，也就是是否能成立犯罪，作為概念理解的基礎。然而，學理上對於特別犯的概念，除卻構成要件該當的成罪關係思考外，更把刑罰加重或減輕的觀念，導入特別犯的認知之中，而使得特別犯的概念，被不當的擴張，而從刑罰形成與刑罰加重或減輕的關係，來詮釋特別犯的概念，於是特別犯的概念，乃出現所謂「純正特別犯」與「不純正特別犯」的區分❽。

　　稱純正特別犯者，乃是指要成立構成要件規範的犯罪類型，必須行為主體具備一定主體資格者，也就是稱「純正」者，是指行為主體的資格，是刑罰形成的基本條件，換句話說，是犯罪成立的基本條件，這是特別犯的本然意義。

　　稱不純正特別犯者，本質上屬於一般犯，也就是任何人都能成為犯罪行為人的類型，但因具有特定資格之人所為，而將這種行為人資格作為刑罰加重或減輕的條件，例如刑法第 134 條規定，即是最典型的「不純正特別犯」的規定。

第二項　作為犯與不作為犯

　　從該當構成要件的行為形式要求觀察，可以將類型區分為作為犯 (Begehungsdelikte) 與不作為犯 (Unterlassungsdelikte) 二種型態。

一、作為犯

　　作為犯是指構成要件設定成立犯罪的行為形式，必須是以積極的作為方式，方能夠成罪的構成要件類型。通常刑法的構成要件，都是以作為的方式，作為對行為實現犯罪的要求，然而，這種要求積極行為，以作為成罪的判斷者，究竟是一種絕對性的關係？抑或是相對性的要求而已？在概念上，又可以將作為犯的形態區分為「純正作為犯」與「不純正作為犯」二種概念。

㈠純正作為犯

　　所謂純正作為犯者，乃是指犯罪的實現，構成要件要求必須也只能以積極的作為，方得以成立的犯罪類型。此種犯罪型態對行為的要求，根本無法以消極不作為的方式來成立犯罪，例如竊盜罪、搶奪罪、強盜罪或強制性交、強制猥褻罪等，都只能以積極的行為方式來實現，無法也不能想像消極的不作為，得以成立此類犯罪。

㈡不純正作為犯

　　固然構成要件規範行為的基本型態，採取積極作為的行為形式，但依犯罪成立的屬性各有不同，一般的犯罪類型，也不排除得以消極不作為的方式，來實現

---

❽　其實這樣的概念區分，並不正確。特別犯概念的由來，主要是以犯罪成立的要求，是否對於行為主體作成罪資格的限制，而不是一種刑罰加重或減輕的關係。對於將特別犯區分為「純正」與「不純正」的批判者，參照柯耀程，刑法總論釋義（上），439 頁。

犯罪。通常構成要件對於行為的要求，大多是雙向的關係，亦即得以積極作為、也可以消極不作為來實現，例如殺人罪，既得以積極殺害的行為方式，也可以在所欲殺害之人生命危殆之際，故意不予以救助，致使其死亡，此乃以不作為達成作為的目的，其行為的評價，是與積極行為者同（第 15 條）。

在不純正作為犯的類型中，同一構成要件對於行為存在形式的要求，雖既可以積極的作為形式，也可以消極不作為的方式來實現，但作為與不作為間，仍有條件之差異，亦即在於不作為得以成立犯罪者，必須負有防止結果發生之義務存在，有此義務的不作為，方得與作為同等評價。

二、不作為犯

所謂**不作為犯**的意義，乃是指構成要件的實現，原則上只能以消極不作為的行為方式，如有所作為時，即無由成立犯罪之謂。而構成要件所以以不作為作為成罪要求者，必須在前提條件上，先有一個應為特定作為的義務存在，此一特定作為義務，是所有以不作為成立犯罪的共同性要求，所以不作為者，係對於此一應作為之特定義務的違反，故以不作為作為成罪的行為形式者，都必須先確認其應作為的義務存在。

當然，以不作為作為成立犯罪的行為形式要求者，也因成罪條件的不同，有絕對與相對的區分，而將不作為犯在概念上，區分為「純正不作為犯」與「不純正不作為犯」。

㈠純正不作為犯

稱純正不作為犯者，乃是以構成要件的成立，僅能以消極不作為的方式，方得以成立犯罪，而此所謂消極不作為，是針對於其所應作為的特定義務而言，倘若行為人對於此一特定義務，有所作為時，即無由成立該類犯罪。例如刑法第 149 條聚眾不解散罪、第 335 條及第 336 條之侵占罪，即屬純正不作為犯的類型。

㈡不純正不作為犯

稱不純正不作為犯者，其概念與不純正作為犯相同，都是不限定特定行為形式的類型，構成要件既得以作為實現，也得以不作為成罪，例如刑法第 274 條生母殺嬰罪，生母得以積極將甫出生嬰兒掐死的方式為之，也可以不授乳的消極方式實現。在刑法之中，大部分的犯罪類型，對於行為形式的條件設定，都是以雙

向的方式規定，這是犯罪實現的本質關係所然。

第三項 舉動犯與結果犯

依構成要件對於行為是否造成具體的侵害關係，可以將犯罪類型分為舉動犯與結果犯二類。

一、舉動犯

稱舉動犯（或稱行為犯）者，指構成要件規定成罪的關係，單純以行為作為成立的依據，亦即構成要件所規定的行為出現，犯罪即行成立，不待行為是否有發生任何結果。就行為實現的階段而言，舉動犯是行為一經著手，犯罪即行既遂的犯罪類型，並無未遂的情況存在，簡單地說，舉動犯是著手、未遂與既遂合一的類型。例如偽證罪（第 168 條）、誣告罪（第 169 條）、酒醉駕車罪（第 185 條之 3）、重婚罪（第 237 條）、通姦罪（第 239 條）、妨害住居自由罪（第 306 條）、侵占罪（第 335 條）等是。

舉動犯既是專以行為作為犯罪成立的類型，所規範的事項，專以行為為依據，只要構成要件所規定的行為出現，犯罪即行成立，不須也無由再判斷是否會發生結果。概念上，舉動犯是一種單純以行為作為犯罪成立的犯罪類型，因此是否有發生一定之侵害結果，對於構成要件該當的判斷，並無影響，亦即對於犯罪的成立，只需觀察是否有該行為的實現，不必檢討結果的是否發生。但並非舉動犯的行為形式不會發生侵害結果，只是刑法對於特定的行為，只要行為一出現，即可認定犯罪成立，亦即行為出現，即可判斷法益受侵害的危險或是侵害狀態。

二、結果犯

稱結果犯者，乃是指構成要件要求成罪關係，除行為之外，尚須有行為所侵害的具體結果發生，犯罪方能完全該當。從而，結果犯的類型，在行為與結果發生之間，必然有一結果尚未發生的階段，此一階段稱之為未遂，通常結果犯是以處罰結果發生為基準，若在行為尚未發生結果之前，即已介入加以處罰，此種規範，是對於結果犯未遂之處罰。在觀念上，要對於尚未發生結果的行為狀態加以處罰者，必須此種行為事實，確實有未遂狀態存在為前提，也就是只有結果犯會有未遂的狀態存在。

另外，結果犯所稱之結果者，是指對於法律所保護的法益，所造成的一定侵

害狀態，此一侵害狀態可能是一種實際的侵害關係；也可能是一種法律所設定的危險狀態，只要行為達到此種狀態，即視為結果發生，不論是一種危險、一種基本的實際侵害結果，或是一種加重結果。例如遺棄罪（第 294 條）即是一種結果犯的類型，其所保障的法益是生命及身體重大侵害之防護，當遺棄行為達到客體的生命或身體重大危害的狀態時，即屬構成要件所設定的結果發生，而該當於遺棄罪之構成要件；倘若被遺棄人因此而生重傷或死亡時，則又產生實際侵害之結果，此種結果便成為原本構成要件設定結果外之加重結果，仍舊是一種結果。

舉動犯與結果犯在判斷上最大的差異性，乃在於是否要求確認因果關係。

舉動犯因其行為一經著手，則犯罪即行成立，此種類型，主要是針對於行為的規範，並不要求行為所生的結果，因不要求結果的發生，故亦不須檢視結果發生的因果關係；反觀結果犯，對於行為要求一定的侵害或危險結果，方得以成立犯罪，故對於所生結果，必須是行為所導致，亦即結果與行為間的因果關係，乃屬於完全成罪的判斷條件。此外，因舉動犯不要求結果，而結果犯要求結果的存在，故在規範行為階段時（既、未遂），應僅有結果犯得作行為未遂類型的規範，對於舉動犯而言，雖亦可想像行為可能有未遂的狀態，但法律規範並不能做未遂類型的規定。

第四項　實害犯與危險犯

依照構成要件所規定行為結果的侵害狀態要求，亦即對於法益危害的程度，可將犯罪類型區分為實害犯與危險犯。

所謂實害犯與危險犯的分類，主要是針對於法益侵害狀態的要求，如果法律規定，完全成罪的關係，必須法益受到實質之侵害，則此類構成要件的類型，屬於實害犯的規定；倘若構成要件對於法益之侵害，只是以有受到實際損害的危險性，作為規範的要求者，則是屬於危險犯的規定。

一、實害犯

稱實害犯者，乃是構成要件所要求的行為類型，必須是以造成法益的實際損害，作為犯罪完全該當的要求，例如傷害罪完全該當的要求，必須有使人的身體或健康，實際發生損害的情況；殺人罪的該當，必須是已經剝奪他人的生命；妨害自由罪的該當，必須果真使人陷於不自由的狀態。倘若行為並未能完全造成法定的法益實際損害時，則是屬於未遂的情況，此時犯罪不能謂已完全該當，除非

法有明文處罰未遂，否則仍未發生實害的情況，無法以實害規定論之。

　　基本上，實害犯的構成，既須以法益受到實際損害，作為完全成罪的條件，則對於行為的要求，必然是以法益實際損害之結果作為完全成罪的要件，故從行為結果的要求來看，實害犯必然是結果犯。

二、危險犯

　　稱危險犯者，是指法律規定行為，是以行為所生一定的法益侵害危險，作為成罪條件，亦即只要法益有發生一定的危險狀態時，即使尚未發生實際損害的情形，仍已完全成罪。例如遺棄罪（第 293、294 條）的規定，其所保護的法益固然是生命或身體重大危害之防護，但因其僅是將處罰的界限，定在發生一定的危險狀態，故當此一狀態發生時，犯罪即行成立，倘若法益侵害的狀態，從危險升高為實際損害時，則是該罪加重結果的規定。

　　危險犯的危險，是行為對於法益侵害狀態的相對性概念，會形成危險犯的類型者，固然是從行為對於法益的危險狀態來觀察，但危險犯的形成，在危險的概念上，存在有二種思維類型：1.危險犯的危險，是一種將法益造成實害的界限，往前推移到未發生實害前，即行介入干預，此種危險犯可以視為實害犯的前階段性的規定，亦即是將法益侵害的實害狀態，往前移至未生實害之前，規範即介入加以保護，例如遺棄罪的規定，其所保護的法益，主要是對於生命法益的保障，而將保護的界限推移到未發生生命被剝奪的階段，而當危險犯所保護法益又生具體實害時，則以進一步之加重結果犯來加重處罰。這類的危險犯，只是將法益實害的界限，往前推移到危險狀態，基本上此類危險犯仍有造成法益實害的可能性；2.屬於本然性危險犯的規定，亦即當所保護的法益，根本無法想像其實際損害的情狀為何時，只能以危險犯的類型來規定。刑法法益的概念，有的是可以想像其實際損害的形象者；有的則是無法想像實際損害的狀態為何，例如公共危險罪所保護的法益為公共安全，何種情況可以認為公共安全受到實際侵害？這恐難以想像，故僅能以危險犯的方式來規範。

　　刑法中雖然有危險犯的類型，但由於危險程度的不同，危險犯的類型要求也有不同。對於危險犯的危險判斷，到底是由誰來決定行為對於法益具有危險？也就是如何來決定危險的程度？單純從危險的程度來觀察，危險犯的類型，因其對於危險狀態的要求不同，可以區分為抽象危險犯與具體危險犯二類。茲分別說明之：

㈠抽象危險犯

抽象危險犯的概念，是指構成要件對於某些行為的規範，當行為出現時，即認定對於法益具有概化的危險性存在，而以此種行為所具備的法益危險關係，作為規範的型態。簡言之，抽象危險犯是針對特定的行為形式所作的規範，當行為一出現時，即認定危險存在，犯罪即行成立。此所謂抽象危險，乃是將行為對於法益侵害危險的概化，亦即行為對於所要侵害的法益，具有普遍性的危險存在，不論在任何的客觀情況下，行為對於法益的危險關係是一致的，以此作為犯罪類型者，即屬於抽象危險犯的類型，換句話說，抽象危險犯的危險，是普遍概化的情狀，亦即不會因客觀情狀的差異，而有所不同。這種概化的作用，是由立法者在構成要件制定之時，即已判斷，不須由適用法律的裁判者，基於個別的情況，而作具體的危險認定，行為一經出現，則即能判斷犯罪成立。例如第173條第1項之放火罪，只要對於所設定的客體為放火的行為者，即推定危險必然存在，不論是否造成什麼侵害關係，只要有此放火行為，該罪即行成立，這種放火行為不論是白天或是晚上，也不論是對那一層面的建築物所為，危險都是一樣的。

由於抽象危險犯係由立法者所為的危險認定，判斷標準是以行為為斷，故行為一出現，犯罪即行成立，並無未遂的關係存在，在行為結果的要求上，抽象危險犯的性質與舉動犯是一樣的，都是以行為作為成罪的基準。

㈡具體危險犯

具體危險犯者，乃是以行為對於法益的侵害，具有具體的危險性，以此種具體的危險狀態，作為構成要件成立的類型。一個行為是否對於法益的侵害，具有具體危險，必須就行為的個別狀況來判斷，必須在行為對於法益果真存在具體的危險性時，構成要件方屬完全該當。倘若行為對於法益雖有危險，但尚未達具體危險，則構成要件也無法被視為完全成立，亦即無法以行為既遂來論斷。具體危險的危險程度，乃是指接近實害狀態的危險，這種危險的判斷，是以一般人對於行為的具體情狀，認定對於法益的侵害狀態，已經有瀕於實際損害發生的狀態，通常構成要件對於具體危險犯的規定，大多會以「致生……危險」作為規範的條件，例如第185條公共危險罪規定「……致生往來之危險者」，即是具體危險犯的典型，但這並不表示，構成要件中未以「致生……危險」為要件者，就不是具體危險犯。

　　具體危險犯的成罪關係，既是以個別行為對於法益侵害的具體危險性，作為成立的要件，而具體危險與否，必須就具體的事實情狀來判斷，此種個別判斷的要求，乃是具體危險犯的本質屬性。

　　當構成要件的類型屬於危險犯時，要判斷到底是抽象危險犯？或是具體危險犯的類型？從「致生……危險」的法律要件，固然得以明白區分，但當未有此一明確的規定時，並不能因此遽認屬於抽象危險的規定，而應從行為對於法益的危險性來觀察，倘若構成要件所設定的行為侵害狀態，無法想像其危險的差異性者，則屬於抽象危險犯的類型；但如同樣的行為方式，於不同的狀態下，對於法益會發生危險的差異性，則此種危險犯的類型，必然屬於具體危險犯，例如遺棄罪的規定（第 293、294 條），雖然法無「致生……危險」的字眼，但因其行為對於法益的危險關係，會隨著行為狀態而發生差異，如將無自救能力人，置於深山野外、人煙罕至的地方，則以其行為對於生命確實具有危險；但當將無自救能力人棄置於警察局門口，或將嬰兒棄置於醫院門口，很容易被發現而施以救助，行為雖同是棄置的行為，因行為狀態的差異，卻使得對法益的危險狀態也會有所不同時，則此種構成要件的類型，必然屬於具體危險犯的類型。

　　由於具體危險犯的構成要件規定，犯罪成立的條件，必須行為對於法益果真具有具體的危險存在，而這樣的具體危險乃隨著行為狀態的不同而有差異，必須對於具體的行為事實作個別的判斷，以認定是否有具體的危險關係存在。故而，具體危險是裁判者對於個別行為事實的具體判斷，而具體危險也是判斷的結果，故具體危險犯本質上也是一種結果犯，此種結果是一種判斷危險性的結果。

　　不論抽象危險犯或是具體危險犯，都是屬於危險犯，其成立犯罪的行為條件，都是以「危險」概念，作為行為對法益侵害程度的判斷。然因抽象危險犯的危險性，是由立法者於構成要件形成之初，即將危險性予以概化，裁判者不須對於危險作個別的判斷，只須以行為作為認定即可；但具體危險犯的危險，則是須藉由個別情狀的判斷，方得以確認，裁判者必須就行為對於法益的具體關係，來判斷危險性是否存在。

　　就構成要件的內容而言，不論抽象危險犯或是具體危險犯，其危險的概念，都是屬於構成要件的要素。但學理卻認定抽象危險犯的危險，因毋須個別判斷，故並非屬於構成要件的要素；而具體危險犯的危險，因需個別具體判斷，故屬於構成要件的評價要素❾，而造成同樣是危險犯，卻有不同危險概念與屬性的情況，

❾　將抽象危險犯與具體危險犯的危險，作差異性的認知，會使得刑法中對於危險概念的界

這是值得懷疑的認知。嚴格而論，不論抽象或具體危險犯，其行為對於法益的危險程度，都應該是構成要件要素的概念，所不同者，僅在於一個是由立法者所為的「先判」；另一個則是授權裁判者所為的「後判」而已。二者應該都是屬於構成要件的要素，不能作不同的定位，而認為一個是犯罪成立的要件，另一個則是構成要件的要素，否則將會造成行為階段性的混亂，例如對於同一法益侵害的程度，法律可以作「抽象危險犯→具體危險犯→實害犯」等，不同階段性的規定，倘若抽象危險犯的危險，不屬於構成要件的內涵，則如何在其危險程度提升之後，成為具體危險的情況，卻突然間使得危險從犯罪成立要件，變成構成要件的要素？顯然將抽象危險犯的危險概念，視為非構成要件要素的說法，並不足採。

第五項　狀態犯與繼續犯

犯罪類型如依行為造成侵害的狀態關係，可以將構成要件的類型區分為狀態犯與繼續犯二種型態。

一、狀態犯

狀態犯是指當行為實行，造成法益的侵害狀態時，行為的完成與此一侵害狀態的發生，同時被確認。換句話說，行為實行而造成法益的侵害，於該行為完成時，侵害的結果也被確認，從評價關係而言，行為發生侵害結果時，屬於行為既遂，而此時既遂的確認判斷，又與行為完成同時存在，亦即行為既遂與行為終了落在同一時點上，此種行為侵害的類型，即稱之為狀態犯。例如傷害罪、殺人罪等，亦即當行為實行完成時，其所產生的侵害狀態，作為判斷侵害結果的既遂認定者，即屬於狀態犯的類型。簡單地說，狀態犯者，即是構成要件以行為完成時，作為確認行為侵害結果的類型。

狀態犯的侵害發生後，行為人已無法再對於侵害的狀態更為侵害，例如殺人罪，當行為人殺害的行為，已經造成他人死亡時，則死亡的侵害狀態，已經不能再次持續、或者是再殺一次。

定，出現差異性的定位問題，也會讓人誤解，造成一個危險概念卻有二個不同定位的疑慮，連帶造成刑法中是否有二個危險概念的疑慮。故而，將抽象危險犯的危險認為非構成要件要素，而是一種犯罪成立的要件，或是一種立法的理由，恐有所不妥。參照林山田，刑法通論（上），10 版，252～254 頁。

二、繼續犯

繼續犯乃指行為的實行造成法益的侵害狀態，而使得行為既遂，但此一既遂的侵害狀態，仍舊受到行為的控制，必須到行為放棄法益的侵害狀態時，行為方才完成而終了。行為終了時，法益侵害的狀態乃回復到侵害前之狀態，此種類型稱為繼續犯。例如妨害自由的犯罪類型是，妨害自由的行為使得他人自由受到剝奪時，侵害狀態發生，其行為既遂，但因被害人喪失自由的狀態，仍舊在行為人的行為掌控之下，不法狀態仍舊繼續進行，必須等到行為人放棄其控制行為時，行為方才完成，此時行為才算終了，而被害人喪失自由的狀態，乃得以回復為侵害前之自由狀態。

在整體行為的評價關係上，構成要件對於特定的行為造成侵害狀態（既遂）的判斷，只是行為中的一個階段而已，其行為造成侵害關係（既遂）與行為完成（終了），並非落在同一時間點上，而是行為具有持續性的關係存在，而且這種行為持續性的關係，具有控制侵害狀態的作用，必須等到行為放棄這種對於侵害狀態的控制時，行為才屬於終了，而侵害狀態在行為終了時，則回復到侵害前的狀態。

對於狀態犯與繼續犯的判斷，通常都是以行為是否得以維持法益侵害的狀態來觀察，但本質上，會形成狀態犯與繼續犯的類型者，其判斷的標準，應該是在行為所造成的侵害狀態，是否具有得以繼續的關係，亦即法益的侵害是否因行為的作用，而繼續維持其侵害狀態，倘若法益侵害的狀態，無可想像得以被維持，則此類構成要件必然是狀態犯的類型，唯有法益侵害具有可想像得被維持的情況，方有繼續犯存在的可能，例如殺人罪的法益侵害狀態為他人死亡，當死亡的狀態發生後，這樣的侵害狀態，根本無法再被行為所維持，而是一種事實的狀態，則可知殺人罪的規定，是一種狀態犯的類型；反之，對於剝奪他人自由者，侵害狀態乃是他人喪失行動或自由決定的權利，此種侵害狀態，可以想像得以受行為控制而維持，故此類型乃屬於繼續犯的型態。

雖然狀態犯與繼續犯的區分，是以行為造成侵害狀態的關係來分類，但不可混淆者，狀態犯固然是以侵害狀態存在，為成罪的基礎，但其雖有侵害狀態，不代表必然一定是結果犯的類型，仍可以是一種舉動犯的類型；同樣地，繼續犯雖有行為階段的差異，一者是造成侵害狀態；再者是維持侵害狀態，使其行為既遂與終了不落在同一點上，但並不表示繼續犯必然為結果犯，其實繼續犯也可能是

舉動犯的類型，例如侵入住居罪（第 306 條）是一種繼續犯的類型，但行為的判斷，則也是屬於舉動犯的型態，又例如酒醉駕車的規定（第 185 條之 3）也是繼續犯的類型，同樣也屬於舉動犯（抽象危險犯）。

　　區分狀態犯與繼續犯的犯罪類型，並非只是概念上的意義而已，而是在刑法的判斷中，在侵害狀態發生時，狀態犯與繼續犯的本質性差異，具有實質的作用存在，其效應有四：

㈠行為加入成為共同判斷的可能性

　　對於狀態犯而言，侵害狀態發生後的既遂，行為已屬終了，並無在原行為中加入其他行為的可能性，在侵害狀態發生後的狀態，有加入行為者，對於所加入之行為，乃屬於獨立的行為，並非與原行為共同評價的關係；反之，繼續犯的類型，於侵害結果發生後，有加入其他行為者，則可能與原繼續行為成為共同評價的組合，例如酒醉駕車而有肇事致人成傷的情況，乃是在酒醉駕車的繼續行為中，額外發生肇事的行為狀態，二者得以成為共同評價的基礎（可能為想像競合的評價關係）。

㈡參與形成的可能性

　　狀態犯的類型，當行為侵害狀態發生後，已無參與加入的可能性；而繼續犯因侵害狀態發生時，行為仍在繼續進行的狀態，固有參與加入的可能性。例如甲私行拘禁乙，在乙受拘禁的狀態中，丙加入甲的行為，而協助甲看守乙，丙仍舊可以成為私行拘禁的共同正犯或幫助犯。

㈢正當防衛可能性

　　正當防衛是以現在存在的不法行為，作為前提條件，而判斷現在不法的侵害者，乃以行為著手至終了前為界限。狀態犯的行為既遂後，行為已然終了，對於發生的侵害狀態，已被確認，在此之後，雖然侵害所生的狀態仍舊存在，但行為既已終了，自然無法再對於侵害行為為正當防衛；反之，繼續犯於行為發生侵害狀態時，雖然該侵害狀態已經被確認，但因行為的侵害尚未至終了，仍得在侵害狀態發生後，對於繼續行為主張正當防衛，蓋繼續行為在造成侵害之後，因行為仍在繼續，故不法狀態尚未消失，故仍屬得以正當防衛的不法侵害。

㈣追訴時效起算的差異

追訴時效（第 80 條）的起算，是以行為終了為始。狀態犯的行為終了，是在於侵害狀態被確認的同時行為終了，故當侵害狀態發生而被確認時，追訴時效已經開始進行；而繼續犯的行為終了，並非在於侵害狀態發生且被確認之時，而是在侵害狀態消失之時，亦即行為放棄對於侵害狀態繼續控制，而使得法益侵害狀態回復為侵害之前的狀態，故繼續犯的追訴時效起算，是在行為放棄對於侵害狀態控制，而使其回復之時。

第六項　故意犯與過失犯

構成要件依對於主觀要件的要求，可以將犯罪類型，區分為故意犯與過失犯二類。依刑法第 12 條之規定「行為非出於故意或過失者，不罰」，構成要件所規範之行為，在主觀要件的要求上，行為人為行為的意思，必須是出於故意或過失，方屬於構成要件規範的主觀要件類型。然而，須注意者，構成要件主觀要件的要求，除故意與過失之外，尚有其他主觀要件的類型，如意圖犯、表意犯及傾向犯（三者可通稱為意向犯），只是這些故意與過失外的主觀類型，並不能單獨存在，仍須依附在基本的主觀要件要求上，以意圖犯為例，雖然構成要件對於犯罪成立的條件，要求需有行為人特定的意圖存在，但意圖的本身，尚不足以形成犯罪類型，仍須依附在故意的基本主觀要件之下，換句話說，意圖犯的存在，僅能在基本主觀要件為故意的類型中，方有成立的可能，意圖因其本質屬於特定行為目的的意向，根本不會也不能伴隨在過失的類型之中，故構成要件要求在基本主觀要件以外的主觀要件者，只能伴隨著故意而存在。

一、故意犯

故意犯者是以行為人出於蓄意之行為意思所為的犯罪類型規定，在構成要件中侵害法益的類型，都是以故意犯作為規範的基礎。亦即構成要件要求行為人的行為，必須是一種有意使侵害狀態發生的行為，依刑法第 12 條的原則性規定，行為的處罰是以故意為原則，而對於過失的處罰，必須法有明文特別規定者為限，是以構成要件的根本，都是以故意行為作為規範的對象，既然規範故意犯的類型，是構成要件的原則，在構成要件的內容中，就不須要特別註明故意，除非特定的構成要件，要求主觀故意的程度，必須達到確信的程度，才會以「明知」來規定，

否則在構成要件中，不須對於故意予以明文規定，蓋以故意為要求，原本就是構成要件犯罪類型的規範基礎，例如殺人罪（第 271 條），只需將客觀行為事實要件加以規範即可，這樣的規定意義，並不會被誤解主觀要件有欠缺，故而僅須以「殺人者」為構成要件的內容，不須刻意規定成「故意殺人者」。

二、過失犯

稱過失犯者，乃指行為成立犯罪的主觀要件，是對於法律所要求的注意義務的違反，其並非有意造成侵害結果的發生，而是未於防止結果不發生的主觀上疏於注意。換言之，在共同生活的社會秩序中，對於一定的侵害狀態，法律要求所有人必須注意，不可因疏忽或不小心，乃至於漫不經心的輕率態度，而造成侵害發生，此種侵害情狀雖非行為人有意使其發生，但在共同社會生活中，其有盡其注意之義務，倘違背這樣的義務，而致使得一定的侵害結果❿發生時，法律亦須加以規範，此種違背日常生活的注意義務者，即被規定為過失犯。

基本上，過失犯的形成，是基於行為人懈怠或疏忽，而造成一定侵害狀態發生，這樣的情況，當然在所有的法益侵害關係都有可能，只是法律並不會將所有的過失侵害關係，都納入刑法的規定，只有特定的過失侵害情況，才會落入構成要件的規範範圍，通常規範過失犯者，大多是以法益保護程度較高的類型為原則⓫，而且對於過失的處罰，必須法有處罰明文（第 12 條第 2 項），才會成立。

過失犯固然是以過失作為犯罪形成的主觀要件，但在本質上，必須排除無法想像有過失存在的犯罪類型，亦即犯罪的成立，無法想像得以過失作為成罪的主觀要件，此種無法以過失來規範的類型，主要是因行為主觀形成的基本關係所致，例如意圖犯的類型，因其具有主觀上特定目的實現的意向，本質即與過失的屬性相排斥，故意圖犯的類型，並無過失存在的可能。例如竊盜罪因主觀要求「意圖為自己或第三人不法之所有」，屬於意圖犯類型，只有故意行為才能成立，無法想

---

❿ 這裡所稱「侵害結果」者，並非表示過失行為所產生的侵害狀態，必然是一個結果犯的型態，而是一種發生侵害的關係而已。固然絕大部分的過失犯罪規定，都是屬於結果犯的類型，但也不排除有舉動犯的過失類型存在，例如第 190 條第 3 項過失投放毒物罪，即是過失舉動犯的規定。

⓫ 從現行構成要件體系的觀察，除無過失的類型外，是以法定刑的輕重，作為規範過失的界限，現行法中，會對於過失加以規定者，大抵是以法定刑（最重）五年有期徒刑為基準點，倘若法定刑的規定，是屬於未滿五年者，大抵上不會作過失處罰的規定。

像可以過失犯之；同樣地，對於其他具有特定意向的犯罪類型，例如像強制性交或強制猥褻類型，因犯罪的屬性要求一定的行為傾向，故在構成要件的實質內涵中，要求必須具備特定的意向，此種類型也無法成立過失類型，蓋殊難想像不小心強制性交或因疏忽而強制猥褻的情況。

第六節　故意與過失

構成要件主觀要件的故意與過失，從傳統的詮釋方式來觀察，其所要反應者，乃是行為人對於行為事實的認知與事實發生的希望，藉由這樣的「知」與「欲」而形成犯罪行為事實的決意，而造成一定的侵害關係，此種侵害關係，乃是由一定的行為意思所引發，倘若行為事實欠缺行為意思，即便有造成侵害關係，仍舊不是屬於構成要件該當的行為事實。此即第 12 條第 1 項對於行為事實主觀要件的基本要求。

構成要件主觀要件的要求，行為必須是基於故意或過失所為（刑法第 12 條）。在具體的情況下，行為人確實有基於一定的行為意思，而為一定的行為，也造成一定的法益侵害，但因行為人對於其行為所生的侵害事實，會有行為事實認知與希望造成侵害的程度差異，故所形成的主觀要件的判斷，也會有所不同。基本上，行為人基於侵害的決意，所為的不法行為，如都是有意使其發生者，則行為人所持的行為意思，是屬於故意；倘若行為人雖基於一定的意思，而為一定的行為，但這樣的行為會不會造成一定的法益侵害，並無明確的掌握，且對於會發生侵害關係者，也非其行為的本意，而侵害事實仍舊不免發生，此時，行為人所為之行為，雖不能被視為故意，依具體的判斷，如屬法律所非難的對象，則仍應被認定為過失。

從而，故意與過失雖同屬於構成要件的主觀要件，但其成立的條件，與具體的內容，會有所不同。例如行為人甲想要殺乙，乃開車衝撞乙，果真造成乙死亡的侵害結果，則甲係以有意殺乙的行為意思決意，而為具體殺乙之行為（以開車衝撞的方式），也造成乙發生死亡的結果（希望行為結果發生），此時乃成立殺人罪（故意）；反觀，甲雖有駕駛的行為（有意），但並無侵害他人生命的意思，卻因不慎的駕駛行為撞到乙，造成乙發生死亡的侵害結果（非屬有意），此時甲對於其所為的駕駛行為，雖屬有意識的行為，但對於侵害的發生，卻非屬於其所希望發生者，則甲的行為所造成之侵害事實，並不能依故意來論，充其量僅能依具體情狀來判斷，是否屬於過失的行為。

　　刑法構成要件固然是以故意與過失，作為行為事實的主觀要件，但二者間具有對於行為事實認知與意欲程度上之差異，且在法律評價的不法內涵也不相同。在不法的評價上，對於同樣侵害的情形，故意的不法內涵遠高於過失的不法內涵，但不能因此即認為故意為過失的上位昇層規定，過失為故意的下位攔阻性規定，而遽然認為當行為判斷為非故意時，即得以過失來認定❷。事實上，故意與過失的形成結構，在主觀意思的形成內容有所不同，故不能將二者作單純層次的認定。

　　構成要件的規範，都是以行為人具有一定的行為意思，為行為事實判斷的基準，不論是故意或是過失，行為人為一定行為時，都必須具有一定的行為認識，否則當行為人對於其所為的行為，連認識都沒有時，殊難進一步判斷其所生侵害的不法內涵。申言之，主觀要件的形成內容，概括地說，是以行為與侵害關係的「知」與「欲」為內涵，所不同者，則是在於二者「知」與「欲」的差異，亦即對於客觀事實存在的認識與事實發生的希望。

第一項　故　意

　　故意乃是指行為人具有對於其所為之行為的認識，由此行為所可能產生的侵害關係也有認知，並且希望透過行為造成法益的侵害。換句話說，構成要件所稱的故意，乃是指行為人對於其行為、行為侵害的動向，以及行為可能造成的侵害，均具有「知 (Wissen)」與「欲 (Wollen)」，亦即對於行為及所生侵害關係的認識與希望其發生。

　　刑法構成要件的類型所規範者，都是以故意行為為原則，構成要件對於特定的法益侵害關係，不會跳過故意行為，而僅單純作過失行為的規定。基本上，行為人基於意思之決意，而為一定的行為，此一行為有意地指向特定的侵害關係，而最後果真也造成法益的侵害，此時行為所造成的侵害事實，屬於有意的行為所致，反應在構成要件中，對於此種有意的行為與侵害事實，乃以故意的概念，作為行為事實主觀層面的要求，易言之，以故意為主觀要件類型的構成要件，其係用以規範客觀上行為人有意為之的行為事實。因此，故意的內涵，乃是行為人對於行為事實的認識與發生的希望。惟因對於行為事實與侵害關係的認識與希望(知與欲)，在程度上有所差異，其所形成的故意概念，也有所不同。構成要件雖是以

❷　事實上，故意與過失雖同為行為主觀意思的內容，且同屬構成要件的主觀要件，但二者的具體判斷內容，並不相同，不能認定故意為過失的加重形式，而過失為故意的減輕形式。參照林山田，刑法通論（下），10 版，162、163 頁。

故意作為主觀要件規範的基礎，但在若干特殊的類型中，則特別要求故意必須達到明知的程度，方能成罪。

故意依行為人主觀內涵的差異，概括性地被作二分的類型概念❸：即**直接故意與未必故意**二種概分的故意概念。這樣的分類，應僅是內涵程度不同的區隔而已。既然故意的內涵包括有「認識」與「希望」二種要素，對於行為事實在主觀層面的要求，本來就有組合上的差異關係存在，有些構成要件要求的故意內容，較為側重在「知」的方面，例如偽造罪的類型是（第195條以下）；也有若干類型的規定，在主觀要件上，對於知的層面僅作一般性之要求，但在欲的層次上，卻有較高層次的要求，例如妨害名譽罪、妨害性自主罪的類型是。因此，故意僅概分為**直接故意與未必故意**，在故意概念的認知上，可能有所不足。

一、直接故意

直接故意 (dolus directus) 者，乃指行為人所決意的意思內容，對於其行為、行為指向侵害的動向及侵害關係，有非常清楚的認識，亦即「明知」的意思，而且有使行為實現與侵害關係能夠發生的希望。簡單地說，直接故意者，乃是指對於行為事實明知且有意使其發生之意，此即如第13條第1項規定「行為人對於構成犯罪之事實，明知並有意使其發生」是。

構成要件所規範的犯罪類型，固然是以故意為原則，但對於若干類型，更要求一定要直接故意，構成要件才能該當，例如第124條枉法裁判罪、第125條第1項第3款濫權追訴罪、第128條越權受理訴訟罪、第213條公務員登載不實罪、第214條使公務員登載不實罪等，都是要求行為人主觀意思，必須達到直接故意的程度，方得以成罪，倘若未達直接故意的程度，即使行為人主觀上有故意存在，仍舊不能視為構成要件該當，蓋其並未達到主觀要件的要求程度，則主觀要件上不屬該當，故而整體構成要件也無法視為該當。

在構成要件的規定中，要求直接故意者，通常都會以「明知」作為規定的條件，也就是以「明知」的規定，凸顯主觀要件為直接故意的要求，例如濫權追訴罪（第125條第1項第3款）即是以「明知」為主觀要件的特別要求。然而，並

---

❸　事實上，故意的型態，應不只二種類型，而是各依內容「知」與「欲」的程度差異，會有不同的故意類型，第13條的規定，只是一種概括的定義而已，也就是將故意的最基礎內容，作定義式的規範。若真正從行為人對於行為事實的「知」與「欲」內容來分，故意的型態會隨著「知」與「欲」的不同組合關係，而有不同的故意面貌呈現。

不表示法律未以「明知」為明文規定時，即非屬於直接故意的要求，例如枉法裁判罪，構成要件僅規定「為枉法裁判或仲裁」，並未有「明知」的字眼，但其主觀要件的要求，仍舊是以直接故意為成立條件，此乃是以構成要件之解釋所得。故判斷犯罪類型的主觀要件要求，到底是以一般的故意為已足？抑或是必須要求更高程度的直接故意，構成要件方屬該當？並不能單純從構成要件規定的文字來認定，而必須從犯罪形成的本然意義來解讀。

此外，構成要件對於故意的要求，即使是以「明知」為明文規定，但有特定明知的事項與範圍者，此時對於主觀要件的要求，雖有「明知」之字眼，仍無法逕視為是要求直接故意，例如第 285 條傳染花柳病罪，即是以「明知」為規定，但其所為明知，乃專指特定的事項，亦即對「自己有花柳病」的明知，此時故意的要求，僅限定在此一事項必須為特別認識，至於非所要求的明知事項，如其他行為、客觀情狀與侵害關係者，則以通常之故意內容要求（未必故意）即可。

二、未必故意

未必故意 (dolus eventualis) [14] 乃是指行為人對於行為事實的實現，有所認知，但並未如直接故意如此強烈的希望其發生程度，但仍有希望發生之一般性程度，如第 13 條第 2 項規定「行為人對於構成犯罪之事實，預見其發生而其發生並不違背其本意」是。就具體的情狀而言，行為人對於其所為的行為，確實有所認識，且就該行為所可能發生的一定侵害後果，也有所認識，但對於侵害關係的發生，行為人的主觀態度，則是採取一種無所謂且容任其發生的意思。換句話說，行為人的行為意思，其所為的一定行為是可以確認的，但該行為對於侵害的動向，以及所可能造成的侵害關係，在主觀的認識上，並未如直接故意那麼明確，只是一種可能性發生的認識，但行為人仍舊為此特定之行為，對於會不會造成行為的侵害關係，則採取一種任其發展的態度，即使侵害發生，也不違背行為人的意思，

---

[14] 一般都將未必故意稱為「間接故意」，藉以對照於直接故意，或許以這樣的對照關係，來解讀非直接故意的故意類型，也無傷大雅，認知上也不至於發生太大的問題。但就概念的精準性而言，這樣的概念運用，並不正確，蓋刑法中所有故意的要求，都是直接的，將間接故意與未必故意等同視之，會發生學理詮釋上的誤解，而誤以為故意的要求可以是間接的。其實間接故意的概念，確實曾經出現在刑法的學理上，但並非作故意概念分類的詮釋，而是對於加重結果犯主觀意思的詮釋。對於一般說法，對照於直接故意的稱謂方式，將一般要求的故意稱為間接故意者，參照林山田，刑法通論（上），10 版，291 頁；關於間接故意的本然概念者，參照柯耀程，變動中的刑法思想，2 版，155 頁。

由這樣的行為人主觀心態，所形成的故意內涵，即是未必故意的涵蓋範圍。刑法構成要件的犯罪類型，大多以要求未必故意的存在為已足，亦即行為人主觀上只要有認識，且對於行為事實的發生，採取容任的態度，則即可判定未必故意成立。

三、其他故意概念

構成要件所規範的故意主觀要件，基本上判斷的要求，只需觀察直接故意或未必故意的要求即可，不須更為精細地區分出故意的具體內涵，蓋不論何種故意的特殊情況，都可以將其劃分為直接故意或是未必故意，只是在理解的概念上，行為人主觀的意思，具體所針對的行為對象有所差異時，故意的概念也可以作不同的認識。當然不論行為人所針對的對象為何，是多還是少，對於整體的行為事實情狀，故意的型態，都不出直接故意或間接故意，但如果單純從概念上來看，對於一個行為客體的意思，與對於多數客體的意思，可能會有具體情狀的差異，乃對於此種特殊情狀，單純作故意概念的詮釋，這樣的類型有二：即擇一故意與累積故意二種形式，這二種特殊情況，多是針對多數客體存在的關係。

㈠擇一故意

擇一故意者，乃是指行為所針對的對象有數個，但因其行為僅能造成其中一個的侵害關係，具體上究竟是針對那一個所形成的故意形式，概念上即稱為擇一故意，亦即在數中選其一，例如行為人對於二人開槍，只有其中一人會中槍，至於何人中槍，則非所問，反正會有一人中槍，據此而開槍，也果真有一人中槍，此時其行為故意，乃是二擇一的關係，這樣的行為意思，當然是故意，只是具體情狀而言，是客體二擇一的關係，故稱擇一故意。

擇一故意到底應歸類於直接故意？或是未必故意？判斷的標準，會因事實情狀的差異，而有所不同，不能一概而論。倘若行為人對二人開槍，這二人都是其明確的對象，反正一定會有一人中槍，至於何人則都無所謂，這樣的情況，擇一故意並非屬於未必故意，而是一種直接故意，蓋明知行為及侵害狀態，並希望其發生，事實也果真發生，雖然是二選一，但這二人均屬行為的明確對象，即使僅中其一，仍舊是明知與希望的範圍，故此屬於直接故意；反之，如開槍是否會打中人，打中那一個都無所謂，則擇一故意是屬於未必故意。

會有擇一故意概念的存在者，只有在構成要件未限定特定對象的構成要件，方有此種概念詮釋意義，例如殺人罪、傷害罪、妨害自由罪等類型，倘若是特定

的類型，例如枉法裁判罪或是濫權追訴罪，則並無擇一故意檢討的類型，蓋此類犯罪所要求的對象，都是屬於個別專屬的關係，並無檢討擇一故意的可能性存在。

(二)累積故意

累積故意乃指行為意思的內容，是針對多數的客體而言，其到底會造成多少客體的侵害，並未有明確的認識，但確實認識會有多數的客體受到侵害，此時故意的內涵，乃是以多數的侵害關係為內容，故稱為累積故意。例如對於群眾丟擲爆裂物，爆裂物爆炸時到底會有多少人傷亡，行為人並無確切的認識，但行為人知道終究會有多數的人傷亡，此時行為的意思，概念上乃視之為累積的故意。累積故意仍舊不脫直接故意或間接故意的類型化範圍，只是在處理累積故意時，是以想像競合的關係來處理。

不論是擇一故意或是累積故意，都只是具體情狀的故意概念而已，這樣的特殊類型，仍舊可以歸類在直接故意或未必故意的範圍中。

第二項　過　失

過失是指行為人雖未有意而為行為，但該行為會發生侵害的關係，以及具體發生的法益侵害者，並非行為意思所希望者而言。申言之，行為人雖然知道所為的行為，而且這樣的行為，會有指向一定侵害發生的危險性，但對於侵害的發生，並非行為人所希望，然而卻因行為的關係，造成侵害的發生，這樣的行為人主觀意思，並非屬於故意，但侵害的發生，確實是由其行為所致，構成要件對於這樣的主觀意思，從具體的情況判斷，而認定屬於過失。從這樣概念簡單的理解，是指行為人因行為的不小心、疏忽、失慮等，而造成一定法益侵害結果的發生，對於這樣不小心的行為，認定為過失。

構成要件所以規範過失者，乃是依具體行為的存在，此種行為對於侵害關係，本具有一定的危險性，當行為人為此種行為時，就必須避免侵害結果發生的危險。倘若果真侵害因行為而發生時，顯然行為人並未善盡其行為的注意義務，藉此種注意義務的違反，在行為人主觀意思上失察，或解為疏慮或認定為懈怠，以此種注意義務應遵守而未遵守，作過失內涵的要求。

過失認定的情狀，顯然與故意不同，構成要件所以規範過失者，並非因行為人對於行為侵害事實的認知與希望，而是在於對於侵害結果的防止可能性之注意，故而過失的規定，乃是一種對於注意義務未遵守的主觀要件規範。從具體的情狀

觀察，行為人基於一定行為意思而為一定之行為，這一行為的部分，行為人既有知且有欲，同時該行為是否會造成一定的侵害關係，以及該行為是否會發生侵害結果，亦屬有所認識，但對於果真發生侵害之結果，則非屬於行為人本然意思的希望範圍，故過失的內容，顯然不能完全按照故意內容，而作單純性的程度區隔。

　　因此，過失的具體內容，必然對於行為均有認識，倘若行為人對於行為並無認識，則根本無由認定其為意識的行為，自然會被排除在刑法判斷範圍之外，而且行為有造成侵害的可能性者，行為人也有所體認，只是行為人於行為時，並未有造成法益侵害危險性的期待。例如交通事故的發生，駕駛人違規駕駛，此一行為絕對是行為人主觀認知的範圍，且這樣的行為有可能會肇事而危及他人人車的安全，但行為人並非希望果真造成他人生命、身體或財物的侵害，然而法律對於此種具有造成侵害可能性的行為（或可解為危險行為），本就具有行為避免造成侵害的注意義務，終究因此而肇事致人死傷時，雖然死傷的侵害結果，並非行為人的希望，但卻已經違背法律要求的注意義務，而且此種侵害結果的發生，行為人是可以加以避免的，即可認定為過失。倘若侵害的發生，雖然因行為人的行為，而有注意的義務存在，但這樣的侵害結果發生，卻是屬於行為人無法加以避免的情況，則雖然侵害結果發生，也不能遽認定行為人之行為有過失。

　　至於可不可避免侵害之發生，可以從客觀的情狀來觀察，簡單地說，當行為人即使為遵守注意義務之行為，其侵害仍不免發生時，不可遽認為侵害結果的發生，行為人有過失，而仍應具體判斷之。例如行為人夜間於高速公路超速行駛，卻因視線不佳而撞死行走於高速公路車道上的行人，此時行為人的行為是否仍應成立過失致人於死，則須從具體關係來判斷，行為人超速行駛，本就具有一定的危險性，當然必須注意避免事故的發生，卻因此撞死人，似乎有注意義務違反的侵害關係存在，但高速公路本就無可期待會有行人行走於車道上，倘若這樣的時空關係下，即使未超速而依正常規定的車速行駛，仍舊會發生撞死人的結果時，即不得遽認定駕駛人超速的行為，發生撞死人的侵害結果，屬有過失。

　　基本上，在過失的情況中，行為人主觀要件對於結果的發生，並不存在希望其發生的意欲，亦即都不希望侵害結果會因其行為而發生，然對於其行為事實終究必須有所認識，隨著其行為的關係，對於防止侵害的發生，乃負有一定之注意義務，過失者，乃是對於該義務的違反。一般學理上對於注意義務的違反的程度差異，將過失區分為「認識過失」與「不認識過失」❺，但這樣過失概念的區隔，

---

❺　參照林山田，刑法通論（下），10 版，161 頁以下。

至少在概念上並不貼切，蓋過失者，對於行為事實都具有認識，不論是行為或侵害關係，乃至行為會造成侵害的因果關係，都須有所認識，刑法不會也不應罰及不認識的行為侵害關係，而且對於侵害結果的發生，都不在其希望的意識之中，只是侵害結果的發生，是出於注意防止侵害發生義務違反，行為人當然也必須知道有此種義務存在，卻因疏於注意或怠於注意，而使得侵害結果發生，對此行為人主觀上疏於注意或怠於注意者，乃成為過失認定的基準，故而過失類型的區分，應從注意義務違反的心態程度來區隔，而將過失區分為「懈怠過失」與「疏慮過失」，在概念運用上，會較為妥當。

一、懈怠過失

　　稱懈怠過失（一般稱之為認識過失）者，乃是因行為人對於其所為之行為，是否會發生侵害結果，具有認知（法律規定稱其為預見），但因行為人太過於自信，認為即使其行為會有發生侵害之可能，但在其能力的控制下，侵害關係不至於會發生。因此種過於自信的關係，侵害關係卻出其意表地發生，顯然行為人對於行為與侵害關係都有所認識，而且行為確實也有造成侵害發生的可能性，卻因行為人太過於自信，或是太過於高估自己的能力，而怠於去防止侵害結果的發生，導致侵害狀態發生，這樣情狀下的主觀要件，認定為有過失。具體而言，其過失，乃是因行為人自信侵害關係不會發生，而怠於去避免侵害結果的發生，故稱之為懈怠過失。誠如刑法第 14 條第 2 項規定「行為人對於構成犯罪之事實，雖預見其能發生而確信其不發生」，即是屬於此類的過失。

　　舉例來說，行為人自信其駕駛技術高超，對於突發狀況的反應相當敏捷，不但高速行駛，且未保持安全的跟車距離，幾乎已經貼近前車車尾，行為人對於這樣的駕駛行為，非但不以為意，甚至自信其能夠及時反應，不會發生撞車的結果。然前車因突發狀況而煞車，行為人反應不及而撞擊前車，導致前車車毀人傷，此時行為人所為之駕駛行為，確實是有意的行為，也認識到行為可能發生侵害的後果，但卻因自信，或是高估其能力，而怠於控制其行為，卻造成侵害結果的發生。然而行為人對於這樣的侵害結果發生，並非其所希望，但侵害結果終究還是因行為人怠於控制其行為而發生，此時行為人雖對於行為事實有所認識，但卻對於侵害結果的發生，並非其意思所希望。行為人出於認識行為事實的意思而為行為，卻因自信或高估自己的能力，認定行為所存在的侵害危險性，不至於會發生侵害的危險，侵害結果卻在這樣怠於控制其行為的情況下發生，對於這樣的主觀意思，

乃認定其有懈怠過失存在，應承擔過失致傷害之責（第 284 條）。

二、疏慮過失

　　所謂**疏慮過失**（一般稱之為不認識過失）者，乃是指行為人對於其所為的行為，會有造成特定侵害狀態的危險性，行為人對於這樣的危險性有所認識，也有意識到必須避免因行為可能造成侵害結果的發生，但卻因疏於注意其行為所存在的客觀情狀變化，侵害結果在這種疏於注意的情況下發生。侵害結果的發生，並不是行為人本意所希望，但因其行為本然具有特定的危險關係存在，這樣的行為造成侵害的危險關係，行為人本有認識，而且在意識中也認為必須留意以避免侵害狀態的發生，但侵害卻在疏於留心的情況下發生。此時行為人在為行為之時，其主觀的意思中，確實有認識到「倘若疏於留意其行為而做正常狀態下的控制時，會發生一定的危險」這樣的關係，但卻因一時疏於注意避免這樣的危險，而導致侵害的發生。對於這樣疏於注意行為有造成侵害危險關係，而造成侵害發生的情況，在行為人主觀意思的判斷上，乃認定其有疏於注意避免侵害結果發生的意思存在，此即是疏慮過失。如第 14 條第 1 項規定「行為人雖非故意。但按其情節應注意，並能注意，而不注意者」是。

　　舉例來說，行為人在寒冬中燒木頭取暖，對於用火可能發生「星星之火，可以燎原」的情狀，對於用火必須小心，行為人有所認識，但因寒冷中的溫暖，行為人不經意卻睡著了，導致於燃燒中的木頭，因疏於控制而延燒到其他物品，最後造成房屋發生火災的結果，雖沒有因此而燒死人，但卻已經發生公共危險的侵害情況（第 173 條第 2 項或第 174 條第 3 項或是第 175 條第 3 項之失火罪），這樣的情狀，是因行為人燒木頭取暖之行為所致，行為人也瞭解用火必須小心，卻因一時的溫暖而睡著，導致火燒的情況，在其疏於留意的情況下，形成一發不可收拾的情況，行為人乃有疏於留意其行為會發生侵害的後果，得以認定具有疏慮過失。

　　在刑法的過失要求中，雖然有因主觀注意關係的差異，在概念上有懈怠過失與疏慮過失的區別，但過失的具體認定，並無判斷評價層次上之差異，不論是懈怠過失或是疏慮過失都是過失。所不同者，只是在於過失程度的輕重而已，不論是懈怠或疏慮過失，倘若其造成侵害結果的原因，是因為行為人輕率所致，則此時所生的過失，當屬程度較重者。輕度過失與重大過失的程度差異，在我國的犯罪類型規定中，並未反應在構成要件的該當層面，而只是作為刑罰裁量審酌的條

件而已。反觀其他國家構成要件的規定，對於特定侵害的成罪關係，必須要求過失程度達到重大過失時，方有構成要件成立的可能，例如德國刑法 §138 III、日本刑法第 211 條是。

過失的內容，從「知」與「欲」的觀察，行為人所為行為的意思，並非出於無知，亦即並非不認識，且對於行為可能發生侵害的可能性，也有所認識（亦即並非全無預見），只是對於行為所生的侵害結果，行為人並不希望其發生而已。何以對於行為結果不希望其發生，卻在其發生時，認定必須使行為人承擔過失的責任？其前提乃在於行為人對於侵害負有避免與防止的義務，亦即必須注意侵害發生的可能性，並避免侵害因其行為而發生。惟當這樣的侵害，卻因行為人的行為而發生，雖然行為人不希望會有侵害狀態的發生，但侵害終究還是發生，此時行為人仍舊屬於違反避免侵害發生的注意義務。這樣的注意義務存在，必須具備有二個基本條件，方能將此義務的違反，以過失的形式，加諸在行為人身上： 1.行為人的行為，在客觀上確實有造成侵害的可能性與危險性，亦即行為與侵害關係間，存在著相對應的因果關係； 2.行為人對於侵害發生具有避免的能力，倘若欠缺此種避免能力，即使侵害因行為的作用而發生，仍不能遽認定行為有過失。

因此，關於過失的認定，乃在於行為人一方面對其行為，另一方面對於其行為可能造成侵害的危險性，以及可能造成法益的侵害，皆有所認識，但在這樣的認識下，所以仍為行為者，乃在於行為人並不期待、也不希望侵害結果的發生，是以過失者，乃在於其對於行為事實有認識，而對於行為所生的侵害，並無使其發生的希望。

在主觀要件的判斷上，故意與過失的內容，應該都對於行為事實的發生，有所認識，所不同者，則在於其行為是否指向侵害的發生，且有無藉由其行為而使得侵害發生的希望，在故意的要求上，行為人對於行為事實，不但具有認識，而且也希望侵害的發生，能透過其行為而實現；至於過失，則是對於行為事實的存在，有所認識，但對於侵害的發生，卻非其所希望，亦即行為人並非希望透過其行為，來實現侵害關係。從而，不論故意或過失，在主觀意思內涵的要求上，應都具有行為事實的認識，所不同者，應是在於行為人對於侵害發生的意欲而已。因此，故意除對於行為事實應具有認識之外，也希望由行為所可能造成的侵害結果發生；而過失則是對於行為所生結果有所認識，但行為人並不希望侵害之結果發生，然因行為人對於該侵害疏於注意，或是因其懈怠，而造成侵害之發生。

第七節　作為與不作為

　　刑法以行為所造成的權利侵害，作為其評價的對象，無行為存在，即無權利侵害的問題發生，亦無犯罪評價的可能。刑法保障的權利，必須受到行為的侵害，刑法才有評價的基礎。人類舉止的存在形式，本有積極動作的作為與消極的不作為，是以權利侵害的行為型態，可以是積極的作為，也可以是消極的不作為。惟行為單純的形式，並非刑法所關注的對象，其所以區分作為與不作為者，乃在於其對於法益侵害形式的觀察。是所謂作為者，乃以積極舉止的方式，而造成權利的侵害；而不作為者，乃是以消極的不作為方式，而引致權利侵害結果的發生。是以作為與不作為，乃是以行為造成權利侵害的形式而定，亦即作為與不作為，乃以權利侵害的形式，作為相對性觀察的關係。因此，稱作為者，並非單純的積極舉動，而是對於法律所保護權利的積極促其發生損害結果；不作為亦非單純消極的不動作，而是對於權利損害負有防止其損害發生的義務，卻放任其損害結果之發生。簡言之，作為者，乃指以積極的舉動，以使權利侵害發生；而不作為者，乃指本應防止權利侵害發生，卻未為其應為之防止行為❶，亦即應為而不為者，方為刑法不作為的概念。

第一項　結構與形象的對應性

　　人類行為的型態，從存在現象的觀察，本有積極動作所形成的作為，以及消極不為一定舉動的不作為。作為與不作為在形象上，本屬於相對應性的概念，對於一定行為究竟是作為或是不作為？其觀察的基準點，並不在於單純存在的行為形式，亦即並非在於單純行為的為與不為，而是對於一定法益侵害的為、或是對於防止一定法益侵害的不為。刑法區分行為形式為作為與不作為，乃在於對於侵害的禁止或是對於不可造成侵害的命令，因此作為與不作為的思考，乃在於對於一定法益侵害的不可為，或是對於避免法益侵害的應為而不為。從而，作為與不作為在其形成的結構上，似乎是一種行為一體兩面的對應性關係。

　　以法益侵害作為觀察行為作為與不作為的基準點，行為的本身，所以得稱為

---

❶　如林山田教授所言，不作為不是因其做了什麼行為，而是因其沒有做他應該做的行為。參照林山田，刑法通論（下），10 版，231 頁。此所謂「應該做的行為」正是應為而不為，其所應為者，乃行為人有義務防止一定侵害之發生，其對於此種應為而不為，方為不作為的核心概念。

作為或不作為者，即非單純的為或不為一定的舉動，而是對於法益侵害的實現，所為積極或消極的舉止。從法益的侵害，作為判斷作為與不作為成罪關係的基準，即可區隔出不同型態的行為要求，若法益僅能透過積極的侵害行為來實現時，此種犯罪類型的行為要求，僅能以作為的方式達成，即所謂純正作為犯的類型；反之，若法益的侵害，僅能透過消極的不為來實現，則行為的要求，僅能視為消極的不作為，此為純正不作為犯；倘若法益既可以積極行為，也可以消極的不作為來侵害時，此類型的行為要求，具有雙面性的可能性，此即為不純正作為或不作為犯的類型。純正作為犯與純正不作為犯的類型，對於行為有其本質性的限制，並無作為與不作為對應性的問題存在。所以會發生作為與不作為的對應性形象辯證者，主要係針對不純正的不作為犯而言。蓋此種法益的侵害，行為形式的要求，既可以是作為、也可以是不作為，作為與不作為對於不純正的類型，在結構上形成為與不為的相對性關係。

德國刑法學者考夫曼 (Armin Kaufmann) 為釐清不作為結構問題，乃以積極作為的行為形式，提出所謂「對立性原則 (Umkehrprinizp)」，作為解構不作為犯的判別基準。考夫曼認為對於作為形式的行為類型所存在的見解，在解讀不作為時，可以採取「對立性 (Umkehrung)」的關係，作為理解的基礎，蓋不作為犯的形成基礎，係期待行為人為一定的作為，故從作為的反向思考，可以解構不作為的關係❶。考夫曼解構不作為犯所提出的「對立性原則」，該原則認為作為犯所生的刑法上效應，在不作為的結構中，從其反向關係上亦得發生，考夫曼進一步詮釋該原則，其認為不作為的理解，並不在於行為人為其不作為，而是對於應作為行為的不為；同時行為人的不作為，並非其決意為不作為，而是其欠缺對於應為行為的決意❶，亦即不作為者，並非不為的本身，而是對於一定應為行為的不為，該應為行為（作為的要求）乃不作為的對應性形象。

作為與不作為的對應性關係，除其存在的結構之外，尚存在著一定成罪判斷條件的推論關係，特別是在判斷不作為犯的因果關係。作為與不作為固然均以法益侵害，作為其判別的基準，但不作為的形象，並不若作為在客觀上具有可觀察之屬性，特別是關於法益侵害發生的因果關係判斷，不作為乃屬欠缺積極行為的

---

❶ 考夫曼認為行為人的作為與不作為，乃是 A 與 –A 的關係，結構上係一種對立的形象，故從法律評價的效應，應係一種對應性的對等的關係，不作為係作為的對立型態。Vgl. Armin Kaufmann, Die Dogmatik der Unterlassungsdelikte 1959, S. 87, 88。

❶ So Armin Kaufmann, aaO., S. 88。

形式，其如何造成法益的侵害，在因果關係的認知上，似乎是一種欠缺直接因果關係的型態，故學理上乃對於不作為造成法益侵害的因果關係，採取所謂「準因果關係 (Quasi-Kausalität)」 ❶，亦即從侵害結果的發生，與應為而不為間，做邏輯性的推論，此種推論關係，亦如作為犯判斷因果關係的反向機制。

第二項　行為樣態與規範關係

行為所造成的權利侵害，從其存在面顯露的形式觀察，積極造成法益侵害的行為型態，較容易觀察，且對其與所生危害的因果關係判斷，也比以消極的行為形式，來得容易認定。惟客觀面所存在的行為形式，不論是作為或是不作為，不論是故意或是過失，即使有權利的侵害關係存在，亦必須法律有所規範，方得作為成罪關係認定的基準。

就刑法規範所定的犯罪類型，其對於行為的型態，或做一般概括性的行為規定，此種犯罪類型可以以作為實現不法構成要件，亦可以不作為作為實現的行為型態；或對於行為型態，基於犯罪類型屬性的特殊性，特別要求一定的行為型態，若犯罪屬性所要求的行為樣態，僅能以積極作為的形式，方得以為犯罪類型的實現，此種規範的行為型態要求，乃屬於純正作為犯 (echte Begehungsdelikte) 的類型；若犯罪規範屬性，僅能以消極不為的形式，方得以實現者，則此類犯罪型態，乃屬於純正不作為犯 (echte Unterlassungsdelikte) 的樣態。

刑法規範大部分的類型，並未特別限制行為實現的樣態，其既得以積極作為的方式、也可以消極不作為的方式來實現，此類未特別要求行為型態的類型，其乃為不純正行為型態的犯罪類型，在相對性概念的理解上，其本以積極行為型態，作為規範的行為形式，但對於法益侵害的方式，亦不排除可以消極行為來實現，行為形式雖以作為為主，但仍可以消極方式來實現法益侵害之結果，故可視其為不純正作為犯 (unechte Begehungsdelikte)；相對地，當犯罪類型容許以不作為的方式來實現，且此種法益侵害實現的方式，乃與積極作為實現者同，則具體實現的方式為不作為，但所實現的犯罪規範，乃屬於得以積極作為實現者，則以消極不作為的方式，實現與積極作為方式相同的侵害關係，此種具體的型態，在概念上，

---

❶　考夫曼認為不作為乃屬於一種欠缺作為因果關係，也欠缺行為目的性的形象。Dazu Armin Kaufmann, aaO., S. 87. 不作為所造成的法益侵害，其因果關係並非如作為犯，是一種可以推論的有形因果 (physikalische Kausalität)，而必須反向從結果發生與不為應為行為間，做一合乎邏輯的認定，故稱其為準因果關係。Vgl. Wessels/Beulke, aaO., S. 273.

乃為不純正不作為犯 (unechte Unterlassungsdelikte) 的類型❷。因此，在刑法規範中，對於為特別要求行為型態的犯罪類型，從實現的行為方式的概念，其既得以積極作為、也可以消極不作為來實現，其非要求特定作為或不作為，屬於不純正的行為形式要求，是以不純正作為犯乃與不純正不作為犯的概念，乃屬相同的概念。

刑法構成要件依其規範內容的要求，可分為「禁止規範 (Verbotsnorm)」及「誡命規範 (Gebotsnorm)」二種規範類型。禁止規範與誡命規範乃屬相對性概念，其透過法定要件的規制，限制或禁止行為對於法益為侵害，或者賦予一定遵守義務，以免造成法益之侵害，不論禁止或誡命，均為確保法益的不受侵犯，二者所不同者，乃在於造成法益侵害的行為型態，如對於法益存在的平和狀態，不得以行為的方式，任意加以危害性的變更，此時規範的要求，乃屬於禁止為一定的變更行為；倘若法益因特定的關係，而處於一定瀕臨危害的緊張狀態時，法律要求必須使其回復到其平和的狀態，以免有逾越界限而造成危害的狀況，此則屬於誡命的要求。

規範所以禁止者，乃揭示禁止為法定的法益侵害行為，以造成法益從平和升高為危害狀態，刑法規範絕大部分屬於此種禁止規範，而在禁止規範中，主要的行為樣態要求，大多是以禁止一定作為為主，當然依法益得以受侵害的具體情狀，亦不排除得以不作為的方式來實現，是故在禁止規範中，主要係以禁止一定作為為內容，通常在此種規範內容中，多屬於作為犯的類型，其中自然包含純正與不純正的類型。

然在禁止規範中，有若干類型基於犯罪屬性的關係，僅得以積極作為的行為樣態，方得以為構成要件之實現，其主要係因犯罪屬性的因素所致，例如竊盜罪（刑法第 320 條）、搶奪罪（刑法第 325 條）、強盜罪（刑法第 328 條）、強制性交罪（刑法第 221 條）、強制猥褻罪（刑法第 324 條）等，因犯罪形成的本然性及行為方式的要求，僅能以積極作為的行為形式來實現，無由想像可以消極不作為的方式來完成，其乃屬於純正作為犯的類型。除此之外，大部分的類型，既得以作

---

❷ 犯罪類型原本係以積極行為作為規範基礎，但該犯罪類型亦得以消極不作為實現，如具體的實現方式為不作為時，該不作為所造成的結果，係與積極行為者同。故學理將不純正不作為犯稱之為「作為犯的投射影像 (Spiegelbild der Begehungsdelikte)」，蓋其對於結果發生的情況，剛好是以相對性的行為所實現，亦即作為相對於不作為。Vgl. Wessels/Beulke, Strafrecht AT, 39. Aufl., S. 268。

為、也得以不作為來實現，是屬於不純正行為形式要求的型態。

至於誡命規範者，乃指法律規範要求行為人必須為一定的行為，以避免法益瀕臨於危害狀態，或是對於一定瀕臨危害界限的法益，要求必須防止危害發生，亦即對於行為人要求必須為一定的行為，倘若有應為而不為者，乃有觸犯此種誡命規範之虞。一般而言，誡命規範該當的條件，乃在於要求為一定的行為，行為人有應為而不為的前提下，方有規範適用的可能。故誡命規範的屬性，乃屬於科以法定義務的類型（主要為防害的要求），此類型該當的行為樣態，多屬於純正不作為的形式，例如聚眾不解散（刑法第 149 條）、特定公務員之有貪污不為舉發罪（貪污治罪條例第 13、14 條）❷是。刑法構成要件體系中，規範純正不作為的類型，相較於作為犯的類型，乃屬於極少數的型態。

刑法構成要件對於行為樣態的要求，若係以純粹積極侵害法益的作為型態，當作規範的行為類別者，則依行為形式所呈現的犯罪類型，乃為作為犯的類型；倘若構成要件要求的行為樣態，係以「應為而不為」作為成罪行為類型者，則屬於不作為犯的型態。至於以消極的不作為作為構成要件該當的行為類型，並非單純以消極的不為，即得以認定構成要件該當，對於構成要件所要求的不作為，其規範的背後意涵，乃必須存在著一定的「應為」義務，倘若欠缺此種義務，即便單純的不為，仍非屬於構成要件規範的對象。例如刑法遺棄罪（刑法第 293、294 條）的規定❷，雖然單純從遺棄的概念思考，其行為的樣態，可以是積極的作為，也可以是消極的不作為，但對於消極不作為得以成罪的基礎條件，必須存在著救助的義務，倘若行為人並無救助義務存在，其單純放任不為救治之行為時，亦非遺棄罪成罪的條件。是故，作為犯觀其積極行為對法益之侵害，因其具有可觀察的舉止動作，判斷上並不困難，但不作為犯的成罪判斷，一方面因並未有對於法

---

❷　刑法構成要件中，侵占罪（刑法第 335、336 條）的類型，應係屬於純正不作為犯的類型，為學理上較少碰觸此類型的型態區分。蓋構成要件內容所定「侵占持有之物」，其行為形式乃為蓄意「不還」，其應屬於命令規範的類型，規範所要求的行為形式，乃屬於「應還而不還」，且侵占行為的樣態，應屬於不還的不作為。故此種類型，應屬純正不作為犯。

❷　刑法第 293 條的遺棄罪，因其非屬於行為人應為救助的義務類型，故對於非屬其救助義務的不救助（不作為），並無由成立該條之罪，例如用路人見有人發生車禍受傷，傷患亟需予以救助，但單純放任不為救治者，仍無該條該當的適用；反觀刑法第 294 條的遺棄罪規定，其係屬於有義務的遺棄規範，因救治義務的前提存在，故不論是積極的遺棄，或是消極的不予以救治，均屬於該條規定的行為型態。

益直接侵害的積極舉止，欠缺可以觀察的行動，僅能從其不作為而造成法益侵害的連結，作為因果關係的認定；另一方面，不作為者乃一定應為的不為，故必須先有「應為」的義務存在，否則單純的不為，並無法確認法益侵害的可歸責關係。故不作為的前提要件，必須先有要求一定應為的義務，行為人因有此義務，乃成為具有防止一定侵害結果的保證人地位。

第三項　保證人地位

作為犯與不作為犯的成罪條件差異，在於作為犯係以積極行為侵害法益的型態；而不作為犯，因未有積極外觀可觀察的行為舉止，其係以消極不為應為之事，因此不為而造成法益遭受損害，是以不作為所以該當法定構成要件，乃在其具有應為的義務，因其違反應為的義務，應為而不為，以致造成法益侵害，此應為的義務，乃為不作為成罪的基礎前提要件。行為人有其應為的義務存在，其所應為者，乃在於防止一定負面結果的發生，亦即不作為犯的行為人，負有防止特定結果發生的義務 (Pflicht zur Erfolgsabwendung)，其對於該結果的不發生，具有保證人的義務 (Garantenpflicht)。因此，不作為犯（不論純正或不純正）成罪的前提，必須行為人（更貼切地說不作為之人）具有結果防止的保證人地位，負有防止結果發生的義務。

至於保證人地位與義務的如何形成？何以行為人對於一定的結果，負有防止其發生的義務？是否行為人義務的形成，僅限定在法有明文規定的義務為限？抑或必須從具體的情狀，作為判斷義務的依據？在學理與實務的認定上，雖有概念上的差異❷，但判斷與依循的標準，具有相對明確的界限。一般而言，行為人負

---

❷ 保證人地位的形成，隨著概念的發展，而有認定條件與概念範圍的些微差異。早期學理認為應從法律觀點，作為義務認定的基準，亦即構成法義務的條件而定（主要源自費爾巴哈的提倡），其中以法律規定的義務、契約關係所形成的義務、行為人因危險前行為所生防果義務及緊密共同生活與活動關係所生的互相照護義務，作為判斷的準據。Dazu vgl. Maurach/Gössel/Zipf, Strafrecht AT, Teilbd. 2, 7. Aufl., S. 195ff.；Baumann, Strafrecht AT, 9. Aufl., S. 242ff.。而後學理乃依循法益侵害關係的實質內涵，依功能性與邏輯性的關係，作為認定與判斷的基礎，其中包括對於 1.特定法益的保護義務，主要係基於法定義務、保護、監督與照護等的關係，所形成的照護義務； 2.對於危險監管與防護義務，包括對於危險源具有監控與防護義務，以及對於自身所為之危險前行為的防害義務等。Vgl. Roxin, Strafrecht AT, Bd. II, S. 722ff.；Jescheck/Weigend, Strafrecht AT, 5. Aufl., S. 621ff.；Wessels/Beulke, Strafrecht AT, 39. Aufl., S. 274ff.；林山田，刑法通論（下），10

有一定作為的義務，其義務的形成，必須依循著法律觀點的判斷，亦即必須存在有「法義務 (rechtliche Pflicht)」，單純倫理或道義上的關係，尚不足以形成不作為的義務，自然也不會因為履行道德、倫理或道義上的義務，而成為刑法的不作為犯。而所謂法義務者，並不以法有明文規定為限，而係對於特定對象所存在的負面結果的發生，負有防護、照料、預防、監督與防害等義務者，均屬於法律有避免負面結果發生的義務。

　　判斷不作為的保證人地位，從而認定其具有應為的保證人義務，可以從二面向為認定：1.特定法益的保護義務；2.具有危險防護的義務。茲分述之：

一、特定法益的保護義務

　　行為人對於特定法益具有特別的保護義務者，主要可以從特定法律義務關係與基於自然存在關係為分析：1.特定法律義務：負有特定職務的公務員，對於其職務所定權利保護關係者，例如警察依警察法規定，負有維護社會治安，防止危害的義務；建築物或工作物所有人，負有防護安全之責（民法第795條，建築法第66、69條）；船長對於乘員負有防護安全、避免危害的義務（海商法第102條）；2.自然存在關係：包括血緣關係、婚姻關係或特定親屬間照護義務，父母或監護人對於子女或受監護人的教養與保護義務；或是承擔保護義務、提供協助者的防護與照護義務，例如保母對於受託嬰兒或兒童的照護；救生員對於戲水者與泳客的防護義務；具有緊密關係的危險共同體，其於從事具有危險性的活動時，負有互相扶持與救助的義務，如登山隊成員對於彼此的危險具有防護與照應義務。此種危險共同體的關係，必須是緊密且負有共同照護關係的結構，不能是一時偶發性，或是臨時性的群體關係，蓋所謂危險共同體的結構，必須是建立在彼此認同的共同性目標，實現此一目標時，成員間彼此相互信賴與依存，同時負有排除危難的義務，倘若僅是臨時性的組合，例如糾集一群人飆車，或是邀集朋友吃喝玩樂，均非屬於此種緊密結構的危險共同體。

二、具有危險防護的義務

　　不作為犯的成罪前提，必須先有應為的義務存在，行為人所以「應為」者，係對一定危害結果具有防止的作為義務，此種義務的形成，乃源自於行為人本身對於危害具有監督與控管的責任，亦即該危險源屬於行為人本身應然性所承擔的

版，249、250頁。

監控義務，或者是該危險源係由行為人的行為所致，亦即行為人所為之危險前行為。

㈠危險源的監控者

刑法所稱危險源者，乃指具有高危害性的現象而言，包括具有攻擊或侵略性的人或是動物，例如具有攻擊性的精神病患，或是所飼養的凶猛動物或飛禽，因其具有不確定的攻擊性危險，必須特予以防護，以免危及他人；以及具有高危險性的物品或設備，例如具有放射性或爆裂性的物質、或是具有危險性的工業設備等，其使用與操作若有不慎，即會產生重大的公安事件，具有相當高危害性的後果。是以對於危險源的監督與管控者，不論是精神病患的收容者、動物猛禽的飼養者，或是危險物品的持有或管領者，設備的所有人、操作或使用人，均對於其所可能發生的危害，負有監督與防護的義務，必須使其安全無虞。倘若應為安全的防護而不為，致生有危害的情形，乃屬於應為而不為的不作為。因此，對於危險源負有監控義務者，在其監控的範圍內，具有避免危害發生的保證人地位與義務。

對於危險源負有監督與管控義務者，在現代的社會中，特別應注意者，乃為特定的商品責任問題，一般而言，商品責任的問題，多屬於消費者保護法的適用類型，但如商品製造者所製造的商品，危害消費者的生命或身體健康時，其本負有回收或預防損害發生的義務，亦即其對於危害的防止，具有保證人的地位。若其應防止或排除而不為，致生有損害的結果時，乃必須承擔結果的不作為責任。例如汽車製造商知其生產的汽車有安全性的瑕疵，卻消極放任不為召修或替換，導致事故發生，則其對所生之結果，乃有不作為的責任。

㈡危險前行為的行為人

當行為人因自己的行為，而導致有使得法益受到危害的危險時，其對於所創設出的危險源，負有防止進一步危害發生，或排除既有危險的義務，亦即創設危險前行為的行為人，對於該危險前行為，乃居於防止危害進一步發生，或是排除既有危險前行為的保證人地位。當行為人對於其所創設的危險前行為不為排除或防止時，致生危害的結果發生，行為人必須承擔因其不作為危害排除或防止之責。

至於危險前行為的創設，是否必須具備一定的主觀條件？故意或過失所為的危險前行為，是否均屬於歸責不作為的前提條件？一般而言，危險前行為可以是

故意所為，諸如於飯菜中下毒欲毒殺 A，因 B 與 A 共同食用，對於行為人而言，下毒本屬危險前行為，若未對之加以防止，致食用後毒發，此時對 A 固為積極作為，但對 B 乃屬不作為之殺人，其下毒行為，則為故意之危險前行為。固然危險前行為的創設，並未限定故意或過失行為所致，但是否全般犯罪型態的危險前行為，均涵蓋故意與過失？恐仍須從個別類型的屬性，做差異性的認定。例如故意傷害他人，其傷害行為有致死的危險時，行為人對於其所為傷害的前行為，是否有必須防止被害人死亡的義務？倘若被害人死亡，則其致死的關係，是否得以不作為致死為認定？恐有疑義！蓋故意傷害他人，若因而致死，所形成的關係，應屬於傷害致死的加重結果關係，不需將結果做切割式的認定，其對於會致死的危險，雖未予以防止，所論者仍為傷害致死罪，而不須以不作為的關係，作為保證人地位違反的判定❷。又肇事逃逸的類型，行為人因肇事有致人成傷時，該肇事行為乃屬於逃逸或是有遺棄關係的危險前行為，倘若行為人係故意撞傷人，則其所謂逃逸，即非屬於刑法所規定的逃逸，故肇事致人成傷，雖屬危險前行為，對於逃逸或遺棄的進一步認定，該前行為似乎僅能限定在過失，而不能是故意。因此，危險前行為固然可以是故意行為，也可以是過失行為，但宜就個別的類型，作不作為關係的認定，亦即是否因危險前行為，而具有防止進一步危害發生的保證人地位與義務，仍須視具體情狀而定。

第四項　作為與不作為的等價判斷

刑法對於行為的規範，若所要求的行為形式，僅能為積極作為的純正作為犯類型，則根本無由想像不作為成罪的關係；又當對於行為形式，僅能以消極不作為，方能實現的純正不作為犯類型，根本無由以作為的方式來實現，此二種類型，均毋須討論評價等價的問題。會發生作為與不作為等價思考的類型，應僅限定在不純正的不作為（或作為）犯類型。蓋此種類型的實現，既得以積極的方式、也可以消極不作為的行為形式來實現，此時同屬於構成要件該當的作為與不作為，在不法的評價關係，既然均屬於得為構成要件該當的條件，自然應具有等價的評價關係。故刑法第 15 條規定不作為與因積極行為發生結果者同。

然於構成要件不法的評價等價關係，並非僅在於單純的作為或不作為，畢竟積極造成侵害結果，在形象上，仍與消極不為結果發生的防止，有條件要求的差

---

❷　學理與實務大多認定危險前行為，均包含故意與過失行為，然個別類型的成罪關係，仍須加以注意，不宜概括式地全般適用。參見林山田，刑法通論（下），10 版，256 頁。

異，倘若行為人並無作為的義務，其僅消極的不作為，既無法成就犯罪，自然也無與積極行為等價的問題存在。故在不法評價的等價關係，必須同時考量不作為的應作為義務。是故，作為所以與不作為等價的內容，應當是對於結果侵害的關係：作為＝作為義務＋消極不為。

從而積極作為與消極不作為等價的判斷，不論就行為實行的階段問題（既、未遂問題）㉕、犯罪行為參與的關係（正犯與共犯判斷問題）等，在不法的判斷與評價上，均屬相當。

第八節　因果關係

刑法構成要件的評價，是以行為所形成的侵害關係，作為判斷對象，一個法益侵害的存在，可能是由自然因素所形成、可能是由受侵害的個體本身所使然，也可能是由於他人的行為所造成，在刑法的評價中，所要加以判斷者，僅在於侵害是由行為所造成的因果關係，方屬於構成要件所關心的事項。

在這樣的行為事實中，侵害關係是否係行為所造成，必須檢討二個根本性的問題：1.行為與侵害關係間，具有實現的可能性，亦即行為在客觀的發展狀態下，確實會有造成侵害關係實現的可能；2.侵害關係果真是受到行為的作用才發生，也就是侵害結果的發生，確實是受到行為的作用，倘若沒有行為的存在時，侵害結果並不會因此而發生。這二個條件，前者是決定行為對於侵害可能性的適格關係，也就是一般所未注意到的「行為品質」的問題，行為必須在客觀的本然關係下，具有實現侵害的可能性，否則即無法認定侵害是由行為所致；而後者則是檢視侵害發生的原因問題，亦即檢討侵害結果發生與行為的因果關係。第一個條件是檢視第二個條件因果關係的前提，對於一個侵害的發生，要檢討形成的原因時，必須先看一下行為是否有能力造成同樣的侵害結果，當通過檢視之後，才能具體來看，侵害結果的存在，是否果真是由行為所導致。

㉕　不作為因欠缺積極可觀察的行為，故在刑法的認定與判斷上，仍存在著部分問題，其中主要者有二：1.因果關係，由於不作為係應為而不為，此不為是否果真造成法益侵害的結果？在因果關係的判斷上，未如積極作為顯而易見，故在因果關係的推論上，似乎也僅能從結果發生確實係因應為而不為所致，亦即採取準因果關係的認知；2.對於行為階段的判斷，因不作為欠缺具體的行為，其何時著手？進而得以判斷未遂？仍屬待釐清的問題。是否可以從應為的義務發生，而認定為不作為的著手點，從而進入未遂階段？此屬值得思考的問題。

　　由於因果關係是行為與侵害結果間的關連性，亦即行為是否為法益侵害的「因」、法益侵害是否為行為的「果」，要判斷這種以行為為因、而以侵害為果的關係，只能從客觀存在的現象加以觀察，透過自然科學的因果律關係的輔助，而依社會的經驗法則關係，來作行為與侵害結果間的因果關係判斷。因檢討因果關係的必要者，僅在於有行為與侵害結果的結構關係，故而僅有結果犯的類型，在判斷構成要件該當時，需檢討因果關係，蓋此種類型除行為之外，更有要求一定的侵害狀態作為結果，此結果必須是行為的結果，故僅結果犯的類型需檢討因果關係的存在與否；對於舉動犯而言，因其構成要件的成立，僅以行為的存在為判斷，不須檢視是否發生一定的侵害結果，故毋須檢討因果關係之問題，甚至也無因果關係存在的結構問題。

　　惟須加以注意者,因果關係是存在行為與法益侵害結果間關連性的判斷關係,而行為與侵害的結構，只是客觀事實存在的一環，這樣的客觀事實，也只是構成要件客觀面該當的判斷問題，因果關係也只是客觀事實的一個環節而已，並非當因果關係成立時，行為即可認定為不法，乃至於以因果關係成立，而遽然推論到刑事責任的判斷。因果關係所檢討者，只是構成要件是否得以認定為該當的關係而已，與不法或責任的判斷，尚無必然形成的關係存在，也就是說，行為與侵害結果的因果關係，即使被確認為成立，也只能說法益侵害是由行為所致。至於侵害的行為是否不法，而必須承擔刑事責任，則必須再從其他構成要件要素來整體判斷，因果關係只是諸多構成要件要素中的一個要素而已，其所負責的部分，也只是在觀察行為與侵害結果間的關連性，有這樣的關連性存在，方能進一步判斷行為是否為不法，而可以作刑事責任的科處。

　　既然因果關係是用以判斷行為與侵害結果關連性的問題，而行為本有作為與不作為的關係存在，不論行為的形式，是作為或是不作為，在因果關係判斷的要求上，都是一樣的，亦即都必須具有因果關係存在，方能進一步作是否為不法的判斷。作為與不作為所不同者，僅在評價上的問題，不在於因果關係的判斷。

第一項　條件理論

例子：

1. 甲向 A 開槍，子彈穿過 A 的頭部，造成 A 死亡。

2. 甲欲殺 A 而持刀向 A 砍殺，A 因閃避，導致頭部撞到牆角，造成顱內出血死

亡。

3. 甲（A 的兒子）為想能早日繼承 A 的龐大財產，乃在飯菜中下毒準備將 A 毒死。但在飯後毒發之前，A 卻因心臟病發死亡。

4. 甲開車不慎撞傷 A，送醫救治，A 卻在醫院受到細菌感染，最後病情惡化，不治身亡。

5. A 因意外，從高樓失足墜下，體內器官出血，送至醫院，醫生甲刻意拖延不予以救治，A 如及早施以必要之醫療作為，則不至於會有生命危險，但最後因甲之遲延救治，導致器官衰竭而死。

6. 甲想要殺死 A，在雷雨天時，慫恿 A 外出散步，希望 A 會被雷殛，A 也一時興起，果真外出散步，剛好也被雷擊中，當場死亡。

　　犯罪所以形成的結構，必然係因行為造成權利侵害的結果，惟當一個侵害事實存在時，行為是否為造成該結果發生的原因，必須檢視行為與結果的因果關係。一個侵害的結果發生，通常夾雜著多數的條件，何種條件方為造成結果發生的原因？必須有一個精確的判斷標準。對於判斷行為是否為造成結果發生的原因？最先提出的判斷方式，乃為條件理論，其作為判斷結果發生的多數條件，何者得以作為結果發生的原因。

　　條件理論 (Bedingungstheorie) 的作用，是為解決行為與侵害結果間因果關係的判斷問題，由於法益受侵害的結果發生，是集合多數的因素所成，該法益侵害的結果是否是由行為所導致，亦即行為與侵害結果間，是否有因果關係存在？乃須從眾多的條件中加以確認。在條件理論中，所有導致侵害結果發生的因素，都是條件，而在這些條件中，篩選出造成侵害結果發生的原因，以作為確認結果發生的因果關係。

　　至於在諸多結果發生因素中，那一個條件才是造成結果發生的原因？在條件理論中，乃提出一個判斷的公式：舉凡對於侵害結果的發生，不能想像其不存在的條件者，皆為結果發生的原因 (conditio sine qua non)，反過來說，對於侵害結果的發生，只要可以想像其不存在的條件，就不算是造成結果發生的原因。申言之，這個公式的意義，乃在於當結果發生時，檢視各個存在的條件，當其中的條件對於結果的發生，無法加以排除，如將此種條件排除時，則結果就不會發生，也就是說，結果的發生，無法被排除的條件，都算得上是造成結果發生的原因。

　　以條件理論檢視上開例子：

例 1 的情況：如果沒有甲的開槍，就不會有子彈貫穿 A 的頭部，A 也就不會發生死亡的侵害結果，例 2 的情形也是一樣，雖然 A 是因頭撞擊牆角而死亡，但卻也是甲的砍殺行為所致。二種情況，如果將甲的開槍或砍殺行為排除，則 A 的死亡結果就不會發生，是以甲的開槍或砍殺行為，確實是造成 A 死亡的原因，甲的開槍或砍殺行為與 A 的死亡結果間，因果關係是成立的。

例 3 的情況：A 的死亡是因心臟病發所致，對此甲的下毒行為，雖然在正常情況下，會導致中毒死亡，但對於 A 之死亡，似乎沒有甲的下毒行為，A 的死亡仍舊會發生，如果依條件理論的見解，甲的下毒行為，對於 A 的死亡，乃可以想像其不存在，亦即即使沒有甲的下毒行為，A 的心臟病發一樣會發生死亡的結果，故甲的下毒行為，不是 A 死亡結果的原因。

例 4 的情況：A 的死亡是因在醫院中受到細菌感染所致，但何以 A 會在醫院中受感染？則又是甲撞傷他所造成，沒有甲撞傷 A，A 就不會被送到醫院，也不會發生細菌感染致死的結果，如將甲的撞傷行為拿開，A 就不會在那個時刻被送到醫院，也就不會發生細菌感染的問題，更不會因此而死亡，故甲撞傷 A 的行為，確實是造成 A 死亡結果不能想像不存在的原因。

例 5 的情況：這是屬於判斷不作為的因果關係問題。A 的死亡條件有二： 1.意外摔傷而致體內器官出血； 2.遲延救治，固然因自己不慎而意外摔傷，對於死亡結果的發生，有不能想像不存在的關係，但如及時施以醫療的行為，死亡之結果仍不會發生，故刻意拖延醫療的行為，也是導致 A 死亡不可或缺的條件，如醫生能及時施以醫療行為，A 的死亡也不會發生，故而醫生遲延救治的不作為，也是 A 死亡不可想像不存在的條件，仍是 A 死亡的原因，因果關係成立。

例 6 的情形：A 死亡的結果，雖然是因雷殛所致，但所以發生雷殛死亡的結果者，乃因甲的慫恿行為，倘若從單純的因果關係來看，沒有甲的慫恿行為，就不會有 A 的外出散步，更不會發生雷殛事件，故甲的慫恿行為，似乎是 A 死亡不能想像不存在的條件，但由於因果關係的判斷，必須是建立在可以由人類行為所控制的前提條件之下，倘若是因自然力或是非人力所能控制的情況，例如動物的因素所造成，則不在檢討因果關係的範圍內，故而 A 受雷殛而死亡，雖然是因甲所為之慫恿所致，但是否會被雷殛，乃是自然力的或然率問題，非人力所能控制，故 A 的死亡僅能視為是一種偶然，甲的慫恿行為雖是促成的原因，但並非因果關係檢討問題。

固然在條件理論的基礎模式下，對於結果的發生，不能想像其不存在的條件，

皆為結果發生的原因，但這些原因的存在，是否有層次高低或是關連性強弱之別？於是乃產生對於原因評價的見解，最根本的想法是，既然原因是結果發生不能想像其不存在的條件，只要可以想像不存在即非原因，故原因是結果發生不能偏廢的因素，對於結果的發生，所有的原因在結果發生的判斷上，應該都是一樣的價值，畢竟能稱得上原因者，必然對於結果的發生，有必然性存在的價值，缺少一個條件，則結果就不會發生，故所有成為原因的條件，對於侵害結果的重要性，應該都是一樣的價值，此即所謂等價理論 (Äquivalenztheorie)。

在條件等價的理論中，所有導致結果發生且不能想像其不存在的條件，都是結果發生的原因，這樣的論調，並不能從諸多成為原因的條件中，確認出那一個原因才是真正造成結果發生的條件，行為也不過是造成結果發生諸多原因中的一個而已，即使從這樣的理論確定行為是侵害結果發生的原因，但因所有的原因，對於侵害結果發生的價值都相等，反而無從判斷侵害結果是否果真是由行為所造成，而對於行為作非難性的價值判斷。條件理論對於結果發生所不能想像不存在的條件，都視為結果發生的原因，將使得結果的原因判斷，太過於擴張，如以甲將 A 殺死的事實為例，甲殺死 A 的行為，固然是 A 死亡結果的原因，但對於不能想像不存在的推演，則甚至可以無遠弗屆地推到非常遙遠的過去，沒有甲的行為，A 的死亡結果就不會發生，而如果甲的父母沒有生甲，理所當然就沒有甲，也就不會有甲的行為，就更不會有殺死 A 的情形發生，自然 A 的死亡結果就不會發生。

如此一來，甲的父母有沒有生甲或是有沒有好好教養甲，也就成為結果發生不能想像不存在的條件，也就會成為 A 死亡侵害結果的原因。這樣的條件，在一般常理的認知下，顯然太過於擴張，乃至推論到顯然與行為事實無相關的行為上，各種行為也可能因條件理論的述說，而與結果的發生具有因果關係存在，例如甲將車子停放在停車格中，恰巧 A 走路經過，因走路不小心而重心不穩，踉蹌之際卻撞到車子，而造成相當嚴重的傷害，倘若沒甲的車子，則 A 不會撞到，也不會造成嚴重的傷害，甲車子的不存在，確實可以避免 A 嚴重傷害的發生。依條件理論的見解，甲停車在停車格中的行為，確實也是造成 A 嚴重傷害的原因，甲的停車行為與 A 所生的嚴重傷害結果間，乃具有因果關係，亦即 A 的傷害結果，也可算是甲的停車行為所引致。這樣的邏輯關係，可能將行為與結果間因果關係判斷的範圍，太過於極限的擴張，於是學理乃嘗試對於條件理論加以修正。

第二項　條件理論的修正

　　因果關係本是為判斷行為與侵害結果間的關係而生，通常的情況是在結果發生後，再回過頭來檢視，結果是否為行為所導致，據此作為結果發生原因的判斷，甚至更作為構成要件不法評價的客觀前提條件。當然刑法檢討因果關係者，所關注的關鍵問題，並不在於所有導致結果發生的客觀因素，而是在判斷結果是否由特定行為所導致。因此，因果關係的判斷，必須從條件理論導回到根本議題的「行為－結果」關係。於是有不同的修正理論的提出，諸如相當因果關係理論、重要性理論，乃至有個別觀察的個別化見解的提出，這些修正見解，都是為修正條件理論太過於擴張原因範圍的弊端所生，也都是為解決因果關係認定問題所做的嘗試。

一、相當因果理論

　　相當因果理論 (Adäquanztheorie)❷⁶是以條件理論作為立論的基礎，而對於條件理論予以修正而成。在相當因果理論的見解下，並非所有對於結果發生，不能想像其不存在的條件，都是結果發生的原因；要成為結果發生的原因，必須存在著構成要件判斷的相當性存在，或者是從經驗的判斷，對於結果的發生，具有結果相當性關係的條件，才能稱得上是結果發生的原因。從而，行為與結果間的因果關係判斷，行為必須對於結果的發生，具有相當性關係存在，方得以成為結果發生的原因。如果不具有此種結果發生的相當性關係存在，或者是屬於偏離常軌

---

❷⁶　相當因果理論是十九世紀末被提出的見解，這個理論並不是由法律學家所創，而是由一位名為封‧克李斯 (Johannnes von Kries) 的德國醫生（佛來堡的生理學家），所提出的見解，其於 1886 年所發表的著作「或然率計算原則 (Die Prinzipien der Wahrscheinlichkeitsrechnung)」，以及 1889 年一篇名為「或然率與可能性概念及其在刑法中之意義 (Über die Begriffe der Wahrscheinlichkeit und Möglichkeit und ihre Bedeutung im Strafrecht, ZStW 9, 1889, S. 528ff.)」的論文中所提出。這個理論的原始核心要義，認為一個行為必須具有導致結果發生的或然率存在，當結果因此而發生時，此一行為才會是刑法上意義的原因，倘若行為只是偶然引發結果發生者，則非屬於刑法上的原因。v. Kries 提出相當因果的見解，主要是將其用作加重結果犯的認定限制，亦即只有會造成結果發生的或然率與可能性存在的行為，當因此而發生加重的結果時，才能使得加重結果的責任，加諸在行為人身上，亦即唯有足以導致加重結果發生的基本行為，才能認定加重結果的發生是其行為所導致。

的行為，即使侵害結果還是發生，行為也不能稱為結果發生的原因或條件。

相當因果理論將確認因果關係的基準點，置於行為對於結果發生的相當性關係上，但問題也發生在這個「相當性」的概念上，要怎麼樣判斷行為實行與結果的發生具有相當性關係？是否只是從經驗法則來判定？或者是必須是一種構成要件判斷意義的思維？是一種純粹客觀上結果發生後的事後認定關係？或是一種兼具有主觀認知判斷的評價問題？這是相當因果理論所存在的難題❷。

一方面相當因果理論在行為與結果發生之間，加入一個相當性的判斷因素，卻無法將相當性的認定明確闡明，雖然說相當性者，乃是構成要件相當性判斷的經驗，以及結果相當性的經驗法則檢視，但一個行為是否具有實現侵害結果的可能性，並不能據以將其推論到結果發生的因果關係上；另一方面，因果關係本是行為與結果間是否具有關連性的觀察，性質上應該是一種客觀的判斷關係，亦即是一種以經驗法則，作為判斷基礎的過程，也就是當結果發生時，是否為行為所致的判斷關係，如將這樣的判斷關係，加上相當性的判斷，則會使得因果關係變成一種評價的關係，也就是判斷構成要件是否該當的關係，已經超出因果關係檢討的問題範圍。須知，即使結果是行為所造成，仍不能視為構成要件該當，蓋正當的行為也同樣會造成侵害結果的發生，卻不能因有結果發生，即認為構成要件該當，畢竟行為與結果間的關聯性，與構成要件該當與否，這是二回事。

因此，相當因果理論對於因果關係的判斷，雖提供一個可以思考的空間，但卻背離因果關係所要判斷的內容甚遠，在刑法中並非因果關係判斷的標準。但不可否認地，相當因果理論在民事法中，卻是一個相當重要的角色。

二、重要性理論

重要性理論 (Relevanztheorie) 是站在相當因果理論基礎上的修正見解。重要性理論的出發點，乃在於對一定的侵害結果發生時，一方面檢討結果發生的原因，另一方面有串連結果的責任歸屬，將二者作為判斷因果關係的認定基礎，邁而認為刑法所以處罰行為者，乃在於行為導致具有刑法重要性的法益侵害結果發生，要能成為刑法重要性結果的原因者，當然也必須具有刑法重要性，因此，唯有具有刑法重要性之行為，方能成為侵害結果發生的原因，倘若不具有構成要件重要

---

❷ 也因這樣的邏輯性質疑的關係，雖然該理論是在德國所創，也是為修補條件理論的闕漏所生，但卻在德國的實務上，得不到青睞；即便在學理上，追隨者也屬少數。參照林山田，刑法通論（上），10 版，220 頁。

性之行為，則不屬於結果發生的原因，當然無由成立因果關係的判斷。

重要性理論主要是把結果發生的原因，與得以成為構成要件該當的結果互相串連，藉此來判定行為是否具有結果的重要性，而且此一侵害結果，也必須是刑法構成要件重要性的法益侵害。簡單地說，重要性理論以行為是否屬於刑法重要性的行為，作為立論的出發點，如果行為不具有刑法的重要性，其即使會造成一定的侵害結果，也無法視為結果發生的原因。

在相當理論中所存在的質疑，同樣地也存在於重要性理論之中，同時重要性理論更偏離因果關係的軸線，而將因果關係的認定，推至構成要件該當的判斷上，顯然已經不是認定因果關係的見解。

三、其他見解

判斷侵害結果的發生，是否是由行為所致，或者是因其他的因素而發生，在條件理論的觀點，會發生因果關係判斷失焦的問題，因為條件理論太過於擴張造成結果發生的條件；而相當因果理論與重要性理論，則又偏離因果關係的判斷軌道，逕將因果關係與構成要件該當的判斷交雜在一起，顯然失其作為因果關係判斷的基礎。從而對於因果關係的看法，乃成為百家爭鳴的情況。學理上，對於行為與侵害結果間因果關係的判斷，乃走向個別化的看法，亦即對於侵害結果發生的可能性條件，應加以逐一檢視，以找出屬於原因的條件，作為結果發生的因果關係判斷。

在個別的見解中，有認為行為要成為侵害結果發生的原因者，必須行為對於結果的發生，具有優勢的關係存在，此即所謂優勢說的看法；亦有認為結果的發生，是作為行為判斷的基礎，故行為必須是結果發生最有力的條件，此即所謂有力說的看法；亦有認為結果的發生，行為必須是決定性關鍵所在，此為行為決定性的說法；也有認為結果的發生，必須是在行為時，故行為應該是造成侵害結果的最後條件，此為最後條件說的論述，各種說法不一而足，但這些個別化的見解，都只是文字運用的花招而已，內容相當空泛，並無法提供因果關係判斷的參考。

惟值得留意的因果關係詮釋者，乃有所謂「合乎法則的條件說」❷❸的看法提

---

❷❸　這個見解是德國刑法學者恩吉胥 (Karl Engisch) 所提出。立論的基礎，乃以條件理論的基本公式「對於結果的發生，不能想像其不存在的條件，皆為原因」，加以修正為「倘若可能的條件不存在，則結果必然不發生」，以此作為決定因果關係判斷的基礎思維。Vgl. Engisch, Karl, Die Kausalität als Merkmal der strafrechtlichen Tatbestäde 1931, S. 21ff.；林山

出，所謂「合乎法則」者，乃是指在社會經驗與科學知識的輔助下，作為行為與結果關聯性的判斷關係：即當可疑的條件欠缺時（行為），則結果將不會發生，此時結果發生的條件判斷，可以基於經驗與科學的法則，認定結果確實是由行為所造成，行為就成為結果發生的原因。例如一群學生吃過外包的午餐飯盒之後，發生上吐下瀉的情況，這樣的結果發生時，會有多數的可能性條件存在，必須逐一驗證，例如是因為學生體質的關係，或是因為食用其他的東西所致，還是因為飯盒不潔的因素所造成？當經過經驗的分析與科學的驗證之後，發現是由於飯盒不潔所致，當假設將飯盒的條件排除之後，學生就不會發生上吐下瀉的情形，此時提供的飯盒，透過經驗與科學知識的分析，飯盒的不潔造成胃腸無法適應的結果，乃有合乎法則的條件關係，自然因果關係得以確認。

　　基本上，檢討因果關係，本是在行為與侵害結果之間，確認其關連性的問題，思考的模式，應該是「結果發生時，可疑行為是否是造成侵害結果發生的原因」的命題，因此因果關係的檢討，應該將焦點放在行為與侵害結果間的關連性上，不宜擴散到其他非屬於行為的條件，如此才能將因果關係的判斷予以簡化，同時使條件的範圍限縮到行為的觀察。在這樣的思考下，合法則的條件說應不失是一種可以發展的因果關係見解。

第三項　其他因果關係問題

例子：

1. 甲、乙同時向 A 開槍，造成 A 死亡，其中一發擊中 A 的頭部，另一發擊中 A 的心臟，二發子彈個別都足以致命，且無法判斷那一發子彈先擊中，則對於 A 的死亡結果，如何判斷甲、乙的因果關係，並論其罪責？

2. 甲與乙都想教訓 A，於是分別在 A 飲用的茶水中，放入一半量的毒藥，二人所放的毒藥，都不足以使 A 致命，卻因累積之後，形成致命的量，A 飲用後，果然發生死亡的結果，此時甲、乙放毒的行為與 A 死亡結果之間，是否具有因果關係？責任為何？

3. 甲下毒於飯菜中，欲毒害 A，A 食用後，在毒性發作前，卻遭乙開槍將其射殺。此時甲下毒行為與乙開槍行為，對於 A 的死亡結果間因果關係如何？責任如何判斷？

　　田，刑法通論（上），10 版，214 頁。

> 4.甲、乙同時對 A 開槍射擊，A 中彈身亡，經檢查僅有一發子彈命中，但未知
> 是甲或乙所射。如何判斷因果，並決定責任？

　　當一個侵害的結果，並不只是由一行為所造成，而是有多數的行為所引發者，則因果關係的判斷，乃須從根本型態予以延伸，值得思考的問題有三：1.擇一因果的問題，亦即一個結果的發生，同時存在著二個行為，且個別行為都足以獨立引發結果的發生；2.累積因果的問題，此即個別的行為，在一般的情況下，都不足以造成侵害結果的發生，但結果的發生，是由數個行為結合在一起所致；3.因果完成與超越的問題，亦即當一個足以獨自引發侵害結果的行為，也已經朝向侵害結果進行，卻因其他的條件介入，使得侵害結果發生。茲將個別情狀及其判斷關係分述之：

一、擇一因果問題

　　所謂擇一因果者，乃是指個別單一的條件，本就可以獨自造成侵害結果的實現，惟具體的侵害結果，卻是由二個以上的條件共同作用所致，而形成多重的因果關係問題，具體來說，個別的行為都足以造成侵害結果的實現，今具體的結果發生，是由數個行為的共同作用所致，任何一個行為對於結果的發生，都具有獨自形成的因果關係存在，如例 1 的情形。換句話說，當多數的行為共同作用於一個侵害結果的發生，而個別的行為本都具有實現侵害結果的能力，此時任何一個行為，都可以視為結果發生的原因，在概念上稱之為擇一因果關係。

　　此種擇一因果關係的情形，似乎無法以條件理論的模式來詮釋，蓋如依照條件理論的模式，舉凡從「對於結果發生可以想像其不存在者，都不是造成結果發生的原因」的立論關係來看，既然個別單一的條件，都足以獨自造成侵害結果的發生，則其他共同作用的條件，對於結果的發生，顯然都是可以想像其不存在，如果依照條件理論的模式來解讀，可以想像結果發生不存在的條件，都不是造成侵害結果發生的原因，則只要有一個條件（行為）存在，其他的條件（行為），都可以想像其不存在，結果仍舊會發生。在這樣的情況下，如果依照條件理論來詮釋，到底那一個條件才是原因，則會顯得模糊不定。條件理論對於擇一因果的情形，顯然無法加以說明，而必須加以修正，其修正的思考內容，可能是「當結果的發生，是由多數條件共同作用所形成者，如可以想像其中任一條件的不存在，結果仍舊會發生者，則各條件皆屬於結果發生的原因」❷。這樣的修正，方足以

說明擇一因果關係的具體情形。

擇一的因果關係下，所有共同造成結果發生的條件，都是結果的原因，進而在構成要件該當的判斷上，所有的原因評價關係都應相同，如經其他構成要件的檢視結果，被認定為不法時，則各該行為都具有相同的不法，且責任也都是一樣的。因此，在例1的情形下，甲、乙個別開槍的行為，分別都擊中A，個別都有致命的效應，也確實造成A的死亡，則二人之行為屬於結果發生的原因。當檢視其他構成要件之後，認為二人均有主觀的不法意思，且也造成死亡的侵害結果，二人的行為均有殺人罪的該當，均應承擔殺人之刑責。

此外，在具體的事實情狀中，雖非屬於擇一因果關係，但與擇一因果關係類似的情形者，即當有二造成結果發生的條件存在，實際上只有一個條件是造成結果發生的原因，但假設這二個條件，無法判別到底那一個條件，才是真正造成結果發生的原因時，如例4的情形，此時要判斷因果關係，確實會發生疑慮。一般學理上，對於此種無法判定因果關係的情形，常以「罪疑原則 (in dubio pro reo)」作為處理的機制，亦即當無法確定到底是那一個條件，才是造成結果的發生者，則都不把這些條件視為是結果發生的原因，也就是所有的條件，都不具有結果發生的因果關係❸。如此的判斷方式，看似合理，但卻與事實情況發生極大的偏離，一方面，結果確實已經發生，而且發生的原因，是諸條件中的一個所造成，卻因無法確認是那一個，而通通視為非造成結果的原因，亦即結果都不是這些條件所造成，那結果是由什麼所造成？此是一矛盾；另一方面，當在要進入構成要件的評價時，因結果的因果關係不成立，也就無法以既遂的關係來認定，充其量僅能以未遂來處斷，但明明已經發生侵害的結果，卻在評價中無法論以既遂，只能作未遂之適用，則結果的發生，變成毫無意義，這也是評價矛盾之處。

嚴格而言，這種對於結果發生，僅知是由諸多條件中的一個所致，卻無法確認是那一個條件，得以成為結果的原因者，只是一種假設性的問題，一方面，對於因果關係的判斷，應無罪疑原則得以適用的空間；另一方面，對於條件中那一個是真正造成結果發生的原因，必須竭盡所能地查明清楚，不論是透過科學的鑑定，或是透過事實情狀的具體分析，總是要將具體的原因加以確認。以例4的情況來看，無法確認到底子彈是那一把槍所擊發，確實會有難以判斷的情形，特別是對於改造的槍械而言，但現今的科學，要檢視出結果發生具體成因，僅在於為

❷　參照林山田，刑法通論（上），10版，209頁。

❸　參照林山田，刑法通論（上），10版，208頁；林東茂，刑法綜覽，7版，1–75頁。

與不為，應不在於能與不能。故而此種情狀，應只是一種假設的關係，根本不應以罪疑原則作為最後決定的判斷標準。

二、累積因果問題

　　所謂累積因果者，乃指一個侵害結果的發生，是由多個條件所共同作用而成，但個別的條件都不足以獨自造成結果的發生，所以會發生侵害結果者，乃是由多數個別條件共同作用所致，亦即結果的發生是累積個別條件所成，此種情形稱之為累積的因果。如例 2 的情形是。

　　累積因果的情形，可以依條件理論的模式，得到因果關係判斷的說明，蓋對於結果的發生，個別的條件都不足以成其事，必須是所有條件累積後，結果方才會發生，對此個別條件的欠缺，結果就不會發生，故所有的條件皆為結果發生的原因。然而，當因果關係被確認後，作為結果發生原因的各行為，到底在進一步的構成要件該當判斷上，應如何視為該當？如具有構成要件該當的情形，其究竟應該當何構成要件？能否直接以結果發生的基本構成要件來套用？或是另有判斷的關係存在？乃是累積因果關係問題必須解決的爭議點。因此，累積因果的真正問題，並不是在於判斷是否具有因果關係存在，這種情形的因果關係的認定並不困難，真正核心且關鍵的問題，應該是在因果關係成立後，如何決定構成要件的該當關係。

　　累積因果的形成關係，是由個別尚不足以造成結果發生的條件，共同作用而累積造成結果的發生，其結構關係的形成，必須是「條件＋條件」的共同累積、且是同時作用的關係；而不是「條件→條件」的先後累積的關係，如果是「條件然後條件」的關係，所生的問題，是屬於因果超越的檢討問題，不是累積因果關係檢討的問題。簡單地說，累積因果的結構，是作為條件的行為，經過累積後，而共同作用，導致結果的發生，而不是一個行為作用後，再有另一個行為後續作用所生結果的關係。

　　當累積條件的因果關係確立後，欲檢討進一步的不法構成要件評價關係，應不能單純從結果的關係來觀察，畢竟行為意思都不是造成實際結果發生的意思，但行為確實都有一定的故意存在，雖然結果的發生，有可能都不在其故意的內容之中，亦即都不屬於行為所要造成的結果，但因其具有基本行為的故意存在，故對於不在故意範圍中的結果，仍不能單純以過失的結果關係來認定，而必須檢討具體的情況，適用基本故意的加重結果犯，這樣的評價關係，會更為妥當。因此，

在例 2 的情形，甲與乙的下毒行為，都是屬於 A 死亡結果的發生原因，因果關係的認定並無問題，但二人究竟該當何罪？則屬於構成要件該當的評價問題，甲、乙二人主觀上都只是要教訓 A（傷害故意），但卻因行為累積造成 A 死亡的結果（並無故意），此時不能遽認為二人對於結果無故意，而視為是結果過失，僅以過失致死罪來判斷❸，而應依具體的情況，認定甲、乙二人都有傷害的故意，卻也因此造成死亡之結果，應論以傷害致死的加重結果犯為妥。

三、因果超越問題

對於行為造成結果的因果關係判斷，必須是結果發生後檢討的問題，倘若行為實現結果，在結果尚未發生之前，卻被其他行為介入，而獨自造成結果的發生，原來的行為在結果的作用上，被後來介入的行為所取代，此時乃發生原來作用的條件被取代的問題。固然原來的行為對於結果的發生，倘若沒有其他行為的介入，仍舊可以獨自完成結果的實現❸，但卻因其他行為的事後介入，結果的發生，反而不是原行為的獨立作用所致，此時乃發生所謂因果超越的情形❸。在這樣的情

---

❸ 一般在判斷構成要件該當時，時常會單純以結果發生的基本構成要件來判斷，就累積原因致死的情況來看，通常都是作二極端的結果認知方式，而認為如行為人對於結果的發生有故意，則可成立殺人罪；反之，如對於結果的發生無故意，則成立過失致死罪。參見黃榮堅，基礎刑法學（上），3 版，291 頁（特別是註 111 說明）。這樣以主觀意思作二極端的判斷方式，對於累積因果關係的評價問題，可能會發生失誤，蓋行為人雖沒有結果發生故意，但卻有基礎行為的故意存在，單純論以完全無故意存在的過失，可能有評價不足的疑慮，畢竟單純將此種結果無故意的情形，遂論以過失，會忽略掉基礎行為的故意。因此，有基礎行為故意，卻發生非屬故意的重結果時，典型的理解方式，應該是加重結果犯適用的檢討範圍。

❸ 判斷因果關係，是以侵害結果的發生，作行為是否為其原因的檢討，倘若結果尚未發生時，並無因果關係檢討的預測問題，不能在行為尚未實現結果時，即對於行為是否會發生結果加以預測，即使該行為從客觀的經驗上，足以實現侵害結果，在結果未發生前，都不能據此種預測而判斷因果關係。參照林山田，刑法通論（上），10 版，209、210 頁。

❸ 一般的說法，或許會將此種情形稱之為「因果中斷」，但因果關係的判斷，必須是以結果發生，方有檢討的餘地，如未發生結果時，並無因果關係的問題，既無因果關係的問題，自然也不會有所謂中斷的關係，故不應稱為「因果中斷」，此種情形僅能被視為是一種結果作用條件的中斷，而當其他條件介入，取代原有的行為時，原有行為對於結果的發生，已經失其作用，其行為應被視為條件完成，而後來介入的行為，乃成為結果發生的原因，此一原因並非自始對於結果的作用，而是從中插入的條件，此一條件超越原有條件而造

況下，原本的行為雖是結果發生的條件，但卻因實現結果的關係被取代，而造成對於結果的發生，只是條件而非原因，亦即結果的發生，前行為已經不是造成的原因，因而前行為對於結果的發生，乃欠缺因果關係；真正的因果關係，乃是發生在介入的行為上，此時介入而取代原行為（前條件）的後行為（後條件），乃形成所謂超越的因果，如例 3 的情形是。

在超越因果的問題中，原作用的行為，並未完成結果實現的任務，此時因介入的行為，而使其在結果發生的關係中，喪失其原有的作用，而非屬於結果發生的原因，因其對於結果的發生，並無因果關係存在，故對於結果發生的歸屬，自然不能算在原行為的頭上，這個結果的歸屬，應屬於後來介入的行為。儘管前行為並無因果關係的存在，但其中就有朝向結果發生的方向實行，在構成要件的判斷上，並非不具有因果關係存在，即無構成要件得以評價的問題發生，此時對於前行為而言，是屬於有行為而無實際侵害結果因果關係的情形，在構成要件的評價上，既有行為、而無可受歸屬其行為的結果，乃典型未生實際結果的未遂問題，或者是其行為也造成侵害結果前階段侵害關係的情況，例如最後所發生者，為死亡的結果，而前行為造成傷害的狀態，死亡的結果則是由後行為作用所生，此時當前行為有殺人之故意時，對於無因果關係的結果，乃成立殺人未遂；倘若前行為只是傷害的意思，也已經造成傷害的狀態，儘管後行為促使死亡結果的發生，前行為仍屬傷害既遂；又倘若前行為既無殺人之故意，也都沒有造成任何死亡前階段的侵害狀態（傷害），則對於死亡結果者，既無因果關係，也無構成要件該當的關係存在。

從而檢視例 3 的情形，甲基於殺人的故意，也為下毒的行為，但 A 於毒發前，因乙的殺害行為介入，而使得 A 的死亡結果發生，此時甲的行為已被乙的槍殺行為所超越，無法持續作用在 A 的死亡結果上，甲的下毒行為乃為乙的開槍行為所超越，此時甲的下毒行為，儘管任其自然狀態下，A 也會發生死亡的結果，但毒物的作用尚未發生 A 死亡的結果，在構成要件該當的評價上，僅能論以殺人未遂；而乙的槍殺行為，因超越甲之下毒行為，而獨自造成 A 的死亡結果，具有因果關係，且其他構成要件也都成立，故乙應承擔殺人既遂之責。

成結果發生，概念上，應稱為「超越的原因」，亦即所謂超越的因果關係。

第四項　客觀歸責

客觀歸責 (objektive Zurechnung) 的概念，是指具體的行為事實，是否合於構成要件該當的判斷問題，其所要解決的問題，乃客觀行為事實是否合於刑法構成要件內容的檢討問題，特別是對於發生一定損害結果的情況下，該結果是否屬於行為的產物，且行為形成結果損害的關係，是否落入構成要件的評價範圍中。學理乃嘗試將因果關係與構成要件該當的判斷，作關連性的連結，而提出所謂「客觀歸責」❸❹的見解。

檢討因果關係的目的，無非是要確認結果的發生，是否是行為所導致，也就是結果是否為行為的產物，進而能夠確認行為果真是刑法所要評價的不法行為，而成為構成要件得以涵蓋的不法內容。在構成要件中所要求的因果關係，是由不法行為所導致的不法侵害結果的關係，唯有這樣的因果關係存在，才會有構成要件該當判斷的問題。因此，構成要件所要求的因果關係者，雖然在單純的概念形式的要求上，似乎只是行為與侵害結果間的關連性，但「非不法行為、不會落入構成要件中」這樣的命題，已經限制構成要件檢討因果關係的範圍，亦即構成要件的因果關係，並非只是單純從日常生活所生的行為與結果之間，所存在客觀關連性的觀察，而是必須具有構成要件意義的因果關係觀察，亦即必須是法律所不允許的因果關係，申言之，具有構成要件判斷的意義者，是指會落入構成要件該當判斷的行為與侵害結果間的因果關係，而不是全部行為與其發生結果的因果關係。

客觀歸責理論的提出，既是為結合因果關係與構成要件該當的認定，那麼要如何將因果關係與構成要件相整合呢？客觀歸責理論乃藉由提出「風險 (Risiko)」概念，來說明行為與結果間的因果關係，並同時檢視客觀構成要件是否該當。其理論形成的結構關係，乃是採取二段式的論述方式所成，首先，先作行為的判斷，

---

❸❹ 稱「客觀歸責」者，並不是責任歸屬判斷的問題，而是檢討客觀存在的行為事實，是否屬於構成要件的規範範圍，也就是客觀歸責是在檢討行為的構成要件該當問題，亦即客觀存在的行為事實，不論是客觀情狀，或是行為及其所造成的侵害，是否可以判斷其歸屬於構成要件該當的範圍。然而，稱「歸責 (imputatio)」，可能在字義上，容易使人誤解，而認為這是判斷責任的問題，其實稱「歸責」者，是檢討是否可以歸責於構成要件，或更為精準地說，是檢討客觀行為事實是否可以歸屬於構成要件該當的判斷。既然客觀歸責者，是檢討客觀事實，是否歸屬於客觀構成要件的問題，則名稱上可以稱為「歸屬」，可能比「歸責」要清楚一些。例如林東茂，刑法綜覽，7 版，1-95 頁，即稱之為「歸咎」。本書中並不對於這樣的概念作名稱上的更改，只要概念的意義不會發生誤解即可。

觀察行為是否具有不法構成要件的意義，蓋構成要件所要規範者，乃是不法行為，唯有這樣的行為所造成的侵害關係，才是構成要件所要處理的問題。於是認為行為及其所生侵害事實，要能落入構成要件之中，第一個條件必須行為有**創設一個風險**；其次，要檢視的是，該行為是否引發出一定的結果發生，而造成法律所保護的法益侵害，亦即行為是製造一個風險，而該行為的實行，乃是容任風險存在的根源，藉由這樣的行為的實現，而造成一定法所不允許的侵害關係，也就是行**為實現所創設的風險**。當這二個條件都成立時，客觀構成要件即可判斷為該當。然而，何謂創設風險？又何謂實現風險？乃須進一步加以說明。

一、創設風險

　　風險的創設是由行為所致，故所稱創設風險者，乃是指行為人所為的行為而言。至於何種情況下，有行為的存在，可以視為創設風險的行為呢？客觀歸責理論的判斷基準，乃是以構成要件為判斷中心，其檢視創設風險的關係，並不是以正面分析風險關係來說明，而是將風險創設的情況，採用排除法則，將其從風險創設行為中排除，未被排除者，即屬於風險創設之行為。在排除法則中，不視為風險創設者，有以下數端：

　　1.**屬於降低風險之行為**，如行為雖有導致法律所要加以保護客體的危害，但其係為防止更大危害發生所為者，自然不能視為風險創設。特別是對於正當防衛的情形，繫屬於對於現在之侵害，為防衛權利所為之防衛行為，乃屬於典型降低風險的行為。

　　2.**行為創設的風險，不屬法之重要性**，此種風險並非法定侵害保護客體的通常形式，例如在雷雨天叫人外出散步，卻不幸被雷擊斃，其叫人外出散步之行為，自然不能謂為風險創設行為。

　　3.**行為所為者，是屬於法所允許的風險情況**，例如運動競技，如遵循規則，即使有使人受傷之危險，仍為法所許，自然不能視為創設一個可能危害到法規範保護客體的風險。除卻斯類應排除在創設風險範圍外的情況，如行為人之行為有危害到保護客體時，原則上，均可視為風險創設。

二、實現風險

　　構成要件要規範的對象，是造成侵害結果的不法行為，反過來說，要成為構成要件所規範的行為者，必須是實現構成要件不法侵害的行為，倘若侵害結果並

不是由行為所導致，也無法將該行為算作構成要件完全該當的行為，因此，行為人之行為必須實現由此行為所創設的風險，而非其他風險，方能歸責於構成要件，也就是以構成要件合致，判定其為不法，如行為雖創設風險，卻未實現風險，或所實現之風險非所創設的風險時，仍不能以此結果歸責於行為人。

　　惟何時行為人之行為可視為風險之實現？現在學說仍舊以排除法則，並以因果關係輔助判斷認定之。通常由行為人之行為，而導致規範保護對象有受危害之虞，且此危害亦由該行為促其發生，則自可視為風險實現。然而，有若干情況，法規範所保護客體雖受到危害，但並非行為人行為所致，此種情形，自然不能稱為風險實現。排除風險實現的情況，大抵可以簡單歸納下列數端：

　　1.偏離常軌的風險實現，如行為人撞傷被害人，送醫後卻因醫院發生火災，而將被害人燒死，對於被害人的死亡，雖然行為人創設風險，但該風險與被害人死亡的風險，並不一致，自不能以死亡結果歸責於行為人。

　　2.不容許風險的不尋常實現，例如竊取他人財物，被害人有心臟病，因害怕而發作致死，行為人所創設及實現之風險，僅對於財物，對於他人生命並非其所創設風險部分，雖然他人死亡亦屬風險，但此種風險的實現，非由行為人行為所實現。

　　3.非屬於規範保護目的的結果發生，例如二騎士各騎一部機車，在黑暗中前後而行，在後者並未開燈，而前車卻因黑暗而撞到水溝受傷，在後者的不開燈行為對於前車之人，本非注意規範的保護目的範圍，蓋後車的開燈與否，並非為保障前車得以看清道路狀況而設，而是為確保自己得否看清道路，以及能否使其他用路人也知其所在，自己不開燈而掉入水溝中，自不能因此歸責於後車之人，而認為其不開燈行為係不法行為。

　　當一個行為具有創設法律所不允許的風險，且藉由行為的實現，而實現此一風險，造成法益受到侵害的結果時，對於行為所生的事實，就可以據為構成要件該當的判斷。當然在創設風險與實現風險之間，仍舊存在著因果關係檢討的問題，但此時所要檢討的因果關係，已經不是純粹毫無評價色彩的行為與結果關連性觀察而已，而是由不法行為的實行，所造成法律所不允許發生的侵害結果，這樣的因果關係，才是構成要件所規範的因果關係。

　　同樣地，當一個法律所允許的行為，既不能視為創設風險的行為，則在若干正當事由中，因正當行為而生過當的情況，是否也不能因此轉換成為風險創設的行為？如此一來，只要是正當行為（非屬風險創設），就不會有所謂「過當」的問

題發生，此種推論，可能與法律規範的差距甚遠。

　　另外，只要是降低風險的行為，就不算是創設風險，如此一來，正當防衛與緊急避難都是屬於降低風險的行為，理應都不能算是創設風險的關係，但二者在本質上卻有相當的差異，例如對於正當防衛者，被防衛人不能對之再防衛，有對正當防衛行為的再防衛者，仍舊是不法行為；但對於緊急避難者，卻得允許被避難人得以為權利的防衛，其所為的防衛行為，則是合法的權利保護行為。

第五項　風險升高理論

　　在現代社會的日常生活中，存在著相當多元性的風險，諸如科技的發展、交通的便利、食衣住行的多元化與科技輔助關係，在參與社會活動與運用現代科技之時，多少潛藏著一定的風險，在此種風險社會的前提下，何種行為方式，方得以視為創設風險？進而得以判斷是否有實現風險的問題存在，而得以刑法構成要件為歸責的適用？為解決此種疑慮，德國刑法學者洛辛 (Roxin) 乃提出所謂「風險升高 (Risikoerhöhung)」的見解[35]，試圖解決風險創設與實現的判斷問題，進而作為構成要件是否該當的判斷基準。

　　洛辛所提出的風險升高理論，其思維的立足點，乃從客觀歸責詮釋的見解出發，從四個面向檢視風險的創設與實現關係：

　　1.行為是否屬於降低風險 (Risikoverringerung)：當行為的作用，是在於降低既有法益侵害的損害性時，亦即降低法益既存侵害的損害機會 (Reduzierung der Verletzungschance)，避免既存法益侵害的擴大，或是抽離現存對於法益侵害的危險源，此種行為均屬於降低風險的行為，其自然不是構成要件該當檢視的對象。

　　2.是否創設法律重要的風險 (Schaffung od. Nichtschaffung eines rechtlich relevanten Risikos)：所謂「法律重要性風險」的概念，係一個相當模糊且個別情狀相當分歧的概念，其一方面會有與「社會相稱性 (soziale Adäquanz)」概念相重疊的問題，另一方面對於刑法正當事由的情形，也有相對性判斷的問題。若是行為人本於法律規範的命令，如遵守交通規則的駕駛行為、遵守工安規則要求的正確操作行為，或是本於正當事由的情形，此等情形均非屬於創設風險的情況，此種情況下，因遵守著容許風險的界限，其行為並不會落入構成要件該當的評價中，但若有不遵守容許風險的要求，或是逾越容許風險的界限，仍屬於創設風險的行

---

[35]　Vgl. Roxin, Strafrechtliche Grundlagenprobleme 1973, S. 123ff., 168ff.；Roxin, Strafrecht AT, Bd. I, 4. Aufl., S. 392ff.。

為 ㊱。

3. **是否升高法律容許的風險** (Steigerung od. Nichtsteigerung des erlaubten Risikos)：通常立法者設定法益保護的類型與界限，當行為對於法益具有侵犯可能性時，都屬於對法益創設一定的風險，所不同者，僅在於該風險是否被控制在一定可以容許的範圍內，倘若行為控制在此容許的風險範圍內，或是對於既存風險具有抑制或降低的效應時，則該行為乃屬於降低（非升高）風險的行為；惟若行為造成容許風險的提升，造成法益侵害實現或加劇的危險時，該行為乃屬於升高風險的行為，應受到構成要件的歸責，亦即行為逾越容許風險的界限，或是對於可容忍風險的逾越時，即屬於法律所禁止的風險。至於行為是否為風險升高的因素，則屬於後判 (ex post) 的判斷模式 ㊲，亦即必須在行為造成法益危害的情況下，方得予以判斷。

4. **規範保護範圍作為歸責基準** (Schutzbereich der Norm als Zurechnungsmaßsatab)：規範保護範圍的概念，本係源自於民法權利關係的發展，而後輾轉被引介到刑法客觀歸責問題的詮釋上。蓋風險概念的根源，無異是刑法規範對於法益的保護，此種法益保護界限，提供一個風險判斷的界限標準，是以不論是對於故意犯所要求的禁止規範，或是對於過失犯所要求的注意規範 (Sorgfaltsnorm)，均必須以刑法構成要件的保護範圍，作為基準界限 ㊳。故當有偏離規範保護目的的侵害發生，該結果的發生，並非屬於規範保護目的的範疇，自無法以對應的構成要件作為行為之歸責。

客觀歸責以風險的概念，作為主導性的概念，並以創設及實現風險，作為判斷客觀歸責的基礎，惟風險的創設與實現，仍有本質性的疑慮存在。為解決風險創設與實現判斷的問題，洛辛所提出的風險升高見解，在形象上確實提供相對明確的思維，只是風險升高理論的核心，仍舊在於「風險」的概念，特別是所謂容許與不容許的風險，其概念的界限，仍屬相當模糊，即使以規範保護的範圍，作

㊱　Roxin, Strafrechtliche Grundlagenprobleme 1973, S. 127～129；Roxin, Strafrecht AT, Bd. I, 4. Aufl., S. 382, 383。

㊲　風險升高作為客觀歸責的判斷標準，其實是一種客觀目的化的特殊性構想 (Verbesonderung des Gedanken der objektiven Bezweckbarkeit)，亦即一種客觀尚可受期待的法以不受侵害的目的性思維。Vgl. Roxin, Strafrechtliche Grundlagenprobleme 1973, S. 131；Roxin, Strafrecht AT, Bd. I, 4. Aufl., S. 395。

㊳　Roxin, Strafrecht AT, Bd. I, 4. Aufl., S. 395。

為認定基準，仍有期待詮釋之處。蓋一方面規範保護者為法益，而法益又存在著一定可容許性的風險，如何判定該風險會有逾越或是升高？仍有相當不清楚的狀態，例如傷害罪的構成要件規定，其固以身體完整性為保護對象，而行為在何種情況下，可以視為升高風險，得以該當構成要件規範？何時此種風險尚可容忍？特別是在醫療行為上，顯然有界線模糊的地帶；另一方面，遵守規範的要求，是否即非屬於風險升高的原因？仍有現實情狀上的認知落差，例如德國高速公路在速限的要求上，有無速限與特定速限要求的差異，當在無速限要求的高速公路上高速行駛時，其自然合於規範的要求，但是否可謂非風險之升高？恐容有疑慮！故風險升高的見解，固然係對於解讀客觀歸責理論的輔助性詮釋方法，但終究是一種嘗試性的見解，尚有若干待釐清與解答的疑點，其似乎僅可當作一種詮釋方法視之，尚不能作為判斷構成要件該當標準的整體。

　　因此，客觀歸責理論的立論，雖有意將客觀行為與侵害結果的因果關係，與構成要件該當的判斷作整合，此種立論的出發點，應是值得肯定的，但在立論的內容上，仍有相當多待解決的問題。

第四章　正當性事由

刑法構成要件所規範的類型，固然是屬於具有權利侵害關係的行為事實，然未必所有涉及刑法構成要件保護權利的侵犯行為，均會落入構成要件的規範中。刑法所規範的行為，其對於權利有所侵害，乃本於行為人具有惡意或是義務違反的侵害關係，倘若權利的侵害，具有一定合理性的理由時，雖有權利侵害的行為，仍不能遽認定為不法的侵害行為，甚至對於特定情況下，法律所允許的權利侵犯行為，其非但不能遽指為不法，甚而是一種合法正當的行為。

正當事由既屬於法律所允許的情形，其所為之行為，自然也不能遽認為具有構成要件該當，蓋依其主觀意思，並不同於單純具有構成要件該當的不法侵害行為；再者，在行為客觀情狀下，雖行為確有權利侵犯的情狀，但此種權利的侵犯，並不同於單純不法行為的侵害關係，其客觀上具有法律正當的事由存在，或是依法之行為，或是法律所允許的情狀，亦有非法所禁止的事由存在，故不論在行為的主、客觀面，正當事由的行為，均不同於純粹不法行為的樣態，故實不應將正當行為與不法行為，均等同作構成要件該當的定位，甚而在檢視構成要件該當的問題時，應將正當事由的行為，視為非構成要件得該當的類型。

正當事由所以為正當者，不外有下列數端的因素： 1.基於法律保留的授權行為，此種狀態下所為的行為，有其法律依據的基礎，其行為雖有權利侵犯的事實，但此種權利侵犯的關係，乃屬於合法的行為，諸如公務員依法執行職務的行為是； 2.法律保護權利所不及的情況下，允許個人對於其權利的保障，作為特定的防衛行為，此種情狀，通常是有權利受到不法的侵害時，法律允許個人對於權利所採取的防護行為； 3.法律所謂加以禁止的個人自由決定，亦即個人權利的行使，只要非妨害或侵犯他人之權利時，刑法實不應遽予非難； 4.因發生義務衝突的情狀，當行為人無法同時完成所有的義務時，其僅能作一定的利害權衡，基於法不強人所難，自然也無由可以加以非難。

第一節　正當事由之理念基礎

刑法構成要件所以作為犯罪類型的規範，主要是因行為事實在不具有正當事由存在的一般情況下，即可視為法律所不允許的不法。但如有正當事由存在時，即使構成要件的正面規定，看似完全合致，卻仍不能認定有構成要件該當的不法存在。正當事由何以可以阻卻構成要件不法的形成？此乃涉及正當事由為何被視

為法律所允許的正當。

　　基本上，正當事由的形成結構，仍舊具有權利侵害的關係存在，既然有權利侵害的情況存在，何以被視為正當？則須有其一定的正當基礎存在，從而得以被視為法律上的正當，乃至於是法律所鼓勵之正當為者。其正當的理由不外有三：1.基於法律的授權關係，法律對於一定的權利干預行為，因其社會共同生活所必要與權利干預行為在比例原則的拘束下，透過法律授權的關係，而使得權利干預乃至侵害的行為，成為法律所允許，例如依法令的行為，或是基於公務員命令之行為（第 21 條）；2.基於權利保護的構想，不論是基於法律秩序的防護關係，或是基於自身權利的防衛情狀，視所為侵害的行為，是為權利免於受侵害所致，例如正當防衛的行為。一個社會之中，雖然有法律的規定，以維持整體的法律與社會秩序。然而，當法律的保護無法提供即時的權利保護，或是因法律的保護有所不及的時候，乃允許對於侵害的存在，得以透過自力的方式予以防止或排除；3.基於社會共同理念所認定的業務行為，例如醫生的醫療行為。

　　有正當事由的存在，其行為乃是法律所許可，雖然在客觀上，似乎也有權利的侵害情況發生，但基於正當事由的侵害行為，並不是構成要件得以成立的事項，或者更精確地說，正當事由存在的侵害關係，本屬於法律所允許的情形，是合法的行為，而非不法的行為。

第二節　正當事由之類型

　　正當事由的屬性，乃為法律所許可的合法關係，亦即其表象上雖同犯罪行為一般，會發生有權利侵犯的形象，但因其屬於法律所允許，並不能因其有權利的侵犯或干預，而認其為不法。原則上正當事由的類型可以概分為二：一、基於法律保留的原則，透過法律規範所形成的正當事由型態，依照刑法規定的法定正當事由類型有四種：即 1.依法令之行為（第 21 條第 1 項）；2.上級公務員命令之職務行為（第 21 條第 2 項）；3.業務上正當行為（第 22 條）；4.正當防衛行為（第 23 條）；而依刑法以外的法律規範，諸如優生保健法、民法或兒童及少年福利與權益保障法所規定正當親權行使的法律關係等；二、基於權利行使的自由決定範圍內所為之行為，最主要者為同意與承諾的類型，此種類型繫屬於權利本然的決定範圍，學理稱之為超法規阻卻事由。

第一項　依法令之行為

法律本為人類社會共同生活中，維繫秩序的共同標準，舉凡合於法律所規定者，其所為的行為，都不能視之為是不法的行為，因此依法令的行為，自然為法律所許可，而無不法的情事存在。法律所規定而允許為權利之侵犯者，自然不會在刑法中發生不法的情況，而此種依法令之行為甚多，僅略舉較為常見的情形來說明：

一、公務員依法執行職務的權利干預行為

國家干預人民的權利，必須有合法的依據存在，此憲法第 23 條宣示規範的意旨所在，一方面公務員執行公權力時，必須有法律依據，才得以對於人民權利加以干預，這是法治國思想的基本要求；另一方面，權利的侵犯，必須法律有合法的授權關係，且不能超出法律授權的範圍之外。這樣的權利侵犯行為，必須有法律明文的授權，例如刑事訴訟法規定，所為的拘提逮捕行為、或是羈押的行為；對於證據所為的搜索扣押行為；又如警械使用條例所規定，在適當的情況下，得使用警械為強制的行為；或是交通警察對於違規車輛的舉發或拖吊行為等是。

二、父母親權的合法懲戒行為

教養子女本是為人父母的權利也是義務，基於子女人格的養成，使之能合於社會共同的正面價值，而不是教養其成為社會負面之人，此時對於子女的人格發展，有所偏差之時，乃須予以導正，故民法第 1085 條規定「父母得於必要範圍內懲戒其子女」。此所謂必要範圍者，乃指因子女行為或人格偏差，所採取以關懷為出發點的措施，而非是單純惡意的侵害，或作為父母情緒發洩的藉口。

至於懲戒的方式與手段為何？能否以身體暫時性疼痛的責打方式，或是以精神訓斥的方式，作為懲戒的手段？是一個值得檢討與關注的問題。當然，懲戒權的行使，不是漫無界限，但在尺度的拿捏，則是現代為人父母者，必須學習的必要課程。基本上，懲戒必須是建立在為子女的人格與秩序觀念的基礎上，基於子女的人格發展，以關懷為出發點，使用的手段，不能造成子女身體或精神上的傷害，也不能以精神虐待的方式，更不能假懲戒之名，而行情緒發洩之實的方式為之，否則即是屬於家暴的行為，已經超出懲戒權的範圍。

三、自助行為

自助行為是屬於民事法律關係中的自力救濟行為，由於民事財產權的保障，法律有所不及，或是請求公權力救濟緩不濟急的情形下，法律允許為權利的保護或保全的行為（民法第 151 條）。此種權利保全的行為，僅限於為自己的權利，若是為他人之權利者，則非屬於自助行為所允許。

四、優生保健法的流產行為

原本刑法第 288 條以下，是關於墮胎行為的處罰規定，不論是懷胎婦女自行墮胎，或是由醫師或他人為其墮胎者，都為刑法所禁止。然在優生保健法第 9 條規定，懷胎婦女在一定的事由存在時，得以基於優生保健的要求下，而為人工流產（墮胎）的行為。此種特定事由，包括 1.遺傳學上的缺陷所為的人工流產； 2.基於醫學上的考量，所為的人工流產，主要是因懷胎婦女將來生產時會有生命的危險性，例如孕婦有先天性心臟病，或是因特殊的疾病因素； 3.基於倫理與社會關係的考量所為的人工流產，例如婦女所以懷胎，是因受到性侵害所致。因有這些特殊事由存在，懷胎婦女基於自由意願下，自行或是由醫師所為的人工流產者，均屬於法律所許可的行為。

第二項　上級公務員命令之職務行為

在公務員的行政體系中，本有職務行為上命下從的隸屬關係存在，下級公務員必須遵從上級公務員在其所為職務上的指示與命令，故上級公務員對於下級公務員所為職務行為的命令，下級公務員本有遵守義務，依此命令所為之行為，如命令屬於職務的合法行為者，即使有侵害權利，仍不屬於構成要件成立犯罪的行為。

當然以上級公務員的命令行為，作為正當事由時，此一命令必須是屬於合法的職務行為，倘若不屬於職務的合法行為時，下級公務員仍據以為之，則不能視之為正當。例如警察機關偵查隊長命令下屬之偵查員刑求取供，其命令非法所許可，但偵查員仍據以為之，並不能被視為正當，甚至有違法之嫌。

依上級公務員命令的職務行為，必須命令的本身是合法的命令，如屬於不合法的命令，下級公務員並無遵守的義務，且依此所為之行為，也不能主張正當性。惟上級公務員的命令是否合法？下級公務員對於上級公務員的命令，本不具有實

質審查的權利，但對於命令的形式是否合法，卻有判斷的權限，倘若命令在形式上並無違法，即使實質上有違法，下級公務員仍不須因此承擔責任。

第三項　業務上正當行為

社會上有若干的職業，因其職業性質特殊，或許因職業的行為要求，而會有侵害權利的關係存在，而此種職業的存在，又為社會所不可或缺，此時從事職業的行為時，如因此在一定的範圍內，有侵害權利的狀態發生時，乃視之為正當的行為，此種職業的關係，例如醫師的醫療行為、律師的辯護行為等，當基於職業行為之要求，而有侵害權利的情況發生時，其業務行為乃屬正當。如醫師基於治療病人的考量，而將病人部分器官切除；或是律師基於為被告的法律上權利保護，而於法庭上嚴詞辯護，可能有損及他人名譽之虞，但終究是正當業務行為所使然，不能謂有不法存在。

第四項　正當防衛行為

在正當事由的情形中，最受關注的問題，當屬正當防衛的情形。所謂正當防衛者，乃是指權利正受到侵害時，為防衛權利所為反擊的行為，從結構關係來看，是一種「以正對不正」的關係，既然是一種「以正對不正」的關係，則必須先有「不正」存在。觀刑法第 23 條「對於現在不法之侵害，而出於防衛自己或他人權利之行為罰」的規定，即是正當防衛行為的正當性規定。

正當防衛是屬於一種權利防護的行為，此種權利防衛的行為，必須符合一定的條件，方得以謂為正當防衛，才能作為正當事由。正當防衛的成立條件有四：1.須基於防衛的意思，而不是一種單純的侵害意思；2.必須有現在不法侵害的存在；3.必須是防衛受侵害權利所為；4.防衛行為必須不能超過容許的界線。

一、現正受不法侵害

正當防衛是以有不法侵害存在為前提，沒有侵害存在，也就不可能也不會有所謂防衛存在，是以正當防衛是一種被動的概念，必須有不法侵害存在，才有發動防衛的可能。而且正當防衛所以防衛的對象，乃是指現在存在的侵害而言，倘若侵害尚未發生，或是侵害已經結束，均無防衛可言

正當防衛只能對於已經發生，且尚在存續之中的不法侵害為之，倘若不法侵害沒有發生，即以為侵害要發生，而採取所謂「先下手為強」的方式，可能剛好

防止侵害的發生，但此種情況稱之為「事前防衛」，並非正當防衛。倘若為防衛之人，誤以為會有侵害發生，而提前予以防衛，乃產生所謂「誤想防衛」的情況，這是防衛人認知錯誤所致，是屬於錯誤的問題，而非正當防衛問題；另外，當不法侵害已經完成，侵害行為已經終了之後，受侵害人或是他人，仍以為有侵害存在，而為防衛之行為，其所為之防衛行為，乃所謂「事後防衛」的情形，此種情形，也不是屬於正當防衛的情況，倘若為防衛之人有誤解侵害的存續與否時，所生的問題，也是誤想防衛的關係。

　　唯有在不法侵害現在仍在存續中的防衛行為，方屬於正當防衛，亦即唯有「事中防衛」，才能稱得上正當防衛。但如何判斷侵害狀態仍屬於「事中」？也就是不法侵害的狀態，仍屬於「現在」❶，簡單地說，侵害行為仍在不法階段的狀態中。基本上，判斷不法侵害是否仍屬「現在」，應該是以不法侵害已經進入著手階段，但行為尚未終了而言，倘若不法侵害行為尚未著手，則是屬於事前的階段；又如不法侵害行為已經完成，則是屬於終了以後的事後階段，都不能視為「現在」。稱現在不法侵害者，乃是指不法侵害行為在著手後、終了前的不法狀態階段中而言。唯有在此一階段的不法侵害行為，方屬於正當防衛前提條件的現在不法侵害。

　　而所謂「不法侵害」者，係指侵害並無任何正當事由存在，且為法秩序所不允許之行為。惟此種不允許的行為所指者，究竟是包括全部的不法關係，舉凡民事不法、行政不法及刑事不法，都包括在內？抑或是只能以刑事不法的行為來認定？而將刑法正當防衛的適用範圍，限定在刑事不法之侵害前提下，方得以為之？這是判斷刑法正當防衛前，必須先釐清的範圍事項。這裡有二個思考的方向：　1.如果將正當防衛的設立目的，置於個人權利與利益的保護上，則似乎宜將正當防衛前提的不法侵害，放寬到舉凡整體法秩序所不允許之侵害行為，皆為不法侵害，而允許主張刑法上的正當防衛；　2.如從不法侵害行為人，以及行為不法內涵層次加以觀察，則刑法正當防衛行為，亦得對於甚至僅是民事不法的債務不履行行為為之，將使得刑法侵犯到其他法律領域範圍，產生法律界定不清的危險，更將使得判斷不法行為的現在性，陷於模糊不清的境界，最嚴重者，將形成權利被濫用的情況。基本上，各個法律領域，都有其專屬的正當事由存在，例如民法第149、151條的規定是，個別的法律領域中，如有正當性事由的規定者，應各自依所屬的領域為適用，如此法律體系的適用關係才能各安其位❷。因此，刑法的正當防

❶　關於正當防衛界限的「現在不法侵害」認定，參見柯耀程，刑法問題評釋，5頁以下。

❷　參照柯耀程，刑法問題評釋，14～16頁。

衛，亦應限定在對於刑事不法侵害的防衛，較為妥當。

二、對於侵害的防衛行為

正當防衛的對象，僅限定在造成權利侵害的不法行為，而不能以不法侵害行為以外之行為，作為防衛的對象，否則即不屬於正當防衛。

惟會造成不法侵害的情況，各有不同，原則上，不法侵害的發生，不能夠是由防衛人所引發。倘若不法侵害的發生，是由主張防衛人所引起，則對於其所引起的不法侵害，應當不是正當防衛所允許的對象，此種情況最典型者，應是屬於所謂「挑釁防衛」的問題，亦即原本想要侵害他人權利之人，透過挑釁他人的方式，以促使他人對其先為攻擊的行為，藉此種客觀上存在的不法攻擊行為，而予以實施反擊，假裝是對於不法侵害的反擊行為，而主張得以作正當防衛，其實其所為防衛的行為，針對的不法侵害行為，是由自己所挑起，此種先行挑起不法侵害，藉此以為防衛的藉口者，即是所謂「挑釁防衛」，其根本不能算正當防衛，而只能各依其行為侵害的意思論斷，例如甲一直想要痛扁乙一頓，卻找不到機會，又因為直接毆打乙，法與理上會站不住腳，且會罹於犯罪，於是乃以惡劣的言詞激怒乙，促使乙先行對其攻擊，藉著乙攻擊的客觀不法情狀下，對乙施以反擊，以遂行其要痛毆乙的念頭，此即「挑釁防衛」典型的情況。是以，正當防衛行為的對象，必須是客觀上非由自己行為所引起的，倘若是由自己所引起的侵害行為，即不能主張正當防衛。

三、基於防衛意思

正當防衛的防衛行為，主觀上必須是出於防衛的行為意思，而非單純侵害的意思，否則即使客觀上有得以為正當防衛的不法侵害存在，其所為不法侵害排除的行為，仍舊無法被視為正當防衛。倘若為防衛之人，不是基於防衛權利的意思，而客觀上剛好有不法侵害的存在，其所為攻擊的行為，恰好在客觀上符合得以防衛的情形，此時乃形成所謂「偶然防衛」的情況，由於為防衛之人，並非基於防衛的意思，故仍不能視為正當防衛，仍應依其意思所為，而形成不法。例如甲準備開槍殺乙，剛好在其開槍之時，乙正持刀要砍殺丙，甲乃藉由這樣的客觀不法狀態，順勢開槍將乙擊斃，客觀上看似有正當防衛的情形存在，但因甲主觀上是殺人的故意，而非防衛丙免於受害的意思，故其殺害乙的行為，不能視為正當防衛，而是成立殺人罪。

四、防衛行為須無過當

正當防衛雖然是「以正對不正」的關係，但對於不法侵害的防衛，也不能超出容許的範圍。例如對於持刀搶劫的強盜，其以持刀威脅人的生命，乃開槍將其擊斃，此時防衛的行為，應屬於法律所容許的範圍，而得被視為正當防衛；然而，如對一個小孩到書店偷書的行為，雖然行竊之際有不法侵害存在，但也沒有必要開槍將其擊斃，若真開槍擊斃，顯然已經超出法律所得以容許的範圍，無法被視為正當防衛，此時雖然是以防衛的前提出發，但終究已經超過界限，而成為防衛過當的情形。

基本上，正當防衛是以先有不法侵害存在為前提，其屬性是屬於被動的發動關係，防衛人對於一個不法侵害的存在，如何拿捏適當的防衛範圍，而能使得其所為的防衛無過當的疑慮？則是一個值得思考的問題。在一般學理上，判斷防衛行為是否過當，乃是採取相對性的判斷標準，主要是從二方面來思考：1.從**法益權衡**的觀察：亦即觀察不法侵害與防衛行為所可能造成的法益侵害關係，倘若防衛行為所造成不法侵害者的損害，顯然高於因不法侵害行為所可能造成的法益侵害時，則屬於防衛過當的情形；惟當防衛行為所生的法益侵害，並未高於不法行為所可能造成的侵害時，則屬正當防衛之行為；2.從採取防衛的**手段權衡**：當防衛行為所採取的行為手段與方式，其強度並未高於不法侵害行為時，則防衛行為可以被視為正當；反之，如防衛行為所採用的手段與方式，其與不法侵害行為的強度顯失比例時，則當屬於過當。

惟從正當防衛的結構關係觀察，既然事前的防衛與事後的防衛，均不得稱為防衛，僅於事中（不法侵害存續中）方得稱為防衛，而事前與事後既非防衛，顯然並無過當與否的問題存在，因此防衛是否過當的判斷，應僅發生在不法侵害存續之中。至於不法侵害是否仍在存續當中，雖然應從客觀的情狀加以觀察，但如將此判斷責任加諸在防衛人身上，顯然有過度苛求之虞，蓋防衛人並不能明確認知到，不法侵害之行為人何時始放棄其侵害行為，因此，此種事中、事後界限的客觀判斷，常會被防衛人所逾越，而造成從事中防衛到事後的情況，如將此種情況的事後防衛部分，不視為是防衛行為整體的一部分，而否定其防衛的性質，顯然是法律對於防衛人有所苛求，而此種防衛逾越不法侵害界限的情況，每每發生於事實情狀之中，應為防衛過當的典型情狀。故所謂防衛手段與法益侵害衡量的說法，僅在於佐證防衛行為是否過當的相對性參考而已。

五、防衛過當的評價

正當事由在刑法的評價作用上，雖然有阻卻構成要件該當的效應，但所有正當事由都有其界限，只有在法律所允許的範圍內，方得以稱上正當事由，也只有在法律認可容許的範圍內，方屬於合法，而有阻卻構成要件該當的效力。倘若超過正當事由所得以允許的界限時，法律自然不再予以保障。然而，超出正當事由的情形，到底在構成要件中，應如何評價？究竟是要視為故意的行為？或者是要視為過失的行為？則須予以說明。

在檢討逾越正當事由的評價關係前，必須先對於範圍作界限的界定，如果行為人假正當事由之名，而行超越正當性的侵害之實時，此時行為人不論是在主觀的意思，或是客觀的行為情狀，都不能視為是正當事由的行為，即使客觀上果真有正當事由的情狀存在，都不能當作正當事由來看待。例如警察臨檢本來就是依法令的行為，但如假臨檢之名，而行侵擾之實，是一種無端的擾民行為，自然也就不能將此種行為，視為是依法令的臨檢行為。其所應承擔者，自然是依其行為意思的侵害行為，並無任何正當性的存在。

檢討逾越正當事由界限者，乃是先有合於正當事由的情狀存在，因行為對於界限的拿捏失其準據，而造成原來的正當行為有超出法律允許的界限，此種情形，方屬於超出正當事由的評價問題。也就是說，為正當事由行為時，原都遵守正當事由的要求，但因行為尺度的拿捏，導致有超出法律容許的範圍，例如警察得以在一定合法的範圍內使用槍械，確實也發生有得以使用的情事，但所採用的手段，卻超出法律允許範圍，比如說可以使用警槍制止歹徒，但只需對空鳴槍警告即可，卻於慌亂中直接開槍將歹徒射殺，此即屬於超出正當事由容許的範圍。又如正當防衛的情形，不法侵害的存在，侵害人只是以空手毆打被害人，傷害的程度輕微，防衛人卻直接開槍將其擊斃，此時防衛人雖有防衛的行為，卻超出所得以容許的範圍。此種超出正當事由容許範圍的情形，通常可以「過當」來概括，其評價關係為何，須加以分析判斷。

由於超越正當事由的評價，都是以正當事由的存在為前提，就行為人而言，在行為的出發點，基本上都是以正當事由的意思而為行為，這樣的意思，並非構成要件不法的故意主觀要件，但卻因界限的掌握及行為尺度的拿捏，導致行為超出法律所容許的範圍，以此種關係來看，對於超出正當事由界限範圍的侵害關係，顯然不能遽以故意侵害的主觀意思來認定，畢竟故意超出正當事由範圍的情形，

自始已經不能以正當事由為託詞，其根本就與正當事由牽扯不上關係。當以正當事由的意思所為之行為，而有超出合法界限的情形，其所生侵害，並不能直接以侵害之故意來判斷，充其量只能以過失的侵害關係來評價❸。這樣的評價關係，可以從錯誤的法理中，找到支撐的正當性，特別是關於構成要件錯誤的關係（關於錯誤的論述，見本編第六章）。

因此，逾越正當事由的事實結構，乃是以正當事由確實存在為前提，而因合法的界限失其掌握，而造成有超出正當事由範圍的情況，因而造成權利過度的侵害關係，對於此種超出正當事由界限的法律評價，在構成要件的不法層面判斷上，應是以過失來加以評價。

第五項　超法規阻卻事由

有若干情況，從行為事實的結構關係來看，似乎有權利的侵害關係發生，而且不具有正當事由存在的情形，但因特定的因素存在，導致構成要件也不能算該當，此種情形，一方面在行為事實上，已經有權利的侵害存在，且這樣的權利侵害又不具有法律所允許的正當事由存在；另一方面，客觀上看似有侵害的發生，但卻又不能視之為不法，也無構成要件得以該當的餘地，此種非屬於法律所授權，卻又非為法律所禁止的行為事實者，學理上乃稱之為「超法規阻卻事由」，亦即此種情況雖非法定的正當事由，卻因特別的因素存在，而導致構成要件的該當判斷受到阻卻。主要的情況有二：

一、基於同意或承諾

權利受侵害人（被害人）的同意或承諾，固然可以作為阻卻法規適用的條件，但仍有權利得否處分關係的限制，並不是只要有被害人的同意或承諾，都可以在權利侵害時，免於構成要件該當的命運，畢竟有若干權利是不允許私自決定或處分的，例如對於生命、身體或法定監護關係等，即使有權利之人，也不能任意處

---

❸ 刑法中有規定超出正當事由的情形者，只有第 23 條但書中可見，其內容也只是以「過當者，得減輕或免除其刑」來規定，但減輕或免除其刑，究竟是以故意構成要件的法定刑來減免？或是以過失的關係來認定？在法律規定中，根本看不出來。其實這樣的規定，是正當事由情況的基本認知，任何正當事由都有其界限，有超出者，都可以視為「過當」，只是「過當」的評價，不能遽以故意侵害的構成要件來認定。參照柯耀程，刑法問題評釋，21、22 頁。

置此類權利❹，對於此種不能任意處分權利的侵害同意或承諾，仍無法作為構成要件該當阻卻的事由。因此，同意與承諾得以成為構成要件該當的阻卻事由者，僅限定在⑴同意與承諾非法所不允許，為同意或承諾者，必須瞭解同意與承諾的意義，而具有表示的能力，且是出於自由意識所為，倘若同意或承諾之人，其所為的同意或承諾，並非源自於其自由的決定，而係受強制或被欺罔的情形，自不能視為合法的同意或承諾，其所為的同意或承諾，在刑法的意義上，仍非屬於正當；⑵同意或承諾權利的侵犯，必須為同意或承諾人對於權利在法律上，具有得以處分的關係，亦即屬於法律所允許的自由決定範圍，對於法律所不允許自行處分的權利者，同意與承諾並不生阻卻效力。

二、因義務衝突的選擇

行為人因義務衝突的情況❺，當行為人同時面對著二個以上當為或不當為的義務時，其能力只能履行其中一件義務，對於其他的義務則無能為力，因此造成義務無法履行的權利侵害關係時，基於法律不強人所難，行為人已經有依其能力而為一義務的履行，則其他因無能為力而造成無法履行的義務所生的侵害，仍不能將其視為構成要件有該當。

由於正當事由的存在，具有阻卻構成要件不法該當的效力，故而正當事由的類型，可以定位在構成要件之中，屬於反面的構成要件。此種正當事由所以得為構成要件該當的阻卻，主要是因其非屬於不法的類型，而是法律所允許的情況。與正當事由具有同樣阻卻構成要件該當者，乃屬於超法規阻卻事由，但超法規阻卻事由卻不能視為正當事由，充其量其只是在法律的不法要求條件下，不應歸屬於不法形成的內涵而已。

---

❹　對於不能私自處分的權利者，被害人的同意或承諾，並不生阻卻構成要件該當的效力，例如對於生命的同意或承諾侵害者，即使得被害人的同意或承諾而剝奪其生命，行為仍舊有構成要件的適用（參照第 275 條加功自殺罪之規定）。故而以被害人同意或承諾，作為超法規阻卻事由者，僅適用於得以處分的權利，如自由、財產等，並無不能擅自處分權利的適用。參照林山田，刑法通論（上），10 版，367 頁以下。

❺　此種義務衝突的情況，可能發生在構成要件阻卻的關係，也可能發生在責任免除的避難關係中，必須依具體的情況而定。當然在義務衝突的情形，能夠作為阻卻構成要件該當者，應其所履行的義務與未履行的義務間，具有對等的關係，不能以履行較輕權利防護之義務，而捨較重要權利侵害之義務於不顧，此種情形的義務衝突關係，仍有權利權衡的關係存在。

第六項　避難行為

刑法第 24 條緊急避難的概念，乃指當人處於一種緊急情狀下，面臨著自己或他人的生命、身體、自由及財產上的緊急危難，法律救助已然來不及時，允許在不得已的情況下，而為危難避免的行為，此時可能因避難行為而導致無辜第三者的權利受到損害，但這卻是一個情非得已的情狀，對於此種情況下，如因此而有侵害他人權利，在可以容忍的情況下，法律並不予以處罰。

緊急避難的概念，在法律性質與形成結構關係，看似與正當防衛相類似，但其評價與體系上的定位，卻有所不同。早期學理將正當防衛視為違法阻卻事由；而緊急避難者，則屬於阻卻責任事由。然而，在新近的學理詮釋上，因受到德國刑法學的影響❻，漸漸將緊急避難與正當防衛的概念，等同視為正當事由❼，特別是當避難行為所造成的權利損害，並未大於因危難情況所可能產生的侵害時，此種情況下的避難行為，大多被以正當事由來看待，只有當避難行為所生的侵害，大於因危難所可能發生的損害時，才將此種類型作為責任阻卻關係來檢討。這樣的概念界定，將緊急避難的類型，以法益權衡的關係，亦即比較避難行為與危難所造成的侵害關係，區分為二種不同的定位關係：1.歸屬於正當事由的緊急避難：即避難行為所生之侵害 ≦ 危難所可能產生的侵害時，此時緊急避難行為，乃等同

---

❻ 德國刑法 §34 的規定，稱之為正當性的避難 (rechtfertigender Notstand)，其對於避難行為所生的侵害，只要小於危難所可能造成的侵害時，即屬於正當；而 §35 則為阻卻責任的避難 (entschuldigener Notstand)，當避難行為所生的侵害，大於危難所可能造成的侵害時，則當屬於排除危難的行為，乃屬阻卻責任（行為無責任），唯有當危難係其自招，或是其具有排除危難的特定義務時，其所為的侵害權利，方屬責任減輕的事由。

❼ 參照林山田，刑法通論（上），10 版，335 頁；林東茂，刑法綜覽，7 版，1–103 頁。此外，在這樣的定位下，緊急避難的概念，會發生令人質疑的問題，主要為「自招危難」得否主張避難的問題，若將避難行為視為正當事由，則可歸責於行為人的自招危難行為，似乎就必須排除其正當性，而不認其得以主張緊急避難。惟這樣的詮釋，有其本質性的缺漏：1.緊急避難行為所形成的權利侵害，本質上仍是對於合法權利的侵害，只是因具有客觀上無法強人所難的危難狀態，故對避難行為作可罰性的寬容；2.緊急避難的對象，並無忍受避難行為侵害的義務，其對避難行為，本得加以反抗，且其反抗行為亦屬權利防護的正當；3.緊急避難係為避免自己或他人因危難所可能的權利侵害，所採取的一種避免與迴避的措施，此種危難的發生，並不限定在非可歸責避難人的行為所致，自招危難的行為人，雖屬可歸責造成危難狀態，但並不否定其可以採取避免或迴避的行為。總結而論，問題的癥結所在，乃是將緊急避難與正當事由混為一談。

於正當防衛，而視之為正當事由，亦即得以阻卻構成要件的該當；　2.屬於責任衡量的緊急避難：當避難行為所生之侵害≧危難所可能產生的侵害時，此時依具體的情況，而作罪責的減免。如此一個概念卻被切割成為二個不同的類型，在學理上，是否可以說得通？值得審慎推敲與斟酌。

緊急避難的形成，乃在於有危難的存在為前提，而危難發生的原因，各依具體的情狀而有所不同，有的危難是因自然力所發生者，例如地震、山崩、豪雨成災、土石流、海嘯等；有是動物所引起，例如被野狗或是被虎頭蜂攻擊是；也有是人為的因素所造成，例如因縱火或失火所造成的火災、因駕駛不慎所造成的交通危險狀況、乃至因犯罪行為的侵害所生的情狀。當危難狀態發生時，為避免自己或他人的生命、身體、自由或財產的損害，出於保護權利的行為，乃為緊急避難的行為。而因避難行為可能造成無辜第三人的權利受到損害，此種權利損害屬於人之常情，也是在不得已的情況下，故法律對於此種侵害他人權利的行為，乃作處罰上的豁免。但避難的行為，必須以最小的侵害作為豁免的條件，倘若對於輕微的危難，採取過度的避難手段，而造成避難行為的侵害，相較於危難的損害顯有失當的情形下，自然非法律所許可。

正當防衛與緊急避難，在其本質上有相似的地方，也有差異之處，分述如下：

一、相似之處

1.正當防衛與緊急避難同樣都是為避免權利受侵害的行為。屬性上均為被動的防害行為。

2.正當防衛與緊急避難都是針對於現在存在的侵害狀態，所為的權利防護行為。

3.正當防衛與緊急避難都是以防護權利的意思所為的行為。二者都不能是假危害狀態之名，而行實質侵害之實。

4.二者在法律界限的要求上，都不能過當。

二、相異之處

1.正當防衛的本質是「以正對不正」的結構關係；而緊急避難未必是「以正對不正」的關係，其可能只是一種自然發生的事實情狀而已。

2.正當防衛的前提必須是人為不法的侵害；而緊急避難的危難發生，未必是出自於人為，其可以是自然力、動物的侵犯關係，也可以是行為人自招危難的情

況。

3.正當防衛行為的防衛對象，僅限於不法侵害之人；而避難行為的對象，則並無特殊限定，舉凡避難人以外之人，均屬其避難之對象。

4.正當防衛所防衛者，乃是受不法侵害的權利，舉凡可受侵害的個人權利，都可以主張正當防衛，權利的範圍，並無限制；而緊急避難者，僅限於生命、身體、自由及財產四種權利。

5.正當防衛行為既是以正對不正的關係，所採用的防衛行為手段，並無最後不得已手段的要求；惟緊急避難所採用的避難行為手段，必須是最後不得已的手段，如可以選擇，只能以避重就輕的避難方式為之。

6.正當防衛只要有不法的侵害存在，任何人都得以主張；但緊急避難行為，法律上負有防災救難義務之人，於其義務範圍內的危難發生時，不能主張避難行為（第 24 條第 2 項）。

7.對於正當防衛的行為，不能再主張任何的防衛，蓋正當防衛行為本來就是對於不法行為所為，在其適當的範圍內，本就是正當，故不能再有任何防衛的主張；對於緊急避難的行為，則因避難行為可能造成權利受侵害的人，則可以對於避難行為主張正當防衛，畢竟被避難人是屬於權利無辜的受害者，為防護其權利，自然得以拒絕被避難，乃至對於避難行為主張合理的反擊。

由於緊急避難與正當防衛本質上的差異，將二種情況同視為正當事由，並不妥當，倘若緊急避難也屬於正當事由，也就是法律所允許的合法行為，則何以對於被避難者，仍得為防衛權利，對避難行為主張正當防衛？恐就不能合理說明。嚴格而言，緊急避難不論因避難行為所造成的權利侵害的輕重，都是對於他人權利的侵害，法律上並不能要求被避難人完全忍受這樣的侵害，亦即被避難人並無義務去忍受權利的侵害。故而將緊急避難視為正當事由，並不是一個妥當的說法。

惟有時候正當防衛與緊急避難是一線之隔，端看不法侵害與危難的解讀，以及權利防衛人的對象為何而定，此種情況特別是發生在因人而起的具體侵害事實時，最為明顯。舉一具體的情況來說明，甲持刀攻擊乙，丙見狀為防護乙的生命或身體危害，乃出手相救，當丙的救助行為，是以甲為反擊的對象時，此時丙的反擊行為，是針對不法侵害者，其反擊行為屬於正當防衛的行為；惟當丙的防護行為，是針對乙時，希望藉由將乙推開，以避免被甲刀子砍到，此時丙的防護行為，則屬於緊急避難，蓋一方面丙的防護行為，固然是為避免乙權利受侵害所為，屬於防護權利的行為；另一方面，丙的防護行為並非針對不法侵害者，而是對於

被侵害者所為，故不能視為正當防衛，但甲持刀欲砍殺乙的事實狀態，對乙確實是一個危難狀態，丙為避免此種危難侵害的發生，所為的防護行為，當屬避難行為。乙對於丙的防護行為，當然也可以主張防衛，特別是在乙不知丙將其推開的動作意義為何時，乙認為丙的行為，對其可能也是一種侵害，故而得反擊丙的行為。

　　倘若正當防衛與緊急避難，同屬於正當事由，則何以解讀上述例子的差異關係？這是值得深思的事。因此，將緊急避難的屬性，定位在責任的判斷關係，亦即視之為阻卻責任的事由，在法理詮釋的一貫性，以及評價的判斷關係上，會較為妥當。

第五章　罪　責

　　刑法的任務乃在於對一定侵害的行為事實，確認其具備不法，且行為人對其行為必須承擔刑事責任，並藉由確認刑罰權存在，得出對於該行為人所為行為事實的刑罰制裁，這一個從行為事實發生，到對行為人科處刑罰的制裁，乃是刑法評價的整體流程。畢竟刑法不會對於一個行為事實，不求最終刑罰權的實現，而僅作罪的宣示。因而從整個刑法評價的流程來看，不同階段的評價結果，具有不同的意義與效應。基本上，一個行為對於法益的侵害事實，必須經過刑法不同階段的評價判斷，在認定是否為不法時，必須透過構成要件的判斷作用，以確認行為事實的不法，有了不法的評價結果時，才能確認是否有正當防衛得以適用的關係，或者是得以判斷參與關係形成的問題；有了不法的評價結果之後，必須再進一步檢視該不法的行為事實，是否得以使得行為人對此承擔刑事責任，此一階段則是罪責判斷的範圍，當罪責❶的內涵經條件的檢視，而得到確認時，此時行為乃從不法行為變成為可罰行為，此種可罰行為即是行為人必須承擔刑事責任的基礎，也是一般所稱的犯罪行為。其實與其籠統地將行為稱為犯罪，倒不如以「行為可罰性」的稱謂來得恰當。因此，罪責所要檢討者，乃是對於不法行為可罰性的檢討。

第一節　基本概念

　　罪責是刑法評價一個行為人所為的不法行為，是否具有刑事制裁可罰性的判斷基準，具體而言，當一個行為被構成要件評價為不法之後，由於刑法評價的最終目標，是要確認是否有刑罰制裁的可能性存在，而刑罰所制裁者，並不是行為事實，蓋行為事實只是一個客觀存在的現象，無法成為被處罰的對象，刑罰所要處罰者，乃是為行為事實的行為人，而要確認因行為事實所生的不法關係，是否可以使行為人承擔刑事責任，進而對之科處刑罰，乃是罪責判斷階段所要檢討的核心範圍。

　　基本上，不法階段所要檢討者，是針對行為侵害事實的法律容許性問題，這

---

❶ 此處所稱的罪責，乃是具體判斷行為人所為行為事實的評價階段標準，概念上不能與刑法指導原則的「罪責原則」相混淆。罪責原則乃是抽象地確認刑事責任的指導性原則；而屬於刑法評價階段的罪責，則是具體判斷不法行為，是否合乎刑事責任科處要求的具體條件。當然評價階段的罪責內涵，必須受到罪責原則的指導。

一階段是屬於構成要件判斷的範圍；而當行為事實的不法被確認之後，緊接著就必須進入刑事責任認定的階段，以檢討行為人是否必須對於該不法行為事實，承擔應有的刑事責任。從而，不同的評價階段，有不同的評價對象，不法階段是以行為事實為評價對象；而在罪責階段，則是以不法行為歸咎於行為人，作為判斷內容。因此，在罪責階段所要評價的對象及檢討的內容，乃是以為不法行為的行為人，為判斷的基準，簡單地說，就是檢討行為人因不法行為所生的可責性。

行為不法者，乃是指行為對於規範的違反，而違反規範時，規範必須對於為這個不法行為的行為人，予以非難，這個對於行為人不應違背法律的非難關係，就是罪責所要評價與判斷的範圍。舉例來說，一個人偷別人的汽車，其行為違背構成要件（規範）的禁命，而被認定為竊盜行為（不法行為），刑法規範必須對於行為人的竊盜行為予以非難，而認定行為人必須承擔因竊盜行為的刑事責任，於是可罰性的範圍，乃反應在法定刑（最重五年以下有期徒刑）之中。因此，罪責乃是檢討法律對於具體不法行為，而得以責難行為人的判斷標準。

具體來說，罪責是確認刑罰的基礎，而刑罰的發生，是以行為人具備有可罰性的條件為前提，是以罪責的形成，其條件有三：1.**不法行為**：行為人所為之行為，受到刑法規範的負面評價，而具有構成要件該當之不法；2.**不法意識**：行為人為不法行為之同時，對於法律規範的認知，也採取否定的敵對態度；3.**責任能力**：行為人具備有承擔刑事責任的能力。唯有三項條件同時存在時，行為可罰性的判斷方得以完足，行為人的罪責方才成立，據此方得以為刑法處罰的基礎。倘若三項條件有所欠缺時，則刑事責任的判斷，乃有所不足，刑罰的處罰則無以形成，此即「無責任無處罰 (nulla poena sine lege culpa)」之謂。

第二節　罪責學說

罪責固然是對於不法行為，判斷其可罰性的評價條件，也就是確認一個不法行為的行為人，必須承擔刑事責任的規範標準。罪責的本質，可以說是一種非難，但是這樣的一種非難，到底是對於行為人內心狀態的一種非難？還是屬於一種規範的非難關係？學說的發展過程中，有著不同的解讀，學理對於罪責的判斷基礎，以及其具體的罪責內涵為何？有著不同的見解。主要詮釋罪責的非難本質者，學說有三：1.心理責任論；2.規範責任論；3.實質的責任概念。

第一項　心理責任論

心理責任論 (psychologischer Schuldbegriff) 認為一個行為人所為的行為，所以必須受到法律的非難，主要是因為行為人內在心理的關係，亦即對於具有侵害性的行為，仍舊以行為加以實現，此種內在主觀的意思，乃是罪責所非難的主要內容❷。申言之，行為人因意識的發動，而為侵害行為，此種侵害行為的發生，是由行為人內在心理作用所引發，心理的認知與內在希望，乃成為對於行為事實可以非難的內在因素，而罪責即是對於此種內在的心理關係的非難。從而行為事實的主觀意思，乃是罪責判斷的核心條件，甚至可以說罪責就是行為人內在心理狀況的非難作用。如此一來，行為主觀意思的故意與過失，則成為罪責的類型，罪責所判斷者，即是故意與過失。故而故意與過失乃是罪責的二種型態，從而心理責任論，更明確地說，故意行為者，承擔故意責任；過失行為者，承擔過失責任；要有故意或過失時，才會有對於此一種心理狀態的非難問題存在。倘若無故意或過失存在，即無罪責存在。

心理責任論主要是伴隨著古典犯罪理論的三段評價體系而來，亦即將所有主觀評價的問題，都交給罪責階段來判斷，所以罪責所判斷者，乃是行為事實的主觀面問題，亦即是行為人所為行為的主觀意思。古典犯罪理論的評價，是將違法性視為行為客觀面的判斷，而行為事實的主觀面，則交給罪責來判斷，如此一來，罪責只是一種決定主觀不法的關係而已，所以心理責任論與古典犯罪理論，同樣有評價上的問題。

心理責任論是將故意與過失，當作是責任判斷的基準，亦即故意與過失是行為人對於行為的內在心理意識作用，必須有故意或過失時，才有責任。但此種見解卻無法說明責任阻卻事由的情況，例如在緊急避難事由中，行為人為避難行為，主觀上絕對是屬於有意識的行為，而且也在客觀上造成侵害，從心理責任論而言，應該有主觀意思的存在，卻得以阻卻責任的發生，道理何在？心理責任論並不能加以說明。

---

❷ 心理責任論乃發展於十九世紀，而盛行於二十世紀初，當時具有支配著刑法判斷責任的主流地位，其代表性的人物，有封・布理 (v. Buri)、李斯特 (v. Liszt)、勒福樂 (Löffler)、寇爾洛脊 (Kohlrausch) 及拉德布魯賀 (Radbruch) 等人，該學說的核心見解，認為罪責乃行為人對於結果發生的主觀關係。所有行為主觀面的要件，均屬於罪責的內涵。Vgl. Roxin, Strafrecht AT, 4. Aufl., S. 855; Jescheck/Weigend, Strafrecht AT, 5. Aufl., S. 420。

另外對於同樣是故意行為，在心理責任論的觀點下，不論是大人所為或是小孩所為，故意應該都是一樣的，何以法律規定，將未滿十四歲人的行為，視為無責任；而將十四歲以上、十八歲未滿人的行為，予以減輕責任？加上行為人對其所為之行為，並無誤認，但卻對於法律的規定有所誤解時，亦即對於禁止錯誤的問題，是否仍認定其有責任？蓋其行為主觀意思並無瑕疵，所造成的缺陷者，僅在於法律對行為事實規定的誤解而已，此種錯誤的類型，行為主觀意思的故意，並無欠缺，是否可以作為責任減輕的事由，心理責任論也無力說明。心理責任論並無法對這些問題，提出合理的說明，加上其對於罪責本質的曲解，故並非學理與實務所採用的學說見解。

第二項　規範責任論

由於心理責任論存在著本質性的缺陷，無法提供罪責判斷的有效見解，而為學理所摒棄，隨之而起者，乃有所謂規範責任論 (normativer Schuldbegriff) 的提出❸。規範責任論認為，罪責所要判斷與非難者，固然是在於行為人所為行為的主觀層面，但行為的意思決定與意識活動是罪責的非難對象，而不是罪責的本身，罪責的內涵，應該是對於行為人主觀的意識層面，所做的一種規範可責性與非難性的判斷。

法律規範的存在，乃是期待所有受其規範之人，能夠在符合規範要求的範圍內為一定之行為，而犯罪者，乃是行為人基於內在意識的作用，而為未被法律所期待的行為，當行為的客觀侵害事實，被評價為不法時，顯示行為人心理的作用，並未遵守法律規範的期待，而對於違背規範期待的心理意識，乃須予以責難，而形成規範的可責性。罪責即是建立在這種規範的可責性基礎之上，亦即行為人所為的一個行為事實，當行為主觀決定的要件存在，必須加上規範的可責性與非難性判斷，方才能夠稱之為有罪責的成立，倘若欠缺可責性與可受非難性的判斷，即使行為事實僅有故意或過失，仍不能確認罪責的成立。

規範責任論以規範的可責難性，作為罪責探討的本質，而可責性的判斷，又

---

❸　規範責任論是由德國刑法學者法蘭克 (R. Frank, 1860～1934) 於 1907 年在其著作「罪責概念的建構 (Aufbau des Schuldbegriffs)」中所提出。規範責任論將責任的判斷，確認為規範的可責性與非難性判斷，確實符合刑法判斷刑事責任的基礎，是以規範為判斷，而不是以心理狀態的觀察為判斷，故而受到學理解讀罪責時的青睞，成為現今刑法罪責內涵判斷的通說。

是以法律規範所期待的要求為基礎，故當行為人基於內心的意識作用，所為行為違反規範的期待，其違反程度越高者，當然可責性就越高；相反地，當對於規範期待的程度較低時，其可責性就較低。是以，故意不法行為的責任，因其規範違反的程度較高，故其可責性也較高；而過失行為者，因其違反規範期待的程度較低，故可責性也較故意為低。因此，故意與過失雖是二種罪責的形式，但因其規範期待違背的可期待性有所不同，罪責的程度也有所差異。

第三項　實質的責任概念

實質的責任概念 (materieller Schuldbegriff) 的見解，是在二十世紀後半葉所提出❹，此一見解是以規範責任論為基礎，而作具體內涵判斷的修正，這個學說的中心見解，乃認為當一個行為人，違反法律規範的要求，而決意為一定的侵害行為時，自然其行為會受到法律規範的否定，而成為不法行為，但從不法行為反射行為人的罪責時，並不能單純只是從規範對於行為人良知的可責性與非難性來認定，固然規範對於一個具有違背規範期待的行為，多少會加以責難，但這個責難的多少，就必須仰賴苛責必要性的認定，這種必要性的思考，就是責任判斷與預防思想結合的基礎。因此，罪責所要考慮者，除行為人是否要承擔刑事責任之外，尚須考慮到是否要使行為人因其行為而承擔刑事責任，更須具體考慮到，此種責任承擔是否具備犯罪預防的必要性，只有在承擔責任與預防必要性都具備時，才能確認罪責成立，進而以刑罰的法律效果作為制裁。

實質的責任概念見解將預防構想導入罪責的判斷，固然有其可以理解的背景，例如對於「口腹竊盜」❺的輕微類型，雖然所為的行為仍舊是竊盜行為，但因侵

❹ 功能性的罪責概念，是由德國慕尼黑刑法學大師洛辛 (Claus Roxin) 所主張，其認為罪責不應該只是考慮規範的非難性而已，對於若干輕微的不法侵害，雖然也是屬於不法行為，但動用刑罰加以制裁，顯然欠缺必要性，因此在罪責的判斷內涵中，賦予罪責二個實質內涵：1.承擔責任的判斷 (Verantwortlichkeit)；2.預防 (Prävention) 的思考。罪責的形成，必須同時檢討這二個判斷標準，如有承擔責任的關係，卻欠缺預防的必要性時，罪責也不能算成立。唯有既有責任承擔可能性，且屬於預防所必要時，才能確認具有刑事責任的存在。參照黃榮堅，基礎刑法學（下），3 版，647、648 頁。

❺ 所謂「口腹竊盜」，乃是指行為人因飢餓，為求免於飢餓的痛苦，在無法控制本我的內在驅力驅使下，而偷人家食物以裹腹。雖然這樣的行為，也是竊盜的行為，但因其造成的侵害甚為輕微，且行為人主觀的意思形成，也不是果真具有物慾需求無度的惡意，故在預防的觀點上，似乎不應予以苛責。此種見解與學說所稱「可罰的違法性」，有著類似的

害輕微，而且在犯罪預防的觀點上，似乎也沒有必要苛責其刑事責任，故在實質的責任概念下，此種不具有預防必要性的類型，並不認為具有罪責存在。

　　固然實質的責任概念，企圖讓罪責的判斷更為具體化，但將預防的構想，導入罪責的判斷範圍中，是否妥當？仍值得質疑。在邏輯的思考上，預防必要性是對於刑罰的構思，也就是考慮是否動用刑罰加以處罰，雖然罪責是刑罰發生的前提，但刑罰的必要與否，是以罪責已經形成作為基準，而不是將刑罰必要性放在罪責中來檢討，這會使得邏輯思考體系發生錯置。因此，實質的責任概念的見解，仍無法取代規範責任論，而成為學說的主流，甚至在學理的罪責判斷上，根本不被採納。

第三節　罪責的具體內涵

　　罪責既是一種法律規範對於行為人的責難，此種可責性的前提，乃在於行為人基於意識的發動，而為一定侵害的不法事實，這樣的不法事實在法律上，必須由行為人來承擔責任，此即是罪責概念的理解。然而，不法行為是行為人所為的一定法益侵害狀態，以此作為歸責行為人的基礎，但罪責既是以行為人承擔責任為本體內涵，則在行為事實不法的前提下，要使行為人承擔責任，必須再從行為人的因素上，觀察具體的罪責內涵條件，亦即必須確認罪責要素，方能賦予罪責的具體內涵。

　　以行為人為責任承擔的罪責內涵，應包含三個基礎要素：1.行為人之責任能力；　2.行為人對法敵對態度的不法意識；　3.行為人所為行為事實的規範期待。

第一項　責任能力

　　所謂責任能力，乃是指行為人能夠承擔或者是應該承擔刑事責任的資格。法律規範所以非難行為人，乃是因行為人能夠意識到其所為行為的不法，對於法律已經不允許的行為，仍然執意為之，固有可受責難的可能性存在，倘若行為人並未具備判斷行為是否為不法的能力，或者是其所以為不法的行為，乃有期待上的難處，則法律自然也不能強人所難。至於如何來判斷行為人，是否具備有意識行為不法的能力？據而觀察其是否具備承擔刑事責任的資格，法律規定有二種主要的判斷認定條件：1.依行為人的年齡；　2.依行為人的身心狀況。

　　舉凡刑事責任的發生，必須有不法行為的存在，而不法行為的認定，乃是以

思維基礎，但在評價的問題上，卻也有著邏輯上的矛盾。

行為時的不法，而不是以行為後來判斷不法，加上法定原則與罪責原則的要求，都是以行為時作為判斷的基準，故而，決定責任能力的時點，自然也是以行為時為認定的基準。倘若行為人為行為之時，已經具有刑事責任能力，不論事後任何因素，而導致欠卻或喪失責任能力，都不影響責任的認定與判斷；反之，如行為人於行為時，不具有責任能力，即使事後責任能力已經具備，也不能以論斷時具有責任能力，而將責任加諸在行為人身上。故當行為人於行為時有責任能力，不會因事後的喪失，而使其行為變成無責任；當行為時並不具備責任能力，也不會因事後具有責任能力，而認定具有責任能力。

　　不同的責任能力情況，在罪責的程度也有所區分，刑法將承擔責任的能力，區分為三種類型：1.無責任能力，即對於行為人不使其承擔刑事責任，法律規定方式，是以「不罰」作規定；2.限制責任能力，即責任能力尚未完全具備，但也不是沒有責任能力，只是因其意識與認知的成熟程度有所限制，法律乃以「得減輕其刑」的方式來反應；3.完全責任能力，即行為人對於法律規範的內化與認知，已經屬於完整的情況，而具備有完全承擔刑事責任的能力，故而行為人對其所為之行為，必須完全承擔法律責任。

　　判斷責任能力的標準有二：1.年齡；2.身心狀況。

一、年　齡

　　法律規範的存在，必須行為人有足夠的能力，來內化法律規範的要求，倘若行為人內化規範的能力有所不足，或者是根本不具備，則法律規範也不能因此而苛責行為人。畢竟規範的內化過程，是一種學習與認知的過程，要達到完全的規範內化程度，自然必須給予一定的教育與時間。以人的成長過程而言，學習社會價值與規範內化，必須是隨時間年歲的增長，而與日俱進，因此，規範內化最基礎的前提條件，乃是以行為人的年齡，作為判斷的依據。

　　人必須達到什麼樣的年齡，才能算得上具有規範內化的能力？才能以此作為決定承擔行為責任的資格？依刑法第 18 條的規定，以年齡的差異，作為不同承擔刑事責任能力的區隔，而以十四歲作為承擔刑事責任的能力界限，從年齡的區分，將承擔刑事責任的能力，作四種程度的區分：

　　1.未滿十四歲者，為無責任能力，故其所為的行為，即使有不法，也只是少年事件處理法保護事件的處理範圍，在刑事責任上，認定此種行為人為不具有責任能力，故而刑法對之並不加以處罰。

2.十四歲以上、未滿十八歲，或者是年齡已逾八十歲者，此種行為人被視為限制責任能力人，其所為的行為，雖已具有責任存在，但並不使之完全承擔刑事責任，一者是因行為人對於外界環境及法律規範的認知，尚未臻成熟；或者是因年老昏瞶，心智因自然的衰退，對外在事物的判斷能力，已經漸漸退化，故而此種人所為的行為，法律乃不使其承擔完全的責任，是屬於限制責任能力人，法律規定的方式，乃以得減輕其刑的方式來規定。

3.十八歲以上者，為具有完全之責任能力，原則上，對其所為的不法行為，在法律責任的要求上，必須完全承擔。

二、身心狀況

一個人的身心狀況，會影響其對於所為行為的認知與控制，在責任能力的認定上，法律規定的基準，乃是以一般正常人的立足點，作為責任能力的規範，惟當行為人在行為時的身心狀況，不及一般正常人時，則對於其責任能力的認定，乃必須下修調整。依法律的規定，欠缺如一般人的判斷能力，而致其對於行為的認識，乃至於行為違法的判斷有所欠缺者，有二種情況：1.因精神狀態的缺陷者；2.因生理的缺陷者，這二種情況，行為人都不如一般之正常人，不論其對於規範內化的程度，乃至於遵守規範的自我控制能力，都可能不如一般人，故在責任能力的要求上，乃予以降低。

㈠精神狀態

依刑法第19條及第20條的規定，當行為人身心狀況有瑕疵時，因其責任能力有所缺陷，對於其行為所生的責任，乃予以限制，甚至完全將責任予以排除，依第19條第1項、第2項之規定❻：

「行為時因精神障礙或其他心智缺陷，致不能辨識其行為違法或欠缺依其辨識而行為之能力者，不罰。

行為時因前項之原因，致其辨識行為違法或依其辨識而行為之能力，顯著減

❻ 原本第19條規定的法律用語，甚為精簡，是以「心神喪失」及「精神耗弱」作為條件，但因此種洗練的法律用語，在具體的解讀上，特別是針對於精神醫學的認知，時常會出現概念理解的落差，因此在 2005 年刑法修正時，將原本的法律用詞，修改成「精神障礙或其他心智缺陷」致無法辨識其行為的意義，或者是辨識能力顯著降低，作為以精神狀態判斷責任能力的法律基礎。參照 2005 年刑法修正第 19 條修正理由。

低者，得減輕其刑。」

因精神狀態的缺陷，法律將責任能力的要求，予以降低，對於因精神障礙或其他心智缺陷，不論是先天性或是後天所造成，只要在行為時，具有此種情狀存在，而導致無法辨識行為的不法，或者甚至無法辨識其行為的意義時，乃不具有責任能力，亦即此類行為人的行為，為無責任能力，法律不能加以處罰；倘若行為人的精神障礙或心智缺陷，尚未到完全無法辨識其行為的事實與法律上意義，但已經有明顯的降低時，則其責任能力，乃受精神狀態缺陷的限制，故仍不應以完全責任能力視之，故對於此種因精神狀態而導致對行為辨識能力的降低者，乃認定其責任能力屬於限制責任能力，在責任的反應上，以得減輕其刑的方式規定之。

精神障礙或心智缺陷的原因各有不同，有是因先天性的因素，因遺傳或基因缺陷者，有因後天性的疾病所致。儘管成因各有不同，但在刑法責任的判斷上，行為人是否有精神障礙或心智缺陷，而導致無法辨識行為的意義，或是對於行為的實際與法律上意義，顯有能力的不足，乃是以行為人所為的侵害行為時，作為決定的時間基準。至於精神狀態的缺陷，到底是屬於何種精神上的缺陷，諸如精神病、神經病（精神官能症）、智能不足、人格違常等心因性疾病，則非所問，這是屬於精神醫學專業判斷的範圍。刑法所關注者，乃在行為人為行為時，其精神狀態是否有缺陷，而導致對於行為的辨識發生問題。

至於行為人為行為之時，是否有精神狀態缺陷的情況，其缺陷的程度如何，都必須仰賴專業的鑑定方能確認，並不是身掌裁判的法官所能予以判別的。故而對於精神狀態的確認，應建立一套司法精神醫學的鑑定機制，法官對於鑑定的意見，應抱持尊重專業的態度，不能僅依其日常生活經驗或審判的閱歷，而作偏執性的認定。

(二)生理狀態

刑法對於責任的判斷，是以對於行為的法律與社會意義的辨識與認知為基準，而對於行為的意義與認知，通常的情形是透過教育與學習，但除心理上的疾病之外，尚有若干因生理上的因素，而這對於行為的社會與法律上意義，在認知與辨識上，並非完全不能，卻有學習上的困難，或者是因特殊的強迫性因素，而導致對於行為的自我控制能力，顯然較諸一般正常人來得薄弱，對於此類因生理有缺

陷，導致對於社會行為的學習與認知，以及對於行為的控制能力有所缺陷或不足的情況，法律乃對於其行為所生的責任判斷，作法律上的減輕。此種生理缺陷的情況，例如因基因異常而導致行為的自制能力薄弱，如性染色體異常，正常的性染色體，男性為 XY、女性為 XX，但有的男性卻多了一個染色體，而成為 XYY（一般稱之為超男性 supermale），此種性染色體異常的情形，不但會影響其生理的發展，也會造成情緒控制的問題，當一定的情境因素存在時，容易出現易怒、攻擊傾向、暴力的情形。其所以難以控制情緒，乃至對行為的自我控制能力較低，主要的原因，並非在於其對於行為的認知不足，而是因生理的因素，導致無法自我控制，都是基因在作怪。對於這樣的情形，法律對於責任的判斷，也不應以常態的關係來認定，而應是哀矜勿喜的態度。

生理因素而導致行為人對於行為的認知或控制，較諸一般正常人為薄弱的情況，是以聾啞之人為典型。依第 20 條的規定「瘖啞人之行為，得減輕其刑」，乃是將瘖啞人視為限制責任能力人，其責任能力的判斷，法律認定其因生理因素，不應予以完全責任能力，但也非無責任能力，其形成責任的能力，是因生理關係而有所侷限，故屬於限制責任能力。所謂「瘖啞」者，乃是指具有聽覺與語能障礙而言。然而，到底必須完全屬於既聾且啞，才算是限制責任能力？或是只要或聾或啞即屬之？各有不同解讀❼。刑法僅規定「瘖啞之人」，實不應解讀為既聾且啞，固然在社會實際的狀況下，聾者因聽不見聲音，也會造成其語言上的障礙；但確實也會有聾而不啞、或是啞而不聾的情形，不一而足。不論如何，此類人不但在社會行為的學習，乃至意思的表示能力，都有其侷限性。故而，應將刑法第 20 條的規定，解讀為「瘖或啞」為妥。

至於瘖啞的形成，或為先天上的因素，或為後天關係所致，到底要如何才能算是刑法第 20 條所規定的範圍？到底只要行為時有瘖啞的實際情況，即屬減輕責任的範圍？或者是瘖啞的形成，必須有一定的限制方屬之？刑法既是以對於行為意義的認知與辨識，作為責任形成的判斷基準，對於瘖啞的成因，自然也必須從這樣的要求來認定。基本上，合於刑法限制責任能力的瘖啞，應當是因其生理缺

---

❼ 依司法院早期的解釋，認為瘖啞成為限制責任能力者，必須是既聾且啞，倘若聾而不啞、或是啞而不聾，皆非屬於刑法第 20 條瘖啞的範圍。見 26 年院字第 1700 號解釋，並參見林山田，刑法通論（上），10 版，389 頁。然而，這樣的限制，恐非法律規定的實際意義，也對於因生理狀態的缺陷者，有所不公，畢竟其生理的障礙本是不爭的事實，而且在社會之中，本就屬於較弱勢的一群，殊無必要如此嚴格限制。

陷，而導致學習行為的意義與行為控制能力，顯有低於一般正常人，在這樣的要求下，形成瘖啞情況，自然不能只是一時的關係，而是行為人從出生即屬瘖啞，或者是早年即變成瘖啞，方屬於刑法瘖啞減輕責任的意義，如果年齡已經到一定的程度（一般以七歲為界限），而因疾病或外在因素造成瘖啞者，則非屬於刑法第20條所稱的限制責任能力關係。

或許行為意義的認知，以及對於行為合乎社會期待的自我控制，主要是透過教育而來，不論是學校教育或是社會教育，現今對於生理缺陷人的特殊教育，已經逐漸普及，啟聰、啟智學校也已經相當普遍，對於瘖啞人的教育，也已經達到相當的程度，是否對於瘖啞人的行為，仍然推定其對於行為認知與行為的控制能力仍有缺陷，而須降低其承擔責任的能力？乃有不同的意見❽。固然教育可以使人的行為合於規範的價值，甚至瘖啞之人，也可能是極具聰明的人，但瘖啞的生理缺陷卻是不可改變的實然，不論如何，總是在生理上有所缺陷，對於此種缺陷，在刑法中予以考慮，也應該是刑法謙抑本質的展現。

第二項　不法意識

罪責的形成，除基本的責任能力判斷之外，也必須行為人所為行為，具有法律違反的意識，亦即所謂「不法意識」。申言之，不法意識的概念，乃是指對於法律所不允許的禁止事項，或是法律所要求的命令事項有所認識，而刻意採取對抗法律的態度，而為一定不法行為，是一種法律敵對的態度。行為人具有這種法律敵對的態度，有的是因刻意的對抗態度，故意行為的罪責屬之；也有的是因忽略或是欠缺必要的遵守關係，而導致於對法律規範的禁命與誡命的違反，過失罪責屬之。不論是何種行為，要科以一定的責任時，必須該行為人對於所為行為，在法律規範的意義上，已有對抗或是不遵守法律要求的態度與內在意識，倘若行為人不具有此種不法意識，則將無由判定其罪責。

---

❽ 特別是在 2005 年前刑法修正的過程中，確實曾有構想將刑法第 20 條的規定刪除，而將瘖啞人等同於一般人，使之成為完全責任能力人。其主要的想法，乃認為現今啟聰教育已經普及，加上社會資訊的取得便利，瘖啞人的行為認知，乃至學習行為的社會價值，以及對於行為的自我控制，都幾近與正常教育無異，故無必要對瘖啞之人，在責任的判斷上予以減輕。這樣的理由，固然有其一方的道理，但不可否認地，瘖啞人的生理缺陷，卻是不爭的事實，徒然將此種差異性漠視，而視其為完全責任能力人，乃是刑法從苛的刑名化表現，並非現代刑法應有的基本觀念，故雖修法過程有所辯證，終究並未將瘖啞人限制責任能力的規定予以修正。

　　不法意識與主觀要件間的分界，有時難以區分，但在概念的理解上，仍舊可以看出其差異所在。基本上，主觀要件的故意或是過失形成，是針對於一定的行為，也就是對於一定的侵害關係所造成的行為而言，當行為人認識行為可能造成法益的侵害，仍遽以為之，或是以無關緊要的主觀意思，而導致行為造成法益之侵害。此種行為事實形成的行為人主觀意思，乃屬於事實層面的行為意思，屬於故意與過失的範圍；相對於此，不法意識的內容，則是行為人內在意識的規範評價認知，亦即法律規範對於行為事實的評價關係認知，一個行為事實的發生，是否為法律所不允許？或者是行為會在法律規範產生何種評價關係？都是屬於規範評價的問題，對於這樣的評價關係的認識，乃是法意識的問題，如果法律有所規範，或是法律所禁止的情形，行為人仍執意為之，則屬於對於法律規範評價內容的對抗與違反，此時行為人內在的意識，乃具有不法意識存在。因此，主觀要件乃是行為面的意思；而不法意識則是規範面的認知，是一種對於法律禁止或命令的違背意識。因此，當行為人在認知上發生誤解時（此為錯誤論的探討問題），如是屬於行為事實層面者所生的錯誤，乃屬於構成要件評價層面的錯誤，其所影響者，乃在主觀要件；相對地，如所誤解的層面是屬於法律規範，則屬於罪責判斷的層次。

　　舉例來說，甲想要殺乙，決意之後，果真持刀將乙殺死，此時甲對其殺人行為，在主觀的意思上有故意，亦即認識到其所為的行為會將乙的生命剝奪，仍遽然為之，故行為具有故意，而該當第271條之殺人罪；在殺人罪的規定中，除將殺人的成立條件，作正面的規定之外，反應在處罰的法律效果意義上，即是一種「不可殺人」的禁命，甲知道殺人是法律所禁止，仍無視法律的禁命，遽然為之，乃具有法律規範的敵對態度，而有不法意識存在，故甲須承擔殺人之罪責。惟如甲本無殺乙的意思，但卻發生錯誤，於昏暗天色中，誤乙為山豬而殺之，其所要殺害者，為山豬而非乙，卻造成誤殺乙的情況，此時行為人所誤認者，乃屬於行為事實的層面，故對乙的誤殺，並不能視為有故意；相對地，甲如認為「殺害惡人、即是善念」，而將正在行惡之人予以殺害，此時其所為的殺人，誤以為是法律所許可，當未有正當事由存在時，顯然殺人仍非法律所允許，只是甲對此種禁命有所誤解，所為殺人行為，並不影響行為的故意，只是在不法的意識上，或有瑕疵而已，故屬於責任的問題。

　　刑法責任是一種規範責任，而非一種單純客觀事實的結果責任、或是一種道義責任，故而罪責的形成，必須行為人具有不法意識存在，亦即行為人有不遵守法律要求的內在敵對對抗，或是漠視的態度，方得以形成刑事責任。

第三項　規範期待

不論是行為意義的認知，或者是法律規範的認識，基本上都必須行為人具有認識的能力與可能性，倘若法律所期待的情況，對於行為人而言，根本無法達到，或者是根本無法期待時，如仍遽然加諸罪責於行為人身上，不免法律有過苛之嫌。故而，在判斷刑事責任時，除規範的責任條件之外，尚須考慮規範的遵守，是否在具體的情狀下，可以被期待，亦即行為人所為的行為，在具體的情況下，是否合於「期待可能性 (Zumutbarkeit)」❾的規範前提要求。倘若行為人在具體的情況下，根本無法達到法律規範期待的要求，亦即對於行為人所為的行為，法律規範根本無期待可能性，亦即在具體的情況下，行為人根本無法或無能遵守法律規範的要求，此時是否仍應強求行為人的責任？乃有所質疑。基本上，法律不能強求人做不到的事，當具體情狀下，行為人確實無法做到符合規範期待的事項時，法律應該在責任上予以諒解。

「期待可能性」是指規範期待被遵守，必須是在行為人可能的情況下，而不能苛責行為人「知其不可為而為之」，或者「力有不逮而為之」，當行為人確實不能時，規範的期待也就不能苛責行為人。在刑法的規定中，並無「期待可能性」的條件存在，一方面因期待可能性的概念太過於抽象，無法作條件式的具體化；另一方面受規範之人，在個別的能力上，各有不同，對於是否能達到規範期待，因能力的差異，而有所不同，故期待可能性並非統一性的標準，無法成為罪責判斷的指標性條件，但對於責任形成的判斷，也非全然無用，以其作為罪責判斷的輔助性依據，也有不可忽略的作用，特別是對於過失行為的罪責判斷尤然。

在罪責判斷的層面，「期待可能性」概念是屬於一種輔助性判斷的相對標準。行為人是否能夠符合規範期待的要求，可以反應在二方面：

1.**義務形成與履行的判斷**：行為人知道規範的存在，也瞭解規範期待的範圍，

---

❾　「期待可能性」的概念，是由德國刑法學者佛洛依楨塔爾 (Berthold Freudenthal) 於 1922 年在其論著「現行刑法罪責與非難」一文中，從「規範責任論」的基礎觀點，所衍生出來的概念。但因「期待可能性」的概念太過於抽象，無法如不法意識或是責任能力的標準般明確，終不為學理與實務所採用。所以不採用者，乃是將其作為具體的判斷標準而言，而不是不採用「期待可能性」作為輔助認定的機制。關於「期待可能性」概念的出現，參照林東茂，刑法綜覽，7 版，1–152 頁。

但因其能力的不足，乃致無法達到規範期待的要求，例如一個肢體殘障的父親，看見子女溺水，法律要求有救助的期待，但因肢體殘障而致能力不逮，無法達到規範期待的要求，此時該殘障的父親，雖規範一般性的要求，具有救助的義務，卻因實際能力的不足，無可期待其得以實現義務，故不應以侵害的發生，而科以無能為力的罪責。

2.**法律認識的可能性**：在法治國家中，法律規範的龐雜，有時連具有法律專業的法律人，都有未知的可能，更遑論一般人的法律認識與理解。故而規範的期待，必須是以知道有規範的存在，以及規範的具體實質意義為前提，惟有在知有規範的前提下，人才有規範內化的可能性，倘若不知有法律的規範存在，則自然無由內化規範的期待要求，此時乃有無法認識規範的可能，規範不能據此而苛責於人。故刑法第 16 條的規定❿，即將規範認識的可能性區分為二種情形：⑴對於規範的不認識，是屬於可避免性的情形，此時行為人因疏於認識，導致規範的違反，則屬於得以減輕責任的情形；⑵對於規範的不認識，是屬於無可避免的情形，亦即規範的期待，行為人根本無從得知，或因具體情狀，無法得知，此時其雖有法律所禁止的行為發生，卻無法期待行為人能遵守法律的要求，故對此種情形，乃應予以免除責任。

規範的期待，雖然欠缺具體的條件，也無法完全掌握其實質內涵，從而無法真正作為罪責判斷的具體化標準，但對於詮釋罪責的形成關係，以及確認罪責內涵時，也是一種判斷的輔助工具。尤其是對於是否在刑法中具有義務的存在，以及是否得以確實履行義務時，具有相當重要的輔助作用，特別是關於義務犯、不作為犯及過失犯而言，規範的期待可能性，確實有其一定的作用。

第四節　原因自由行為

行為人之責任能力之欠缺成因不一，有些是因自然之因素所然者，如因未達責任能力之年齡，或因既成之精神狀態缺陷所致；有因人為之因素所造成者，例如行為人透過外物來解除其心理的控制力，進而利用其責任能力陷入有缺陷狀態

---

❿ 一般都習慣將刑法第 16 條「不知法律」的規定與禁止錯誤作連結，事實上，不知法律的規範存在，與對於法律的誤解，是二回事，而且不知法律與誤認法律，固然在評價上，都是屬於罪責判斷的範圍，但在具體的形成關係及作為詮釋立論基礎上，則有所不同，故將第 16 條視為是禁止錯誤的規定，並不是很恰當。參照林山田，刑法通論（上），10 版，417 頁。

下，而為一定之侵害行為，此種情況的責任能力欠缺，係由行為人在自由意識狀態下所為（不問是蓄意或是違反注意義務所致），並非源自於自然或是行為人既成之能力欠缺，故而對於這樣的行為責任能力欠缺問題，乃產生責任判斷上的難題，一方面造成責任能力之缺陷者，係屬於可歸責於行為人的事由，蓋行為人自行在其精神意識正常的情況下，以一定之行為（此所謂原因自由）使自己陷入無責任能力或是責任能力有缺陷之狀態，進而為一定法律所不允許之侵害行為，這樣的情況，倘若放任不加以處罰，顯然有違一般之法律情感，但就責任能力判斷的基本前提觀之，必須是以行為時為判斷基準，而行為人為行為時，確實是責任能力有缺陷的狀態，如果堅持責任能力判斷的行為「同時性原則」，勢必承認行為人所為行為屬於欠缺責任能力的情狀，這又容易造成法律規範上的漏洞。在這樣雙重矛盾的情結下，對於自陷於欠缺刑事責任能力的行為，在刑法規範的檢討上，確實造成不少困擾的問題，究竟是否應加以規範？如何來規範方符合刑事制裁的基本理念？乃成為刑法學理絞盡腦汁尋求解決之道的難題❶。

第一項　基本概念

所謂「原因自由行為 (actio libera in causa)」的概念❷，係指行為人於意識狀態正常時，對於某一構成要件之行為，不能或不敢為之，而以一個自陷於類似無責任能力狀態的行為（有稱自醉行為），將自己陷於事實上無責任能力的狀態，以便解除內心中對於構成要件行為的阻力；繼而在類似無責任能力狀態下，實現構成要件的不法侵害行為。由於此種將自己陷於一無責任能力狀態，以解除內心中之抗拒力，進而實現構成要件之行為，在一般的法感認知上，都認為不能予以容許，更不能不加處罰，否則所有的人都可以假借此種藉口，而恣意為侵害的行為，反正法律在嚴格的罪責要求下，不能科以刑事責任，大可以此作為逍遙法外的託詞。為避免行為人假借原因自由時（意識清楚的時候）的決意，且以自己的行為

---

❶ 我國在 2005 年刑法修正時，率然將此種自陷責任能力缺陷的情狀，以輕描淡寫的方式，來排除責任認定之適用關係，在第 19 條增訂第 3 項謂「前二項規定，於因故意或過失自行招致者，不適用之」，這樣的修法果真能杜絕自陷責任能力缺陷的問題嗎？這樣的修正果真在正當性的基礎上，能得到支撐嗎？恐怕都是值得深思的問題。批判見解，參照柯耀程，刑法總論釋義（上），2005 年 10 月，195 頁以下。

❷ 「原因自由行為」在十八世紀時即以 "actio libera in causa sive ad libertatem relata" 稱之，今日吾人乃簡稱 "actio libera in causa"。理論之爭，參照柯耀程，變動中的刑法思想，2版，191 頁以下、200 頁以下。

造成自己類似無責任能力狀態而為侵害行為，罪責的判斷會發生矛盾的情況，乃認定原因自由行為應予以處罰。

第二項　原因自由行為可罰性基礎

雖然「原因自由行為」應加以處罰，是學理與實務的共識，但由於其與責任能力的規定及刑法判斷基準間的不一致，其可罰性成立的學理上依據，就顯得特別重要，在處理「原因自由行為」可罰性時，亦須特別謹慎。學說上對於「原因自由行為」可罰性成立基礎的論爭，可謂眾說紛紜，其中最主要者有「例外模式」和「構成要件模式」之爭，「例外模式」見解咸認「原因自由行為」係對於責任能力規定的「目的性限縮」，但何以刑法允許此種目的性限縮，仍須賦予一定論據；而持「構成要件模式」見解者，並不認為「原因自由行為」係責任能力規定的目的性限縮，而認為係構成要件判斷行為基準問題。

刑法第 19 條第 3 項的修正，是採用所謂「例外模式」，持此見解者認為，「原因自由行為」之處罰，係依據習慣法的作用，而為責任能力規定適用的例外情況。由於一般責任確認程序的規定，要求行為人在行為時，須具有責任能力，即所謂「同時性」的要求，此種要求對於「原因自由行為」的處理，似乎會因行為人為構成要件行為時，已無責任能力，而須作欠缺責任之認定，蓋行為人為違法行為時，已陷於酩酊或類似心神喪失狀態，如依責任能力的規定，該行為勢將不能處罰。此不但違背人民法感的要求，更容易促成犯罪人藉以脫罪。於是乃將對於「原因自由行為」之處罰基準，視為係無責任能力規定之例外，而非將違法的判斷，前移至自陷行為階段。

在例外模式的基礎下，不法實現與責任能力的同時性要求，亦不認為是「原因自由行為」可罰性之前提，蓋其自陷行為本身對於爾後之違法行為，根本上係有責的因果設定關係，此種因果設定關係，乃具有限縮責任能力適用之效力。依照例外模式的論點，主要係建構在自然法的適用上，惟其與刑法罪責原則，及罪刑法定原則間，具有相當不相容的特質。依例外模式的認定，如忽略前行為與作為歸責基礎的結果間之因果連接關係，則主觀要件的故意與過失將喪失其對行為之關係，而終使得行為罪責的責難消失，然而，此種例外限制罪責認定的方式，將使得罪責原則與法定原則的基礎受到動搖，蓋原因自由狀態下之行為，並未落入法定構成要件的評價範圍中，而陷入無責狀態下之行為，卻又非罪責規範的範圍。故而例外模式在超越法定原則及罪責原則的情況下，其正當性的論據，不免

受到質疑。

再者，例外模式另一受質疑者，乃在於其對於在無責任能力狀態下所為行為之可罰性問題，依其見解，原因自由行為之處罰，係將責任之認定視為無責任能力規定的例外，此種例外無疑是一項憑空之虛擬而已，蓋事實上行為人為違法行為時，確實已經陷於無責任能力狀態，如何例外任意認定其應為有責任能力？此種憑空臆測，不論是從事實行為的觀察，或是從刑法規範評價標準的認定，均無法取得足以說服人的論據，無異是判斷者自己憑空之想像。

另外，學理有所謂「構成要件模式」的見解，其認為對於「原因自由行為」之處罰，歸責的重點，並非在於無責任狀態下之行為，而是在意識狀態正常時之自陷行為或導致無責任能力之行為本身，自陷行為被視為係故意或過失且可罰之構成要件結果的導因。在此意義下，「原因自由行為」並非無責任能力規定之例外，而係將前自陷行為視為係違法行為時有責的構成要件實現。此一見解將自陷行為視為行為實行之開始，認為自陷行為係後段違法行為所不可或缺之原因行為，而因無責任能力狀態下所實現之構成要件結果與前行為間，具有因果關係存在。且行為人於自陷行為時具有責任能力，係不容否認之事實，故前行為乃整體事實的一部分，行為人之可罰性因而存在。目前構成要件模式普遍為德國學理及實務所採，但是在認定構成要件模式的各說間，仍存有歧見[13]。

不可否認地，例外模式與構成要件模式都為求得原因自由行為處罰的正當性，但二者間立論的基礎，卻有著明顯的差異性存在，亦即二者所論述的對象，在出發點上並不相同，例外模式所以論原因自由行為者，僅將其當作原因來看待，亦即得以歸責行為人之原因，不能作為排除刑事責任的基礎，其所處罰者，並非原因自由行為，而是原因不自由狀態下之違法行為，是以在邏輯上，結果出現刑事責任之瑕疵，但此一瑕疵卻是因行為人之原因自由行為所致，故自由原因修復瑕疵結果的歸責關係；反之，在構成要件模式下，不論是前置理論、擴張理論、間接正犯適用之引介，其焦點都是放在原因自由行為的處罰認知上，倘若以原因自由行為作為概念，其可罰性的立論依據，根本無法從例外模式中求得，僅能在構成要件模式下，尋找合理的依據，只是這個合理的依據，在刑法學發展至今，仍在尋尋覓覓[14]。

---

[13]　在構成要件模式下，仍有各種不同之見解，參照柯耀程，變動中的刑法思想，2 版，202頁以下。

[14]　關於原因自由行為可罰性的困境，參照柯耀程，刑法總論釋義（上），208 頁以下。

第六章　錯誤論

　　刑法對於行為人所為的行為事實，基本上都基於行為人認知與行為一致的方向，作為論罪判斷的基礎，亦即行為人從其認知所形成的意思，藉由行為而對於權利產生侵害的行為事實關係。然若行為人所為的行為事實，不論其對於事實認知或是法律規定的認識，當具體的事實或法律的規範，其真實情狀與行為人認知發生出入，或是出現有差異性的落差時，乃產生所謂錯誤的問題。其中行為人對於其行為事實的錯認，其所生評價關係的問題，於刑法中，乃為所謂「構成要件錯誤 (Tatbestandsirrtum)」❶所處理的問題；而當行為人對於事實的認知無誤，僅對於法律規範的評價關係有所誤認時，乃發生所謂的類型，其評價關係的處理，乃屬於「禁止錯誤 (Verbotsirrtum)」❷處理的範疇。因此，刑法所要處理的錯誤問題，乃指行為人所生認知的錯誤，因此種認知錯誤所為的侵害行為，在刑法之中應如何評價的問題。當行為人認知的錯誤，係發生於行為事實者，則屬構成要件錯誤的處理關係；其發生的誤認，為法律規範的評價關係者，則屬於禁止錯誤處理的問題。

　　刑法對於一定行為事實的評價關係，主要有二個層面的形成結構：1.行為人所為之行為事實：這一部分是作為刑法規範對象的評價客體，其形成關係，是由

---

❶　「構成要件錯誤」的實質意義，乃是指行為人主觀所覺知的內涵，與客觀所發生的行為事實，發生不一致的情形，這是屬於事實層面的問題，也就是行為人主觀的意思，與據此意思所為的行為事實不一致，行為人的行為意思，所認識與希望發生的情況，與具體為行為後所發生的情況有所出入，亦即行為人主觀意思所想要實現的事實 ≠ 具體所發生的事實。對於這樣的主客觀不一致情形的評價問題，早期刑法是以「事實錯誤」的概念來說明。惟在二次世界大戰之後，認為「事實錯誤」的概念，似乎無法具體表現出行為人認知與所生事實不一致的關係，也無法顯現出錯誤是一種評價的問題，特別是對於有誤解正當事由的情形，更無法以「事實錯誤」的概念，作清楚的概念範圍詮釋，乃將「事實錯誤」以「構成要件錯誤」的概念來取代。

❷　「禁止錯誤」的意義，乃是指行為人對於其所為的行為事實，在法律規範中，會有如何的評價關係，發生誤解，亦即行為人對法律規範的意義與內容有所曲解，而對於其所為的行為，認為法律的評價應是如何，但法律實際的規範意義，卻非行為人所認知的情況。此種錯誤的形象，早期是以「法律錯誤」的概念來說明。只是「法律錯誤」的概念，太過於廣泛，對於具體的判斷上，特別是如何定位誤認的主觀意思，顯得模糊不定，並不足以凸顯規範的具體內涵；而且對於法律規範適用行為事實的包攝關係，也不能明確說明，故以規範具體內涵的「禁止錯誤」概念來取代。

行為人基於一定的意思決定，而以行為對外侵害一定法益的事實關係；2.法律規範對於行為事實的評價關係：也就是法律規範對於一定的行為事實，是否加以規範？其規範的程度與範圍如何？這二個層面的問題，都必須以行為人一定的意思認知為基礎，當行為人認知與所生的事實情況產生不一致時，就會發生錯誤的問題，而對於行為人發生錯誤的情況，刑法對於具體的情狀，到底要作何種不法的判斷？或者是要將錯誤的情況，視為只是一種責任的問題？乃產生刑法「錯誤論」的詮釋。故而，「錯誤論」的問題，乃是指行為人在認知上有發生錯誤時，刑法要如何處理與評價的問題。

第一節　基礎概念

刑法錯誤論的本質，乃在於行為人的意思與具體發生的行為事實，有不一致的情形。此種行為的主觀意思與客觀所生的行為事實，發生不一致的情形，刑法對之應如何加以評價，如何為刑法規範具體適用的關係？此乃為錯誤所處理的問題範疇。具體而言，行為人基於其意思的發動，而為一定之行為時，倘若行為人對於行為的認知與所發生情況有所出入時，乃產生錯誤之問題。而行為人之認知與所發生情況有出入者，又可依具體發生誤解的情況，區分為二種情況：1.行為人對於事實情狀的認知有所錯誤，亦即行為事實認知的錯誤，此種錯誤的情形，學理上稱之為「構成要件錯誤」；2.對於法律規範的認知有錯誤，亦即行為人對於法律規範的認知，與實際法律規範的存在、意義與範圍有出入，此種錯誤學理稱為「禁止錯誤」。

刑法「錯誤」問題的發生，本屬於行為人的認知，與所發生或所存在的具體情況不一致所使然。而因行為人的認知發生錯誤時，其認知的對象有對於事實的認知，也有對於法律規範的認知，因認知對象的不同，所以「錯誤」發生的情況，本就有所不同。在錯誤論中，所要檢討的問題，倒不是行為人認知發生錯誤的型態，而是當行為人發生錯誤時，刑法要對行為人所生的錯誤，如何評價的問題，而不是在詮釋錯誤形成的關係。

因此，刑法所處理問題的「錯誤論」中，將行為人認知錯誤的評價關係，區分為二種不同的類型，其一為屬於評價客體與客體評價關係的構成要件錯誤；其二為對行為事實的主、客觀不一致的情形，所以有誤認者，僅發生在規範評價認知關係的禁止錯誤。其作評價區分的主要意義，乃在於確認行為人發生錯誤具體關係的評價問題，故而錯誤論屬於刑法的評價問題，不是規範存在有所錯誤的問

題。

刑法「錯誤論」所處理的問題有二： 1.構成要件錯誤，此屬於行為人對於事實形成的認知錯誤問題； 2.禁止錯誤，此屬行為人對於法律規範誤認的問題。

至於學理上所提出所謂「包攝錯誤 (Subsumtionsirrtum)」的概念❸，應非屬於錯誤論處理的問題。因所謂「包攝 (Subsumtion)」的概念，乃指法律規範對於具體行為事實的評價關係，亦即構成要件對具體行為事實的該當檢視問題，其應屬於法律適用的關係，應非屬於錯誤論所要處理的範圍。倘若行為人所誤認的對象為其行為事實的關係，則屬於構成要件錯誤的範圍；若行為人所誤認的是具體行為的法律規範關係，此種情形看似所謂包攝關係的誤認，然其係對客體評價關係的誤認，應為禁止錯誤的評價問題，故包攝錯誤的型態，應屬於對刑法錯誤論詮釋的假象，是一種純粹概念想像的虛擬概念。是故，「錯誤論」的核心議題，乃在於發生錯誤情形時，刑法應該如何予以判斷與評價的問題。

第二節　構成要件錯誤

構成要件錯誤所要處理的問題，乃是行為人的意思與所發生的具體事實不一致，具體而言，行為人基於一定的意思，而為侵害行為，希望其所為的行為，會造成意思所設定的侵害關係，但卻因行為人誤認的因素，造成與其意思不同的侵害結果，也就是行為人主觀意思所認識和期待的內容，與具體發生的事實不一致。

從行為事實存在的結構觀察，行為人基於一定的意思所為的行為事實，包括行為的方式、所欲針對的行為客體，以及對於該客體所欲造成的法益侵害，當客觀所生的行為事實與行為人主觀意思，完全一致時，則評價該行為的構成要件，應屬完全該當；惟當行為主觀意思與行為事實不一致時，從構成要件的內容來看，就會發生主觀意思是屬於 A 構成要件的主觀要件，而客觀發生的事實卻可能是 B 構成要件的情形，例如甲想要偷獵他人所豢養的山豬（行為意思），卻將人誤以為山豬而射殺，造成山豬未獵成，而卻造成人死亡（具體行為事實），此時甲的行為意思，是偷獵他人山豬的意思，其主觀上，可能是竊盜的意思，但客觀上造成人

---

❸ 關於包攝錯誤的詮釋，一般都認其仍屬於刑法錯誤論檢討的類型，甚至是一個獨立於構成要件錯誤與禁止錯誤之外的另一種錯誤的獨立類型，然此種見解似乎有誤認錯誤結構關係與其評價的邏輯問題，其應非屬於錯誤論的類型，更非錯誤關係評價的問題，其僅是學理純粹論述與想像上的虛擬議題而已。參照林山田，刑法通論（上），10 版，427 頁以下； Jescheck/Weigend, Strafrecht AT, 5. Aufl., S. 315。

死亡的情形，似乎又是致人於死的客觀構成要件內容，而這種行為意思與具體行為事實的發生不一致現象，根本無法單以主觀意思的要件，或是客觀情狀的構成要件來判斷，必須針對行為人所產生的錯誤來予以評價，這樣的評價關係，就是構成要件錯誤所要處理的範圍。

第一項　形成結構

構成要件錯誤的問題，係發生在於行為人的認知，與其行為所發生的具體情狀不一致。從事實形成的關係來分析，行為事實的形成，其結構關係，乃是由行為意思所主導，而產生行為、行為所針對的客體，以及行為所欲造成的法益侵害，行為、行為客體及法益侵害均屬意思的內容，會造成不一致的關係，自然也發生在這三者之上。因此，形成行為事實的主、客觀不一致情狀者，有三種可以想像的形成結構關係：

1.對於實現行為事實的行為方式認知上錯誤：行為人認為以其行為的作用，足以發生意思所設定之侵害關係，然而實際上，意思期待的事實並未發生，卻發生與意思有出入的侵害情狀，此種事實發生的偏差，導致原本希望發生的侵害未發生，卻發生其他的侵害關係。

2.行為人認知的行為客體有錯誤：亦即行為人意思內容的行為客體，與實際行為所攻擊的客體不一致。此種主觀意思與行為客體不一致的情況，包括有二種迥然不同的關係，不可混淆：

⑴非屬於錯誤的問題：即誤甲即乙的情形，行為人一開始即發生認知錯誤，亦即行為人始終將對象想錯了，一直將張三認為是李四，而決意要殺害李四，也確實將李四殺死，但實際上李四卻是張三，根本不是真正的李四，此種行為客體的錯誤，是屬於行為人本然性的認知錯誤，對於行為人而言，其意思是殺死李四，也確實將其認為的李四殺死，只是真正被殺死的是張三，而非李四。在行為人而言，其意思與行為事實並無二致，此種屬於客觀對象不一致的情形，在行為人並無錯誤，因為這是屬於行為人一開始即將對象誤認的問題，並無錯誤發生，行為人的行為，屬於完全該當殺人罪的構成要件。

⑵屬於錯誤的問題：簡單地說，即誤甲為乙的情形。行為人主觀意思所認知的對象並無瑕疵，只是在其為行為時，行為所攻擊的對象，並非行為人主觀意思想要攻擊的對象，例如行為人想要攻擊乙，卻在昏暗的天色中，行為人誤甲為乙而攻擊，此時行為人所要攻擊的行為對象是乙，卻將甲誤以為乙。此種情

況是行為人的意思與所攻擊的對象不一致，而發生客體誤認的情形。

3.行為人認知其行為與侵害的事實發生，並無任何瑕疵，但對於行為造成侵害關係的因果形成過程，卻有誤認，亦即行為人為行為原本的意思，是希望造成一定的侵害發生，而在行為進行的過程中，行為人誤以為所欲侵害的結果提前發生，但真正的侵害結果，卻是在後來因行為人的其他行為才發生。此種形成的結構關係，原本行為人行為的意思，本就是希望造成一定的侵害發生，而結果確實也因行為人的其他行為而發生，所生的錯誤，僅在於行為造成結果發生的過程而已。

第二項　構成要件錯誤的類型

行為人對其所為行為事實的認知錯誤，在錯誤形成的對象，應是針對行為事實，亦即形成行為事實的內容有誤認，至於行為人本身的資格，應不是屬於行為人主觀認知的內容，亦即主觀意思的故意或過失，應僅是針對於行為人所為的行為事實，並不包括行為主體的資格。在構成要件的犯罪類型規定中，固然有要求一定身分關係才能成罪的特別犯類型，但這種類型的行為主體資格要求，乃在於客觀上是否實際具備，主體資格的要求，應該只是有沒有的問題，而不會發生對於主體資格的認知有無錯誤的問題。故而，行為主體錯誤的問題，不應也不會在構成要件錯誤的類型中發生❹。真正會發生構成要件錯誤的類型者，應是屬於主觀要件與行為事實間的關係，不應該發生在行為主體之上。或許行為主體的特定資格要求，也是屬於特定構成要件成立的一個要件，但行為主體的要件，不應該包括在行為人主觀的意思層面，反而行為意思才是行為人的思想產物，如將行為主體也納入成為意思的內容，則將不知是行為人發動意思？或是意思主導行為人之資格？這或許是檢討構成要件錯誤問題，乃至刑法檢討犯罪成立問題時，必須

❹ 在檢討構成要件錯誤的類型中，因為構成要件的內容，對於有若干要求行為人身分資格的類型，行為主體的要素，似乎也是構成要件的範圍，進而也將行為主體的資格，作為行為人主觀認知的內容，而認為構成要件錯誤的型態中，也應有行為主體的錯誤。但這樣的解讀，似乎有其根本的問題存在，一方面行為人是所有行為意思與行為事實的本體，行為人既是主觀意思的發動機制，實不應當作是主觀意思的內涵，從而也不應有所謂錯誤的問題；另一方面，行為人的資格，應在於有沒有，不在於認知的問題上，故而行為主體資格不具備，犯罪的成立關係，根本有欠缺，自始即無法成立特別犯的類型，這種主體資格的關係，應無認知錯誤的問題存在，故在詮釋構成要件錯誤的類型時，不應將其與認知的內容，作等同的類型詮釋。

重新思考的問題。

　　真正的構成要件錯誤類型者，應該是從行為人的意思與行為事實來觀察，亦即從行為人意思與具體行為事實的不一致的形成關係來看。從而，可以將發生構成要件錯誤的情形，作結構形成的概念分類，而將構成要件錯誤的形成型態，區分為三種錯誤的類型：1.行為失誤（或稱為打擊失誤）；2.客體錯誤；3.因果歷程錯誤。

例子：

1. 甲想要殺害 A，持槍準備朝 A 射擊，但因槍法欠準，開槍後，並未擊中 A，反而打中從 A 旁邊經過的路人 B，導致 B 身亡。甲是何種錯誤？如何評價？

2. 甲想趕走不速之客 A，到浴室提一桶水潑 A，藉此要將 A 趕走，卻不知水桶中是鹽酸不是水，而導致 A 嚴重灼傷。甲是何種錯誤？如何評價？

3. 甲因細故與 A 發生爭執，想要害 A，乃以紮草人下符咒的方式，想要害死 A，而 A 湊巧也因心肌梗塞身亡。甲有無錯誤？

4. 甲想要殺 A，卻在天色昏暗之下，誤 B 為 A 而殺之。甲是何種錯誤？如何評價？

5. 甲想偷 A 的財物，卻誤 B 的財物為 A 所有而偷之。是何種錯誤？如何評價？

6. 甲想獵殺武大郎所豢養的老虎，卻誤武松為老虎而殺之。是何種錯誤？如何評價？

7. 甲想殺武松，卻誤武大郎所養老虎為武松而殺之。是何種錯誤？如何評價？

8. 甲想殺 A，埋伏守候在 A 經過之處，俟 A 出現，乃以棍棒毆打，A 遭攻擊而昏迷，甲以為 A 已經死亡，乃將 A 丟於大排水溝中，A 因此而遭溺斃。是何種錯誤？如何評價？

9. 甲想殺害 A，趁 A 站在橋上欣賞風景時，從 A 背後將 A 推下河中，想讓 A 淹死。A 卻在墜落時，先撞到橋墩再落入河中。A 的死亡並非溺斃，而是撞到橋墩導致頭顱破裂死亡。是何種錯誤？如何評價？

一、行為失誤

　　所謂行為失誤，或稱打擊失誤 (aberratio ictus)，是指行為人錯誤的發生，乃在於行為人對於所使用行為手段與方式誤解所致，亦即指行為人想要對於特定的客體，為一定的侵害行為，卻因對於所使用的行為手段與方式的誤認，而導致所

發生的侵害結果，與行為人原本所希望發生的侵害，有所不一致，如例 1、2 的情形是。

在例 1 的情況，行為人所為的行為、所針對的行為對象，以及所想要造成的結果，基本上都沒有瑕疵，卻因行為手段的出入，或許是因為槍法欠佳，而導致所瞄準要射殺的人 A 沒被打到，卻因失誤擊中 B，此時有失誤之處，並非在於行為人所欲為的行為，也不是行為的對象，更不是所要發生的侵害，只是在於行為手段的齟齬，而出現與行為人希望發生情況不一樣的結果。

例 2 的情形，行為人甲想要趕走 A，所使用的行為手段，是以潑水趕人的方式，卻不知所潑的液體，是鹽酸不是水，因而造成甲所使用的手段與方式的內容，有所誤認，而造成非甲主觀意思中所預期的結果發生，即 A 受嚴重灼傷的結果。

此二種情形，都是屬於行為人對於其所為的行為，在手段與方式的認知與掌控出現瑕疵。故都是屬於行為失誤的錯誤類型。

惟值得注意者，與行為失誤的類型相似，但屬性卻有所不同者，乃屬於所謂「迷信犯 (Wahndelikt)」的問題。稱「迷信犯」者，乃是行為人基於某一種無法透過科學證明的行為方式，卻想要造成一定的侵害結果，此種行為方式能否果真造成行為人想要的結果？尚且無法證明，但行為人卻偏執確信能夠發生一定的侵害結果，如例 3 的情形是。此種非正常化的行為方式，或許是基於民間傳說，或是基於宗教迷信，或是由於怪力亂神道聽途說，都是迷信犯的類型，諸如以養小鬼控制其殺人、香灰符咒得以治病、紮草人施法下符能致人於死❺。因這些行為方式，是否果真能發生所欲的侵害，科學上根本無法證明，刑法並不處理這種無法確認因果關係的行為方式，故以迷信犯稱之，並非刑法的犯罪類型。

二、客體錯誤

所謂客體錯誤者，乃是指行為人所要侵害的對象，與實際發生侵害結果的對

---

❺ 歷史神話故事中，多有此種故事題材存在，例如封神演義中，陸壓計射趙公明的橋段，亦即所謂「釘頭七箭書」的草人害命故事。或許這只是神話傳說而已，未可信以為真，惟今社會之中，卻仍有養小鬼、下符咒的情形。當然，行為人所用的方式，或許是一種迷信，以其作為害命之舉，恐難作合理詮釋；但如以人們對於未知事項的恐懼感，作為行為指向的侵害時，仍有可能成立恐嚇罪。故即使行為人所使用的手段，雖非可以透過科學證明，但何時屬於迷信犯？何時仍有罪的該當？仍應從行為所欲侵害的法益動向來觀察。Auch vgl. Jescheck/Weigend, Strafrecht AT, 5. Aufl., S. 533, 534。

象不一致。此種錯誤的發生，乃在於行為人對於其所欲為行為的對象，有所出入，而造成非其想要侵害之對象，發生侵害結果。簡單地說，就是行為人對於其所要攻擊的對象，發生錯誤，而造成其想攻擊對象，並沒有發生侵害，反而非其想要侵害的對象，卻發生受侵害的結果。

客體錯誤是因行為人對於行為對象認知發生失誤所致，對於其所為的行為，以及所想要造成的侵害結果，行為人都沒有發生誤認，只是侵害並不是發生在想要針對的對象，而卻是發生在其他客體上。從行為所針對的對象與實際侵犯的對象不同，可以將客體錯誤的型態，又分為二種形成結構關係：

㈠同類客體侵害關係

所謂「同類客體侵害」的客體錯誤，乃是指行為人想要侵害的行為客體與所造成實際侵害的行為客體，是屬於同類的客體性質。屬於此種客體錯誤者，亦即行為所要針對的客體是人、而實際發生侵害的錯誤客體也是人；或是針對對象為物，而實際侵害的發生也是有所誤認的物。如例 4 所示客體錯誤的對象皆為人；例 5 客體錯誤對象皆為物，侵害的客體與行為人意思所設定的客體，是屬於同類。

在同類的客體錯誤關係中，主要所涉及的問題，並不是錯誤發生的觀察，而是對於這樣的錯誤評價問題，亦即對於同類客體錯誤的評價關係，是否當作錯誤來評價。學理上將這樣的客體錯誤類型，視之為「等價的客體錯誤」，而在評價時，不以錯誤來看待❻，亦即對於同類侵害對象的錯誤，並不以錯誤來評價，等同於沒有錯誤。

據此，在例 4 與例 5 的情形，都是屬於同類客體的誤認問題，依學理通說的看法，等同於沒有錯誤，則例 4 中甲誤 B 為 A 而殺之，等同於殺人罪既遂；例 5 中甲誤 B 物為 A 物而偷之，仍舊是竊盜罪既遂，二者都等同於沒有錯誤來評價。這樣的學理認知，事實上有其意義存在，蓋一方面，客體雖有錯誤，但行為人對於行為與侵害關係的認知，並無瑕疵，行為所欲達到的侵害，客觀上確實也已經發生，只是客體有所出入而已；另一方面，行為時對於客體認知卻是確信的，只是在侵害發生後，事後確認有所不一致，這樣的不一致，不會影響到行為與結果的不法判定。故而將此種同類客體侵害的錯誤，等同於無錯誤來判斷。

---

❻　參照林山田，刑法通論（上），10 版，419 頁；林東茂，刑法綜覽，7 版，1-273 頁。

㈡不同類客體侵害關係

所謂「不同類客體侵害」的客體錯誤，乃是指行為人主觀上所要侵害的對象，與實際行為發生侵害的客體不一致，例如將雕像當真人而攻擊，所要攻擊的真正對象為人，但實際攻擊的對象卻為雕像（物）。這種不同類客體的侵害，學理上稱之為「不等價客體錯誤」。而不等價客體錯誤的形成關係，乃是真正典型客體錯誤的類型，也確實被當作錯誤的關係來評價。此種情況如例 6、例 7 的情況是。

在例 6 的情形下，行為人想要攻擊的對象為老虎（屬性為財物），卻誤將武松（人）看成老虎而殺害，行為人認知所針對的對象為老虎（物），但該想要攻擊的對象，並未受到侵害，反而卻使人受到侵害。在例 7 情形也一樣，想侵害的對象為人，但行為結果卻造成物（老虎）受侵害。

客體錯誤與行為失誤，在結構的形成關係上，都是行為所要攻擊的對象，與行為實際攻擊到的對象不一致，但二者間仍有所差異，主要的差別，乃在於行為失誤者，對於行為客體的目標設定，並無瑕疵，所以發生不一致的情形，只有在行為使用的方式，以及行為對於攻擊對象的精準度，發生偏差，行為人對於客體、乃至行為所欲造成的結果，主觀上都無誤認；而客體錯誤的情形，則是行為並無瑕疵，但對於行為所攻擊的對象，有認知上的錯誤，故而二者在評價的關係上，會有差異性存在，特別是對於同類客體侵害的情形。

三、因果歷程錯誤

行為人為一定行為，而在主觀意思上，設定行為所要實現的目的，當行為的目的實現具有一定結果關係的要求時（結果犯），則行為與結果發生間的因果關係，也應是行為人所要認知的條件，但當行為人基於一定的侵害意思，而為一定的行為，當行為人認為行為尚未完成，卻誤認結果已經發生，其實真正的侵害結果發生，並非在行為人認知的時候，而是在事後才發生行為人所希望發生的結果，此種前因後果的認知不一致情形，稱之為「因果歷程錯誤」，亦即行為人所為的侵害行為，誤以為結果已經發生，但此時結果尚未發生，真正行為人希望發生的結果，是因其他因素或是行為人的後來行為，才造成真正的結果發生。如例 8、例 9 的情形是。

在例 8 的情形，行為人甲主觀上是想要殺害 A，而以棍棒毆打的方式來實現，在行為當中，A 受毆打而昏迷，此時 A 並未死亡，但甲卻誤認 A 已經死亡，乃將

誤以為已經死亡的 A，丟棄在大排水溝，造成 A 死亡的結果，並非甲毆打行為所致，而是被甲丟棄在大排水溝中遭到溺斃。從行為與結果的結構關係來看，甲的行為意思是要造成 A 死亡，也有行為的實現，而 A 確實也因甲的行為，最後造成死亡的結果，所發生錯誤的地方，僅在於甲的行為與 A 的死亡結果間因果關係的誤認而已。同樣地，例 9 的情形亦然，甲將 A 推下橋，是以使其溺斃的殺人意思而為行為，確實也造成 A 的死亡，只是 A 的死亡原因，是因掉落河中時，撞擊橋墩所致，並非如甲所設想是以淹死的方式所生，A 的死亡確實是甲行為所致，只是形成死亡的因果關係，與甲的意思認知有所出入而已。

原則上，因果歷程錯誤的行為人認知錯誤者，既非行為、也非客體，更不是侵害的結果，只是行為造成結果的過程，發生有因果轉折的關係，而行為人對於這層因果的轉折關係，出現有誤認的情形。

第三項　構成要件錯誤的評價

在認知與行為事實發生不一致的情形下，評價的關係主要屬於構成要件該當問題之檢討，當認知與所發生之行為事實不一致時，乃產生二種判斷的問題：1.行為主觀的故意部分，因事實關係並未發生，所以故意行為部分屬於未遂（如法有未遂處罰者，則該部分需以未遂論之）；2.而具體所生的侵害事實，並非行為人主觀認知的範圍，故依具體情狀認定為過失❼。

一、行為失誤的評價

對於行為失誤的錯誤評價關係判斷，因行為人為行為時，對於採取的行為，在認知上具有認識，且希望行為能夠實現侵害之結果，只是行為手段的失誤，或是對於行為的掌控偏差，而導致所發生的侵害結果，並非行為人意思所期待的結果。故此種錯誤的關係，對於行為故意並無影響，只是故意行為並未發生行為意思所欲的結果。在評價上，行為失誤的情況，可以分成二個部分來評價：1.行為的部分：此一部分的行為仍有故意，但故意所期待的結果沒有發生，故屬未遂的情形，如法有處罰未遂時，沒有發生行為人意思所欲結果的未遂，仍依未遂罰之；

---

❼ 此即學理所稱錯誤之行為無故意之義，亦如德國刑法 §16 所稱錯誤行為之部分無故意之義。惟所謂無故意者，僅限於發生錯誤的部分，對於行為本身以故意為始者，該故意仍舊存在，並非對於行為事實之錯誤者，均僅論以過失，行為有故意者恆有故意、無故意者恆無故意，此方為構成要件評價之義。

2.出其預期外的結果發生：此一部分原不在行為主觀故意範圍之內，但行為人對於此種結果的發生，非無認識，只是行為手段對於結果發生的掌控，出其預期而已，故所生結果部分，則應論過失。同時因一行為而造成原行為故意的未遂，以及發生過失結果，屬於一行為觸犯數罪名的想像競合關係，應依第55條想像競合之規定處理。

上述例1與例2係屬於行為失誤情況，例1甲的行為為「擊A中B」，甲之行為為殺人故意，但A並未發生行為所預期的死亡結果，屬於殺人未遂（第271條第2項）；而擊中B的結果，則原非行為意思的範圍，故屬於過失致死（第276條第1項）。甲係一行為而觸犯殺人未遂與過失致人於死的結果，為想像競合情形，依第55條規定，從一重殺人未遂的法律效果處斷；而例2的情形，甲的行為意思是趕走A，卻誤鹽酸為水向A潑灑，而導致A受重傷，因行為的故意，並非犯罪故意，故本非構成要件所罰，但卻因行為的手段誤認，而發生造成A受重傷害的結果，依具體情狀應成立過失致重傷罪（第284條第1項後段）。

二、客體錯誤的評價

在客體錯誤的類型中，行為人行為的意思，其出發點並無任何的瑕疵，所不同的只是所造成的具體侵害結果，並非發生在其真正所預期的行為對象上。在這樣的情形，會因侵害的關係不同，而有不一樣的評價關係。

對於同質性的侵害對象者（即所謂等價客體錯誤的情形），行為人的行為意思，並無誤認行為客體，反而是以確信為行為客體的意思而為行為，所以發生錯誤者，只在於事後發現，行為客體並非其真正想要的對象而已，在行為的當下，行為人對於行為客體是確認的，故在這樣的情況下，雖有事實上的客體出入，但對於行為人的行為，並無瑕疵存在，故雖是「誤B為A」的情形，但行為人為行為之時，是確信所欲的行為對象出現，且也確信其行為作用的對象，正是其意思所要作用的對象。故此種情形，等同於沒有錯誤。故而在例4與例5的情況下，行為人並無錯誤存在，仍應各依行為故意的結果處斷。故例4行為人甲乃成立殺人罪既遂；例5之行為人甲乃成立竊盜罪既遂。

關於不同質的侵害關係者（即所謂不等價客體錯誤問題），因行為人所為的行為，其具體發生侵害的行為客體，與意思所要作用的客體不一致，故在原故意行為所欲作用的客體，並未出現在其行為之中，反而是非故意所針對的客體，卻發生侵害的結果，故而在行為與具體結果之間，乃呈現出原行為的故意，因故意的

行為客體不存在，並未發生結果，應屬於未遂；而非屬於行為故意的客體，卻發生侵害結果，屬於過失，如法律就此一過失有處罰規定（第 12 條第 2 項之原則規定），則呈現出一行為觸犯數罪名的情況；如實際客體所發生侵害部分，並無過失處罰的規定，則僅論以原故意行為的未遂。

故例 6 的情形，甲是誤武松為老虎而殺之，其所要殺的對象為老虎，卻誤殺武松，行為故意部分為殺老虎，屬於毀損的範圍，但老虎並未被殺，屬未遂，但法律並未罰毀損未遂，故此一部分，並不論處；而實際被殺者為武松，而以一侵害部分，行為人並無故意，依具體情況僅論以過失，故甲僅成立過失致人於死罪（第 276 條）。而例 7 的情形，行為人甲是「誤老虎為武松」，行為的對象原為殺武松，此一部分屬於殺人的故意，但卻未發生武松被殺的結果，故屬於殺人未遂（第 271 條第 2 項）；發生錯誤的客體，乃在於誤殺老虎，此一部分非屬行為人故意的範圍，故應屬於過失，惟毀損罪並未有處罰過失的規定，故非成罪範圍，充其量僅是民事上的損害賠償關係。因此例 7 行為人甲僅成立殺人罪的未遂。

三、因果歷程錯誤的評價

因果歷程錯誤的情形，錯誤所以發生，既非在於行為意思的誤認，也非在於行為，更不是在於行為所造成的侵害結果。所以錯誤者，僅在於行為造成結果發生間的因果關係而已，從整體結構關係來看，雖然在行為與侵害結果間，有因果歷程的誤認，然而結果的發生，並非除於行為意思之外，行為人為行為的意思，也正是侵害發生的意思，從行為與結果的發生而言，並無出於行為人預期之外，故等同於無錯誤。因此，行為人的意思，確實也造成結果的發生，仍應論以故意結果侵害的既遂。

在例 8 與例 9 的情況，行為人甲都想要殺害 A，而 A 確實也是在其行為之下，造成死亡的結果，不論行為到死亡結果的發生，中間經過何種因果關係的轉折，死亡的結果，終究是行為人所期待，也是其行為所致，故甲都應是殺人罪之既遂（第 271 條第 1 項）。

在構成要件錯誤的類型中，關於構成要件錯誤的評價，一般學理上都認為，構成要件錯誤者，其行為無故意，但基於上述的分析，對於構成要件錯誤的結構認知，應非所謂行為無故意的說法，其所謂無故意者，應僅針對於發生錯誤的部分，但構成要件錯誤的型態，應包括二部分：1.屬於原始行為發動的意思形成與行為的部分，此一部分應無錯誤，故也不影響行為的故意；2.屬於侵害發生的實

際情狀，此一部分乃是屬於錯誤發生的部分，因行為人對於發生錯誤的部分，本來就沒有故意存在，故僅能依具體情狀，以過失認定。是以，對於構成要件錯誤的評價關係，應當是行為「有故意者恆有故意；無故意者恆無故意，依具體情狀論以過失」，此種詮釋方式，不但可以說明正面構成要件錯誤的判斷，也同樣可以詮釋反面構成要件錯誤的評價關係。

第四項　容許構成要件錯誤

當行為人所發生錯誤認知的情形，並不是在於行為，也不是在於行為的客體，更不是發生在於侵害關係，而是在其為行為時誤以為具有正當事由的前提條件存在，事實上並無正當事由的條件存在，此時行為人所產生的錯誤，在刑法的評價關係上，稱之為「容許構成要件的錯誤」。例如在客觀情狀下，並無不法的侵害存在，行為人卻誤以為不法侵害已經存在，遽而為一定的防衛行為，此時行為人乃產生防衛的錯誤，亦即所謂「誤想防衛 (Putativnotwehr)」的行為。在行為人的認知上，誤以為客觀情狀有不法侵害，但實際上並無此一事由的存在。於是行為人在主觀的意識上，乃發生客觀情狀的誤認，以為可以主張正當防衛，實際上並無正當防衛的前提條件存在。當行為人對於客觀情狀，有誤認為正當事由前提存在的情形，所發生的錯誤認知，在刑法的評價關係，乃以「容許構成要件錯誤」的關係來處理。

行為人誤認其行為為法律所允許，應為法律的正當行為者，可以在概念上分出二種情形：1.誤認其行為為法律所允許，但實際上卻是法律所不允許者，此種錯誤的類型，在評價的關係上，並不屬於構成要件錯誤的範圍，而是屬於禁止錯誤的類型（見下述本章第三節）；2.誤認其對應行為的客觀情狀，具有得以為正當行為的情形，例如以為客觀情狀具有不法侵害之存在，而對之為正當防衛行為，但實際上此種具體情狀並不存在，此時行為人所生的錯誤，乃屬於「容許構成要件錯誤」，亦即對於法律所得以允許的事由，有發生誤認的情形，此種情形的評價關係，也是屬於判斷行為不法與否的關係，故在判斷上，也屬構成要件錯誤的評價問題。

在容許構成要件錯誤的類型中，最典型的情況，當屬對於正當防衛事由存在的誤認，亦即所謂「誤想防衛」的情形。所謂「誤想防衛」者，乃在於行為人誤認具有得為正當防衛的前提條件存在，亦即具有不法侵害的存在，但實際上並無不法之侵害，或許是不法侵害尚未發生，或者是不法侵害早已經結束，因行為人誤以為有這樣的情狀存在，遽而為一定的防護行為，誤以為這樣的防護行為，應

是針對不法侵害所為的正當防衛。例如婦女下班返家，走在路上，剛好後面跟著一個男子，該婦女誤以為此一男子要對其侵害，於是乃先下手為強，以防護噴霧劑向男子噴灑，導致該名男子眼睛受到傷害。此時男子並未有對於婦女的侵犯行為，該婦女誤認有要侵害的情狀，乃對其為自身防護的行為，實際上並無不法侵害的存在，該婦女乃因其認知發生錯誤，造成該名男子受到侵害。

在容許構成要件錯誤的情狀下，行為人所以錯誤者，乃是對於客觀情狀的誤認，其所為的行為，誤以為正當行為，故在其為行為的主觀意思上，是出於一種防衛的意思，然而客觀上並無得以為防衛的情狀，於是發生「誤想防衛」的錯誤情形，因其行為並不是單純的侵害意思，故不能具以故意來看待，畢竟刑法所指的故意，是一種不法侵害的故意，如果是屬於正當防護的意思，雖也是屬於一種強烈意向的意思，但不能將此稱為不法侵害的意思，當然也就不是故意。惟此種誤想的行為，卻也造成無辜者受到侵害，此種侵害關係，並不能以故意來論，但依具體情狀，仍應論以過失。故而「誤想防衛」的錯誤，乃應以過失侵害來評價。

在容許構成要件錯誤的刑法評價問題上，學理向來都有不同見解的爭議❽，不論是故意理論、嚴格罪責理論、限縮罪責理論、消極構成要件理論，或是限制法律效果的責任理論，主要的目的，都是為確認此種錯誤類型的評價關係。理論間所爭議者，乃在於行為人的「容許構成要件錯誤」，其主觀要件的認定，到底是要認定為故意行為？或是論以過失行為？在故意理論、消極構成要件理論及限縮罪責理論的見解中，認為行為人所為行為的意思，並非故意，故應僅論以過失；而嚴格罪責理論則將此種錯誤視為一種禁止錯誤的型態，並不能排除行為的故意，充其量僅能罪刑的減免而已；而在限制法律效果的責任理論中，則將行為人的故意切割成二種關係，其一為行為型態下的故意，另一為罪責形式的故意，對於容許構成要件錯誤的情形，認為行為人有行為型態的故意，但卻無罪責型態上的故意，亦即具有構成要件的主觀要件故意，卻欠缺故意罪責❾。

事實上，行為人誤認客觀情狀具有正當事由的條件，據此所為的防護行為時，雖行為也是出於一定的意向，但此種行為意思不等於構成要件的主觀故意，不能遽以故意來認定，故而僅能以行為誤認的過失來論斷，此即所謂「行為有故意者恆有故意，無故意者恆無故意」之意義所在。

---

❽　關於學理對於「容許構成要件錯誤」評價的爭議及理論之介紹，參見林東茂，刑法綜覽，7 版，1-270 頁以下；林山田，刑法通論（上），10 版，438 頁以下。

❾　同上註。

第三節　禁止錯誤

行為人的認知發生錯誤者，包含有二個層面： 1.屬於對於行為事實發生的錯誤，此一錯誤的範圍，屬於構成要件錯誤的問題，所要決定的評價關係，乃涉及行為主觀要件的判斷問題，亦即行為是否有故意的問題； 2.屬於對於法律規範認知錯誤的問題，亦即行為人對於其所為的行為事實，並無認知上的瑕疵，故不影響行為的主觀意思，所發生錯誤的情況，是在於對法律與行為事實的規範關係的誤認，亦即誤解既有的法律規範事實的評價關係。此種誤解法律所規範的事實評價關係，乃屬於禁止錯誤評價的範圍。

第一項　基礎概念

所謂禁止錯誤者，乃是指行為人對於法律規範的規定有所誤解，而為一定之行為，對於該行為在法律的評價關係的處理，學理將其稱為「禁止錯誤」。簡單地說，禁止錯誤是行為人對於法律的誤解。

行為人並非對於行為事實的意思有錯誤，而是對於法律的規範認知有瑕疵，這樣的瑕疵，包括有多面向的情狀存在，主要可以概略區隔成二部分情形： 1.行為人誤以為其行為事實，非屬法律禁止的事項，實際上卻是法律所禁止，此種情形，是屬於禁止錯誤探討的基礎範疇； 2.法本無禁止，但行為人卻誤以為是法律所禁，此一種情形，基於法定原則的要求，法所不禁者，不論行為人的認知如何，都是無法加以評價的情狀，故不將其納入禁止錯誤的範疇檢討，畢竟刑法法律無法評價的事項，不須納入禁止錯誤的類型中檢討。因此，禁止錯誤所要檢討的範圍，乃屬於得以受評價的事項為基礎。

第二項　禁止錯誤的類型

學理上將禁止錯誤區分為直接禁止錯誤與間接禁止錯誤❿。所謂**直接禁止錯誤**的意義，乃指行為人對於法律的存在，發生認知的錯誤，誤以為法律禁止之規範不存在，致使得行為人誤以為法律所未加禁止者，事實上法律之規範仍舊存在，此種錯誤型態的評價關係，即屬直接禁止錯誤的判斷類型；而**間接禁止錯誤**者，則屬於行為人誤以為法律對其行為的評價為合法，所為者為法律所許可，事實上卻仍屬違法的情況而言。由於禁止錯誤的處理型態，係以行為人對於法律規範認

---

❿　參照林山田，刑法通論（上），10 版，430～434 頁。

知的誤認問題，故並不影響行為事實的主觀要件關係，其所涉及之評價關係者，應屬於責任內涵上的問題。

禁止錯誤者，係指行為人對於法律評價關係的誤認，此種誤認的關係，是屬於責任判斷的範圍，其在責任的評價上，可以區分為二種類型，來作評價的判斷⓫：

其一為錯誤的發生屬於**不可避免的禁止錯誤**，在此種錯誤的型態下，因行為人發生規範的認知錯誤，屬於不可避免，亦即站在一般人的立場，均無法免除此種錯誤之發生。從其罪責的評價關係來看，行為人欠缺法敵對之不法意識，故而對此種錯誤關係的評價，從罪責理論（現代的責任認定理論）的觀點來看，行為人的刑事責任缺乏不法意識存在，乃屬於責任內涵的條件有所欠缺，自當不認有刑事責任之存在，法律效果上，應為不罰之規範。在第 16 條的規定中，雖然未正面將不可避免性的禁止錯誤，規範為不處罰，而只是作反面的規定，但在規範的意義上，不可避免的禁止錯誤，本不應使行為人因此而承擔刑事責任，一方面行為人欠缺對抗法律的不法意識，且具有正當的理由存在；另一方面法律也不能強人所難，在無能得知法律的規定，而且又屬於不可避免的無法得知情形下，自然不能以刑事責任加諸行為人身上。例如野生動物保育法對於原本以狩獵為生的原住民，倘若長期居處在山林之中，能夠獵取山豬、黑熊、石豹或雲虎者，極可能被族人認為是英雄，但卻有部分的動物獵殺，會有觸犯野生動物保育法的規範範圍，難免會有羅織入罪之嫌。是以，對於無法即時得知法律規範的存在，且有觸犯的危險者，法律乃不應強人所難，而視之為不可避免的禁止錯誤，將其責任解除。

其二為**可避免的禁止錯誤**，亦即行為人本對於法律規範的存在，具有認知之可能，因疏於認識而導致行為之不法存在，在此種情況下，如行為人原本得以避免此種錯誤的發生，卻疏於避免，其行為人就須加以非難，但個別具體的情狀，如有可宥恕之情狀存在時，則得為刑事責任之減輕。例如甲以為撿拾漂流木，非屬於法律所處罰的範圍，但其行為仍該當森林法第 50 條的適用。

⓫　學理對於禁止錯誤在評價的判斷上，從不法意識的欠缺程度，區分為二種判斷形式，即可避免性禁止錯誤與不可避免性禁止錯誤。參照林山田，刑法通論（上），10 版，434 頁。

第三項　禁止錯誤的評價

禁止錯誤因其涉及不法意識缺陷的判斷問題，在刑法的評價上固然認定其屬於責任判斷的範圍，但究竟係以故意行為的規範為責任之判斷，或是以過失行為作為判斷責任的基礎？在學說上有故意理論與罪責理論之爭辯，理論主要的論述焦點，乃在於對於行為人主觀意思的內涵確認的問題，茲分述如次：

一、故意理論

在故意理論之下，故意與不法意識同屬於行為人內在「惡意 (dolus malus)」的概念，且在評價的定位上，皆屬於一種責任之形式，當不法意識有缺陷時，同樣影響到故意的內涵，而不得將欠缺不法意識之行為，視為故意行為，故而無法成立故意犯罪，充其量僅能以過失所成立的犯罪來規範。

此種見解或許在古典犯罪理論下，作為評價禁止錯誤的類型，能得到架構體系之支撐，蓋在古典犯罪理論架構下，故意確實屬於責任判斷的範疇，而且所有主觀評價的內容，都屬於罪責評價的範圍。惟在犯罪評價架構已經修正，故意不再是罪責判斷的內涵時，將不法意識與故意同樣視為罪責形式的見解，已經崩潰，故意所指向者，係客觀的行為事實，屬於構成要件的範圍；而不法意識所指向者，則是作為責任非難的行為人內在法之敵對意識，二者並非同屬於評價架構下的一個概念，故而，以故意理論來判斷禁止錯誤的評價關係，已逐漸為學理與實務所揚棄[12]。

二、罪責理論

在罪責理論之下，不法意識係屬於責任內涵的一個獨立要素，與構成要件的故意雖都是行為人內在主觀的意識作用，但其所針對的認知則有所差異。故意係針對構成要件存在的客觀事實之認知，而不法意識則是對於法律規範的禁命或誡命的對抗認知，二者在犯罪判斷的體系架構，有所不同。故意所涉及者，在於事實認知部分，而不法意識所涉及者，則為規範的認知關係，故而欠缺不法意識者，並不影響故意之形成與判斷，其所影響者，僅是責任之輕重而已，對於禁止錯誤的評價關係，在現代刑法的學理，已肯定並採用罪責理論，作為評價之基礎[13]。

---

[12] 參照林山田，刑法通論（上），10 版，433、434 頁。

[13] 參照林山田，刑法通論（上），10 版，434 頁；黃榮堅，基礎刑法學（下），3 版，189 頁。

　　現代的刑事責任概念，其內容條件，係建立在行為人所為不法行為之法敵對意思的良知非價之上，故在刑事責任形成的內容上，應包括有三個基本要素：1.不法；2.責任能力；3.不法意識。刑事責任的內涵，係以不法內涵作為認定之基礎，亦即行為必須先確認具有行為與結果的非價關係，方能進一步判斷其刑事責任；此外，刑事責任必須行為人有能力加以承擔，倘若行為人欠缺承擔刑事責任的能力，則刑事責任也無法形成，在責任能力的判斷上，包括年齡與精神狀態的關係（刑法第 18 條第 1 項與第 19 條第 1 項）；再者，刑事責任本是刑法對於行為人對抗法律的非難關係，必須行為人之行為係出於法敵對態度的惡意，亦即行為人必須知法所不許而為之，否則即無法作刑事責任的判斷。因此，行為人得以承擔刑事責任者，必須是出於對抗法律的不法意識，如欠缺不法意識者，則刑法的責任非難關係，亦將不復存在，惟此種不法意識的欠缺，並非單純出於行為人的認知，仍須從客觀是否對於法律誤認的可能性關係，來加以思考與判斷。

⚜── 第七章 未 遂 ──⚜

　　刑法評價對象的行為，從其開始實行，而到法益侵害的發生，均屬於行為階段所要檢視的範圍，刑法規範究竟對於行為的要求，僅在其造成法益侵害時，方予以介入？抑或是基於對特定權利的保護，在其有發生侵害危險之前，即須介入規範？乃行為階段規範問題的思考核心。行為階段有意義者，應當是在行為已經進入法律所保護法益的侵害可能性狀態，才有檢討的意義，對於只有單純的意思形成，或者是單純只是行為前的準備工作，基本上都不應進入行為階段的檢討之中，但在刑法之中，卻仍舊可見為數不少的預備犯與陰謀犯規定，例如第 271 條第 3 項的殺人罪預備犯、第 328 條第 5 項的強盜罪預備犯、第 347 條第 4 項的擄人勒贖罪預備犯，以及內亂罪與外患罪相當普遍規定的預備犯與陰謀犯。原則上，這些預備犯與陰謀犯的規定，都不應列入行為階段的範疇之中，因為刑法所關注的行為，應當是指對於法益侵害可能的客觀存在行為而言，預備與陰謀者，都只是行為實現前的階段，這些階段或許只是行為人思想意識中的構想，或許只是一種為侵害前所做的準備工作而已，應非刑法所要判斷的行為階段❶。

第一節　未遂概念

　　就概念而言，未遂者❷，係指行為人基於主觀意思之引導，而以行為指向一定之侵害，並依其行為實現之動向，開始實現構成要件所設定之內容，但最終卻

---

❶ 預備犯與陰謀犯的存在，會有與法定原則及行為刑法原則不相容的現象，蓋一方面無法明確判斷所謂預備與陰謀的正確時間點，會導致於相當恣意認定的弊端；另一方面似乎是將單純的思想形成過程，當作處罰的依據，使得刑法賴以指導的基礎，會有崩潰之虞。固然預備與陰謀的處罰規定，都是針對相當嚴重的法益侵害而設，但對於此類法益保護的規範方式，可以作較為明確的行為描述，而將此種具有侵害危險性的預備或陰謀行為，以特定的方式來提前規範，例如設計成為抽象危險犯的形式，而不應只是以「預備犯……罪」或是「陰謀犯……罪」的方式為規定。

❷ 法理上有對於一定行為未發生刑法所保護法益侵害之未遂問題的理解，將其區分為未遂 (Versuch) 與未遂犯 (Versuchsdelikt) 二種概念者，z.B. Alwart, Strafwürdiges Versuchen 1982, S. 84ff，此種將未遂視為一種犯罪類型的見解，恐易產生理解上之混清，蓋未遂雖在法律上有作處罰之規定，然處罰者非必然即是一種犯罪類型。其實未遂者，僅係一種行為實行之階段、一種行為侵害關係的狀態而已，其僅是一種現象，而非一種犯罪類型，我國刑法第 25 條將其視為「未遂犯」，恐概念上有所誤解。

未發生該行為所設定之特定侵害結果者謂之。是以其結構關係，乃在於行為已經著手於構成要件所設定之犯罪類型之實現，但卻未能有效實現行為所指向之侵害結果。故而未遂的概念，乃指行為已經著手於構成要件內容之實現，但卻未發生構成要件所設定之一定結果者。從而對於未遂概念之理解，乃應從構成要件對於特定行為事實是否設定一定結果，亦即特定犯罪類型是否具有可以想像之侵害結果可能性，作為未遂概念理解之基礎，倘若特定之犯罪類型根本未設有一定之結果，或是對於特定之行為與侵害關係，根本無由想像會有（實害或危險）結果存在者，則此種類型根本無所謂未遂之問題存在❸。是以會產生未遂的根本前提條件者，必須所涉及之犯罪類型，係屬於結果犯為根本類型條件，而在刑法中結果犯的類型不論是故意或是過失、實害或是危險（具體危險）、作為或是不作為者，其既要求一定之結果發生作為成罪之基礎，則必然會有未遂之狀態存在，所不同者，僅在於是否加以處罰而已；進而得以形成未遂結構之實質條件者，指的是行為已經著手構成要件之實現，卻未能實現構成要件所設定之結果而言。至於何謂著手，乃決定結果犯行為是否進入未遂的入門問題。

第一項　基礎形象

　　刑法對於行為的評價，基本上必須行為已達著手階段之後，方有加以評價的可能❹，亦僅行為著手後，方有所謂不法評價的問題存在，此種要求不但適用於不法行為的法律適用認定，亦適用於成為正當防衛前提的不法侵害認定。基本上，

---

❸　從結構分析發現，未遂的概念係維繫於行為與特定結果之侵害關係而言，故會有未遂存在的類型者，當以結果犯 (Erfolgsdelikte) 為主，倘非屬結果犯者，其行為之成立既非要求一定之結果，自然無由發生未遂之情形。是以如舉動犯、抽象危險犯等，均不要求特定之結果，故應從未遂概念中排除，至於如過失結果犯或是加重結果犯，因其具有要求特定結果作為成罪之條件，均會有未遂的問題存在，所差異者，僅在於未遂是否加以處罰而已。殊不能將未處罰未遂之犯罪類型，均視為不具有未遂之型態，此恐係概念之誤解。參見林山田，刑法通論（上），10 版，453、465 頁。

❹　雖然刑法中仍有若干的規定，係針對著手前的預備或陰謀所做之處罰規定，但此類規定如何判斷，則成為另一個刑法判斷上的難題，例如甲隨身攜帶西瓜刀，或許其正準備前往仇家尋仇；或許其正在守候肥羊出現，下手行搶；更或許其正準備送刀給正在賣西瓜的親人，但在半路上卻被警查獲，殊不知其所犯者為預備殺人，或是預備強盜，或是無不法之行為？基本上對於預備犯或陰謀犯之處罰，始終都擺脫不了思想刑法的陰影。同樣見解者，參見黃榮堅，刑罰的極限，229 頁。

在行為著手前，刑法不但不應、亦不能加以評價，否則將產生法定原則的自身質疑❺。蓋如僅將法定原則定位在法律明文規定的要求下，則欲將抽象的法律規定，落實到具體的犯罪事實，必然產生相當程度的落差，而導致雖有規定，卻任意適用的弊端。而著手的概念，乃未遂概念判斷的前置性基礎，必先釐清著手概念後，方得以理解行為未遂的形象❻。

第二項　著手概念之詮釋

刑法未遂論中的「著手」概念，一般均視之為犯罪行為實行的開始，惟此一實行開始的認定標準為何？向來學說上就有多種不同的見解，其中主要者計有：形式客觀理論 (formal-objektive Theorie)、實質客觀見解 (materiell-objektive Auffassung)、主觀理論 (subjektive Theorie)、主客觀混合理論 (subjektiv-objektive Theorie) 等❼。

客觀理論認定「著手」的標準，係置於客觀事實的觀察，認為「著手」者，行為人行為之實行，依據客觀的觀察，已經與構成要件具有必要之關連性，或是已經形成法益的直接危險時，即為實行之開始❽。

主觀理論的見解，則認為行為是否著手，應以行為人主觀意思為斷，如行為人之犯意及其犯罪計畫認為已經開始者，即可視為行為已經著手。

而混合理論乃折衷主觀理論的行為人意思，以及客觀理論法益直接攻擊的觀點，認為行為人依其對於行為之認識，而開始實行足以實現構成要件之行為者，即為著手❾。

---

❺ 一般對於罪刑法定原則的詮釋，均僅限對於行為的法律規定，卻忽略了對於行為評價的認定問題。事實上，法定原則除要求法律對於行為在行為時，即需存在外，尚須強調法律對於行為開始評價的基準點，亦需明確，否則如何能認定行為具有刑罰規範的該當問題？因此，行為何時落入刑法規範的評價範圍中，必須有一明確的認定基準存在，而此一基準便落入行為開始實行的「著手」概念之中。

❻ 除理解未遂概念之外，著手的概念對於正當防衛中「現在不法侵害」的認知，亦具有關鍵性之作用。參見柯耀程，正當防衛界線之認定，月旦法學雜誌，第 60 期，85 頁以下。

❼ Darüber vgl. Jescheck/Weigend, aaO., S. 518f.; Wessels/Beulke, Strafrecht AT, 30. Aufl., S. 192; Schönke/Schröder/Eser, Rn. 26ff. zu §22.

❽ 參見林山田，刑法通論（上），10 版，453 頁；黃榮堅，基礎刑法學（下），3 版，11 頁以下。

❾ 我國實務係採取主客觀折衷的見解，認為所謂「著手」者，係指對於構成犯罪要件之行

　　然而，學理上的見解，不論是客觀、主觀，或是折衷的觀點，對於「著手」概念，都有著相當模糊的空間存在，不論是從構成要件基本事實實現的開始，或是從行為人主觀的認定❿，似乎均僅提供一個判斷的範圍而已，並不能明確地界定「著手點」⓫。現行存在的學說見解所能提供判斷著手的標準者，其實是相當有限的，如要明確地判斷行為是否已經進入不法階段，恐需另行思考。

　　在界定著手概念之時，除需考慮行為係事實存在的評價客體外，尚須兼顧到對於行為評價的構成要件內容，由於構成要件係對於行為評價的刑法規範，理所當然必須有反映行為的要素存在。稱著手為行為實行的開始，其所針對者，為行為判斷的起點，則判斷的標準，仍應從構成要件中行為要素的實現，作為認定的核心，亦即開始實現刑法構成要件的行為，作為著手概念的基礎條件。

　　此外，對於具有二個行為要素（學理上稱為複行為犯，其中典型者即為結合構成要件⓬）的犯罪類型，其著手的判斷，必須從行為要素的結構作判斷。對於構成要件中，具有二以上行為要素所組成的犯罪類型，其存有根本的內在關連性，即前行為要素必然為後行為要素的手段要素，而後行為要素則為犯罪類型的目的要素⓭，例如強盜罪的強盜行為，其中包含有二個行為要素，即強制的行為要素與取走的行為要素，前行為要素強制為後行為要素取走的手段要素，而取走要素，

　　為，已經開始實行者而言。參照最高法院 25 年非字第 164 號、30 年上字第 684 號、39 年上字第 315 號及 59 年台上字第 2861 號判例。

❿　刑法發展至今，將判斷標準置於行為人認定的作法，已經漸漸受到摒棄，蓋刑法係行為評價的客觀標準，如將其認定標準，交諸行為人的主觀意思，無異係自毀其客觀評價標準的本質。誠如德國帝國法院於 RGSt 4, 187 所稱「考量何者為法的侵害，並非由行為人，而係由法來確認 (Nicht der Handelnde, sondern das Recht bestimmt, was als eine Rechtsverletzung zu betrachten sei)」。

⓫　批判見解請參見林山田，刑法通論（上），10 版，465 頁以下。

⓬　見柯耀程，變動中的刑法思想，85 頁以下。

⓭　或許在構成要件類型中，有將目的行為要素與手段行為要素位置對換的類型，例如準強盜罪（刑法第 329 條），但此種類型並非典型的結合構成要件，僅是立法上對於此種型態的不法內涵，提升至與本罪相同的特殊規定，其法律性質與邏輯性結合的複行為犯不同。此外，尚有將犯罪行為的形式，加以組合的類型，一般稱其為「形式結合罪」，如刑法第 332 條強盜罪的結合罪是，其僅是單純將不同的罪結合在一起，如強盜罪結合殺人罪、強盜罪結合強制性交罪等，此種類型在犯罪內容結構上，並無手段─目的間的關係存在，其實不能稱其為結合犯。對於結合犯的探討，參見柯耀程，變動中的刑法思想，2 版，54、86 頁以下。

則為強盜罪實現的目的要素。此種複行為要素的類型，決定著手者，為手段要素，而決定既遂者，為目的要素，因此，對於典型結合構成要件的著手認定，乃在於行為要素中的手段要素。

行為進入著手階段之後，在未實現構成要件所設定之結果前之階段，均得稱為未遂階段，未遂狀態之形成，乃以行為著手後而未生結果為界定標準，倘若侵害之結果已經發生，則不論行為進行至何種階段，均無法再視為未遂，僅能視為既遂。至於造成結果不發生的原因各有不同，所形成的未遂亦有差異。

第三項　未遂型態分析

未遂者，本係行為經著手後，卻未發生特定之結果之謂，至於何以未發生結果？或可能係行為未全部實行完成、亦可能行為已經完成，卻偶然出現預期外之結果不發生、亦有係因行為根本無由發生行為之結果者、也有係因行為人行為著手後，因己意之中止行為，並防止結果之發生所致，由於造成結果未發生的原因各別，未遂乃有各種不同的類型存在。

一般而論，倘若行為人基於主觀意思之發動，而著手於行為侵害結果之實現，最終卻未有結果之發生者，通稱此種未遂為一般未遂（或普通未遂）。至於在一般未遂的類型中，因行為與侵害結果未發生的關係差異，在型態上又可因行為階段之不同區分為**未了未遂**與**既了未遂**；而對於行為為何未發生結果者，或可能係行為的內在或外在因素所使然，倘若係行為內在之意思所使然，而形成結果發生之障礙者，則可在概念上稱為**心界障礙**，例如竊盜行為人侵入住宅時，忽聞狗吠而一時疑心以為有人將至，未得手前即行離去者是；而如形成障礙之原因，係因外在客觀情狀所致者，則可稱為**外界障礙**，例如放火之際突然天降大雨，而將火澆熄是。惟雖然在型態上有因結果不發生的原因差異，得以將未遂形成的型態，作概念上之區分，但其在未遂概念的認知上，乃至於在可罰性之決定上，並無本質性之影響，僅是對於形成型態差異的觀察與理解而已 ❶。

此外，對於造成結果不發生的原因中較為特殊者，應是以行為對於侵害結果無形成可能性的**不能未遂** (untauglicher Versuch)，以及行為因行為人出於己意的中止，並極力防止結果發生的**中止未遂** (Rücktritt vom Versuch) 為主要類型，蓋此二種類型所形成的未遂者，要不就是因行為對於造成侵害的不能、要不就是因行為人雖已著手行為，卻因己意之中止而努力防果，乃至於評價上與一般未遂有所差

---

❶　參見林山田，刑法通論（上），10 版，460 頁。

異，而造成處罰上的認定不同。而特殊的未遂類型中，最值得質疑者，乃是所謂不能未遂的類型，蓋刑法對於一定未遂型態之規範者，雖然均指行為未發生刑法所保護法益之侵害結果，但由於結果未發生的因素各有差別，倘若行為對於結果之發生具有可能性存在時，對於特定行為之提前禁止，乃具有結果防範之必要性，惟倘若行為對於結果的發生根本毫無可能時，則雖有行為的實行，但卻無由預期結果發生可能之情形，是否有必要將此種不具結果實現可能性之行為，納入刑法規範之中，殊值得思考。一方面倘若行為對於結果之發生，具有可能性，則行為所以未發生結果者，乃屬於一般未遂涵蓋之範圍，根本不能歸類於不能未遂；另一方面倘行為根本自始即不具結果發生之能力時，此種行為是否宜納入刑法規範之中，亦是問題。是以在未遂類型中，是否有必要在概念上創設一個不能未遂之型態或概念，乃值得檢討。

第二節　未遂之處罰

在概念上，未遂的存在，係指行為已經著手於侵害之實行，卻未發生規範所設定之結果，而在刑法犯罪類型中，結果之存在，往往係一種犯罪類型完全評價的指標，然對於未發生結果的行為型態，刑法也加入處罰之列者，必其具有特殊性之可罰效應存在。比較未遂與既遂的型態，未遂所欠缺者，並非行為形式，且對於一般未遂而言，其所欠缺者，亦非行為主觀之意思，一般未遂與既遂間真正之差異者，僅在於結果之不發生而已，倘若刑法所設定處罰之基準，係置於行為之上，則對於結果發生與否，似乎對於行為的評價關係甚為薄弱，則未遂既與既遂有著同樣之行為，其處罰勢必完全一致❻。惟對於未遂之處罰，不論從學理的論述，或是法律規範之規定者，其與既遂在處罰上，卻有所不同，而其所不同者

---

❻ 此種思維在學理上並不陌生，蓋有部分學理的見解認為刑法處罰的基準，應完全置於行為的非價之上，蓋刑法係行為刑法而非結果刑法，vgl. Zielinski, Handlungs- und Erfogsunwert im Unrechtsbegriff 1973, S. 308。此種見解固然對於舉動犯得以妥善說明，但對於結果犯而言，卻有所欠缺，同時刑法固然係以行為作為評價核心，但反應行為可非難的內容者，除行為本身外，具有侵害指標作用的結果，亦為其認定之佐證範圍，倘對於結果犯忽略結果的評價，則行為與結果的因果關係檢討，將毫無意義，且區分未遂之不同型態，以及區分未遂與中止，乃至於區分既遂與未遂，將毫無任何實質意義。同時刑法設定結果犯的意義，亦將全部喪失。故而對於可罰性決定的前提者，均認為係建構在行為非價與結果非價的不法內涵之上。Vgl. Jescheck/Weigend, aaO., S. 238ff.；Jakobs, aaO., S. 164～167；Baumann/Weber, Strafrecht AT, 9. Aufl., S. 201。

有二： 1.行為未發生結果，故而對於結果非價者，未遂類型乃有所欠缺； 2.造成未發生結果之原因影響非難之程度，例如中止未遂因己意中止，而未生結果時，其可非難之程度，不論在行為或是結果上，均較既遂之情形為低，故其可罰性之認定時，自然也不同於既遂。

第一項　未遂處罰的基礎

行為完全實現構成要件的既遂，其處罰的基礎，乃在於構成要件所揭示的不法內涵，惟未遂者，既係未完全實現構成要件的結果要件，而結果又是行為侵害的目標，則其可罰性之評價，至少在結構上，不同於既遂。倘若刑法構成要件的規範，係可罰性評價的基準，則對於未實現構成要件結果之行為者，其處罰的判斷，似乎無法完全從構成要件的規範中得出，在處罰的基礎上，必須另外賦予充分的理由，基本上對於未遂之處罰，無異是將處罰的界線，從既遂往前推移至尚未發生結果的階段，其思維的基礎，一者在於將評價對象，從實害的結果發生，推至危險狀態，刑法即行介入；另一者則是對於規範的保護，以及法益的保護，對於特定犯罪類型，將處罰的界線前移至未生結果的階段，避免發生結果之後，所生的損害過大。

第二項　未遂處罰的學說

學理上為探求未遂處罰的基礎，乃發展出相當龐大的理論體系，且見解也相當分歧。主要的未遂處罰學說可歸納為四種：

一、客觀未遂理論

此一理論認為未遂所以必須處罰者，乃在於未遂行為雖然未造成侵害結果的實現，但卻已形成法律所保護的法益發生危險，同時，未遂行為與既遂行為在行為的主觀意思上，並無差異，所不同者，僅在於構成要件之結果是否被實現，未遂行為雖未實現構成要件之結果，但卻已造成危險，其引發結果之發生具有相當程度之高或然率，故應受到刑罰之處罰。從此種見解推論，一般未遂的行為及結果非價與既遂並無本質性之差異，僅在於事實上是否有結果之發生而已，惟未遂雖具有結果侵害的可能性與危險性存在，但終究欠缺結果之發生，故對於其不法內涵的認定上，雖具有行為的不法，但卻欠缺結果不法，故在處罰上採取必減的認定，至於不能未遂者，因其對於結果之侵害並不具有可能性，故而不在客觀理

論處罰範圍之列❻。

二、主觀理論

　　此一理論的核心思維認為，刑法對於犯罪行為之處罰者，主要的根本基礎，乃在於行為人之犯罪意思，而建構可罰性前提的不法內涵者，則在於行為人對抗規範之違反行為本身，當行為人所為行為指向規範禁命或誡命之違反時，其行為不法內涵已然完備，至於是否發生一定之結果、或是造成結果之危險，僅是規範違反行為的佐證而已，並非可罰性判斷的核心要件。故而當行為人甘冒違反規範之風險，而為逾越法律規範之行為時，已足以彰顯其行為之不法，至於是否因此發生結果之侵害或危險，則與行為的非價判斷不生影響。是以此一理論架構下，行為的既、未遂具有相同的處罰基礎，甚至在此一理論之下，預備行為乃至於不能未遂之行為，只要足以表彰其不法的意思，均屬刑罰處罰範圍❼。惟在此理論之下，倘若行為人原本展現法規範之敵對意思，但卻發生具有修復式的行為意思轉換時，因主觀意思之轉變，足以影響不法內涵的認定，是以對於中止未遂的處罰，乃認足以影響可罰性之範圍，故不論是否發生結果，只要行為人於行為完成前因己意之懊悔而為行為之轉向，則對於該行為的可罰性，勢必須為減輕之認定。

---

❻　對於一般未遂的處罰，客觀理論仍有限制，雖然其限定未遂為對於侵害結果具有實現之高可能型態，而認為有處罰之必要，但對於事實上完全不能實現未遂之情況者，仍認為不能加以處罰。是以得成為未遂處罰的對象者，必須是適格未遂行為 (Tauglichkeit der Versuchshandlung)。故而客觀理論否定絕對不能的未遂處罰，在客觀理論下，不能未遂的類型並不具有可罰性存在。Vgl. Jescheck/Weigend, aaO., S. 513；Zaczyk, Das Unrecht der versuchten Tat 1989 S. 41ff.；Jakobs, aaO., S. 709, 710。惟值得一提者，在客觀理論上，對於可罰的認定置於結果的發不發生，對於主觀意思的認定傾向於一致，則對於所謂中止未遂的認定，乃避之未提。

❼　在主觀理論的中心思想中，刑法不法內涵的判斷，完全置於行為人主觀的意思，乃至於對於形成不法內涵的認定，完全否定結果非價的判斷，僅認定決定不法內涵的基礎者，完全在於行為非價的基礎上。故而不論是一般未遂，或是不能未遂，其主觀行為意思均屬與既遂相同，其處罰自然等同於既遂之處罰。Vgl. dazu Jescheck/Weigend, aaO., S. 513；Zaczyk, aaO., S. 41ff.；Jakobs, aaO., S. 709, 710；Stratenwerth, Strafrecht AT, 4. Aufl., S. 262。

三、混合理論

此種見解係將客觀與主觀理論加以綜合，其主要的理論架構基礎，乃在於以主觀理論為主，而以客觀理論為輔，此一理論的核心，乃在於對未遂的處罰基礎認定，一如主觀理論係置於行為人主觀之法敵對意思之上，對於行為客觀上是否造成法益侵害之危險或實際侵害者，並非決定不法的重點，其理論核心的重點仍舊置於確認行為不法的故意之上。但其與主觀理論所不同者，則在於限縮刑罰處罰界線必須限縮在著手以後，同時對於不解結果侵害的認知者，作免除其刑的處理，亦即對於因主觀的無知而致誤認事實情狀，進而有類似不能未遂的類型，作免除刑罰的處理，不再等同於既遂處罰[18]。

四、印象理論

印象理論 (Eindrucktheorie) 或可認為是一種主客觀混合理論，但其所採的觀點與混合理論有所不同，其主要的差異，乃在於混合理論的基礎在於行為人之法敵對意思，而行為客觀層面的事由僅具有界定之用；而印象理論的出發點雖亦在於行為的意思，但該意思必須展現於外，同時必須形成對於社會大眾發生足以撼動一般法律信賴的情感，乃至於撼動社會安全及法秩序和平之印象。詳言之，在印象理論的論點中，行為人的意思固然成為刑罰之基礎，但該行為必須係針對法益客體形成具體之危險，而未遂行為之處罰，乃基於此種危險而致生社會對於法律和平印象之信賴破壞，而危及法律和平與法的安定性，從應刑罰性之觀點，認為必須加以處罰，此方為未遂處罰之基礎[19]。此一理論既認定未遂之處罰基礎，乃在於行為人之行為造成社會對於法秩序平和與法安定性信賴的侵害印象，則必須對於何種行為會產生此種印象，加以界定。是以檢討未遂之刑罰性時，除形成於行為意思之外，更須對於反應意思的行為侵害加以觀察，因此對於法所保護對象的侵害，在判斷未遂處罰時，亦不可偏廢，故而，對於無知之未遂行為或是預備行為，乃傾向不加處罰，或是成為刑罰裁量減輕之事由[20]。

---

[18] Vgl. Baumann/Weber, Strafrecht AT, 9. Aufl., S. 470, 471；Zackzyk, aaO., S. 21；Jescheck/Weigend, aaO., S. 513。

[19] Ausführlich vgl. Alwart, Strafwürdiges Versuchen 1982, S. 208～210。Auch Zackzyk, aaO., S. 21ff.；Jescheck/Weigend, aaO., S. 514。

[20] So Jescheck/Weigend, aaO., S. 514。

第三項 評 析

客觀理論認為未遂之處罰者，係行為對於構成要件所保護對象之危險性，此種見解固然得以說明一般未遂之處罰，但卻無法說明當行為根本不具有危險性的不能未遂，是否仍屬處罰之列；而主觀理論將未遂處罰的基礎，置於行為的意思上，則未遂與既遂的行為意思基本上並無差異，故既、未遂之處罰是一樣的，此種理論固得以區分中止未遂與一般未遂，卻未能區分出既遂與未遂本質上結果發生與不發生的差異；又混合理論固係修正主觀與客觀理論之偏差，進而將著手以前的預備行為，從可罰性的範圍排除，並對於不能未遂以及嚴重誤解構成要件之未遂行為，作免除刑罰之認定，但特別是對於不能未遂何以需作免除刑罰認定？總須先決定其處罰之基礎後，方得以作處罰方式之調整；在印象理論中，雖然同時顧及行為主觀與客觀的認定，並從應刑罰性之檢討作為分析之基礎，但何種行為人發自內在意思所形成之行為，得以被視為足以「撼動法律平和與法律安定」？卻是相當之抽象，且在此種抽象認定的基礎中，如何得以將既遂與未遂，以及不同未遂型態的處罰差異性，予以表彰，恐仍有問題。

刑法規範設置的目的，乃在於具有刑法保護必要性之法律價值與利益（即法益），透過法益保護的必要性，刑法的構成要件乃得以成形，而藉由法益保護的優先性觀察，乃得以區分出法益保護之程度，以及衡量是否必須將法益保護的界線，從實際侵害前移至危險階段，而成為對於未遂處罰的基礎[21]。故而，對於未遂所以處罰者，主要的考量，應在於法益保護的必要性[22]，亦即對於若干更具有保護

---

[21] 未遂規範之法理，係基於行為對於法益侵害前置之考量，通常處罰未遂者，多係對於較為重大犯罪之侵害而為之，亦即對於行為具有高不法內涵的犯罪類型，有規範保護必要之情形，將規範的界線向前推移至侵害未發生之前，而此種犯罪類型未遂之處罰，似乎不宜採用個別規定方式，以免疏於檢討，而產生遺漏的情況，造成輕罪罰未遂、重罪卻無未遂處罰的矛盾情形。故宜將較為重大犯罪類型的未遂處罰，作原則性之規範，而對於其他較為輕微的犯罪，考慮有處罰未遂必要時，再作個別性之規定為宜。惟我國向來採取個別規範方式，即第25條第2項所稱「未遂犯之處罰，以有特別規定者為限」，此種個別規範的方式，往往會對於應規範未遂處罰的犯罪類型，因疏忽而造成未能規定的缺陷，例如偽造罪中對於偽造、變造貨幣規定有處罰未遂（見第195條以下），但卻在偽造、變造有價證券規定中，未規定處罰未遂（見第201條以下）。同樣的情形遍見於個別犯罪類型之中。顯然對於未遂規定，應有重新加以檢討的必要。

[22] 同樣見解者，參見 Zackzyk, aaO., S. 326。

必要性的法益，將其保護之界限從實際侵害結果，提前至未遂階段，而在邏輯上所謂具有保護必要性者，乃是一個相對性概念，亦即行為對於該法益具有侵害之危險性與可能性，倘行為對於法益之侵害既無危險，也不可能造成侵害時，則應將處罰排除。至於處罰之程度，乃從法益侵害與危險關係為衡酌，故而未遂者，雖未形成侵害之結果，但其行為卻具有結果發生之危險性，且結果發生之可能性，亦非不可想像，故仍應加以處罰，但程度上，因其欠缺實際之侵害結果，故不法內涵總不如既遂高，故宜採取得減輕其刑的規範，至於中止未遂者，其行為原本是要造成法益的侵害，卻於行為中或是行為後，因意思轉向而為防護結果發生的行為，其性質完全不同於一般未遂，故宜採取必減或免除之規範。

第三節　不能未遂

在未遂的概念中，最奇特的類型，當屬於不能未遂類型，在一般通念中，界定不能未遂的概念者，乃在於行為雖基於行為人意思之發動，而因行為與侵害結果間特殊原因之缺陷，導致於結果實現的不能，其本質乃屬於行為無法達到既遂的未遂類型 **❷**。從理論與界分的觀點觀察，所謂不能未遂者，並非行為人行為主觀意思的不能 **❷**，而僅係客觀上的因素，導致於結果之不能發生。惟客觀上何以未發生結果，此究竟是屬於先判 (ex ante) 或是後判 (ex post) 的觀察？乃形成判斷不能未遂主要的爭議點，亦即不能未遂之不能，究竟是事前的定位？或是從事後的判斷呢？二種判斷的結果，將發生迥異的結論。

第一項　不能未遂之概念

倘若不能未遂的不能，係一種先判的定位，則在決定行為對於結果侵害關係的可能性時，即須先行判斷行為究竟是否具有達到發生侵害結果的可能性與危險性，則不能未遂的類型勢必須界定成無法實現行為結果之類型，且對於結果的發生既無實現可能性，亦無任何危險性存在，否則即無法稱為「不能

---

❷ 參見林山田，刑法通論（上），10 版，403、404 頁；洪福增，刑法之理論與實踐，271 頁。

❷ 學理分析不能未遂的情況時，已經將主觀不能的情況加以過濾，而區分不能未遂與迷信犯或誤想犯（Putativdelikt 或稱幻覺犯 Wahndelikt）加以區隔，故而不能未遂的類型，僅限定在形成結果侵害不能發生的客觀原因。參見林山田，刑法通論（上），10 版，405、406 頁；Jescheck/Weigend, aaO., S. 529ff., 532ff.；Baumann/Weber, aaO., S. 483ff.；Jakobs, aaO., S. 721ff.。

(Untauglichkeit)」，此種先判性的不能，乃屬於絕對定位式的不能；反之，倘若不能未遂之不能係事後判斷，則「不能」的觀察，乃從結果發不發生的相對性關係判斷，如此從結果最後所生的情況，向前推論以觀察行為是否具有實現結果的可能性，如此的判斷模式，將使得在判斷不能時，除行為與結果的關係外，更加入其他雜質的審查，諸如客觀環境下是否影響行為實現結果的可能性、行為客體的因素，也造成行為是否得以實現結果的關鍵等等。

　　學理似乎受到客觀理論後判認知的影響，對於不能未遂的理解，採取後判的認知方式，認為行為既係相對性之概念，則行為階段的觀察，亦須以相對性之後判方式理解。從事後判斷的邏輯認知模式出發，對於不能未遂的不能，加以界定為絕對與相對不能者，其不能主要係從結果發生的可能性為觀察。所謂絕對不能者，係指行為對於結果的發生，在客觀上根本無法實現，此不論係行為不足以使得刑法所規範之結果實現，或是因事實的情狀根本即具有完全阻礙行為實現結果之可能性，亦即在客觀的判斷上，對於結果的發生，根本欠缺實現結果之能力，其結果的不發生並非偶然，而係本然上即無法實現之謂；反之，所謂相對不能者，其行為對於結果的實現，本具有危險性與可能性，但因特殊事由之存在，致使得行為無從為結果之實現，倘若行為及其客觀情狀配合得當時，結果亦有可能發生，此種情況所發生的不能者，並非自始的不能，而是事後判斷之結果，認定其無法促使結果發生，從而此種相對性不能的概念與一般未遂的概念，乃無從明確加以區分。

第二項　不能之原因

　　單純從不能未遂形成不能的原因觀察，似乎會造成結果不能發生的情況有三種可以想像的客觀因素[25]，即 1.主體不能 (Untauglichkeit des Subjekts)：亦即主體的資格發生缺陷，致使得結果的發生變成不可能；2.客體不能 (Untauglichkeit des Objekts)：此即行為所指向的攻擊對象發生缺陷，致使得行為原本可以實現的結果產生轉向，而無法實現原本之結果；3.手段不能 (Untauglichkeit der Handlung)：此即行為對於結果實現的必然性關係有所欠缺，亦即行為根本無由導致結果之實現，其不但不可能實現構成要件之結果，對於法益更不具有危險性存在。

---

[25]　對於不能未遂不能之原因分析者，參見林山田，刑法通論（上），10 版，405、406 頁；auch Zackzyk, aaO., S. 241ff.；Jescheck/Weigend, aaO., S. 530。

第三項　真正的不能未遂

　　若單純從造成不能的原因，有因主體不能、客體不能及手段不能。惟此僅係就不能造成結果發生的單純思維而已，尚且無法稱為不能未遂。首先，對於主體不能而言，其所指者係行為人不適格，而在刑法評價對象的結構中，行為的資格取決於行為主體的適格，倘行為主體不適格時，必使得行為資格產生缺陷，其對於特定行為所得以實現的結果，自然不具有實現之可能，但此種不能係根本評價對象基礎的不適格，根本不屬於刑法所評價的範圍，而此種行為主體不能的情況，主要係針對於刑法規範中要求一定行為主體資格之特別犯類型❷，此種類型僅特定行為主體得以實現，如主體資格有欠缺，則根本連構成要件都不須加以檢討，何有不能未遂之問題存在？殊值得懷疑。基本上，主體資格的要求決定行為資格的適格與否，倘行為主體不適格，其所為之行為即非屬構成要件所定之行為，既無行為問題，自然亦無著手問題，當然無法發生不能未遂的情形。

　　此外，行為主體與行為均屬適格，卻因真正行為客體的不存在，致行為無法發生應有之結果，此種因客體的缺陷所致的不能，或可在概念上稱為客體不能，但其所形成的型態，似乎應屬於錯誤的問題，而非不能的問題。而會發生客體缺陷者，原因甚多，或因客體在客觀上不存在、或源自於行為人主觀認知上的出入，或是客觀上的偶然使得行為客體發生偏差，例如行為人持槍向房屋內掃射，但屋內空無一人，或因誤人為獸而射殺，或是誤死人為活人而殺之等均屬客體有所欠缺，但此種客體的缺陷而導致原本設定之行為結果不發生者，係因行為人錯誤之認知所致，應將此種類型歸類於錯誤之中處理❷，固然錯誤的處理關係，可能採用未遂的關係，但純屬一般未遂的運用，並非屬於不能未遂問題。是以客體不能者，雖亦是造成結果不能發生的原因，但卻不應落入不能未遂範疇之中檢討。

　　再者，對於未遂概念的理解，未發生結果者，本應以行為作為觀察，是以結

---

❷　特別犯類型的成立基礎，必須特別要求行為主體的特定資格，以作為犯罪成立判斷的前提要件。關於特別犯基本概念之論述與分析，vgl. Langer, Das Sonderverbrechen 1972, S. 25ff.。另對於行為主體的特殊類型者，參照柯耀程，特別犯類型之共同正犯認定，共犯與身分 (2001)，101 頁以下。關於行為主體的構成要件定位問題者，參照柯耀程，論行為主體於構成要件定位問題，收錄於：刑事法學之理想與探索（甘添貴教授六秩祝壽論文集）第一卷，29 頁以下、61、62 頁。

❷　對於客體錯誤的問題，參見林山田，刑法通論（上），10 版，182 頁以下。

果不發生係因行為並未實現結果而言，故而行為如未能使結果得以實現，或可因行為對於結果實現可能性的觀察，將未遂區隔成一般未遂與不能未遂，因而手段不能似乎成為不能未遂唯一得以想像的情形。然而，行為得否實現結果，本屬對向關係的觀察，倘若行為對於結果的實現具有可能性，且行為對於刑法所保護之法益具有危險性存在時，雖行為結果未發生，亦僅屬一般未遂檢視的問題，唯有行為果真無發生結果之可能性，且根本對於法益侵害不存在危險性時，方有不能未遂檢討的問題。但行為對於法益既無危險性，且對結果的發生既無可能性，則何需納入刑法評價的範圍？畢竟刑法所規範的行為，均應屬於對於法益具有侵害危險性者，倘行為根本不具有危險性，根本不可能實現特定結果者，何庸為制裁之規範？將行為手段的不能作為不能未遂的形成原因者，在客觀的觀察上，根本找不到支撐點，唯一可以解釋者，僅在於行為人或許具有法敵對之意思而已❷。是以若將手段不能視為不能未遂的典型類型，亦會發生使刑法的制裁陷入思想刑法之虞。

　　又手段不能的可能性有二： 1.行為絕對無法導致結果之發生，此即所謂絕對之手段不能，此種手段不能的情況，既對於結果的實現毫無可能，且對法益侵害亦無實現的危險，本應從刑法評價的範圍中加以排除，蓋刑法並不會對於不具法益危險性的行為加以規範，從刑法具有法規範最後手段的性格來看，刑法中所規範之行為不但必須具有法益侵害的危險性（且多為高危險性），同時其所規範侵害法益之行為類型，亦多有限制，刑法根本不需也不會對於不具法益危險性之行為作處罰之規定，故如行為手段具有法益侵害之絕對不能者，根本不應屬於刑法規範之範圍； 2.行為仍具有法益侵害的危險性，且亦具有實現結果的可能性，其所以不能發生結果者，僅在於行為實現的條件未能配合，倘若適合的條件存在時，行為結果依然可能被實現，此種因行為客觀條件所產生的手段不能者，係一種相對性的不能，此種手段不能並非源自於行為的不適格，而是客觀情狀未能有效配合而已。嚴格而論，相對手段不能應非屬不能未遂的概念，而是一般未遂的問題而已，蓋一方面其既非由於行為手段自始無法實現結果；另一方面結果的不發生僅是一種偶然性的關係，其性質應屬一般未遂，不應視為不能未遂的範疇。

　　故而得以想像形成不能未遂者，似乎僅有手段不能才能勉強視為不能未遂的

---

❷　如耶謝克 (Jescheck) 所言，不能未遂之存在，部分原因係取決於主觀理論。Jescheck/ Weigend, aaO., S. 531。是以判斷不能未遂的基礎者，乃在於主觀要素之上，vgl. auch Dreher/Tröndle, §23 Rn. 6；Vogler-LK, §23 Rn. 34。

情況，其他主體不能或客體不能者，既與未遂無關，自然更不能視為不能未遂。但儘管手段不能方屬不能未遂的型態，但一方面因手段不能者，即根本不會發生侵害關係，本非屬刑法所要評價的對象，蓋刑法並不規範不具法益侵害危險性的行為，其既無必要，也無實質意義；另一方面，手段不能（相對不能）如對於結果的實現，尚留有一分的可能性，或對於法益侵害仍具有危險性時，此時雖結果不能發生，其亦非不能未遂，而僅是一般未遂的規範類型而已。從不能的原因導向不能未遂的分析中，似乎並無任何一種不能的情況，足以形成刑法規範的未遂。故而不能未遂應僅是一種理念上的形象而已，既非刑法評價範圍的實質概念，亦不應將其置於刑法中規範。

　　總結而言，從不能未遂的不能情狀分析，固然會形成不能的情況有主體因素、客體因素及手段不能等因素，但此種不能的原因，似乎不能直接推論成為不能未遂的型態，其僅是純粹檢討「不能」的可能想像條件而已，對於不能未遂的類型，根本無法從不能的原因中得出。雖有「不能」之原因存在，欲成為不能未遂之時，仍須經過未遂法理的檢視，方得以成為不能未遂的類型，然而所有「不能」的原因，經未遂概念檢視後，並無法使之成為不能未遂的形成因素，主體不能者，並非刑法應加規範的對象；客體不能者，則屬於錯誤論的範圍；而手段不能者，則根本不具有刑法規範的必要性，從而不能未遂的概念乃被架空，而成為空幻的單純理念，非屬於刑法未遂類型中應有的類型。

第四節　中止未遂

　　刑法對於行為評價的階段性結構關係中，行為人之行為，並未實現構成要件所定之行為結果時，其行為乃屬未遂，惟未發生結果的情狀，有因行為客觀因素所致，亦有因行為人主觀意思而造成結果之不發生者，亦有因行為人行為之後，一反行為實現之初的意思，反而盡力防止結果之發生，最終未發生構成要件之侵害結果者。由於形成結果不發生的原因各有不同，雖然結果之不發生，都可以稱之為未遂，但在未遂的類型上，因成因的不同，概念上仍應加以區別，乃至於在刑罰的效果上，也須作不同之認定與區隔。對於行為結果不發生的原因，有係因行為外之客觀情狀所生之影響者、亦有係因行為失誤所造成者、也有係因行為人發自內心的放棄實現或阻止結果之發生者，不一而足。即使未遂係由行為人自心所造成者，在具體情狀上仍有差異，對此簡單而古老的區隔方式，或許可以藉由德國學者法蘭克 (R. Frank, 1860～1934) 所提出之簡單區分模式來區分❷，亦即當

行為人源自於自心所造成之結果不發生者，其對於結果之發生關係，如為「如我願、我亦不能」的情況，雖係由行為人自心所生之放棄行為實現，但所以未發生行為結果者，乃係行為人認定客觀的條件已經無法遂行其結果，故仍屬於一般未遂之概念；惟如行為人對於結果的發生，所持的內心意思是「如我能、我亦不願」時，則是行為人自行放棄其行為結果之實現，其在刑法的評價上，自然應與一般未遂有所不同。

然而，法蘭克所提出的區分模式，雖然是針對行為人主觀意思，是否出於自願 (Freiwilligkeit) 之認定，但這樣的認定模式，顯然過於簡略，畢竟「如我能、我亦不願」的主觀意識，其中潛藏著相當複雜的因素，行為人所以不願者，有因風險評估的考量，行為人評估行為繼續完成所需承擔的風險太高，以致放棄行為結果之實現；也有是因行為完成而造成結果發生的代價過高，基於利與不利的衡量，認為放棄結果實現或許較為有利，故而不願再續行實現者；當然也有行為人因良知發現，而放棄行為之實現者。這些事實的情狀，皆屬於法蘭克模式下所稱之結果實現之「不願」，但「不願」的成因則屬有別，站在是否得予宥恕的評價觀點來看，似乎不同之「不願」成因，在評價上仍須不同，是以作為區隔中止未遂與一般未遂的標準者，法蘭克模式，只能說是一種簡約的想法而已❸。對於判斷中止的標準，仍須從中止未遂的概念中來探尋。

第一項　中止未遂之概念

中止未遂 (Rücktritt vom Versuch) 者，係屬於未遂的一種特別的類型，故在判斷與評價上，中止與未遂應採取一致的判斷標準❸，亦即中止與未遂者，均須行為已進入著手的階段，倘若尚在預備或陰謀階段者，因其尚未有構成要件實現之開始，根本無由成立未遂或是中止之問題；而且中止既與未遂有認定的一致性關係，故二者均不能發生既遂所要求的結果，亦即二者均須未生行為結果。惟中止未遂與一般未遂不同者，則在於結果之未發生，並非僅是客觀上的行為手段或是

---

❷ 法蘭克 (Frank) 所提出解決未遂與中止認定的模式，參見林山田，刑法通論（上），10 版，425、426 頁；auch Baumann/Weber, Strafrecht AT, 9. Aufl., S. 506。

❸ 批判法蘭克模式者，參見黃榮堅，基礎刑法學（下），82、83 頁；Welzel, Das Deutsche Strafrecht, 14. Aufl., S. 197, 198；Baumann/Weber, aaO., S. 506。

❸ 此即是洛辛 (Roxin) 所稱「評價一致性 (Bewertungseinheit)」之謂。Vgl. Roxin, Strafrecht AT, Bd. II, S. 487。

情狀上的因素而已，欲成立中止者，對於結果之不發生，必須反求諸於行為人主觀犯罪意思的轉變。

　　從結果不發生，係因行為人對於行為或結果之作用來看，中止未遂的概念，因行為完成與否的關係，而區分二種類型：1.行為人著手於行為之實行，於行為尚未完成之時，基於對其所為行為之己意懊悔，而出於自己放棄行為的意思，中止其行為之實行，而使得行為結果無由發生，此乃學理概念所稱「未了中止 (Rücktritt vom unbeendigten Versuch)」之類型；2.行為人於行為實行完成後，結果發生前，基於自發性之意思，盡力防止結果之發生，致使得結果不發生者，此乃所謂「既了中止 (Rücktritt vom beendigten Versuch)」之類型。概念上區分這二種類型，對於實務認知的關係，影響不大，蓋不論是行為未了之中止或是既了之中止，在判斷的客觀要件上，都須以結果不發生為客觀認定的基準，類型之區分，主要的意義，乃在於行為尚未實行完成之未了者，或許只要放棄其行為之繼續實行，結果就不會發生；而行為完成後之既了者，除非行為已無法造成結果之實現，否則行為完成後，結果發生的風險，僅是或然率的關係而已，此時行為人必須盡其能力，有效防止結果之發生，方得以成立中止未遂。惟不論未了或是既了，只要有結果發生之風險存在者，欲成立中止未遂，都須有行為人在原本行為之外的結果防止行為存在，且須因此而使得結果不發生，否則結果仍舊因其原行為之作用而發生時，則不屬中止未遂之範圍。故區分「未了中止」與「既了中止」者，僅是結構性概念的差異性關係而已，在判斷效應上，並無本質的不同。

　　從中止未遂之形成概念得知，欲成立中止未遂者，必須具備四個根本條件：1.須行為係因行為人出於己意的中止；2.須為己意自由決定的中止意思；3.放棄行為之實行或防止結果之發生；4.須無結果之發生。茲將中止未遂之條件分述如次：

一、行為人出於己意的中止

　　中止未遂係屬於未遂之一種型態，其與未遂相同者，都是未發生行為之結果，但所不同者，則在於結果之不發生，在一般未遂而言，不論是未了未遂或是既了未遂，其係因客觀情狀所生的結果發生障礙因素所致，造成行為人之行為無法遂行其所預期之結果；而中止未遂者，其所以未生結果，主要係因行為人主觀意思的作用所致，且行為意思之中止者，必須是出於自發性之原因，而非源自於外在情狀之干擾或障礙，致使其放棄行為實現結果之意願，易言之，行為所以中止者，

係由於行為人出於自由決定之自由情狀下所然，並非源自於結果無法實現之客觀障礙或是外在之壓力所致。倘若行為人所以中止其行為者，係因客觀結果實現之不能，或是被迫於無奈的情狀下，不得不停止其行為之實行者，則非屬於中止的範圍❷。

二、須為己意自由決定之中止意思

中止未遂所以未生結果之發生者，固然係由於出於行為人己意之自由決定，但源自己意之決定因素，或可能係因心界障礙的關係所致，也可能係因行為人對於結果實現之利益衡量，或有因行為人出於良知上之作用，而生己意中止行為之實行，或防止結果發生者。

對於因己意之中止，是否出於自由意思之決定者，在學理上或有爭論，站在心理理論的觀點，認為行為人如係在完全沒有內在心理強制力的情況下，或是客觀情狀並未造成行為人內在良知強烈的壓力，而行為人決定放棄或中止其行為，致使得行為結果不發生時，皆屬於中止未遂所要求之自由意思；反之，站在規範理論的觀點，認為中止條件之自由意思決定者，並非僅立於行為人之心理關係來觀察，而應從規範評價的觀點，來認定行為中止意思之動機，亦即立於中止動機的評價上。在德國的刑法學理與實務，在中止認定的自由意思觀點上，確實有所差異，實務認定中止者，以心理理論為主軸，認為只要行為人基於內心之心理作用，而中止其行為之繼續實行，或是防止結果的發生者，均得適用中止未遂之規定；但學理則傾向採取規範理論的評價認定方式❸。從而衍生出行為人所以因己意中止的動機，是否必須在倫理評價上，受到正面肯定的問題。一般而言，行為人之行為中止動機在心理理論的條件下，並不需具備倫理價值上正面之肯定，即使不受倫理價值所讚許的動機，而產生行為中止者，仍視之為中止❹。

---

❷　實務見解者，於 73 年 5 月 15 日最高法院 73 年度第 5 次刑事庭會議決議㈠，決議中謂「殺害（或傷害）特定人之殺人（或傷害）罪行，已著手於殺人（或傷害）行為之實行，於未達可生結果之程度時，因發現對象之人有所錯誤而停止者，其停止之行為，經驗上乃可預期之結果，為通常之現象，就主觀之行為人立場論，仍屬意外之障礙，非中止未遂」。參照最高法院民刑事庭會議決議彙編（下冊），15 頁。

❸　關於自由意思 (Freiwilligkeit) 的認定問題者，vgl. Roxin, aaO., S. 590ff.；Jakobs, Strafrecht AT, 2. Aufl., S. 757ff.。

❹　在我國的學理分析中，有相當濃厚的程度，受到德國刑法學理的影響，在論述上，也多以德國論述為依歸，然而須注意者，德國刑法論理的詮釋，主要係受到法律規定之侷限，

是以，行為人已意中止行為之實行，而只是得結果之不發生，其已意中止者，或許不須行為人內在之意思，果真屬於倫理上真實懊悔 (ethisch tätige Reue)，但至少從行為人之中止意思的觀察，必須係出於非強迫性之自願。就我國法的關係來看，對於認定中止未遂的關係，其實以行為人出於非強迫性之自願意思，即為已足，畢竟在法律效果上，也僅是減輕或免除其刑而已，當然就中止未遂的概念及其法律效果之應然關係而言，是否應為更嚴格之要求，確實值得檢討。

三、放棄行為之實行或防止結果之發生

中止未遂者，其所以被視為中止者，乃在於其放棄行為之繼續實行，亦即行為未至於完成即行中止，或者是行為完成之後，盡力防止結果之發生，終至結果不發生，始行該當中止之要求。在這樣的條件下，不論行為是否完成，對於結果的發生必須仍存在有危險性，倘若即使行為完成，仍不具有結果發生之可能性時，即無中止未遂適用之餘地，充其量僅是一般未遂的問題而已**㉟**，例如行為人以縱火的意思，而為放火欲燒毀自己所有之建築物，在點火之後，突然天空下起傾盆

因德國刑法 §24 中止未遂之規定，係採取「不罰」，而我國刑法第 27 條的規定，僅是「減輕或免除其刑」而已，二者規定間，容有差異，是故在德國法之要求下，行為人著手行為之實行，要有中止未遂之適用，自然要比我國為高，而在德國實務所採取的見解，反而認為行為人之中止動機，不須具備倫理價值之正面肯定，在法律規定的「不罰」條件下，顯然又放寬認定的標準，難怪學理會批判實務所採用的見解，傾向採取較為嚴格的規範理論觀點。對此種認定的基礎上，我國似乎不須隨著德國見解而起舞，畢竟我國不論是否具有倫理價值的正面肯定關係，在法律適用的終局決定上，也僅是刑罰減輕或免除之效果而已，故不須嚴格要求中止動機一定須具備倫理之讚許。關於德國學理批判實務的見解者，vgl. Roxin, aaO., S. 594ff.；Schönke/Schröder/Eser, Rn. 56, 57 zu §24；Rudolphi-LK, Rn. 23~25 zu §24。值得思考的區隔方式，魯度費 (Hans-Joachim Rudolphi) 提出所謂「自律性與他律性動機 (autonomes u. heteronomes Motiv)」的區分觀點，倘若中止的動機，係基於他律的原因者，則無法歸於中止未遂之範圍，唯有自律性的動機方屬於中止的自由意思範圍。關於我國學理的見解者，參見林山田，刑法通論（上），10 版，427 頁；不同見解者，林東茂，刑法綜覽，7 版，1-231、1-232 頁。

㉟ 此一結果實現可能性之條件要求，正是區隔中止未遂與失敗未遂 (fehlgeschlagener Versuch) 及目的達成未遂 (zielreichender Versuch) 類型的基準，vgl. hierzu Roxin, aaO., S. 491；Wessels/Beulke, Strafrecht AT, 30. Aufl., S. 205。另關於非屬於中止未遂之未遂類型者，本書之中，暫不討論，請參照林山田，刑法通論（上），10 版，488 頁；黃榮堅，基礎刑法學（下），88、89 頁；林東茂，刑法綜覽，7 版，1-228、1-229 頁。

大雨，並澆熄行為人所放之火，行為人即使繼續點火，依然無法遂行其行為之預期目的，故乃放棄其行為時，此時行為之放棄，固然因己意而為，但卻是在結果無實現可能之情況下，仍非屬於中止未遂得以適用之範圍。欲為中止未遂之適用者，必須行為結果自始至終都存在有被實現的危險性與可能性，如此方有中止可言。

故行為人放棄行為之繼續實行，或是行為完成後盡力防止結果之發生，得以適用中止未遂之判斷者，必須所謂發生之結果，在客觀上，存在有發生或被實現之危險性或可能性。

四、須無結果之發生

中止未遂係屬於未遂的一種型態，其與未遂的結構關係相同，固然中止未遂在成立的條件要求，側重在主觀中止的意思，但客觀上，仍受到未遂的同樣要求，不能有結果的發生❸，倘若結果已經發生，則行為屬於既遂，既無未遂可言，自然也就無由成立中止未遂❸，故中止未遂者，必須不生行為之預設結果。此種要

---

❸ 犯罪類型中，會有未遂型態存在的類型，不論是故意犯或是過失犯、不論是基本犯或是加重結果犯，也不論是結果犯或是舉動犯，除純正舉動犯無由想像未遂之階段外，如果是不純正之舉動犯者，都可以想像有未遂的情狀存在，此對於中止未遂的型態認定關係者，亦然，但對於刑法以一定行為作為成罪條件之犯罪類型者，例如舉動犯（不問純正或不純正）、抽象危險犯等，其行為一經實行，犯罪之判斷即屬成立，概念上雖可能有未遂的想像空間，但卻無法作未遂的處罰規範，蓋如將此種行為一經著手即行成立的類型，也適用未遂的規範，會產生行為的判斷都已經既遂，卻反溯作未遂認定的矛盾。故對於得以想像未遂型態，卻無法作未遂規範之適用的類型，充其量僅能以刑罰裁量來衡酌其行為情狀，此種情形特別是對於中止未遂的法律適用關係，最值得注意，蓋得以想像非結果犯也可以有未遂或中止的狀態，但要適用或是準用未遂或中止的規定時，恐有本質性矛盾的問題存在，或許在理念上對於非結果犯之中止者，仍應有中止未遂適用或準用的餘地，但卻無法交代，何以既遂的判斷得以未遂或中止來評價？或許為免規範適用所形成的概念矛盾，僅能對於非結果犯之中止，仰賴完整的刑罰裁量立法來修正，或者是在個別構成要件中，特別設定刑罰減輕之事由，例如刑法第 244 條、第 301 條、第 347 條第 5 項之規定是，這是一個值得深思的問題。實務見解者，參見最高法院 70 年台上字第 3323 號、72 年台上字第 2711 號判決。關於此種問題認為也可以適用未遂規範，特別是中止未遂之規定者，參見林東茂，刑法綜覽，7 版，1-232～1-234 頁。

❸ 概念上或許得以將此種類型，稱之為「失敗中止 (mißlungener Rücktritt)」，亦即雖有中止的意思，並放棄行為之繼續實行，但構成要件之結果仍舊發生。由於結果發生後，行為

求對於未了中止的情況，或許較為單純，當行為人放棄繼續為行為之實行，而終至未生結果之發生者，乃屬之；惟對於未了中止卻有結果發生之危險，或是既了中止的情況，因行為已經實行完成，其結果的發生與不發生，僅取決於或然性的關係，而中止未遂要求必須未發生結果，則結果之不發生，乃須行為人有積極防果之行為，否則如欠缺以中止意思為基礎的積極防果行為時，不論結果的發生與否，都與中止未遂無關。故在中止未遂的本然概念下，結果之不發生必須是因防果行為所致，二者間必須存在有一定的互為消長關係❸，亦即當行為人為積極之防果行為，則結果不發生；反之，如未有積極的防果行為，則結果有發生之可能。

至於行為人確實盡其真摯之努力，而為積極之防果行為，但結果之不發生，卻非由其防果行為所致，亦即防果行為與結果之發生與否，不具有消長關係存在，此種情形，並非中止未遂的本質概念，但如行為人確實已經善盡其防果之力，且結果也未發生，似乎沒有必要與中止未遂作差異性之處理❸，故我國學理乃將此種不具有防果行為與結果不發生的消長關係者，稱之為「準中止」類型。

第二項　準中止未遂

準中止類型存在之可能性者，應僅在於行為人雖有為結果發生的防止行為，但結果的未發生，並非由其防果行為所致的情況。倘若行為人僅需放棄其行為之繼續實行，結果即不發生者，其中止關係的判斷，乃屬於本然性中止之概念，毋

屬於既遂，在判斷上，此種失敗中止的情況，仍應以既遂的關係來評價。參見林山田，刑法通論（上），10 版，488 頁。

❸　中止未遂既無結果之發生，對於結果的不發生固然係因行為人基於真摯之努力，而為積極之防果行為所致，或許對於此種是否努力防果與結果是否發生間的消長關係，仍得以因果關係的概念來說明，但因刑法論理對於因果關係的詮釋，主要係對於結果發生後之歸責問題，亦即歸責於行為所造成，對於未生結果的情狀，似乎不能籠統地以因果關係來說明，故以消長關係來替代。對於中止未遂之結果不發生與防果行為間的關係，具有此種疑慮者，參見黃榮堅，基礎刑法學（下），3 版，96 頁。

❸　德國刑法 §24 Abs. 1 的規定中，並無法看出此種不具消長關係的類型，得以適用中止的規定，但在通說的見解中，都肯定行為人已盡力為防果之行為，即使結果之不發生，非由其防果行為所致者，仍得以適用中止未遂之優惠規定。Vgl. Lackner/Kühl, Rn. 20 zu §24；Jescheck/Weigend, aaO., S. 546；Jakobs, aaO., S. 753, 754；Roxin, aaO., S. 530ff.；Rudolphi -LK, Rn. 27c zu §24；Schönke/Schröder/Eser, Rn. 71 zu §24。德國實務見解者，vgl. BGHSt 31, 46；33, 295, 301；BGH NJW 86, 1001；BGH StV 92, 62；BGH NStZ-RR 97, 193。

須引用準中止的關係來處理。是以需引用準中止關係來處理的情形，乃限定在具有防止結果發生的情況，此種情況，當然包括行為未了而有結果發生之可能性，以及行為既了後防止結果發生的情況。準中止未遂最典型的情況，當屬行為人以殺人之意思，於砍傷被害人之後，基於己意之中止，乃將被害人送醫，至於被害人是否能挽回一命，似乎不是行為人所能以己力來防止，必須藉助於醫生之醫療行為，故當醫生救回被害人一命時，被害人未生死亡之結果，顯然非由於行為人防果行為所致，行為人所為者，僅是將被害人送醫而已，但此種情況雖非由行為人之力，而為結果之防止，但其已盡防果可能之努力，確實也讓結果不發生，其中雖有他人之作用，在結果未發生的整體判斷上，顯然與中止關係具有同等的評價關係。

　　固然準中止未遂仍得以視為中止未遂來處理，但畢竟結構關係不同，其得以成立的關係，除與本然性中止未遂在共通性之基本要求條件者外，亦即：1.行為人主觀上之中止意思；2.客觀上須有努力之防果行為，因其防果行為與結果之不發生間，欠缺互為消長的關係，故在成立的條件上，仍須要求防果行為對於結果發生的防止可能性❹，倘若行為人雖有中止之意思，且有對於行為與結果之真實懊悔，但其所為之防果行為，卻是顧左右而為他，亦即其防果行為在客觀的判斷上，根本於結果之防止不具有關連性，雖然結果並未發生，但其所為之防果行為，仍屬於根本無效之防果行為❹，此時，行為人仍無法享受中止規定之刑罰優惠。

　　是以，當防果行為與結果之不發生，不具有直接之關連性時，欲適用中止規定，必須防果的行為，確實是指向結果不發生之方向，倘若行為人所為之防果行為，無關乎結果發生之防止或是降低結果實現之可能性，均非屬準中止之類型。至於如何判斷防果行為果真指向結果實現之防止，在學理上有著不同之見解，主要的看法有三❹：1.防果機會提升理論 (Chancenerhöhungstheorie)，此種見解係由

❹　行為人所為防果行為，其所採用的手段必須對於結果發生之防止，具有有效性，但此種有效之防果手段究竟是行為人主觀認定？或是必須在客觀上果真得以防止結果之發生？或至少具有降低結果發生可能性的效應？學理的意見並未一致，但從防果的觀點來看，本是在客觀上，對於結果發生的風險予以降低，故較為理想的認定條件，應從客觀手段的適格關係來認定。Vgl. alledem Roxin, aaO., S. 566～568；Jakobs, aaO., S. 713, 714；Bottke, Strafrechtswissenschaftliche Methodik und Systematik bei der Lehre vom strafbefreienden und strafmildernden Täterverhalten 1979, S. 534～537。

❹　同樣見解者，參見黃榮堅，基礎刑法學（下），3版，98、99頁。

❹　關於判斷防果行為是否指向結果不發生之努力者，各種不同見解，vgl. Roxin, aaO., S.

德國實務依據個別具體案例所為之認定❸，其認為行為人基於己意之中止，且為具有提高防果機會的方式，確實也造成結果不發生，故得以適用中止未遂之規定；2.最佳作為理論 (Bestleitungstheorie)，此一理論係由實務以實際案例之反向思維所提出之見解❹，認為行為人如所為之防果行為，並非對於結果發生具有最佳防止作用者，則無法被視為中止未遂；3.差異理論 (Differenzierungstheorie)，此一見解係由德國學者洛辛 (Roxin) 所提出❺，洛辛檢視前二理論之後，認為防果行為是否指向結果之不發生，必須從不同結構關係來觀察，其將可能的情狀區分為二：(1)己手防果 (eigenhändige Erfolgsverhinderung) 情狀，此種情況，係由行為人自己所為之防果行為，雖然結果之不發生，非係因其防果行為所致，但因其所為之防止結果實現之行為，得適用防果機會提升理論之見解，而視為中止未遂，例如行為人殺傷被害人後，自行將被害人送醫，而挽救回被害人一命，其防果行為為送醫之行為，真正防止死亡結果發生者，則為醫生之診治行為。惟行為人己手防果之行為，確實提高防止結果發生之可能性，而得以適用中止未遂❻；(2)假他人之手為防果 (fremdhändige Erfolgsverhinderung) 之情形，此種情形的結果防止，並非由行為人自己為之，而是假他人之手所為者，在這樣的事實情狀下，得以適用中止未遂者，必須更為嚴格之條件要求，洛辛認為此種情況，應採取最佳作為理論的認定標準，亦即行為人假手他人所為者，其藉助他人所為之行為，必須對於結果之不發生，具有最佳之作用者，亦即間接假他人之防果行為，行為人必須確認所假借者，確實具有足以防止結果發生之可能性存在，倘若僅是虛應了事，則雖最後結果並未發生，行為人仍舊無法享受中止未遂之優惠❼。

548～550, 555～561。

❸ 其一案例 BGH StV 1981, 396，情狀如次：行為人開槍射傷被害人，具有生命危險，後經行為人電話報警，並請求警方呼叫救護車，而將被害人送至醫院救治，被害人因此挽回一命；其二案例 BGH StV 1981, 514，事實情狀為：行為人欲開車撞死其女友，待至即將撞擊之前，乃緊急煞車，致使得衝撞力道大為減低，其女友乃未受傷害。此種情狀，德國聯邦法院都認定為中止。除此之外，採用此一見解者，尚有 BGHSt 33, 295, 301；BGH NJW 1986, 1001；BGH NStZ 1999, 128, 238。

❹ 此一見解起源更早，即 BGH MDR 1972, 751，其所依據之案例事實如次：行為人持刀刺傷他太太，並逕自離開房子，僅告知其母此事，由其母招請救護車，將被害人送醫，而得以救回一命。

❺ Vgl. Roxin, aaO., S. 555～557。

❻ Roxin, aaO., S. 555。

這些判別防果行為是否指向結果不發生的見解，基本上都只是個案模式，無法真正成為一個判斷之原則，欲尋求一個原則性判斷的標準，或許有其難處，但可以思考者，防果行為與結果不發生之關連性者，類似因果關係的判斷關係，不論是傳統的因果關係判斷的模式，或是以客觀歸責理論的風險判斷模式，基本上都足以提供作為判斷的依據。理論的創設，或許有其價值，但既有之工具已足以提供判別時，個別理論僅作為學術研究充實內心的理念而已。對於判斷防果行為，是否指向結果不發生者，既得以從是否具有因果關係來判斷，當然也可以從客觀上來判斷，防止行為的作用，是否果真會使得結果實現的風險降低，倘若如是，則得以為準中止未遂之認定。

第三項　中止未遂之刑罰基礎

中止未遂亦是未遂的一種類型，當未遂在處罰的思維上，相對於既遂處罰之思考，而作刑罰得以減輕的規範時，對於行為未遂之情狀，更具有可罰性減免情狀的中止而言，在處罰的條件上，當要比一般未遂更具有處罰減免的條件。惟何以中止未遂要比一般未遂更具有刑罰的優惠呢？ 學理上乃提出不同的理論，企圖賦予中止未遂輕於一般未遂處罰的正當性基礎。就既有的學理來觀察，中止未遂優惠的理論，各家見解充斥，但主要的個別理論有三，即刑事政策理論 (kriminalpolitische Theorie)、獎賞理論 (Die Gnaden- od. Prämientheorie) 及刑罰目的理論 (Die Strafzwecktheorie)[48]。茲分述如次：

一、刑事政策理論

此一理論所持之根據者，在於刑法許予行為人一個刑罰免除的承諾，以激勵行為人對其已著手之犯罪行為，放棄繼續實行的慾念，甚至對於有發生結果可能性的情況，鼓勵其以積極的防果行為，防止結果之發生，刑法所以對於中止未遂設定刑罰減免之優惠者，無異是開啟一個行為人回頭的機會，避免使得行為人有回頭無望的感覺，而繼續身陷犯罪之深淵，亦即所謂「犯海無涯，回頭是岸」。形象上來看，刑法所以給中止未遂優惠者，無異是為行為人迷途知返時，搭造一個

---

[47] Roxin, aaO., S. 556。惟亞寇布斯 (Jakobs) 有不同見解，認為這樣的要求是否太過於嚴苛，應以預見結果得以被防止的可能性即為已足，不須要求為最佳作為或是確認假手他人果真得以防止結果發生。Vgl. Jakobs, aaO., S. 752, 753。

[48] 關於理論的概況者，參見林山田，刑法通論（上），10 版，474～476 頁。

浪子回頭金不換的黃金橋❹。

此一理論的緣起，要推十九世紀德國刑法學者費爾巴哈 (P. J. A. v. Feuerbach)，後受到德意志帝國法院廣為採用❺，甚至延續到初期德國聯邦法院的見解❺。嗣後此一理論受到相當多的批評，主要原因為一個免除刑罰的期望，行為人在決意中止行為時，其實並不甚關心，也不具有中止的影響力；另外，刑法所以免除刑罰者，並不能期待人民皆能知悉，誠如耶謝克 (Jescheck) 所稱，中止未遂之優惠規定，在法院的實務所顯示者，所有影響行為人而為中止未遂之可能性動機，根本不在於是否從刑罰中得到免除❺。於是乎乃有新的見解的嘗試提出。

二、獎賞理論

此一理論認為，當行為人著手於犯罪行為之實行，卻因自己的意思而放棄行為繼續實行，或是出於防止結果發生的意思，而阻止結果之發生，此種情況顯然使得原本受到震撼的社會印象，得以平復，同時行為人之中止行為，致使得結果未發生，也使得著手行為所造成未遂之不法非難程度，因中止的回溯關係，得到相當程度的修復，故而對於因行為人出於自由意願所為之中止未遂行為者，刑法應予以獎勵 (Belohnung) 或宥恕 (Begnadigung)，此無異是行為人所應受到之獎賞 (Verdientlichkeit)。此一理論係由博克曼 (Bockelmann) 所提出，其認為中止未遂者，在罪責的非難上應予以減輕，且對該中止之行為人，在未來不再為犯罪行為的可能性，具有可期待性。故就其中止行為，應予以讚賞，使之從刑罰中免除❺。此種獎賞的見解至今仍在學理與實務上具有相當的影響力❺。

---

❹ 刑事政策理論固然係由費爾巴哈所提出，但優惠的想法在費爾巴哈之時並未出現，其係以反面的詮釋方式，作為中止關係處罰的說明，其僅謂國家對於已經著手之行為人，不能僅因其懊悔而免罰，其因懊悔之處罰者，並不大於未遂，而既遂處罰者，乃失其意義，意指其處罰不依既遂，也不過於未遂。惟後經李斯特 (Franz v. Liszt) 的詮釋，乃有搭造一座黃金橋的說法出現，故此理論一般又被稱為「黃金橋理論 (Die Lehre von der goldenen Brücke)」。關於理論詮釋者，vgl. Ulsenheimer, Grundfragen des Rücktritts vom Versuch in Theorie und Praxis 1976, S. 42。

❺ Vgl. RGSt 6, 341；17, 243；63, 158；72, 349；73, 53。

❺ 代表性之判決者，vgl. BGHSt 6, 85, 87。

❺ So Jescheck/Weigend, aaO., S. 538, 539。

❺ So Bockelmann/Volk, Strafrecht AT, 4. Aufl., S. 214。

❺ 支持此種見解者，如 Baumann/Weber, Strafrecht AT, 9. Aufl., S. 502；Jescheck/Weigend,

惟此一理論較受到質疑的問題，乃在於何以行為人出於自願中止的意思，即得以享受免除刑罰的優惠？此似乎僅是從刑法規定的文字意義中得出來的詮釋，尚且無法作為中止未遂何以須為刑罰免除之正當性基礎❺❺。

三、刑罰目的理論

刑罰目的理論的主要內容，認為基於自由意願所為之中止未遂，在刑罰目的性之考量下，不再有必要，此不論是從特別預防或是一般預防的觀點，基於自願之中止行為人，顯示其受規範拘束性的認知，仍舊存在，並未撼動法律對於一般社會大眾之威嚇功能；且由於行為人基於己意自願之中止，其犯罪之意思並不如一般未遂強烈，甚至已降至為零，故其再犯之可能性，得以預期相當些微，且因中止行為所反應之行為危險性，也較諸一般未遂來得輕微，故中止未遂之行為人，既不需透過一般預防作用的威嚇，也不具有特別預防之改善必要。同時，行為人因其中止之行為，在刑事責任的認定上，已因其修復規範的侵害關係，而得到罪責之抵銷，故基於刑罰目的的必要性與應然性之要求，都沒有對於中止未遂加以處罰的道理。

此一理論的形成，係由德國刑法實務提出之見解，而以德國聯邦法院 BGHSt 9, 48, 52 為最具有代表性之典範判決❺❻。此號判決直接揭示對於中止未遂之刑罰優惠理由，係基於刑罰目的之考量，在判決中謂：「行為人從已經開始的未遂階段中，基於自由意願地中止其行為，顯示其犯罪之意思，已經不如其犯罪實行時之強烈。其於未遂時所顯露的危險性，也因其事後之中止，而大為減低……以刑法作為防止行為人未來再犯，或是為威嚇其他人及修復已受損之法律秩序，在此種情況下，已經不再必要」。在聯邦法院的判決中所揭露的意義，顯然係以刑罰之必要性考量，作為中止未遂刑罰優惠的基礎，其以刑罰目的見解所依循者有二：1. 行為人的危險性；2.刑罰的必要性❺❼。在刑罰目的理論提出後，漸漸受到採用，而成為實務與理論支配性之見解❺❽。

---

aaO., S. 539；Wessels/Beulke, aaO., S. 201；Schmidhäuser, Strafrecht AT, 2. Aufl., S. 365。

❺❺ 批判見解者，vgl. statt alledem Ulsenheimer, aaO., S. 74～78。

❺❻ 刑罰目的理論真正成為判斷中止未遂刑罰優惠的理論者，也是從此號判決才開始的。

❺❼ 另 行 參 照 Bloy, Die dogmatische Bedeutung der Strafausschließungs- und Strafaufhebungsgründe 1976, S. 157, 158。

❺❽ So Roxin, aaO., S. 478f.；Schönke/Schröder/Eser, Rn. 2 zu §24；Kühl, Strafrecht AT, 3. Aufl.,

不過刑罰目的理論也有值得批評之處,從預防思想來詮釋中止未遂之行為人,因其出於自願地中止行為繼續之實行,或是防止結果的發生,顯然無法得出刑罰優惠的結論,畢竟刑罰的發生已經從其著手之時就存在,何以事後的行為人意思,卻足以阻礙刑罰的宣示? 這是刑罰目的理論無法加以說明的問題,同時,是否因行為人對其所犯之行為中止,就表示其無再犯他罪之可能性? 就足以宣示刑罰威嚇效應未被撼動? 或者是行為人之罪責,就可以以其事後中止之行為而得到均衡或修復? 這些都是刑罰目的理論無法加以說明的質疑❺❾。

　　總結而論,為對於中止未遂刑罰優惠的詮釋,不論是學理或是實務,都盡力嘗試不同之見解,以期能對於中止未遂所以異於一般未遂之處罰,提出合理性與正當性之說法,但這些見解都是從法律規定的本身出發,其多少受到法律規定之左右,因此在理論的詮釋上,多少會有失焦與失真的情況發生。蓋德國刑法 §24 對於中止未遂處罰之規定者,係定為「不罰」,所以所有的理論焦點,乃從「不罰」的角度來詮釋,卻忽略掉中止未遂的刑罰反應,果真只能為「不罰」嗎? 難道對於中止未遂的法律效果不能是「減輕或免除其刑」嗎? 倘若刑罰對中止未遂的反應程度,尚未到壓縮為零的地步,那麼將其法律效果設定為「不罰」,是否存在有問題? 如果中止未遂的非難性,並非壓縮為零,則所有對其所為刑法優惠詮釋的理論,都會出現問題,畢竟這些理論都是站在不處罰中止未遂的觀點而來。固然德國刑法學理也注意到這樣的問題,且對於中止未遂到底是作「不罰」或是「減輕或免除其刑」之處理,作辯證式的論述❻❶,並得出「不罰」之結論,作為支撐的論點,認為中止未遂不論在不法內涵,或是罪責內涵,都因其出於自願的中止行為,而顯得微乎其微,故應以「不罰」作為法律效果之反應❻❶。但卻無法

S. 5; Ulsenheimer, aaO., S. 90ff.; Rudolphi-SK, Rn. 4 zu §24. Auch BGHSt 14, 76, 80。

❺❾ 因刑罰目的理論受到批判與質疑,故有學者嘗試對刑罰目的理論加以修正,而形成所謂「修正刑罰目的理論 (modifizierte Strafzwecktheorie)」,提出此種見解者,以洛辛 (Roxin) 為主,其認為行為人之危險性,已因中止之行為而消除,其所造成的法律震撼的印象,也因其出於己願之中止而消失。行為人適時地在侵害行為發生之前,中止或防止其侵害之實現,並未造成社會大眾錯誤之示範,反而更加確認法律作為行為規範的宣示性作用。So Roxin, aaO., S. 479。

❻❶ Vgl. Ulsenheimer, aaO., S. 94～104。

❻❶ 但此種分析的觀點,卻又無法對於為數不少的個別規定,其僅對於中止行為作減輕或免除其刑之規定,作合理的說明,例如德國刑法 §§83a, 87 Abs. 3, 142 Abs. 4, 158, 163 Abs. 2, 306e, 314a, 320, 330b,這些規定都與 §24 規定有所出入。

指出何以不法與罪責內涵，會因事後之中止意思及中止防果行為，而全數壓縮為零？顯然將中止未遂的法律效果，逕以立法的方式為「不罰」之規定，會發生若干理念與思維上的問題。

中止未遂、一般未遂及既遂都是屬於行為階段的評價問題，其所不同者，僅在於行為進展之階段，對於結構性之本質並無差異，故在評價上，也應採取一致性共同的評價方式，而不是以各自為政的割裂方式來處理，中止未遂相較於一般未遂，雖然有刑罰上之優惠，但理解此種優惠的理由，也應從未遂評價的結構中探求，而不是任意超出未遂的概念，作天馬行空的理論辯證。總之，中止未遂的法律效果思考，應從未遂關係來觀察，而未遂之可罰性，又須遵守既遂的標準，形成關係是三位一體，評價關係也應如此，在反應的法律效果上，應是：既遂 ≧一般未遂 > 中止未遂 ≧ 不罰。故法律效果規範之應然者，應為「減輕或免除其刑」為最恰當。

我國向來在刑法第 27 條的規定中，都只是將中止未遂的法律效果，規定為「減輕或免除其刑」，法律規定之差異，在理論的引用上，自然會發生問題，就如同德國通說將中止未遂視為一種「個人刑罰排除事由 (persönliche Strafaufhebungsgrund)」，但在我國的認定上，就無法將中止未遂視為一種個人刑罰排除事由，而僅能視為「個人刑罰減輕或免除事由」。這樣的規定，一方面可以排除無未遂類型處罰，所生不公之現象，例如抽象危險犯及舉動犯之處罰，因其無未遂類型，行為一經著手即無可回頭，反而結果犯有中止之規定，卻可以享受刑罰排除之優惠；另一方面，也可以避免具有昇層關係的結果侵害，因中止的優惠，而使得低層侵害關係變得無由評價，例如行為人持刀殺傷被害人之後，因己意懺悔而中止，並將被害人送醫，終至生命無虞，此固然是殺人之中止未遂，但如以「不罰」作為法律效果的評價，殊不知殺傷之傷害結果，應如何予以交代？倘僅規定為「減輕或免除其刑」，至少所反應出來的關係，仍舊係以殺人之法律效果為基礎，只是對其行為作必減或免除刑罰的處理而已。

第四項　參與論之中止問題

一個行為人的一個行為會發生行為階段判斷的問題，而當數人共同為一個犯罪行為時，當然也會發生行為階段判斷的問題，亦即數人為一個犯罪行為時（此屬於參與論之結構，詳見第六章），其行為所生之既遂、未遂或是中止的判斷，也應該與單一行為人的行為判斷者，在基本條件關係是相同的，所不同者，僅在於

參與結構形成的問題，以及不同之參與結構關係而已，亦即正犯與共犯形成之要求與差異性。原則上，未遂規定或是中止規定，其規範效力，亦涵蓋數人為一行為之情形[62]，其基本條件必須為行為已經著手，如行為尚未進至著手階段者，則亦無未遂問題，更無中止問題之可言。

就既、未遂的關係來看，當數行為人中，有一人之行為既遂時，則全體參與者行為皆為既遂，惟當行為未發生結果時，方有未遂存在之可能，此不問正犯或是共犯皆然。但對於中止未遂而言，涉及參與關係時，其可能存在的問題就較為多樣化。

首先，針對於共同正犯所存在的中止問題檢討，當共同正犯基於共同性之基礎，而著手於行為之實行，其中有一人或數人因己意之懊悔，而欲中止行為之繼續實行，或是盡力為結果發生之防止，倘若結果因此而不發生，則已為中止之人，固得以適用中止未遂之規定，而未中止之其他共同正犯，則因行為未生結果，乃適用一般未遂之規定，蓋中止未遂之刑罰減輕或免除者，屬於個人刑罰減輕或免除事由，故其僅適用為中止之人。惟如願意中止之人，雖盡其努力以阻礙行為之繼續實行，或是盡力防止結果之發生，但結果仍舊不免發生時，是否願為中止之人，仍須與遂行行為結果之共同正犯，承擔相同之既遂責任？在學理的意見上，則顯得較為保留[63]，學理固然可以堅持中止未遂為未遂的基礎，亦即不能發生行為之結果，否則即無未遂，更無中止可言，但對於共同參與的數人中，其中有一人或數人因己意懊悔，而欲中止其行為，或是也盡力為防果之努力，但終究因他人之行為而使得結果發生，如該行為人無法適用中止之規定，則無異是「一朝入江湖，終身洗不淨」。在這樣的認定關係下，只要有結果發生，不論參與者中有人願意中止，有人盡力防止結果的發生，卻僅因力有未逮，就須全盤抹滅該行為人之中止意思與防果之努力，此無異是叫人自暴自棄，所有詮釋中止的刑罰理論，在這種情形下，似乎都無用武之地，其既不願意為迷途知返之參與人，搭造一條黃金橋，連獨木橋都不肯，更遑論獎賞或宥恕。

---

[62] Vgl. Roxin, aaO., S. 575ff.；Schönke/Schröder/Eser, Rn. 111 zu §24；Rudolphi-SK, Rn. 31ff. zu §24。

[63] 基本上，對於這樣的問題，學理多選擇迴避的方式處理，例如 Lackner/Kühl, Rn. 28 zu §24，僅處理當數行為人雖有共同謀議，但未至著手階段時，則僅將盡力防止之人排除在參與之外。此一論述，並未觸及當已經進入著手階段時之中止問題。事實上，以排除參與關係的觀點，或許也能適用到中止認定的關係。

事實上，在參與的型態中，有一種關係叫作「相繼參與 (sukzessive Beteiligung)」，意指行為人著手犯罪行為之後，行為終了之前，他人基於參與的意思而加入犯行之中，仍得成立與原行為之參與關係，如果這樣的概念與型態，在參與論中是被允許者，那麼相繼參與是加入，而中止者難道不能視為脫離嗎？這是一個值得思考的問題。由於在學理上，仍舊無法接受此種中止關係，得以視為共同性之脫離，而個別為中止未遂之適用，故對於願意中止，且已經盡力防止結果發生，但結果仍不免發生之人，大概也只能在刑罰裁量上予以斟酌。此種情狀，在日常生活中並不少見，例如甲、乙、丙、丁四人基於共同傷害之犯意，前往被害人家中尋釁，在追打的過程中，甲忽見被害人家境可憐，心生憐憫而欲放棄傷害，並極力阻止其他三人之傷害行為，但終究力有未逮，被害人最後還是被打傷，甚至甲也因防止行為而受到傷害。如依一般之通念，傷害行為既遂時，共同參與者皆為既遂，甲不但無法享受中止的優惠，甚至其因努力防果而不逮之傷害，也是活該，如此的推論是否合理，值得思考。

再者，針對於共犯的中止問題而論，由於共犯的形成，具有被動式的從屬性關係，倘若正犯未著手於犯罪行為之實行，根本無由形成共犯，當然也無由對之加以處罰。是以檢討共犯之中止問題者，仍須視正犯是否已經著手而定，倘若行為人之正犯已經進入未遂階段，則共犯能適用中止者，有二種可能：1.促使行為人放棄行為，而未生結果；2.不論正犯行為如何，盡力為防果之行為，而使得行為結果不發生，共犯唯有在這二種情況下，才能適用共犯之中止未遂規定。

◆─◆ 第八章　參與論 ◆─◆

刑法中作為評價對象的行為事實，在其形成的結構中，係由一個行為人所為者，此種情形為刑法評價關係最根本的原型，幾乎所有的構成要件規定，都是以此種結構關係為基礎；但一行為事實的存在，亦得以數人共同之作用而成，此即刑法參與論所要檢討的問題。故在刑法中，一行為事實的形成關係有二：1.一行為人所為者，此為單一行為構成要件該當與否之判斷問題；2.數行為人所為者，此屬於參與論之問題。由於參與關係係由數人共同作用於一行為事實，在刑法評價結構的判斷上，除須檢視行為的可罰性關係之外，更須先理解數人如何作用於一行為的結構關係，刑法參與論的任務，主要就是為釐清參與的結構關係，亦即確認數人在一個行為事實中，到底是扮演著何種角色，而對於參與的角色，是否個別給予一定之概念定位，進而檢討不同參與角色之可罰性，以及法律效果形成的判斷關係。

第一節　基礎概念

參與的問題，本是刑法犯罪行為論中，最為棘手的問題，不論是參與型態的認定，或是參與者之處罰，在法律規定中，仍有相當難度存在，甚至學理的發展，迄今所能解決參與問題的成果，仍有相當之侷限性。在參與的問題中，除參與型態的區分與否之外，也有特別犯類型參與關係的判別問題，更有對於既有行為相繼參與的問題。對於參與型態究竟係採取區分參與類型的區分制、或是統一參與類型的單一制？在各國的立場上分歧頗大，例如同樣為實定法的體制，德國刑法 (§§25～27) 對於參與的觀點，乃採取區分正犯 (Täterschaft) 與共犯 (Teilnahme) 的機制；而同屬德語系且與德國僅一山之隔的相鄰奧地利刑法 (§§12～14)，則是採取不區分正犯與共犯參與型態的單一行為人體例 (Einheitstäterssystem)；而我國刑法向來繼受德國刑法的規定，採取參與型態區分制，亦將參與類型區分為正犯與共犯。惟如何將數人參與一犯罪行為事實的角色，明確區分為正犯或共犯？在學理及實務上，確實是困難重重❶。

───────────

❶ 若干學理對於區分正犯與共犯明確界限的努力，發生絕望之際，乃進而捨棄參與型態區分的見解，而轉為不區分參與型態的單一制。關於參與角色區分為正犯與共犯的難題，以及採行單一行為人概念的問題分析者，參見柯耀程，變動中的刑法思想，2 版，249 頁以下。

　　基本上，參與論所要檢討的問題有二：　1.區隔參與型態，在採取區分正犯與共犯的體制下，參與論的首要任務，即在於區分參與類型，究竟為正犯？抑或共犯？而學理對於參與論著墨最多者，亦在於參與類型的區分；　2.參與角色個別可罰性的問題，亦即參與型態被區分之後，仍須做可罰性的判斷與確認，參與論所要探討的問題，終究必須確認不同參與角色的可罰性。從而參與角色的判斷，乃成為參與論中必須先行解決的問題。

　　欲對於參與角色做確認，其前提的思維，必須先從對於犯罪事實發生，具有影響的人中，確認那些人才是參與角色所要區分的參與者。故當多數人作用於刑法所定構成要件之行為，或是對於一定之犯罪結果有所作用時，刑法所欲判斷的行為人，究竟是以限定於一定條件之下者，方屬於所欲規範與判斷之行為人？或是只要在行為作用或是結果發生，具有關連性存在之人，都可以納入行為人的範圍？想要理解參與的型態，不得不先從行為人概念的界定著手，唯有界定出行為人的概念之後，區隔參與的角色與參與型態，方具有意義。

第一項　行為人概念

　　探討參與論必須先理解行為人概念，而探尋行為人概念，又須回到歷史的發展過程，其根源大多可以回溯至羅馬法時期。在羅馬法時期，雖已經對不同的參與型態，有所規定，但在概念及名稱上，仍屬混亂，且不同參與形式對於責任問題，根本毫無重要性，蓋此時期雖有不同的參與形式，但在處罰上都一樣。或許吾人可將區分正犯與共犯之源頭，回溯到羅馬法時期，但此時是否採單一行為人體制，則仍屬未知。單一行為人的結構，係在十八世紀以後，因參與論學說之爭議，逐漸醞釀出來的。惟早在十七世紀時普芬多夫 (Pufendorf) 的「歸罪理論 (Imputationslehre)」對於參與論確立了「原因自由 (causa libera)」的原則，亦即行為人不僅須對於自己所為之行為負責，即使因加功或作用於他人之行為，而致發生一定之結果者，亦視之為具有參與關係存在，往後參與論即受到因果關係的影響，產生理論上相當輝煌的時期❷。在這段數個世紀的過程中，為確認刑法參與的角色關係，確實不斷有嘗試性之見解提出，但都僅止於純粹概念的詮釋而已。

　　真正將行為人的思維導向界分選擇性的觀念者，應該是從十八世紀時麥斯特 (Meister jun.) 為始，其在檢討參與的角色區分問題時，將行為人在概念上作選擇區分。麥斯特認為選擇認定行為人的概念者，不外二個，即：　1.概念特定化的行

---

❷　Vgl. Bloy, Die Beteiligungsform als Zurechnungstypus im Strafrecht 1985, S. 62ff.。

為人概念 (auctor in sesu speciali)；　2.概念普遍化的行為人概念 (auctor in sesu generali)。在這樣的概念區隔下，行為人在廣義的意義下，即對於行為事實之實現有所加功之人，皆屬之❸。在這樣的概念影響下，直到 1929 年德國刑法學者戚姆勒 (Zimmerl)，乃正式以「限縮行為人概念 (restriktiver Täterbegriff)」與「擴張行為人概念 (extensiver Täterbegriff)」作為篩選行為人的基礎認知概念❹。

　　刑法學理發展至今，對於刑法篩選行為人的依據，亦即行為人概念的認定者，都從「限縮行為人概念」與「擴張行為人概念」，二者間擇其一，作為行為人判定的基礎。基本上，界分行為人概念，是一種雙向性概念的思維，也是一種選擇可能性的概念提示，其思維的基礎在於「刑法所評價的行為人，是否要限定一定的範圍?」在這樣的命題下，有「要或不要」二種思考的方向，倘若「要」限制行為人的範圍，則所得出來的行為人概念，乃是從具有條件限制的思考方向，來界定行為人的概念；倘若所採取的觀念，是「不要」限制行為人的概念，則對於行為人的認定，僅需限定一定的判斷關係，只要在此一關係之下者，皆得被視為行為人，「限縮行為人概念」與「擴張行為人概念」，乃是從這樣的思維之下所得出來的產物❺，茲先將二概念分述之：

一、限縮行為人概念

　　限縮行為人概念的思維主軸，乃在於刑法所欲加以評價的行為人，在概念上應加以限制，亦即對於一定行為之人，要成為刑法上的行為人，必須「要」有一定條件的限制。行為人既是行為事實發生的主體，而行為事實是建構刑法可罰性

---

❸　Vgl. dazu Bloy, aaO., S. 64。

❹　So Zimmerl, Grundsätzliches zur Teilnahmelehre, ZStW 49 (1929), S. 39ff., 41, 45。

❺　行為人概念本是作為界定刑法評價對象的基礎，本質上也可以視為一種概念界分的方法，莫怪乎洛辛 (Roxin) 在其參與論鉅著「正犯與事實支配 (Täterschaft und Tatherrschaft－Habilitationsschrift 1962)」一書中，即先將行為人概念，作為論文詮釋的方法，其從概念出發，先確認「行為人」到底應該是客觀存在的認知? 或者是屬於評價的本質關係，唯有先確認行為人的概念之後，檢討正犯的形成，方有邏輯思維上的意義。洛辛在方法上選擇分析三種行為人的概念，即 1.因果行為人見解 (kausale Täterlehren)；2.目的論的行為人見解 (teleologische Täterlehren)；3.實體論的行為人見解 (ontologische Täterlehren)。透過對這三種行為人概念的辯證，得出作為詮釋行為人概念的基礎見解，其認為行為人的意義，乃為「含有意義性與目的性思維方式的綜合體」，且行為人是行為事實發生的核心形象。Vgl. Roxin, Täterschaft und Tatherrschaft, 7. Aufl., S. 4～32。

評價的基礎，更貼切地說，是形成刑法不法判斷的基礎，而不法關係的形成，必須透過規範的評價作用，屬於規範判斷範圍的對象，故行為人在界定時，其限制的依據，也應該以規範作為界定的基礎，亦即行為人概念的限制，應該以構成要件作為規範的界限，倘若行為落入構成要件的範圍內，則為一定導致構成要件實現之人，乃屬於刑法所要評價的行為人；倘若行為並未落入構成要件之中，或是根本無法導致構成要件被實現，則非屬於行為人概念的範圍。故而，因一定行為而會落入構成要件評價範圍者，乃屬於限制行為人概念下之行為人，如行為根本無由落入構成要件的評價中，即非屬行為人之概念，刑法對之也無由加以評價。在這樣的概念下，正犯或是共犯，都是屬於行為人，只是其參與的關係有所不同而已，二者都是促使構成要件實現的主體，所差異者，僅在於正犯者，係屬於直接（或基於共同作用，乃至具有控制性）而造成構成要件實現之人；而共犯者，雖非因其行為直接涉入構成要件之實現，但構成要件所以被實現，終究是其行為作用所致，必須注意者，乃在非構成要件直接實現之行為，其與構成要件實現行為間的連帶關係（這是所謂從屬性關係認定的由來），故不論正犯或是共犯，二者皆屬於行為人的概念。倘若將共犯排除在行為人概念之外，則將其納入參與型態，或是對其所為之處罰，都將在概念上失其附麗❻。

　　界定行為人概念之後，如何對於行為人加以評價，乃至如何賦予一定的法律效果，則是行為人概念外的另一個思考環節。基本上，直接造成構成要件實現之人，因在構成要件的內容中，已經對其可罰性之反應，作明確的規範，亦即構成要件的法律效果，僅是對於直接實現構成要件之人所為的規定。易言之，構成要件所定處罰基礎的法律效果，係針對直接實現構成要件之正犯行為而定，對於非直接實現，卻是促成構成要件實現的行為人之行為，並無罪刑規範適用關係的存在，故而，對於非直接實現構成要件之行為人，其評價的可罰性反應者，乃必須加以創設。蓋在法定原則的基礎下，構成要件內之行為人，本有法定之法律效果，

❻　學理在詮釋限縮行為人概念時，常將共犯（教唆及幫助犯）排除在行為人概念之外，而不認定其為行為人，這顯然係誤解行為人概念與正犯概念所致。倘若共犯不是行為人，則其根本無由成為刑法評價的對象，畢竟其不是行為主體；另外對於不是行為人之人的處罰，站在法定原則的要求下，不論是刑罰擴張事由的說法，或是獨立處罰的說法，都有恣意之嫌，難以符合法定原則之規範。故認知上，必須先將正犯與共犯立於行為人概念之下，則對於參與關係的區分，以及刑罰的正當性，方得以得到支撐。學理見解參見林山田，刑法通論（下），10 版，31 頁；Jescheck/Weigend, Strafrecht AT, 5. Aufl., S. 648ff.；Samson-SK, Rn. 3, 4 zu §25；Schönke/Schröder/Cramer, Rn. 6～9 vor §25。

但行為非屬構成要件行為之促使構成要件實現之人，其處罰的依據，本不在構成要件中，如欲對其加以處罰，顯然必須將處罰的法律效果，從構成要件內擴張到構成要件外，故在限縮行為人概念下，對於共犯之處罰是一種「刑罰的擴張事由 (Strafausdehnungsgründe)」。

畢竟共犯之行為，在客觀的形象上，並非構成要件之行為，其行為本屬於構成要件之外者，而構成要件外之行為，本就有評價上的疑慮問題存在，如確認構成要件外之行為與構成要件行為間，具有關連性時，法律效果也無法直接適用到構成要件以外之行為，故而僅能創設刑罰擴張適用的規定，刑法第 29 條及第 30 條之處罰規定，即是此種刑罰擴張適用事由的法定授權規定。

二、擴張行為人概念

所謂擴張行為人概念的意義者，乃指對於一定法秩序所不允許，而應受嚴重非難的行為事實發生，其所有參與之人，本於因果關係的觀察，舉凡對行為事實實現有所作用之人，一律視為行為人。其概念思維的基礎，則在於行為人不須加以限制，只要在因果關係的觀察下，對於行為事實之實現，具有加功作用之人，皆屬行為人之概念，亦即行為人在概念的界定上，「不要」加以限制，只要合於條件理論的認定關係者，都是行為人。在這樣的行為人概念下，對於行為人的認定，主要係從造成犯罪事實的因果關係來判斷，其不受到犯罪成立的規範之限制，刑法的規範對其僅是佐證的關係而已，亦即刑法規範僅是對一定發生的事實，作是否成立犯罪的判斷而已，是否屬於行為人並不受到刑法規範的限制，故概念上，「擴張行為人概念」或許可以稱之為「未限制之行為人概念」。

而在對於行為人處罰的判斷上，因行為人並未加以限制，只要在犯罪事實發生的因果關係上成立者，都是行為人，故其處罰原則上也應該是相同的，畢竟不論核心行為之行為人，或是附帶效應行為之行為人，都是適格之行為主體，其所不同的僅在於對犯罪事實形成的加功程度差異而已。至於是否在處罰上，要依加功程度的差異，而作不同處罰之處理？則屬於權衡上的問題。

在擴張行為人概念下，如要再行區分參與型態，則其區分的標準，無法以構成要件作區隔，而僅能以加功程度之高低作為區分：加功程度高者，視為核心行為人，可稱之為正犯；對於加功程度較輕者，則屬於周邊角色，若要給予一個稱謂，未嘗不可以共犯稱之。對於加功程度較輕之人的處罰，或許可以不同於加功程度較重者，這樣的處罰差異性，也許也能以「正犯之處罰」與「共犯之處罰」

來區隔。因擴張行為人概念下，本不須對於行為人作嚴格的限定，只要合於因果加功關係者，都屬於行為人，在處罰的基礎上，同為行為人，處罰應該也是一樣的。惟對於加功程度較輕之人，也要作較輕之處罰，此時刑罰應是從基本法律效果予以減輕，而非另行創設其他法律效果。因此在擴張行為人概念下，如其也在參與類型上作區分，而對於加功程度較輕者，稱之為共犯，則對於共犯之處罰輕於正犯處罰的情況，應稱之為「刑罰減輕事由 (Strafmilderungsgründe)」而非「刑罰限制事由 (Strafeinschränkungsgründe)」 ❼，畢竟同屬行為人，在處罰的基礎是一樣的，刑罰並非專為處罰共犯而設，其僅是在既有的處罰基礎上，對於加功程度較輕之人（共犯），作較輕處罰之處理，故宜稱為刑罰減輕事由。

　　綜上所論，行為人概念的詮釋，主要係為先行確認刑法所欲加規範的行為主體為何，行為人概念與正犯或共犯的參與形式，並非立於同一概念下的不同稱謂，而是具有本質性之差異存在。至於何種制度應採取何種行為人概念？是否有其邏輯上之必然性要求？這樣的問題或許較難以完全肯定回答，但至少可以從概念的理解中，得出二個可能性：1.在受到法定原則指導的刑法體系中，因其具有犯罪規範條件法定化的要求，而得以為犯罪之判斷者，僅在於合於法定構成要件之行為，故而法定構成要件本身，即形成一個明確的區隔界限，唯有進入構成要件的行為，方受到刑法的評價，此時為行為之主體，自然被視之為行為人，故而，在構成要件體系下，其對於行為人的概念，大抵是採用限制性的概念，亦即大多採用限縮行為人概念；2.在不具有法定化判斷犯罪的規範體系中（如美國），因其並無法定的明確要件來界分，故大多以犯罪形成的個別關係，或是以條件因果律的判斷，來界定行為人，故大多採用擴張行為人概念。

　　從參與型態區分與否的觀點來看，採取何種行為人概念，與是否區分參與型態，並無一定之必然性關係。在限制行為人概念下，可以作正犯與共犯的區分，當然也可以不作正犯與共犯之參與型態區隔，例如奧地利刑法屬於受法定原則拘

---

❼ 學理上都習慣將擴張行為人概念下，對於共犯處罰的規定，稱之為「刑罰限制事由」，本書不作如此之解讀，蓋一方面如學理將擴張行為人概念，認定為不區隔參與型態的行為人概念，則何來共犯的問題；另一方面，擴張行為人概念下，所有加功之人都是行為人，其刑罰的作用，應該都是立於同一基礎，其本來就有處罰，只是對於加功程度輕微者，作較輕微之刑罰處罰而已，故刑罰並未被限縮，自不宜將共犯之處罰，稱之為「刑罰限縮（或限制）事由」。學理通念的說法，參見林山田，刑法通論（下），10 版，32 頁；Jescheck/Weigend, Strafrecht AT, 5. Aufl., S. 650。

束者，其具有明確之法定化構成要件，但卻不作參與型態的區分，逕自採取單一正犯的處理；同樣地，在擴張行為人概念下，也可以區分正犯與共犯的參與型態，非必然在擴張行為人概念下，即不能有共犯的類型存在，倘若有此種看法，則「在擴張行為人概念下，對共犯之處罰，是一種刑罰限縮事由」的命題，將不復成立，蓋既無共犯型態，何來對之處罰，更何來「刑罰限縮事由」呢？故而，行為人概念與參與型態的區分制或單一制，並非必然性之關係❽。

第二項　區分制與單一制

刑法犯罪行為參與論發展至今，很明顯地形成兩種不同的體制，即對參與犯罪事實之人，在參與角色之型態上，區分正犯與共犯參與形式的區分制 (Differenzierungssystem) 和不區分參與者之參與形式的單一制 (Einheitssystem)❾。

所謂區分制者，乃是指對於數人參與一個犯罪行為事實，其參與的角色，必須在決定行為人責任之前，即須先行確認。通常在區分制度的參與關係下，參與角色被區分為行為事實核心角色的「正犯」，以及非核心角色的「共犯」，而在區分制度的要求下，即使是正犯也須依其參與的形成關係，而作不同正犯類型的概念區分，共犯的角色亦然；而所謂單一制，乃不在參與型態上作區分，只要對於行為事實具有加功者，都是屬於刑法所規範的行為主體。在參與型態上，並不作

---

❽　通常認為區分制係源自限縮行為人概念 (restriktiver Täterbegriff)，而單一制係源於擴張行為人概念 (extensiver Täterbegriff)，此種說法並不正確。蓋擴張行為人概念下，亦可採行區分正犯與共犯之體制，所不同於限縮行為人概念者，僅係所用以詮釋的理論不同而已。此外，限縮行為人概念亦不必然係源自客觀理論 (objektive Theorie)，而擴張行為人概念亦不必然採用主觀理論 (subjektive Theorie)。雖然在關連性上，主、客觀理論多少對於行為人概念有所影響，但並沒有必然性存在。Dazu eingehend und zutreffend vgl. Bloy, Die Beteiligungsform als Zurechnungstypus im Strafrecht 1985, S. 115ff.。

❾　在實定法國家中，採取區分制者，有德國、瑞士、法國、西班牙、荷蘭、日本、我國等；而採取單一制的國家，主要有奧地利、挪威、丹麥、義大利、瑞典、巴西、捷克等。於此值得一提者，在採取區分制國家中，對於正犯與共犯的處罰標準，並不一致，例如德國區分正犯與共犯 (§§25、26、27)，其刑法中，不但在參與形式上，有所差異，且處罰上，亦不一樣，其對教唆犯之處罰，同於正犯，但對幫助犯之處罰，則採取必減的規定。而法國刑法 (Art. 59 C.p.) 亦採區分制，但在處罰上，則並不區分正犯與共犯，即處罰是一樣依正犯之刑處斷。而在單一制的國家，其對於行為人型態的認知，亦有所不同。Dazu vgl. Jescheck/Weigend, Strafrecht AT, 5. Aufl., S. 661, 662；Kienapfel, Der Einheitstäter im Strafrecht 1971, S. 17。

正犯與共犯的區分，只要參與行為者，均為單一概念的行為人 (einheitlicher Täter)❿。至於不同參與程度的行為人，在可罰性的認定上，則屬於刑罰裁量的任務。惟在單一行為人的體制下，雖不作正犯與共犯的參與型態區分，但行為人因其加功程度的不同，在概念上仍可作不同的區分，如奧地利刑法 §12 的規定。

　　當然，此種體制上的差異，並非事物的本然 (Natur der Sache)，而是政策及論理上考量之結果。從學理的發展，並不能斷言這兩種體制究竟係何種理論下的產物。雖然現階段參與論對於參與形式的認知，在區分制結構下，較傾向採用限縮行為人概念，而單一行為人體制則被歸於採取擴張行為人概念。這並不表示限縮行為人概念，必然產生區分制，而擴張行為人概念下，必然產生單一行為人體制，或者逕將二者劃上等號。採取區分體制的考量，無異係為使參與者行為不法與其可罰性之認定，在參與形式上即加以區隔，如此不但在行為不法的確認上，有遵循之依據，且對於不同參與形式反應不同責任，亦有相當之說服力。

　　然而，參與形式的明確區分，不論是在理論上或實務運作上，均存在相當之困難，例如對於多人參與犯罪行為之實行，因結構關係所生之連鎖性參與 (Kettenbeteiligung) 問題時，採取區分制往往受限於區分正犯與共犯的要求，而疲於奔命。同時，區分制在認定正犯與共犯的區分時，均將區分的焦點置於正犯認定的基礎上，並未從共犯型態加以觀察，因而，其對於共犯認定的問題，有著相當之侷限性。再者，由故意犯所發展出來的參與理論，對於過失犯卻無適用之餘地，而將參與形式在主觀要素上，割裂為二種不同認定形式。除此之外，對於行為人背後之人，如何確立其參與角色，往往也是區分制頭痛的問題⓫。

---

❿　因我國向來都是採取區分體制，對於單一制的詮釋與涉獵較少，對其概念與具體意涵亦較為陌生。關於單一行為人概念的評釋，參照柯耀程，變動中的刑法思想，2 版，249 頁以下。

⓫　舉個例子加以說明，甲為剷除其競爭對手張三，乃出資向某黑社會頭目乙遊說，請其代為解決，乙答應，並將此事交代其手下堂主丙，丙再將此事交代其堂下弟兄丁、戊執行。丁、戊順利下手將張三殺害。此例中丁和戊為共同正犯，應無疑問，但對於幕後串連參與之甲、乙、丙的參與形式為何？確實是區分制困擾的難題。德國實務上曾經出現過一個相當著名的案例，即所謂「史塔辛斯基 (Staschynskijfall)」案 (BGHSt 18, 87ff.)，此案例的概略情況如次：有二位前蘇聯自由派的人，逃到西方世界，請求政治庇護。而蘇聯當局的情治單位，認為該二人有洩漏其機密之虞，乃派出二名殺手，將此二人狙殺，二人最後被一名殺手，即史塔辛斯基 (Staschynskij) 所殺。史氏被捕後，在德國司法實務上對其受派殺人事由雖查明清楚，但對於整個犯罪結構的認定，卻出現意見紛歧的情況。對

在區分制中，為能明確區分正犯與共犯的參與型態，發展出相當龐大的理論體系，從形式客觀理論、主觀理論、到現在德國通說的犯罪支配理論 (Lehre von der Tatherrschaft)，可謂汗牛充棟，其無非只是想要妥善解決正犯與共犯的區分問題而已。反觀在單一制中，因其不作正犯與共犯的區分，故其並無區分制所面臨區隔正犯與共犯的難題，只是對於所有加功行為之人，都視為刑法所處罰的行為人，並將處罰的認定，依行為加功程度的不同，而置於刑罰裁量中，作不同處罰的量定，在邏輯上恐有跳躍之嫌，蓋其跳過不法判斷與可罰性認定的過程，直接以刑罰裁量作為具體處罰的判斷，恐怕在處罰的合理基礎上，會備受質疑。

惟在如此龐大且繁瑣的理論體系中，似乎也僅能解決參與型態認定的部分問題而已，並無法將全盤問題一併完成。例如以具有優越性的支配理論為例，其雖在區分正犯與共犯的認定上，具有相當值得肯定的功能，但對於「特別犯 (Sonderdelikte)」的參與型態區隔，以及對於過失犯、不作為犯的參與型態問題，誠屬區分制理論下的難題。惟不論區分制或是單一制，對於判斷參與關係與參與角色的認定問題，仍舊存有若干質疑與模糊的空間，有待學理繼續開拓。

第二節　參與理論

我國刑法對於參與論的認知，一直以來都是沿襲德國刑法採取區分的體制，亦即在行為人的參與關係中，依其所為對於犯罪事實成立的作用，區分為正犯與共犯。所謂正犯的參與型態者，簡單地說，就是參與的主要角色，刑法評價的基礎對象；而在共犯的類型中，則區分為教唆犯與幫助犯，其在參與角色中，屬於周邊的角色。參與論所處理的主要問題，乃在將數人參與一犯罪行為之個別角色，明確加以定位，以提供決定可罰性判斷之依據。但從所有學理的闡述內容觀察，理論的重點，似乎都僅單純落在區隔正犯 (Täterschaft) 與共犯 (Teilnahme) 的問題上，對於個別參與形態的成立，以及參與形態成立之基礎與差異性，則較少論及，遂使得汗牛充棟的參與理論，所能真正解決參與角色認定問題，顯得少得可憐。是此，宜先從參與理論分析著手，觀其不足，以為理論填補之依據。

在採取區分犯罪行為參與形式的體制中，正犯與共犯係相對性之參與型態。惟共犯者，向來在刑法參與論學理的發展中，共犯常被作為負面性認定的類型，

於史氏成為直接正犯的認定，並無疑義，惟對於幕後派遣之主導者，究竟為何種參與型態？乃發生爭議。該案例確實曾經在實務上，為界定行為人究竟為正犯或是共犯，引發相當大的爭議。

即對於犯罪行為之參與，以認定正犯為根本，僅於否定正犯成立時，始有共犯認定問題之成立。而在採取「單一行為人 (Einheitstäterschaft)」之體制❶下，並無共犯類型之存在，蓋所有對於犯罪行為本身或以外之行為為加功者，皆為正犯，至於各正犯間之責任問題，則在刑罰裁量階段，再加以解決。因此，對於界分共犯不法與可罰性問題，僅在採取區分制的體制下，方有其實質之意義，於單一行為人體制下，參與者的可罰性問題，則僅為刑罰裁量上的考量因素而已。同樣地，共犯一詞在採取單一行為人的體制下，亦僅屬於學理名詞而已。共犯問題之探討，亦僅於區分正犯與共犯之體制下，才有其實際效用。

　　學理上對於參與形態區分的觀念，其實早在羅馬法時代，即已出現，然而，此一時期雖有參與形態之差異存在，但並無任何區分基礎的論據，且對於不同參與形態之處罰，並無差異性，故其參與形態之區分，僅具有形式之意義而已❶。真正體系性分析參與形態，並建構區分標準者，應是十八世紀後期以後之事❶，此一時期以後，學理對於參與形態之區分，可謂進入百家爭鳴，大放異彩的時期，從行為人概念分析的輪廓確認，到客觀理論、主觀理論、綜合理論，乃至二十世紀後漸成主流的支配理論不斷提出，使得解決區分正犯與共犯參與形態的標準，不斷創新，立論之基礎更趨嚴謹。其主要者，乃有主觀理論與客觀理論間辯證的問題存在。

---

❶ 採取單一行為人制的國家，如挪威刑法 (§58)、丹麥刑法 (§23)、奧地利刑法 (§12)、義大利刑法 (§110)、巴西刑法 (§29) 等，雖其所採者均為單一行為人概念，然而，在內容上卻有相當之差異。例如奧地利刑法對於犯罪行為參與之形式，不在犯罪行為可罰性階段前加以認定，但卻在概念上仍區分不同形式的行為人型態，依其刑法 §12 之規定，可將行為人在概念上區分為三種類型：即 1.直接行為人 (unmittelbarer Täter)；2.惹起行為人 (Veranlassungstäter)；3.協助行為人 (Unterstützungstäter)，其雖不在不法階段，對於參與形式在其加功程度上，加以區分，但卻將此種區分推延至刑罰裁量時為之，故而在概念上，即使所採行者為單一行為人概念，但因加功程度的不同，仍有所區分。在義大利刑法中，即使是對於無身分之人，加功於有身分關係之人，始能成立之身分犯，仍視之為正犯（義刑 §117），其並無區分或從屬之標的存在。關於奧地利之單一行為人概念，siehe Kienapfel, Der Einheitstäter im Strafrecht 1971, passim，其他請參閱 Jescheck/Weigend, Strafrecht AT, 3. Aufl., S. 645～648。

❶ Vgl. Bloy, Die Beteiligungsform als Zurechnungstypus im Strafrecht 1985, S. 46ff.。

❶ Vgl. Bloy, aaO., S. 64。

第一項　客觀理論

從整個刑法犯罪行為參與論的發展觀之，最早為學理所接受之參與理論，應推形式客觀理論 (formal-objektive Theorie)。

一、形式客觀理論

形式客觀理論主要係以構成要件所描述之行為，作為認定之標準。依其見解，完全或一部實現犯罪類型構成要件之人，即為正犯；其餘之參與者，皆為共犯。也就是凡對於犯罪構成要件所規定之行為加以實現者，即為正犯，如所實施者為構成要件以外之行為，而對於該犯罪行為之發生具有直接或間接之作用者，僅成立共犯。形式客觀理論因受到畢爾克麥耶 (Birkmeyer) 的推促，以及貝林 (Beling)、麥耶 (M. E. Mayer) 和李斯特 (v. Liszt) 等人之發展，在 1915 至 1933 年間成為學理及實務上判斷參與型態的主要見解❶。

形式客觀理論認為，凡對於構成要件所規定之行為為實施之人，不論其主觀意思為何，均應視為正犯。至於刑法中所規定之教唆犯或幫助犯之成立，僅於其所加功之行為為構成要件以外之行為為限。從形式客觀理論的見解，可以很明顯地看出，其以構成要件作為界線，而將共犯從犯罪行為加功的因果關係中劃分出來，主要係為限制因果理論在參與論中認定行為人的作用，蓋如以因果關係來判斷參與型態，因正犯與共犯在犯罪行為的加功上，均為等價條件，而將使得正犯與共犯無從區分。然而，以是否親自實現構成要件，作為客觀區分的界線，而對於未親自實施構成要件之行為人，全然視為共犯，則有其缺陷存在，其無法對於利用他人實現犯罪之人，作有效且完全的評價，以現代的眼光觀察，對於間接正犯的情況，僅能將其視為共犯的型態。事實亦是如此，蓋間接正犯的類型在形式客觀理論的見解中並不存在，在利用他人實現犯罪行為的幕後操控者，充其量僅能認為教唆犯而已，因間接正犯既未親自實施構成要件之行為，依形式客觀理論的見解，其不能成為正犯，只能視其為共犯型態。如以現代學理的觀點，形式客觀理論對於間接正犯的詮釋，根本無能為力。對於形式客觀理論另外一個疑慮，則發生在共同正犯的認定上。如依該理論之見解：「唯有親自實現一部或全部構成要件之行為者，始為正犯，餘者為教唆犯或幫助犯」，則共同正犯基於共同性所為分工之情況，對於未親自實施構成要件的行為人，則僅能認為幫助犯而已，乃造

---

❶　Vgl. allezu Roxin, Täterschaft und Tatherrschaft, 5. Aufl., S. 14ff.。

成共同正犯與幫助犯間區分的難題。

二、實質客觀見解

為解決此種對於共同正犯與幫助犯間界定及參與形態認定上之不足，於是乃有所謂「實質客觀見解 (material-objektive Auffassung)」❻的提出。嚴格而言，實質客觀的說法，並非區分正犯與共犯的理論，而僅是為解決形式客觀理論所無法解決見解而已，亦即在形式客觀理論中，對於共同正犯與幫助犯的區隔難題，在實質區分共同正犯與幫助犯的個別見解中，最主要的說法有三：

㈠必要性理論

依實質客觀見解中「必要性理論 (Theorie der Notwendigkeit)」的見解，舉凡對於犯罪事實具有不可或缺之加功者，均為正犯，其所謂不可或缺者，係指如無其加功，則犯罪事實無由發生而言。其餘之加功者，則為共犯❼。必要性理論雖可解決部分共同正犯在形式客觀理論上認定的困難，以及提供界定共同正犯及幫助犯的一個判斷標準，但對於界定正犯、間接正犯及教唆犯，仍鮮有助益。

㈡同時性理論

依「同時性理論 (Theorie der Gleichzeitlichkeit)」之見解認為，如於犯罪行為之同時對於該犯罪事實為加功之人，均應視為共同正犯之參與型態，至於犯罪行為前之加功者，則視為幫助犯，亦即正犯僅成立於對犯罪事實加功之同時，如係於犯罪行為前之加功行為，僅成立共犯之行為❽。相較於必要性理論，同時性理論對於認定共同正犯，的確提供一較為明確之標準，即犯罪行為實行之時作為認定點，但在區別間接正犯與其他共犯型態上，依舊助益不大。

---

❻　其實實質客觀見解本身並非獨立之理論，而係由各個在實質內容上，以客觀標準為導向之理論，綜合而成的見解，具代表性之理論有：1.「必要性理論 (Notwendigkeitstheorie)」，2.「同時性理論 (Gleichzeitigkeitstheorie)」，3.「優勢理論 (Überordnungstheorie)」，以及由法蘭克 (Frank)（代表者）等所提出的「生、心理探尋因果 (physisch und psysisch vermittelte Kausalität)」之見解。Dazu Roxin, aaO., S. 38ff.。

❼　Roxin, aaO., S. 38f.。

❽　AaO., S. 41f.。

㈢優勢理論

所謂「優勢理論 (Theorie der Überordnung)」認為，共同正犯與幫助犯間的區別，並非根據固定之標準，而係依各種不同之具體情況加以判定。共同正犯與共犯最大的區分標準，應在於對於犯罪事實，孰者具有優勢關係，共犯所加功之犯罪事實部分應侷限於附屬之部分❶。此種論點雖然提供一個區分正犯與共犯的可用標準，但如何確定究竟係優勢或對等，抑或是附屬，則未有一明確之說明，非但未解決問題，而又製造另一新問題，且該問題更為棘手。

第二項　主觀理論

由於客觀理論在詮釋正犯與共犯之差異性時，仍有力有未逮之處，遂使得區分認定的觀點，朝向主觀層面思考，認為區別正犯與共犯不應從客觀層面著手，而應從行為人內在心理因素為探察標準，乃有所謂主觀理論 (subjektive Theorien) 之提出。其認為犯罪行為參與的類型從客觀層面並不能提供一判斷之標準，唯有從參與者主觀層面，如意思、動機、意圖等，方能確立個別犯罪行為參與之類型。在主觀理論的見解中，因對於主觀意思認定的出發點不同，有從犯罪意思的故意出發、亦有從行為人利益考量出發之觀點，主要見解有故意理論 (Dolustheorie) 及利益理論 (Interessentheorie) 兩種見解。故意理論認為區分正犯與共犯之主要標準，乃在於「意思」之特別形式，也就是參與者究係以正犯之意思，抑或是從犯之意思為行為之加功。故意理論認為共犯在整個犯罪事實中，相對於正犯係以一非獨立，且僅具有附屬意思，而為行為之加功，其本身係從屬於正犯之行為，也就是共犯對於犯罪行為，係任由正犯對之加以實現；而利益理論認為區分正犯與共犯之主要標準，應在於對於結果利益，究竟是歸屬於誰，如將犯罪行為之實施視之為自己之利益者，為正犯，反之，如視之為他人之利益而為之者，則為共犯❷。利益理論在其實質內容中，其實並未超出故意理論的範圍，向來均將之視為故意理論的補充理論。

當然，主觀理論對於界分正犯與共犯仍有其缺陷存在。依其觀點，正犯與共犯之區分，主要係在於參與者主觀意思的不同。然而，主觀要素的認定，即是一個相當困難的問題，特別是在臨界的問題上，也就是如行為對於結果的直接關係，

---

❶　AaO., S. 49f.。

❷　Aao., S. 51ff., 55ff.。

雖是為他人而為之犯罪行為，但間接卻是為自己之利益，則究竟可否仍舊僅視為共犯？此外，從主觀理論的觀點認定，如係為他人犯罪的意思，勢必使得即使親自為構成要件實現之人淪為共犯，這樣的結果必然與構成要件設置之本旨相違背。而且，主觀的判斷究竟是將重點置於何處？係從行為人主觀上判定？或是以審判者的主觀認定為基準？則顯得相當游移不定，將其作為正犯與共犯的判斷基礎，似乎仍有不足。因此，主觀理論的論點，仍未能提供一個妥善的判斷基準，其理論的內容，仍有令人質疑之處。

第三項　綜合理論

　　由於客觀理論與主觀理論對於區分正犯與共犯觀點的差異，對於判斷所得之結果，必然產生不同。客觀理論將區隔的重點放在構成要件實現的客觀面觀察，而對於行為主觀面，則全然置之不理；而主觀理論則反過來，將基準置於主觀面的判斷，無視於客觀構成要件的實現關係。如依此二理論個別判斷，必然產生南轅北轍、互不相容之結果。為說明之便，在此以德國司法審判歷史上相當著名的案例「澡盆案 (Badewannenfall)」❷作為分析，即可瞭解主觀、客觀理論間，對於區分正犯與共犯之差異。如從客觀理論的觀點，則下手實施之人，應成立正犯，未下手實施構成要件行為之人，僅能成立共犯，則案中下手殺害嬰兒之人，即成立殺人罪（應稱為謀殺罪）之正犯，而未下手但卻是始作俑者的母親，僅成立殺人罪之教唆犯而已。反之，如從主觀理論之觀點判斷，則殺害嬰兒係母親的意思，下手殺害者，僅係以幫助她完成該殺害嬰兒的行為而已，正犯應為該嬰兒之母親，幫其下手殺害者，僅成立幫助犯而已。如從法定原則及構成要件設置的意旨加以審查，則實現構成要件之行為者，應為正犯，固無問題，但以客觀理論之見解，將使得幕後操控之人，無法以正犯論之，反而使其規避刑事責任，此殊非刑法之目的所在。反之，如將正犯認定標準置於主觀意思上，則對於雖親手實現構成要

---

❷　RG 74. 84ff. 該案的事實如次：一位未婚生子的母親，因恐社會輿論與經濟壓力，乃決意將其甫出生之嬰兒殺死。然因產後虛弱，加上自己下不了手，遂電請其妹妹代為行事。並告知其妹，可以利用其為嬰兒洗澡時，將嬰兒在澡盆中溺死，且佯稱嬰兒係出生後自然死亡。其妹因不忍心見其姊為一個非婚生嬰兒如此痛苦，遂答應其要求，而將嬰兒溺斃。之後東窗事發，二人均得接受法律之制裁。然而，卻產生認定上之爭議，該未婚母親及其妹妹究應各自成立何種參與類型？此一問題從帝國法院 (Reichgericht) 一直延續到聯邦最高法院 (Bundesgerichtshof) 都有爭論。

件行為，但卻係為他人所為之人，僅為幫助犯，無異係將構成要件之規定摒棄。因此，不論係主觀理論或客觀理論，在解決正犯與共犯區分的問題上，均有其不充分之處，且各有所偏，並不能真正提供一個完整而正確的判斷標準。為進一步調和主、客觀理論對於判斷正犯與共犯結果的差異，學理上遂進一步將主觀理論及客觀理論加以整合，而提出所謂折衷式見解的「綜合理論(Vereinigungstheorie)」。我國刑法實務對於參與論的觀點，在區分參與類型時，乃以綜合理論的基礎，發展出一套判斷正犯與共犯的基礎❷。

綜合理論仍舊係以確定正犯為其理論的出發點，惟各家意見仍然相當分歧。最主要之爭議乃在於究竟應以主觀理論為主、客觀理論為輔，抑或是以客觀理論為主，而輔以主觀理論？德國學理上，早期以史迪備 (Stübel)、郝伯特 (Haupt)、霸爾 (v. Bar) 等人❷為核心的見解，其以客觀理論為主，而以其他理論為輔，綜合成認定正犯與共犯之綜合理論；而德國實務上之見解，則係以主觀理論為核心，輔以客觀理論。雖然綜合理論有其避免形成認定偏差的優點，但仍不免有實用及方法上之疑點。首先，在認定標準上殊難有一確定之認定基準，其認定標準始終都游移於主觀及客觀之間，究竟何時應以主觀理論、何時以客觀理論之觀點為基準，並不明確，如此易流於恣意的判斷。其次，在方法學上亦有漏洞，基本上，整合必須建立在一致性的共同基礎上，然而，主觀理論與客觀理論間，卻找不出

❷ 我國刑法學理與實務發展出一套認定正犯與共犯的區分標準，認為：1.以自己犯罪的意思，參與構成要件之犯罪行為之實施者，為正犯；2.以自己犯罪之意思，而參與構成要件犯罪行為以外之行為之實施者，亦為正犯；3.以幫助他人犯罪之意思，而參與構成要件之犯罪行為之實施者，為正犯；4.以幫助他人犯罪之意思，而參與構成要件犯罪行為以外之行為之實施者，為從犯。這一公式在認定某些單純之共犯時，雖有其便利性，但對於明確界分正犯與共犯，仍欠缺妥當性，例如在認定間接正犯時，仍無能為力。且其認定之重心，仍落在正犯之上，對於共犯之認定，僅限於幫助他人犯罪之意思者，仍嫌不足。特別係對於教唆犯的認定，此一公式並不能提供可遵循之標準。故而，對於（特別是）共犯法理的發展，仍須詳加研究。參見甘添貴，刑法總論講義（1992 年），209頁；最高法院 24 年 7 月刑庭總會之決議。

❷ 即使其均由客觀理論出發，但實質見解內容仍有差異，如史迪備 (Stübel) 係以形式客觀理論為主軸，輔以同時性理論及調和生、心理因果理論作為認定之標準，而郝伯特 (Haupt) 則認為行為階段之行為實施者均視為正犯（形式客觀理論），而準備階段之加功者僅為幫助犯。至於中間範圍內之加功者，則輔以故意理論認定之。而霸爾 (v. Bar) 則以形式客觀理論為基礎，輔以故意理論及同時性理論，作為認定之標準。Dazu vgl. Roxin, aaO., S. 57ff.。

此一共同的基礎，二者可謂「水火不容」。如此的整合，不禁令人懷疑，究竟整合主觀及客觀理論的基礎何在？要如何在主觀與客觀上加以整合？此似乎是毫無交集的整合關係，其整合似乎僅取決於偶然而已。或許此種整合係對於參與者之個別行為，作主觀及客觀的雙面觀察罷了！事實上並無所謂之整合存在，只是為解決問題時，病急亂投醫的方式而已。因此整合理論對於界分正犯與共犯，不但無有助益，反而製造出更多邏輯思維上的疑慮。故而，對於界分正犯與共犯的理論基礎，不得不另闢途徑。

第四項　支配理論

由於以往理論對於參與形態區分的缺陷，乃促使學理對於參與論 (Beteiligungslehre) 問題，更審慎加以思考，於是乎在學理的思辯上，乃有所謂「犯罪事實支配理論 (Tatherrschaftslehre)」的問世。惟「犯罪事實支配 (Tatherrschaft)」的概念，並非一開始即用於詮釋參與形態之問題，而是用於作為犯罪行為可罰性之判斷方法上。首先將「犯罪事實支配」一詞導入刑法基本概念中者，應回溯至 1915 年德國刑法學者黑格勒 (Hegler)❷❹，其雖將「犯罪事實支配」視為犯罪主體的要素，惟黑格勒僅將之作為刑法上的責任前提 (Voraussetzung der Schuld)，而非將此一概念用於界定正犯與共犯的參與形態。最先將「犯罪事實支配」用於界定正犯與共犯者，應推布倫斯 (Hermann Bruns)。依照布倫斯的基本構想，正犯之成立，至少應以犯罪事實支配可能性為先決條件❷❺。然而，布倫斯並未進一步說明，以犯罪事實支配的觀點，作為界分正犯與共犯之實質內涵，究竟何在？

真正使得犯罪事實支配理論在參與論中，發揮其界分參與形態作用者，應歸功於威爾采 (Welzel) 的闡釋。威爾采對於犯罪事實支配理論，透過其目的行為論 (finale Handlungslehre) 及所謂現代行為人概念 (moderner Täterbegriff) 賦予其實質之內容。並且將故意犯與過失犯做一嚴格的區分，而認為一個共通性的行為人概念是不存在的。對於過失犯而言，雖多數人對所發生結果共同加功，但由於所有條件均等價，故要對其界分正犯與共犯是不可能之事。因此，威爾采認為對於過失犯應適用擴張行為人之概念，而傾向單一行為人之原則。反之，對於故意犯，威爾采則認為正犯者，應具備有對於犯罪事實之目的性支配 (finale Herrschaft)，

---

❷❹　黑格勒在其所發表「犯罪的要素 (Die Merkmale des Verbrechens)」一文中，首先將犯罪事實支配的概念導入刑法法理之中。Vgl. Hegler, ZStW 36 (1915), S. 19～44, 184～232。

❷❺　Vgl. Roxin, aaO., S. 61。

也就是對於所發生及將發生之事實，均具備有目的性之認知；而共犯則僅對其參與具有支配，而非對於犯罪事實本身的目的性支配❷。綜合威爾采之見解，其認為正犯之成立應具備四個要件：即 1.目的性事實支配； 2.客觀之行為人條件； 3.主觀之行為人條件及 4.親自實現犯罪事實❷。如此四項條件有所欠缺，則充其量僅能成立共犯，也就是共犯係參與主行為，而非實現主行為的一種參與類型❷。

　　犯罪事實支配理論雖為現今德國刑法學理所認同，亦為用於界定正犯與共犯之通說，但從其發展的軌跡來看，學理對於犯罪事實支配概念的見解，並不一致❷。洛辛 (Roxin) 在其主要論文「行為人與犯罪事實支配 (Täterschaft und Tatherrschaft)」❸一書中，特就犯罪事實支配理論詳加探討，並將之發展得更加精緻。依洛辛的見解，正犯係具體犯罪事實的核心角色 (Zentralgestalt)，此一核心角色係藉由犯罪事實支配要素、特別義務之侵害及親手實施建構而成。對於故意犯而言，犯罪事實支配主要由三主要支柱建構而成❸：

一、行為支配 (Handlungsherrschaft)

　　基本上，以構成要件實現，作為正犯成立的判斷標準，所以實現構成要件者，必須是由行為人之行為來實現，故而所有正犯類型的判斷基礎，乃在行為支配的作用上，亦即所有正犯類型的存在，最根本者，必須存在有正犯的行為支配，以此為基礎，方得以延伸至其他正犯類型的判斷。故而行為支配者，其主要係針對親手且具目的性之構成要件實現而言，詳言之，任何犯罪行為的實現，必然有行為支配存在，特別在判斷參與者僅有一人時，更為明顯，如有數人時，則對於實現構成要件之人，必定具備有行為支配存在。

---

❷ Welzel, Das deutsche Strafrecht, 11. Aufl., S. 98ff., 111ff.。

❷ Welzel, aaO., S. 100f.。

❷ Aao., S. 111。

❷ 犯罪事實支配理論的見解甚為歧異，幾乎是眾說紛紜，莫衷一是，關於各家之見解請詳見 Roxin, aaO., S. 68ff.。

❸ 洛辛的教授資格論文 (Habilitationsschrift)：「行為人與犯罪事實支配」一書，1962 年出版，但歷久不衰，至 1995 年已有六版問世。該書仍為探討犯罪行為參與問題不可或缺之必備文獻，可謂之為經典之作。

❸ Roxin, aaO., passim, insbesondere S. 527ff.。

二、意思支配 (Willensherrschaft)

　　主要係作為認定間接正犯之標準,亦即如參與者具有縱向的前後關係存在時,對於幕後者的參與型態,必須透過意思支配基準來認定。凡事實情狀係藉由強制、錯誤、利用優勢知識及組織型態機制所為者,幕後之人即具有意思支配,而成為間接正犯。

三、功能性支配 (funktionale Herrschaft)

　　該標準主要係為認定共同正犯之犯罪事實支配之共同性,亦即多數參與者間,具有對等的橫向參與關係,如功能性支配確立,則所有參與者,皆為共同正犯。在功能性支配的基礎下,欲判斷多數人皆為共同正犯的情形,必須滿足下述四個條件:　1.各正犯間具有行為形成的共同性,亦即從犯罪決意的共同形成,必須存在著彼此間的意思形成共同性關係;　2.具有行為承擔的共同性關係,亦即構成要件行為的實現,必須具備共同性存在,即使正犯彼此間具有行為的分工關係,個別分工行為共同組成構成要件行為實現之全體,其中如有所欠缺時,則原行為共同性關係,即遭破壞,是以,分工關係僅是行為共同性下的行為分配形式而已;　3.正犯間地位對等,亦即各正犯間的結構形成關係,均屬對等,並無相互間支配的問題存在;　4.歸責關係對等,亦即所有之參與人,對於所實現之構成要件行為,具有同等承擔責任的關係,不論個別所為之行為是否屬於構成要件之行為部分,其所實現之行為,共同歸責於所有之人。

　　基本上,支配理論者,雖然被視為區分正犯與共犯的理論,但其所側重者,仍在於以界分正犯為主,對於共犯的認定,仍舊相當模糊。依洛辛之見解,共犯係相對於正犯之次要概念 (sekundärer Begriff),其對於犯罪事實並不具有支配性、不具特別義務,且非親手為構成要件之行為者❸。洛辛更進一步地說明共犯存立可能性之情形,其認為親手犯 (Eigenhandsdelikt) 原則上並不生共犯之情形,而義務犯 (Pflichtsdelikt) 則有共犯存在之可能 ❸。從犯罪事實支配理論中可以得出一簡略的結論,即正犯者係犯罪事實的核心角色,也就是對犯罪事實之發生、歷程及結果具有支配之人,而共犯則為犯罪事實之邊緣角色 (Randrolle)。從構成要件所規定的犯罪事實觀之,具體事實中唯有實現構成要件之主行為存在時,方能顯示

---

❸　Roxin, aaO., S. 528。

❸　AaO.。

有所謂的核心角色，如此邊緣角色方才有附麗之主體。因此，依犯罪事實支配理論之見，共犯僅是伴隨正犯而存在，在學理上雖可想像無正犯之共犯，例如甲以故意幫助乙竊取某物，惟事實上該物係乙所有，而乙卻誤己物為他人之物而竊取之，因乙在此並非竊盜罪構成要件之竊取行為，故不成立竊盜罪之正犯。惟甲在觀念上似亦為共犯之類型❸，但在犯罪事實支配理論中，此種無正犯之共犯，並不存在。雖然，犯罪事實支配理論對於界分正犯與共犯，有其優於其他理論的優點，但其發展至今仍有其侷限性，其對於義務犯與特別犯之參與問題，仍未能提供完善之解決方法，特別是涉及構成要件成立關係的正犯與共犯之界分。

第五項　理論困境與可能性思維

諸多理論的提出，雖然使得參與形態基礎的區分，能有較明確的認定機制，但理論發展至今，是否已經能夠將所有參與形態毫無遺漏地區分清楚，恐仍存有疑慮。儘管理論得以區分正犯與共犯，但對於不同正犯類型的區隔，以及共犯形成界線之劃定，仍舊相當模糊。就正犯而言，觀察所有理論，似乎對於共同正犯判斷的見解，具有相當大之分歧，甚至若干理論根本無法詮釋共同正犯之共同關係，遂形成詮釋時理論上之空洞❸。

或許支配理論的觀點，對於區分正犯與共犯，甚至對於各種不同參與形態之定位，得以提供一個更為精確的標準，但對於學理精簡、明確的要求上，雖支配理論有相當優勢存在，亦多少有些意猶未盡之感。基本上支配理論將特殊犯罪類型的參與形態，僅從參與觀點來加以論述，恐怕有所不足，特別是對於義務犯與特別犯的參與形態認定，如不從根本性問題加以解決，恐怕所有參與關係的論述都會發生問題。

又對於要求特定行為主體資格之犯罪類型，其犯罪之成立，必須限定在適格行為主體之行為，對於此種類型之共同正犯判斷時，仍須嚴格遵守此一「行為人行為」之基本要求，故而對於特別犯成立共同正犯，除上述「意思形成行為」之條件外，更需確認行為是否為適格行為人之行為，如非適格行為人之行為，則非此種犯罪類型所稱之行為，自然難以成為評價之對象，更無由形成任何之參與關

---

❸　無正犯之共犯雖在學理上可以想像，但在現行法規定之下，並無任何實用意義，故而學說上甚少有論述之價值。如承認無正犯之共犯事實存在，則將使得共犯從屬性原則的基礎產生動搖。

❸　關於參與理論的困境，參見柯耀程，刑法總論釋義（上），346頁以下。

係。因此，在特別犯之共同正犯類型的判斷上，除形成共同之犯罪意思外，尚須將此意思為適格之展現，否則所成立之參與關係，亦難稱為共同正犯**❸❻**。

是故，在特別犯或是義務犯共同正犯之認定上，必須數人先形成共同之意思，進而為適格行為之實行，亦即僅能由具有該特定主體資格之人親自為之，方得以建構共同正犯之共同性，如由不具主體適格之人所為之行為，不但不能成為共同正犯之成立基礎，甚至其所為之行為亦無法稱為共同意思對外之實現。因此，特別犯之共同正犯認定，誠如其名，存在特殊性之要求。

第三節　正　犯

參與型態中最基礎的型態者，當屬正犯的類型，從刑法所欲加以判斷與處罰的對象而言，正犯是屬於最核心且根本的參與角色；從構成要件的實現關係來看，落入構成要件判斷範圍者，也是正犯的型態，故而，正犯是刑法對於行為人認定與判斷的基礎，也是犯罪行為參與關係的核心角色。惟正犯的類型並非僅有一種，依照犯罪類型的形成，以及參與的結構關係來觀察，概念上可以區分為五種不同的正犯類型與關係，即單獨正犯（原則上此種正犯類型為基礎型態，屬於構成要件的基礎行為人，本應非屬於參與問題，但因其為正犯基本型態，宜先說明）、共同正犯（二者可以稱為直接正犯的類型）、間接正犯、同時犯及對向犯，茲分項述之。

第一項　單獨正犯

由一人而為構成要件的行為事實者，為單獨正犯，就參與的結構關係而言，單獨正犯的類型，並非屬於參與論中所論述的範圍，蓋稱參與者，必須在構成要件的行為事實實現中，有二以上之行為人存在，不論這些人的參與角色為何，有涉及參與關係者，必須在行為人的人數上，有二人以上，方屬參與的範圍。惟判斷參與關係的基礎，仍在於正犯的形成，而正犯的形成關係者，單獨正犯乃所有參與關係的原型。故而單獨正犯的類型，雖非屬於參與論中所要著墨的類型，而是屬於構成要件該當判斷的問題，但其概念的引述，對於參與關係的判斷，具有雙重作用存在，即：1.確認構成要件之實現，在參與的結構關係中，最根本的判斷問題，乃在構成要件的實現，倘若未有構成要件的存在，即未有單獨正犯的存在，則所有的參與關係將隨之崩潰，蓋犯罪形成的結構，係由一人之一行為為最

---

❸❻　洛辛 (Roxin) 所持之看法，亦如本書所論之見解。Vgl. Roxin, aaO., S. 355ff.。

基礎型態，從該行為方能判斷是否有構成要件之適用問題，進而方能再檢視參與人數的問題，畢竟參與關係係建立在一行為事實的基礎上，而一行為事實的根本類型，即是單獨正犯的形式；2.確認行為人在參與結構中的核心形象 ❸，不論參與理論在界分參與型態的關係，究竟是以客觀理論或是支配理論，其最根本的型態，都是從形成構成要件的核心對象為出發，而單獨正犯即是形成構成要件的基礎行為主體，從此一核心角色出發，才能繼續延伸出其他正犯的型態。

基本上，構成要件的實現，都是以單獨正犯為行為人的基本要求，除若干成罪類型，已作行為人數的限制外，都是以一人之一行為實現構成要件，作為刑法評價的基礎型態，此一型態亦是支配理論所指行為支配的根本，也是犯罪類型分析的基礎。

第二項　共同正犯

稱共同正犯者，係指一個構成要件的行為事實，由二人以上共同加以實現之謂，由這樣的單純概念中，可以再分析出二個根本的問題：1.二人以上共同參與犯罪行為之實現者，如何確立數人之參與關係，果真具有共同的效應？亦即如何判斷二人以上對於一個犯罪事實的實現，確實是屬於共同正犯，而非其他的參與類型？此乃共同正犯形成的判斷基礎問題，亦即共同性的判斷關係；2.構成要件的犯罪事實實現，究竟是由所有參與之人，皆為構成要件之行為而實現者？或是係由一部分之行為人所為之實現者？倘若構成要件之行為事實，係由一部分人之行為所實現，則在何種條件下，全部之參與人得被視為共同正犯？此即共同正犯參與程度判斷問題，也就是「實行共同正犯」與「共謀共同正犯」爭議的問題。茲將問題個別分析如次：

一、共同正犯形成的基本前提

共同正犯的形成，必須參與的行為人，具備有參與的**共同性**關係，倘若欠缺此種共同性關係時，則行為事實的實現，雖係由數人共同之作用所實現，仍舊無法將數人的關係稱之為共同正犯，例如行為人甲開車撞傷丙之後，隨即將丙送醫急救，但因診治的醫生乙有嚴重的醫療疏失，最後導致丙身亡。對於丙身亡一事，雖然甲與乙之行為都有作用，且發生死亡是二人之共同作用所致，但因甲乙二人

---

❸　Dazu vgl. Bottke, Täterschaft und Gestaltungsherrschaft 1992, S. 35ff.；Roxin-LK, 11. Aufl., Rn. 47ff. zu §25.

欠缺共同性關係存在，僅能依個別的行為作個別之評價；又如甲乙二人都想要置丙於死地，在一個偶然的情況下，甲乙同時發現丙，乃個別舉槍加以射殺，甲乙二人都擊中丙之致命部位，而導致丙當場斃命，雖然丙之致命，係同時由甲乙開槍所殺，但如甲乙未具有共同性之存在，也不算共同正犯，充其量僅能視之為同時犯，而個別論以單獨正犯。

是以共同正犯成立的前提，必須參與之人間具有共同性之存在，方得以論其參與關係為共同正犯。至於共同性如何形成？主要的觀察切入點，乃在於如何形成行為，畢竟數參與者所以為共同正犯者，乃在於其所實現之行為具有共同性關係，故而共同性的觀察，應從行為之形成為基準。而行為之形成，係始於行為意思之決意，進而為意思範圍內之行為實現，故而共同性的認定基準，乃建立在三個條件之上，即共同意思之形成、共同行為的範圍與內容及行為人對等的連結關係，茲分述之：

(一)共同意思之形成

共同性形成的基礎，乃在於二人以上基於共同實現行為的意思，亦即行為人必須在主觀上對其所欲為之行為，達成合意，也就是數人經由意思之磋商，而形成共同一致的行為意思。共同意思的形成，固係基於行為人間之合意，但依實務之見解，並不要求形成共同決意與合意的關係，須限定於積極的事前共謀關係，即使是消極的默認其他行為人的意思，亦屬之；另對於共同意思形成的方式，也不限定在行為人面對面直接的意思磋商關係，即使間接地為一定意思之聯繫，而達成合意者，亦屬於共同之決意❸。此一共同意思形成的時點，在基礎的共同正犯關係而言，必須是在共同行為著手之前即已成形，其共同意思形成的內容，應包括五個部分：

1.**犯罪行為的類型與行為程度**：亦即數人之共同行為必須設定在一定的範圍與程度，此係數人共同的部分，倘若超出此一共同意思的範圍所為者，則非屬於共同行為意思的部分，其超出部分，僅能視為個別的意思，對於行為的歸責，也只能為個別的歸責。例如甲乙丙三人共同謀議竊盜，其共同意思為竊盜之意思，倘若甲為竊盜行為之時，見有無法搬走之物，而出於毀壞之意思加以損毀，則毀損之意思，乃非共同意思之範圍，是屬於超出共同意思以外的個人意思，故所為之毀損行為，僅能視為甲個人之行為，而非甲乙丙之共同行為。又甲乙丙三人共

❸　參見最高法院73年台上字第2364號、77年台上字第2135號判例。

同謀議強盜，強盜行為著手而取得財物既遂後，其中乙見被害人頗具有姿色，乃心生淫亂之意，而對被害人為強制性交，此時強盜意思外之強制性交意思，並非三人之共同意思，而是屬於乙個人之意思，故甲乙丙三人為強盜罪之共同正犯，雖其中乙又犯強制性交罪，但此為乙之個人意思，並非三人之共同意思範圍，由乙自行承擔強盜強制性交之罪責，甲丙則依強盜罪之共同正犯處斷，故而，共同意思必須設定行為的類型與程度。

2.**參與角色之行為分配認知**：即數人在犯罪行為之中，個別分配之行為部分為何，此乃行為實現的分工關係，在這樣的分工關係下，行為人彼此間的行為部分，乃成為維繫整體行為實現的重要一環，而個別分工的行為者，則係受到共同意思的指導，故而共同意思的內容中，角色行為的分配關係者，亦必須包含其中。

3.**地位對等的行為意思認知**：共同正犯因其地位為對等的關係，其與犯罪事實的實現，係各行為人立於等距的行為意思所形成之共同意思者，倘若未具有此種行為事實等距的意思認知，則非屬於共同正犯之共同意思，例如雖數人共同為一行為的情況，而其中有人的意思形成並非自由，而是立於他人意思之下，不得不共同為之的意思者，則雖是數人所為，依具體的情狀，或可成為間接正犯的結構關係，但因欠缺等距之認知，故仍非屬於共同正犯。

4.**必須是一致對外的意思形成關係**：共同正犯所形成的意思內容，必須是所有行為人的意思共同對外，亦即行為人皆共同以其以外之對象為行為客體，不能以共同參與之行為人為行為對象，否則即無法成為共同正犯，倘若是以對內的行為意思者，則依具體之情狀，或可能成為對向犯的類型，但卻非屬於共同正犯的參與關係。由於共同正犯的形成要求，係所有行為人以一致對外的行為意思所為對外之侵害關係，共同參與此種關係之人，方得以成為共同正犯，故而共同行為意思的內容，亦須設定為一致對外的關係。

5.**貫徹意思實現的認知**：如果從單獨之行為觀察，行為必須是行為人意思發動，且必須展現於外之意識活動；如僅係單純內在思維或內心之想法，其未展現於外，是不能加以評價的。此種基本法理對於共同正犯之要求，亦無例外，在結構上共同正犯得以成立的基本前提要件，乃在於有數人共同加功於一犯罪事實之上，所不知者，僅在於該數人是否具有共同性關係存在，因此欲決定共同性存在與否，或許可以功能性支配作為輔助見解，但其根本論據，仍在形成同一犯罪意思的共同性，而單純意思形成尚不能作為評價之基礎，必須該共同意思形成共同行為時，方得以成立共同性關係❸。因此，共同正犯必須建構在共同意思已形成

共同行為而展現於外時，方有可能成立。此乃「意思形成行為」而為評價客體之根本要求。

在通常共同正犯的意思形成關係上，本然性的共同正犯，其行為意思必須是在行為著手之前即已確認，且在行為實行之過程中，並未發生異於合意的轉換（即所謂之另行起意），始足以該當共同正犯之共同意思之要求。惟當數人共同決意，行為進入著手階段，而未達終了之際，有人以參與之意思加入共同行為之中，其雖非自始為參與共同意思之形成，而是事中才加入行為之中，此乃學理所稱「相繼參與 (sukzessive Beteiligung)」的關係。相繼參與者，既未參與共同意思之形成，也未在行為之初確認其參與角色及分工關係，僅是中間加入而已，在這種情狀下，要能成為共同正犯的關係，必須其加入之意思，得以融入原本的共同意思之中，否則仍舊僅能視為個別之行為而已❹。相繼參與要成為共同正犯者，必須滿足二個條件：1.加入人係以加入的意思，而為行為之參與，亦即加入人在主觀上，必須接受既有的行為意思，且其加入之行為意思，係融入既有的行為意思之中，亦即接受既有存在的行為意思，且未對既有的意思予以變更；2.原參與人對於加入人之參與，並無反面之意見，不論是正面接納的肯定，或是默認其加入，而成為其參與關係的一員均可。倘若非於行為實行之初即已參與，而是事中才加入者，必須滿足此二條件，方得與既有的參與者成立共同正犯，否則單向的加入關係，仍無法被視為相繼共同正犯。

---

❸　對此一意思實現的認知要求，大法官會議釋字第 109 號解釋所為之論述，顯有不足之處，蓋其將共謀與實行者，皆視為共同正犯，殊不知如行為人僅是共謀者，亦即具有形成共同意思的參與狀態，但卻欠缺在實行之共同行為實現者，則該共同意思已經修正，雖犯罪事實亦經實現，但行為共同性的結構，已非當初意思共同所形成者，故實不應將共謀者，亦如釋字第 109 號解釋一般，視為與實行共同正犯之共同正犯形式。Vgl. Roxin, aaO., S. 294。其對於共謀而未為共同支配實行行為者，雖共同意思屬於共同正犯所不可或缺之前提，但其欠缺實現之共同支配關係，亦不認為得成立共同正犯。

❹　雖然學理與實務都承認「相繼共同正犯 (sukzessive Mittäterschaft)」的概念，但對於相繼關係的判斷，卻鮮少加以界定。實務見解參見最高法院 73 年台上字第 1886 號、73 年台上字第 2364 號、77 年台上字第 2135 號判例是；學理參見林山田，刑法通論（下），10 版，79 頁；Roxin, Strafrecht AT II, S. 90～93；Roxin-LK, Rn. 192ff. zu §25；Jescheck/Weigend, Strafrecht AT, 5. Aufl., S. 678。

(二)共同行為的範圍與內容

　　共同性從決意之後，必須有為構成要件的行為，方得以成為刑法判斷對象，具體而言，經由各行為人合意之後，其所定調之行為的範圍，乃至於實行方式及侵害關係者，乃共同性判斷的客觀基礎，行為之實現必須受到共同性的節制，倘若超出共同行為以外之行為者，則超出部分已非屬於原共同性形成的範圍，依具體情狀可能會發生者，或為原共同性之變更，而產生出另一共同性的意思與行為，例如甲乙丙三人原共謀為恐嚇取財之行為，而於行為著手之後，發現無法達成恐嚇取財的目的，必須採取更為強烈的行為，方有取財之可能，於是乃於恐嚇取財之行為中，轉換成為強盜行為，乃至於擄人勒贖行為者，此時行為人間彼此犯罪意思的決意已經轉變，且行為的內容也有所不同，但行為人間仍舊合意於轉變的意思與行為，故此種共同性之轉變，而形成另一新的共同意思與行為的情況，其既屬原行為共同性範圍內之共同正犯，也是新生犯罪行為的共同正犯，在論斷上，二者屬於個別獨立的關係，此時甲乙丙三人乃成為「數人共犯數罪」之共同正犯。

　　由於共同正犯是數人共同實現犯罪行為，其不同於單獨正犯者，乃因其對於構成要件行為事實的實現，係分由數人共同致力完成一行為事實，亦即將一構成要件的行為實現，採取分工的方式來共同完成，故此種行為實現的分工關係，必須是在共同性範圍內，而為使得行為更容易實現，或在實現行為時降低阻礙的風險，所為整體行為實現與擔保的工作分配。其可能的情狀有二：

　　1.數人分工行為都是構成要件實現之行為：亦即數人基於共同性的形成而為的分工關係，都是指向構成要件之實現，也就是分工關係，是以構成要件的行為作為犯罪行為分工的基準，由每一個行為人實現一部分的構成要件行為，整體組合而成一完整之構成要件行為，例如甲乙丙丁四人基於共同之決意，而欲闖空門大搬家，其個別分配行為的範圍為：甲負責搜刮保險櫃內之財物，乙負責音響設備，丙丁負責家電用品，四人合力共同實現闖空門大搬家，其四人係基於共同犯罪意思，而形成行為實現的方向與內容，進而個別分配行為部分，個別行為人各依其分工之行為而作為，將個別行為整合，則為共同性基礎的整體共同行為。又如甲乙丙三人共同犯強盜罪，甲乙二人制伏被害人，並將被害人抓住，丙為其身上財物之搜刮，此時所有行為人所為者，都屬於構成要件之行為，所有參與之人均屬同一共同性下之正犯。

　　2.部分為構成要件之行為，部分為非構成要件之行為：分工關係除具有利於

構成要件之實現者外，尚有降低行為阻礙風險的分工情形，亦即在共同性的基礎下，行為人對於構成要件實現的行為，以及阻礙構成要件實現之行為，乃至於防止被發現之行為，作個別行為之分配，行為著手之際，各行為人依其所分配之行為，而各自就定位，例如甲乙丙丁共議行竊，其行為分配者，由甲乙入屋行竊，丙負責把風（降低行為實現阻礙之風險），而丁則負責開車接應（降低被發現或被捕的危險），分工已定，行竊之際個人各就定位，最終順利行竊得手，此時僅甲乙為構成要件之行為（行竊），而丙丁所為者，則非構成要件之行為，但個別行為乃形成整體構成要件之行為，故甲乙丙丁四人仍為竊盜罪之共同正犯。

在概念上不可混淆者，雖然共同正犯在行為實現的範圍與內容上，常是基於分工關係，共同合力為構成要件行為之實現，但分工關係是共同性之下的行為分配關係，並非是由分工而形成共同性，亦非由分工關係而形成共同正犯。基本上，分工關係是屬於行為人間基於共同合意的共同決意，形成所欲實現之行為，而對於行為實現的計畫，採取個別分擔一部分的行為，以共同形成整體行為的關係。分工關係的實現，主要係以行為已進入實行階段為主，亦即分工關係是屬於共同性範圍內的行為實現分配關係，其必須是在共同性的範圍內，方得以視為分工關係，如欠缺共同性的基礎，根本無由產生分工的問題。

㈢行為人對等的連結關係

共同性的基本前提條件者，乃在於行為主體屬於彼此對等的關係，亦即各行為人之間並無上下隸屬或控制關係，更無作為他人行為工具的情形存在，在參與的角色上，所有參與人具有同等的地位，而基於彼此間角色與行為分工的互補，以共同遂行其行為。其對於行為實現的角色關係，並非建立在其他共同行為之人的行為支配之上，而是因其行為角色的作用，促使行為得以實現。基於此種對等地位，各行為人間在刑法的歸責問題上，也是對等的評價關係，亦即每一個共同參與之人，所承擔的行為責任都是一樣的。

二、共謀或實行的參與判斷

在判斷共同正犯的形成關係時，由於數人對於共同行為之實現，並未要求每一個人均需為構成要件行為之實行，故從行為決意開始，即會有共同正犯判斷的問題，倘行為人雖有參與共同意思之形成，但卻未有行為之實行時，是否仍舊得以將其視為共同正犯，在概念上，乃產生「共謀共同正犯」與「實行共同正犯」

之辯證關係，其中最主要的判斷準據者，應屬大法官會議釋字第 109 號解釋❹。就大法官解釋的意旨觀察，其係同時肯定共同正犯包括「共謀共同正犯」與「實行共同正犯」，惟此種見解卻受到審判實務的質疑，並在適用特定類型上予以限縮。

惟共謀共同正犯的形成，因特定犯罪構成要件的要求，而有所限制。依實務的見解❷，認為刑法分則或刑法特別法中，有人數的特別限定者，亦即有「結夥」或「聚眾」的規定者，此類規定的行為人，在行為實行時均須在場，否則即不可論為結夥或聚眾的行為人，故不包括共謀共同正犯在內。此種共謀共同正犯的限制，一者係因構成要件該當性要求的意涵；再者結夥或聚眾的特別要求，本質雖屬共同正犯，但應為共同正犯形成的特別條件限縮。故司法院大法官會議釋字第 109 號解釋，乃屬於共同正犯的通念性類型，對於個別構成要件所規定的結夥或聚眾，則屬於修正性的條件，並無任何樣態性的差異。

檢視共同正犯，不論是共謀或實行的類型判斷，所以會有參與的問題者，必然已經存在有犯罪行為，亦即必須在意思形成之後，將此共同意思轉化為行為，才會有參與關係形成之可能。故而，共謀或是實行的關係，並非形成共同正犯的認定基礎，而應僅是付諸行為之分工關係的問題而已。在意思轉化為行為的參與程度上，可以分為二種形成結構關係：

一、所有行為人皆參與行為之實行

行為人彼此間基於共同行為意思之形成，而在分工的行為分配上，必須為特定之構成要件行為或是構成要件以外行為之實行者，其在整體行為事實的實現上，

---

❹　該號解釋之內容為：以自己共同犯罪之意思，參與實施犯罪構成要件以外之行為，或以自己共同犯罪之意思，事先同謀，而由其中一部分人實施犯罪之行為者，均為共同正犯。其解釋理由書中謂：共同正犯，係共同實施犯罪行為之人，在共同意思範圍內，各自分擔犯罪行為之一部，相互利用他人之行為，以達其犯罪之目的，其成立不以全體均行參與實施犯罪構成要件之行為為要件；參與犯罪構成要件之行為者，固為共同正犯；以自己共同犯罪之意思，參與犯罪構成要件以外之行為，或以自己共同犯罪之意思，事前同謀，而由其中一部分人實行犯罪之行為者，亦均應認為共同正犯，使之對於全部行為所發生之結果，負其責任。從此，在學理與實務的適用上，乃肯定共謀與實行者，均得成為共同正犯，但在詮釋與類型的判斷上，卻產生概念上之偏差。顯然對於釋字第 109 號解釋，必須重新加以審視與詮釋。

❷　最高法院在 76 年台上字第 7210 號判決，此為實務代表性的見解。

皆有為一定之行為，亦即在行為實現的過程中，行為人皆有為整體行為之一部行為，不論所為者是構成要件行為部分，或是非屬構成要件行為之阻礙排除行為、接應行為，其在犯罪行為實現的同時，都有承擔部分之行為，此時其在共同正犯形成型態的概念上，或許得以稱之為「實行共同正犯」，所不同者，僅在於其所實行者，為構成要件或非構成要件之行為而已❸。

二、基於分工而有未參與行為之實行

　　數人間先有犯罪意思之形成，基於共同形成的犯罪意思，而為行為實現的分工，其中有人必須負責為構成要件行為之實行者、有為排除構成要件行為實現之阻礙者、亦有為便於遂行其行為實現之工作者，當然也有為整體計畫之聯繫與贓物通路之安排者，不一而足。對於有參與行為之實行者，不論是否在犯罪行為實行的現場，其共同正犯的角色，當屬於實行共同正犯；但對於不在犯罪行為實行現場之人，亦非不能成為共同正犯。倘若其對於整體犯罪行為的實現，參與共同意思之形成，並為行為計畫之共同擬定，而且對於共同意思之實現，亦屬於其實現之意思者，雖其所參與的階段，或許僅止於共同意思之形成，以及行為計畫擬定的階段，因之後行為的實現，回溯到共同性形成的過程，其有參與其中，故仍屬於共同正犯的範圍，如此方得以稱之為「共謀共同正犯」。

　　因此，「共謀共同正犯」的形成條件有四：

　　1.具有形成共同意思的參與。

　　2.具有認同共同性的關係，並受其拘束者。

　　3.參與意思指向行為之實現。

　　4.確實有合於共同性的行為實行。

　　唯有合於此四項條件的要求下，對於僅參與意思形成關係的參與人，方得以共同正犯認定之，倘若雖參與共同意思之形成，但卻不願受共同性之拘束，亦即這是別人的行為意思，不是自己的行為意思，也就是其對於共同意思的形成，僅是意見提供而已，則共同正犯的關係，並不能將其算入在內。

　　對於「共謀」或是「實行」共同正犯的認定者，其共同的前提關係，都是須有構成要件的行為實現關係存在，亦即行為僅於著手之後，方有共謀或實行判斷

---

❸　誠如林山田教授所稱「參與實行構成要件行為之共同正犯」與「參與實行構成要件以外行為之共同正犯」，二者皆屬於實行共同正犯。參見林山田，刑法通論（下），10版，83頁。

的問題出現，沒有構成要件的行為存在時，既無實行共同正犯存在的問題，自然也沒有檢討共謀共同正犯之餘地。

第三項　間接正犯

參與的結構，可以是橫向的關係，亦可以是縱向的前後關係，若行為人是一種控制性的後行為人關係者，若其屬於正犯類型者，則當屬間接正犯。所謂間接正犯者，係指假他人之手，以遂行其構成要件實現之行為人而言。此種假他人之手的關係，可能是基於利用他人之行為，而遂行其構成要件實現之慾望；也可能係強迫他人，使之為構成要件行為之實現者。因間接正犯的本身並非構成要件行為之親自實現者，而是藉由他人之手以為構成要件行為之實現，在結構上，係間接使得構成要件實現，亦即在間接正犯的前面，必須有一為構成要件實現之人，即所謂的前行為人。

至於為構成要件實現之人，是否必須在參與角色上為正犯？學理上多未嚴格加以認定，於是乎在學理上，乃產生前行為人所為之行為，並非屬構成要件的該當關係，但整體而言卻具有侵害性，仍舊將間接之行為人視為間接正犯❹。但這樣的認定關係，會使得所謂間接正犯的概念，流於單純客觀現象的觀察，蓋既無直接正犯之存在，何來間接正犯的問題？是否學理上允許此種跳躍式的參與型態認定？而將間接正犯的概念，僅界定在客觀形象的行為事實問題上，亦即只要有人實現客觀構成要件的侵害關係，不論實現之人是否屬於正犯的角色（得被視為構成要件實現之人），其後行為人皆得以視為間接正犯，從而間接正犯的概念，會變成只要非親自實現，而是假他人之手，以遂其行為實現之目的者，皆得稱為間接正犯。這樣的間接正犯概念，將變成是現象上的概念，而非刑法參與關係評價概念。嚴格而言，所以稱間接正犯者，其重要的認定基礎，應在於正犯之間接，而非間接之正犯，亦即必須先以直接正犯的存在，方有間接正犯存在的可能❺。

---

❹ 此種情況，特別是對於前行為人非基於故意，或是基於善意所為之行為，表象上似乎有構成要件的行為事實存在，但其行為卻不落入構成要件評價之中，亦即前行為人所為者，並非構成要件該當之行為，但造成行為事實實現的侵害關係，卻仍舊存在，此時亦將後行為人視為間接正犯。參見林山田，前揭書，55〜58頁；Roxin, Strafrecht AT II, S. 29〜34；Jescheck/Weigend, aaO., S. 666, 667；Samson-SK, Rn. 30 zu §25；Schönke/Schröder/Cramer, Rn. 9 zu §25；Jakobs, Strafrecht AT, 2. Aufl., S. 636〜643。

❺ 與本書持相近見解，而質疑只要行為是間接實現，而不論實現之人是否被評價為正犯者，參見黃榮堅，基礎刑法學（下），3版，320〜325頁。

從而，所利用之人如無受構成要件評價為正犯者，雖然行為實現關係屬於間接，利用者仍無法被視為間接正犯，反而應成為直接正犯❹⑥。

至於何種情況下，得以假手他人為構成要件實現者，認定為間接正犯？在支配理論的見解下，因判斷間接正犯的支配關係，係以所謂意思支配 (Willensherrschaft) 的關係來認定，其得以成為間接正犯的形成基本類型有四：

一、基於強制關係

幕後行為人以強制之手段，而強制本無犯罪意思之人而為構成要件行為之實現，此種類型屬於間接正犯之基礎類型，例如甲持槍脅迫乙，要其將丙殺害，乙受強制而處於無自由決定之狀態，於是將丙殺害，此時乙為殺人罪之直接正犯，而甲則為殺人罪之間接正犯，其會發生差異之處，僅在於乙受強制的法律關係而已，其所為之構成要件該當關係，並無質疑，充其量其得以主張者，僅為緊急避難的關係，但不影響其為直接正犯的類型。惟所謂基於強制所形成的間接正犯，其強制的程度為何？是否必須要求到使被強制人完全無自由決定意思之程度？即所謂直接強制 (vis absoluta)；抑或是僅須為間接強制 (vis compusiva)❹⑦即為已足？如依學理與實務的見解，只要具有強制關係，即得以成立間接正犯，並不需要求是否為完全之強制❹⑧。

---

❹⑥ 事實上，前行為人無法受構成要件評價，亦即其所為並非構成要件該當之行為者，則後行為人也應非屬於間接正犯，蓋既無直接正犯，何有間接正犯之理？此種結構關係的問題，其實在刑法構成要件中即可發現，例如刑法第 214 條使公務員不實登載罪，行為人假手公務員於其職務執掌之公文書，為不實之登載，因公務員並無行為之故意，所為之登載行為非屬構成要件之行為，但其侵害關係確實已經存在，此時如仍將後行為人視為間接正犯，則欠缺直接正犯之存在，顯然會使得間接正犯的認定受到質疑，若為間接正犯，則如何與第 213 條作區隔？是以必須將此種客觀形象，類似間接關係者，逕為直接正犯之認定，而非屬於間接正犯。

❹⑦ 所謂直接強制者，乃指客觀上使用無法抗拒的物理力，直接作用在人的身上者；而間接強制則是使人意思決定自由受到限制的作用力。具體地說，直接強制係直接剝奪人所有抗拒能力的作用；而間接強制僅是在於對人意思決定作限制的作用。若從強制作用的對象而論，直接以人為強制者，多屬於直接強制，若強制力的作用在物者，僅是間接透過對物的強制作用，以限制受強制人的意思決定自由。在犯罪類型中，強盜罪、強制性交罪及強制猥褻罪的強制，均要求為直接強制；而恐嚇取財罪或強制罪的強制，則以間接強制為已足。Vgl. Wessels/Beulke, Strafrecht AT, 39. Aufl., S. 36。

❹⑧ Vgl. alledem Roxin, Täterschaft und Tatherrschaft, 7. Aufl., S. 142ff。

二、基於利用他人錯誤的情形

幕後之行為人利用前行為人陷於錯誤的情狀,而遂行其所欲實現之行為目的,即屬利用他人錯誤而成立的間接正犯類型,此時直接正犯所生之錯誤,不論為構成要件錯誤,或是禁止錯誤,均無妨後行為人成立間接正犯之可能。倘在構成要件錯誤的情況,因被利用之行為人所生構成要件錯誤的評價關係,在發生錯誤行為人之身上,其行為可以分為二部分來觀察: 1.屬於故意行為的部分,此一部分因發生錯誤,並未遂行其行為的結果,在評價上,屬於未遂,如有涉及未遂處罰者,則依其規定處罰,惟此一部分,並非幕後之行為人利用的對象,故此一非屬錯誤的部分,無關乎後行為人的參與類型; 2.屬於發生錯誤的結果部分,此一部分前行為人之行為並無故意,但依具體情狀,得以論定過失,此一部分正是間接正犯利用的情狀,此時直接正犯因錯誤而可能被評價為過失,但間接正犯之利用情狀,則須以故意論之。又如幕後行為人所利用者,是前行為人禁止錯誤的情狀,則因其涉及者,僅是責任的關係,對於間接正犯的判斷,並不生影響。

三、利用無責任能力人之行為

肯定間接正犯類型存在者,最根本的關係,乃在於利用無責任能力人所為之構成要件實現的情況,蓋一方面無責任能力人的行為雖有不法的關係,卻不具有刑事責任,此時在共犯的原始形成關係中,如舊有學理與實務的見解,是採取嚴格從屬的認定,將使得加功於無責任能力人之行為,無法成為共犯加以評價,乃造成參與關係的漏洞,為填補此一漏洞,乃將加功於無責任能力人之行為,一概以間接正犯認定之。惟因從屬觀念的改變,回歸到正軌的限制從屬性關係,而使得此一加功無責任能力人之共犯認定漏洞,得以填補,但間接正犯的類型,仍舊始終存在。對此,如係利用無責任能力人之行為者,倘其對於無責任能力人具有意思支配的關係存在,則得以成為間接正犯;惟如無意思支配的關係存在,則依其具體加功情狀,而得以成立共犯關係。通常對於無責任能力人的利用關係有二: 1.利用客觀上具有的強制關係,而迫使他人為其所欲實現的行為,此種情狀,乃屬於強制作用之間接正犯; 2.利用無責任能力人之年少無知,對於行為事實的發生與結果的形成,尚且無法確實判斷的關係,亦即基於優勢的認知 (Überordnungskenntnis) 關係,此時幕後之行為人,的確掌握住前行為人行為的發生動向,故行為的發生,完全在其掌控力的範圍之內,故其得以成為間接正犯。

四、基於組織性權力結構的意思支配關係

此種關係主要是存在於具有嚴密層級關係的組織型態中❹，例如犯罪集團的組織關係，或是屬於組織性犯罪結構的層級關係，如組織首腦交代手下為犯罪行為，也許是一種政治謀殺，或是恐怖活動等不法行為，為首之人對於行為實現的掌控關係，並不亞於親自為行為實現之人，故在此種關係中，下達指令的人雖未親自為構成要件之行為，而是交由其組織層級較低之人為實現，但其對於行為事實發生的支配力，乃屬於核心的地位，故此種類型亦是間接正犯存在的型態。

另外學理關於形成間接正犯的限制關係，認為有若干類型並無間接正犯的參與形式存在之可能，其主要的類型有三❺，即：1.純正身分犯的類型；2.己手犯的類型；3.過失犯的類型。但此種限制是否妥當，容有質疑。例如認定對於過失犯無由成立間接正犯的關係，則利用他人陷於錯誤的情況，將無由形成間接正犯，此係學理矛盾所在。

職是之故，可以大膽地下一定論，任何犯罪類型，均有間接正犯的參與形式存在，蓋間接正犯者，係利用正犯之行為而成立的參與關係，只要有直接正犯之存在，都可以有間接正犯形成之可能，例如非證人之甲，威脅證人乙，必須於法庭上為偽證，否則將對其有所不利，此時甲固然非屬於偽證罪（己手犯類型）之適格行為主體，但構成要件是否成立，所看的是直接正犯的要求，並非間接正犯的資格，是以乙成立偽證罪之直接正犯，而甲乃為偽證罪之間接正犯。

第四項　同時犯

從行為實現的層面來觀察，一個行為事實的實現，係由數人共同加功所實現者，除共同正犯的類型之外，尚有一種同時犯的類型。此種類型的結構關係者，仍屬於數人而為一個構成要件的行為事實。其不同於共同正犯者，乃在於同時犯之數人行為間，並無任何串連的關係存在，亦即同時犯雖然是數人同時實現一行為的關係，但因其欠缺行為人間之共同性關係，故行為人之行為並非共同行為，

---

❹　此種關係得以成立間接正犯者，主要係由支配理論所主張。Vgl. dafür Roxin, aaO., S. 242ff.；Schönke/Schröder/Cramer, Rn. 25 zu §25；Wessels/Beulke, Strafrecht AT, 39. Aufl., S. 194ff.；而持反對成立間接正犯之見解，而認為應成立共同正犯者，vgl. Otto, Grundkurs Strafrecht AT, 6. Aufl., S. 294；Jescheck/Weigend, aaO., S. 670。

❺　參見林山田，刑法通論（下），10 版，64～66 頁。

充其量僅是個別的行為關係而已。因此，同時犯的形成結構，雖是由數人所同時
實現一行為事實，但各行為人間因欠缺彼此間的聯繫關係，僅是個別行為人之行
為，在客觀的因果關係上，在同一時間促使構成要件之實現而已，基本上同時犯
之數人，均屬於單獨正犯的類型，並非共同正犯的關係。形成同時犯關係者，例
如甲乙二人並無犯罪意思之合致關係，而分別於不同處同時舉槍射殺丙，子彈皆
命中丙之致命部位，而造成丙死亡，此時二人即屬故意類型之同時犯，雖然丙之
死亡，係由甲乙行為共同造成，但因甲乙欠缺共同性的關係，僅事實上同時之行
為而已，故其屬於個別之單獨正犯；又如甲乙丙三人皆因駕車不慎，同時發生車
禍，而致使丁成傷，此時丁所以受傷，係因甲乙丙三人之同時行為所致，且係疏
於注意之過失行為所致，故甲乙丙三人屬於過失行為之同時犯，而個別為其過失
行為承擔刑事責任。

　　同時犯在形成的結構上，雖然與共同正犯實現行為事實的關係相似，但二者
間的差異，乃在：1.同時犯欠缺形成行為的共同性關係；2.同時犯之行為實現者，
係個別的意思所致，並無犯罪意思形成的聯繫關係；3.同時犯可以是故意犯，也
可能是過失犯，但共同正犯，因必須具有共同意思之形成要求，故僅限於故意的
類型。

第五項　對向犯

　　刑法規範的犯罪類型中，有一種犯罪類型，其成立必須要求複數行為主體，
且主體間的存在形式，必須立於對向的關係，亦即各行為主體均為犯罪類型之行
為主體，同時，其係以對向之行為主體為其行為之對象，此種類型在概念上，係
屬於「必要共犯 (notwendige Teilnahme)」概念的對向犯類型。惟刑法對向犯的概
念，因行為結構的存在形式不同，在類型上又可區分為二：1.行為形式一致的對
向犯，此種對向犯的類型因各行為主體間之行為形式係屬相同，在構成要件的規
範上，係作單一構成要件的形式，如該對向犯類型成立，則各行為主體所該當之
構成要件係一致的；2.行為形式不一致的對向犯類型，此種類型因成罪之主體行
為不同，但犯罪形成之結構，非有主體間對向之行為關係存在，不足以成罪，此
種類型在構成要件的規範上，因行為形式不同，故作不同構成要件之規範。

　　對向犯係刑法犯罪類型的規範，因其係屬於必要性的共同形成關係，通常刑
法對於此種犯罪類型的規範，有二種方式：

　　一、採取同一規範之形式，亦即以單一構成要件作類型性之反應。例如賭博

罪、通姦罪等，雖成罪要求必須具有必要之行為主體存在，但各行為主體所成立之罪者，均屬相同，此類規範的法律效應，主要係在於參與關係的認定，由於必要的主體參與關係屬於同一規範之適用，故如有加功之參與形式者，所論罪之基礎，亦與對向犯之規範相當，例如幫助賭博者，其亦論以賭博罪之幫助犯，但此類規範類型，因其係主體（正犯）的必要性關係，故無由成立所謂之共同正犯關係。

　　二、採取差異性規範之形式者，如賄賂之行賄與受賄，此種對向犯之結構，雖形成時仍以必要之主體對向關係為基礎，但不同主體所為之行為不同，規範的方式亦作差異性之處理。此種類型存在的主要法律效應，除成罪條件必須具有必要之主體存在，且各主體之行為作不同之規範外，在參與的關係上，對於不同行為主體的加功參與關係，所論斷的規範基礎，各依所參與之規定認定之。對向犯的相對立行為人，其個別的行為，若有參與關係時，判斷參與型態與可罰性時，則仍各依一般參與關係論斷。例如賄賂罪屬於對向犯結構，其賄賂關係的成立，必須有行賄者及收賄者，對於行賄與收賄的可罰性認定，均各依行賄與收賄行為的規定論斷，倘若有對於行賄或收賄行為的參與者，則各依所參與行為關係為論處。惟同時既對行賄予以加功，又對收賄予以促成，則所得以成立者，僅限定在共犯之形式，無由既是行賄之正犯、又是收賄之主體。是以，此種類型的整體性加功關係，而得以形成對向犯主體外之參與關係者，均僅能形成共犯**❺❶**。蓋對向犯本就是必要主體的對向關係，主體角色的定位本為成罪的基礎結構，無由一人同時扮演對向關係的相對主體；再者，賄賂罪係由行賄與收賄的結構所形成，而行賄與收賄在法律的規範上各有差異，此種犯罪類型之行為主體，在同一犯罪之中，僅能扮演對向關係的一方，不能既是行賄又是收賄，當主體混同時，賄賂罪自然無由成立，畢竟賄賂罪的基本屬性為對向犯，而對向犯所要求之主體本須有對向之關係存在，也就是必須不同之行為主體方得以成罪。換言之，對向犯的形成根本無法主體同一，而須有不同主體的相對關係方得以成立**❺❷**。

　　對向犯或許因犯罪結構關係使然，其構成要件的問題，雖其本質上必須有數

---

❺❶ 此種對於賄賂罪整體加功關係，最常見者係作為行賄與受賄橋樑的中間者，即俗稱之「白手套」，其得以形成此種對向犯之參與形式者，應僅限於教唆或幫助的共犯類型而已，不能同時成為行賄之正犯，又作為受賄之正犯。參見柯耀程，「白手套」的悲歌，月旦法學教室，第 16 期，14、15 頁。

❺❷ 關於賄賂罪這樣的對向犯成罪條件關係者，參見柯耀程，刑法問題評釋，273 頁以下。

個行為主體共同參與，方得以使構成要件得以實現，但因其結構關係，以及犯罪成立的本然性要求，雖是數行為人的參與，但並非共同正犯的類型，主要的差異性有二：　1.對向犯的數行為人要求者，係屬於構成要件成立的基本條件，亦即對立性的條件，該條件若有欠缺，則非但參與關係無由形成，且構成要件也可能無法成立；　2.對向犯的結構關係者，雖是由數人共同實現一事，但行為人行為並非一致性對外的關係，而是互以彼此作為行為對象所形成者，其與共同正犯的行為對外一致性關係不同。

第四節　共　犯

在區分體制下的參與型態，方有作正犯與共犯概念上的區分，而共犯的概念，乃設定在不同於正犯的參與型態。或許可以將正犯視為參與關係的「核心角色」；而共犯者，則屬於參與型態中的「周邊角色」❸。但在這樣的區分觀念下，首先必須面對的問題，則在於如何將二種基礎的參與型態，妥善加以區隔？

因構成要件的規定，多係以正犯型態作為基礎，故而對於正犯的判斷，有構成要件法定的條件可循，在參與角色的認定上，也較不生疑義；惟構成要件對於共犯的判斷，並不能提供直接認定的標準，其參與角色的確認，不可能如同正犯的判斷方式，一方面因其無法從構成要件的實現關係來判斷，共犯的行為並不屬於落入構成要件內的行為；另一方面屬於構成要件以外的行為，即使有促成構成要件實現的作用，但其終究是構成要件以外的行為。對於具有促成構成要件實現，而非屬於構成要件行為者，是否都必須一律視為共犯？恐存有界定上的問題。

嚴格而言，所有的理論都只是正犯理論而已，蓋不論是客觀理論、主觀理論，或是支配理論，其判斷的核心焦點，都是放在正犯的角色判斷上，似乎只要正犯確認之後，即能從非屬正犯的類型中，直接推論出共犯，從而形成「非正犯與共犯同義」的謬誤。從構成要件的形成關係來看，共犯之行為既非屬構成要件之行為，則在何種條件之下，得以將其涵納進刑法判斷的範圍？亦即何種情狀下，對於正犯行為加功之人，方得以視為共犯？在既有的理論中，都無法找到解決的答案，因此，在區分制的參與型態中，雖然區分正犯與共犯，但相對於正犯而言，共犯的形成判斷關係，學理的立論基礎顯得相當薄弱，也就是說，在刑法參與論

---

❸　這樣的參與概念粗略區隔方式，係源自於德國刑法學者洛辛 (C. Roxin) 的論點，其認為正犯者，乃刑法評價的核心參與角色，而共犯則屬於邊緣角色。Vgl. Roxin, Täterschaft und Tatherrschaft, 7. Aufl., 2000, S. 528。

中，所有理論都只是正犯理論，其所為參與型態之區分，充其量僅能得出正犯與非正犯而已，對於共犯形成的判斷，則屬於一個仍待開發的空間❺❹。

要賦予共犯一個明確的意義，正如同要精確界定正犯的意義一般，似乎是不可能之事。長期以來，學理上試圖對於正犯與共犯劃定一明確的界限，但迄今仍未成功❺❺。在概念上僅能從其形式加以說明，稱共犯者，係指對於犯罪行為之加功或參與，而並非將犯罪行為視為自身行為「產物」之參與者而言。從而對於共犯的認定，乃轉向尋求正犯的構成要件實現的從屬關係，亦即非有正犯的存在，即無共犯形成的可能，共犯的類型，變成僅是參與型態中的一種附庸地位而已，判斷共犯的存在，也不再從共犯本身的行為來觀察，而是取決於正犯的構成要件實現的行為，亦即取決於正犯行為。

第一項　共犯的形成

在傳統的參與認定見解中，認為共犯的存在，並不具有獨立形成的效力，其必須附庸在正犯構成要件實現的故意主行為之上，亦即共犯必須具有正犯的存在方得以存在，在刑法的參與結構中，無法也沒有無正犯的共犯，從而，共犯不是一種獨立的參與型態，僅有在正犯存在時，方有共犯依存的可能，亦即非有構成要件的實現關係，即無法想像共犯的參與類型存在。在這樣的認知下，共犯作為參與型態者，顯然不是一個獨立的類型，而是一種具有強烈附庸性質的參與類型而已。

共犯究竟本身應獨立於正犯之主行為，而具有單獨存在之性質？抑或是必須要從屬於正犯之主行為而存在？向來在學說上有兩種不同的說法：

一、共犯獨立性說

共犯獨立性說 (Verselbständigung der Teilnahme) 的觀點認為，共犯本身的行為如同正犯，均為行為人內在惡性的表現，其行為均具有反社會之性格，且均以

---

❺❹　共犯認定的重新思考，參見柯耀程，共犯理念的重新建構，輔仁法學，第 39 期，2010 年 6 月，101 頁以下。

❺❺　共犯在參與結構中，一直都被視為是次要的地位，從而在理論的詮釋上，迄今仍有所欠缺。參與理論雖然美其名為界分正犯與共犯的見解，但其實質上都只是確認正犯的論說，故現存的參與理論，充其量僅能稱為正犯理論，其對於界定與確認共犯的角色，似乎力有未逮。參照柯耀程，刑法總論釋義（上），358 頁以下。

故意或過失之形式表現於外，同時從條件理論的觀點而言，均係對於構成要件之事實，加入促使結果發生的條件，對其行為應有個別之責任，並無所謂從屬性之存在。共犯若著手實施教唆或幫助之行為，則其著手之認定，應以教唆或幫助時為著手之時點，即使正犯未至犯罪，共犯仍應以教唆或幫助行為之未遂論之❺❻。此種見解無異是認定共犯的型態，係依其行為而存在，而共犯接受評價的行為，乃其自身固有之行為，其具有與正犯相同之獨立性存在，刑法對於共犯的參與角色及其可罰性評價，並不受正犯行為之影響。

然而，主張共犯獨立性說者，一方面係誤解共犯之概念，蓋其將共同參與犯罪實施之人，均視為共犯之範圍，其將共同正犯亦劃為共犯的範疇，而非正犯類型。其次，共犯獨立性說係將共犯成立根據與處罰根據混為一談，亦即將共犯之參與角色與共犯之處罰混為一談。雖然共犯之處罰基礎與正犯無異，均受行為責任及個別責任原則之規範，但並不表示共犯之成立，係完全獨立於正犯主行為之外，蓋共犯行為得以成為刑法處罰的對象，並非因其行為本身所致，因其行為在法定原則的規範下，仍屬於構成要件以外之行為，並非刑法評價的標的，其所以處罰，前提上，仍須有構成要件實現的存在。再者，共犯獨立性說的主要根據，乃因果理論之條件理論，但其亦將條件理論與歸責理論相混淆，條件理論僅是判斷行為與構成要件結果發生間的一個客觀因素，該因素即使存在，所代表的僅是結果係由行為所致，並非該結果的發生，必然得以將非價的評價歸責於行為人。

此種混淆不但將行為責任導入結果責任的泥淖，更否定了構成要件的客體評價功能，而使得刑法的評價關係發生謬誤，造成非構成要件的行為，亦能成為刑法的評價對象，此種偏向之見解，將使得刑法中判斷行為的評價結構完全崩潰，蓋對於行為的不法與罪責的認定，係受到不同評價標準的規範，不法行為非必然即具有罪責，共犯獨立性說無異係將前提與本體（不法與罪責）完全混淆，而以行為非價 (Handlungsunwert) 取代責任之認定。其見解本身即產生相當大之不完整性❺❼。

---

❺❻ 原刑法第 29 條第 3 項的規定：「被教唆人雖未至犯罪，教唆犯仍以未遂犯論」，即是共犯獨立性說的法律規定形式。當然該條文在適用上出現相當大的困難。也就是無主行為如何得知所教唆者為何犯罪？此不但在具體認定上出現困擾，在方法學上也是本末倒置之方式，該條文本身即有相當大的疑問存在，故 2005 年刑法修正時已將該項規定廢除。

❺❼ Ausführliche und zutreffende Kritik siehe Bloy, aaO., S. 176ff.。此外，過去我國刑法一方面在第 29 條第 3 項規定共犯的獨立性特質，另一方面又在第 31 條規定個別責任，前者否定

在具體的情況下，對於共犯獨立性的說法仍可理解，例如以一教唆行為教唆多人從事犯罪行為，該教唆犯究應視為一行為觸犯數罪名，抑或成立實質競合？如果認為共犯不具獨立性，則勢將從屬於個別之獨立主行為，因主行為有數個，故而共犯之行為亦應成立數個教唆行為，由於行為個別獨立，需依實質競合來處理。如此以一教唆行為卻成立實質競合 (Realkonkurrenz)，是否與競合論之法理相容？的確具有相當之疑問。反之，如認為共犯係獨立於正犯之外，則因其僅有一行為，故僅成立想像競合 (Ideakonkurrenz)，蓋共犯係依其行為為認定之標準，而非主行為。

但是此種說法其實有其矛盾之處，蓋教唆犯雖可以一教唆行為同時教唆多人實施犯罪行為，但在其主觀上該教唆故意係整合多數之犯罪故意，也就是應個別視主行為之不同而定，不能僅因在客觀上，似乎僅有一個教唆行為，即認定其為單一教唆行為而已。另外，從刑事政策的觀點看，如以一教唆行為教唆多人從事不同的犯罪，僅依想像競合處斷，無異係鼓勵犯罪，殊非刑法設置之本旨。且我國刑法第 29 條第 2 項亦揭示「教唆犯，依其所教唆之罪，處罰之」。

故而，共犯獨立性說對於認定共犯之成立，有其不充分之處，與其說其為認定共犯成立與否之見解，倒不如將獨立性說，視為共犯處罰的見解，更為貼切。惟共犯獨立性的見解，始終得不到學理與實務的青睞，不論是我國刑法或是德、日刑法，均不採共犯獨立性的見解。

二、共犯從屬性說

共犯既係一種相對於正犯之犯罪行為參與類型，且其存立必須依附構成要件所規定之故意主行為，於是此種依附關係，便成為共犯成立的基本條件，也就是所謂共犯從屬性 (Akzessorietät der Teilnahme)，此為目前判斷共犯類型的通說見解。惟共犯之成立前提，既然取決於正犯之主行為，那麼主行為在現行三階段行為評價架構下應具備如何之條件，始能認定該從屬性成立？從學理的發展過程中，計有四種思維上不同程度的從屬性概念❺❽存在，茲分述如次：

從屬性，而後者卻又認同從屬性，如此矛盾的規定，實有加以修正之必要。

❺❽　對於共犯行為從屬於正犯行為，該行為之程度如何，也就是從屬性程度如何，麥耶 (M. E. Mayer) 做了相當詳細的劃分。而博克曼 (Bockelmann) 亦將該劃分進一步加以說明。詳見 Bockelmann, Strafrechtliche Untersuchungen 1957, S. 31。

㈠最低度從屬

所謂最低度從屬 (minimale Akzessorietät) 係指主行為只要是在犯罪行為評價架構下，為構成要件該當之行為，則共犯從屬性即成立，不管該主行為是否具有違法性或罪責，均不影響共犯之成立。如此，則殊難想像共犯何時不成立，從而，共犯從屬性可謂名存實亡，根本即喪失從屬之意義。蓋如此將使得共犯搖身一變成為正犯，甚至在不法條件及可罰前提的認定上，比正犯更為嚴格，因為主行為可能為違法阻卻之行為，但共犯卻無可倖免。最低度從屬原則將使得刑法參與類型趨向單一行為人架構發展，而失去從屬性的意義。因此，最低度從屬性原則在採取區分正犯與共犯的體制下，不但未受學理之青睞，亦從未為實務所採。

㈡限制從屬

限制從屬 (limitierte Akzessorietät) 原則認為主行為在犯罪行為評價架構中，必須是構成要件該當之違法行為，也就是不法行為，共犯始有成立之可能。目前德國通說認定共犯成立基礎，係以限制從屬原則為判斷基準。惟限制從屬性原則並非本然即存在刑法學理之中，德國一直到 1943 年 5 月 29 日始採用限制從屬原則，並將之規定於現行法 §§26, 27 之中。

採用限制從屬原則最主要的作用，一方面，可以使得刑法對於參與型態的判斷基準，確立在不法階段；另一方面，亦可修正間接正犯與共犯認定的模糊界線，而使得加功於無責任能力人之行為，得依具體情況認定為間接正犯，或是教唆或幫助犯，而避免如嚴格從屬關係下，均視為間接正犯的謬誤。

㈢嚴格從屬

所謂嚴格從屬 (extreme Akzessorietät) 原則係指共犯之成立可能性，必須在於主行為具有構成要件該當之違法有責行為，即可罰行為。如正犯行為不具有責任，或因阻卻責任事由之存在，則共犯無由成立。如此一來，將使得加功於因禁止錯誤而免除正犯責任之人，無由成立共犯，亦不能加以論處。此一認定基準將使刑法論罪科刑傾向兩極化，對於此種加功於無罪責之人，要不就認定其為間接正犯，要不就認定其共犯不成立，無由成立其他參與類型。前者失之過重，後者卻失之過輕，皆非刑法之本旨。德國刑法在 1943 年以前，嚴格從屬原則原為通說，但在此之後，即被摒棄不採。反觀我國自刑法施行以來一直採用嚴格從屬原則，一直

到現代在學理及實務上始漸漸接受限制從屬原則 ❺❾。然而對於我國因法律規定之關係，乃形成所謂「可罰性漏洞」的問題 ❻⓪，蓋刑法第 29、30 條所規定者為「犯罪」，而非「違法行為」或「不法行為」，而犯罪者，依通常之見解係指構成要件該當、違法之有責行為而言。故在法律規定上及認定主行為時，必須為可罰行為，始有共犯類型之存在。

㈣極端從屬

極端從屬 (Hyperakzessorietät) 係指主行為除為可罰行為之外，如有其他刑罰加重或減輕事由或追訴條件存在時，欲成立共犯，亦需同樣具備有該刑罰加重或減輕事由或者具有追訴條件，否則刑法即不能加以論處。例如幫助或教唆正犯對其五親等血親為竊盜之行為，由於我國刑法第 324 條第 2 項之規定需告訴乃論，而幫助或教唆之人如不具備此等身分，即不能成立竊盜罪之共犯。由於極端從屬性原則對於共犯之認定失之過嚴，絕大部分的類型均不能成立共犯，乃使得加功之人易於脫罪，形成比嚴格從屬性原則更大的漏洞。故而，極端從屬性向來不被刑法所採，其僅具有法理上比較及論述之意義而已。

以上四種從屬的概念，目前學理與實務的通說，乃採取限制從屬的見解。共犯型態的成立，既然取決於正犯主行為的不法，則正犯與共犯在參與型態的區分上，亦應在不法階段完成。如此一方面使得限制從屬原則產生一致性的認定基礎，另一方面，對於參與者責任的認定，亦可有一前提的判斷標準。在行為評價架構下，行為人的責任，係以其行為不法的程度作為認定之標準。也就是，不法係責任之前提。對於要確立共犯可罰性之程度，仍須有一認定的前提存在，故而共犯與正犯之參與類型，既然對於其個別責任有所差異，則此種差異必須在責任認定之前即行確立，如此方能凸顯出正犯與共犯參與型態的不同，而產生責任上之差異。

第二項　共犯的處罰基礎

確立共犯成立之依據之後，進一步始能探討共犯的可罰性問題。惟從行為人概念的發展過程，共犯之處罰觀點並不一致。刑法主要以處罰正犯為原則，何以要罰及共犯？其事由何在？對於共犯處罰的事由，由於採用之行為人概念的不一，

---

❺❾　參見林山田，刑事法論叢㈠，20 頁；韓忠謨，刑法原理，290 頁；甘添貴，刑法總論講義，217 頁。

❻⓪　參見林山田，刑事法論叢㈠，20 頁。

所產生之結果，亦有所差別。學說對於共犯處罰基礎的爭議，意見相當分歧，且各家說法不一，僅就下列重要見解論述之[61]：

一、責任共犯說與不法共犯說

責任共犯說認為共犯的刑罰事由，並非在於藉由共犯之行為所導致之法益侵害，而係在於共犯造就了正犯的罪責；而不法共犯說則認定共犯之責任，係因共犯之行為造就正犯行為的不法。而不法共犯說的見解，認為共犯使得正犯從事具有背離社會 (soziale Desintegration) 之犯罪行為，也就是共犯造就了正犯行為的不法[62]。不論是責任共犯說或不法共犯說，均認為正犯的行為係由共犯所引起，無異係否認正犯行為的獨立性，甚而認定正犯的責任係由共犯所賦予，不但反實為主，更破壞共犯從屬性的結構關係，蓋既稱共犯之成立，係從屬於正犯不法之故意行為，卻又認為正犯行為不法係由共犯所引起，實是自相矛盾[63]，故二說並未得學理所採。

二、惹起說

惹起說 (Verursachungstheorie) 認為共犯刑罰的根據，並非在於正犯行為的不法，而是在於共犯行為對於所發生不法結果的導因關係，也就是共犯行為惹起正犯行為之結果。然而，由於立論基礎與認知點之差異，惹起說的見解，又可以區分二種些微性差異的看法：即 1.純粹惹起說 (reine Verursachungstheorie)；2.從屬性導向之惹起說 (akzessorietätsorientierte Verursachungstheorie)。純粹惹起說的出發點，乃在於共犯行為不法的完全獨立性，也就是共犯的可罰性條件，並非導源於正犯主行為之不法，而是共犯行為本身侵害法規範對於法益的尊重所致，共犯行為之不法係其本身之不法[64]。

從屬性導向之惹起說認為，共犯之處罰基礎一如純粹惹起說，並不在於使得正犯之行為成為不法，而係在導致構成要件之法益侵害。惟其異於純粹惹起說者，乃在於其將從屬性的構想作為認定之基礎[65]。此說最大的特點，係在於將共犯的

[61] 其他共犯處罰基礎之見解請參照 Schmidhäuser, Strafrecht AT, 2. Aufl., S. 270ff；Schönke/ Schröder/Cramer, Rn. 16 vor §25；Roxin-LK, Rn. 1ff. vor §26。

[62] 關於二說詳見陳子平，共犯處罰根據論，20 頁以下；auch Roxin-LK, Rn. 10, 11 vor §26。

[63] Kritik daran siehe Roxin-LK, Rn. 11 vor §26。

[64] Schmidhäuser, aaO., S. 271。

不法與從屬性結合，認為共犯的不法係導源於正犯之行為，而有意忽視共犯獨立的不法要素。耶謝克 (Jescheck) 認為共犯之不法，乃存在於其對於正犯規範破壞的加功行為之上，故而共犯之不法，亦應取決於正犯主行為之不法程度及範圍 ❻。葛瑟 (Gössel) 亦認為共犯的處罰基礎，係在於促使或協助他人之不法 ❼。目前德國不論是在學理上或是實務上，較為傾向採用此一見解，在實務判例上，更採為判決之依據，如德國聯邦法院 BGHSt 4, 355, 358 更明白說明：「教唆犯的本質乃在於惹起一個違法行為」。

三、法益侵害之見解

該見解主要係由德國刑法學者洛辛 (Roxin) 所主張，其認為共犯係以一種非正犯的加功形式，加功於一具有構成要件故意之不法行為，所為故意法益侵害法益之行為類型 ❽。由於共犯並非親自實施為構成要件該當行為之實施，而係間接地藉由加功於正犯之行為，而侵害法律所保護之法益，故其對於法益侵害亦屬間接，亦應加以處罰，且共犯行為之不法，根本上係透過正犯行為不法所形成，而認定不法的規範標準的構成要件同樣間接地規範到共犯，如此不但使得共犯處罰的基礎完全與其前提的從屬性相銜接，亦揭露構成要件採取限制行為人概念的真正意義，更能符合限制行為人概念下，共犯的處罰，係由正犯處罰基礎的延伸與擴張的意旨 ❾。洛辛深信以所謂「法益侵犯 (Rechtsgutsangriff)」的概念，可以正確地說明共犯處罰之基礎，同時亦可對於共犯不法之獨立要素，提供一個實質性的論據 ❼⓪。洛辛將法益侵犯的概念作為共犯不法的前提，不但符合前提與本體間的關係，同時也避免使得構成要件結構產生混淆 ❼①，實不失為作為共犯處罰基礎之見解，值得在認定共犯處罰基礎時，加以參考。

---

❻　Roxin-LK, Rn. 17 vor §26。

❻　Jescheck, aaO., S. 620, 621。

❼　Maurach/Gössel/Zipf, Strafrecht AT, Teilbd. 2, 7. Aufl., S. 325。

❽　Roxin-LK, Rn. 1 vor §26。

❾　Roxin-LK, Rn. 4, 6 vor §26。

❼⓪　Roxin-LK, Rn. 7 vor §26。

❼①　由於對「法益侵犯」概念的認定不同，也產生學理上之批判關係，如同洛辛 (Roxin) 批評凱勒 (Keller, Rechtliche Grenzen der Provokation von Straftaten 1989, S. 165ff., 172)，認為其將法益侵犯直接視為係建構共犯不法的主要概念，係有所偏失。Dazu Roxin-LK, Rn. 8 vor §26。

四、結果關連性的觀點

此種看法是由德國波昂大學刑法學者亞寇布斯 (Jakobs) 所提出，亞寇布斯對於共犯處罰的基礎認定，從共犯從屬性、限制行為人概念及構成要件架構三方面的審查，提出所謂「結果關連的不法共犯理論 (Die Theorie der erfolgsbezogenen Unrechtsteilnahme)」。亞寇布斯認為共犯可罰性應從三方面加以審查。首先，在限制行為人概念之下，共犯之處罰係一種刑罰擴張事由，此種擴張事由可見於間接正犯與共同正犯。而在構成要件中所規定者係正犯之行為，也就是涉及正犯行為及構成要件犯罪類型描述間之緊密關係，共犯則是此種關係的鬆動化，故而在構成要件所設定的可罰性，在適用共犯時，自然不能如正犯般之緊密。雖然共犯對於犯罪行為並未若正犯一樣具有決定作用，但其亦參與其中，所不同的，僅是在犯罪行為的分量上有所限縮。因此，犯罪行為之實現，並非僅針對正犯而已，亦應歸屬於共犯，共犯之參與行為，正是將主行為歸責於共犯的依據❷。

亞寇布斯的見解其實有相當程度與洛辛的見解相吻合。洛辛及亞寇布斯均認為即使共犯的責任，亦為個別責任，係獨立於正犯之外，但其責任的認定，則在於共犯行為不法之上，而對於共犯行為不法的認定，應以構成要件為標準。共犯行為不法的認定與共犯行為得成為刑法評價客體，係屬不同的兩回事，前者係客體評價之結果，而後者則為評價客體。在眾多共犯處罰根據的論述中，亦不失為值得參考的見解。

總結而論，在論述共犯可罰性基礎之時，應注意避免形成單方面偏差的認知，並且應注意到整體性及完整性之要求。一方面要使其得與共犯成立基礎密切銜接，另一方面更要顧及行為人概念之要求，更重要的是要與構成要件體系相一致。因此，共犯可罰性之基礎的探討，應從構成要件的結構關係著手，蓋在構成要件中，已然顯示限制行為人之概念，且構成要件對於判斷行為不法內涵已提供一個法定的標準，對於共犯處罰的認定，有一明確的指標在。因此，洛辛和亞寇布斯的見解，確實是相當值得重視的論據。

第五節　共犯的類型

在採取區分體制的刑法之中，通常將共犯的類型區分為：教唆犯與幫助犯，我國刑法長期以來都是採用區分體制，在正犯之外肯定共犯的存在，且已如一般

---

❷ Jakobs, aaO., S. 659。

立法例，將共犯類型區分為教唆犯與幫助犯。

　　如上所論，共犯的形成關係，必須先具備有二個基本條件： 1.共犯之行為指向構成要件行為之實現； 2.具有與正犯行為間之限制從屬性關係存在，如此方得以成為共犯之參與角色，故在個別論述共犯類型時，亦是以此二條件作為主軸，倘若欠缺此二條件者，均無法以共犯的參與類型認定之，更無法藉此而作共犯之處罰。

第一項　教唆犯

　　所謂教唆犯的概念者，乃指挑起或者是確認他人犯罪行為之意思決定，進而使被教唆人為構成要件之行為實現之人。由於其成立之主要形式，是在挑起或確認他人之犯罪意思，故性質上屬於犯意製造者的角色，又稱為「造意犯」。惟其製造他人為犯罪之意思者，或是在他人未有犯罪意思形成之時，而挑起他人為犯罪意思之決意；或者是當他人雖有犯罪意思，但仍屬游移不定之時，予以確認犯罪意思，並促其進而實現其犯罪行為者。倘若他人犯罪意思已決 (omnimodo facturus)，則無由再被挑起或確認，自然也不會有教唆的問題存在。易言之，教唆犯所以能存在者,乃在於對於尚未形成犯罪意思或雖有犯罪意思但尚未確定者，所為之挑起或確認之人。

　　教唆犯在刑法發展歷史中，原本並非被視為共犯的型態，反倒是被歸類為一種「另類之正犯」，稱之為「肇始者 (Urheber)」❼❸，但近世以來，因其雖有挑起他人犯罪之意思，但終究並非為構成要件實現之人，亦非控制構成要件實現之人，將其視為正犯，恐在理論及概念上，有所出入，故經刑法學理的發展，已將教唆犯視為共犯之類型，惟在處罰上，仍與正犯作等價齊觀。

　　教唆犯的成立，在形成條件上，必須具備有三個基本條件，即： 1.行為人須有教唆的故意，此一教唆故意，乃為教唆犯所以形成的依附行為基礎，亦即教唆犯所為之教唆行為，必須是出於教唆故意，且為一定之教唆行為，方有共犯依附行為之存在； 2.教唆行為必須指向構成要件實現，倘若有教唆之行為，卻非指向構成要件實現者，則非屬於教唆行為； 3.被教唆人確實有為構成要件之行為，至於構成要件行為是否為既遂，則非所問。在教唆犯形成的前二條件，乃屬於教唆者之依附行為，此依附行為必須是故意行為，而第三個條件，則是作為共犯形成從屬性認定的條件。故而，教唆犯除其依附行為必須為故意之外，其所教唆之行

---

❼❸　Vgl. Bloy, aaO., S. 62ff.。

為，亦須為故意之構成要件之行為，此即所謂教唆犯之雙重教唆故意 (doppelter Anstiftungsvorsatz) 之謂。

倘若教唆人有為教唆之行為，但被教唆人並無為構成要件之行為時，此時乃形成所謂之「未遂教唆」問題❼❹，由於未遂教唆的情況，欠缺構成要件的實現關係，屬於失敗之教唆，或是無效之教唆，教唆犯自然無由成立。蓋一方面雖然教唆人已經為依附之行為，但卻無主行為供其附麗，既無主行為的存在，自然無由得知為何種教唆；另一方面，欠缺主行為的存在，使得正犯與共犯間的從屬性無從判斷，即無從屬性之存在，共犯形式之形成，乃有所瑕疵，自然無從而認定教唆❼❺。

關於教唆犯之處罰問題，如果將其認定為共犯，則共犯在不法的內涵上，本不如正犯為重，反應在法律效果者，亦應當為得減輕其刑的關係，但我國刑法的規定，向來對於教唆犯之處罰，都是依照正犯之刑罰之，是以對於正犯主行為之行為階段，如為既遂，則教唆犯逕依既遂之刑罰之；如正犯之構成要件實現行為為未遂者，則依未遂之刑，為教唆犯之處罰基礎。這樣的處罰關係，是否會有過度的問題，自然值得思考，畢竟教唆犯在不法內涵的形成關係，相較於正犯者，或許在主觀故意的不法評價上，二者相同，但在客觀的行為實現非價上，顯然正犯之行為要重於教唆之行為，故可以思考者，對於教唆犯之處罰，採取相對性之刑罰減輕事由，亦即採用得減輕其刑的規定，在罪刑均衡的觀點上，較為妥當。

第二項　幫助犯

所謂幫助犯者，係指提供助力以利他人為構成要件行為實現之謂。至於其所提供之助力係於何時？可以分為事前幫助與事中幫助，所謂事前幫助者，係謂在他人為構成要件行為之前，幫助者即已知有犯罪行為實行的情況存在，而在行為之前，先提供遂行行為的工具或是方法，以利行為人（正犯）遂行其構成要件之行為，例如甲欲毒殺丙，而乙提供甲毒殺丙之毒藥，最後甲果真將丙毒死，此時乙所為毒藥之提供，是在甲為構成要件行為之前，屬於事前幫助之情況；而事中幫助者，係指幫助人知道現有構成要件行為實現的情況存在，在行為尚未既遂，

---

❼❹　關於未遂教唆的分析與見解者，參見林山田，刑法通論（下），10 版，128 頁以下。

❼❺　2005 年刑法修正對於第 29 條第 3 項所謂「未遂教唆」規定的刪除，或許意謂著正式回歸此種共犯判斷關係的主軸立法。然仍有批判之見解，參見林山田，二〇〇五年新刑法總評，台灣本土法學雜誌，67 期（2005 年 2 月），89 頁。

乃至完成終了之前，提供便於既遂或完成的助力，以利行為人遂行其行為者。當然，當行為完成之後，即無所謂本罪行為的幫助關係存在，其或許可能成立他罪，但已非幫助犯之問題。是以不論幫助行為為事前或是事中，幫助人皆須以幫助之故意 (Gehilfenvorsatz) 而為幫助行為，倘若幫助人並無幫助故意，而僅是偶然的情況，其所為之行為卻成為正犯遂行構成要件行為之助力者，雖客觀上仍舊屬於構成要件行為遂行之助力，但此種助力，並非基於幫助人構成要件實現之意思導向，所為之提供，故僅能視為係正犯偶然之助力而已，無法成立幫助犯。

幫助犯之幫助行為，必須指向正犯構成要件行為之實現，惟其幫助行為是否須為正犯所知情，並不影響幫助犯之成立，故在刑法第 30 條的規定中，即明示「雖他人不知幫助之情者，亦同」。惟幫助犯係屬於共犯的一種類型，其在成立的條件上，仍須遵守著共犯形成的條件要求，亦即：1. 須有故意之依附行為，此即幫助行為；2. 須有指向構成要件行為實現的意思；3. 須有正犯構成要件的實現關係存在，倘若未有正犯之主行為，則幫助行為雖有單向的依附關係，但欠缺附麗的正犯構成要件實現之主行為，幫助犯仍舊無由成立。

而關於幫助犯的處罰者，因從屬於正犯的關係，乃引用正犯處罰的法律效果，作為幫助犯處罰的依據，惟因幫助犯的不法內涵與責任內涵，並不如正犯來得重，故在法律效果上，宜以減輕其刑來規範，但我國刑法第 30 條第 2 項，從來對於幫助犯之處罰，都只是以「得按正犯之刑減輕之」作為幫助犯的處罰效果。衡觀罪刑相稱的關係，幫助犯的不法內涵，應該是絕對不如正犯，蓋對於行為主觀的非價，幫助故意不如正犯之行為故意；而幫助行為也不如正犯行為之非價關係，其反應在法律效果上，也應為「減輕其刑」之規定為妥。

第六節　參與角色擬制

向來在檢討參與關係時，都以一般犯類型作為論述的基礎，當碰到特別犯類型時，在參與角色的認定上，似乎無法採取任何理論，來做參與角色的判定，僅能採取所謂擬制的方式。例如刑法第 121 條公務員瀆職罪，其成立必須要求行為主體具有公務人員資格，且須係對其職務之行為，方得以成立。當不具公務員資格之人與具公務員身分之人，共同犯職務犯罪時，具公務員身分者，在參與的判斷上，本不成問題，但不具公務員資格之人，其是否直接可以是時的參與關係，遽認其成立職務犯罪的參與關係？恐因主體資格的欠缺，而發生問題，故刑法最簡單的方式，就是採取擬制參與的方式，將不具身分關係之人，也羅織進參與角

色之中，逕認定其亦屬於正犯類型（第31條第1項）。

對於此種必須要求行為主體資格的特定犯罪類型，其參與關係的決定，恐非一般參與理論所能解決的問題。蓋此處所涉及的問題，已非如一般參與理論所認行為共同或犯罪共同❼、或是意思聯絡所能完全解釋，而係行為主體資格的問題，如非適格之行為主體，即使行為樣態相似，亦非此種犯罪類型所指的行為。是故此種特殊型態的犯罪類型，其所要求之行為，係取決於行為主體之適格要求，因而在決定數人共同加功的參與類型時，捨棄此種行為主體適格要求，將使得詮釋方向完全荒腔走板。猶有進者，在數人中如有參與者 (Beteiligter) 具備犯罪類型所要求之行為主體資格，是否可以不論行為究竟為何人所為，即可認定共同關係？抑或是仍必須限定行為實行之條件，方得以成立共同關係呢？此是學理必須更進一步加以釐清的課題。

第一項　行為主體的界定

參與關係的形成，主要係在於數人的一個犯罪行為事實，其不同於一般單獨犯罪行為事實者，乃在於單獨行為人的行為事實所關注之焦點，被放在行為事實的檢討；而參與關係卻不是行為事實的檢討問題，反而是行為人主體的角色地位問題，而行為主體究竟在犯罪評價體系中，占有何種意義與地位？則又成為判斷參與問題時，必須先加以釐清的癥結。在構成要件的犯罪型態中，對於行為主體資格的要求，並不一致，若干類型中，並無特別要求行為主體的資格，此即所謂之「一般犯 (Allgemeindelikte)」類型；惟亦有特定的犯罪類型，其除行為的侵害形式之外，更對於行為主體資格設有限制，此種特定行為主體的類型，被稱之為「特別犯 (Sonderdelikte)」❼。二者因對於行為主體的要求不同，其對於參與的形

---

❼　一般學理在詮釋共同正犯時，通常係以行為作為論述之基礎，但日本學理卻再細分共同關係的共同，究竟為行為共同，或是犯罪共同？雖然日本在共同關係的詮釋上，有其思維上之切入點，但殊不知行為與犯罪之區隔為何？且即使學理之爭議能從二者中得到結論，不論是行為共同說或是犯罪共同說，顯然對於解決特別要求行為主體資格之犯罪類型的共同正犯認定，仍舊無能為力。故本書論述時，並不以行為共同或犯罪共同為分析依據，而以此類犯罪類型成立的根本要求，即適格行為人之行為為分析的主軸。關於二種確認共同正犯共同性之見解，參見川端博著，余振華譯，刑法總論二十五講（元照出版），300頁以下；陳子平，共同正犯與共犯論，213頁以下。

❼　關於特別犯的概念與類型者，參見柯耀程，論行為主體於構成要件定位問題，刑事法學之理想與探索（甘添貴教授六秩祝壽論文集）第一卷，29頁以下、54頁以下；柯耀程，

成關係的認定，亦有所差異。

一、無特定行為主體要求之參與類型

　　學理在探討參與問題時，切入點都是以一般犯的類型為準，以此種類型作為參與論問題的處理基礎，不論在正犯的參與類型檢討，或是共犯形成的基本要求，均無特別對於行為主體的資格予以著墨，乃至於參與理論所發展出來的形象，遂成為關注於一般犯的參與類型，迄今吾人所接受的參與理論，都是以無特定行為主體要求的犯罪類型，作為論述的基礎。固然，無特定行為主體的犯罪類型，在參與論的問題處理上，因行為主體對於犯罪成立的要求，並無特殊的條件存在，基本上，任何人均具有行為主體之資格，並不會因行為主體的關係，而產生犯罪成立認定上之齟齬，故而，不論是各種形式的正犯認定、或是共犯的形成關係，均不受影響，在參與的問題處理上，較不生問題。畢竟以犯罪類型成立關係來觀察，行為主體的資格要求，因具有普遍性的關係，對於不法的形成並不生影響，故而，行為主體的資格問題，在一般犯的參與關係檢討時，常會被忽略，蓋在一般犯的類型中，不論任何行為主體均屬於適格的行為主體，其根本不要求行為主體的特定資格，作為成罪的基礎。惟在一般犯的參與問題檢討中，值得思考的問題者，並不在於形成不法的階段，而是在特定行為主體，為觸犯一般犯規範之行為時，其責任的決定，乃至於其法律效果的判斷問題。究竟行為主體的特定資格，得否作為一般犯類型的責任條件，或是刑罰加重條件，恐有相當之疑慮存在❼❽。

二、特定行為主體的犯罪類型

　　此種要求特定行為主體資格的犯罪類型，在處理參與問題時，必然會面臨二個問題：　1.不具有行為主體資格之人，雖無法獨立成就犯罪，但其得否與特定之行為人共同完成之？　2.不具有特定行為主體資格之人，在特別犯的成立要求上，

　　特別犯類型之共同正犯認定，共犯與身分（臺灣刑事法學會編著），125 頁以下。

❼❽　諸如刑法第 31 條第 2 項，乃至第 134 條之規定，均將行為主體的資格作為責任或刑罰加重的事由，恐在罪責原則的要求上，有所違背。參見黃榮堅，共犯與身分，刑事思潮之奔騰（韓忠謨教授紀念論文集），196 頁以下、212、213 頁；柯耀程，論行為主體於構成要件定位問題，刑事法學之理想與探索（甘添貴教授六秩祝壽論文集）第一卷，56 頁；惟持相反見解者，許玉秀，檢視刑法共犯章修正草案，月旦法學雜誌，第 92 期，39 頁以下、44、45 頁。

得否以法律擬制的作法，使其成為適格之主體，進而得以對其科以特別犯之法律效果？倘若此二問題未能妥善解決，則不具特定行為主體資格之人，其參與型態認定的正當性，乃成參與問題處理時，最難調和的矛盾。蓋一方面犯罪類型要求特定行為主體，方得以成罪，卻在另一方面又承認不具有特定資格之行為人，亦得以該當特別犯之行為主體，顯然呈現一種似是而非的認知矛盾。就刑法的犯罪類型觀察，規範所以對於行為主體資格要求者，係基於犯罪類型的特殊性關係，此類特別犯在個別成立要件上，除卻所有與行為相關之構成要件要素，均需成立之外，尚須限定行為人之資格，該構成要件方有成立之可能，如欠缺行為主體之適格，則根本無由成立該類犯罪類型，此乃特別犯類型要求之特殊性所在。

詳言之，特別犯之所以特殊，乃在於其具有雙重類型之要求：1.行為主體作為不法形成之要件；2.行為的判斷必須取決於行為主體之資格❼❾。此種行為主體的資格僅具有存在或不存在的相對情況，不可能有第三種可能性存在，倘若不具有行為主體之資格者，基於構成要件規範的要求，並不能成為直接以行為實現形成的參與關係，亦即無法成為直接正犯❽⓿，同時，此種行為主體資格欠缺者，並不能透過任何法律解釋或是擬制的方式，而使得不具有行為主體資格之人，擁有法律所要求的一定身分，故而任何行為主體資格的擬制關係，都充斥著相當的疑慮。

---

❼❾ 參照柯耀程，論行為主體於構成要件定位問題，刑事法學之理想與探索（甘添貴教授六秩祝壽論文集）第一卷，55 頁。

❽⓿ 如以參與的結構關係而言，稱直接正犯者，係屬於橫向的參與關係，亦即參與者係直接針對於侵害行為事實的加功者，在直接正犯的概念下，即可區分為 1.單獨正犯；2.共同正犯；3.同時犯；4.對向犯等型態；而其相對性的正犯概念者，乃為間接正犯，其參與結構係屬於縱向的關係，亦即間接正犯的行為侵害事實實現，係利用直接正犯加以實現者，就參與形成的結構而言，間接正犯既係利用直接正犯所為之犯罪事實實現，其並非構成要件親自實現者，故構成要件的特定主體資格要求，並無適用於間接正犯。蓋其所以為正犯，乃因其對於真正的正犯（直接正犯），具有支配性的作用，故而，間接正犯係控制直接正犯為構成要件的實現，只要直接正犯得以實現的構成要件，都會有間接正犯存在的可能，是以任何犯罪類型，應均得以間接正犯之方式實現。惟學理上仍有相當之爭議存在。Vgl. Jescheck/Weigend, Strafrecht AT, 5. Aufl., S. 663ff.；Roxin, Täterschaft und Tatherrschaft, 7. Aufl., S. 142ff., 360, 544；Maurach/Gössel/Zipf, Strafrecht AT, Teilbd. 2, 7. Aufl., S. 269。

第二項　特別犯的共同正犯形成關係

對於特別犯成立的基本要求，須限定行為主體的特殊資格，且實現該類型之行為，必須限定在適格行為主體之行為，該犯罪類型始有成立之可能，如欠缺行為主體之資格，則根本無由成立特別犯之類型。蓋此種類型的構成要件成立條件，限定特定的行為主體資格，且成罪行為的要求，亦僅能由具有特定資格的行為人，方得以為之，其他不具主體資格者，均不具有行為的適格，亦即不具主體資格之人所為的行為，都無法該當於特別犯類型的行為概念。例如非公務員收錢的行為，自然不能視之為是「收賄」；非證人資格者，其所為的虛偽陳述，也無法該當偽證的行為要求。是以，對於特別犯而言，若主體資格是構成要件成立的基礎條件，不具有主體資格者，既無法該當此類構成要件，則在特別犯的共同正犯形成關係上，不具有特定資格之人，是否仍得成立共同正犯？就會產生行為主體資格的質疑問題。

詮釋特別犯之共同正犯時，欲確認其共同性關係，則需從共同意思之形成，乃至將此共同意思適格地展現於外，以實現特別犯之犯罪類型，從而方能認定犯罪事實之共同關係。惟因不具主體資格之人，不論如何均無法取得正犯之地位，即使其得以共同實現特別犯類型，但所實現者，係適格主體所實現，其與適格主體間之共同加功關係，僅係一種放射效應而已，仍舊不能與適格主體之參與地位等量齊觀。充其量僅能夠以類似正犯之參與地位來定位，至於此種「類似正犯的地位」仍舊無法透過任何的擬制關係，而使其具有正犯之資格，即使將其參與角色擬制為類似正犯角色，但其本質上仍舊欠缺正犯之資格。

是故現行法所規範的方式，顯然係將主體資格以法的擬制所然，在解釋上似乎應認為，擬制關係係適格主體所為適格行為之後，所產生之放射效應，並非主體資格存在，即得以將所有共同參與人擬制為正犯，而是須等到特別犯得以實現之後，方具有放射效應，始得以擬制為正犯之參與型態。

惟由於特別犯共同正犯中，不具主體資格之共同參與人欠缺建構不法內涵的主體要素，故不具主體資格者，根本無由成立正犯的角色，此係犯罪類型所使然，此種本然性的關係，根本無法以法的擬制賦予正當性，故刑法第 31 條第 1 項之規定恐有謬誤[81]。

---

[81]　關於擬制參與問題的疑慮，參照柯耀程，刑法總論釋義（上），432 頁以下。

第七節　特殊參與問題

在現行採取區分正犯與共犯的參與體制中，對於一個行為事實的參與人，必須先確認出其參與型態，方得進而決定其行為不法及責任內涵，以確定科刑的依據。惟在區分參與型態的體制下，必須面對特殊參與關係的問題，主要為相繼參與問題與參與關係的解除。

第一項　相繼參與問題

所謂相繼參與者，乃指犯罪行為的實現，原本的行為人，僅有一人或既有的數人參與關係，於行為實行中，基於自願加入行為實現的意思，且既有的參與人也容認其加入參與結構之中，而成為共同實現犯罪行為事實的參與結構者。相繼參與的關係，應是一種構成要件實現的橫向參與結構。

由於相繼參與的問題，並非本質性的參與關係形成的問題，而是在犯罪行為實行過程中，因有其他人的加入，所形成的參與關係判斷問題，其與既有的參與關係判斷，有特殊差異存在。加上學理所探討的相繼參與問題，大抵僅集中在檢視共同正犯的相繼參與關係[82]，對於相繼幫助的共犯問題，則較少論及，但相繼共犯的關係，是一種常見的事實類型，也必須應於檢視相繼參與關係時，一併論及。又因相繼參與的形成關係，並非既有的參與關係，對於形成共同行為事實參與關係的結構，在要求上也與基礎型態的參與結構不同，例如對於共同正犯的基礎參與關係，在形成共同性的要求上，必須於實現行為之前，即具有一致性的犯罪意思，且行為實現也有一致性的客觀行為事實結構，即使行為過程中具有分工關係，也不影響既有的參與結構；反觀相繼參與關係，相繼參與人係屬於行為中方才加入者，其與既有的共同性要求，具有結構性的差異，蓋其並非於行為之初即參與行為，而是事中才加入的類型。對於既有行為的參與，而得論以相繼參與關係，仍等同於既有參與者，依所參與之行為與角色加以論斷。對於此種行為著手後才加入的參與情狀，是否得以相繼參與關係論斷？仍須作行為與加入時點與參與條件的檢視。

相繼參與關係的形成，係指既有的行為人已經著手於行為的實行，而其他人基於自己的意思，而加入既有的參與關係，而形成較原參與關係更為擴大的參與

---

[82] Dazu vgl. Jescheck/Weigend, Strafrecht AT, 5. Aufl., 1996, S. 678, 679；Maurach/Gössel/Zipf, Strafrecht AT, Teilbd. 2, 7. Aufl., 1989, S. 303, 304。

關係。因相繼參與的概念，係一種對於犯罪行為遞次加入的型態，而與既有的參與人，形成最終實現行為的共同參與關係（不論是共同正犯，或是幫助犯），其在相繼參與關係的形成結構上，有其條件的限制。

基本上，參與關係的形成基準，乃在於既有參與結構的行為實行上，從行為形成及實現的基準分析，可以從三個不同的時點，來檢討這種遞次加入的相繼參與關係：

1.行為尚未著手階段：既有行為已經形成共同的決意，但尚未付諸行為實現，此時有其他行為人再行加入，此種加入關係，係發生於行為實現之前，亦即屬於事前的加入。此種事前加入所形成的參與關係，因行為尚未進入實現階段，故其參與形成關係，屬於本然性的參與關係，即使最終所形成參與類型的判斷相同，但仍不屬於相繼參與的概念，例如 A、B、C 三人共同形成竊盜的意思，在準備前往行竊時遇見 D，D 表示願意加入，而從原本三人的參與關係，變成四人的參與關係，進而著手行竊，此時竊盜罪的行為實現，始終都是屬於四人實現的結構，並非從三人變成四人的竊盜行為結構，故非屬於相繼參與的概念。

2.當行為已經進入著手階段，但尚未完成，此時有原參與者之外的人，額外再行加入，使得既有實現的行為參與關係擴大，此種於行為實行中加入的參與型態，即屬於相繼參與的核心概念，蓋唯有在行為實行中，參與結構發生改變，其是否會影響到參與型態的判斷，在檢討參與問題時，方有其具體的意義，這也是相繼參與概念形成意義之所在。

3.行為已經完成之後的階段，亦即在行為已經實現之後，再有他人加入既有參與關係的情形，此種情形屬於行為事後的參與關係，一般而言，事後並無發生參與可能性的關係存在，故此種類型既非屬於相繼參與，也不應在既有行為中作任何參與關係的牽連❸。亦即相繼參與的形成可能性，僅在行為屬於不法階段時，

---

❸　實務對於此種事後參與關係的認定，有其困擾之處，蓋對於犯罪行為完成之後，尚有確保贓物或不法利益的問題存在，但對於此種確保的關係，現行法及法理中，均無法將其視為原行為的參與型態，也欠缺法律規範（除刑法第 349 條之外），形成無法加以規範的漏洞，實務通常會將此種事後結構，還視為是共同正犯的類型，然這樣的處理會有結構與法理上的矛盾。最典型的情形，乃屬犯罪集團犯罪行為完成之後，利用所謂「車手」為其取款的案例。其實這是一種行為之後的問題，並不能恣意加以涵納至既有的參與關係。關於「車手」的實務案例，屢見不鮮，以較近的實務案例略舉數端，如臺灣高等法院 97 年上易字第 3268 號、98 年上易字第 158、813、917 號判決（詐騙集團）；又如臺中高分院 98 年上易字第 626 號、98 年上訴字第 1121 號判決，均屬對車手作共同正犯認定

方有可能存在。

因參與關係繫屬於不法階段判斷的問題，故相繼參與的概念，僅存在於行為屬於不法階段時，而所謂行為不法階段者，乃指行為已經著手，但尚未完成（終了）而言。惟已經著手但尚未完成的行為，其可能已經發生侵害關係，亦即行為已經既遂，也可能尚未發生侵害關係，即行為尚在未遂階段，若行為已經既遂，對於狀態犯而言，此時侵害結果發生，且已經確認，則行為既遂且終了，故而已經完成不法的階段，無由再有相繼參與關係可言，如有任何對已經完成行為的加功行為，只會形成新的參與關係，不可能再與既有的參與關係有任何連結的效應；惟對於繼續犯而言，雖行為已經造成侵害的既遂，但行為仍未完成，此時仍有加入而與既有參與關係連結的可能性。因此，相繼參與關係的形成，係限定在行為已經著手，但尚未終了的階段，其有加入既有參與關係的情形，視其加入的角色，而與既有參與關係，作同等之正犯或共犯之認定。

第二項　參與關係的解除

參與關係的形成，原則上係以行為實行前的行為人組合，作為參與類型判斷的基準，但若承認既有的參與關係，在行為實現的階段中可以改變，則此種結構的改變，除相繼參與的擴大作用之外，對於從既有參與關係脫離的解除關係，似乎也必須加以檢討，蓋既容許在行為不法階段時，得以在既有的參與關係為相繼參與，只要行為人的意思與行為目標一致，得以作與既有參與關係相當的認定，當在既有參與關係存在時，而於行為實行階段，如有行為人不願繼續其參與關係，而有脫離既有參與關係的情形時，似乎也必須承認既有參與關係的改變，對於脫離的行為人，倘若行為尚未發生侵害關係之時，在行為的評價上，也應作不同的處理。蓋在既有的參與關係中，如行為尚未有侵害關係的實現時，有行為人欲脫離既有的參與關係，此時參與結構在本質上已經發生改變，從既有的共同行為意思之中，已經出現有異於既有的共同意思，甚至因脫離的行為人如有防止結果發生的行為時，更會形成既有一致對外意思的對抗意思，在共同結構的內容上，已經有所不同。故而，在檢討相繼參與關係的同時，也必須檢討既有參與關係的解除與重整的問題，此種問題的分析，對於特別是參與關係的行為中止，有其本然性的評價意義❽。

的案例。

❽　參照柯耀程，刑法總論釋義（上），285頁。

第三編

法律效果

━ 第一章 刑 罰 ━

稱刑罰者，係指國家依據刑法法規，基於犯罪行為，用以制裁行為人之公法上制裁手段之謂。此種制裁權限，完全屬於國家所有，私人間不得私相報復，雖然私刑制度，在歷史發展過程中曾經出現，然現今法治思想，已將刑罰權歸於國家專屬，成為國家制裁體系之一環，不允許私人任意主張。茲將其意義分述如次：

一、刑罰係以犯罪行為作為科處基礎

基於罪刑法定原則，何種行為方為犯罪行為，必須於法律規定中，明文將犯罪成立條件，加以規定，所謂「無法律即無犯罪、亦無刑罰」之謂，亦即行為須具有刑法構成要件該當性、違法性及有責性，方得科處刑罰。

二、刑罰係針對於行為人犯罪行為之制裁手段

刑罰制裁者，僅限定於犯罪行為之行為人，且行為人之資格，原則上僅以自然人為限，法人並不能成為刑法之犯罪主體。惟現行法中，特別是附屬刑法，除對於自然人之處罰外，亦有將刑罰效力擴及法人之情況，此即所謂「兩罰制度」，例如食品安全衛生管理法第 49 條第 5 項規定是；或有將刑罰轉嫁至處罰法人，此稱為「轉嫁罰制」，如銀行法第 125 條第 2 項規定是。

三、刑罰係剝奪行為人權利之制裁手段

刑罰為所有制裁法中，最嚴厲之手段，其所使用之方式，均為對於行為人自由、財產或其他權利剝奪之制裁方式，甚至有以剝奪生命作為手段者。

國家透過法律制定各種不同之制裁制度，作為對於不同層次違反規範行為之法律效果，由於違法行為之評價層次有所差異，乃使得整個制裁體系，亦有輕重之別，例如對於交通違規情形之制裁，僅需使用行政罰中之罰鍰，即為已足；又如係違反特定職業或身分所應遵守之紀律規定者，則僅需科以懲戒處分之紀律罰，此等違法情事，尚無動用刑罰之餘地。惟若行為違反具有高度社會倫理非難性質之刑法規範者，方有科處最嚴厲制裁手段刑罰之餘地，畢竟在所有違法行為中，最嚴重者，當屬於犯罪行為，對於犯罪行為反應之法律效果，亦應為最嚴厲之制裁手段。

由於刑罰作為制裁犯罪行為之法律效果，在所有制裁法中，屬於最嚴厲之制

裁手段，動輒剝奪人之生命、身體自由或是財產等權利，故在民主法治國家中，對於刑罰適用之條件、刑罰制裁方式之相稱性，均設有相當嚴格之限制。易言之，刑罰係制裁體系中最為嚴厲之手段，故僅得作為所有違法行為中，最嚴重犯罪行為之制裁手段。由於刑罰的嚴厲性，在現代法治思想下，其係屬於整體社會防衛制裁手段中之最後手段 (ultima ratio)，亦屬於社會防衛體系中之最終防衛界線，故非於不得已之情況下，不可輕易動用刑罰之制裁手段。

受到法治思想之影響，國家欲以刑罰作為制裁手段，必須以法律明文規定作為依據，而受罪刑法定原則之要求，對於刑罰存在之條件，以及刑罰之種類與方式，均需以法律明定之。一般而言，刑罰係作為犯罪之制裁手段，唯有犯罪行為確認時，方有刑罰存在之餘地。在法定原則之嚴格要求下，對於犯罪成立及刑罰科處之條件，法律均需透過刑法規範明確規定，此即「法無明文，不得科處」之意。申言之，刑罰必須有法定之基礎，方得科處，亦即其科處之對象、認定之基礎、科刑之種類與範圍，均需法律明文規定。

第一節　基本構想

對於違反刑法所規定犯罪成立要件之行為者，在法律效果上，遂產生雙軌並行之刑事制裁制度，一為傳統所稱之刑罰，其係針對具有可罰性行為之法律效果，即具備構成要件該當性、違法性與有責性行為之刑事制裁；二為保安處分，其係針對具有構成要件該當性及違法性之不法程度以上行為之制裁手段，即使行為人不具有刑事責任能力，亦得科處。不論刑罰或是保安處分，均屬於刑事制裁手段，所不同者，僅在於發生法律效果前提之差異而已，亦即刑罰必須有犯罪行為成立（需滿足構成要件該當性、違法性及有責性），方得科處；而保安處分之施行，僅須行為具有不法（即構成要件該當之違法行為）之程度以上，即得為之。

由於對於行為具有不同之評價結果，刑法上行為依其評價情況之差異，可分為不法行為與可罰行為，對於科處一般所稱刑罰，必須行為人之行為，被評價為具有構成要件該當、違法且有責之可罰行為時，方得為之，且亦得同時使負保安處分，具有雙軌並行之效果；如行為雖具有違法性之存在，但因特定條件之存在，不使行為人承擔刑事責任時，例如無責任能力人之行為，則並無刑罰科處之餘地，但仍得對之科處保安處分。由於刑法對於行為評價不同，產生法律效果適用之差異，因此，在刑法刑罰論中所探討之範圍，自然包括刑罰與保安處分二種刑事制裁之法律效果。

　　刑法基於罪刑法定原則之要求，對於犯罪成立之要件，以及所應科處之法律效果範圍，均需透過法律明文加以規定，此種刑事制裁手段，必須透過法律個別明文規定之要求，一般僅限於刑罰概念，蓋在刑法犯罪類型之個別規範中，除對於犯罪成立之規定，必須合乎明確性原則外，對於刑罰之法律效果，亦需明文加以規定。然而對於保安處分之適用，依現行法之規定，乃不同於刑罰於個別犯罪類型中明文規定之要求，而係僅於刑法總則中，作原則性適用之規定而已。因此，保安處分何時得以適用？其所針對之犯罪類型為何？除於特別法中，少數有明文規定外，在刑法中，並無特別明定之適用類型，僅於第86條以下，作個別性之規定而已，其科處之條件，顯然不同於一般刑罰的要求，蓋刑罰必須在個別構成要件明文規定之要求下，方有發動之條件。

　　此種本質上之差異，一方面係由於該二種刑事制裁手段之立論基礎不同，一般咸認，刑罰係立於罪責原則之基礎上，且受罪刑法定原則之嚴格拘束；而保安處分則係立於社會防衛之考量，其主要係針對行為人惡性排除之考量而設。另一方面，二者所欲達成之目的，在優先性考量上，亦有所不同，刑罰之作用，係針對過去已然發生之犯罪懲處，所依據者，則在於已然之行為；而保安處分之目的，則在於防範行為人未來可能之犯罪行為，其考量之重點，乃置於行為人之社會危險性上。儘管刑罰與保安處分具有本質上之差異，然從刑事制裁之目的性觀之，二者實無二致，其對於犯罪防治之具體運用，更具有相輔相成之效果。

第二節　刑罰理論

　　初民時代，人事簡單，對於犯罪的反應，亦以簡單的方式，所謂殺人償命，而對於處罰的思想，仍未萌芽，主要的反應方式，仍為被害人或其血族間的復仇，亦即血讎制度 (System der Blutrache)。而後出現所謂「避難所」的方式，漸漸產生制裁評價的方式，如犯罪人進入避難所，則需在其間經由評價，決定是否交由被害人加以復仇，如認為避難無理由，則將犯罪人逐出避難所，任由被害人加以復仇。後來血讎制度漸因社會的發展，產生「慰撫金 (Wergeld)」的方式，犯罪的制裁，不再是血讎，也不再允許血讎方式❶。早期社會對於犯罪的對待方式，始終站在被害人立場考量，不論是血讎制度，或是象徵性慰撫金賠償，都是以被害人的滿足為考量。

　　爾後國家型態漸漸確立，對於制裁歸屬於國家的觀念，也漸漸形成。惟此時

---

❶　Vgl. Nagler, Die Strafe 1970 (Neudruck der Ausgabe 1918), S. 43ff.。

刑罰的觀念則傾向於對於君權的保護，從而各種刑罰概念乃因應而生，從「自然的刑罰 (natürliche Strafe)」、「倫理的刑罰 (moralische Strafe)」、「社會的刑罰 (soziale Strafe)」、「神的刑罰 (göttliche Strafe)」等概念，乃隨之而生❷。此時刑罰觀念的發展，朝向鞏固君主主權，而犯罪人或被害人則均淪為制裁體系的邊緣。直到啟蒙時期，自由主義 (Liberalismus) 及個人主義 (Personalismus) 的興起，對於制裁觀念乃進入另一個新紀元。惟從啟蒙時期以降，刑事制裁體系的重心，轉而停留在犯罪行為人處遇上，犯罪被害人則因此淪為制裁體系下棄嬰的角色。而在刑事制裁的概念上，也因對於刑罰概念的差異，而產生理論上的演變。

究竟刑事制裁係為制裁而制裁（如康德），或是為達某種目的所為之制裁？在學理上，乃有刑罰絕對與刑罰相對之論❸。茲將不同思維的內涵，分述之：

第一項　絕對理論

早期的刑罰思想，認為刑罰的作用，係建立在對於行為人罪責衡平的正義 (Gerechtigkeit durch Schuldausgleich) 基礎上❹，認為刑罰無異是對於行為人的罪責所做的正確抵贖 (gerechte Sühne)，在此種觀念之下，刑罰本身即是目的，且並無其他欲達到之目的性存在❺。刑罰本身僅是對於犯罪等價之應報 (Vergeltung) 而已，而其前提要件，則在於刑罰必須在處罰的輕重與期間的長短上，完全與行為人因犯罪行為所生之罪責相當，此乃最早應報思想的「反坐原則 (Talionsprinzip)」❻。

---

❷ Vgl. Nagler, aaO., S. 40ff.。

❸ 事實上檢討刑罰之正當性者，可以從二個角度來思考：1.從刑罰的目的性思維，則對於刑罰正當性思維者，可以以應報思想與預防思想的認知來詮釋；2.以學理檢視刑罰存在正當性者，則可以絕對理論與相對理論的詮釋方式來說明。其實二種切入思考方式，其實質的內涵是一致的，故本書對於刑罰存在的思維，乃以絕對與相對理論，作為詮釋刑罰理論的基礎概念。Dazu vgl. Zipf, Kriminalpolitik, 2. Aufl., S. 37。

❹ 此即所謂「均衡正義 (ausgleichende Gerechtigkeit, justitia commutativa)」概念，其係基於均等原理而生，乃指所有自然人雖於自然上有不平等存在，但在法律上均為相等，於刑事制裁法上，即具有罪與罰絕對之對等關係。Dazu vgl. Kaufmann, Über die gerechte Strafe, in: H. Kaufmann-GS, S. 425ff.。

❺ Vgl. Zipf, aaO., S. 37；Streng, Strafrechtliche Sanktionen 1991, S. 8；林山田，刑罰學，修訂版，57 頁。

❻ Siehe Roxin, Strafrecht AT I, 3. Aufl., S. 41。

　　絕對理論 (Die absoluten Theorien) 的基本思想，係根源自原始社會中之復仇思想，但非若復仇之無限制，而認為惡與惡、善與善間應成對等相稱之關係，刑罰係單純作為「惡害行為之公正報應 (gerechte Vergeltung der Übeltat)」❼，即依正義衡平之法則來報應犯罪行為，以刑罰所產生之痛苦來均衡犯罪者之罪責，實現正義之理念，因此又稱為「正義理論 (Gerechtigkeitstheorien)」❽，而絕對理論否認刑罰帶有其他諸如改善之目的，刑罰係犯罪者對其所為犯罪行為之贖罪，藉刑罰回復原狀，因此又稱為「贖罪理論 (Sühnetheorie)」❾。故可知在絕對理論之中，刑罰僅為對於犯罪人之犯罪行為之報應，完全以報應思想為基礎，科處刑罰之輕重，應以正義衡平之理念為之，即依具有罪責的不法之輕重為之，犯罪與刑罰應為等值。在絕對理論中，刑罰為具有罪責的不法行為之報應，因此亦稱之為「報應理論 (Vergeltungstheorie)」，實際上在此理論中，刑罰係報應犯罪人為犯罪行為之手段而已，「公正的報應 (gerechte Vergeltung)」才是刑罰之目的。此派主要學者有康德、黑格爾，以下就其主要思想說明之：

一、康德 (Immanuel Kant, 1724～1804)

　　康德認為人為具有理性之人格主體，犯罪為違反基於社會契約之國家法規，因此刑罰之科處為眾人理性之要求，即為正義之必然要求。康氏反對刑罰目的具有其他功利色彩之主張，認為「犯人之所以被罰，是以犯人犯了罪為其唯一原因」。

　　在康德的「倫理的形而上學 (Metaphysik der Sitten)」一書中，將應報與正義視為不容破壞的法則，並將以牙還牙，以眼還眼的反坐思想加以確立。其認為「謀殺者，終將為所犯償命」❿，康德更透過「刑法係無上誡命 (Das Strafgesetz ist ein kategorischer Imperativ)」的說法，進一步詮釋謂「正義之不存，則民將無復存於地球之上」⓫，以強調應報的正義必要性。康德的應報觀念無異是存在完全對

---

❼　Vgl. Zipf, aaO., S. 37；Neumann/Schroth, Neue Theorie von Kriminalität und Strafe 1980, S. 6；Köhler, Der Brgriff der Strafe 1986, S. 47。

❽　Vgl. Neumann/Schroth, aaO., S. 15。

❾　So Neumann/Schroth, aaO., S. 11ff., 16, 17；Welzel, Das Deutsche Strafrecht, 11. Aufl., S. 240；Jescheck/Weigend, Strafrecht AT, 5. Aufl., S. 66；Jakobs, Strafrecht AT, 2. Aufl., S. 13ff.。

❿　AaO.。

⓫　Aus Roxin, aaO., S. 41, 42。

等的基礎上，亦即犯罪行為之侵害，與對於犯罪行為的反應必須完全相等，同時，刑罰的作用乃建立在對等的應報基礎上。康氏曾謂，即使一個文明社會中之全體成員要解散社會，最後一個獄中的殺人犯亦須被處決。可知其主張之絕對報應觀念，並不考慮犯罪者是否再犯，完全否定其他目的之存在。

二、黑格爾 (G. W. F. Hegel, 1770～1831)

黑格爾雖也立於均衡正義的觀點，認為刑罰本身即為對於犯罪的公平應報，但其並不贊同反坐式的應報，其認為均衡正義並非建立在量的均等，而應係以價值平等 (Wertgleichheit) 為基礎的等價應報 ❶❷。黑格爾認為，刑罰本身並非痛苦，而是一種正義的表現，而刑罰即是為修復因犯罪所造成法律損害所必要之價值。黑格爾透過其著名之邏輯辯證法，來詮釋刑罰之正當性，其認為犯罪係對於法社會的一種價值的否定，而法律所代表者，則是一個社會中的正面價值，刑罰對於犯罪之處罰，無異係對於否定社會正面價值的犯罪之再否定，此即所謂「否定之否定 (Negation der Negation)」的辯證模式 ❶❸。同時，黑格爾從價值應報的觀點，認為刑罰並非如康德所言之絕對對等應報，而係一種價值象徵性 (Symbolisierung des Werts) 的等價應報。從而，刑罰的象徵性意義，乃成為往後刑事立法上遵循的準則 ❶❹。而對於犯罪行為的否定，不再是自然現象的思考，而係法律規範的價值判斷。

應報思想的刑罰觀，雖然係建構在均衡正義的基礎上，但其處罰的界限，則嚴格限定在行為的罪責上，也就是刑罰必須與行為所生之罪責相稱，刑罰一方面必須對於犯罪行為做出等價的再應報 (Wiedervergeltung)；另一方面，則又揭示處罰的範圍，必須限定在行為人所造成侵害結果的程度上 ❶❺，即使不能低於該侵害，

---

❶❷ Siehe Hegel, Grundlinien der Philosophie des Rechts oder Naturrecht und Staatswissenschaft im Grundrisse 1970, §§100, 101；auch Schmidhäuser, aaO., S. 22。

❶❸ Siehe Hegel, aaO., §97。

❶❹ 1989 年德國法蘭克福大學刑法學教授哈瑟姆 (Hassemer) 有一篇膾炙人口的論文，其中揭示刑法的象徵性意義，認為刑罰並非政治工具，而是結合犯罪抗治、法情感、法信任及刑事政策的結合體。So Hassemer, Symbolisches Strafrecht und Rechtsgüterschutz, in: NStZ 1989, S. 553ff.。事實上，刑罰的象徵性意義，遍見諸現代刑法之中，例如各種犯罪的刑罰，象徵性地以自由刑或罰金刑為之。

❶❺ Jescheck/Weigend, aaO., S. 67, 更明確指出應報思想 (Vergeltungsgedanken) 的三個根本條件，一為對於犯罪人之處罰，需為社會倫理所認可者；二為應報係以罪責為前提要件；

但也不能超越此一界限，否則刑罰不但不能修復受損之法律，更侵害正義的理念。由於從康德到黑格爾的應報思想，應報的實質意義已經產生改變，使得刑罰從外在之等量均衡應報，漸漸演變成價值評斷的等價應報，刑罰不再如康德所揭示之同質量的制裁型態，代之而起者，乃成為一種贖罪之象徵性制裁手段，此種演變，不但影響刑罰思想的進一步發展，更促使往後刑事制裁模式，朝向價值多元化發展。應報思想雖然隨著刑法的發展，而成為歷史陳跡，但其內涵的均衡觀念，卻仍支配著現代的刑罰思維，諸如刑重不過罪責、刑罰非等量之處罰，而係等價之象徵性贖罪等，所以現代的自由刑與罰金刑即是此種象徵意義下的產物。而黑格爾的刑罰觀更使得刑罰從本質與目的合一的思想，轉化成為刑罰係一種目的構想下的手段，亦即其並非為本身目的而存在的絕對性，而是基於實現特定目的下的手段，屬於相對性之意義，於是在相對性意義的催化下，乃促成刑罰目的性的探討，使得犯罪抗治思想進入預防思想的階段。

第二項　相對理論

相對理論 (Die relativen Theorien) 認為刑罰係在保障共同生活之安全，然若僅如絕對理論所言，只對犯罪行為公正地加以報應，亦無法將實際上已成為損害之結果予以回復或彌補，故刑罰之本身並非目的，而是另有目的存在，就此觀點，相對理論亦稱之為「目的理論 (Zwecktheorien)」。因此，刑罰本身即具有目的性，其為預防犯罪，防衛社會之必要手段，即以預防思想為基礎，故此理論又稱為「預防理論 (präventive Theorie)」。相對理論認為刑罰另有目的存在，犯罪行為僅係刑罰之先決條件，而已非刑罰理由，刑罰係為預防犯罪，然就預防之目的觀之，有認為藉由刑罰可以威嚇一般社會大眾，使之憚於犯罪；有認為藉由刑罰得以教育、改善犯罪人，使之再社會化。前者稱為「一般預防理論 (Die generalpräventive Theorie)」，後者稱為「特別預防理論 (Die spezialpräventive Theorie)」，乃至不從刑罰威嚇或矯治的構想，而從法律信賴的關係來思考，進而產生所謂積極的預防思想 (positive Präventionsgedanke)。

由於對刑罰的不斷思辯，並受到啟蒙思潮的洗禮，乃漸漸唾棄刑罰無目的性的想法，認為制裁並非為制裁而制裁，國家也不能僅為處罰而處罰，認為刑罰在法社會中，應具有一定的目的存在，刑罰本身即為達成此一目的所採用之手段，而刑罰的目的則在於預防犯罪❶。至於刑罰的犯罪預防著眼點，究竟應從社會大

三為刑罰的輕重、高低，在原則上必須盡可能使行為人與社會一般大眾均認為適稱。

眾或是從行為人個人以及社會防衛來思考?或者是結合預防思想而形成綜合構想?抑或是要從法的本身目的性來構想? 則在刑罰的思想上，又產生觀念的區分。其主要的構想有四，茲分述如次:

一、一般預防觀念

在一般預防的觀念下，刑罰的目的既非應報，也不是對於行為人個人的作用，而是藉由刑罰的威嚇與刑罰之執行，以影響社會一般大眾，使一般大眾瞭解法規範所禁止者，而達到遠離觸犯法律的作用。此種見解，事實上起源甚早，早在希臘時代的哲學家如普羅塔葛羅斯 (Protagoras)、亞理斯多德 (Aristoteles)、休果葛羅斯 (Hugo Grotius) 等即已視刑罰具有對於社會大眾之一般預防之作用❶，惟真正將一般預防構想體系化者，則推十九世紀初德國刑法學大師費爾巴哈 (P. J. Anselm v. Feuerbach, 1775～1833)。一般對於刑罰概念之理解，通常將刑罰威嚇的效應置於具體之刑的執行 (Strafvollstreckung) 上，而費爾巴哈則將刑罰的作用置於刑罰本身的威嚇 (Strafdrohung)。費爾巴哈認為國家有義務防止法律被侵害，而此種預防構想單純從身體之強制 (physischer Zwang) 是無法達成的，同時在無法確知何者為法律侵害之時，亦無法確保法律不被侵害，因此法律的明確，則為判斷法律侵害的基本條件。而刑罰防止法律被侵害所必要者，則在於運用心理強制 (psychologischer Zwang) 的方法，方能達到對於一般社會大眾威嚇的效應❸。費爾巴哈強調心理強制的可能性，係在於足以阻擋犯罪動機產生的刑罰威嚇上❹。惟欲阻擋犯罪動機的產生，除卻刑罰威嚇外，尚且必須使得潛在犯罪人在行為之時，即已得認知其行為的後果，而放棄原本的行為驅力，因此，費爾巴哈的一般預防構想，係建立在法律明確性的基礎上，其認為如無法律明確之禁止，則刑罰威嚇將喪失其對於一般社會大眾的心理強制作用。故而，費爾巴哈對於刑罰，強調其威嚇效應，而對於刑法則確認「無法律，無處罰 (nulla poena sine lege)」及「無法律，無犯罪 (nullum crimen sine lege)」的法定原則 (Grundsatz der Gesetzlichkeit)。

---

❶ Vgl. Schmidhäuser, aaO., S. 24；Streng, aaO., S. 9；Zipf, aaO., S. 37, 38；Jescheck/Weigend, aaO., S. 67, 68。Auch Frehsee, Schadenwiedergutmachung als Instrument strafrechtlicher Sozialkontrolle 1987, S. 57ff.。

❷ 參見林山田，刑罰學，63 頁；auch Schmidhäuser, aaO., S. 25。

❸ Vgl. Schmidhäuser, aaO., S. 25。

❹ Aus Schmidhäuser, aaO.。

費爾巴哈強調的刑罰一般預防效應，主要係針對於法律所規定法律效果的刑罰而言，蓋唯有法律明文所定的刑罰足以威嚇所有可能的侵害法律者，至於刑罰加諸在犯罪人所生的效應，即刑罰執行的效應，並非一般預防思想的本然目的，其充其量僅是在於確立法律嚇阻之有效性而已。在一般預防思想下，法律所規定的刑罰法律效果方為主要目的，其因執行所生的效應，僅為間接的附帶效應而已，蓋唯有明文揭示的刑罰威嚇，足以對於一般社會大眾及所有潛在犯罪人產生心理強制的效應，而達到預防犯罪的目的❷⓪。

一般預防思想的出現，配合刑法罪刑法定原則，確實產生相當深遠的影響力，其影響的層面從立法延伸到刑之執行，特別是成文刑法典，莫不受一般預防思想的支配，甚至在刑事立法上❷①，更將一般預防思想作為刑事立法的主要依據，而強調「重典」的立法模式。雖然費爾巴哈從功利論的觀點，認為刑罰痛苦所生之不利益應高於犯罪所得之利益❷②，但須注意者，費爾巴哈卻未強調刑罰必須一味嚴屬化，此種重刑化的立法，雖標榜著依據費爾巴哈的一般預防思想，但焉知無誤解一般預防思想的真實意義。如從刑罰思想的發展觀察，重刑化的立法，與其說是以一般預防思想為依據，毋寧說是對於刑罰思想的斷章取義，恐需再加以檢討。

二、特別預防與社會防衛構想

特別預防與一般預防思想的核心理念，均認定刑罰具有目的性，其相似之處，乃在於基於刑罰為達成犯罪預防目的之手段的見解，但在預防對象有所差異的特別預防構想，主要係將刑罰的作用置於犯罪人身上。在特別預防構想下，刑罰的目的乃在使犯罪人遠離犯罪，透過刑罰的作用，一方面強化行為人法律信賴的動機，對於因刑罰的作用，而產生畏懼心理，且習得合乎社會價值的正當行為；另一方面，則藉由刑罰嚴屬的干預，促使行為人與犯罪隔絕❷③。特別預防思想最具代表者，當推李斯特 (Franz von Liszt, 1851～1919)。李斯特認為犯罪係行為人特質與環境影響下的產物，而刑罰所對抗者，則係針對行為人未來可能發生犯罪的

---

❷⓪　Aus Schmidhäuser, aaO., S. 26。Auch Jescheck/Weigend, aaO., S. 72, 73；Roxin, aaO., S. 48, 49。

❷①　尤其在德國 1998 年 4 月 1 日公布實施的第六次刑法修正法，更是相信一般預防思想的威嚇效應，而成為其修正之主要依據。Dazu vgl. Schroth, Strafrecht BT, 2. Aufl., S. 17。

❷②　Aus Schmidhäuser, aaO., S. 25。

❷③　Dazu Neumann/Schroth, Neuere Theorien von Kriminalität und Strafe 1980, S. 19。

原因，因此李斯特視刑罰為抗治導致行為人產生犯罪因素的手段，且僅注重刑罰對於個別行為人的效應❷。

李斯特認為刑罰是一種強制，而此種強制具有雙重的特質存在：其一為間接的、心理的強制或動機，刑罰賦予行為人所欠缺之動機，藉以增加並強化行為人未來適應社會的能力，此時刑罰的特性一方面為改善並強化行為人利他的社會性動機，另一方面藉由刑罰的威嚇，以抑制行為人自我的、犯罪傾向的任意性動機；其二為直接的、機械性強制，即刑罰具有暫時或長期管收 (Sequestrierung) 犯罪人的特質，將未來無社會適格的個人，加以篩選，並排除於社會之外❷。因此，在李斯特的特別預防思想中，刑罰乃同時具有「改善 (Besserung)」、「威嚇 (Abschreckung)」及「排害 (Unschädlichmachung)」三種效應❷。

而刑罰具體的運作，則需以行為人為導向，可以個別從三個方向，來作最適當的刑事制裁處遇： 1. 對於具有改善可能且有改善必要之行為人 (besserungsfähiger und -bedürftiger Verbrecher)，則刑罰應著重在改善效應； 2.對於有改善可能但無改善必要性之行為人 (besserungsfähiger aber nicht besserungsbedürftiger Verbrecher)，刑罰則側重在威嚇效應； 3.至於完全無改善可能犯罪人 (ganz nicht besserungsfähiger Verbrecher)，則刑罰的作用，即在將其排除於社會之外❷。

此種以行為人為導向的預防思想，雖然至今仍影響著一般意識對於刑罰目的的認知，但終究有完全排斥刑罰，而以矯治或教育措施取代的疑慮❷。蓋當刑罰的作用完全置於對行為人的改善效應時，刑罰將會被視為是一種對犯罪行為人的治療措施。當將犯罪人改善的構想推至極致時，犯罪人改善的成效，將取代刑罰的作用，刑罰的存在，只是一個改善的前提，其將淪為是一種宣示性的效果，刑罰制裁效應的本質，將被改善與治療觀念所取代，終究步上刑罰廢除 (Abolition der Strafe) 之路。

---

❷ So v. Liszt, Strafrechtliche Aufsätze und Vorträge 2. Bd. 1970 (Nachdruck vom 1905), S. 439, 440；auch Schmidhäuser, aaO., S. 26。

❷ So v. Liszt, Strafrechtliche Aufsätze und Vorträge 1. Bd. 1970 (Nachdruck vom 1905), S. 163, 164。

❷ v. Liszt, Strafrechtliche Aufsätze und Vorträge Bd. I, S. 164。

❷ Aus v. Liszt, Strafrechtliche Aufsätze und Vorträge Bd. I, S. 166。

❷ Vgl. Schmidhäuser, aaO., S. 28。

受到特別預防思想之影響，在 1960 年代，乃出現完全廢除刑罰，或是大幅修正刑罰的社會防衛 (Sozialverteidigung, défense sociale) 見解，特別是格拉瑪提卡 (F. Gramatica, Grundlagen der Défense sociale, 1. und 2. Teil 1965) 及安瑟 (M. Ancel, Die neue Sozialverteidigung 1970) 二位社會防衛概念的提倡者。格拉瑪提卡從完全社會防衛的觀點出發，認為國家有義務協助個人排除在社會中所面臨的難題，對於一個因面臨社會衝突而生犯罪的犯罪人，國家並無處罰的權力，卻有對犯罪行為人再社會化的義務,而再社會化 (Resozialisierung) 不得藉由刑罰來實現，僅能透過預防、教化和治療性質的社會保護措施為之，其主要的目的則在於消除犯罪行為人的反社會性格，或者是在補強其社會價值認知的不足❷。此種觀點與李斯特認為刑罰的重點，係在強化行為人有所欠缺的社會價值觀念，完全一致，且對於行為人再社會化的認定，亦無不同，可謂繼受特別預防思想，而趨於極端化之構想。

為調和特別預防再社會化構想的極端化，安瑟並不同意格拉瑪提卡的社會防衛見解，其認為達成犯罪預防目標，本有諸多可行且適切的途徑，其認為矯治、教育或治療與刑罰並非相互排斥，而是可以互相為用，相輔相成，所重者，乃在於明確界限的劃定，因此，安瑟強調社會防衛應建立在明確的法律界限上，且強調合於個別責任及再社會化導向的處罰或改善，以防衛的方式取代單純的應報刑罰 ❸。此種由李斯特的特別預防觀點的基礎，所導出可能產生刑罰廢除 (Abolition der Strafe) 的主張，則是特別預防思想揮之不去的陰影，如同拉德布魯賀 (Radbruch) 所言「刑法發展的終極目的，乃將形成無刑罰之刑法，而無刑罰的刑法，並非意味著刑法的改善，而是以更良善者取代刑法」 ❹，同時，拉德布魯賀亦認為，改善刑法，並非導向一個優質刑法，而是導向一個更優於刑法的改善防衛措施，其比刑法更聰明且更具人性化 ❺。因此，特別預防思想所產生的最終效應，並非在確立刑罰的目的性，而是可能走上刑罰廢除的不歸路。

如果將特別預防思想作為刑事制裁的依據，則刑罰係以行為人之社會危險性為依據，儘管在認定的前提仍舊藉由行為認定，但人格的反社會性 (Antisozialität) 及危險性 (Gefährlichkeit) 的認定，將有超出行為所生危害之虞。故而迄今以特別

---

❷ So Gramatica, aaO., 1. Teil, S. 20；2. Teil, S. 273ff.。

❸ Siehe Ancel, Die neue Sozialverteidigung 1970, S. 215ff., 225ff., 256ff.。

❹ Zitat aus Radbruch, Einführung in die Rechtswissenschaft, S. 115。

❺ So Radbruch, Rechtsphilosophie 1973 (Hrsg. von Wolf u. Schneider), S. 269。

預防思想作為刑事立法依據者，仍非成文法規定的主軸 **❸**，特別預防作用在刑事制裁上，主要為保安措施 (Maßregeln der Besserung und Sicherung) 及刑罰裁量 (Strafzumessung) **❸**。

三、綜合理論

　　由於古典學派與近代學派之對壘，在刑法理論上各有所據，而相持不下，前者以意思責任論及道義責任論為基礎，主張刑罰係對於犯罪行為所生惡害之報應，並因此藉之威嚇一般社會大眾，故係採絕對理論與一般預防理論；後者則認為犯罪乃為特定人與生俱來，故應對於此等具有社會危險性之人予以教育與矯治，使其犯罪性格消滅並重返社會，故係採特別預防理論。不論採行純粹的絕對理論、一般預防理論或特別預防理論均各有所偏，而事實上各理論亦均有其優點，故遂有學者提供折衷之觀點，試圖調和絕對與相對理論，以全面涵蓋刑罰之意義及目的，基此觀點，故綜合理論 (Vereinigungstheorie) 亦稱為「調和理論」。而綜合理論在權衡絕對與相對理論上，一方面要以刑罰來均衡犯罪行為所生之惡害，一方面則以刑罰所產生之威嚇作用，使眾人不願為犯罪行為，再者，更希冀對具有危險性格之人加以矯治使之再社會化，故刑罰並非絕對確定，而係相對確定且具有活動空間。從其理論之發展觀之，綜合理論雖旨在調和絕對與相對理論，但因結合之比例程度不同，而各有所重，而衍生出各種不同的綜合理論的見解差異。有認為報應與預防均為刑罰之目的，但應以報應為優先之考慮，次為一般預防及特別預防目的之考量，而以預防思想補充應報觀念 **❸**。此外，亦有見解認為，一般預防思想與適切應報應結合在一起，同時正確的制裁，應盡可能且必須使犯罪人有再社會化之機會。因此，刑罰目的應平行排列，報應、威嚇及矯治均同等重要 **❸**。再者，亦有從效果觀察者，主張刑罰之目的主要在於預防，而以絕對理論中罪刑均衡之觀念，即禁止責任超量，適度節制預防理論下所可能發生國家刑罰權過度擴張之問題。另外，在一般預防及特別預防適用先後秩序之考量上，則應依具體個案定之，以刑罰之目的及意義作為個別適用之考量，又可稱為「差異性

---

❸　儘管在刑法中，仍可見特別預防思想的痕跡，如累犯之規定是，但此種以行為人為可罰性基礎的立法，在法定原則與行為刑法的體制中，自然備受批判。

❸　評論觀點參見林山田，刑罰學，78 頁。

❸　林山田，刑罰學，83 頁。

❸　So Jescheck-LK, Eunführung, Rn. 31；Jescheck/Weigend, aaO., S. 79。

刑罰理論 (differenzierende Straftheorie)」❸。

四、法信賴的構想

從一般預防思想的觀點出發，對於犯罪的抗治，主要係企圖藉助刑罰的威嚇效應，以阻嚇一般社會大眾，然而，在一般研究所得到的共識，認為僅有一小部分的行為人，在其決定犯罪之時會考量到受處罰風險的問題，但是其所顧慮者，亦非刑度的高低，而是被捕的風險高低❸。從社會政策的觀點觀察，一般預防效應的產生，並非決定在刑罰的高低，而是取決於追訴的強度 (Intensivierung der Strafverfolgung)，因此對於費爾巴哈所提的一般預防思想，僅視之為消極性的思維。在二次世界大戰後，對於刑罰理論的爭議，乃產生一個新的次元，對於刑罰目的的思維，從原本對於犯罪與犯罪人（不論是潛在的行為人或是已生犯罪的犯罪人）的思考，轉變成對於法規範的倫理性思考❸，而建構出所謂「積極的一般預防思想 (Gedanken der positiven Generalprävention)」。此種見解雖然以費爾巴哈一般預防思想的刑罰威嚇效應為理論的出發點，但其主要的效應，則在於向社會宣示法秩序的不容侵害，以及藉由刑罰作用，強化人民的法信賴 (Rechtstreue)❹。

此種思想的主要觀點，乃建構在 1.規範的不可侵害性； 2.規範為行為的引導模式； 3.規範必須確實被遵守； 4.規範的確信❹，亦即犯罪是犯罪人從違反規範的意思，到進而破壞規範的過程，而刑事制裁則在於對於破壞規範的否定，進而確立法規範的不容破壞性，以維持法規範的安定性。從而，刑事制裁係一種維護法規範的威嚇手段，其所宣示者，則為規範的完整性，刑罰係以威嚇方式達到規範尊重的目的，進而從規範破壞的制裁中，強化社會大眾的規範意識，乃至達成規範信賴的目的 ❹。

積極的一般預防思想認為，刑罰最重要的核心目的，應在於「法秩序防衛 (Verteidigung der Rechtsordnung)」，亦即刑罰的主要任務，應在於對犯罪人施以再社會化 (Resozialisierung) 與合規範人格化 (normgemäße Personalität) 過程中，達到

---

❸ So Schmidhäuser, Strafrecht AT, 2. Aufl., S. 17ff.。

❸ Vgl. Roxin, aaO., S. 49。

❸ Vgl. Schumann, Positive Generalprävention 1989, S. 1。

❹ Vgl. Roxin, aaO., S. 48。

❹ Vgl. Schumann, Positive Generalprävention 1989, S. 1。

❹ Vgl. Jakobs, aaO., S. 22；Jescheck-LK, Einführung, Rn. 25。

「規範內化 (Normverinnerlichung)」的目標[43]。除此之外，在積極的一般預防思想下，刑罰尚具有三個作用與目的，即 1.社會教育性的學習效應，藉以習得對於法律的信賴； 2.信任效應 (Vertrauenseffekt)，藉由刑罰的作用，使人民得以看見法律的貫徹實施； 3.平復效應 (Befriedungseffekt)，藉由對於法律破壞者的制裁，而使得一般社會大眾因犯罪所生之不安的法意識 (Rechtsbewußtsein) 得以平復，並同時將犯罪行為人內在的壓力與外在的衝突，加以排解[44]。

積極的一般預防思想將刑罰的目的性建構在法規範的信賴，以及法確信的強化上，惟刑罰的制裁是否果真能單向實現此種形而上的理想？又國家刑罰權單極化地作用於犯罪行為人，是否即能使得社會不平的法律情感得以平復？都是尚待驗證的問題，故此種構想仍舊充斥著令人質疑的問題[45]。

總結而論，從刑罰理論的分析中，不論是應報思想或是預防思想，都存在有相當不確定性的因素。然而，刑罰理念從應報思想乃至預防思想，發展至今，確實有其不容置疑的內容精髓，以及思想精華存續。在應報思想中，雖然在處罰上太過嚴厲，同時也未必與現代罪責觀念相稱，然而其所揭示的界限，即刑罰不能超越所犯之惡性，迄今仍歷久彌新，同時應報思想認為刑罰的反應，必須先有權利侵害的存在，不能任意發動，則成為現代法治國原則的指導思想。此外，在預防思想中，將刑罰的本質（痛苦、權利侵犯）與作用（威嚇或改善），以及目的（犯罪預防，並至法規範信賴）明確界分，並揭示出刑罰的手段性格，同時將刑罰界定為達成目的的手段，非有目的必要性存在時，即無刑罰作用之發生。惟刑罰思想或許僅可稱之為係人類對於刑罰迷思中，所展現出對於刑罰的社會期待。因此，刑罰理論在使用時，恐怕不能視為真理，而且在思維上，亦應審慎處理。

第三節　法定刑罰類型與範圍

刑罰是作為犯罪行為反應的刑事制裁手段者，其本質上都具有相當程度的嚴厲性，而刑事制裁手段，乃屬於所有制裁手段[46]中，最為嚴厲者。但什麼樣的制

---

[43] Vgl. Zipf, aaO., S. 86; ders., Die "Verteidigung der Rechtsordnung", in: Bruns-FS 1978, S. 205ff.。

[44] 此三種積極預防的見解，主要係由洛辛 (Roxin) 所提出。Vgl. Roxin, aaO., S. 47。

[45] Kritische Bemerkung siehe Schumann, aaO., S. 52。

[46] 所謂制裁的意涵，通常都具有一定的權利限制，乃至於權利的剝奪，不論是身分上的權利、財產上的權利，或是人身自由的權利等，而在刑事制裁以外的其他制裁的手段，因

裁手段，才能夠成為刑罰？同樣是屬於剝奪財產上權利的罰金與罰鍰，為何罰金稱為刑罰，而罰鍰卻只是一種行政罰或是程序罰？是否得以稱得上刑罰者，必須具有特定的性格或屬性？這是在檢討刑罰手段時，首先會面臨的疑問。或許法律制度不會把剝奪生命的手段，放在刑罰概念之外，且對於人身自由的剝奪，在若干程度上，也會將之視為刑罰，但隨著社會型態與結構的多元化，在這些極端的手段外，常會有若干因時地制宜的手段，也會被歸類為刑罰，例如德國刑法中關於駕駛禁止（德刑 §44）或是類似保安處分手段的職業禁止（德刑 §70）。

除卻若干極端的手段，如死刑、無期徒刑，仍具有相當濃厚的絕對應報色彩之外，在理念上，刑罰類型並不是一個必然性或絕對性的概念，而是一個被社會價值與時代觀感所創設出來的產物，亦即它是一個相對性的概念，也是一個多元性的概念，或許在現有的刑罰種類之外，未來的刑罰手段，也可以思考將賠償或回復原狀等手段，當成刑罰手段。從而，刑罰手段是屬於法律所創設者，亦即在法定原則的指導下，對於一定犯罪的反應，創設出相對應的制裁手段，亦即僅在刑罰的法律規定中，作為犯罪反應手段者，方被稱之為刑罰。

第一項　刑罰的存在形式

對於刑罰類型之認識，可以從法定形式及具體運用型態，作認知之基礎，亦可以從刑罰之獨立性及附屬性質，作不同刑罰手段形式之理解。

一、法定刑罰的種類

現行法對於刑罰之種類，從其對於犯罪行為法律效果之獨立性或是附屬性適用關係，可區分為主刑與從刑：

㈠主　刑

係指對於犯罪行為，得以獨立科處之刑罰手段，亦即對於犯罪行為得獨立科處之刑罰。依現行法之規定，主刑包括死刑、無期徒刑、有期徒刑、拘役、罰金等五種（第 33 條）。

前提的成就條件與嚴重性的差異，而有所不同，基本上，最為嚴屬者，乃屬刑事制裁。除刑事制裁之外，尚有如行政制裁或紀律制裁等不同手段，惟制裁的內涵，都是具有權利限制與剝奪的性格。關於刑事制裁手段以外之制裁手段者，參見林山田，刑法通論（下），10 版，402～405 頁。

㈡從　刑

對於犯罪行為之科處時，原則上不得獨立處罰之手段，必須有主刑存在時，附屬主刑而科處者，稱為從刑。現行法規定之從刑種類，有：1.褫奪公權；2.沒收；3.追徵、追繳和抵償（2005年修正新增之規定）三種（第34條）。原則上，從刑固然需附隨主刑之科處而存在，不能無主刑而單獨科處從刑。然對於沒收之科處，則例外規定，允許其單獨存在，亦即即使無主刑之存在，亦得單獨宣告之（第39、40條及第40條之1）。

二、刑罰運用的形式

依刑罰法定之基礎方式，以及具體實現方式，可將刑罰區分為法定刑、宣告刑、執行刑三種概念❹：

㈠法定刑

所謂法定刑，係指刑法明文規定犯罪行為之法律效果，亦即透過刑法明文加以規定之刑罰種類與範圍。基於罪刑法定原則之要求，刑法法定要件中，除對於犯罪行為要件之規定外，必須賦予該行為一定之法律效果，此種法律效果之規定，隨著犯罪行為類型之差異，而有種類與程度之不同，基本上，法定刑可概分為絕對法定刑與相對法定刑。所謂絕對法定刑者，係指法定刑罰之種類與範圍均為唯一，法官用法時，僅能依法定刑宣告，並無選擇適用之餘地，原本我國刑法中存在有為數不少的絕對死刑規定，後經幾次刑法及其特別法的修正，現已無絕對死刑的規定存在❹，故在我國刑法規定的法定刑中，已無絕對刑的型態。反觀德國刑法，其並無死刑的規定（其基本法 Art. 104 宣示永久廢棄死刑），僅有單一規定仍存有

---

❹ 三種刑的形式，在具體的運用上，有其重要的意義與效應。參見柯耀程，刑法競合論，2版，572～575頁。

❹ 我國刑法修正廢除或修正唯一死刑規定的歷程，主要的修法有下列數端：1. 1999年修正性侵害罪廢除強姦殺人（原刑法第223條）唯一死刑規定；2. 2002年廢除懲治盜匪條例，此一條例中，特別是該條例第2條的規定，均為唯一死刑，修法後乃回歸刑法強盜罪之適用，無異將唯一死刑的規定予以廢除；3. 2002年修正刑法第348條擄人勒贖罪結合罪的死刑規定，改為相對死刑（死刑、無期徒刑）；4. 2006年修正海盜致死罪及其結合罪，將唯一死刑的規定，修正為相對死刑。自2006年之後，刑法中已無絕對刑（主要為唯一死刑）的規定存在。

絕對刑，即德國刑法 §211 謀殺罪的規定，犯謀殺罪者，處無期徒刑；稱相對法定刑者，乃指法律規定之刑罰種類與程度，均有一定選擇之範圍，法官得以就法定刑罰種類與範圍，加以衡量選擇適用，刑法規定之法定刑，大多為相對法定刑。

㈡宣告刑

稱宣告刑者，係指法官對於具體犯罪行為，依據法定刑之規定，於其種類與範圍中，選定刑罰之具體形式與科處程度，對於犯罪行為人所為科處宣告之刑罰。宣告刑係法定刑具體實現之刑罰，通常法定刑所規定之刑罰，有種類及範圍之選擇性存在，而宣告刑係將刑罰之種類與處罰程度具體宣示，例如竊盜罪法定本刑為五年以下有期徒刑、拘役或五百元以下罰金（第 320 條），而宣告刑則於其中選定明確之種類與範圍，例如宣告六月有期徒刑。

惟值得注意者，宣告刑的概念，有本位宣告刑與次位宣告刑二種之分： 1.本位宣告刑又可稱為原始宣告刑，其概念乃指法官依法定刑之規定，所為具體刑罰種類與程度之確認者，例如被告犯竊盜罪，依其法定本刑為五年以下有期徒刑、拘役或五百元以下罰金，而宣告七個月有期徒刑者，對該竊盜罪所為之刑的宣告，即為本位之宣告刑； 2.次位宣告刑，此係專指第 51 條數罪併罰的情況，亦即雖在確認最終的法律效果時，必須先為各罪刑之宣告，就宣告刑所得，再次整合成整體刑的類型，再由此整體刑中，為最終刑的宣告者，此次刑之宣告，乃屬於次位之宣告刑。通常僅犯一罪的情況，宣告刑為本位宣告刑，也是被告犯罪行為所應執行之刑；惟如被告所犯非一罪，而是數罪時，對於各該所犯之罪所為之宣告刑，均屬本位宣告刑，但尚非執行刑，而是透過再次為各罪宣告刑之整合，即所為整體刑形成❹，就整合所得再次為刑的宣告者，則屬次位之宣告刑。故本位宣告刑係源自於法定刑，而次位宣告刑，則是源自各罪之宣告刑整合而成之整體刑。

㈢執行刑

所謂執行刑，係指法院具體宣告，而犯罪行為人必須確實執行之刑罰。通常對於單一犯罪行為之執行刑，亦為其所宣告之宣告刑，然宣告刑與執行刑雖有時同一，但有時執行刑並非宣告刑本身，特別是一行為人有犯數罪之情形時，雖各罪均有其宣告刑，但其執行刑仍應依第 51 條數罪併罰方法處理之。因此，執行刑可謂最終宣告刑。

---

❹　關於整體刑形成的概念與方法者，參見柯耀程，刑法競合論，2 版，414 頁以下。

第二項　各種刑罰手段

依現行刑法第 33、34 條之規定，刑罰主刑之種類有死刑、徒刑（含無期徒刑、有期徒刑）、拘役、罰金刑等四種，從刑有褫奪公權、沒收及追徵、追繳或抵償三種。

一、死　刑

死刑又稱生命刑，係指以剝奪受制裁者生命之刑罰手段。因其屬於刑罰最嚴厲且具有不可回復的手段，故在法律規定上，有一定之限制，且在其存在之正當性，也有爭議❺⓪，目前對於死刑存廢之爭，具有二極端的不同看法：一、支持死刑存在的見解，其認為死刑的存在有其必要，且具有法制的正當性存在，歸結支持的看法有五：　1.死刑是對於恣意或惡意殺人者的反制之道；　2.死刑係對惡性重大犯罪人的正當反應；　3.死刑具有社會正義實現的作用；　4.死刑是社會對於被害人的尊重；　5.死刑具有社會心理的安定性作用；二、反對死刑的看法，其認為死刑的存在並不具有正當性，主要見解：　1.國家無權力剝奪人民生命；　2.禁殺為法之價值，法亦不可殺人，死刑正是法律殺人的謬誤；　3.死刑會造成無可修復之司法瑕疵；　4.廢死為人權指標，國際潮流；　5.尊重生命從廢死做起。

由於刑法所規定之刑罰手段，以死刑最為嚴厲，為所有刑罰之極，故其科處上，除針對最嚴重之犯罪行為外❺①，更基於刑罰體恤構想，對於特定行為人涉有科處死刑之限制，特別是對於老幼之人科處死刑之限制，依刑法第 63 條的規定，對於未滿十八歲人或滿八十歲人犯罪者，不得處死刑或無期徒刑；若本刑為死刑或無期徒刑者，減輕其刑（第 63 條）。

---

❺⓪　關於死刑的爭議，參見柯耀程，刑法總論釋義（下），47 頁以下。

❺①　刑法中以死刑為法律效果者，概念上可區分為絕對死刑與相對死刑，前者係以死刑為唯一之法律效果者，此種以單一刑罰的種類為法律效果者，在以往的刑法與特別法中，相當常見，但經刑法理念的發展，與幾次刑法及相關法律的修正，絕對死刑的類型，已經漸漸減少，截至 2006 年刑法修正前，在刑法之中以絕對死刑作為法律效果者，僅剩下海盜罪致人於死（第 333 條第 3 項前段）及海盜罪之結合罪（第 334 條），惟 2006 年刑法修正後，僅有的絕對死刑規定，亦修正為相對刑（死刑或無期徒刑），絕對死刑的規範，乃成為刑法的歷史陳跡；後者則係法定之法律效果中，規定有死刑及其他刑罰手段者，如殺人罪（第 271 條）規定中，其法律效果為死刑、無期徒刑或十年以上有期徒刑；擄人勒贖而殺害被害人者（第 348 條第 1 項），其法律效果為死刑或無期徒刑等。

二、徒　刑

　　徒刑又稱自由刑，係以剝奪犯罪行為人自由之刑罰手段。徒刑可分為無期徒刑及有期徒刑二種：無期徒刑者為終身剝奪自由之刑罰手段，即法律規定將犯罪行為人為終身監禁之法律效果，但因假釋制度之設，無期徒刑所指之終身監禁者，僅是象徵性之意義而已，依修正法之規定，會有終身監禁而不得假釋者，僅限定於所謂特別累犯之情況；後者係指對於犯罪人自由之剝奪，有一定之期限，依現行法之規定，有期徒刑之期間，為二月以上十五年以下，如遇有加減時，得減至二月未滿，或加至二十年（第 33 條第 3 款），此所稱加減者，係指法律明文規定之加減事由，並不包括刑罰裁量上酌加與酌減之規定。通常法定之刑罰效果，其規定形式僅規定刑罰之上度或下度而已，法定本刑僅以上度規定者，例如法定「處五年以下有期徒刑」，其下度即為「二月以上」；如僅以下度規定者，如「十年以上有期徒刑」，其上度即為「十五年以下」。

　　法定本刑之規定，有期徒刑之上限為十五年，但如遇有特殊情況存在時，得加重至二十年或因併罰而至三十年，此稱特定情況者，於刑法中僅有二條件：其一為有法定加重事由存在時，例如累犯之加重（第 47 條）、分則中因特定身分所為之加重者（如第 134 條、第 231 條第 2 項、第 231 條之 1 第 3 項、第 232 條、第 264 條、第 270 條、第 296 條之 1 第 5 項等），另關於對一定客體所為之加重者，如第 361 條之罪是；其二為一人犯數罪之數罪併罰情形（第 51 條第 5 款）。因此，有期徒刑如為法定刑時，法定之上限為十五年；如有加重或數罪併罰情形時，其上限為三十年。惟如一人之數行為犯數罪，而有數裁判存在，且行為跨越其中一罪之確定裁判時，則有期徒刑之期間，可能超越三十年。

三、拘　役

　　拘役乃指剝奪一日以上，六十日未滿之刑罰手段，如有加重時，得加至一百二十日（第 33 條第 4 款）。拘役之性質雖與徒刑相同，均屬剝奪犯罪行為人人身自由之刑罰手段，但其期間與徒刑有輕重之差，且拘役所生之效果，亦不同於徒刑。依現行法之規定，受拘役之執行者，不生累犯問題（第 47 條），亦無假釋規定之適用，蓋假釋規定（第 77 條）係以受徒刑之執行為前提條件。此外，如刑有更易時，拘役與徒刑之更易形式，亦有不同，如受徒刑之宣告者，於一定條件下，所更易之刑為罰金（第 41 條）；而受拘役宣告者，所更易之刑則為訓誡（第 43 條）。

四、罰金刑

稱罰金刑者，係指剝奪犯罪行為人一定數額之財產刑，其數額之計算，在刑法總則中，僅作最低數額之定，修正法並將罰金的計算單位，從原本銀元回歸現行幣值，以新臺幣計算，而定一千元以上為基數，計數的基本單位以百元計（第33條第5款），而其最高數額之認定，則規定於分則中各罪之法定刑之中。詳言之，在各罪法定刑中，如有罰金之規定者，僅規定其最高數額，惟刑法總則修正之後，各罪所定之罰金刑尚未修正前，罰金之基本規範，仍舊無法完全適用，且在易科罰金（第41條）與易服勞役（第42條）之規定中，對於罰金數額的折算比例，有特別之規定，在適用上，則應從其特別之規定。

此外，如一人犯數罪，各罪科刑均為罰金刑時，其罰金數額之計算，係以各罪所宣告之罰金刑最高額者以上，各罪之罰金刑合併計算數額以下，定其罰金刑（第51條第7款）。

五、褫奪公權

褫奪公權者，係以剝奪犯罪行為人特定身分資格之一種刑罰手段，其性質為一種從刑，必須對行為人有科處主刑，且該主刑依現行法之規定，必須為一年以上有期徒刑以上刑時，方得作褫奪公權之宣告，詳言之，褫奪公權之科處，必須主刑至少受一年以上刑之宣告時，方得為之（第37條第1、2項），如宣告之主刑為一年以下有期徒刑、拘役或罰金時，並無褫奪公權之餘地。

褫奪公權既係剝奪犯罪人特定身分資格之制裁手段，又可稱為資格刑，其所剝奪之權利，依現行法之規定，限定於二種權利範圍，即：1.為公務員之資格；2.為公職候選人之資格。原刑法之規定，亦將屬於消極性選舉權之「行使選舉、罷免、創制、複決四權之資格」，放在褫奪公權之資格中，但在2005年刑法修正時，將此一部分的資格，從褫奪公權的範圍予以移除，修正法所為褫奪公權之規定，所剝奪者，僅限定在為公務員資格，以及積極之參政權。

褫奪公權既係附屬於一年以上有期徒刑以上之宣告刑，故因所宣告之主刑不同，以及是否為緩刑之宣告，在褫奪公權之效力上，亦有所差異。茲將差異分列如次：

㈠主刑為死刑或無期徒刑者

如所宣告之主刑為死刑或無期徒刑，則宣告褫奪公權終身，此為無期褫奪公權，且其公權之褫奪，係自裁判確定時發生效力（第 37 條第 1、4 項），至於死刑或無期徒刑是否執行，則非所問，即便是無期徒刑受假釋者，其公權仍為終身褫奪。

㈡主刑為有期徒刑者

犯罪行為人所犯之罪，如宣告刑為一年以上有期徒刑者，則法官依據犯罪之性質加以認定，如認為有褫奪公權之必要者，宣告一年以上十年以下之褫奪公權（第 37 條第 2 項），此為有期褫奪公權。惟有期褫奪公權效力之發生，不同於無期褫奪公權，其效力並非自裁判確定時發生，而係自主刑執行完畢或赦免之日，方發生效力（第 37 條第 5 項前段）。因此，雖有宣告刑存在，但尚未執行，或受緩刑宣告而未執行，或執行未畢而假釋者，均不生有期褫奪公權效力問題。

㈢刑之宣告同時為緩刑宣告者

如犯罪行為人被宣告一年以上之有期徒刑，且同時因符合刑法第 74 條第 1 項之緩刑規定，而受緩刑之宣告者，因主刑受緩刑效力之影響，並無執行之問題，於是修正法乃將此種情形之褫奪公權的效力發生予以提前，而賦予受緩刑宣告之褫奪公權，自緩刑宣告之裁判確定時起算（第 37 條第 5 項但書）。此種規定固然係為杜絕因緩刑而有褫奪公權之執行從刑的疑慮,但是否果真能將問題完全解決，容有疑問，蓋一方面受緩刑宣告，如緩刑期滿，緩刑之宣告未經撤銷者，依第 76 條之規定，其刑之宣告失其效力，此時既無主刑之存在，自然褫奪公權也將無所附麗❷。為解決此一問題，修正法乃在第 74 條增訂第 5 項「緩刑之效力不及於從

---

❷ 其實刑法第 76 條的規定，並非毫無問題存在。依緩刑的存在形式，本具有刑之宣告存在，而只是在執行上，予以緩執行而已，亦即法律設定一定之觀察期，以作為刑罰是否必須貫徹執行的觀察，故當緩刑期滿，緩刑宣告未經撤銷者，表示受刑之宣告人合於觀察期之要求，不須再為刑之執行，此時刑之宣告應該仍舊存在，而非失其效力，僅能將其視為刑以已執行論為妥，不應規定為刑失其效力。且所謂刑之宣告失其效力者，也不能解讀為刑宣告之效力，自始失其效力，只能解讀為刑之宣告之執行效力，失其效力而已，此種詮釋應為刑以已執行論。修正法不察此種關係，卻為維持褫奪公權之效力，而在第 37 條增訂第 5 項但書，並於第 74 條增訂第 5 項，此種修正方式，根本就是頭痛醫

刑與保安處分之宣告」，企圖將褫奪公權之效力予以維持，且係自裁判確定即行生效，此種立法的命題，係建立在緩刑並無刑之執行可能的假設上，此種假設恐有失真之虞，既無主刑得以附麗，何來褫奪公權存在之可能，即使將其提前到裁判確定，也未必能賦予其正當性；另一方面，緩刑並非完全無執行刑之可能，倘若緩刑之宣告被撤銷，則須執行原所宣告之刑時，卻發生褫奪公權先於主刑之執行的問題，故而此種立法的方式，顯然出現「顧此失彼」的弊端。

由於褫奪公權之性質為從刑，必須附屬主刑存在，如無主刑，即無褫奪公權，因此，褫奪公權應於裁判時與主刑併宣告之（第37條第3項）。如係一裁判之數罪併罰情形，各罪中如有褫奪公權必要者，應分別就各罪主、從刑各別宣告，再依刑法第51條所定各款處理之。惟不同於其他主、從刑者，宣告多數褫奪公權時，並非就所宣告者再一次選擇，而係僅就最長者執行（第51條第8款）。

六、沒　收

沒收乃係對於與犯罪行為有關係之特定物或財產，強制收歸國有之制裁手段。依現行法之規定，沒收之物包括：1.違禁物；2.供犯罪所用或供犯罪預備之物；3.因犯罪所生或所得之物（第38條第1項）。惟該三種沒收物雖均與犯罪有關，然就其本身之性質與是否歸屬犯人所有，在沒收之效果上，仍有差異。茲分述之：

㈠違禁物

稱違禁物者，係指法令加以禁止之物，即法令不允許私自製造、販賣、運送、持有或行使之物，例如槍砲、彈藥或特定刀械，或是鴉片、嗎啡、海洛因等毒品。由於此等之物，如為不法所用（即實務判例所稱之違禁），對於社會秩序與公共安全，均具有相當程度之危險性存在，故而不問是否屬於犯罪行為人所有，依現行法規定，均沒收之（第38條第2項）。至於特定之物是否為違禁物，並不能從該物本身加以判斷，而應從其受使用之情況，判斷是否違禁而定，例如醫院所有之醫療用嗎啡，因失竊被犯人所持有，該嗎啡原係屬於合法持有之醫院所有，故雖為查獲，仍不得沒收之。

㈡供犯罪所用或供犯罪預備之物

此稱供犯罪所用者，係指於實行犯罪時，直接使用之物而言，例如偽造罪所

頭、腳痛醫腳的立法。

用之印刷機、殺人用之凶器。如係與實行犯罪具有間接關係者，則不能稱為供犯罪所用之物，自然不能以此事由而沒收之。又稱供犯罪預備之物者，乃指為犯罪所預備之物而言，此時犯罪行為尚在預備階段，始有供犯罪預備之可言，如行為已然著手，則所用之物，已非供預備之用，而係犯罪所用之物。此外，對於供犯罪預備物之沒收，必須刑法有明文規定，處罰預備行為者，始有得沒收供犯罪預備之物可言，如刑法未明文規定處罰預備行為者，即不得以此事由，對於供犯罪預備之物，加以沒收。

現行法規定，對於供犯罪所用或預備之物，如法無特別規定者，僅以該物屬於犯罪行為人所有時，方得沒收之（第 38 條第 3 項），至於是否沒收，法院具有裁量之餘地。此所稱特別規定者，係將屬於犯人所有之限制，加以解除，故而，不問是否屬於犯人所有，均得沒收之。例如刑法第 200、205、209、219 條規定，不問屬於犯人與否，均得沒收之。

㈢因犯罪所生或所得之物

此謂因犯罪所生或所得之物者，係指實行犯罪行為而直接取得之物而言，例如竊盜、強盜所得之財物、賭博所贏之財物、犯罪所獲之酬勞等是。而現行法對於因犯罪所得之物，並非一概沒收之，而僅係限定在屬於犯人所有者為限（第 38 條第 3 項）。故而，財產犯罪所得之財物，因其所有人並非犯罪行為人，其仍屬於被害人所有，故不得沒收之。

由於沒收之性質為從刑，原則上必須附屬主刑宣告，且需於裁判時，併宣告之，但對於違禁物之沒收，雖無主刑之宣告，仍得獨立宣告之（第 40 條）。此外，不同於褫奪公權者，雖主刑因特定事由而免除其刑者，仍得專科沒收（第 39 條）。又如宣告多數沒收時，併執行之（第 51 條第 9 款）。

七、追徵、追繳或抵償

此類從刑者，係於 2005 年刑法修正時導入從刑的基本規範之中，其性質乃在於對犯罪行為人因特定之犯罪，而取得不正利益的剝奪，其在法律剝奪犯罪所得的立足點上，與沒收的規定（特別是第 38 條第 1 項第 3 款）相似，但不同者，則在於沒收所針對者，係指現存之有體物，或是現存的權利；而追徵、追繳或抵償者，則不限於既存之有體物或財產，即使所得之利益已經花費殆盡，仍得以追徵、追繳或抵償。此一規定雖是刑法總則中從刑類型的新增規定，但在個別犯罪類型

的規定中，其實早就存在，例如刑法第 121 條第 2 項、第 122 條第 4 項的規定中，即有追徵之規定，而貪污治罪條例第 10 條的規定，也都有追徵、追繳或抵償之規定。刑法總則之增訂，僅是為此種刑罰的法律規定，在基礎規範中，賦予一個法定之地位而已。

　　追徵、追繳或抵償之適用範圍為何？如依立法理由之意旨，僅限定在個別法律有規定者，方得以為之，則在犯罪類型的法律效果中，必須有追徵、追繳或抵償之規定者，方得以在主刑宣告之外，另予此類從刑宣告，倘若未有法律效果的規定者，則不生追徵、追繳或抵償問題。故追徵、追繳或抵償係伴隨著犯罪類型之規定而存在；其不同於沒收的存在形式，沒收既屬於個別類型之規定，也屬於總則基礎的規範，故追徵、追繳或抵償與沒收，在本質上，同屬對於不法行為所得之利益，透過刑罰手段加以剝奪，以歸於國家所有❸。惟在存在的關係上，沒收具有一定之獨立性，特別是關於違禁物之沒收，不須依附於個別犯罪類型之規定，而追徵、追繳或抵償者，則須依附於個別規定。

　　因追徵、追繳或抵償不但具有個別犯罪類型規定的依附關係，其性質亦為從刑，必須依附於主刑之下，故對於特定類型得以為追徵、追繳或抵償之條件有二：

　　1.須構成要件法律效果之規定有追徵、追繳或抵償之規定，方得以在主刑宣告之外，賦予追徵、追繳或抵償之從刑。

　　2.追徵、追繳或抵償因具有絕對主刑之從屬性，故須伴隨主刑之宣告而宣告之，故對於追徵、追繳或抵償之宣告，乃增訂第 40 條之 1 須裁判時，附隨主刑並宣告之，並不能獨立為追徵、追繳或抵償之宣告。

---

❸　關於沒收、追徵、追繳與抵償的刑罰手段，不論其定性或是法律效果，均有重新檢討的必要。參見柯耀程，沒收與追徵之法律效果定性，軍法專刊，第 57 卷第 3 期，2011 年 6 月，143 頁以下。

⊶━ 第二章　刑之輕重 ━⊷

通常會發生法律效果比較輕重的關係者,主要是在於法律適用的判斷問題上,而在適用時會發生比較輕重問題者,主要係針對競合論所生的單一評價對象類型,在修正法以前, 包含有想像競合、牽連關係與連續關係的適用判斷;而修正法之後,因修正法廢除牽連關係與連續關係,故會發生輕重比較問題者, 僅剩想像競合一種。蓋法律規定適用關係時, 如一行為實現數構成要件的關係, 其法律效果決定的基礎, 乃以從一重處斷為適用原則。

基本上, 法律效果輕重的判斷, 乃以**法定本刑作為判斷的基準❶**, 但遇有加重或減輕時, 則須從加重或減輕的關係, 判斷是否影響法定本刑的刑度。原則上會影響法定本刑刑度變化者, 僅有一種, 即法定之必加或必減的情況, 不論是刑法總則所定之應加減, 或是刑法個別所為之應加減規定, 只要屬於應加減者, 法律效果係以加減之後的法律效果, 作為比較之基礎。故當犯罪行為人所犯之罪, 遇有必加或必減時, 在法律效果的比較上, 必須先為加減後, 方得以為比較輕重。另如遇有得加減的情況, 因是否為加減, 仍須視具體的犯罪情狀及裁量關係, 方得以具體決定, 固然得加減之規定, 如果真有為加減, 其雖係對於法定刑為加減, 但在比較法律效果之輕重時, 得加減之規定, 並非以加減後的刑度作為比較之基礎, 仍舊是以既有的法定刑作為比較輕重之基礎, 故得加減之情況, 並不影響法律效果以法定刑作為比較基礎的基本原則。

第一節　基本原則

法定刑通常是反應刑法對於犯罪行為的非價關係,法定刑重者所代表的意義, 則是刑法規範的非難程度較重, 故以法定刑作為比較輕重之基礎, 亦得以反應出法律非難程度之差異。惟法定刑的種類與程度各有不同, 如何為法定刑的比較, 必須有一定之原則與順序, 作為比較之指導方針, 茲將比較適用之基本原則分述如次:

第一項　刑罰種類比較順序

刑法的法律效果, 係為反應行為的受規範非難程度, 非難程度高者, 其刑罰

---

❶ 法定本刑都是以主刑作為法律效果, 故在輕重比較時, 並不需考慮從刑的關係, 亦即從刑並非法律效果輕重比較之基礎。

自然必須為重，這也是罪刑均衡要求下的當然道理，惟不同的刑罰種類間，其輕重關係如何決定？刑法第 35 條第 1 項的規定中，即明白揭示，刑罰主刑五種類型中，其輕重關係依序為死刑、無期徒刑、有期徒刑、拘役與罰金。是以當所犯之罪中，法律效果有死刑之規定者，則以此罪為重，依序為法律效果輕重之順序推演。

第二項　刑罰種類相同的比較

當行為人所犯之罪，各罪之法律效果之刑罰種類相同、或有部分相同的情況時，其比較輕重的基礎有二：

一、優先順序之種類相同之比較

當法律效果的種類相同時，會發生比較關係者，僅限於具有刑度差異關係的類型，對於無刑度差異的刑罰種類，則本身並無比較之可能，故死刑與無期徒刑本身，並無得以比較之情形，如遇有法律效果同為死刑或無期徒刑的情況，其比較關係，則須從專科或選科的方式來判斷，無法從刑度關係來決定。故刑罰種類相同會發生比較關係者，乃在於具有刑度的類型，如有期徒刑、拘役或罰金。此種刑罰種類相同的比較關係，乃以刑度之高低為判斷基礎，具有刑度範圍的法律效果，其判斷輕重比較者，係以高度刑為比較之基礎，高度刑高或多者為重，如高度刑相同，則以低度刑高或多者為重（第 35 條第 2 項），例如行為人一行為同時實現傷害罪（第 277 條）與毀損罪（第 354 條），二者之法律效果皆為有期徒刑，而傷害罪之法律效果的上度為有期徒刑三年、毀損罪為二年，故以傷害罪為重；又例如行為人行使偽造之私文書行恐嚇取財之行為，同時觸犯行使偽造私文書罪（第 216 條）與恐嚇取財罪（第 346 條），二者法律效果之上度，同樣都是五年有期徒刑，但恐嚇取財罪之下度為有期徒刑六個月，而行使偽造私文書罪為二個月，故以恐嚇取財為重。

二、專科與選科關係

又當刑罰種類有部分相同者，特別是作為比較的最重本刑相同時，則輕重關係無法從刑度的範圍來判斷，而須從法律效果的規定，係以專科或選科的關係來判斷。所謂專科者，乃指各罪之法律效果中，對於作為比較基礎的法律效果，僅有單一種刑罰種類的規定，例如偽造署押罪（第 217 條）之法律效果為專科三年

以下有期徒刑；而選科者，則是在基礎法律效果之外，再規定不同種類的法律效果，作為選擇性的法律效果，例如使公務員不實登載罪（第214條）之法律效果，則是在三年以下有期徒刑外，另有拘役及罰金作為選擇性科處的法律效果。在作為優先比較順序之法律效果種類相同的情況下，其比較輕重關係者，以專科為重，選科為輕（第35條第3項第1款）。故而行為人偽造署押而使公務員於其執掌之公文書為不實登載者，乃同時該當偽造署押罪（第217條）與使公務員不實登載罪（第214條），在論處時，乃以偽造署押罪為重。

第二節　併科之比較

刑法各罪規定的法律效果，本具有相當多元的組合關係，有係以單一法律效果類型為規定者、有係以選擇性之法律效果為規範者，亦有在原則性法律效果之外，另設有併科規定者，例如犯職務上侵占罪（第336條第1、2項），在有期徒刑以外，另加上「得併科」罰金之規定是，亦有選科與併科作同一罪之法律效果者，如侵占罪（第335條），除五年以下有期徒刑與拘役外，另定有「或科或併科」罰金之規定等，各種法律效果的規定，不一而足。惟對於併科的關係，在比較輕重的判斷上，因併科關係的差異，有屬於應併科者，有屬於得併科者，在判斷輕重關係時，須有一定之準據。原則上併科規定者，係在原既有法律效果的種類外，額外加上一種（通常是罰金刑）法律效果，而形成對於同一犯罪出現有二種主刑的法律效果，其與選科關係不同，蓋選科關係係指在不同種類的主刑中，選擇一種作為犯罪反應的最終法律效果，而併科者，則是累加的法律效果。

第一項　比較關係

在法律效果有併科的情形存在時，其比較輕重的關係，如因基礎法律效果相同，而無法依其決定時，必須從併科的關係來判斷，其得以判斷的情況有三：

一、有併科與無併科之比較

依第35條第3項第2款之規定，有併科者與無併科者，以有併科者為重。此種輕重比較的關係，相當容易理解，蓋所謂併科者，不論是應併科或得併科，都是在既有的法律效果上，額外科加另一種法律效果，其自然要比無併科規定者為重。例如刑法第201條第2項行使偽造、變造之有價證券罪，其刑度為一年以上七年以下有期徒刑，得併科罰金；而刑法第211條偽造公文書罪，其刑度為一年

以上七年以下有期徒刑，就法定本刑而論，二者的刑度均為一年以上七年以下有期徒刑，但行使偽造、變造之有價證券罪，其法定刑中有得併科罰金之規定，刑罰輕重的比較上，自然較偽造公文書罪的刑度為重。

二、應併科與得併科之比較

法律效果中設有併科情況者，有二種形式，一為應併科（法律規定為「併科」），二為得併科（法律規定為「得併科」），此時以應併科者為重。蓋應併科者，係在既有法律效果之外，額外科加另一種主刑作為法律效果，且一定必須併科，法官並無裁量之餘地，而得併科者，表示法官是否為併科，仍有裁量之餘地，故以應併科者為重。

第二項　比較順序

法律效果輕重的判斷關係中，可以搜尋出一個邏輯的判斷方法，其判斷的順序依次為：

1.先觀察刑的種類，如種類有別，則逕依第 33 條主刑種類之順序為輕重之決定，其依序為：死刑 > 無期徒刑 > 有期徒刑 > 拘役 > 罰金。

2.如優先順序之主刑種類相同時，觀察順位為：⑴有併科者 > 無併科者，如無此種情況，則⑵專科者 > 選科者。

3.主刑相同但其上度不同者，上度高者 > 上度低者。

4.上度相同，下度高者 > 下度低者。

5.主科刑度相同者，則以比較選科之法律效果為輕重之決定，選科順序之決定，則依主刑順序決定，如選科之類型都相同者，則依順序一直往下比較，是以，選科拘役 > 選科罰金，如選科類型都無法判別，則以最後選科之罰金多寡為比較。如都相同時，則屬罪刑相同，無從為任何之比較。在適用時，所謂從一重處斷，當都相同時，則屬裁量上適用關係的問題。

第三節　刑之加重與減免

法律依各罪所定之法律效果，具有相當的拘束性效應，若法無明文而有加重或減輕的情況，法定刑的刑度，是不能任意加以調整的。在刑法的規定中，會造成法定刑的刑度變化者，通常都須有法定明文之特定事由存在，其形成法定刑變化的基本情況有二，一為刑之加重；另一為刑之減輕。惟從加重或減輕之基礎關

係來看，可分為法定之加重或減輕，以及裁量之加重或減輕。茲將加重與減輕的具體關係，分述如次：

第一項　加重事由

行為人違反刑法之規範，而有受刑事制裁之必要者，其制裁的法律效果，本須由法律明確加以規定，而此一法律效果的規定，基本上已經涵蓋對行為最重的非難程度，非有特殊的條件，且合法律正當性的基礎下，實不應在法定刑之外，另為加重之規定。此所謂特殊條件者，其思維的方向，應從刑法的本質來觀察，刑法所非難的對象，如係設定在行為人基於法律所非難的意思，而展現於外化之行為者，則非難對象設定在行為及其所造成的法益侵害狀態，故得以對於評價對象為加重之事由，也應從行為及其所生之侵害關係來思考，若將加重事由放射到行為與侵害關係以外者，在正當性的基礎上，顯有疑慮。有關刑法對於行為及侵害關係的加重者，確實在構成要件中，以個別的方式額外加以規範，例如在普通竊盜罪（第 320 條）之外，基於行為侵害的程度升高，而另設有加重竊盜罪（第 321 條）；在基本行為之外，因行為致生行為結果外之加重結果，故設有加重結果犯之規定❷（第 17 條原則性規定及第 277 條第 2 項等）。

在刑法的規定中，設有加重事由者，規定的方式，多為「加重其刑至二分之一」，且加重關係遍及總則與分則，不論是應加重或是得加重，其加重之事由不外二種：一為行為人之素行關係；另一為行為人之身分關係，不論是素行或是身分，都不是從行為及其所生之侵害關係而為加重，在加重的正當性基礎上，已經難以支撐，且備受爭議。另外亦有屬於裁量加重者，其條件自然更須嚴格界定。

第二項　加重限制

基本上，法律規定的加重關係者，個別都是以最重加至本刑之二分之一或三分之一為規範模式，但對於加重的刑罰類型，並非所有的刑罰類型都得以加重，且個別法律效果的刑度範圍，亦非毫無界限地加重，在刑罰的類型與刑度的本質關係，仍有加重上的界限。且所謂刑之加重者，僅限定在同種刑的加重關係，不能以變更刑罰種類的方式為加重，法律亦不允許刑罰之加重，而導致刑法類型之本質改變，故加重者，僅限定在屬於同類型內的加重關係。茲將刑罰加重限制的類型與範圍，分述之：

❷　關於加重結果犯的類型與分析，參照柯耀程，變動中的刑法思想，2 版，151 頁以下。

一、不得為加重者

　　刑罰類型本質屬於極刑者，因其已經屬於極限，故無法再予以加重，故死刑屬於所有刑罰類型之極限，其本身既無刑度，也無高低輕重之別，故而無法予以加重（第 64 條第 1 項），惟無期徒刑係屬於極限的自由刑，在自由刑的範圍內，已無復可往上提升，且法律亦禁止因加重而作刑罰類型之轉變，亦即不能將無期徒刑加重為死刑，故無期徒刑亦不得加重（第 65 條第 1 項）。

二、加重上限

　　刑法所稱之加重者，應僅指針對個別犯罪行為所為之法律規定之加重，此種加重觀念，不能放射到數罪併罰的關係，故刑法第 51 條第 5 款的規定，雖學理上稱其處理原則為「限制加重」，且在有期徒刑作上限三十年之限制，但其係併罰之限制，並非刑罰加重之限制。此所指加重者，乃對於單一法定刑之加重關係而言，在刑法第 33 條第 3 款之規定中，有期徒刑遇有加重者，其上限為二十年❸，故如法定刑因加重（二分之一）有超過二十年者，其上限之限制為二十年，僅能在二十年之內量定實質應受之刑。例如行為人為強盜罪之累犯，因累犯（第 47 條）又加重其刑至二分之一的規定，而強盜罪（第 328 條）之法定本刑為五年以上有期徒刑，其上度自然是十五年，經加重二分之一之後，乃成為七年六個月以上，二十二年六個月以下，此時加重後之刑度逾二十年，必須受到二十年上限之限制，故刑度範圍乃成為七年六個月以上，二十年以下有期徒刑。至於拘役的加重上限為一百二十日，因拘役之下度為一日，即使加重之後，仍屬於零數，故而對於拘役之加重者，僅加其上度（第 68 條）。

第三項　刑之減輕或免除

　　刑法的法律效果規定，主要都是以完全反應刑事責任為基礎，但當行為人在刑事責任上有缺陷，或是其行為手段或侵害的關係，具有特殊的情狀存在時，在法律效果的評價上，必須作減輕或免除之思考，固有法定之減輕規範存在，在法定減輕或免除規定者，有屬於應減輕或免除者、也有屬於得減輕或免除者，各依

---

❸　原本有期徒刑加重之二十年上限，在修正法期間，研修機關有意將其提高為四十年，後經學界強烈反對，而仍舊維持二十年之規定。關於修正草案的爭議關係，參見柯耀程，刑法的思與辯，327 頁以下。

具體之行為情狀而定。原則上，刑罰之加重，不得為法律效果類型之變更，此一要求對於減輕者，則不受限制，蓋一方面如不允許變更類型，則減輕將喪失意義；另一方面，所謂減輕者，自然係從重而輕，在法律效果的輕重順序中，本有類型之區別，依第 35 條第 1 項之規定，刑罰種類的輕重關係，係依第 33 條之順序定之，故對於極刑或上限之刑者，其減輕必然會發生刑罰種類之變更，故死刑減輕者，刑罰種類乃變更為無期徒刑（第 64 條第 2 項）；而無期徒刑減輕者，則變更為二十年以下十五年以上有期徒刑（第 65 條第 2 項）。但對於同種具有刑度或數額關係的刑罰種類者，其減輕則侷限在其本身，不能再為刑罰種類之改變，其因刑度係由上度與下度組合而成，故減輕時，上下度同為減輕，如遇有減輕後之零數關係者，則零數不計（第 68 條）。

第四項　加減事由競合之處理

犯罪行為的情狀受到法律規範，而有加重或減輕、免除其刑之事由存在者，有係單一加重或減免之事由，此種情況，則逕依上述分析之情況處理之。惟如加重或減輕的事由，並非僅存在單一個，而是同時存在有數個加重或減輕事由時，亦即發生加重或減免事由競合的情況，在為刑罰加重與減輕的處理時，必須遵循一定的模式，基本上，在處理法律效果加重或減免關係的方法，可以從發生加重或減輕的競合關係來檢討，此種競合關係基本上有三種情況存在，茲分別論述之：

一、數加重事由競合時

雖然刑罰加重事由的規定，在正當性的檢視上，都存在有問題，但其不論如何都是既存的規定，對於法律適用者，具有適用上之拘束力，且不問具體情狀是否果真會發生加重事由競合的問題，但至少想像上確實有發生之可能，例如公務員假借職務上之機會，而犯職務犯罪以外之罪者，且該犯罪亦同時構成累犯，則因公務員假借職務之機會所犯職務犯罪，在第 134 條已設有加重的規定，且累犯依第 47 條之規定，已為加重其刑，此種情狀下，乃同時發生有二加重事由存在的情狀，在法律效果的決定上，依第 70 條之規定，加重事由遞加之，亦即加重事由累加之，例示的情況，則為加重其本刑至二分之一後，再為加重至二分之一。

二、數減輕事由競合時

此種事實情狀相當容易發現，但因刑法存在的減輕關係，有應減或得減的差

異，而減輕事由競合時，依第 71 條第 2 項之規定，又有差別性之規定，故在認知上，應以應減者減輕之數多於得減者，故如未明確標示減輕之程度者，而僅有應減與得減之關係時，在認定上，則以應減為優（減輕之程度較大）。故而，例如未滿十八歲之少年行竊，如是竊盜之行為為未遂時，此時行為人因未滿十八歲而依第 18 條第 2 項之規定得減輕其刑，又行為未遂者，依第 25 條第 2 項之規定，亦屬得減輕其刑，二者減輕程度相同，僅需依第 70 條之規定，遞減之即可；惟如未滿十八歲之人犯擄人勒贖，未經取贖而釋放被害人者，此時行為人因未滿十八歲而依第 18 條第 2 項之規定得減輕其刑，又未經取贖而釋放被害人，依第 347 條第 5 項前段之規定，為「減輕其刑」，於是發生得減與必減重疊的關係，此時在法律效果處理的認知上，必須依循第 70 條與第 71 條第 2 項之規定，先依得減事由為減輕，之後再遞依必減事由為減輕。

三、加重與減輕事由競合時

此種情況的存在，在法律效果上，既有加重之事由，也同時存在著減輕事由，例如未滿十八歲人之犯罪行為而同時成就累犯之規定者，其成就累犯的事由屬於加重事由，而未滿十八歲又是減輕事由，在這樣的競合情況下，法律效果加減的方法，依第 71 條第 1 項之規定，先加後減。法律所以規定先加後減者，係屬於對行為人有利之思考，且結果也會發生差異，例如對於法律效果為死刑或有期徒刑的情況，先加後減或是先減後加，其結果相同，蓋死刑不得加重，故先加之後仍為死刑，再減之後，則為無期徒刑；反之如對之先減，則減為無期徒刑，又無期徒刑無法加重，故仍為無期徒刑，二者相同。但對於無期徒刑者，則係有差異發生，蓋先加後減者，因無期徒刑無法加重，加重後仍為無期徒刑，再減之則變成為二十年以下十五年以上有期徒刑；如反過來先減後加，無期徒刑減輕為二十年以下十五年以上有期徒刑，再加重之後，則可能變成二十年有期徒刑，故會發生相當程度之差異。法律規定採取先加後減的方式，的確是自行為人有利的思考點出發。

第三章 易刑處分

刑罰為最嚴厲且干預人民權利最深者，猶如一柄雙刃鋒利的劍，如使用不慎，不但傷人，亦且傷己。因而，如非其他制裁方法均不能產生效果，且別無他法可用時，絕不動用刑罰之手段，即當不法侵害足以產生人民權利之損害或危及社會根本秩序及結構，且其他可能的制止手段，皆不足以遏止時，方有動用刑罰手段之必要。刑罰於國家制裁法體系中，係為法秩序之最後防線，即所有制裁法中遏止不法行為之最後手段 (ultima ratio)。而自由刑（因死刑本身爭議性非常高，其正當性亦迭受質疑，故於此不論之）又為所有刑罰手段中，最嚴厲之手段，可謂為「最後手段之最後手段 (ultima ratio der ultima ratio)」。由於最後手段具有不得已之必要特質，如對不法之遏止，可以以較輕微之手段達成效果者，即不需要動用到最嚴厲之干預手段。

犯罪經刑事裁判程序確定，宣告應執行之刑，受判決人本應依所定應執行之刑，執行之。然因有一定之特殊事由存在，致所宣告之執行刑，於執行上顯有不能，或是不宜執行時，乃需謀求其他適當之執行方式替代之，稱此執行刑之替代為刑之更易，或稱易刑處分。此所謂執行不能或不宜之事由，有係基於行為人個人因素之考量者，有係基於刑罰效應之顧慮者，如易科罰金暨社會勞動（第41條）是，有係基於抗拒刑罰之執行者，如易服勞役（第42條）是，有係基於行為事實之觀察者，如易以訓誡（第43條）是。刑罰由於此等事實之存在，必須更易其處罰之種類與形式，以達制裁之效，並使得刑罰制裁，具有相當之彈性，得以妥善運用。惟值得注意者，易刑處分雖所執行者為所易之刑，然其本質仍為原本宣告之執行刑，並非其實際執行更易之刑。

第一節 基礎構想

易刑處分的考量，根本上即以此最後手段原則為基礎，對刑罰制裁手段為刑事政策上之檢視，是否需以最嚴厲之制裁手段，方能達到一般預防之效果，又可實現特別預防之目的，且為法秩序防衛所不可或缺之不得已的反應手段？如以較輕微之制裁手段，亦可達成遏止不法之效果者，即無採用更嚴厲手段之必要。此外，易刑處分所顧及者，乃刑事政策立於最後手段原則，對於刑罰執行效果得失省思而為之權宜方式。於我國刑法中，關於易刑處分之規定，主要為自由刑之易刑處分❶。其刑事政策上之考量，乃側重於自由刑之執行，對犯罪行為人，特別

係因過失或初犯者，似乎有失之過苛之虞，且特別係針對短期自由刑❷之弊端而生。從刑罰的目的的構想上觀察，短期自由刑對於行為人的作用，是一個短到不足以令一個犯罪人變好，蓋所有的矯治措施，均難如此迅速見效，卻長到足以令一個非具犯罪習慣之人變壞的期間❸。而易刑處分亦正是對此刑事政策上之目的構想之相應手段。

易刑處分的本質，並非所易之刑，而係為易刑處分基礎之刑。如易科罰金，其本質仍為所受六個月以下宣告之有期徒刑，故遇有易科之罰金逾期不為完納者，亦不能據為易服勞役之名義。

現行法關於易刑處分的規定有三：1.自由刑易科罰金或轉易社會勞動（第41條）；2.罰金刑易服勞役（第42條）、罰金轉易社會勞動（第42條之1）；3.拘役或罰金刑易以訓誡（第43條）。

第二節　易科罰金

刑罰雖作為犯罪的反應手段，其仍具有若干負面的效應，如對於犯罪行為人的制裁，嚴格堅守所科之刑罰，將無法避免刑罰制裁所存在的副作用，例如六個月以下的短期自由刑，其對於犯罪行為人的作用，是一種「短到不足以使人變好，卻長到足以使人變壞」的刑罰法律效果，此種法律效果在刑事司法的罪刑對應上，似乎是無法避免的情形，既然無法避免短期自由刑的出現，自然必須思考避免其

---

❶ 罰金易服勞役（第42條）本身，雖亦為易刑處分之一種，但其本質，乃異於第41條自由刑易科罰金，蓋易科罰金所依據者，係刑事政策上以不執行刑罰為適當之考量，且係於裁量時即為判斷，具有預測 (Prognose) 及先判 (Präjudizierung) 之特性，故可稱之為固有之易刑處分 (primäre Ersatzstrafe)；反之易服勞役係事後之決定 (nachträgliche Entscheidung)，僅於罰金不能完納時，始有勞役之生，其性質乃具有補充之作用 (Subodiaritätswirkung)，為事後之易刑處分 (nachträgliche Ersatzstrafe)，本文所論者，主要係固有之易刑處分。

❷ 二次大戰後，德國刑法修正時，罰金刑取代自由刑，特別是短期自由刑的討論，又再度成為修正的焦點。1975年刑法（現行法）除原則性以罰金刑取代短期自由刑之外，更放寬條件上之限制，而規定於其刑法 §47，認為只要受有期徒刑之宣告，而無科處六個月以下有期徒刑之必要事由存在時，皆可易科罰金，即使法律規定本身並無罰金之規定或刑期之法定本刑超過六個月亦同。Vgl. Lackner/Kühl, Rn. 1 zu §47；Maurach/Gössel/Zipf, aaO., S. 623, 624；Hirsch-LK, §47 Rn. 5ff.。關於短期自由刑之闡述，詳見林山田，刑罰學，196頁以下。

❸ 參閱林山田，刑罰學，197、198頁。

負面效應的因應措施，於是在現代刑罰目的觀的指導下，遂有短期自由刑易科罰金的替代方式❹；同樣地，對於受罰金刑科處之人，當無力完納罰金時，刑罰機制既不能就此作罷，也不能以抄家滅族財產充公的方式加以強制執行。為避免刑罰所存在的負面效應，在既有的刑罰手段之外，必須思考刑罰多元性的彈性作用，遂有以易刑處分作為既有刑罰替代方式的手段。

　　易刑處分係作為既有刑罰的替代性手段，其存在的主要意義有二：1.為避免既有刑罰作用所可能存在的負面效果，此種概念下，主要的作用對象，乃針對於短期自由刑的替代方式，蓋因短期自由刑的存在，係刑事制裁體制中無可避免的情形，不論是源自較為輕微的犯罪類型，或是犯罪行為人因刑罰裁量的因素，所形成的短期自由刑，在刑事司法的實務運作中，不但常見，且占刑罰科處比例中的大部分，為避免此種短期自由刑的負面效應，必須輔以替代性的易刑處分，既有的體制中，係以易科罰金為主要手段；2.為避免刑罰執行不能所生的困境，此種刑罰執行困難的情形，主要係針對於財產刑，當確定科刑為罰金刑時，即使2005年修法時，導入罰金刑得以在一定條件下，為一年分期完納的規定，但如無力完納者，將使得刑罰執行陷入困境，因此必須有得以貫徹刑罰實現的替代性機制，此一機制在我國刑法規定中，係以相當傳統且古老的易服勞役觀念，作為罰金刑無法或無力完納的替代手段；反觀德國刑法 (§43)，原則上係以日額 (Tagessatz) 制度的概念，而以自由刑作為無法完納罰金的替代手段。

第一項　易科罰金的本質

　　易科罰金的本質並非罰金刑，而係受易之自由刑，也就是易科罰金之本質，依照第41條之規定，係指所受六個月以下宣告之有期徒刑。此種認知，在刑法的法理上，應是顯而易解❺。故而，如遇有易科罰金而不於規定期間完納者，仍不得據以為刑法第42條易服勞役之名義，仍應執行原宣告之自由刑❻。

---

❹　關於短期自由刑易科罰金及刑罰目的觀問題，參照柯耀程，變動中的刑法思想，2版，298頁以下、490頁以下；柯耀程，刑法總論釋義（下），401頁以下。

❺　參見韓忠謨，刑法原理，488頁；林山田，刑法通論（下），10版，554頁。

❻　關於易科罰金或易服勞役的處理，我國實務上誤用刑法第41條與刑事訴訟法第309條第2、3款之規定。雖然刑之執行，其監督權責係在檢察官，但並不表示檢察官對於刑的種類具有決定的權力。我國刑事訴訟法第309條第2款之規定，應解為告知法官之規定，如法官在判決中，有易科罰金之情形，應明確指明折算標準，以便檢察官在執行時，有所依據，而非如今實務運作方式，法官遽於有罪判決主文中，竟如訴訟法條文所規定一

犯罪行為輕微，且所受短期自由刑或拘役之宣告，如均使犯人赴監執行，不但有害於犯人之改善，而使其自暴自棄，且容易使之於執行機構中更染惡習，增加犯罪之可能性與危險性，乃使得刑罰執行喪失其良善之目的，遂認為有加以其他方式替代之必要，而為刑罰之更易。易科罰金者，係以罰金手段替代短期自由刑之易刑處分，其刑罰之本質仍為自由刑，並非罰金刑。

由於我國刑法中，並未規定易科罰金與罰金刑是否得以合計之規定，而使得所科之罰金刑與易科罰金，並無刑法第 51 條第 7 款之適用，而係第 10 款之合併處罰❼。由於易科罰金之本質，依刑法第 41 條之規定，係自由刑（六個月以下有期徒刑或拘役之宣告刑），故而，如有易科時，法官必須於判決主文 (Urteiltenor) 中明示❽，否則檢察官即不得擅自為易科罰金之執行。反之，如於判決主文中，有明示易科罰金者，檢察官卻未依此執行，而執行原有之刑時，則受判決人或其他有異議權人自得依刑事訴訟法第 484 條向諭知裁判之法院聲明異議❾。

第二項　易科罰金條件

依刑法第 41 條第 1 項規定「犯最重本刑為五年以下有期徒刑以下之刑之罪，而受六個月以下有期徒刑或拘役之宣告者，得以新臺幣一千元、二千元或三千元折算一日，易科罰金。但確因不執行所宣告之刑，難收矯正之效，或難以維持法秩序者，不在此限。」茲將易科罰金之條件，分述如次：

一、須所犯最重法定本刑為五年以下有期徒刑以下之刑之罪

易科罰金之先決條件，必須所犯之罪情節輕微者，即輕微之犯罪，依現行法之規定，此等犯罪必須最重本刑不超過五年為限。此稱最重本刑者，係以法定刑之上度為認定基準，惟如有遇加重或減輕情況時，應視其為「應加、減」或「得加、減」而異其處理。如法定加重事由為「應加重」時，則法定本刑因此加重事

般，將條文內容重述一次，而將是否易科罰金交於檢察官之手，此係完全錯誤的作法。其他問題參見蔡墩銘，刑法總論，325 頁以下。

❼　此觀法務部 75 年 8 月 27 日法 (75) 檢字第 1066 號函自明。

❽　刑事訴訟法第 309 條第 2 款規定：「……如易科罰金……」及第 3 款規定：「……如易服勞役……」不應如實務運作解為，是否易科係檢察官之職權，蓋如此則裁判確定力之基礎即為破壞，且違背罪刑法定原則。此問題甚大，不於本書論之，宜另文釋明。

❾　參閱民國 34 年司法院第 2939 號解釋及民國 87 年司法院大法官會議第 245 號解釋。

由之存在已產生變更，其加重結果，最重本刑如逾五年，則不得為易科罰金之處分，蓋此等「應加重」事由，係法定明示必應加重處罰，法院不得自由任意裁量；同理，如有「應減輕」事由存在，原本法定最重本刑超過五年，經減輕後，為五年以下者，自得適用易科罰金之規定。如法定加重事由為「得加重」時，是否加重，本係授權法官自由裁量，故並不影響原本之法定本刑，原本法定最重本刑如為五年以下者，即使有「得加重」之規定，仍不影響易科罰金之適用；反之，如原最重法定本刑係超過五年者，則雖有「得減輕」之規定，仍不得適用易科罰金之規定。

二、須受六月以下有期徒刑或拘役之宣告

此一條件係指宣告刑而言，故所宣告之刑必須為六月以下有期徒刑，或是拘役時，始有易科罰金之可能，如其宣告刑逾越六個月，縱使所犯為最重法定本刑為五年以下有期徒刑以下之刑之罪，仍不得易科罰金。

此外，稱受六月以下有期徒刑或拘役之宣告者，是否僅限於單一犯罪之宣告刑，抑或是亦包括數罪併罰情形？學理上殊有爭議，有部分學者認為，即使數罪併罰，如所宣告之刑為六月以下有期徒刑或拘役時，仍得適用易科罰金之規定，亦有持質疑見解，認為不能作適用易科罰金之解釋（酌參釋字第 366 號解釋）。

三、須有不執行宣告之刑之必要者

易科罰金係針對短期自由刑之替代手段，具有刑事政策上之重要意義，故原則上短期自由刑均應以易科罰金為當，惟當不執行所宣告之短期自由刑，難收矯治之效，或難以維持法秩序者，則例外不予以易科罰金。此係易科罰金反面性規範之條件，亦即唯有難收矯正之效，或法秩序維持之必要時，方得以為原刑之執行。

當然，易科罰金規定的內容，與其目的性構想的關係間，仍存在有一定的落差，蓋易科罰金規定設置的目的性，乃在於避免刑事政策所憂慮短期自由刑的負面效應，亦即是為避免受刑人因徒刑期間太短，而沾染不良之習性，是以代以罰金易罰。畢竟短期自由刑者，是一種「短到不足以使一個人變好，卻長到足以使人變壞」的法律效果，是以在刑事政策的觀點上，認為在執行方面，應以替代刑為之。短期自由刑的出現，並不在於法定本刑高低問題，而是在於實際運作所產生問題，也就是由宣告刑所得執行刑之上。在短期自由刑避免的規定上，亦應專門針對宣告之執行刑本身。

第三節　易服勞役

　　易服勞役處分者，係受應執行罰金刑之人抗拒罰金刑之執行，所為之替代處分。其不同於易科罰金者，乃在於易科罰金係以罰金替代自由刑，而易服勞役則係以強制性勞役替代罰金刑。基本上，刑罰之執行均定有一定之執行方式與期間，易服勞役係對於受罰金刑之科處而定之易刑處分。依第 42 條第 1 項前段之規定「罰金應於裁判確定後兩個月內完納。期滿而不完納者，強制執行。其無力完納者，易服勞役」。2005 年刑法修正時，對於罰金不完納者，設置較為彈性之處理方式，而在科處罰金之後，依據行為人之經濟與信用狀況，如可以確認行為人根本無能力於二個月內完納者，得允許其以分期繳納罰金的方式來完納罰金，其分期之期間為一年，且自罰金完納期間期滿後計算，亦即罰金執行期間為裁判確定後二個月內，而分期繳納者，係自此二個月之期間期滿後開始計算。且由於罰金之完納屬於執行事項，指揮罰金執行者，依刑事訴訟法第 470 條之規定，原則是屬於檢察官執行，故而是否准許為分期繳納者，其權限以在檢察官為宜，此亦是立法理由所揭示之意旨。如分期期滿後仍未完納者，其遲延一期或未繳足時，其餘未完納之罰金，強制執行或易服勞役（第 42 條第 1 項後段），倘若在分期期滿後未完納，且受刑人已無財產得供強制執行時，得逕為易服勞役（第 42 條第 2 項）。

　　易服勞役之折算標準，雖依法規定為「新臺幣一千元、二千元或三千元，折算一日」（第 42 條第 3 項），但往往罰金數額過高，乃至於折算後，易服勞役之時間過長，形成刑罰失衡情況，遂限定易服勞役之期間不得逾一年（第 42 條第 3 項後段），如折算標準使得期間逾一年時，僅得執行易服勞役一年，此時罰金折算之標準，必須以罰金總額與一年之日數比例折算，且折算之標準均需於判決書中載明（第 42 條第 6 項），此係法定嚴格之限制。又如罰金總額經折算後，有不足一日之零數時，該零數不予計算（第 42 條第 6 項後段），此所謂零數者，係指未滿新臺幣千元之數，其與刑法第 33 條第 5 款規定之計數單位不同，易服勞役的計數單位與易科罰金同，都是以千元為數，故未滿千元者，不計入易服勞役日數之內。此外，如因罰金無法完納，而受易服勞役之處分者，其於易服勞役其內繳納罰金時，其繳納之數額，以判決書所載之折算標準，折扣勞役之日數（第 42 條第 7 項），如完全扣除時，即免除勞役之繼續執行。

　　由於易服勞役係因罰金無法繳納所為剝奪自由之易刑處分，然其性質仍為罰

金刑，而非自由刑，故而易服勞役執行完畢者，其所受宣告之罰金刑視為已執行（第44條），亦即，罰金刑已執行完畢，且不生累犯之問題。

第四節　社會勞動

2009年刑法的修正，於易科罰金及易服勞役的規定中，導入所謂「社會勞動」的機制，其意旨希望使得刑法易刑處分的手段，能有更為彈性的運作手段。

既有的易科罰金替代短期自由刑的手段，是否果真能實現避免刑罰雙重負面效果的目的？恐仍有疑慮存在，蓋雖短期自由刑得以易科罰金作為替代手段，但當行為人犯罪受短期自由刑之科處時，其因個人、家庭或職業等因素，既不宜執行短期自由刑，也無資力以承擔易科罰金時，將使得刑罰實現目的的意義，又陷入一個困境之中；同樣地，當行為人受罰金刑的科處，既無力完納罰金，也不宜轉換為機構性的易服勞役時，也使得刑罰的作用面臨困頓狀態。為解決此種循環性的困境❿，必須從既有的易刑處分手段中，再行思考，找出可以填補的彈性手段。在這樣的構想下，對於行為人採取一種具有社會公益效應的措施，使其以體力與勞力性的負擔，作為替代刑罰手段，同時又兼具有避免易刑處分困境的方式，乃成為刑罰多元性理念下的一種彈性思維。從而導入「社會勞動」的概念，也成為2009年刑法修正的主軸事項。然而，在刑法的易刑處分中，導入「社會勞動」的規範，在立法的精緻度以及規範的實現成效上，都值得觀察。

刑法修正的核心理念，主要係建構在輕微犯罪的「除刑化」構想，同時檢討現行易刑處分在實務運作的得失，以導入更具有彈性與人性的機制。現行易刑處分中，易科罰金係對於短期自由刑的替代方案，而易服勞役則係對於罰金刑的替代方式，惟易科罰金制度在現行的環境與實行成效上，多有易科罰金無力繳納的問題，而形成短期自由刑的執行暴增。當易科罰金的執行成效不彰，該制度即會失其避免短期自由刑弊端的功效，無力繳納易科罰金之人，仍舊必須回到監獄接受原所宣告之短期自由刑，原本除刑化及非機構性處遇的構想，將形同虛設。因此，易科罰金制度造成無錢易科罰金者，只能入監服刑之不公平現象，無法有效避免短期自由刑之流弊，可見易科罰金制度仍有其不足。勞動或服務雖非有形財產，但亦具有經濟價值。外國之「社區服務」制度，即係以提供勞動或服務作為

---

❿　所謂循環性的刑罰困境，乃是指為解決既有刑罰存在的負面效應，而提出替代刑的作法，而替代刑的作用，也存在著目的性實現不能的瑕疵，此種情形，可以將其視作刑罰制裁效應的循環性困境。

一種刑罰或刑罰之替代措施。不僅可避免短期自由刑之流弊，減緩監獄擁擠問題，同時藉由勞務或服務之提供，可回饋社會，讓犯罪者有更多復歸社會之機會❶。遂有「社會勞動」作為刑罰替代性手段的法規範修正。

　　首先，在易科罰金（第 41 條）及易服勞役（第 42 條之 1）規定中，導入社會勞動的制度，社會勞動係以履行有益社會公眾之勞務提供，以六小時為一日之換算標準。依刑法第 41 條的規定，基礎的條件，仍舊是以避免六個月以下短期自由刑為基準，主要的情形有二： 1.得為易科罰金的情形，亦即判決書中，明載「如」❷易科罰金，當得易科罰金而受判決人未向檢察官聲請時，檢察官得以斟酌情形，為易服社會勞動的執行； 2.不得為易科罰金之情形，依刑法第 41 條第 3 項規定，短期自由刑，不符合易科罰金規定者，得逕為易服社會勞動的處理。從而，社會勞動的制度，在易刑制度上的定性，具有雙重的性格，即作為易科罰金的替代效果，以及作為易刑處分的獨立手段。

　　其次，以社會勞動替代易服勞役者，新增訂刑法第 42 條之 1 的規定，在罰金易服勞役的規定中，導入社會勞動的概念，以社會勞動替代易服勞役。依新增第 42 條之 1 的規定來看，社會勞動並非作為罰金刑的易刑處分手段，而僅是作為替代易服勞役的易刑處分手段，且在易服勞役的替代條件上，亦有三項條件限制： 1.易服勞役期間，經標準折算比例逾一年者，其意義乃指，雖然易服勞役期間最長為一年，但如罰金數額依標準折算率之結果逾一年時，此時易服勞役僅能以一年計，再以一年作為換算折算日額的數額，此種情形下，僅能為易服勞役，不能易服社會勞動； 2.應執行逾六個月有期徒刑併科罰金刑之宣告時，其罰金刑的部分，亦僅能為易服勞役之考量，無法為易服社會勞動； 3.因受判決人之身心健康狀況，不宜為社會勞動者。從而，罰金易服勞役的範圍中，在通常的情形下，得以適用易服社會勞動的情形，僅限定在： 1.依罰金得以易服勞役之標準折算數額（上限為三千元），未逾一年者； 2.罰金非屬於應執行逾六個月有期徒刑之併科刑

---

❶　參照 2009 年刑法部分條文修正立法總說明。

❷　易科罰金係將原宣告有期徒刑，以替代手段實現刑罰權的制度，其仍舊為刑罰權的決定範圍，應當屬於法官的權責。惟現行實務操作的方式，乃將其視為一種執行事項，而成為係檢察官決定是否准予易科的範圍，這是一種制度的誤解及誤用，固然刑罰執行歸於檢察官，但對於刑罰的決定，仍應屬於法官，但法官於判決書中，對於可以易科罰金的情形，都僅是依照刑事訴訟法第 309 條判決主文規定，將是否易科罰金以「如」字照本宣科，這等於刑罰權未決定的科刑宣告。長期以往，這樣的謬誤就變成實務的常態。參照柯耀程，刑法總論釋義（下），404 頁。

時，如未逾六個月的有期徒刑，而有併科罰金時，仍得適用易服社會勞動。在易服勞役的規範中，社會勞動僅是替代易服勞役的手段，並非屬於罰金刑的易刑處分手段，其僅是一種易服勞役的附屬性效果。

在易刑處分的規範中，導入社會勞動制度，在刑罰權實現的多元性構想下，固然可以理解，但對於社會勞動的定性，卻相當模糊。對於易科罰金的關係，社會勞動機制具有雙重的性格，其既得以獨立作為短期自由刑的易刑手段，也可以作為易科罰金的替代性手段；而在罰金刑的易服勞役關係中，社會勞動機制，僅是一種有限制性的易服勞役替代手段，而使得社會勞動的機制，在刑罰效果的性格上，顯得較為模糊不清，且其與易服勞役的界限也相當混淆，觀刑法第 42 條之 1 的規定，其作為罰金易服勞役或易服社會勞動的基礎規範，卻造成其與第 42 條間的矛盾，一者依第 42 條易服勞役的規定，期間不得逾一年，而卻於限制易服社會勞動時，以「易服勞役期間逾一年」為限制條款（第 42 條之 1 第 1 項第 1 款），殊不知如何能使易服勞役期間逾一年？此矛盾之一；再者，易服勞役期間不得逾一年，其替代的易服社會勞動期間，卻定為二年（第 42 條之 1 第 2 項），在作為替代手段的基礎上，似乎有替換的比例關係，此種比例關係的基礎何在？恐法理上亦難自圓其說。

第五節　易以訓誡

犯罪之動機，千差萬別，如其行為之動機，係出於公益上或道義上者，其情顯有可原諒之處，如其所犯者，亦為輕微之罪，且所受宣告之刑，亦僅為罰金或拘役者，往往以不予以執行為宜，故現行法乃於第 43 條規定「受拘役或罰金之宣告，而犯罪動機在公益或道義上顯可宥恕者，得易以訓誡」。其得易以訓誡之條件有二，分述如次：

1.**須所犯之罪係受拘役或罰金之宣告者**：得適用易以訓誡規定者，係以宣告刑為拘役或罰金為基本條件，至於最重法定本刑是否為拘役或罰金，則非所問。惟若一人犯數罪，各罪所宣告者，均為拘役或罰金時，得否適用易以訓誡，不無問題，依一般通說之見，如行為之動機有可以宥恕之情狀者，認為宜從寬解釋，而適用於易以訓誡之規定。

2.**須犯罪之動機在公益或道義上顯可宥恕者**：此謂顯可宥恕者，乃指行為情狀從客觀上，即可明顯察覺其動機係出於公益，而非一己之利，係出於道義，而非滿足私欲。故如行為動機非出於公益或道義者，即難有易以訓誡之餘地。

·—· 第四章 保安處分 ·—·

保安處分在現行刑事制裁制度中，乃刑罰外之另一種制裁之手段，在現代刑事制裁體系中，除使用刑罰手段對於已然發生之犯罪行為加以制裁外，更為預防犯罪行為人再犯之危險，而多設定針對特定犯罪行為人社會危險性之矯治措施，使得刑事制裁體系更為多元化，並在刑罰與保安處分之作用下，發揮刑事制裁體系抗治犯罪之規範效果。

在十九世紀中葉以前，支配刑事制裁體系之手段，均停留於傳統刑罰之上，刑事制裁僅係消極地對已然犯罪之處罰，待至刑罰預防思想出現，認為刑罰除制裁已然犯罪之外，應有積極預防未然之目的存在；刑罰除對於犯罪行為之否定外，更應設置對於犯罪行為人反社會性格矯治之措施。刑罰思想受到李斯特特別預防理論之影響，乃於傳統刑罰之外，建立具有社會防衛作用之保安處分制度。從而，刑事制裁體系乃進入雙軌並行之時代。在現行刑法法律效果範疇中，對於犯罪反應之手段，除以罪責為基礎之刑罰外，更加入以犯罪行為人社會危險性為考量之保安處分手段，形成刑事制裁雙軌制之體系。

第一節　基本概念

人類社會在犯罪的對抗思維上，一直在探尋有效抗治犯罪的手段與措施，長遠以來，對抗犯罪所仰賴的手段，都是以刑罰作為根本的制裁方式，但刑罰所被賦予的功能，似乎都只是對於已生的犯罪，做過去式的譴責與非難，其固然能對於已經發生的犯罪，產生制裁的作用，但在預防犯罪發生的效應上，卻顯得有所侷限。因此，在對抗犯罪的觀念與思維上，乃開始思索制裁犯罪與預防犯罪間的結構關係，思考的出發點，可以歸納為二個方向來辯證：1.單純的制裁犯罪，是否具有預防犯罪的附帶功能？亦即在制裁犯罪的同時，是否也能提供社會一個鎮壓的作用，以使具有犯罪內在傾向之人，知所警惕而不敢犯？這樣的一個問題，從犯罪學的研究中❶，似乎無法得到支撐，這只是一個思維上的理想狀態，單純

---

❶ 犯罪形成的成因，係屬於相當多元的因素所共同組成，除個人因素外，尚有家庭、職業、團體與社會等錯綜複雜的因素存在，故在犯罪學理論的論述時，犯罪的形成，並不會因制裁而有所抑制。且當有犯罪黑數 (Dunkelziffer) 之存在，制裁的預防效果，就會受到質疑。參見林山田、林東茂、林燦璋，犯罪學，3 版，115 頁以下、181 頁以下、553 頁以下；Kaiser, Kriminologie, 2. Aufl., S. 891ff., 982ff.；Eisenberg, Kriminologie, 3. Aufl., S.

依靠著制裁的手段，對於犯罪的抗治效應，似乎僅能對於已生犯罪的應報，其所預期的「殺雞儆猴」的預防期待，顯然難以達成；　2.制裁犯罪與預防犯罪並重的前提下，是否應各自搜尋相對稱的對抗手段，至少在正式社會控制的機制下，應朝向多元的觀念來思考？畢竟犯罪是屬於行為人過去所為，制裁所依據的基礎，固然是對於過去犯罪，但犯罪並不是只是存在於過去而已，其本屬於與社會共存的現象，具有過去、現在與未來的關係，且行為人過去犯罪，也無法擔保其未來不犯罪，故為尋求一套技能合於社會期待與社會防衛，且使過去的犯罪人，在未來不至於再落入犯罪深淵之中，恐在制裁的觀念與手段上，必須重新思考。

在這樣的思維辯證下，刑罰的本質、功能與作用，乃成為思維的核心，從應報思想轉進至刑罰應具有預防的功能，而傳統刑罰在預防犯罪的功能上，似乎有其侷限性，從而在特別預防思想的推促下，形式制裁手段，乃漸從原本單軌式的制裁模式 (monistisches od. Einspuriges Sanktionsmodell)，轉向成為雙軌制的制裁模式 (dualistisches od. zweispuriges Sanktionsmodell)。在這樣轉變的過程中，主要扮演推手角色者有二：

一、李斯特 (v. Liszt)

其在刑罰預防性構想中，認為刑罰的作用應具有特別預防的效應，且刑罰的作用對象是行為人，故而在刑事制裁體系中，尤應注意行為人之再犯預防的作用。李斯特認為犯罪係行為人特質與環境影響下的產物，而刑罰所對抗者，則係針對行為人未來可能發生犯罪的原因，因此李斯特視刑罰為抗治導致行為人產生犯罪因素的手段，且僅注重刑罰對於個別行為人的效應❷。惟刑罰長期以來，其制裁的色彩被定型之後，欲以之來達成制裁兼預防與改善行為人的期待，似乎是無法達成，唯有在傳統刑罰之外，尋找多元性的矯治手段，方能使得刑罰制裁的構想，貼近制裁與預防並改善犯罪行為人的期待❸。從特別預防的思維出發，刑事制裁

35ff., 550ff., 626ff.；Schwind, Kriminologie, 3. Aufl., S. 59ff., 147ff.；Göppinger, Kriminologie, 4. Aufl., S. 39ff., 166ff.；Schneider, Einführung in die Kriminologie, 3. Aufl., S. 41ff., 60ff., 323ff., 336。

❷　So v. Liszt, Strafrechtliche Aufsätze und Vorträge 2. Bd. 1970 (Nachdruck vom 1905), S. 439, 440；auch Schmidhäuser, aaO., S. 26。

❸　李斯特在 1889 年至 1992 年間，系列性的演說中，即已提出刑罰之外的手段，例如強制工作 (Zwangsarbeit)、管束觀護 (Aufsicht) 及強制教育 (Zwangserziehung) 等觀念，並認為當時之刑法中，欠缺確保刑法規範功能的機制。這乃是保安處分措施，後來導入刑法中，

手段必須具有矯治行為人，以使其降低再犯之可能性。此乃形成保安處分思想的基礎。

二、史鐸斯 (Carl Stooß)

其為體現特別預防構想，具體反應在刑罰制裁手段中的第一人。將特別預防構想具體轉化為刑罰制裁手段的形式，主要反應在保安處分的構想上。而最早將保安處分正式納入刑罰中規範，而真正使得刑罰制裁體系，從單軌的傳統刑罰，進入雙軌的刑罰與保安處分併行者，首推 1893 年瑞士刑法，而核心的人物，乃當時瑞士刑法學者史鐸斯，其在其所起草的瑞士刑法草案中，首先提出雙軌制的刑法制裁模式，此種構想的影響力，迅速蔓延開來，拉丁美洲及歐洲大部分國家的刑法，相繼採行此種雙軌的制度，而德國到 1933 年抗治習慣犯罪法中，也正式將保安處分納入刑法的規定之中。從此刑法的制裁體系，乃走入雙軌的制裁模式❹。

第一項　適用對象

保安處分既係用以改善犯罪人之社會危險性，其施行之對象，主要係針對具有社會危險性格之行為人，包括：1.不具可罰性或可罰性限制之無責任能力人或限制責任能力人；2.具有潛在危險性之煙毒犯或酗酒犯；3.具有犯罪習性或怠惰成習之習慣犯或常業犯；4.基於特定犯罪而顯現出特殊犯罪傾向之行為人，特別是性犯罪之行為人；5.具有社會文化衝突而犯罪之外國人。此類具有反社會性格之人，通常對於刑罰之感受性較為薄弱，刑罰矯治可能性之成效較差，或因個人之特殊情狀，具有社會之危險性存在，故於刑罰之外，需施以保安處分之矯治措施，以使其強化法規範之遵守，確保社會之安全。

保安處分既屬於行為人矯治導向的手段，其對於不同類型的行為人，所施予的矯治方式也屬個別，係屬於一種個別化處遇的制裁手段，在具體的適用關係上，因行為人的犯罪傾向不同，處分與處遇手段的對應上，也各有所別：

1.對於欠缺責任能力，或責任能力有限制之行為人，則施以感化教育。

2.對於精神障礙或生心理障礙之人，則施以治療式的矯治措施（我國稱之為監護處分）。

而使得刑法的制裁手段，走向雙軌制的思想基礎。Vgl. v. Liszt, Strafrechtliche Aufsätze und Vorträge 1. Bd. 1970 (Nachdruck vom 1905), S. 369ff., 426ff., 453.

❹ Daran vgl. Jescheck/Weigend, Strafrecht AT, 5. Aufl., S. 84.

3.對於吸毒或酒類成癮而具有犯罪傾向者，乃施以戒治式的禁戒處分。

4.對於具有犯罪習性的習慣犯者，乃施以監禁式的矯治處分，我國則一直沿用強制工作的處分方式，其在正當性上，恐有疑慮。

5.對於特定犯罪傾向之人，則施以生心理治療或輔導的處分方式。

第二項　雙軌制裁體制

由於以行為無責任為基礎的刑罰，在犯罪預防的任務上，有其侷限性，特別是當行為人的人格，具有社會之危險性，但卻欠缺刑事責任的基礎時，刑罰乃無法有效對之加以作用；另對於因一定之生心理疾病，而導致犯罪之行為人，刑罰似乎對其也發生不了作用。且刑罰在其具體實現的期間中，對於行為人具有生心理特殊的醫療需求，或是具有教育或社會協助的必要性時，顯得有些侷促。當刑法被賦予的社會功能，兼具有制裁犯罪及預防犯罪，以確保社會的安全，乃至於建構法秩序的防衛與信賴關係時，刑罰作用的本身，恐無法合乎期待地完全實現，必須在刑法之外，導入以行為人及社會防衛為導向的保安處分措施，使得刑法的制裁體系，既得以制裁犯罪，又能矯治犯罪行為人，也得以防止行為人再為犯罪行為之預防效應，以達成社會與法秩序防衛的期待，確保法規範的信賴關係，成為多元性及多功能性的制裁體系。

保安處分手段因預防與防衛的構想，而被導入刑法制裁體系之中，其被賦予的作用，乃在於行為人導向，此與刑法係以行為罪責為基礎的構想不同，因而，保安處分與刑罰在刑事制裁體系中，各自負有不同之任務，基本上，刑罰係對犯罪的制裁；而保安處分則是建立在行為人矯治與社會防衛的基礎上。二者在作用與目的上，有所不同，故而，對於其施行之前提條件及所依據之基礎，乃有差異，二者間之差異，分述如後：

一、處罰依據不同

現行通說認為，刑罰作用之基礎，係以行為可罰性為認定標準，刑罰必須立基於行為人罪責之上，嚴格遵守罪責原則，從犯罪行為之評價架構觀察，刑罰之制裁，必須行為人之行為，具有構成要件該當性、違法性及有責性，如行為欠缺其中之一，則無刑罰動用之餘地；而保安處分係基於行為人之反社會性格，所考量者，為行為人社會危險性之改善，並不受罪責原則之限制，即使行為人不具有責任存在，仍得施以保安處分。惟雖然保安處分並不以行為人具有罪責作為施行

之前提條件，但在法治國思想下，動用保安處分手段，仍須具備基本之條件，依通說之見，保安處分雖係以行為人之性格為施行基礎，但仍須其具有不法之前提條件，亦即其行為至少必須有構成要件該當且違法之情況下，方得予以保安處分之制裁。

二、目的不同

刑罰之作用，係在平衡過去之惡害，而保安處分之作用，則係在改善犯罪行為人之反社會性格，以預防未來之犯罪。

三、發動條件不同

刑罰施行之基礎，在於行為之認定，因受嚴格罪刑法定原則之拘束，對於各種犯罪行為類型之反應，必須以法定明文規範其法律效果，屬於行為類型化之法定效果；保安處分則係針對行為人社會危險性性格之作用，並無如刑罰具有行為類型化之規定存在，亦即於刑法分則各種犯罪類型中，並無以保安處分作為法律效果之規定，僅於刑法總則中，作原則性規定，並賦予法官裁量時，個別對行為人加以認定之手段，故係屬於裁量效果。

四、基礎構想不同

刑罰本質上，除具有矯治與改善之功能外，更具有社會倫理之非難性存在，並具有懲罰性之痛苦；而保安處分純然係出以預防之目的構想，單純針對於行為人之矯治與改善，其本質上實具有教育與矯正之作用，並不具有非難性與懲罰性。

由於現行法所採取之刑事制裁制度，係刑罰與保安處分雙軌並行方式，雖然刑罰與保安處分有其本質上之差異，但對於預防犯罪之目的，則是一致。二者間固有差異存在，然並非相互排斥，而是相輔相成，相互為用。

第三項　雙軌制調和關係

固然保安處分係因特殊構想的目的，而導入刑法之中，但在罪責原則「無罪責即無處罰 (nulla poena sine culpa)」的前提下，保安處分的科處，並非是以行為人之刑事責任為前提，從而乃產生對於保安處分正當性的質疑，也形成所謂雙軌制的危機 (Krisis der Zweispurigkeit)，欲解決雙軌制所存在的疑慮，必須先對於保安處分存在的正當性加以說明。

由於刑罰的存在，係以行為罪責作為科處的基礎，且罪責的概念，也是刑事制裁根本性的指導理念，當要在罪責原則之外，尋求制裁手段的正當性時，該制裁手段同時具備有二種要求：1.其本身必須具有目的性存在，亦即制裁手段必須具有合目的性之引導思維；2.制裁手段必須合於正義的要求❺。在這樣的條件下，制裁方得以具備有法律所容許的正當性。觀保安處分的基本構想，法律制度一方面是為確保社會中每一個人的自由，亦即確保一個社會共同的自由，當有人欠缺避免危及他人自由的能力時，為防衛所有社會成員的利益與自由，自應對於危害者的自由加以節制；另一方面，當有人在自由的社會生活中濫用自己的權利，造成社會中成員與大眾之權利有受到侵害的危險時，危害之人的權利自應受到限制；再者，國家對於一定之行為人，因其生心理的缺陷，而危及社會之平和，或損及他人的權益時，應當為一定之作為，以改善該行為人，並維持社會之平和❻。而保安處分正是基於此種構想下的產物，一方面對於特定犯罪之行為人，基於防衛社會之必要者，而在刑罰之外，輔以矯治措施，以維持社會的平和；另一方面，對於行為人施以個別化之處遇方式，以塑造其成為正常社會之一員，並培養其無害於社會或他人之能力。

當保安處分的科處，係以行為人教育或治療的原因為導向時，其牴觸罪責原則的疑慮，自然較能見容於法秩序之中，畢竟當行為人不具備行為責任時，其行為卻已造成社會之危害，國家採取一種社會防衛的手段，並對於具有危害性之無責行為人，予以教養式及治療式的處遇方式者，其制裁的色彩也較為輕微，且對於行為人而言，也具有教養與治療的需求，故此種情況雖無刑罰之存在，但採取的保安措施，卻是具有雙利性之思維。

惟有疑慮者，乃在於既處刑罰、又科保安處分的情況，例如對於強制工作的類型，此種情況，一方面行為人因其行為需受刑罰之制裁，同時又因其具有社會危險性，以及犯罪之習慣性，單以任何一種制裁方式，都無法收制裁與矯治之功效，乃有刑罰之外，另再加保安處分的雙重制裁情形，在這樣的情況下，不論保安處分的構想，具有何種特殊性的目的，終究是在刑罰之外，額外加上保安處分，形成累加 (Kumulation) 的雙重處罰，對於行為人而言，其必須承受雙倍的制裁，對於國家刑罰制度而言，也牴觸重複處罰及超量禁止的基本原則，因此，對於同

❺　Aus Jescheck/Weigend, aaO., S. 86。
❻　這是對於現代國家要求的「福祉作為構想 (Gedanke der Heilbehandlung)」。Vgl. Jescheck/Weigend, aaO., S. 86。

時有存在刑罰與保安處分必要的情形，一方面要達成矯治與預防的構想，另一方面，又要謹守重複處罰禁止與超量禁止的界限，刑罰與保安處分的替換關係乃成為調和制裁制度必要的機制，亦即在一定的範圍之下，得以使刑罰與保安處分相互移用❼。

第二節　適用原則

保安處分雖是基於一定的社會防衛與預防構想下的產物，但因其手段仍舊具有相當濃厚的權力干預的色彩，其與刑罰同屬於刑事制裁的手段，本質上雖不如刑法濃厚的痛苦色彩，但若干保安處分手段的屬性，其實與刑罰相當類似。加上其得以在刑罰節制的基本原則之外，基於目的性的關係而為科處，甚至不受罪責原則之拘束，為避免有被濫用的疑慮與危險，在為保安處分科處時，至少應恪守三個基本原則：1.法定原則的要求；2.比例原則；3.替換原則。

第一項　法定原則的要求

保安處分的科處，並不似刑罰具有法定的規定存在，且嚴格受到法定原則與罪責原則之規範，然而，其性質仍是刑事制裁的手段，故而在基本的容許性要求上，也必須具備。雖然保安處分的目的性方向，大都置於行為人的危險性上，但單純行為人所具備的危險性，尚不足以確認保安處分科處的正當性，保安處分得以科處的前提條件，必須行為人具有被評價為不法的行為存在，倘若行為人並無不法者，則根本無由發動任何的保安處分手段❽。因此，得以科處保安處分手段的條件，仍須受到法定原則之拘束，對於保安處分而言，應遵守的前提，乃無不法即無保安處分。

第二項　比例原則

比例原則 (Verhältnisprinzip) 為憲法對於干預人民權利，所設定的基本原則，其內容中包含三種具體的基準：1.干預的適當性；2.手段的必要性；3.程度的相當性，茲將其與保安處分間的要求，分述之：

---

❼　So Jescheck/Weigend, aaO., S. 87。

❽　Vgl. auch Hanack-LK, Rn. 38 vor §61。

一、干預的適當性

保安處分基於社會防衛的構想，對於具有社會危害性的行為人，必須採取適當的手段，以確保社會中成員與社會秩序不受危害，故在採取保安處分之時，必須具備有此種危害的前提關係存在，亦即行為人必須有危害的行為，不論該行為是否具有刑事責任，也不論行為人能否承擔刑事責任，當社會危害發生時，國家本有採取防護措施的義務，惟並不是不計一切代價的社會防衛，而是必須審慎採取最為適當的干預手段，當得以輕微手段達成防衛目的時，應避免（乃至禁止）採用嚴厲的防衛措施。在保安處分的科處，當能夠以輕微的手段達成目的時，即應避免過激或過當的方式。

二、手段的必要性

保安處分的目的性構想，同時兼含有社會防衛與行為人矯治，其所採用的手段，因嚴守著最小侵害的原則，畢竟並非將具有危險性的行為人加以隔離，社會即得以安然無憂，故採取保安處分作為矯治行為人時，必須顧及行為人危險性之程度，倘若此種危險程度，非使用保安處分手段，不足以矯正時，方有動用保安處分手段之餘地。因此，保安處分在必要性的要求下，係屬於補充刑罰的性格。

三、程度的相當性

保安處分的構想，時常在行為人之人格危險性與社會防衛必要性之間游移，對於其所科處的程度如何？乃成為具體保安處分存在的重要課題，一方面顧及社會防衛的必要性程度；另一方面考慮行為人矯治程度，施以保安處分到底應該多久，方能同時兼顧到二者的目的，乃涉及到干預程度的問題。一般而言，保安處分都未定明確的時間，通常都是以上下作為節制，在這樣的期間中，並不是以只要「執行滿」就是最佳的方式，而是必須考量到干預程度的相當性，否則即容易造成輕微之侵害，卻得到較重的處分，干預程度的衡量，必須注意到程度的相當性。

第三項　替換原則

為避免刑罰與保安處分發生重複處罰的情況，在刑罰與保安處分間的調和，乃成為刑事制裁重要的課題，特別是對於具有刑罰與保安處分同時存在的情況，

倘若在執行時，逕行將二者分別予以執行，將使得制裁產生超量的情況。惟當行為人有予以保安處分之必要性時，通常應以保安處分之執行為優先，而在保安處分執行之後，其刑罰是否執行，以及應執行的長度，乃影響著是否發生制裁重複的問題，因此，在刑法中，宜設定一定之替換機制，以作為調和刑罰與保安處分的緩衝。是以，刑罰與保安處分同時存在時，除必須遵守超量禁止的原則之外，避免超量的調和基礎，乃在刑罰與保安處分替換 (Vikariieren) 的關係，當保安處分執行後，得以為刑罰相對期間之免執行或扣除；同樣地，當執行刑罰之後，認為無須再為保安處分執行者，亦得以免除保安處分之執行。

第三節　保安處分的類型

刑法中所規定保安處分之種類，計有：感化教育（第 86 條）、監護處分（第 87 條）、禁戒處分（第 88、89 條）、強制工作處分（第 90 條）、強制治療處分（第 91 條、第 91 條之 1）、保護管束（第 92 條）、驅逐出境處分（第 95 條）等七種，茲分述如次：

第一項　感化教育

感化教育所針對之對象，主要為未滿十四歲之無責任能力人，以及十四歲以上，十八歲未滿之限制責任能力人，依第 86 條第 1 項規定「因未滿十四歲而不罰者，得令入感化教育處所，施以感化教育。」第 2 項規定「因未滿十八歲而減輕其刑者，得於刑之執行完畢或赦免後，令入感化教育處所，施以感化教育。但宣告三年以下有期徒刑、拘役或罰金者，得於執行前為之。」由於未滿十四歲人之行為，依第 18 條第 1 項規定，不加處罰，僅得以科處保安處分，如依現行刑法規定，對於未滿十四歲人之行為，其刑事制裁手段，僅得以施以保安處分之感化教育而已。至於十四歲以上未滿十八歲人之行為，依第 18 條第 2 項規定，雖為限制責任能力人，但仍具有責任能力，故對其行為之刑事制裁手段，除刑罰之外，尚得科處感化教育，故而具有刑事制裁雙軌運用之情形。

惟對於感化教育對象，雖刑法設有感化教育之規定，然此等對象在法規範中，稱之為少年，而對於少年不法行為之處理，除刑法外，尚有少年事件處理法。由於少年事件處理法係針對少年而設，具有特別法之性質，依特別法優先普通法適用原則，優先適用少年事件處理法。於少年事件處理法中，將少年事件區分為保護事件與刑事案件（少年事件處理法第 14 條以下及第 65 條以下），而未滿十四歲

人之行為，根本無由成立刑事案件（少年事件處理法第 27 條第 3 項），僅能依保護事件處理。雖少年事件處理法中，對於保護事件之措施，亦規定有感化教育（少年事件處理法第 42 條第 1 項第 4 款），然其屬於保護處分之範圍，並非保安處分之形式。故刑法第 86 條第 1 項之規定，對於未滿十四歲人的行為，因有少年事件處理法之存在，而無適用之餘地。

此外，對於十四歲以上、未滿十八歲人之行為，少年事件處理法之處理，須視其事件性質而定，如為保護事件，雖受感化教育處分，然此種感化教育係保護處分措施，並非刑法之保安處分。唯有少年行為被認定為刑事案件時，而有受感化教育之必要者，方有刑法保安處分之感化教育規定適用。因此，對於十四歲以上未滿十八歲人之觸犯刑罰法令行為，唯有被認定為刑事案件時，方有刑法第 86 條第 2 項適用之餘地。

因未滿十八歲犯罪而受刑罰之處罰者，如認為有施以感化教育之必要時，得於裁判宣告時，併宣告之（第 96 條），亦即同時科處刑罰與感化教育。由於感化教育在性質上，係為改善未滿十八歲人之反社會性格，故對於感化教育之執行，原則上置於刑罰執行之後。感化教育期間原則上為三年（第 86 條第 3 項），至於執行多久，並不於裁判時予以宣告，但其執行期間不得逾三年。惟如行為人所受刑罰之宣告，係三年以下有期徒刑、拘役或罰金者，得於刑罰執行前，先執行感化教育（第 86 條第 2 項但書），且如先執行感化教育，已達改善之成效者，得免除刑罰之執行（第 98 條第 1 項後段）。又如執行感化教育期間已逾六個月，認為無繼續執行之必要時，法院得免其處分繼續執行，同時，如亦無執行刑罰之必要者，亦得免其刑之執行（第 98 條第 1 項後段）。

第二項　監護處分

監護處分所針對之對象，主要係刑法第 19 條規定之心神喪失、精神耗弱者，或第 20 條規定之瘖啞人。由於此類人在刑事責任上，如非無責任能力即屬限制責任能力人，由於其對於刑罰感受性較為薄弱，且因其智識較一般人為弱，較容易有逾越刑法界限而不自知之情形，刑法一方面要防衛社會免於受其侵犯，另一方面要保護此等人，故特設監護之保安處分規定。

因精神障礙，至無法辨識其行為之意義者，屬於刑法第 19 條第 1 項所定之無責任能力人，因刑法第 19 條第 1 項規定，並無刑罰處罰存在，故對於此類行為人之行為，僅得科處保安處分之監護處分；惟如對於精神狀態之障礙，而導致其對

於行為之認知，顯然有瑕疵者之行為，因其屬於限制責任能力之人，仍須承擔刑罰之制裁（第 19 條第 2 項、第 20 條），故監護處分得與刑罰同時並存。如此類行為意識薄弱之人犯罪，同時受刑罰與監護處分之科處時，應先執行刑罰，而於刑罰執行完畢或赦免後，再令入相當處所，施以監護處分，但依具體情況，如有必要時，亦得於刑之執行前為之（第 87 條第 2 項）。監護之期間為五年（第 87 條第 3 項），監護期間未終了前，如已收成效，無繼續執行之必要者，得免其繼續執行（第 87 條第 3 項），而且如係在刑之執行前執行監護處分者，當執行完畢或雖未執行完畢而免除其處分之執行，且不再須為刑之執行時，法院亦得為刑之執行之免除（第 98 條第 1 項）。

第三項 禁戒處分

禁戒處分之對象，為因吸食毒品或酗酒之犯罪行為人，主要係為戒除行為人之毒癮或酒癮，所為之保安處分手段。惟因毒品與酗酒所生禁戒處分之前提不同，且與刑罰執行之先後關係有別，需分別加以說明：

一、毒癮者之禁戒

由於吸食或施用毒品行為本身，即屬刑法所禁止之行為，故如有吸食者，即為刑法（第 262 條）或特別法（如毒品危害防制條例第 10 條）之犯罪行為，不待其因吸食而生其他犯罪行為，即得成為禁戒處分（毒品危害防制條例稱勒戒或強制戒治）之條件。依第 88 條第 1 項規定「施用毒品成癮者，於刑之執行前令入相當處所，施以禁戒」，因此毒癮之禁戒處分，係以其吸食或施用之行為，為禁戒處分之認定條件。

由於毒品之危害，具有產生身心理戒斷之危險，故而對於毒癮者之禁戒，應先於刑罰執行之前（第 88 條第 1 項）。因毒癮之禁戒處分期間為一年以下（第 88 條第 2 項），執行中認無繼續執行之必要者，法院得免其處分之執行（第 88 條第 2 項但書），如禁戒處分之執行完畢或免除時，法院認無執行刑罰之必要者，亦得免其刑全部或一部之執行（第 98 條第 2 項），即使禁戒處分因未終了而免其執行者，亦同。

二、酒癮者之禁戒

由於飲用酒類本身，並非刑法所禁止之行為，故而，對於酗酒成性之人，並

不能因其酗酒，即施以禁戒處分，必俟其因酗酒而有犯罪行為時，方得成為禁戒處分之條件。依第 89 條第 1 項規定「因酗酒而犯罪，足認其已酗酒成癮並有再犯之虞者，於刑之執行前，令入相當處所，施以禁戒」。故因酗酒犯罪之前提條件有三：1.須因酗酒而犯罪；2.須足認酗酒已經成癮；3.有再犯之虞。

酗酒犯罪之禁戒期間為一年以下（第 89 條第 2 項），且其執行，係於刑罰執行前為之（第 89 條第 1 項）。

而當禁戒處分執行中，如認無繼續執行之必要者，法院得免其處分之執行（第 89 條第 2 項但書）。同時如因禁戒處分執行完畢，或雖未執行完畢，但因無繼續執行之必要而免其處分之繼續執行者，如認為無執行刑之必要者，法院得免除其刑之全部或一部執行（第 98 條第 2 項）。

第四項　強制工作處分

強制工作處分所針對之對象，為具有犯罪習性之習慣犯，或以犯罪為常業之常業犯，或因怠惰成習而犯罪之人，其施刑之目的，乃在於去除行為人犯罪之惡習，並養成勤勞工作之正常性格。依刑法第 90 條第 1 項之規定「有犯罪之習慣或因遊蕩或懶惰成習而犯罪者，於刑之執行前，令入勞動場所，強制工作」。其適用的情況有二：1.有犯罪之習慣者；2.因遊蕩或懶惰成習而犯罪者。

強制工作之期間為三年（第 90 條第 2 項），其執行係於刑罰執行前為之（第 90 條第 1 項）。如執行滿一年六月後，認無繼續執行之必要者，法院得免其處分之執行（第 90 條第 2 項但書）。惟執行期間屆滿前，認為有延長之必要者，法院得許可延長之，其延長之期間不得逾一年六月，並以一次為限（第 90 條第 3 項）。在保安處分的規定中，原本即有延長之規定（原刑法第 97 條），惟 2005 年刑法修正時，將其刪除，使得保安處分得以延長的規定，受到限制，唯有法有明文規定者，方得以延長，修正法除第 91 條之 1 的規定外，唯一得以延長者，僅第 90 條強制工作一項而已。

第五項　強制治療處分

刑法保安處分的強制治療處分，其適用的對象有二類：1.刑法第 91 條：係針對罹患特定之疾病，而以該疾病作為行為媒介之犯罪人，主要者為刑法第 285 條所規定之行為人，即有花柳病而與他人為猥褻或性交，致傳染於人者；2.刑法第 91 條之 1：侵害性自主罪之行為人，此類行為人包括：犯強制性交、強制猥褻及

相關各罪（即犯第 221 至 229 條、第 230 條及第 234 條之罪）之行為人。因此強制治療之對象，乃包括患花柳病之行為人，以及特定性犯罪之行為人。

由於強制治療對象有所不同，強制治療處分實施之方式及限制，亦有差異，茲分述如次：

一、對於傳染花柳病罪行為人之強制治療

對此等對象之強制治療處分，係以行為人犯刑法第 285 條之傳染花柳病罪，為成立條件（第 91 條第 1 項），如行為人之行為已觸犯刑法第 285 條者，即得處以強制治療，不需再為鑑定有無實施強制治療之必要，蓋得以成立刑法第 285 條之罪者，係以行為人明知其有花柳病為前提條件。

對於犯刑法第 285 條罪之人，所為強制治療處分者，應於刑之執行前為之，且未有期間之限制，其執行至治癒時為止（第 91 條第 2 項）。通常保安處分類型之期間，均以三年為限，故有免於執行情況發生（第 98 條），惟刑法第 91 條之強制治療處分規定，係現行刑法中唯一無期間限制之保安處分類型，故無終了前免其執行之問題存在，其執行期間，係以治癒與否為考量根據。其以治癒為執行期間之期滿，而期滿後認為無執行刑之必要者，法院得免其刑之全部或一部執行（第 98 條第 2 項）。

二、對於特定性犯罪人之強制治療

此等強制治療之對象，均屬侵害性自由犯罪之行為人。對於性犯罪行為人，是否科處強制治療，並非如第 91 條之情形，一經成罪，即得科處強制治療，而是性侵害之犯罪成立後，必須再經鑑定是否有強制治療之必要，如有必要時，方得成為強制治療科處之前提條件。且該鑑定之實施係於裁判之前，以作為是否宣告強制治療之依據。

此種強制治療處分之執行，係於刑之執行中或執行後為之，且是否為強制治療？必須經過一定的鑑定與評估，如認定具有再犯之危險性時，乃須為強制治療（第 91 條之 1 第 1 項第 1、2 款）。其治療期間至其再犯之危險性顯著降低為止，且執行期間應每年鑑定、評估有無停止治療之必要（第 91 條之 1 第 2 項）。

由於刑法第 91 條之 1 的強制治療，係於刑罰執行期滿前，經過鑑定與評估而認為有再犯危險性時，所為強制治療之處分，其既非法院於裁判時所為之宣告，此種處分等於是執行中附帶所為，殊不知科處保安處分的方式，竟得以此種方式

為之？在立法理由中稱：保安處分得以依照刑事訴訟法第 481 條第 3 項之規定，補行宣告，這是完全曲解法律規定的理由，蓋保安處分的宣告，必須是以判決為之，刑事訴訟法第 481 條的規定，必須是先有判決宣告保安處分之存在，作為得以裁定為執行的程序處理規定，並不能以刑事訴訟法第 481 條的規定，作為宣告保安處分的基礎，這是根本扭曲法律規定的謬誤。

另外，在刑後為強制治療，其正當性何在？既無判決之宣告，也欠缺法律明文之依據，僅因鑑定與評估，即得使性侵害之人，從有期徒刑變成終身監禁，這樣的條文會出現在刑法之中，確實令人遺憾！刑法第 91 條之 1 顯然已經是違憲的規定。

第六項　保護管束

保護管束者，係將特定之行為人，交由特定機關、團體或個人，加以管束約制之制裁手段，此所謂特定之機關、團體或個人者，係指保護管束之執行者而言，包括：警察機關、自治團體、慈善團體、受執行者之本人最近親屬，或其他適當之人（保安處分執行法第 64 條以下）。保護管束之實施形式，不同於其他保安處分，蓋保安處分多為機構性之處遇，亦即多為一定處所或場所之執行方式，而保護管束並非機構性之處遇，而係半開放式之處遇方式，其執行並非於特定之處所或場所，而是就具體事實情狀，以較為柔性之方式行之。依現行法之規定，保護管束本質上具有雙重之特性：

一、保護管束係替代保安處分之手段

依刑法第 92 條第 1 項之規定「第八十六條至第九十條之處分，按其情形得以保護管束代之」，亦即保護管束作為替代性保安處分之手段，在犯罪情節上，顯然較為輕微，對於犯罪行為人之矯治，尚不須以剝奪自由之機構性處遇，加以矯治改善，即得以收執行之成效。其所得以替代之保安處分種類計有：感化教育、監護、禁戒、強制工作等處分。至於強制治療處分，則非保護管束得以替代之保安處分。基本上，以保護管束替代保安處分者，必先有保安處分之諭知為前提條件，如無保安處分存在，即無替代之保護管束。

保護管束作為替代保安處分之手段，其期間均為三年以下，不論其所替代之保安處分期間為何，例如因吸食或施用毒品或酗酒犯罪之禁戒處分期間，僅為一年以下，如以保護管束替代者，其執行期間仍為三年以下。

2005 年修正時，對於保護管束的規定，並未修正，但對於其執行關係者，卻將原屬於具體執行關係，得否為免執行之規定，即原刑法第 97 條刪除，使得保護管束的執行，反而無其他保安處分手段的適用情況，亦即無法作具體衡量其在執行為期滿時，是否有繼續執行之必要。即使在刑法第 98 條的規定中，也欠缺保護管束的執行規定，因此，保護管束於執行中，如認有無繼續執行必要者，是否得免其處分之執行？乃變成法無明文，這是修法時欠缺考慮之處。

二、保護管束係獨立之管束手段

保護管束作為替代保安處分之手段時，必須先有保安處分之諭知存在，如無保安處分之諭知，即不得代之以保護管束，此時保護管束係屬替代性之手段。除此之外，對於特定之情況，雖無保安處分之諭知，仍有保護管束之適用。如行為人依刑法第 74 條而受緩刑之宣告者，在緩刑期內得付保護管束（第 93 條第 1 項）；又如係依刑法第 77 條受假釋出獄者，在假釋中應付保護管束（第 93 條第 2 項）。

行為人如受緩刑宣告者，其緩刑期間依刑法第 74 條之規定，為二年以上五年以下，如有付保護管束時，保護管束之期間，乃為緩刑之期間，非如刑法第 92 條第 2 項所定之三年以下。至於緩刑是否交付保護管束，除必付保護管束之情形（第 93 條第 1 項）外，由法院決定。如受刑人受假釋者，應付保護管束，保護管束期間為假釋期間，如無期徒刑受假釋者，其假釋期間為二十年；其他有期徒刑之假釋期間，則為其未執行餘刑之期間。

第七項　驅逐出境處分

驅逐出境處分所針對之對象，為於本國犯罪而受有期徒刑宣告之外國人。基本上，我國刑罰之效力得以適用於外國人者，必須其係於本國領域內犯罪，或其所犯之罪為國際公罪，而受我國司法權之管轄者，方得審判論罪科刑（參照第 3、5、8 條的規定）。如外國人犯罪受我國司法機關審判，且受有期徒刑以上刑之宣告，於刑執行完畢或赦免後，驅逐出境（第 95 條）。

第四節　保安處分的宣告、執行與時效

保安處分應於裁判時，併宣告之（第 96 條前段），且需將保安處分之種類與理由於判決書中諭知（刑事訴訟法第 309 條第 6 款、第 310 條第 6 款）。惟如保安

處分之事由係發生於裁判後，則無從於裁判時宣告，自不需受此限制，此種情形有因假釋付保護管束者，或因受刑人遇有刑之赦免者，此種情形自不需受限於裁判時宣告之規定。

由於保安處分具有矯治犯罪行為人之作用，故在制裁體系中，宜先於刑罰為執行，在原本的刑法規定中，並未做如此之思考，故而保安處分與刑罰的執行先後關係，乃須個別觀察。惟在 2005 年刑法修正後❾，除第 86 條第 2 項之感化教育的情況，原則先執行刑罰、例外先執行感化教育外，其餘之規定，皆以先執行保安處分為原則。

此外，如宣告保安處分，卻遲未執行，自不能允許其執行效力無盡延長，因此刑法規定，自應執行之日起，經三年未執行者，非得法院認為原宣告保安處分之原因仍繼續存在時，不得執行之（第 99 條）。此種規定與刑罰執行時效消滅（第 84 條）情況類似，但本質上並不相同，蓋行刑權時效消滅，根本不得再予以執行，而保安處分雖經三年未執行，只要法院許可，仍得予以執行，其前提要件，必須法院許可。此所稱「應執行之日」者，因保安處分之執行與刑罰執行之先後有別，而有不同，如係先執行保安處分者，則裁判確定之日，即為應執行之日；如係先執行刑罰者，則自刑之執行完畢或赦免之日，為應執行之日。惟當保安處分宣告後，逾七年未開始或繼續執行者，則不得再予以執行，此乃為保安處分之執行時效之規定，亦即保安處分自應執行之日起逾七年未開始或繼續執行者，保安處分執行之效力消滅。

保安處分乃刑罰之外，基於社會防衛必要性，用以矯治、改善犯罪行為人之刑事制裁手段，其構想的根源，乃在於制裁的預防構想，更貼切而言，係相當濃厚的特別預防構想❿。其主要之作用，乃在於針對具有社會危險性之犯罪行為人，藉由各種保安措施手段，去除其反社會性格，使其去除犯罪之惡習，遠離犯罪，以達到其社會化之目的，進而確保整體社會之安全，免於受犯罪行為之侵害。

---

❾　舊法規定（2005 年修正前）刑罰與保安處分執行順序有三：1.刑先保後者：如第 86 條（感化教育）、第 89 條（酗酒之禁戒處分）、第 90 條（強制工作）；2.保先刑後者：第 87 條（監護處分）、第 88 條（毒癮禁戒處分）、第 91 條（強制治療）及第 91 條之 1（性侵害強制治療）；3.原則性與例外併存者：第 86 條（感化教育）。2005 年刑法修正後，則對刑罰與保安處分的適用關係，做統一適用的規範。

❿　Vgl. Roxin, Strafrecht AT I, 4. Aufl., S. 96ff.。

第五章　競合論

　　刑法稱競合 (Konkurrenz) 者，並非其評價客體的行為決定問題，蓋作為刑法評價對象的行為，是事實存在的產物，對於行為僅存在或不存在，並無所謂競合的關係。對於行為的認定問題，僅在於如何對於行為加以評價而已。之所以在刑法中會產生競合者，應為評價的規範，而所競合者，乃在於規範具體適用的問題，詳言之，規範之競合，主要係為確定對於行為之評價，問題所在，則在於何者方得以反映出行為所產生的非價內涵，如何經由規範的適用檢視，對於所評價之對象，做出完整無遺的評價。因此，在競合論中，所處理的問題，並非僅單一規範實現的問題，蓋單一構成要件實現時，僅為單一之適用關係而已，無所稱競合情形發生；反之，稱競合者，係指在同時存在數規範的情況下，檢討究竟如何從該數規範中，對於評價對象的行為做完整之評價。

　　在探討競合論問題❶時，首先必須從產生競合的基本結構關係著手，確認競合問題之基本結構後，方能遵循此一結構，逐步分析產生競合問題的前提要件，進而探討各種競合的形式，以及辯證競合論中之個別問題。

第一節　競合論基本結構

　　刑法競合論的形成關係，係建構在行為人為一行為或數行為，而有數個構成要件實現的結構上，亦即行為（不論單一或複數）所實現之構成要件，並非單一，而係數個時。對於一行為或數行為而實現數個構成要件的情形，在判斷可罰性的基礎上，無法像單一構成要件被實現的判斷方式，可以直接從其法定刑中得出。對於數構成要件被實現的情形，其可罰性及最終之法律效果之確認，勢必不能僅從各別構成要件中求得，必須藉助於創設之法理，方得以對於反應可罰性之法律效果，明確加以決定。而此一認定工作即落入競合論之中。從而，競合論所處理的問題，並非構成要件該不該當的問題，亦非罪成不成立的問題，而係以數被該當之構成要件為基礎，確認可罰性之法律效果決定問題。惟有時在特定的情況下，究為一構成要件或是數構成要件被實現，並不明顯，且因構成要件體系的結構，產生疑似該當卻又被除斥的現象，最終僅有單一構成要件被具體適用，並無複數

---

❶　競合論的問題，原包含已經遭刪除的牽連關係與連續關係，本書並不檢討牽連關係與連續關係的問題。若欲瞭解此二概念的本然與應然，及其存廢利弊檢討，酌請參照柯耀程，刑法競合論，2 版，325 頁以下、459 頁以下。

構成要件具體存在的情形，此即所稱之「法規競合 (Gesetzeskonkurrenz)」問題，此種型態嚴格而言，僅係規範內部之問題而已，並非競合論之處理範疇，更不能稱為競合，充其量僅為與競合論作對照而已，故其又稱為「假性競合 (scheinbare Konkurrenz)」❷。因此，複數規範的實現，乃成為競合論問題之基本結構。

是以競合論的基本形成關係，係指行為實現多數刑法規範，而各規範均確實存在，為使得法律的評價標準得以確實適用，以決定罪刑關係，就所實現之規範間，擷取適當之法律效果，在結構上，複數之規範確實被侵害，而由於個別規範間法定之法律效果，無法也不能單純地加以結合，乃至於欠缺具體之制裁效果，為求取具體之法律效果，必須從所實現之規範間，審酌一足以反應被實現規範之非價內容的法律效果，此一擷取過程即為競合論之核心任務。因而，競合論所稱競合，並非罪之競合，詳言之，競合者並非被實現構成要件之具體適用衡量，蓋被實現之構成要件均具體存在，並無取捨問題，亦不生爭取適用的關係，反而競合問題，係以複數構成要件的存在，作為成立的前提要件。對於競合論的結構而言，實係被實現構成要件之組合與整合，構成要件間並無競合存在，而係並存結構。其所競合者，應為法律效果，亦即為反應複數構成要件實現的不法內涵，在被實現構成要件的基本法律效果間，衡量擷取一適當之法律效果，作為實現複數構成要件行為之具體反應。故而，競合者並非構成要件之競合，而係法律效果之競合❸。因此，競合論所處理的問題，必然係以複數構成要件實現作為基礎，易

---

❷　「法規競合 (Gesetzeskonkurrenz)」的名稱，在學界的認定上頗不一致，有認為應稱為「法條競合」，如黃榮堅，雙重評價禁止與法條競合，台大法學論叢，第二十三卷第一期，157 頁以下；有認為應稱為「假性法律競合 (scheinbare Gesetzezkonkurrenz)」，如 Geerds, Zur Lehre von Konkurrenz im Strafrecht 1961, S. 146ff；有稱為「假象競合 (scheinbare Konkurrenz)」，so Jakobs, aaO., S. 861ff；Geerds, aaO., S. 146ff. etc；亦有稱為「不純正競合 (unechte Konkurrenz)」，so Schönke/Schröder/Stree, Rn. 102 vor §52 etc；Jescheck/Weigend, Strafrecht AT, 5. Aufl., S. 732。而目前德國學理上漸漸使用「法規單一 (Gesetzeseinheit)」稱之，vgl. Jescheck/Weigend, Strafrecht AT, S. 732, insbesondere Fn. 2。儘管「法規競合」名稱有所不同，惟其所認知之法律競合，皆含有非競合本質的意義。本書於概念引用時，因其競合並非真實，故以法律競合稱之。

❸　誠如吉爾茲 (Geerds) 所言「競合之特殊性，係在於具有多數之單數犯罪（易言之，即多數刑法構成要件實現）存在，且此多數單一犯罪必然導致實質之複數『刑罰本權』，亦即複數足以具體適用之法定法律效果……競合者，主要係刑罰運用的問題」。Aus Geerds, aaO., S. 238, 239。

言之，競合論之結構，係建立在「數罪 (Deliktsmehrheit)」❹的基礎上。不論該複數之構成要件實現係由一行為所實現，抑或是數行為所實現。由不同評價對象所實現之複數構成要件，僅是競合論中之型態差異而已，如該複數構成要件，係由一行為所實現者，則其所形成之競合型態，即為「想像競合」；如複數構成要件實現的評價，於同一程序中處理，且係由數獨立且不具相關性之行為所實現者，即為「實質競合」。

如以構成要件實現作為刑法評價之界限，則犯罪行為論所處理的範圍，僅在於單一構成要件實現的情況；如有複數構成要件被實現時，則屬於競合論處理的範疇。至於複數構成要件係由單一行為所實現，抑或是由複數行為實現，則為競合之個別型態。因此，競合論之基本結構，係建立在複數構成要件實現的基礎上，而個別形成之競合型態，僅在於係由一行為或數行為所實現之區分而已。至於如何區分一行為或數行為，則係競合論中，另一前提要件區分判斷的問題❺。

第一項　行為數與罪數

競合論所處理之問題，其基本結構形式，係建立在複數構成要件的實現上，然因複數構成要件的實現，可由單一行為所導致，亦可由複數行為所實現，而行為又為刑法所評價之對象，對於單一行為僅能為單一評價，評價結果亦為單一，唯有複數行為始得為複數評價，其所得之評價結果，方可能為複數。由不同的評價觀點觀察，遂糾結出競合論紛擾的認定問題，其究竟係判斷行為數 (Handlungszahl) 的問題？或是判斷罪數 (Verbrechenszahl) 的問題？對於此一問題

---

❹ 將競合論之前提定位在「數罪」者，應首推吉爾茲 (Geerds)，其認為競合論所處理之問題，應皆屬於複數構成要件實現 (Mehrheit strafrechtlicher Tatbestandsverwirklichungen)，因此，係以「犯罪複數 (Verbrechensmehrheit)」，為競合論之基本條件。Vgl. Geerds, aaO., S. 237ff.。惟吉爾茲 (Geerds) 所引用 "Verbrechensmehrheit" 一詞，雖然其係以構成要件實現之數為基礎，但似乎在文字運用上，易產生誤解，蓋 "Verbrechen" 一詞，一方面具有相當抽象的色彩，另一方面，通常是指評價結果，故而本書以構成要件犯罪目錄之罪 "Delikt"，為文字運用之根本，一方面避免誤解，另一方面亦能真實反映出複數構成要件實現的事實情狀。同樣將競合的基本條件視為數罪，且以 "Delikt" 為名者，見 Wegscheider, Echt und scheinbare Konkurrenz 1980, S. 39。

❺ 依照德國刑法通說之見解，行為單數 (Handlungseinheit) 與行為複數 (Handlungsmehrheit) 之區分，主要係從確認行為單數出發，如行為單數得以確定，則多數之行為單數，即為行為複數。Vgl. Geerds, aaO., S. 244；Bringewat, Die Bildung der Gesamtstrafe 1987, S. 11.

的回答，似乎並不容易，蓋由不同的認知觀點所得之結果，亦是南轅北轍。在德國刑法學理的詮釋，認為競合論係建立在複數的規範侵害之上，所不同者，僅在於行為數之差異而已，因而，學理論述的焦點，乃集中在行為數之區分上❻，雖然德國學者認為行為數之決定，並不等於競合論本身❼，然而，將處理競合論問題的重點，放在行為數之區分上，亦使人產生競合論係行為數問題之誤解。事實上，行為數的判斷，僅是競合論中個別型態成立的前提要件而已，蓋在形成競合型態中，行為單、複數之區分，僅是為確認想像競合或實質競合之前提必要條件而已，非但行為單數不必然等於想像競合，其仍須有多數規範實現之條件存在，方得成為想像競合；而行為複數亦非必然即可視為實質競合，固然行為複數必然實現複數之構成要件，但如非於一裁判中同時成為訴訟客體，則亦非實質競合。因此，競合論並非行為數認定的問題，行為單、複數之區分，只不過係確認競合存在的前提條件之一而已。

　　反觀我國刑法，向來均將競合問題視為係罪數決定之問題❽，惟學理上對於涉及競合的基本結構並無誤解，亦認為會有競合發生的情況，均存在有數罪名。

---

❻　德國刑法為明確認定競合問題，乃發展出行為單數與行為複數之區分，而出發點則在於行為單數的確認，為能詳實認定行為單數，乃在學理上發展出一套相當繁複的行為單數認定標準，並將行為單數概念，視為競合論專屬之行為概念。其對於行為單數判斷的見解，基本上可分為四種，包括 1. 自然意義下之一行為；2. 自然之行為單數；3. 構成要件之行為單數；4. 法的行為單數，其中構成要件的行為單數見解，為學理及實務所採用，而成為通說之見。然而，此種將焦點置於行為單數區分的作法，不無可議之處。參見柯耀程，變動中的刑法思想，315 頁以下。

❼　對於競合論中行為數之決定，德國學者亦相當戒慎，深怕掉入將二者劃上等號的泥淖中，行為單數並不等於想像競合，行為複數亦非即為實質競合。Vgl. Geerds, aaO., S. 241；Jescheck/Weigend, aaO., S. 718；Schönke/Schröder/Stree, Rn. 21 vor §52；Vogler-LK, Rn. 43 vor §52；Samson-SK, Rn. 31 vor §52；Warda, Funktion und Grenzen der natürlichen Handlungseinheit, in: Oehler-FS 1985, S. 241ff., 244。

❽　參見蔡墩銘，刑法總論，255、256 頁；蔡墩銘，罪數的決定標準，軍法專刊，第 8 卷第 5 期；甘添貴，刑法總論講義，245 頁以下；韓忠謨，刑法原理，357 頁；周冶平，罪數論，（蔡墩銘主編）刑法總則論文選輯（下），677 頁以下；趙琛，想像數罪牽連犯及連續犯，中國法學論著選輯（刁榮華主編），332 頁以下；陳樸生，刑法專題研究，493 頁以下；陳珊，犯罪競合與法律競合，軍法專刊，第 11 卷第 7、8、9 期。而在德國學理上，仍有少數主張以罪數作區分之見解，見 Maurach/Gössel/Zipf, aaO., S. 357ff.；Stoecker, Die Konkurrenz, Materialien zur Strafrechtsreform Bd. 2 1954, S. 449ff.。

就學理對於罪數決定的公式觀察，其中涉及競合問題者，有二： 1.形式數罪或稱裁判上一罪：即以一犯意（含概括犯意），為一行為或數行為，其結果侵害數法益，成立數罪名者，包括想像競合、牽連犯及連續犯； 2.實質數罪：以數犯意，為數行為，結果侵害數法益，成立數罪名者。然而，既以數罪名的存在作為形成競合問題的前提，何以數罪名卻成「一罪」？此所稱罪數決定，其所指之「罪」應為評價之結果，藉以與成立條件的「罪名」作區隔，惟評價結果作為罪數決定之基準，所依據者，應非「罪名」，而係作為評價客體之行為，蓋唯有行為為單一，或其雖非單一卻具有特定之關連性，如牽連關係或連續關係存在時，將該評價客體作一整體性評價，如此方有評價單一的情況，唯有此種情況，方得謂評價單數，然評價內容則屬複數，蓋評價內容係由數「罪名」建構而成。因而，將複數之罪名，稱之為「一罪」，頗為令人不解，其中包含有二部分之疑慮存在： 1.如何區分「罪數」與「罪名數」，其標準何在？刑法中是否具有二不同「罪」之概念？其中是否意味著一為評價標準的構成要件所揭示之罪，一為以此標準所為之評價結果？而二者均通稱為「罪」； 2.即使罪數得以明確區分，是否即意味著競合論之任務，在確認罪數之時，即已完成？事實不然，即使確認罪數，仍須進一步對於可罰性之法律效果加以檢討。因此，罪數論或許可稱為刑法學理發展過程的一種誤認。

第二項　競合論的定位

在刑法的體系結構中，從可罰性認定，到法律效果關係，以及確認作為執行名義的刑罰效果的刑罰裁量關係的處理問題，大抵可以分為三個部分，即犯罪行為論（有稱犯罪論）、法律效果論（有稱刑罰論）及刑罰裁量論。從學理爭論的關係來看，定位的問題，是屬於學理論述的基本條件，定位有偏差時，所得之論述結果，也會有失焦的危險，故精準的定位是確保論理正確性的前提條件。究竟競合論的定位為何？或許因不同體制而有不同的定位關係，但採取法律效果決定區分體制的競合體系，其定位關係不外二個，即犯罪行為論與法律效果論間的爭論❾。

對於複數構成要件實現的競合問題，究竟應如何正確加以定位，確實不是一件容易的事。由於形成競合關係的事實結構，本具有複數構成要件實現存在，因而，容易使人誤認競合問題乃決定罪數的問題，而將其定位在犯罪行為論之中。事實上，競合論所涉及者，並非關注複數構成要件「是否 (Ob)」具體存在的問

❾　競合論定位問題，請參見柯耀程，刑法競合論，2 版，25 頁以下。

題，而是以複數構成要件均確實存立為前提條件，進一步檢討應「如何 (Wie)」處理該複數構成要件所存在的可罰性關係。

競合問題的形成，既然是以複數構成要件確實存在作為前提條件，而在複數構成要件實現的情況下，構成要件體系並未提供法律效果決定的基準，因此必須在法律效果的處理上另行思考。雖然，競合論的結構具有複數構成要件實現之形態，但該複數構成要件是否成立，並非由競合論來處理與判斷，而係以其具體的存在，作為確認競合論的前提。因此，競合論的定位，應在犯罪行為論之後，而以犯罪行為論作為前提基礎，並非犯罪行為論之範圍。再者，競合論處理的問題，既係以複數構成要件實現為基礎，而對其法律效果加以確認，以為刑罰裁量之基礎，故競合論應是對於複數構成要件實現問題，為提供刑罰裁量所需要，以確認出刑罰裁量前提之刑度範圍的問題，故應屬於法律效果認定的問題，其體系定位應為法律效果論的範圍。是以，競合問題的主軸，應該放在法律效果的範圍與程度類型的決定之上，從而方有檢討法律效果處理原則之問題存在。

第二節　法律效果處理原則

在刑法體制中，對於競合問題的法律效果處理，基本上有區分制與單一制兩種體制，我國刑法與德、日刑法均採取區分法律效果處理的方式，而奧地利刑法則採行單一刑制度。從競合法律效果所採行體制不同，對於競合型態之認定亦有差異。採行區分制的刑法，在法律效果處理前，對於其競合形式亦實質加以區分，通常是區分為評價事實單一 (Tateinheit)，以及評價事實複數 (Tatmehrheit)❿，即學理所稱想像競合與實質競合。此種競合型態的區分，對於法律效果的處理上，有其特殊意義存在，蓋其法律效果所依據之處理基礎，會因競合型態的不同，而

---

❿　此處對於 "Tateinheit" 與 "Tatmehrheit" 中，"Tat" 的概念，德國學理均認為係實體法上的概念，可譯為「行為事實」，或理解為實體法上的評價事實，其不同於程序法上 "Tat（案件）" 的概念，蓋其認為實體法上即使是評價事實複數 (Tatmehrheit)，在程序法上，仍舊為「一案件 (eine Tat)」。Darüber vgl. Lackner/Kühl, Rn. 34 vor §52；Vogler-LK, Rn. 7 vor §52, Rn.51 zu §52；Schönke/Schröder/Stree, Rn. 50 zu §52；Jescheck/Weigend, aaO., S. 709。然而 "Tat" 的概念，是否如同德國學理所稱有實體與程序概念的不同，容有質疑。本書認為實體法與程序法上 "Tat" 的概念，應該是同樣的概念，故而不稱為犯罪（或事實）單數與複數，而以評價事實單數與評價事實複數稱之，更能符合實體法與程序法評價一致性，蓋在實體法上不可分者，在程序法中亦然，反之，在實體法上得以分割者，在程序法中亦不應有所差別。

有所不同：對於單一評價事實的法律效果處理基礎，係在於複數構成要件法定刑之整合上；而在複數評價事實的處理上，則事先就個別事實之法律效果，依據法定刑為宣告，再次以所宣告之宣告刑，作為處理的基礎。反之，如採取單一體制的刑法，雖其仍對於競合型態作形式上及概念上之區分，然此種區分對於法律效果的判斷影響不大，其所依據法律效果判斷的準據，均以法定刑為基礎。

第一項　區分處理

競合論中，對於法律效果之決定，採取區分處理的原則，非但在處理法律效果上，所依據之基礎有所區分，即對於競合型態亦有實質意義的不同。通常採取區分處理原則者，對競合型態的認定，係從單一評價與複數評價作為區隔，對於單數評價的法律效果處理，所依據者為法定刑之整合，而對於複數評價的法律效果，則以個別宣告刑作為處理原則之依據。區分制之法律效果的處理原則，從學理的發展過程觀察，有五種主要的處理方法，即： 1.累罰原則 (quot crimina, tot poenae)； 2.併罰原則 (Kumulationsprinzip)❶； 3.吸收原則 (Absortionsprinzip)； 4.限制加重原則 (Asperationsprinzip)； 5.結合原則 (Kombinationsprinzip) 等五種。我國刑法對於競合論處理的問題，係採取區分處理原則，對於各種不同的競合形式，所採用的原則亦有差異，茲分述之：

一、累罰原則

稱累罰原則者，係源自羅馬法的觀念，此種法律效果之處理，可謂為最原始的累計方式，亦即將行為人所犯之罪，各罪之法律效果分別宣告，且不分法律效果之種類與程度，均合計加以計算，其所依據處理的基礎為各罪之宣告刑，且不論宣告刑中，有無不同種類之刑罰手段，均分別加以執行。此即所謂「有多少罪，即有多少刑 (quot crimina, tot poenae)」之理念 ❷。在我國刑法中，如一人犯數罪，而非於同一程序中處理，且數罪之成立亦非在裁判確定前所犯者，亦即雖有數獨立存在之行為，為複數構成要件之實現，但卻非實質競合之型態時，即依據累罰

---

❶ 在學理上，均將由羅馬法時代所採用之 "quot crimina, tot poenae" 原則，賦予現代意義，稱為併罰原則 (Kumulationsprinzip)，然而此種轉譯方式，恐怕會有問題。蓋累罰原則並不區分刑罰之種類，而現代意義下之併罰原則，則係由不同刑罰種類關係所形成者，二者在概念上，仍應加以區分。

❷ Vgl. Geerds, aaO., S. 5ff.。

原則加以處理，此時行為人所得之宣告刑，並不能依據實質競合之處理原則論斷，僅能將所有宣告之刑累計處罰 ❸。此種累罰的關係，並不發生刑事訴訟法第 477 條所定更定其刑聲請之問題。依據累罰原則所得之最終法律效果，並不受到法律效果刑度之限制，特別是自由刑刑度，其可能超越有期自由刑的上限（二十年）。在近代刑法中，直接將各罪之法律效果予以相加，除見諸於判例法體例中外，在罪刑法定原則與罪刑均衡原則的影響下，並不多見，雖然此一原則仍有適用之空間，但僅限於各罪均屬獨立且受到程序法確定判決拘束的情況下，方得以適用之，亦即僅在不同程序處理的各罪，且各罪之實現均在裁判確定後，方得以將一行為人所犯之諸罪，依此一原則，就其法律效果加以處理。

　　各罪均於各別裁判確定後所犯者，也就是複數構成要件實現之獨立數犯罪行為，並非刑法第 50 條範圍，亦非第 53 條適用的範圍，即為累罰原則適用的範圍。此外刑法第 50 條於 2013 年修正後，對於得為易刑處分的犯罪，亦屬併罰的例外，其與非易刑處分之罪，乃累罰其法律效果。

　　此外，刑法第 50 條所規定，得為數罪併罰之條件，因 2013 年之修正，使得原本應為併罰的情狀，變成不予併罰，而得以分別科處，此係一種變相的累罰關係。對於裁判確定前犯數罪的併罰關係，其例外分開科罰的情狀有四：1.得易科罰金之罪與不得易科罰金之罪；2.得易科罰金之罪與不得易服社會勞動之罪；3.得易服社會勞動之罪與不得易科罰金之罪；4.得易服社會勞動之罪與不得易服社會勞動之罪。此種將數罪併罰的適用關係，修正為累罰的處理，本質上恐有正當性瑕疵的疑慮，殊值得審慎檢討。

二、併罰原則

　　所謂併罰原則 ❹者，係指對於競合問題之法律效果處理，直接將所得之法律

---

❸　此一原則在德國亦有適用之餘地。Vgl. Bringewat, aaO., S. 260ff.。

❹　此一原則雖然在德國刑法均被詮釋為累罰原則之現代翻版，而與累罰原則等同視之。然將二者加以區分，對於我國刑法關於競合問題之法律效果處理，有其特殊意義存在，蓋在我國法律效果處理中，不同刑罰種類的處理，並無相互轉換的基礎（即使是第 41 條以下之易刑處分亦然），故僅能將不同之刑罰種類予以併罰，然所併罰者，僅係各罪所科之刑，在種類上有所不同時，方得為之，並非如累罰原則，各罪所得之法律效果，即使有種類上之不同，仍舊予以相加。此一原則如在同種類之法律效果，即無適用之餘地。因此，特別是對於我國刑法的規定，將累罰與併罰原則，在概念上予以區分，有其意義存在。而此一意義或許對於德國刑法較無重要性，主要係因德國刑法對於不同法律效果，

效果予以併罰。其不同於累罰原則者，乃在於併罰原則之併罰，並非毫無考慮地將所有法律效果，不論其種類與刑度，均加以合併計算，其所併合處罰者，僅針對不同之刑罰種類，例如自由刑、罰金刑及從刑同時存在時，至於同種類之法律效果，並不予以累計處罰。此外，併罰原則的適用前提條件，仍須限定在競合問題，詳言之，僅針對實質競合，或準用實質競合處理的情況，此又與累罰原則有所不同。

該原則所依據處理的基準為宣告刑，而適用的原則條件有二： 1.必須競合型態為實質競合或準用實質競合之情況； 2.主要係針對於不同種類的法律效果，但極刑的死刑則非該原則之範圍，至於從刑的沒收，雖為同類法律效果，亦屬併罰原則適用之列。

而個別之適用關係者，在法律效果的處理程序上，數罪併罰（或是單一罪亦然）各罪經宣告個別之宣告刑後，經第 51 條之規定，為執行刑種類與範圍之決定時，當法律效果之種類不同，原則上，對於不同的法律效果，係採取併罰的處理，其存在不同法律效果之情形者，可以區分為四種情形： 1.生命刑（死刑）與罰金刑及從刑（第 2 款）； 2.自由刑（無期徒刑與有期徒刑或拘役）與罰金刑及從刑（第 4 款、第 10 款）； 3.從刑中的沒收（第 9 款）； 4.有期徒刑與拘役，原則上二種法律效果的類型，都屬於自由刑，但在法律效果的處理上，二者原則上是併罰的適用關係，惟修正法在併罰關係外，設置一個例外之情況，亦即當應執行之有期徒刑超過三年者，所科處之拘役，不予以執行（第 10 款但書），此處所稱不執行拘役的意義，係指執行上的問題，並非法律效果處理的關係，故法院於裁判時，經宣告須執行有期徒刑三年以上時，有拘役之部分，仍應於判決書主文中載明。故我國刑法第 51 條第 2、4、9、10 款即採取併合處罰原則。

三、吸收原則

所謂吸收原則者，係指各罪之法律效果，不論是法定刑或是宣告刑，在處斷上，被吸收於單一之法律效果上，在科處時，行為人僅需執行最後所得之法律效

特別是自由刑與罰金刑間，有互換之機制存在，即所稱「日額 (Tagessätze)」概念，此可從其刑法 §54 得知。然而，此一原則與累罰原則之區分，對於德國刑法亦非全無意義，該原則仍舊有其適用之餘地，此可見諸 §§53 Abs. 2、Abs. 3。德國關於此一原則之適用問題，vgl. Bringewat, aaO., S. 89ff.； Samson-SK, Rn. 12 zu §53； Schönke/Schröder/Stree, Rn. 20 zu §53； Vogler-LK, Rn. 12 zu §53。

果。此一原則的適用，遍及所有的競合型態，包括實質競合與想像競合，以及其他單一評價的型態。然而所謂「吸收」者，僅係針對於法律效果問題，而非針對構成要件實現的問題，亦即並非針對罪名問題，蓋罪名如具體存在，則僅發生是否影響評價而已，並不能被吸收而消失❻。吸收原則的適用，基本上並不考慮法律效果之種類差異，其所依據之衡量基礎，通常僅在於法律效果輕重程度之別，亦即以重刑吸收輕刑的方式，處理法律效果問題。

　　吸收原則在我國刑法的法律效果處理上，除適用於單一評價關係的競合情況外，即使在於複數評價的情況，亦即在實質競合與想像競合等類型，均可見其適用之軌跡。其適用於單一評價之情形，所依據之處理標準，乃在於被實現構成要件之法定刑上，如刑法第 55 條從一重處斷之規定❻；而適用於複數評價情況者，其所依據之處斷標準，並非法定刑，而係各罪之宣告刑，特別是針對同類型的法律效果關係，如第 51 條第 1、3、8 款之規定是。

　　宣告刑屬於有以下情況者，乃採取刑之吸收原則：1.極刑：宣告多數死刑者，執行其一（第 1 款），又宣告最重為死刑者，不執行他刑，但罰金刑與從刑除外（第 2 款）；2.無期徒刑之於同種類的法律效果者：包括(1)宣告多數無期徒刑者，執行其一（第 3 款）；(2)宣告最重為無期徒刑者，不執行有期徒刑與拘役，不包括罰金及從刑（第 4 款）；3.從刑中的褫奪公權（第 8 款）。在這樣的條件下，刑法第 51 條第 1、2、3、4、8 款，原則上即是採取吸收原則。

---

❻　我國向來將法律效果的吸收原則 (Absorptionsprinzip) 與法律競合的吸收關係 (Konsumtion) 混為一談，乃至於創設出令人莫名其妙的「吸收犯」概念。事實上，罪之存在，是不可能被吸收而消失的，「吸收犯」的出現，無異是一項詮釋的誤解。關於認定刑法中有吸收犯（罪的吸收）者，參見胡開誠，刑法上之吸收，刑法總則論文選輯（下），691 頁以下；花滿堂，實務上犯罪之吸收，刑事法雜誌，第 43 卷第 1 期，1 頁以下；郭棋湧，吸收犯理論之適用，軍法專刊，第 36 卷第 2 期，9 頁以下；蔡墩銘，刑法精義，379 頁。對於吸收之批判者，林山田，刑法通論（下），10 版，372 頁以下。惟對於連續犯問題所吸收者為何，則較為具有爭議性，蓋連續犯係以一罪論，並非以一刑論，故易形成論述上的混淆。然對於連續犯問題，其基本結構並非一罪或一行為的問題，而係法律效果處理的問題，其中所含之疑慮相當多。關於連續犯問題，參見柯耀程，變動中的刑法思想，2 版，395 頁以下、421 頁以下；柯耀程，刑法競合論，2 版，459 頁以下。

❻　我國刑法中，吸收原則適用於單一評價之競合情形，本為傳統原則，然因德國刑法對於評價事實單一 (Tateinheit) 之法律效果處理，已經採用結合原則，而我國在 2005 年刑法修正，對於想像競合的處理，亦導入結合原則，因此，吸收原則對於單一評價的想像競合適用，已成為歷史的名詞。

四、限制加重原則

稱限制原則（或如一般通稱限制加重原則）者，係針對同種類之相對刑而言，此一原則所處理的法律效果，僅限於相同種類之法律效果，並不及於不同種類之法律效果❶。而所謂限制者，係為避免對於各罪所得之法律效果予以合併處罰。該處理原則僅係針對複數評價之競合情況，亦即僅適用於實質競合及準用實質競合之情況，而其適用基礎，乃在於各罪之宣告刑上，且依我國刑法之規定，僅限於對於有期之自由刑（包括拘役與有期徒刑）與罰金刑之處理，並不及於此等以外之法律效果（如從刑之褫奪公權與沒收）。其處理方式，係就各罪宣告所得之相對刑以其最重刑為下限，而將各罪同類之宣告刑合併為上限，但對於有期徒刑之期間不得逾三十年（原規定上限為二十年）、拘役不得逾一百二十日（原規定為四個月），而罰金則無上限（第 51 條第 5、6、7 款），而形成一新的刑度範圍，作為刑罰裁量時的裁量空間。

依據限制原則所為法律效果判定的情況，主要為有期自由刑（含有期徒刑與拘役）及罰金刑之個別情況。刑法第 51 條第 5、6、7 款即是採取限制加重原則。

五、結合原則

結合原則原本並未見諸於我國刑法中，但其卻是支配德國刑法處理競合論上之相關問題，特別是針對想像競合問題之重要方法，我國於 2005 年刑法總則修正時，已比照德國，將結合原則導入，作為處理想像競合之法律效果的原則。此一原則基本上係以法定刑作為處理之基礎，而稱結合者，亦係結合複數構成要件個別之法定刑。依此原則所為刑之量定，根本上係以實現構成要件之最重法定刑為基準，然如較輕罪名之法定刑有較重低度刑時，則該較重低度刑亦有其適用，即

---

❶ 限制原則本為整體刑形成 (Bildung der Gesamtstrafe) 之重要處理原則，其所處理者，僅針對同種類之法律效果，而此所稱同種類者，係從刑之本質加以觀察，而非最終應執行之實際法律效果的認定，故如有易刑處分時，所易之刑與所宣告之刑，並非同種類之法律效果。因此，本不能依該原則處斷。為解決此種不相容關係，以利於刑罰處理的順暢，在德國刑法中，特別規定互換機制，特別是針對自由刑與罰金刑。故而在德國刑法，雖自由刑與罰金刑在刑罰種類上有所不同，但因互換機制的存在，仍得依該原則處理。惟在我國刑法中，並無法律效果轉換的機制，故而，對於不同法律效果之處理，並無該原則適用之餘地，此或為未來修法時，值得思考的問題。參見柯耀程，變動中的刑法思想，277 頁以下。

法律效果的判斷，係結合實現構成要件規定中之最重之上度法定刑與最重之下度法定刑而成，如較輕罪名中，包含有較重罪名所未規定之其他法律效果時，亦屬結合之列❶❽。而依此原則所形成之新刑度範圍，即成為刑罰裁量量定刑罰的裁量空間。由於刑的形成，係結合重罪之最重法定本刑及輕罪法定刑之最重低度刑而成，故稱之為結合原則。例如一行為觸犯妨害公務（第135條第1項為三年以下有期徒刑、拘役或三百元以下罰金）及毀損器物罪（第354條為二年以下有期徒刑、拘役或五百元以下罰金），則刑之科處，依結合原則所得之法律效果，應為三年以下有期徒刑、拘役或五百元以下罰金，蓋雖毀損器物罪相較之下為輕罪，但卻有較高之低度刑，故量定範圍不得低於輕罪有較重低度刑之底限❶❾。

第二項　單一刑原則

所謂單一刑原則者，乃指法律效果之形成，並不考慮受侵害法規之數，亦不考慮形成競合之形式和種類，而將之直接於刑罰裁量中，委由法官就具體事實，依單一刑之規定，為法律效果之量定。由於該原則不需針對所實現之各罪作法律效果之考量，其所依據者，乃為所實現之構成要件的法定刑，故而，競合形式之區分對其而言，並無實質意義存在，想像競合與實質競合概念，在單一刑原則中，僅具有概念上的形式意義而已，並不影響法律效果之決定。因此，處理想像競合和實質競合時，在法律效果的確定上，並無外觀型態上之差別❷⓪。我國刑法對於

---

❶❽　至於如何比較法定刑之輕重，雖然刑法第35條有原則性之規定，惟對於刑度相同，但法律效果之種類規定有所不同時，如何定其輕重，則並無認定的標準，該條第3項僅規定「依犯罪情節定之」，然法定刑之比較，本無關乎犯罪情節，如何以犯罪情節定之，殊值得懷疑。學理上對於刑度輕重之比較，則較傾向刑度相同，而種類不同時，則以種類規定較少者為重，例如一法定刑為五年以下有期徒刑、拘役或五百元罰金（如第320條），另一法定刑為五年以下有期徒刑（如第210條），則以後者為重。參見林山田，刑法通論（下），10版，319、320頁；韓忠謨，刑法原理，458頁。然而此種比較方式，似乎仍有漏洞存在，蓋如法定刑中有規定為「或科或併科」時，則此種輕重決定的標準，顯然會有失誤，事實上刑度相同，但具有多重選擇之種類不同時，其輕重程度應為相同，蓋法定刑係反應行為之不法內涵，如刑度相同，其不法內涵，應屬相當，至於法律效果種類的差異，或因犯罪性質不同，而為賦予法官衡量時之選擇依據考量而已。在具體適用時，仍應以具有較多種類之法律效果為主，以此作為適用之基準為當。So vgl. Lackner/Kühl, Rn. 8 zu §52；Vogler-LK, Rn. 43ff. zu §52；Schönke/Schröder/Stree, Rn. 36ff. zu §52；Samson-SK, Rn. 31 zu §52。

❶❾　Vgl. Montenbruck, Strafrahmen und Strafzumessung 1983, S. 138ff.。

競合問題之法律效果處理，並非採取單一刑體制，故此一原則於我國刑法中，並無適用。

第三節　真實競合

刑法競合論所處理的問題，均為具有真實競合存在之事實情狀評價關係，其所以為真實者，乃在於其所實現之構成要件，並非假象式的複數，而係真實且具體適用之複數構成要件實現。其所稱競合者，具有雙重之意義存在：其一為複數之構成要件，對於評價對象的可罰評價，均有適用之效應存在；其二為各被實現之構成要件，共同確認該評價效果。

此外，得以稱為真實競合者，固然係以複數構成要件之實現，作為必要之前提要件，然而，並非只要有複數構成要件之實現，即必然形成真實競合的關係，必須同時考慮評價之同時性關係，方得以確認真實競合存在與否。故而，如雖有複數構成要件實現情形之存在，但其所受之評價並非同時，則僅能將此種情形視為單純之複數構成要件被實現，並不能直接稱其為真實競合，或許此種非真實競合的複數規範存在情形，在法律效果的處理上，可引用真實競合的處理方式，但本質上，仍非真實競合的典型形式。由於其在最終評價的法律效果判斷時，仍得以適用真實競合之法律效果處理原則，或許可將其稱為「事後競合 (nachträgliche Konkurrenz)」[21]。因此，欲確認真實競合是否存在，除需先將假性競合排除之外，更需確認複數構成要件實現的評價同時性關係，亦即在同一處理程序中，對於複數構成要件實現的評價判斷，方得以稱為真實競合。

---

[20] 國內有誤認單一刑意義者，認為單一刑原則於刑之認定，僅依最重之刑處置，其並未真正說明單一刑制度之具體內容。雖單一刑制度，並不對個別之罪刑予以個別宣告，而僅宣告單一之執行刑 (Einsatzstrafe)，但刑的形成過程，則具有相當大的彈性，且各因司法及制度上之差異，故而有不同內容處理方式，此外，於單一刑制度上，雖對個別罪之各刑不予宣告，但卻為刑罰裁量上之重要量刑判斷基礎，並非全無作用。有疑義者，如楊建華，刑法總則之比較與檢討，385、386頁。此外，亦有以單一刑制度而爭論「行為刑法」及「行為人刑法」者，亦是誤解（至少認識有偏差）單一刑制度之角色，雖採單一刑制度可想像對刑罰裁量分量之加重，但採單一刑制度，並非表示於刑罰裁量上僅注重行為人，進而認定係「行為人刑法」，此種推論方式本身於命題上，即不成立，故如依此而區分「行為人刑法」和「行為刑法」，實為「將錯就錯」之作法。參見柯耀程，刑法競合論，2版，50頁以下。

[21] 參照柯耀程，刑法競合論，2版，431頁以下，並參見本章第七節。

第一項　基本前提

由於造成複數構成要件實現的前提，可能為單一行為，亦可能為複數行為，對於單一行為或是具有必須整合性評價的評價客體 (如牽連關係、連續關係)，其評價之同時性，固無問題，蓋單一評價客體不但在實體法的認定，具有不可分割的完整關係存在，且在程序的處理上，亦不得任意加以切割❷；但對於複數評價客體存在的情形，欲視其為真實競合，必須檢視具體的數罪關係，是否具有評價同時性 (Gleichzeitigkeit der Bewertung) 關係的存在，如複數之評價客體，係分別成為不同評價程序中的訴訟客體 (Prozeßgegenstand)，則其具體存在的形象，僅是一種法律效果的事後處理，本質上非真實競合的內涵意義。

因此，真實競合的形成，基本條件有三：1.必須有複數構成要件之實現，如將構成要件之實現視為罪之認定，則真實競合必須是建構在犯罪複數 (Verbrechensmehreheit) 的基礎前提上；2.必須複數規範之存在，對於受評價之對象，在可罰性之確認，以及法律效果的決定上，均具有實質的效應存在❸，此為

---

❷　關於程序上處理單一行為或是具有整合性關係的評價客體時，我國刑事訴訟法學理與實務之見解相當奇特，一方面認為其具有不可分割的關係，必須視為單一事實 (einheitliche Tat)，且在程序流程中，均需維持其事實同一性 (Identität der Tat)，惟卻在若干判斷環節上，又一反常態地認為其可以加以切割，特別是在於複數構成要件中，有其中部分被視為不成立，或是違反程序之要求時，其所產生之效力，卻又不及於其他部分。此種程序處理的方式，恐怕誤解評價對象之不可分割關係。對於此種程序處理的奇怪作法，或許係根源於實體法對於競合論的界定，向來均從罪數的觀點判斷所致，而導致實體法不能分割判斷的類型，在程序法中，卻任意加以支解的謬誤。關於我國程序法處理問題，參見陳樸生，刑事訴訟法實務，9 版，91 頁以下、99 頁以下、269 頁以下。

❸　對於法律效果的具體作用，較有質疑者，應為單一評價客體的複數評價關係，亦即想像競合及牽連關係的類型，由於我國向來對於此種競合型態的法律效果處理，都採取吸收原則 (Absorptionsprinzip)，遂使得不法內涵較輕之構成要件，在法律效果的決定上，形同虛設，更因此而創設出「吸收犯」的錯誤概念。反觀德國對於單一行為實現複數構成要件的類型，在法律效果的處理上，採用結合原則 (Kombinationsprinzip)，不但對於法規範適用時，複數構成要件均有其作用，且反應在法律效果的決定，被實現之構成要件不論輕重，亦有共同作用的效力 (參見德國刑法 §52)。我國刑法對於此種型態的競合情形，在法律效果的處理上，亦應注意到各被實現構成要件對於法律效果形成的實質作用。對此，行政院於 1990 年所提出的刑法修正草案 (雖被立法院退回)，亦已將對於單一評價客體的複數規範實現之法律效果決定，採用結合原則處理，並實現於 2005 年的刑法修正，

真實競合與假性競合實質差異所在；3.必須所實現之複數構成要件，具有評價之同時性關係存在，易言之，即複數之構成要件實現，必須係在同一訴訟程序的裁判中，成為對於行為之評價基礎❷，如複數規範的存在，係在不同裁判中，作為個別評價之基礎者，則亦非真實競合的本然概念。故而，對於真實競合的認知，除排除假性競合情形之外，仍須注意到裁判的同一性關係，進而方能決定真實競合的存在本體意義。

第二項　行為單複數

競合論所涉及的問題，均為複數規範被侵害，所不同者，僅在於該數規範之侵害，究竟係一行為或數行為所致而已。因此，對於競合論前提的判斷，應以區隔「行為數」作為基礎判斷的問題。惟複數規範的侵害，可能為一行為所實現者，亦有可能是基於複數行為的存在，所共同累積而成為判斷的內容者，在決定競合型態之前，必須先決定複數規範的實現情況，到底是由一行為或是數行為所致，於是在判斷競合論的前提時，區分一行為與數行為，乃成為競合問題的首要工作。

確認了競合論處理的基本前提，乃在於區分「行為數」的基礎上，為導出一個可茲遵循的判斷基準，德國刑法學理在處理此一問題時，乃將「行為單數 (Handlungseinheit)」與「行為複數 (Handlungsmehrheit)」之區分，作為競合論的前置問題，焦點置於判斷「行為單數」的概念上，並將「行為單數」概念獨立於犯罪行為論的行為概念之外，認為「行為單數」概念，係一獨立的刑法概念，並專屬於競合論❷，進而發展出各種不同型態的「行為單數」類型❷。然而，此種

此一修正趨勢甚值得肯定。

❷ 評價客體複數的情形，在訴訟法的基本處理模式下，本為數個獨立接受評價的訴訟客體，然為處理之便，得以將複數行為所形成之複數案件，作為同一裁判的內容，此程序法上稱為「牽連案件」。真實競合中，如複數行為實現複數構成要件之情形，亦為牽連案件類型之一，其得以成為同一訴訟程序的裁判內容者，僅有二種情形：1.於同一程序中同時起訴，而成為同一程序的審判標的者；2.雖非同時起訴，然在同一審判程序中，對於複數的評價客體，予以追加起訴（刑事訴訟法第265條），使之成為同一訴訟程序的審判對象者。

❷ Vgl. dazu Vogler-LK, Rn. 7 vor §52；Schönke/Schröder/Stree, Rn. 10 vor §52；Samson-SK, Rn. 15 vor §52；Jescheck/Weigend, Strafrecht AT, 5. Aufl., S. 710；Jakobs, Strafrecht AT, 2. Aufl., S. 886；Warda, aaO., S. 83。

❷ Vgl. Vogler-LK, Rn. 8ff. vor §52；Schönke/Schröder/Stree, Rn. 11ff. vor §52；Samson-SK,

「行為單數」的學理發展是否全無問題，頗令人質疑。一方面不同「行為單數」的類型，其是否均能完整無誤地詮釋競合所生的現象，不無問題；另一方面競合論所稱的行為單數，本質上仍為刑法評價的對象，其與犯罪行為論的行為，同屬於刑法評價的對象，其概念本質並無差異，唯一有差別者，僅在於競合論中的行為單數，主要是為對應實現數規範的情形（如想像競合），或許此與一般犯罪行為論所檢討的一行為有所落差，但並不能遽認二者是不同的概念。

「行為單數」概念係指實現多數刑法規範的一行為，然何種實現複數構成要件的行為，可以該當「行為單數」概念呢？在德國學理上為剖析「一行為」的情況，乃創設出各種不同「行為單數」的認定類型。茲將德國對於行為單數類型的認知與辯證關係，分述如次：

一、自然意義的一行為

所謂自然意義的一行為 (eine Handlung im natürlichen Sinne)，係指行為人出於一個行為意思決意，引致一個意思活動，在刑法的認定上，始終皆為單一者。至於行為所招致結果的多寡，則非所論，重要之決定者，則在於該行為是否僅出於一個意思活動❷。例如行為人以一決意，丟一石頭，打傷他人且毀壞門窗。此種一行為，係「行為單數」概念中最基本的型態。

二、自然的行為單數

自然的行為單數 (natürliche Handlungseinheit) 的概念，乃認為一行為與否，應依「自然的考量模式」來判斷，亦即從客觀存在的行為，基於自然思維的判斷，認定其為單一行為，例如大搬家式的竊盜行為，行為人來回多次搬空不同的財物，此來回多次的竊取行為，應視為單一竊盜行為。此種自然行為單數的概念，在實務上，從帝國法院時代，一直沿用至今，且受到早期學說的青睞，迄今仍具有相當重要之影響地位❷。惟此一「行為單數」概念的判斷內容隨著時代的演變，而有所更易，依早期實務之見解，認為行為人雖然在客觀上實行多數的舉動，但以一個客觀第三人自然的觀察，認定所有之行止間具有一個直接的連帶關係存在，

Rn. 17ff. vor §52；Jescheck/Weigend, aaO., S. 709ff.；Jakobs, aaO., S. 886ff.。

❷　So BGHSt 18, 32ff.。

❷　Vgl. RG 32, 137ff., 44, 223ff., 74, 375ff.；BGHSt 1, 168ff., 4, 219ff., 10, 397ff., 18, 29ff., 22, 67ff.。

而認為行為人所為者，僅為一個單數行為而已❷。同樣地，到早期德國聯邦法院時代，認定「行為單數」的成立，必須從整體行止的外在事件歷程，以及所實現多數規範的外觀型態加以判斷，至於主觀要件的要求，則顯得較不重要。如整體事件歷程在時間及空間關係上，具有緊密的關係存在，則儘管行為人行為意思有所中斷，仍可成立單一行為❸。

　　隨後，在實務認定「行為單數」的見解上，加入對於主觀要素的要求，認為一致性的意思或行為決意，仍舊需在時空緊密關係的判斷時，扮演一個重要前提角色。直到 BGHSt 10, 230 的判例中，自然行為單數的概念，乃正式完備，該判例中強調，自然行為單數的成立，必須在主觀上具備一致性的行為意思，且客觀上具有時間與空間的密集關係，而依照吾人一般之生活經驗認定整體行為，具有密不可分的關係❸。同時，所有客觀的行止關係，必須係源自一個一致性的行為意思，方得視為係單一行為。從實務見解，可以確認判斷自然行為單數的標準，不僅行為人整體行止在客觀上必須具備不可分割的一致性，且需能從客觀整體歷程推知主觀行為意思的一致性，然而，如何得以推知行為人具有主觀意思的一致性？實務上僅能以所謂「自然的考量模式」來詮釋。當然以此種自然的思考方式，來確認主、客觀一致性的見解，也遭致不少的非議。

三、構成要件的行為單數

　　雖然法律係規範社會的具體事實，然而其形成者並非事實問題，而是法評價問題 (Rechtswertungsfragen)，現實情狀下的多數行為是否被認定為單一，其判斷者應為法律，決定者應為法的標準，故而對於行為單數的認定，朝向構成要件思考❸，乃有構成要件的行為單數 (tatbestandliche Handlungseinheit) 概念的出現，蓋構成要件的犯罪類型規定，都是以單一行為作為規範基礎，故傷害罪的傷害行為，不論打一拳或掄打數拳，或是拳打腳踢，均僅造成單一傷害罪，故其亦僅有一個傷害行為。

　　此種「行為單數」概念認為行為單複數的界定標準，應存在於個別受侵害的構成要件的解釋問題上，何時屬於單一行為，應從構成要件判斷之。從而認定「行

---

❷　Vgl. RG 58, 113, 116。

❸　Vgl. BGHSt 4, 219, 220。

❸　Außerdem Bringewat, Die Bildung der Gesamtstrafe 1987, S. 17。

❸　Vgl. Bringewat, aaO.。

為單數」的焦點，乃完全置於構成要件的行為要件分析上，並將所有可能產生「行為單數」的情況，藉由構成要件的詮釋，完全反映出來，其中包括❸：1.一個構成要件該當的行為，始終都是單一行為；2.多舉犯 (mehraktige Delikte) 雖然有多數的舉動，但仍為單一行為，例如傷害罪的行為規定，即使對人掄拳傷害，仍僅有一個傷害行為；3.結合犯 (zusammengesetzte Delikte) 雖然行為包含不同的行為要素，在法的評價上，仍舊僅視為一個完整的行為。例如強盜行為中，雖含有強制與取走的行為要素，但仍舊僅為一個強盜行為；4.繼續犯 (Dauerdelikte) 其雖然創設一個違法的狀態，且行為人對此狀態仍舊繼續加以維持，其為維持違法狀態所增加之行為，在評價上，仍然視為單一的繼續行為；5.持續性的構成要件實現行為，亦即行為人逐步實現其所設定之結果，例如從未遂行為持續進至既遂行為；6.具有整體概念的犯罪 (Delikte mit Sammelbegriffen)，在構成要件所反映出的犯罪類型，其本質上的要求，即需具備一個整體性的法律概念，如行為所為者，係此一整體性概念，則雖客觀上似乎存在有多數的行止舉動，仍舊僅為一行為，例如偽造罪、強制性交罪等是。

　　值得一提的是，在早期帝國法院時代 (RG 8, 16f.；56, 54ff.；59, 142ff.)，集合犯 (Kollektivdelikte) ❸ 仍被視為行為單數處理，到 1938 年 4 月 21 日 (RG 72, 164ff.)，帝國法院乃正式將集合犯從行為單數的範圍中加以剔除，之後聯邦法院 (BGHSt 1, 219ff.) 亦認為集合犯並非行為單數的型態。

　　由於學理上對於「行為單數」的判斷，傾向法規範的思維方式，因此，構成要件的行為單數概念，漸有取代自然行為單數，而成為通說見解的趨勢。然而，卻未有人質疑從構成要件的行為分析，如何使得行為單數的概念成為競合論的專屬概念？蓋一個構成要件的行為又如何能再去實現其他構成要件？固然所有單一構成要件所規範的行為，必然為單一行為，但是否單一行為僅限於構成要件中所規範的行為而已？雖然構成要件的行為單數可以提供一個判斷單一行為的基準，但「行為單數」概念既然被設定為實現數規範的行為型態，則不同構成要件的存在，又如何能視為單一呢？此種質疑恐怕以行為部分同一的見解，亦無法說明。因此，對於構成要件的行為單數見解，仍須持較為保留之態度。

---

❸　關於構成要件行為單數類型的分析，vgl. Werle, aaO., S. 27ff.。

❸　集合犯的本然概念，在當時的認知，包含三個次位概念，即 1.常業犯 (gewerbsmäßige Delikte)；2.職業犯 (geschäftsmäßige Delikte)；3.習慣犯 (gewohnheitsmäßige Delikte)。關於集合犯概念 vgl. Geerds, aaO., S. 268 Fn. 145, 146, 147.

四、法的行為單數

　　法的行為單數 (rechtliche od. juristische Handlungseinheit) 概念，提出的主要目的，是為解決具有反覆或連續實行同一類行為的問題，而由學理與實務所共同創設出來的行為單數概念，其主要解決的問題，在於連續行為 (Fortsetzungstat) 的評價關係，而將連續行為藉由法律的擬制作用，使其等同於單一行為評價的認定，例如偷車的行為，行為人反覆竊取車輛，定時或不定時地連續竊車，每偷一部車輛，均已成立一個竊盜罪，其前後共偷走十部汽車，本應成立十個竊盜罪，但因其所為的偷車行為，都屬於同類的行為，且行為具有反覆及連續性關係，故將其視為竊盜罪的連續犯，因將連續行為視為是一種法律所擬制的行為單數，故對其評價仍屬單一刑的評價關係。在德國刑法的規定中，並無連續關係的規定，但早期實務上卻普遍使用於一般的財產犯罪❸，因此，對於連續行為在特定的條件下，即主、客觀一致性條件，必須將其視為單一。由於連續行為各行為間不論是主觀或是客觀原本均屬可分，且個別觀察亦屬獨立，此種結構既不能從自然觀察的方式將個別行為加以整合，亦無法從任何法規範的觀點，將原屬各自獨立的行為，轉變成非獨立的形式，故而，僅能藉助於法的考量方式，將一行為人系列性的行為，在一致性的要求下，整合成一個評價的事實情狀。然而，此種整合連續行為而成為一個評價整體的方式，無異是一種法的擬制 (rechtliche Fiktion)。直到 1994 年德國聯邦法院宣示全面廢止連續關係的適用 (BGHSt 40, 138ff.)，法的行為單數概念，乃成為歷史陳跡。

　　總結而論，德國學理為解決競合論前提的行為單複數區分，而發展出「行為單數」的概念，並為瞭解何時行為可稱得上「單數」，乃從各種不同的可能情況加以分析，自然的一行為乃單一行為的最原型型態，其在行為的外型上，完全只有一個意思活動存在。然而，如在行為的外觀上，具有多數個舉止存在，則何時可視為單一？乃需有一定的認定標準。早期通說的見解，對於多數的舉止，依自然考量的方式，從行為所發生的一致性客觀情狀，以及主觀一致性的動機，推知該多數的舉動具有單一的性質，亦即所謂自然的行為單數概念。然由於自然的行為單數概念所依據的自然思維模式，遭受到相當多的批判，有越來越多的見解傾向規範的認定標準，而產生所謂構成要件的行為單數概念，從而漸次成為學理及實

---

❸　關於連續關係的整體問題，參照柯耀程，連續犯存廢爭議之思辯，法學叢刊，第四十二卷四期，29 頁以下；刑法連續關係問題探討，警察大學法學論集，第二期，335 頁以下。

務認定行為單數的基準。構成要件的行為單數固然是行為單數，但必須注意者，此種源自於構成要件解釋的行為單數概念，是否能滿足競合論的要求，恐怕頗值得思考。蓋一個構成要件的單數行為，如何能同時實現數個構成要件？且數個被實現的構成要件，既然同時存在，則又如何得知行為究竟為何種構成要件的單數行為？因此行為單數的概念仍舊充斥著疑惑的表象。

第三項　行為數判斷的重新認定

德國學理為對應競合論的詮釋，創設出「行為單數」的概念，並認定其不同於一般行為的概念，係為競合論獨立的概念，但「行為單數」概念在認定的出發點上，即已經誤入歧途，其將「行為單數」概念與一般行為概念嚴加區分，已經產生邏輯上的錯誤，更將存在面的行為認定，轉嫁到規範面認定，更產生方法上的偏差[36]。

其實，刑法中應僅有一個存在於現實面的評價客體概念，亦即僅有一個行為的概念，並無「行為單數」與一般行為概念的區分問題，學理上將實現多數構成要件的行為，稱之為「行為單數」，而欲區分一般行為概念，是否即意味著一般行為概念，僅能歸屬於一個構成要件，從而，人類行為乃受制於法律規定，而喪失其為評價客體的地位，流於法規範的恣意。因此，刑法競合論中所稱的「行為單數」概念，僅能視為一個名稱的稱謂而已，其性質無異於一般行為概念。刑法中，也僅有一個行為概念而已，至於法規範如何評價此一客體，則屬於規範層面判斷的問題。當然，要決定刑法評價對象，到底是一個或是數個？既無法從行為單數的概念中求得，只能另尋思考的可能性。

基本上，行為本是行為人基於主觀的意思作用，而形諸於外的意思表現，行為本是一種客觀存在的現象，但對於此種客觀現象的觀察，仍須檢視行為人主觀的意思作用，方得以判斷出到底行為人所為者，究竟是一行為或是數行為。當然不論行為人主觀上是否具有複數的犯罪意思，其所為之行為客觀上，僅有一個舉止，所存在的侵害關係者，當然僅有一個行為而已，亦即當行為在自然的現象上屬於一個時，不論行為人內心的意思是否為一個，所形成的評價對象者，也只能以一個來論，例如行為人心中想著既要傷人、又要損人、也要損物，但僅為一個

---

[36] 莫怪普波 (Puppe) 對於此種認定的錯置有所質疑，其認為人類行為成為刑法判斷的對象時，雖然需受構成要件的評價，但如對於行為的單一與否判斷，全然以構成要件認定，則區分行為單數將毫無意義。Puppe, aaO., S. 200。

丟石頭之行為，不論其內心意思多麼複雜，其所展現在外者，也僅有一個丟石頭的行為而已，不論所造成的侵害是否有數個，其作為刑法評價的對象者，都只有一個行為而已。

行為本是行為人主、客觀的產物，在行為數的判斷思考上，自然也無法自外於行為主、客觀面的觀察，基本上，判斷一行為或數行為的基礎，可以從二方面來認定，即 1.主觀一致性 (subjektive Einheitlichkeit)，主觀的單一性，是確認行為單一性的基礎，行為人主觀上是否在行為上具有一致性，乃成為認定一行為與否的基本條件； 2.客觀一致性 (objektive Einheitlichkeit)，行為人主觀的作用，而以行為形式反應於外，則行為實行之後，外在行為之客觀一致性，乃刑法判斷行為事實單一與否的客觀標準，也可稱得上是決定性之標準，茲將二種行為一致性的判斷關係，分述於後：

一、主觀一致性

行為人所為之行為，如果其主觀引導的意思，僅有單純的一個侵害事實的意思，則主觀犯意僅有一個，但如行為人主觀上的犯意，是採取開放性的內在狀態，亦即隨客觀所發生的事實情狀，而作主觀意思轉換、或是延伸的決意者，則主觀犯意的一致性關係，便會發生問題。此種問題，最常見於二種事實情狀： 1.行為人具有一定之內在需求之慾望，為實現此種需求慾望，而以一定抽象性的意思而為行為之實行，惟在行為實行中，發現客觀上之阻礙，於是乃為意思之轉變，而希望達成其原始內在慾望之需求，例如行為人以不法取得財物的內在慾望，先設定以竊取的行為意思，而進行竊盜之行為，但在行為進行中，遭被害人抗拒、或客觀情狀所阻礙，於未遂行其取得不法財物之慾望之前，乃轉換其原始犯意，不論是由偷變搶、或由偷變為強盜，此時行為意思雖然並未偏離其既有的內在慾望，但行為的認知層面顯然已經發生轉變，且形諸於客觀的行為方式，也已經完全不同，故主觀意思的一致性乃發生動搖，進而所形成的行為，已經不是一個行為，而是因主觀轉換，變成數個行為（此種情形，在我國實務最常以「另行起意」稱之）； 2.行為人以概括式的犯罪意思，不設定其所為之行為次數，只要行為之客觀情狀有利於其行為之實現者，即隨有利之情狀而為行為之實現。此種以概括的犯罪意思者，通常在所為之行為上，有其同質性的關係存在，行為人以反覆行為實現的意思，不斷地重複同樣的行為方式，這種型態的意思，最典型者，乃見諸具有連續關係存在的情況，當然也存在於構成要件體系中對於同質性犯罪類型，設

定為常業犯的情況。

　　行為人以概括隨機的行為意思，不斷反覆實現同一種行為方式，在行為的形象判斷上，應該都是複數的行為，不論主觀上究竟是以隨機之概括犯意，或是以行為著手之初，即已設定為多數行為的整體意思，其所展現出來的行為數，必然須作複數行為的判斷。所差別者，僅在於是否將此種連續性的行為意思，在評價上作單一評價認定而已。本質上並不影響其為複數行為的性質。是故將概括意思以連續關係認定者，其結構關係必然為複數行為，而非單數行為，只是在評價上，不作複數處理，而以整合性之單一評價關係來作法律效果的處理罷了。惟倘若不承認得以連續關係處理，或是構成要件體系中未設有常業犯之規定者，則此種意思形成的情況，其行為皆為複數。

　　因此，判斷是否為一個行為時，行為人主觀的意思，是否維持其意思形成的一致性，乃為判斷行為數的基本條件。

二、客觀一致性

　　基本上，行為人主觀上的犯罪意思，都須輔以行為客觀實現的判斷關係來確認，此所謂「主觀客觀化」的判斷方法，在學理上，為確認行為是否為單一？主觀一致性是否可從客觀的事件歷程推知？乃須進一步分析是否為一個行為的客觀結構形式，進而建構客觀歷程的整體性關係，作為維持主觀一致性的可信賴基準。以下幾個例子，作為判斷思維建構的引例：

例子：
1. 行為人甲基於概括的犯罪意思，不定時地竊走停放在路邊的機車，一天偷走數輛，有時二、三天偷走一輛，且一直持續到被警察所逮捕，共竊得三十輛機車。試問甲之竊取行為為一行為或數行為？
2. 具有毒癮的行為人乙，每天都要吸食毒品三次，分別於早、中、晚各一次，其手上得以供其吸食的毒品，有三天的量，這三天量可以分為九次吸食。當其以九次吸食完毒品，在最後一次吸食時，被警察當場查獲。試問乙九次的吸食行為，算是一行為或是九行為？
3. 詐騙集團成員丙假借政府機關的名義，以電話連續數次向被害人行騙，被害人不辨真偽，乃依其指示，就同一事由連續匯款數次到丙指定之帳戶。試問丙之詐騙行為，究竟算一次或是數次？

4.丁飲用酒類，已達無法安全駕駛的程度，仍舊自行駕車返家，途中發生二次車禍，均使人成傷，丁非但未停車，反而加速逃離肇事現場，事後經人報警查獲。試問丁酒駕肇事之行為，究竟為一個或是數個？

至於應如何從存在面的思考方向，來判斷到底是一行為或是數行為？可以思考的基準點，乃在於判斷行為在客觀面是否維持一致性？而此種行為一致性的思考方式，具體的判斷條件，可以從三個思維角度來檢討：

㈠行為手段是否維持同類性

行為人基於意思之決意，進而著手設定行為之實行，當在行為實現的過程中，必須完全依照既定的行為形式，倘若有偏離行為的形式者，則行為的樣態發生差異，其行為維持同一的可能性即受到質疑。例如行為人侵入住宅行竊，於行竊之際，除搜刮有價值之物外，對於無價值或難以搬動之物，逕加毀損，則行為人原本設定所為之行為，為竊取財物之行為，在行為之中，偏離竊取行為的方式，而加入毀損之行為，此時行為的同類型關係，已經偏離，行為人所為之行為，難以單一行為來認定，其所犯者為二行為，即竊盜與毀損之行為，且行為各自獨立。

對於若干行為的形式，因其具有反覆性的關係，且在構成要件的評價規範中，構成要件的行為形式，本就具有持續性之作用，例如傷害者，可能包括拳打、腳踢，當行為人為一傷害之行為時，對於被害人掄拳毆打，前後共打了百餘拳，而終至被害人成傷，其每打中一拳，都已造成被害人身體受到傷害，客觀上百餘拳施加於被害人，乃造成百餘次疼痛與傷害，但因其行為係控制在著手時之行為樣態，雖有百餘次拳頭加身，也僅論單一次之傷害行為而已。又如行為人行竊，發現可偷的東西很多，於是不斷重複地將屋內之財物，一次又一次搬到車上，待行為完成，前後總共來回進出搬了十次，這十次個別切開來看，每一次都足以構成一次竊盜罪，但因其行為屬於一個竊取概念下的分次關係，故僅成立一個竊盜行為。

在判斷行為同類性與否的條件上，應以行為存在的形式作為判斷的基準，倘若行為的形式從客觀的觀察上並無差異性，則其行為之同類性關係，乃得以維持。惟並非具有同類性的行為形式，都僅視之為單一行為，得以成為單一行為的同類性關係，僅限定於在行為著手到行為完成（終了）的階段，倘若行為完成後，又新生行為，則雖是同種類之行為，亦無法視為一個行為的延伸。是以例1的情形，乃屬於數次的竊盜行為，而非一次竊盜的行為。蓋竊取完一輛機車之後，其

竊取之行為已經完成，行為人下一次雖仍為竊車行為，但已經與上一次的行為無關，故每竊一次的行為，都是獨立的行為，儘管所為都是偷車之行為。

㈡行為客觀情狀是否具有不變性

行為人決意為一定之行為時，其行為伴隨的客觀情狀，必須維持不變的關係，此種行為客觀情狀者，並非指時間或空間、氣候等因素，而是行為時的情境因素，例如行為實現的客觀條件、行為客體得手的難易程度等。當行為人著手而為行為實現之際，倘若客觀的情狀發生轉變，雖然客觀上其行為的形式，似乎並無變更，但此時行為已非著手時的行為，而是轉變成為另一個行為。在例 2 及例 4 的情形，則屬於行為情狀轉變的情形，在例 2 的情形中，行為人吸食毒品之後，其毒癮已經解除，下次再行吸食的誘因者，乃在行為人毒癮又犯，雖然同樣是吸食毒品，乃至於都是吸食同一類的毒品，其造成行為的情境因素，前後已經不同。此乃所謂「前浪後浪都是浪，前浪是前浪、後浪是後浪，浪浪不同」之故；而例 4 的情況**❸**，雖然行為人丁自始至終都是在酒醉駕車狀態，但每經一次的肇事而逃逸，其行為的客觀情狀都發生改變，此種改變也會影響到其行為主觀的層面，故每一次肇事逃逸都是一次新的行為事實，雖然酒醉駕車、肇事致人成傷與酒醉駕車、逃逸者，個別都是一行為，但肇事後的客觀情狀，已經使得原本酒醉駕車的行為情狀發生改變，無法維持客觀行為情狀的不變性，故應屬數次之行為。

㈢行為的侵害關係是否具有一致性

判斷行為究竟為一個或數個，行為所形成的侵害關係，亦屬重要客觀判斷的依據，倘若客觀上行為人反覆以同類的行為方式，作用在同一之行為客體，而行為的實現形式具有不可分割的關係時，則其所形成的侵害關係，必須維持一致性，而得視為一行為，例如行為人進入一棟五層樓的屋內行竊，此棟房子都屬於一被害人所有，不論其屋內房間或樓層是否各為其妻小所居，其從一樓偷到五樓，因侵害關係屬於一致，行為客體並無改變，且行為的手段仍舊維持一致，故此種情形，行為人所為之行為僅成立一個竊盜行為。但如侵害關係發生改變，則造成侵害不一致的情形，如被害人之改變，或是造成侵害的法益關係有所不同時，則行為的一致性將無以維持，自然因侵害關係的改變，其行為乃隨之發生變化，例如同樣進入一棟五層樓的學生宿舍行竊，每一層樓的每一個房間，都分別屬於不同

---

❸ 此種情形的行為分析評價者，參見柯耀程，刑法競合論，2 版，274 頁以下。

的領域空間，其將所有樓層屋內之物搜刮殆盡，所造成的侵害關係，不是一人被害，也不只是一財產權受到侵害而已，而是數侵害的關係，故其所造成者，每一個獨立領域空間的侵害，都是一個行為，雖然行為人從進入樓層到搜刮完畢的行為與上述同屬一人所有的情況類似，但因侵害情狀的改變，此時行為所為者，為數個竊盜之行為。

綜合上述之分析，行為個數的判斷，得以判斷單一行為者，應具備行為的一致性，此一一致性關係，又可以從主觀一致性與客觀一致性來判斷，倘若行為完全符合主、客觀一致性的要求，則其必然僅為單一行為，其所成為刑法或是程序法的評價或處理對象者，亦僅為單一；反之，如行為人所為之行為，無法通過主、客觀一致性的條件考驗者，則行為必須視之為複數。

第四節　假性競合

相對於真實競合的類型，有若干情狀下，疑似有複數規範成立，但最終僅有一個規範被完全適用，此種疑似規範競合的關係，係一種假性的競合關係。在刑法競合論中所稱「假性競合 (scheinbare Konkurrenz)」，或稱為「法律競合或法規單一 (Gesetzeskonkurrenz od. Gesetzeseinheit)」[38]，乃指一行為在法律上，有數個規定疑似該當，但最終僅有一個法律規定被適用，其他疑似該當的規定，則完全被除斥，而無具體之適用。由於從評價標準的構成要件觀察，有數個規定疑似該當，即在形式上似有競合情形發生，但實際上，如同犯罪行為論中所處理的一行為可罰性認定一般，僅有一構成要件被適用，惟何以會發生可能有競合存在，卻無具體適用的情況？此應為規範內部形成與選擇適用的問題而已。

假性競合雖其用語不一，有以「法律競合」或「法規單一」稱之。但在概念的理解上，因其本身並無真正規範競合的情形，其所生疑似競合的情形，僅是一種「假象」[39]而已，並無真正之競合存在。

基於此一概念的設定，可以確立四個前提：1.假性競合者，係以事實上已經存在的一個（且已經確定僅有一個）評價客體，作為適用前提，亦即評價客體必

---

[38] 假性競合在一般學理的用語上，多用法律競合或法規（或法律）單一，本書所以用假性競合稱之者，主要係為與真實競合概念作對照。

[39] 就如同吉爾茲 (Geerds) 所言，法律競合雖在外形上，疑似有數個規範可茲適用，但終究僅有一個，且為單一一個規定該當，而其他被除斥的規定，根本上即無該當，亦即該除斥的法規範自始未被侵害。Vgl. Geerds, aaO., S. 162。

須先行確立，否則將無由評斷是否存在假性競合❹； 2.對於該客體的評價，在規範內部有若干疑似相當的條款足以適用，但僅有一個規範完全該當，亦即「假性競合」乃法規範內部問題❹； 3.法規範間如有彼此相互排斥關係者，必不能產生「假性競合」關係，蓋其彼此間即在立法之初，已然設定相互排除的適用範圍❹； 4.並存的行為方式（多為行為客觀情狀），在構成要件中，對於同一犯罪類型，規定不同行為的客觀形式，則此種行為如同時存在時，亦無假性競合問題產生，例如加重竊盜罪（第321條）中，所規定的各種行為之客觀情狀是。

第一項　形成基礎

形成假性競合關係的問題，主要係發生在規範內部對於其評價客體的規定，因立法技術的因素，所產生規範選擇適用的問題。其所涉及者，乃在於對於同一行為似乎同時有該當數個構成要件被該當，但最終僅有一個構成要件可被完整適用。惟何以數個疑似被該當的構成要件，有被除斥的情況，最後僅一個構成要件被適用？欲瞭解此一問題，除對於評價客體的行為作構成要件該當性的觀察外，基礎的前提，則須先理解構成要件彼此間的關係。在構成要件的規定中，有屬於同類犯罪類型之規定，亦有屬於不同類型的規定，而評價客體的行為樣態，可以區分出構成要件的性質差異性❹。例如妨害自由行為的構成要件規定中，剝奪他人行動自由與略誘行為，係屬同類行為；反之，妨害自由行為與竊盜行為，屬於

❹ 黃榮堅教授在論述法條競合時，從「雙重評價禁止原則 (Grundsatz des Doppelbewertungsverbots)」的思考，來探述法律競合問題，係值得肯定的思維。見氏著，雙重評價禁止與法條競合，台大法學論叢，第二十三卷第一期，157頁以下、172頁以下、203頁。蓋唯有在確認刑法的評價客體為單數時，始有受「雙重評價禁止原則」規範之可能，如評價客體究竟為單數或是複數，仍待確認，則尚無該原則之適用。就法律競合關係而言，如果不能確定是否僅為一個評價客體（即行為），則根本不生法律競合問題。必須確認評價客體果真為單一時，方有可能產生法律競合問題。法律競合問題基本上僅發生在規範內的適用選擇關係。亦即對於一個評價客體，在規範中如何選取一個最適當的規定適用，所產生的關係。

❹ 關於不同法律競合關係的詮釋，參見黃榮堅，雙重評價禁止與法條競合，台大法學論叢，第二十三卷第一期，203、204頁；結構性深入分析者，參見柯耀程，刑法競合論，2版，173頁以下。

❹ 關於此種前提，在學界部分主張「擇一關係 (Alternativität)」，事實上並不恰當，蓋規範彼此間若有相互排斥的屬性，即無由形成「法律競合」所稱之競合。

❹ 參見柯耀程，刑法競合論，2版，176頁以下。

完全差異的行為型態，所形成之構成要件必然不同性質。

構成要件彼此的關係，基本上可以區分成三種 ❹：即 1. 異質關係 (Heterogenität)，此種構成要件關係又可稱為互斥關係 (Exklusivität)，蓋同一行為不能同時該當此種構成要件，如竊盜與傷害，即此種異質性的構成要件 (heterogene Tatbestände)，不可能同時適用同一評價對象，二者絕無並存關係；2. 交集關係 (Intergerenz)，即所謂具有重疊性之構成要件 (interferierende Tatbestände)，一個構成要件中所具有對於評價客體的要素，在另一個構成要件中亦可發現，但其他要素則各有不同，構成要件彼此間，具有同樣的行為要素，即有所交集 (Überschneidung od. Kreuzung)，例如詐欺與偽證，其對於規範對象的行為，在詐騙要素上係屬重疊，但個別所規範之整個行為卻有所不同；3.內含關係 (Subordination)，也就是一構成要件所規範的對象，其內涵完全涵蓋於另一個構成要件之中，例如傷害罪與殺人罪的關係 ❺。茲將三種關係分述如次：

一、異質關係

構成要件彼此所規定的核心要件（行為要件）有所不同，且行為要件中的單元要素完全互異，則所產生之構成要件關係，乃為異質關係，簡單地說，構成要件中，作為評價客體的行為要素完全不同者，其彼此間必然屬於異質關係。例如殺人與竊盜、偽造文書與強制性交等，其中殺人行為與竊盜行為、偽造文書行為與強制性交行為的內容完全不同，所形成之構成要件，在本質上全然互異。由於異質關係下的構成要件，彼此間所規範的對象具有本質性的差異存在，其差異包括行為的形式、行為主、客觀要件，因此，殊難同時存在於規範同一行為的情況。從而，如有數異質關係之構成要件被該當時，則必定具有數個行為存在，其所產生之競合關係，應為「實質競合 (Realkonkurrenz)」❻。

---

❹ 這三種關係，係由德國刑法學者克魯克 (Klug) 所提出，so vgl. Klug, Zum Begriff der Gesetzeskonkurrenz, in: ZStW 68 (1956), S. 399ff., 403。詳見柯耀程，刑法競合論，2 版，189 頁以下。

❺ Aus Klug, aaO., S. 403ff.。

❻ 部分學說認為，數個異質關係的構成要件，亦可能由一個行為所該當，而形成「想像競合 (Idealkonkurrenz)」。Dazu Seier, Die Gesetzeseinheit und ihre Rechtsfolge, in: Jura 1983, S. 225ff.；Puppe, Exkusivität von Tatbeständen, in: JR 1984, S. 229ff.。此種見解對於異質構成要件可能成立牽連關係，較無質疑，但如係一行為觸犯數罪名的想像競合，則有所疑慮。蓋在想像競合的條件上要求一行為，而異質構成要件是否得同時規範一行為，殊有問題，

二、交集關係

在不同的構成要件類型中，一個構成要件所含的行為要件的內涵，亦可以在其他構成要件行為內涵中，發現共同的行為要素，雖然行為型態有所差異，然而行為要素的單元概念卻具有重疊的情況，此時構成要件彼此間，乃形成交集關係。例如搶奪行為的法定要件包含「取走」、「使用身體力」、「危及被害人生命或身體的行為手段」等內涵概念，此等概念在竊盜行為的法定要件中，亦可發現，故二者的關係，為交集的構成要件關係，所交集者，則為共同的行為要素概念。在構成要件的體系中，多數的構成要件關係，屬於此種交集關係。諸如傷害與強盜行為或剝奪他人行動自由行為，甚而與毀損行為，在「暴力的使用」概念下，亦屬交集關係，特別是針對犯罪類型中，附帶有行為手段規定的構成要件，如有強暴、脅迫等方式的規定者，該行為手段則成為二構成要件交集的部分，如強盜與強制性交或剝奪他人行動自由是。

此外，在構成要件中，亦有評價客體的規定相同，但行為的客觀情狀不同者，其所形成的關係，仍舊應為交集關係，其所重疊部分乃在於行為要件的規定上，此種情況主要發生在對於基本構成要件所衍生之非獨立變體構成要件的相互關係上，例如激於義憤殺人（第 273 條）與生母殺嬰（第 274 條）間之關係，其重疊部分為基本的殺人行為，所不同者，則在行為情狀的差異。此種交集關係，勢必無由以一行為同時該當，故亦無從成立假性競合問題，所判斷者，僅在該當那一個構成要件問題而已**❹**。

構成要件間具有交集關係者，如一評價客體的行為中，實現了交集部分的要

且將不同性質的行為視為一行為，是否得當，確有疑慮。如對於行為單數 (Handlungseinheit) 的判斷，無法先行解決異質行為得整合在一起的難題，則異質關係下的構成要件，似乎不得由一行為來完足，而成立想像競合關係。例如如何能以一行為同時實現竊盜與殺人？的確是令人難以想像之事。

❹ 在我國構成要件規定中，因立法上失慮，導致在適用上出現困擾情況，例如激於義憤而殺害直系血親尊親屬，究竟應如何適用？因二者構成要件屬於交集關係，但卻無法依想像競合處理，蓋其中一為加重條件，一為減輕條件，在構成要件體系中，出現此種情況，屬於相當特殊，吾人殊難想像一行為所該當的構成要件既為加重條件，又為減輕條件。通常行為人具有加重與減輕條件併存時，必定一為加重（或減輕）構成要件，另一為刑法總則之加重減輕規定，例如殺害直系血親尊親屬未遂是。因在構成要件中有此種特殊情況，恐怕立法上，必須再審慎考慮！

素，此時尚須再進一步分析個別情形，判斷該行為究竟僅為其中一構成要件之該當，抑或是同時該當二構成要件，如僅包攝於一構成要件中，則根本上並無任何競合問題發生，當然也不生假性競合的情況；惟若二構成要件均有適用，則必定產生「真實競合」之問題，亦無假性競合存在。從而在判斷真實競合問題時，對於具有交集關係的構成要件，雖然必須進一步檢視交集要素外的其他要素，以判斷構成要件的適用，但可以確定的是，如行為同時該當交集關係的構成要件，則所形成者，必定為想像競合（包括牽連關係在內），如係數行為，則為實質競合，根本不發生假性競合問題。

三、內含關係

一個構成要件所規定的內容，必然成為另一個構成要件內容的一部分，亦即一構成要件係包含在另一個構成要件之中，而形成所謂「內含關係」❹。在構成要件中，因立法上的考量，此種具有內含關係的形成，在構成要件體系中，係為尋常的現象，畢竟對於同一客體的不同情況，而有基本構成要件及修正構成要件之規定，乃規範內部正常的現象❹。更進一步地說，內含關係的存在，在同一評

---

❹ 雖然有部分學者在詮釋「內含關係」時，從「不法內涵 (Unrechtsgehalt)」觀點出發，而認為一個構成要件所揭示的不法內涵，其範圍如涵蓋他構成要件所揭示之不法內涵時，即具有所謂「內含關係」。Dazu alledem Wessels, Strafrecht AT, 30. Aufl., S. 266；Jescheck/Weigend, Strafrecht AT, 5. Aufl., S. 735, 736；Bockelmann/Volk, Strafrecht AT, 4. Aufl., S. 257；Vogler, Funktion und Grenzen der Gesetzeseinheit, in: Bockelmann-FS 1979, S. 715ff., 727；auch BGHSt 25, 373；31, 380。此種觀點如立於同質構成要件的基礎上，或可成立，但如立於不同質構成要件時，則反成問題，蓋一方面「不法內涵」的內容及範圍究竟如何？雖有所謂「行為非價 (Handlungsunwert)」與「結果非價 (Erfolgsunwert)」作為判斷基準，然而，「不法內涵」僅能從比較中得出孰高孰低，卻不能確認「不法內涵」量與質的多少，因此，就同質構成要件可從「不法內涵」比較中確認內含關係，然而，並非由於確認不法內涵的結果，而是由於同質構成要件具有同樣的評價對象之故；反之，對於不同質構成要件或許在不法內涵的判斷上，仍可得出何者為高，但如據此遽認具有內含關係，則失之大矣！在確認構成要件的關係時，應從構成要件所規範之評價對象，加以思考，而不能從不法內涵的比較，加以觀察。

❹ 惟應注意的是，在同一規範內部，不可能出現二個完全一樣的構成要件，誠如克魯克 (Klug) 所言，構成要件的「同一關係 (Identität)」，不會發生在同一部法典之中。So Klug, aaO., S. 404. 故而，構成要件間必然有質與量之差異存在，如為質的差異，則其相互間關係，必然為異質關係，或是交集關係；如為量的差異，方有可能產生內含關係。

價客體的前提下，必定僅發生在以下三種情況： 1.構成要件對於評價客體作昇層的規定，例如傷害→重傷害→殺人的規定，此種昇層構成要件具有行為及法益侵害的昇層關係，低階的構成要件內容必然包含於高階構成要件之中，否則將產生高階構成要件「未遂」認定的難題； 2.加重結果規定之於基本構成要件，在加重結果的規定中，當然包含基本構成要件在其中，蓋基本構成要件係加重結果規定的前提要件，之所以有加重結果，必定係實現基本構成要件，而衍生出加重結果； 3.非獨立變體構成要件與基本構成要件之關係，非獨立變體構成要件僅對於基本構成要件，作加重或減輕情狀要件之修正，並未觸及核心要件的行為。由於變體構成要件的內容，除完全包含基本構成要件內容外，尚有額外的情狀要件，如客觀之加重、減輕要件，或是法益侵害程度的昇層要件，因此，基本構成要件必然包含於修正之非獨立變體構成要件之中，而形成典型的內含關係，例如加重竊盜罪中，除包含普通竊盜行為規定外，尚有其他加重條件，故而普通竊盜罪之規定，必然包含於加重規定之中。

因此，假性競合的問題，應僅存在於構成要件為內含關係的情況❺⓿。蓋僅在內含關係中，方可能發生一個行為該當一構成要件，同時亦有他構成要件被完全該當的情形出現，只是內含之構成要件，因其內容上不足以完全涵蓋評價客體，而在最後適用時，終遭除斥。例如略誘行為除該當略誘罪之構成要件外，同時亦完全涵蓋剝奪他人行動自由之規定，但剝奪他人行動自由的規定，對於略誘行為卻無法完全涵蓋，故而遭到除斥，該行為最終僅適用略誘罪之規定。

上述三種關係，均係指在同一法律形式中，個別規定彼此間的關係而言。惟如非屬於同一法律形式中，但具有相同之內容或事項者，對於相同的規範關係而言，可以稱其為「同一關係 (Identität)」，即對於同一規範對象，作相同之規定，此種關係並不會也不應產生在同一法律規定之中，因此，這種關係並不是假性競合探討的問題。同一關係可能存在的情況，僅在對於同一規範的事項，有不同之法律形式規範存在時方可能發生，亦即僅有在特別規定或特別法存在時，方有可能發生❺❶。

---

❺⓿ 此種見解在學說上並無爭議，亦即內含關係係假性競合問題最典型的型態。Dazu vgl. Klug, aaO., S. 404ff.； Seier, aaO., S. 228； Burgstaller, aaO., S. 396, 397。

❺❶ 參照柯耀程，刑法問題評釋，2004 年 11 月，29 頁以下。

第二項　具體關係的運用

假性競合原為規範內部各要件間的相互關連性，所形成的法規範適用選擇的問題，會發生假性競合者，僅在規範彼此間具有內含關係時，方得以發生[52]。惟在多數疑似該當的構成要件中，究竟那一個構成要件被適用？那一些被除斥？所應檢討者，應為評價關係的問題。基本上規範彼此間所得以形成假性競合關係，應為雙向之觀察，而非僅是單方向的界定，在二構成要件間如屬內含關係，則包含者之於被包含者，或可以特別關係稱之，但被包含者之於包含要件，則並非特別關係，此時被包含要件係一種攔截之規定，或可視為補充包含要件的適用規定。例如加重竊盜規定與普通竊盜規定間的關係，如從加重竊盜罪看普通竊盜罪，則加重竊盜規定為普通竊盜規定之特別規定；如反過來從普通竊盜罪規定看加重竊盜罪，則普通竊盜罪又成為加重竊盜罪之基本規定，二者間的關係如何，應從觀察角度而定。又如既遂之於未遂的規定，既遂屬於完整規定，而未遂則為攔截規定，二者關係或為特別關係，或為補充關係，端看其從何角度加以觀察。

假性競合形成的基本適用關係有三[53]：1.特別關係 (Spezialität)；2.補充關係 (Subsidiarität)；3.吸收關係 (Konsumtion)。此外，在假性競合問題中，爭議性最

[52] 假性競合問題，主要係發生在法規範具有內含關係的說法，當推克魯克 (Klug) 對於構成要件彼此關係之分析開始，然而依照克魯克的看法，構成要件彼此間所具有的三種關係，除內含關係方足以發生疑似該當卻被除斥的假性競合情形外，交集關係亦可能產生假性競合問題，至於異質關係則無假性競合問題存在。Vgl. Klug, Zum Begriff der Gesetzeskonkurrenz, in: ZStW 68, S. 399ff., 405～409；從克魯克之見解者，如 Hruschka, Strafrecht AT 1983, S. 382, 383。惟克魯克的分析，似乎並未真正掌握住構成要件彼此關係分析的主軸，遂將交集關係誤認為具有假性競合之情形，該交集關係中，二構成要件所交集的部分，並非獨立之規範，如交集部分亦屬獨立規範，則所形成者，亦非交集關係，而為內含關係。且構成要件之該當，並無所謂部分要素該當的評價問題，因此，將交集關係亦視為足以形成假性競合的關係，事實上並不恰當。而亞寇布斯 (Jakobs) 則認為，會發生假性競合之情形，僅有在規範彼此間關係為特別關係時，方得以發生，亦即會發生假性競合的情形，僅有一種，其他通說所稱之假性競合形成關係，僅是此一特別關係下的次位型態而已。Vgl. Jakobs, aaO., S. 865ff.。亞寇布斯的見解與本文有相近之處。

[53] 參見林山田，刑法通論（下），10 版，328 頁以下；黃常仁，刑法總論（下），163 頁以下；此種區分的見解，為德國之通說，vgl. Jescheck/Weigend, aaO., S. 733ff.；Maurach/Gössel/Zipf, aaO., S. 388f.；Samson-SK, Rn. 60ff. vor §52；Vogler-LK, Rn. 108ff. vor §52；Lackner/Kühl, Rn. 25ff. vor §52；Geerds, aaO., S. 179ff.；Stratenwerth, aaO., S. 312ff.。

大者，應屬與罰行為的規範適用問題❺。蓋與罰行為所實現之複數規範間，如依通說之見解，各被實現之構成要件間，一方面似乎並無內含關係存在，另一方面學理對於與罰行為的觀察，均從事實行為出發，在複數行為之複數構成要件實現的結構上，何以得依據假性競合處理? 在學理的論述基礎上，似乎仍舊顯得薄弱，莫怪乎有學者質疑與罰行為的型態及其適用關係❺。由於形成假性競合問題的規範關係，在學理上始終存在著相當分歧的看法，茲將各種關係分述檢討之:

一、特別關係

刑法構成要件的形成，係由基本構成要件為法規範制訂的基礎，但由於所欲規範的事實情狀萬端，即使對於同一行為的規定，亦會因行為客觀情狀或侵害程度的不同，而有不同之規定，其中最典型的情況，即為對於同一行為規定，法規範均係以行為之基本規定為出發，再從基本構成要件予以變化，而產生之減輕構成要件 (privilegierender Tatbestand)，或是加重構成要件 (qualifizierender Tatbestand)❺，例如殺人罪為基本規定，而因客觀情狀關係，產生義憤殺人的減輕規定，又如普通竊盜罪為基本規定，因客觀情狀而產生加重竊盜罪之規定。此類規範間的關係，如從變體構成要件之於基本構成要件觀察，在變體構成要件中，除基本構成要件的所有要素外，尚多了加重或減輕的要素，基本構成要件顯然完全涵蓋在變體構成要件之中，形成在概念邏輯關係下的內含關係 (Subordinationsverhältnis)❺。在此種內含關係的情況下，包含之構成要件乃成為被包含構成要件的特別規定。

由此觀察，二者乃形成所謂特別關係 (Verhältnis der Spezialität)。如行為人之

---

❺ 甚至有學者將形成假性競合的關係，區分成特別關係、補充關係與與罰行為。So vgl. dazu Schönke/Schröder/Stree, Rn. 104 vor §52；Schmidhäuser, aaO., S. 446。

❺ 對於傳統詮釋下之與罰行為，其適用假性競合的質疑，最為深切者，當推德國學者普波 (Puppe)，Idealkonkurrenz und Einzelverbrechen 1979, S. 16；dies. Funktion und Konstitution der ungleichartigen Idealkonkurrenz, in: GA 1982, S. 143ff., 158。其直接從質疑向來對於競合問題的詮釋，進而質疑假性競合中「與罰行為」在處理模式上的正確性。普波 (Puppe) 認為刑法競合問題的難題，應該是在概念論述的出發點上就已經產生錯誤。並質疑向來對於「與罰行為」以假性競合處理方式的適切性。其認為對於複數評價對象，作單一評價的處理模式，並不正確，而認為應將「與罰行為」以想像競合方式處理為當。

❺ Vgl. Jescheck/Weigend, aaO., S. 733, 734。

❺ 參見林山田，刑法通論 (下)，10 版，328、329 頁。

行為所實現者，為此種關係中之包含構成要件，則在行為過程中，勢必亦實現被包含之構成要件，基於「特別條款排除一般條款 (lex specialis derogat legi generali)」之一般原則，僅適用特別條款，亦即僅適用包含構成要件，被包含構成要件則被除斥。惟值得注意者，構成要件彼此間具有特別關係存在，係屬於單向的考量關係，其觀察角度係以包含構成要件為著眼點，來觀察包含與被包含構成要件間的關係，此種關係係屬於構成要件內部靜態的關係，亦即在構成要件體系中，單純比較個別構成要件間的關係，並非對於同一評價客體，均僅適用包含構成要件。

至於那些構成要件間，具有包含與被包含的特別關係存在？基本的思考，則在於一構成要件是否完全含納在另一構成要件之中，如具有此種包含關係，方足以認定特別關係之存在。足以產生特別關係的個別類型❺⑧如下：1.（非獨立）變體構成要件（包含加重與減輕構成要件）之於基本構成要件；2.行為昇層規定之於基本規定，例如重傷害之於普通傷害規定、同一行為形式之實害犯之於危險犯，如殺人罪之於遺棄罪；3.個別構成要件之於一般構成要件，例如略誘罪之於私行拘禁之剝奪他人行動自由罪；4.行為階段規範之構成要件關係，如既遂之於未遂；5.加重結果犯之於基本犯❺⑨，如傷害之於重傷或致死之於普通傷害罪。

特別關係所指者，僅是規範內部彼此間的靜態關係，其如何適用仍應視評價客體所實現之要件而定。如一行為所實現者，為特別條款之規定，則自應適用特別規定；反觀行為所實現者，僅係一般條款的要件，雖然在構成要件體系內，具有該條款的特別條款規定存在，其所適用者仍舊為一般條款，此時特別條款並無所謂該當問題，亦無所謂除斥問題存在。因此，從一般條款（或被包含構成要件）

---

❺⑧　本文從方法學角度分析，認為特別關係形成的類型，主要係以構成要件間之包含關係為思考，亦即觀察一構成要件是否包含另一構成要件作為思考的基礎。此種觀點並未超出一般學理對於特別關係類型的認知，但在分類上，仍有些許差異。例如林山田教授將加重結果犯與過失犯，視為得形成特別關係，惟在本文中，則認為加重結果犯與基本犯方得以成立特別關係，此係對於加重結果犯詮釋之差異所致，關於本文所認定之加重結果犯概念，參照柯耀程，變動中的刑法思想，2版，151頁以下。一般學理認定足以產生特別關係的類型，請參照林山田，刑法通論（下），10版，329頁以下；甘添貴，罪數理論之研究㈢——法條競合㈣，軍法專刊，第40卷第1期，4頁以下。

❺⑨　對於加重結果犯與基本犯之特別關係，本文異於林山田教授之見解，而與甘添貴教授之見解同。參見林山田，刑法通論（下），10版，332頁；甘添貴，罪數理論之研究㈢——法條競合㈣，軍法專刊，第40卷第1期，6頁。

之於特別條款（或包含構成要件）的觀察，顯然不能視為特別關係，如果以特別條款為基準，則一般條款乃成為其截阻構成要件 (Auffangstatbestand)，因此在同一結構下，如從被包含構成要件之於包含構成要件觀察，則所形成者，即規範適用的「截阻關係 (Verhältnis des Auffangs)」，此種反向的觀察形式，並不具有如特別關係的邏輯包含關係存在，反而僅是一種補充包含構成要件的適用關係而已❻⓿。

二、補充關係

在構成要件的結構中，對於同一評價客體的規範，通常會依行為實行之過程，以及造成之侵害程度作不同層次之規定，如果將一構成要件作為觀察的基準，則其與上層次之構成要件，從上而下觀察，即形成所謂特別關係，其對於下層次之規定，由下而上觀察，該下層次構成要件，無異形成基準構成要件的截阻關係，因此，下層次構成要件乃成為基準構成要件評價時之補充規範 (subsidiäre Norm)，下層次構成要件與其上層次構成要件間，乃形成所謂補充關係，亦即在通常情況下，僅適用基準構成要件，下層次構成要件僅有在基準構成要件不適用時，方得以適用之，其性質僅具有輔助適用的作用❻❶。

如果一評價客體所實現的構成要件，為高層次之構成要件，則所有下層次構成要件，乃因含蓋在高層次構成要件之中，而在適用時被除斥；反之，如所實現者僅為下層次之構成要件時，因其行為程度尚未及基準構成要件之適用，僅得以適用下層次之截阻構成要件，此時下層次構成要件對於基準構成要件，乃形成補

---

❻⓿　有學者將特別關係的相對型態定位為擇一關係，事實上並不妥當，一方面特別關係與擇一關係，在規範內部關係中，並無相對立之基礎存在，特別關係屬於內含關係的一種型態，而擇一關係卻是構成要件間之互斥關係 (Exkutivität)，嚴格而言，構成要件互斥關係應為內含關係的對立結構，將擇一關係與特別關係視為相對立者，比較之基礎，恐有出入；另一方面，從觀察方向來說，二者並非對向的觀察，而係結構差異的認定而已，事實上特別關係的相對性關係，應為反向觀察所成的補充關係，並非擇一關係，此種對立觀點，恐係學理的誤解。將特別關係與擇一關係視為對立關係者，如 Jescheck/Weigend, aaO., S. 734；Vogler-LK, Rn. 106 vor §52。

❻❶　一般稱補充關係者，均認為補充規定，僅具有輔助適用之功能，而該輔助功能，乃使得補充構成要件對於行為之評價，具有截阻的效應 (Auffangswirkung)。參見林山田，刑法通論（下），10 版，338、339 頁；蔡墩銘，刑法精義，377 頁；韓忠謨，刑法原理，373 頁；Jescheck/Weigend, aaO., S. 734；Maurach/Gössel/Zipf, aaO., S. 388, 389；Vogler-LK, Rn. 118ff. vor §52；Schönke/Schröder/Stree, Rn. 105ff. vor §52；Geerds, aaO., S. 179ff.。

充適用之關係。例如行為既、未遂的規定，如以既遂規定作為基準，則未遂之處罰規定，無異是該既遂規定的截阻規定，形成既遂不適用時，補充適用的構成要件。一般刑法對於所評價之事實情狀，均設定有基準構成要件作為評價時的基準，而在行為尚不足以用原則規定加以評價的情況下，另行制訂截阻構成要件，以作為原則規範之補充適用。在通常的情況下，對於行為的評價均以基本構成要件作為評價的基準，僅在行為未達基本構成要件的評價內容時，方有補充規定的適用，此即法律適用原理所稱的「基本規定優先補充規定 (lex primaria derogat legi subsidiariae)」原則。

學理上對於補充關係的認知，大多認為補充關係的邏輯結構不同於特別關係的內含關係，而係一種構成要件彼此間的重疊關係 (Verhältnis der Überschneidung)，或交集關係 (Verhältnis der Interferenz)[62]，因此，補充關係遂被視為形成假性競合的獨立關係。同時，為闡明其獨立性，在論述補充關係時，更從法律明文之規定，以及法律要件之解釋，而將補充關係依其可能形成的形式，區分成「明示與默示的補充關係 (ausdrückliche u. stillschwei- gende Subsidiarität)」，或稱之為「形式與實質補充關係 (formelle u. Materielle Subsidiarität)」，稱明示（或形式）補充關係者，係指立法者在制訂法律規定時，即已明示表示構成要件間之適用關係，例如我國刑法第 134 條但書之規定是；而稱默示（或實質）補充關係者，乃係從構成要件之實質意義與目的詮釋，例如對於行為作不同階段之規定、或作侵害不同程度之規定是[63]。至於基於何種條件跟理由，使得構成要件彼此間得以視為具有補充關係？又為何立法者在制訂法律規範時，會對於此種關係作明示之表示？學理上所能提供的論據，僅能以「不同行為階段之同一法益保護」來說明，進而將同一法益之侵害，作為確認補充關係的主要基礎[64]。在規範內部各

---

[62] 參見柯耀程，刑法競合論，2 版，195 頁以下；Jescheck/Weigend, aaO., S. 734；Klug, aaO., S. 406。

[63] 柯耀程，刑法競合論，2 版，240 頁；Geerds, aaO., S. 180ff.；Schönke/Schröder/Stree, Rn. 106ff. vor §52；Vogler-LK, Rn. 118ff. vor §52；Stratenwerth, aaO., S. 314；Schmidhäuser, aaO., S. 446, 447；Samson-SK, Rn. 63ff. vor §52；Maurach/Gössel/Zipf, aaO., S. 388ff.；Baumann/Weber, aaO., S. 663, 664。

[64] 通說上大多引用 Honig, Studien zur juristischen und natürlichen Handlungseinheit 1925, S. 113 認定補充關係的理由作為詮釋依據，其謂補充關係之存在，係「不同法律規定係對於不同行為階段之同一法益保護」所形成。因此，法益同一性，乃成為詮釋補充關係的實質理由。參見林山田，刑法通論（下），10 版，340 頁；甘添貴，罪數理論之研究㈤──

構成要件間會發生補充關係的情況，係對於同一評價客體於不同階段或不同情狀的規範，從而對於行為所造成法益侵害之程度，亦做昇層之規定，由於低層次之構成要件對於高層次構成要件的關係，無異是一種攔截之作用，遂產生低層次構成要件之於高層次構成要件的關連性，此乃補充關係之所在❻❺。

　　補充關係的形成，係指截阻規範與基準規範的關係，亦屬規範內部之靜態關係，此種關係的觀察，應為由下而上的觀察方向，從此一觀點而言，補充關係的觀察方向，正好與特別關係形成反向關係，二者則形成規範彼此間靜態觀察的雙向關係。惟靜態關係僅屬於規範內部構成要件彼此間關連性的理解，在具體適用時，則需釐清靜態規範彼此間關係的適用問題，亦即具體適用時得以適用與被除斥的動態關係。

三、吸收關係

　　對於規範內部各構成要件彼此關係，作雙向觀察之後，進一步必須針對於規範的評價關係加以觀察，亦即具有假性競合存在的構成要件關係，在具體評價時，應如何適用規範。由於假性競合關係，係發生於疑似有多數規範該當，卻僅有一個得以最終適用，其他要件則被除斥的情形，因此，被除斥的構成要件既有疑似該當的情形，顯然其所有要件在行為過程中均已被實現，而因其不足以對行為之具體事實作完整之評價，蓋行為之事實情狀顯然超出被除斥規範的範圍之外，而需由特定之條款方得以完全加以涵蓋，在此種情況下，被除斥規範在具體評價時，無異是被適用規範所吸收，而產生規範具體適用時之吸收關係，此即法律適用原理所謂之「吸收條款除斥被吸收條款 (lex consumens derogat legi consumptae)」原則。吸收關係所涉及者，應為法規範具體適用的關係，其所要說明的情況，乃在於適用規範與除斥規範間的關連性，係屬於規範適用的動態關係。從方法邏輯的觀點規範具體適用時，會發生吸收關係者，應僅限於特別關係下，適用特別條款而除斥一般條款的情況，詳言之，構成要件靜態的特別關係，在動態的具體適用時，方才會發生不適用（被除斥）構成要件被吸收的情形，吸收關係應為特別關係具體適用時之相對應關係。

　　我國學理與實務對於吸收關係的運用，幾乎亂無章法，使得吸收關係無所不

　　法條競合㈤，軍法專刊，第 40 卷第 2 期，3 頁；Jescheck/Weigend, aaO., S. 734。不同見解者，vgl. Geerds, aaO., S. 179；Jakobs, aaO., S. 874, 875。

❻❺　類似見解參見甘添貴，罪數理論之研究㈤——法條競合㈤，軍法專刊，第 40 卷第 2 期，3 頁。

在，舉凡高度行為吸收低度行為（其中又分後行為吸收前行為、重行為吸收輕行為）、實害行為吸收危險行為、重罪吸收輕罪、主行為吸收從行為等，無異是誤解且濫用吸收關係的概念❻，甚至因此創設出所謂吸收犯的概念，其實這些錯誤的論述，皆係源自對於吸收關係概念的誤認所致❼。此種謬誤的發生，不僅是對於吸收關係的概念有所誤認，甚至對於吸收關係形成的前提條件也發生混淆。事實上，吸收關係所指者，係規範與規範間適不適用的取捨問題，以及除斥規範與適用規範間的關係，並不涉及評價客體的行為，故如將行為作為吸收關係的準據，顯然已經超出吸收關係觀察之範圍，根本不屬於吸收關係的範疇❽。因此，對於吸收關係的概念，必須審慎重新加以認知。

四、與罰行為

假性競合問題中爭議性最大，論述最為分歧者非與罰行為莫屬，一方面由於與罰行為的概念，並不是那麼清楚，造成在詮釋此一概念時，對於基礎條件與類型的掌握十分棘手；另一方面在何種情況下會產生與罰行為，亦因概念掌握的模糊而難以釐清，遂使得與罰行為在假性競合問題的論述中，成為問題角色。

得以成為與罰關係者，應屬於評價問題，亦即應屬於規範形成過程中，對於特定規範在評價時，成為另一規範的一部分，而該規範於具體適用之判斷上，儼然被與罰於適用之規範中，故於概念上，稱之為「與罰關係 (mitbestraftes

---

❻ 學理與實務濫用吸收關係者，參見韓忠謨，刑法原理，374 頁。批判之見解參見林山田，論假性競合與不罰之前後行為，台大法學論叢，第二十二卷第二期，129 頁以下、157 頁；黃榮堅，雙重評價禁止與法條競合，台大法學論叢，第二十三卷第一期，198 頁以下。

❼ 關於實務與學理所認知的吸收關係，林山田教授相當貼切地批評為「浮濫至極的吸收」，其批評誠屬一針見血。參見林山田，論假性競合與不罰之前後行為，台大法學論叢，第二十三卷第一期，157 頁，同樣之批評者，黃榮堅，雙重評價禁止與法條競合，台大法學論叢，第二十三卷第一期，199 頁。此外對於吸收犯之批判，林山田教授與黃榮堅教授，均認為不但無助於概念之釐清，反而使真假競合更形混淆，應予以廢棄。黃榮堅教授更直接說明「所謂的吸收犯並不是一個有意義的概念，而是一個表象概念。在競合問題的領域裡，我們可以完全忘記所謂吸收犯的存在」。參見林山田，論假性競合與不罰之前後行為，台大法學論叢，第二十三卷第一期，166 頁；黃榮堅，雙重評價禁止與法條競合，台大法學論叢，第二十三卷第一期，201 頁。

❽ 同樣見解者，參見黃榮堅，雙重評價禁止與法條競合，台大法學論叢，第二十三卷第一期，199、200 頁。

Verhältnis)」。然而，此種與罰關係之生成，究竟是在規範形成之初即已形成，抑或是在規範適用時方發生之評價問題？易言之，與罰關係究竟是規範形成的先判 (ex ante) 問題，抑或是規範適用的後判 (ex post) 問題❽？恐怕是徹底釐清與罰行為概念時，必須先加以詳明者。

　　學理對於與罰行為的概念，向來習於從行為來觀察，並從行為之整體情狀，又在概念上區分成 1.與罰前行為；　2.與罰伴隨行為；　3.與罰後行為三種情況❼。學說對於與罰行為的認知，見解相當分歧，有認為部分與罰行為屬於行為單數，特別是與罰伴隨行為及部分與罰前行為的情況，通常與罰的伴隨行為，會被詮釋成行為實行過程的貫穿型態 (Durchgangsform)，而將其視為行為實行過程之必然性的「伴隨現象 (regelmäßige Begleiterscheinung)」❼，僅適用基本行為所該當之構成要件，認其屬於基本行為的一部分，不另予評價；至於與罰後行為，則傾向於行為複數之認定❼。雖然學理將與罰行為的型態，區分為與罰前、伴隨、後行為，且對個別型態之評價關係，有意見上之差異，但較為一致的看法，則認為與罰行為不論是何種形式，所侵害之法益，必須維持其同一性，如果有超出法益侵害同一性的範圍者，則非屬於與罰行為的類型❼。

　　對於與罰後行為的詮釋，學理上大抵認為對於後行為的評價，從犯罪事實整體的觀察，以前行為加以論斷即為已足，蓋後行為並未超越出前行為所造成之法益侵害的範圍，充其量後行為僅為對於因前行為所造成之法益侵害狀態，為利用或確保而已，並未進一步造成新的損害，故於整體評價時，將該後行為含納在前行為評價之中，而稱為與罰後行為❼。易言之，與罰後行為之情況，必須確立在

---

❽　關於先判與後判的概念，係屬於方法學上對於評價客體與客體評價間關連性的認知，例如對於抽象危險犯的規定，即屬於法規範先判的性質，而如具體危險犯或實害犯，則為後判之類型。關於先、後判概念請參照 Hruschka, aaO., S. 402～404。

❼　個別情況的舉例，本書不予以贅述，請參見林山田，刑法通論（下），10 版，342 頁以下。

❼　Vgl. Samson-SK, Rn. 69 vor §52；Geerds, aaO., S. 216ff.；Blei, aaO., S. 361；Schönke/Schröder/Stree, Rn. 120 vor §52；Vogler-LK, Rn. 132 vor §52。

❼　insbesondere Geerds, aaO., S. 205ff.；Vogler-LK, Rn. 137 vor §52。

❼　參見林山田，刑法通論（下），10 版，342 頁以下、352 頁；Geerds, aaO., S. 207, 211, 216；Jescheck/Weigend, aaO., S. 727；Samson-SK, Rn. 73 vor §52；Vogler-LK, Rn. 140 vor §52；Schönke/Schröder/Stree, Rn. 114 vor §52。

❼　Vgl. Schönke/Schröder/Stree, Rn. 112ff. vor §52；Samson-SK, Rn. 72, 73 vor §52；Vogler-

該後行為對於規範保護範圍的侵害，並未超出前行為的範圍，且該行為之不法內涵，已然含蓋在前行為評價之中❼。

然而，何種行為型態在規範的評價中，必須被視為與罰後行為？究竟是在前行為的評價中，已然考慮到必然性之後行為型態？抑或是必須等到事實之後行為出現時，再作個案式的認定？在現今的學理上，仍舊欠缺進一步明確的論據，僅在於後行為並未造成前行為所生法益侵害以外之侵害。此種說理仍有模糊的空間存在，舉一例作為比較基礎，如行為人為竊盜行為，之後又將竊盜所得（或稱之為贓物）加以變賣，該變賣之處分行為，並未進一步造成原竊盜行為法益侵害以外之侵害，故而為典型之與罰後行為型態❼；惟該行為人如將變賣之贓物再次買回，則該買回行為，亦未對於其原先竊盜行為造成額外之法益侵害，其是否仍為與罰後行為呢？答案恐怕是否定的。

通常在規範形成過程中，對於行為及法益侵害的評價關係，因受到雙重評價禁止原則的拘束，同一行為或同一結果的評價，如已於一構成要件中加以評價時，則對於同一侵害關係，如為評價完成的情況存在時，即不得再次加以評價，此種情況特別是在財產犯罪中最為明顯，行為人所為財產犯罪之行為，其所侵害之財產法益，已然在該實現之構成要件中完整評價，故其對於該財產之處分行為，如再次成立贓物罪，無異是對於結果為重複評價，故而其處分犯罪所得之行為，並不另論贓物罪，此係規範形成之初即已限定，並非對於處分贓物行為的觀察。惟如行為人轉賣之後，因行為評價已經完成，故如再次買回時，仍舊應另行成立贓物罪。因此刑法中所稱與罰後行為者，係規範中之本然現象，亦屬規範之先判作用。

第三項　誤用假性競合的問題

由於對於假性競合概念的認知偏差，實務乃產生若干誤用假性競合的情況，

LK, Rn. 137ff. vor §52；Geerds, aaO., S. 205ff.；Jescheck/Weigend, aaO., S. 736。

❼ 通說均將與罰後行為視為吸收關係適用的類型。參見林山田，刑法通論（下），10 版，342 頁以下；Vogler-LK, Rn. 137 vor §52；Geerds, aaO., S. 208；Samson-SK, Rn. 72 vor §52；Jescheck/Weigend, aaO., S. 736；Honig, aaO., S. 81。惟 Schönke/Schröder/Stree, Rn. 112 vor §52 則將與罰後行為視為一種補充關係。

❼ 學理上將贓物罪視為財產犯罪之典型與罰後行為形式。Vgl. Vogler-LK, Rn. 138 vor §52；Samson-SK, Rn. 73 vor §52。

其中最為嚴重者有三：　1.誤將假性競合概念套用於法律適用的基本關係，即以假性競合來適用特別法與普通法之適用關係❼；　2.誤用假性競合於行為之上，而有所謂重行為吸收輕行為，或是後行為吸收前行為等錯誤引用關係，基本上假性競合問題，僅會發生在規範本身的問題上，與刑法評價客體的行為事實完全無涉；　3.誤用「結果必然性」的假性競合適用❽，亦即將行為侵害關係的擴大，將構成要件基本行為所生之衍生性侵害關係，逕視之為構成要件行為之「必然結果」，而採用假性競合關係處理。上述這些情形，都不是假性競合處理的範圍，也與假性競合的概念無關，但卻常被以假性競合來處理，此係概念適用上之謬誤，連帶也造成法律適用之瑕疵❼。

第五節　想像競合

　　一行為而觸犯數罪名者，稱之為想像競合 (Idealkonkurrenz)，亦即複數構成要件的實現，如係由一行為所導致者，此種真實競合的型態，即法律所規定「一行為而觸犯數罪名」之意❽。在想像競合的結構中，從其概念的意義可以得知，形成想像競合的前提條件有二：其一為單一行為，其二為具有複數構成要件之實現。由於想像競合的結構，係建立在單一評價客體的複數規範評價關係，故有必要先對於其成立前提件的基本屬性加以說明，進而方得以判斷想像競合之本質，以及成立條件的內涵及效應。

　　首先，想像競合所謂之一行為者，所指的並非如德國學理通說所言，係規範

---

❼　參見柯耀程，刑法競合論，2 版，269 頁以下。

❽　關於誤用「結果必然性」的問題，詳見柯耀程，變動中的刑法思想，2 版，517 頁以下。

❼　實務誤用法律競合概念，最常見者乃是浮濫使用「吸收」的概念。如依實務處理的方式，將原本不應以法律競合處理的關係，都以吸收的方式來處理，造成刑法之中幾乎「無所不吸」的現象，這樣的誤用概念，在刑法修正之後，特別是關於牽連犯遭廢除的同時，更令人憂心吸收的浮濫將更形嚴重。批判此種浮濫使用吸收的情況者，參見柯耀程，刑法競合論，2 版，267 頁以下、273～275 頁。

❽　我國刑法第 55 條僅規定「一行為而觸犯數罪名」，此種規定從條文的意義中，並無法看出如一行為所侵犯之數罪名，係屬於同一罪名（即所謂同質想像競合）時，是否有想像競合之適用。學理上雖然承認此種一行為觸犯多數之同一罪名，但何種情況下，多數同一罪名之實現得以適用想像競合之規定，恐需再從侵害之罪名類型加以區分。反觀德國刑法 §52 之規定，其於法律明文中即將「同一罪名」納入想像競合規定之中。此種立法例，殊有值得我國參照之處。

的行為單數意義，亦即並非所謂構成要件之行為單數。想像競合所謂之一行為，應係指刑法之單一評價客體，既屬評價客體，則其認定根本不能反向從規範中認定，蓋評價客體本屬於事實存在的客觀現象，對此評價對象的確認，僅能從事實情狀中判斷，如從規範中認定，將形成規範邏輯本末倒置的謬誤。在刑法的評價關係中，不外是評價客體與客體評價的關係，惟如評價客體不能確定時，根本無由發生客體評價的情形，而評價客體的確認，本在於規範判斷之前，如反過來以規範的標準來認定是否為一行為，則評價客體根本尚未確定，如何會發生客體評價標準的判斷？此種以規範標準來認定評價客體的方式，恐有認知上的偏差。是故，對於想像競合成立前提的一行為判斷，僅能從客觀事實面為之，並不能以構成要件之行為單數來決定。因此，想像競合所指的一行為，應為事實存在之單一評價客體的一行為，藉由評價客體的單一性質，使得想像競合在真實競合型態中，相較於複數評價客體的實質競合，具有法律效果的界分性質存在，蓋在單一行為實現複數規範的情況，對於行為評價所得之法律效果的界線，根本不可能超出所實現構成要件之最重法律效果的範圍，此與實質競合在法律效果的認定上，具有明顯的界分功能 (Abgrenzungsfunktion)。同時，可以確認者，單一行為的不法與罪責內涵，亦較複數行為為輕❽。

　　此外，想像競合的形成，除一行為之外，尚須該行為觸犯數罪名，其所實現之罪名必須具體存在，亦即對於一行為的評價，無法以單一構成要件完全涵蓋，必須透過數構成要件的共同作用，方得以確認，也就是說，對於一行為的刑法評價，必須藉由複數構成要件的整合，方足以對於行為之非價內涵，完全加以評價。此所稱複數構成要件之實現，不僅是形式意義上所實現之構成要件，得成為評價該行為的內涵，且在具體評價時，亦應完全適用，即一行為所實現之複數規範，均應反應在裁判的判決主文 (Urteilstenor) 之中。從而對於行為不法與責任內涵的判斷，乃得以從判決主文之中加以確認。

　　由於想像競合所實現之複數構成要件，均為具體存在，且對於行為非價內涵的判斷，均具有實質的效應存在，其複數構成要件的實現，並非僅是假象性質而已。因此，從規範具體實現，乃至具體適用效力的存在，而使同以單一行為作為評價對象的情形，得以明確區分出真實競合與假性競合之本質差異，此即學理上所稱想像競合之「釐清功能 (Klarstellungsfunktion)」❽。

---

❽　Dazu vgl. Samson-SK, Rn. 2 vor §52；Schönke/Schröder/Stree, Rn. 1 zu §52。

❽　參見林山田，刑法通論（下），10 版，308 頁；黃榮堅，刑法問題與利益思考，456 頁以

惟想像競合在結構上，係一行為造成複數構成要件的實現，其本質究竟是單數性質，或是複數性質，乃成為學理發展過程中爭論的焦點。

第一項　想像競合的本質

對於想像競合本質之爭議，原屬相當古老的議題，主要爭議的癥結點，乃從想像競合的基本結構所衍發出來，蓋在想像競合中，一方面作為評價客體的行為僅有一個，但作為評價的標準，則有數個構成要件，如此一來，遂發生想像競合的本質，究竟為單數或是複數的爭議❸，由於形成想像競合的基本前提要件中，僅有一行為作為評價的對象，故而在屬性上，想像競合似乎為單一評價客體的性質；然而如從對於單一評價客體的評價內容觀察，則作為評價標準的構成要件，並非單一，而是複數，從而想像競合的評價內容，又屬複數的性質，因此，在學理上，為爭辯想像競合本質，遂發生單數理論 (Einheitstheorie) 與複數理論 (Mehrheitstheorie) 的見解差異❸。

單數理論對於想像競合本質的觀察，係將決定的基礎，置於行為之上，因得以成為想像競合的評價客體僅為單一行為，故從而推得想像競合的本質僅為一個犯罪；複數理論的立論基礎，乃在於稱犯罪者，應指規範之侵害，或更具體地說，應指構成要件之實現，如有複數構成要件之實現，則必然為犯罪複數❸。蓋想像競合所以特殊之處，乃在於對於單一評價對象的複數規範評價關係，由於具有複數評價的存在，如從規範的觀點觀察，想像競合的本質，本應為規範複數，詳言之，應為犯罪複數。

惟不論是單數理論或是複數理論，對於想像競合的本質認定，均各有所偏，且二者所論之依據，並非立於同一基礎點，學理雖對二理論各有主張，但時至今

下；Schönke/Schröder/Stree, Rn. 2 zu §52；Jescheck/Weigend, Strafrecht AT, S. 718；Samson-SK, Rn. 2 zu §52；Vogler-LK, Rn. 5 zu §52。

❸　關於想像競合本質爭議的癥結點，誠如德國波昂大學刑法學教授普波 (Puppe) 所言，乃在於結構認知的問題上，究竟想像競合本質的觀察，係在於規範（即實現之構成要件）對於行為的關係，抑或是違反規範的事實行為觀察？So Puppe, Idealkonkurrenz und Einzelverbrechen 1979, S. 27。

❸　關於學理對想像競合本質的爭議，參見柯耀程，刑法競合論，2 版，302 頁以下。

❸　Vgl. Binding, Handbuch des Strafrechts Bd. 1 1885, S. 570ff.；Jagusch-LK, A 1 vor §73 a.F.；Jakobs, aaO., S. 891ff.；Honig, Studien zur juristischen und natürlichen Handlungseinheit 1925, S. 3ff.；Geerds, aaO., S. 322ff.。

日，二理論爭論的戰火，似乎已經熄滅，雖尚有殘星，然而學理對其爭論，已不再感興趣，且認為二理論之爭，僅是文字或詞語之爭，毫無實際意義存在❽。雖然現今看法，認為二理論對於想像競合本質的爭議，似乎毫無意義存在，但卻也不能遽然認為二理論的論述百無一用，其之所以不能釐清想像競合的本質，並非對於想像競合的形成結構有所誤解，其所不能者，僅在於所為認定基準的選擇發生偏差而已。雖然二理論均無法明確揭露想像競合的本質，但其理論背後所提供對於想像競合的判斷，確有相當重要的意義存在，不可遽然抹煞二理論的實質效用。

第二項　想像競合的形成要件

關於想像競合的法定化規定，我國刑法第 55 條規定為「一行為而觸犯數罪名，從一重處斷」，而德國刑法 §52 則規定為「同一行為侵害多數刑罰法律，或多次侵害同一刑罰法律者，僅論以一刑」，雖然規定內容上有些許之差異，但對於想像競合的結構認定，二者並無二致，從二法律規定對於想像競合的結構分析，想像競合係由單一行為所實現之複數構成要件共同建構而成，故而，想像競合形成的基本前提關係，乃在於單一行為及複數之構成要件實現。此所稱之單一行為者，係指單一之評價客體而言。而對於此單一行為的評價，必須透過複數的構成要件，共同形成該行為的不法與罪責內涵。而且，單一行為所實現之複數構成要件，在形成的要求上，仍有潛在條件的要求，亦即該複數構成要件的實現，係由單一行為同時實現。

所謂同時實現，並非指客觀面的現象，係由一行為在毫無時間間隙的情況下，同時實現複數的侵害，固然，在同一時空下，如無時間之間隙存在，一行為造成複數的侵害關係，而需以複數規範加以評價，必然為想像競合的基本型態，但即使事實上具有時空之間隙，但行為始終都被視為不可分割的單一時，其行為過程中所造成保護客體之侵害，依然視為同時侵害，例如持續行為 (fortlaufende Handlung) 在行為持續中所產生的侵害，或許在客觀面的觀察，仍有先後之分，但評價關係，係行為完成後，方才發生，此時規範認定的構成要件實現，仍是行為中所形成，故而所稱之同時性，應為規範對於行為觀察的評價關係，認為構成要件之實現，係一行為於行為中所實現者，對於該行為必須同時以複數規範共同評價而言，例如，丟一顆炸彈，同時發生多人死亡結果，而實現多次殺人罪之構

❽　Vgl. Geerds, aaO., S. 322；Jescheck/Weigend, aaO., S. 718。

成要件，此構成要件之實現，故屬同時，即便是丟一顆石頭，先砸傷人，後砸毀他人之門窗，雖結果的發生有先後，但對於侵害的發生，係由單一丟擲石頭行為所致，故對於傷害與毀損構成要件之實現，仍應視為係同時發生。

一、單一行為

想像競合係由單一行為所形成複數構成要件實現，所形成之真實競合型態，由於其僅具有單一行為，故在評價上，僅能為單一不可分割的可罰性評價，其基本性質固屬單一的性質，但絕非犯罪單數，而是可罰性及法律效果的單數。單一行為不但為想像競合成立的根本前提條件，更是決定想像競合單一可罰性性質的基礎，可謂為想像競合可罰性認定的基石。

基本上，對於單一行為的判斷，必須從客觀的觀察確認二基本條件，方得以認定事實存在的行為究竟是否為單一：其一為客觀存在的行為，必須得以確認其行為係源自於單一的主觀動機 (einheitliche Motivationslage)，其二為行為的客觀事實情狀，必須是依一致性的單一事實情狀 (einheitliche Tatsituation)，方得以確認行為不可分割的單一性質❽。

此外，作不作為並不能成為行為是否單一的認定界線。惟學理上卻認為，作為與不作為，並不能成為單一行為❽，此種認定方式，一方面可能陷入規範判斷的陷阱，另一方面亦誤解作為犯與不作為犯的類型劃分。固然在刑法犯罪類型的規定中，有若干類型從規範禁止與命令的形式觀察，具有成立犯罪行為的特殊要求，其中如規範單純要求行為不得違反禁止規範，且將行為形式界定在作為者，即所謂「純正作為犯」，例如竊盜、強盜等要求，必然需以積極作為，方得以違反禁止規範；另外，規範限定必須遵守一定之命令者，其違反僅限制於不遵守命令規範，即所稱「純正不作為犯」，如聚眾不解散罪，則此種類型僅得以不作為方得以實現。如以此二種純正犯類型來思考，而認為作為與不作為，無由形成同一行

---

❽　Vgl. Maiwald, Die natrliche Handlungseinheit 1964, S. 78, 90, 106, 114。雖然麥瓦德 (Maiwald) 並不支持自然的行為單數概念，而是傾向規範認定的見解，但從麥瓦德的分析過程中，已然提出事實面判斷的相對性標準，此一行為單一性認定的見解，恐亦是麥瓦德始料未及之事，但仍須視為麥瓦德的貢獻。

❽　Vgl. Jescheck/Weigend, aaO., S. 723；Lackner/Kühl, Rn. 7 zu §52；Schönke/Schröder/Stree, Rn. 19 zu §52；Jakobs, aaO., S. 911；Struensee, Die Konkurrenz bei Unterlassungsdelikten 1971, S. 16。

為，則顯然陷入規範要求型態的謬誤。固然，此二種型態的行為要求，在成立之初即已加以嚴格區分，二者不但無由成為單一行為，而同時成為法規範評價的單一對象，且此種型態本具有互相排斥的性質，早在評價客體決定時，已經不能想像其得並存於一行為中。故對於純正犯（作為或不作為），均不可能以作為兼不作為成為一行為。

但若於「不純正作為或不作為犯」的行為中，對於此種類型的實現，既得以積極作為方式，亦得以消極不作為方式，且在某一種情況下，同一行為的存在，就行為客體的對象不同，對某一行為客體，其行為的形式為作為，但對於其他行為客體的意義，則為不作為，故而對於實現此種類型之構成要件，在行為的客觀形式，並無任何既作為又不作為的情形存在，其僅為一種單一的行為形式而已，但在規範的適用時，卻既成立作為，亦成立不作為。因此，作為與不作為並存，對於不純正作為或不作為犯的類型，得以成立單一行為，非但可能，且係尋常之事❽。如同殺人罪，既得以積極作為方式實現，亦得以消極不作為之義務違反方式實現，其屬性為不純正作為或不作為犯類型，如以一行為同時侵害多數之行為客體時，對某一客體而言，該行為屬於作為犯之評價型態，但對於其他行為客體而言，該行為可能成為不作為犯的評價，則一行為仍得同時為作為與不作為並存，而成為一行為觸犯數罪名的想像競合。

因此，想像競合單一行為的判斷，對於不純正作為或不作為犯的類型，一行為可以是作為兼含不作為的形式。

二、複數構成要件實現

單一行為所實現之複數構成要件的結構關係，可從二方面加以確認： 1.如行為所侵害者，為同質性法益，則僅一身專屬性法益，得以成立同質想像競合，如為財產法益，則僅為單一構成要件該當之情形，並非競合的問題； 2.對於異質想像競合的複數構成要件觀察，行為所侵害的法益，通常是交雜一身專屬性法益與財產法益，或一身專屬性法益與整體法益，或是財產法益與整體性法益的關係。如從所實現之複數構成要件觀察，則被實現之構成要件，要不就是一身專屬性法益規定的多次實現，要不就是構成要件彼此間屬於異質或交集關係者，對於構成要件內含關係的情形，僅會成立假性競合，根本無由成立想像競合，亦即具有內

---

❽ 在德國實務的判例中，早在帝國法院時代，已有承認作為與不作為，得以成立單一行為之例。Vgl. RGSt 32, 137 (138)。

含關係的構成要件，根本不可能由一行為同時實現，而同時作為對於該行為的評價內容。

　　雖然想像競合中，係以一行為實現複數的構成要件，然單一行為如何使得複數構成要件得以實現？對此一問題的詮釋，在德國的學理中，乃認為對於所實現的構成要件，必須至少具有部分之行為同一性 (teilweise Identität der Handlung) 關係存在，方得以確認複數構成要件的實現，果真係由單一行為所致，進而方得以確認想像競合的成立❾。事實上此種行為對於所實現構成要件之完全同一 (Vollidentität) 或是部分同一 (Teilidentität) 的說法❾，在邏輯思維上，仍有釐清的必要。蓋作為想像競合評價的單一行為，所謂同一性的見解，應更明確地界定在所實現的構成要件，必須是以行為要素作為其同一性的內容，亦即觸犯數罪名，所以有相同者，應在行為的部分，至於其他構成要件要素是否為同一，則無關想像競合的判斷。

第六節　實質競合

　　真實競合的基本結構，乃建立在規範適用的複數關係之上，而會發生所謂競合適用之情況者，不論是屬於規範評價關係的競合，或是法律效果間之競合，其基本目的，均在於確認刑罰的法律效果。惟由於評價對象之差異，在真實競合的類型中乃產生二種基本的類型：1.單數評價對象的規範競合關係，包括想像競合

---

❾　Vgl. RGSt 32, 136 (139)；RGSt 52, 299 (300)；BGHSt 7, 149 (151)；BGHSt 22, 206 (208)；Schmidhäuser, aaO., S. 449；Bringewat, aaO., S. 47, 48；Maurach/Gössel/Zipf, aaO., S. 495；Geerds, aaO., S. 277；Schönke/Schröder/Stree, Rn. 8, 9 zu §52；Vogler-LK, Rn. 22 zu §52；Jescheck/Weigend, aaO., S. 720；Lackner/Kühl, Rn. 3 zu §52。

❾　對於複數構成要件之實現，係由單一行為所致的想像競合問題，在德國學理上，一直都是採取行為同一性，來詮釋複數構成要件之實現，此種詮釋方式固然有其偏失之處，但對於德國學理採用行為單一的認定，卻是可以理解的，蓋在其理論的發展中，除典型之想像競合型態之外，尚有涵攝效應、手段－目的關係及連續關係的問題必須處理，因德國刑法規定中，並無牽連關係及連續關係的規定，但卻有其具體類型之適用。為妥善處理斯類問題，似乎僅能假藉想像競合來處理，也因此而使得想像競合的範圍被擴張，原本並非想像競合本然類型的情狀，卻必須依想像競合處理，基於此故，乃不得不假藉行為同一性的概念，來詮釋複數構成要件被實現，而得以成立想像競合的情形。其實有若干情況，雖以想像競合處理，但本然上，均不屬於想像競合的類型。此種行為同一（不論是事實行為之全部或部分同一）的詮釋方式，本質上具有邏輯思維的潛在危險，其恐有混淆評價客體（行為）與客體評價（規範）界定關係之虞。

（另牽連關係的規定，已刪除）；2.複數評價對象的競合關係，此種複數評價對象又因處理方式的不同，而有實質競合與事後競合二種型態❾。而當複數之評價對象存在時，並非必然均與競合發生概念之關連，亦即並非複數之犯罪事實存在時，均得以競合之概念來涵蓋，得以成為競合論處理的犯罪事實複數情形者，僅限定在複數犯罪事實均在裁判確定前被處理時，方得將其納入競合論處理的範圍之中；倘若雖有複數之犯罪事實，但其發生卻於裁判確定後者，則對於裁判確定後所為之犯罪事實，僅能分別加以處理，根本不生競合問題。故當一人犯數罪時，能成為競合論處理對象者，必須所犯之數罪均在裁判確定前，方能成為競合論處理的對象。以下就實質競合來說明。

第一項　概念界定

刑法第 50 條規定，裁判確定前犯數罪者，併合處罰之，此所謂犯數罪的意涵，乃指行為人所為之犯罪行為事實，均屬於獨立評價的對象而言。在真實競合的型態中，實質競合的成立所要求的條件，除實體法評價客體複數與規範複數的條件之外，尚須滿足程序法上評價單一性的條件，亦即要求裁判的同一性關係，如複數的評價客體，不在同一訴訟程序中處理，而係分別為不同的繫屬關係的訴訟客體，則雖有複數行為與複數構成要件存在，仍不得謂為實質競合的本然型態，充其量僅能視為類似實質競合對於法律效果處理的結構而已。此種不具有評價同一性的類型，其所適用者，並非實質競合的競合形式，而是準用實質競合對於法律效果的處理原則而已，故在性質上，仍應與實質競合加以區分，而視之為事後競合的類型。若從競合型態的本質觀察，其必須在同一評價中具有複數評價依據的構成要件存在，方得以稱為真實競合；對於事後競合的情況，其並非處理複數構成要件適用的評價問題，僅是對於已然存在的評價結果，在法律效果的處理上，準用真實競合的處理原則而已，似乎不能也不應視為真實競合的基本型態❾。

在複數評價客體，以及複數構成要件存在的情況，得以成為真實競合型態的

---

❾ 關於複數評價對象的競合類型，得以區分為實質競合與事後競合，其主要的概念差異，乃在於處理程序之不同。參見柯耀程，刑法競合論，2 版，439 頁以下。

❾ 事實上，事後競合者應非競合的型態，蓋其本身可能具有非競合的事實存在。其個別評價程序中，雖有可能具有真實競合的情形，但也有可能存在一行為的單一構成要件評價關係，此種關係並非真實競合的類型。因此，將其視為事後競合的形式，而為處理法律效果之便，準用實質競合的法律效果處理方法。

實質競合者，僅限定於該複數評價客體的行為，均在同一個評價程序中接受評價，方得以謂之。是故，實質競合的成立，乃有三個必要條件，缺一不可，亦即：

1.成為評價客體的行為必須為複數，且必須同時成為單一程序的評價對象，也就是必須得以成為行為複數。如數個各自獨立的行為，並非單一程序的訴訟客體時，雖有複數評價對象存在，亦僅能稱為複數的行為現象而已，不能成為行為複數。

2.必須具有複數構成要件被實現的情況存在，所稱被實現者，必須是在判斷行為的非價內涵上具有實質效應，亦即不能是假象性地被實現。

3.必須具有評價的同一性。如欠缺此一條件，即使具有複數客體與複數評價的情況存在，仍非實質競合。

第二項　實體條件

得以成為實質競合類型的評價對象者，必須在事實情狀上，具有複數的行為存在，而且個別行為均具有獨立接受評價的資格。複數的行為並不具有任何結構上不可分割的關係存在，亦即個別行為彼此間，均得以獨立存在。詳言之，個別行為均具有各自的行為非價，以及不法與罪責內涵。在評價的性質上，屬於可分別評價的評價客體，惟對於此種事實的複數行為結構，必須成為同一評價的對象，方得以視為實質競合，亦即必須複數的行為同時接受評價，不論評價過程是否將各行為分開，方得以視為實質競合評價對象的行為複數。因此行為複數的概念，並非單純在客觀情狀下，有多數的行為存在，即得以謂為行為複數，必須複數的行為成為共同的評價對象時，方得以稱之。

故而，實質競合前提條件的行為複數，除作為評價對象的事實情狀，需具備複數的行為存在外，尚須要求同時成為同一裁判的內容，方得以稱之，在概念的性質上，行為複數具有雙重的內涵，一為複數的行為，此屬於存在面的現象，二為裁判同時性的要求，屬於評價面。或許對於競合論中評價客體的認知，學理上將行為單數的概念，視為真實競合的專屬概念，並不貼切；而真正得以成為競合論之專屬概念者，應為行為複數的概念。蓋一方面行為複數除要求本質性之複數行為存在外，尚須滿足評價同一性的條件，方得以稱為行為複數。故如欲將競合論的評價客體，當作專屬於競合論的概念者，並非行為單數，而是行為複數。

在真實競合的基本條件中，複數構成要件的實現，為各種競合型態的共通前提條件，實質競合亦不例外，然而，在實質競合中，複數的構成要件實現，並非

作為對於行為複數共同評價的基礎，亦即該複數構成要件實現，並非行為複數的整合性評價內容，或可說實質競合中，複數構成要件的存在，彼此間對於行為的評價，並無任何關連性存在，僅是一種處斷上的組合關係而已。所實現的構成要件，其評價的對象，仍係個別的行為，因此，在實質競合中，雖具有多數的構成要件實現，但對於行為複數而言，組合而成的複數構成要件，僅是一種累積的現象而已，對於實質競合的行為複數，並不具有共同評價的作用，此為實質競合與想像競合同時均有複數構成要件存在，但評價的本質卻不相同❾❹。

第三項　同一程序處理

複數的行為與複數的可罰行為評價關係的存在，得以成為實質競合型態者，必須受到評價程序的條件拘束，亦即必須在同一裁判中，成為處理的對象，方有實質競合可言。就處理程序的結構關係觀察，同一行為主體的複數犯罪事實，得以成為同一程序處理的對象者，有三種可能的情形：1.檢察官依據刑事訴訟法第15條規定所為合併起訴者，此種情形亦包含刑事訴訟法第265條之追加起訴情形；2.檢察官雖分別起訴，而案件繫屬於不同法院時，基於各繫屬法院之同意，而裁定將案件移送於一法院合併審判（刑事訴訟法第6條第1項、第2項前段）；3.各繫屬法院雖不同意合併，但經共同直接上級法院之裁定者，仍得以合併審判，或是所繫屬的法院級次不同，則上級法院得以裁定命下級法院將案件移送上級法院合併審判（刑事訴訟法第6條第2項後段、第3項）。此三種程序處理的情形，會使得同一行為主體的複數犯罪事實於同一程序中處理。

由於複數行為與複數犯罪，必須在同一評價程序中接受處理，方得以形成實質競合。故在實質競合形成時，必須具備處理程序的先決條件，而在處理程序的流程中，即刑事訴訟程序中，各階段所產生的評價對象，可能發生差異。如從刑事訴訟的處理流程觀察，基本的處理程序，可分為起訴及審判，而審判因有救濟

---

❾❹　一般學理上多認為，實質競合與想像競合最大的差異，僅在於行為單數與行為複數的區別。事實上，實質競合與想像競合的差異，除評價客體的不同之外，在評價的本質，仍有相當大的差別。在想像競合中所實現之複數構成要件，對於評價客體，具有共同評價的效應，但在實質競合中，複數構成要件實現，卻不能對於整體的評價客體為共同之評價。關於一般學理對於實質競合與想像競合之區分見解，vgl. Geerds, Zur Lehre von Konkurrenz im Strafrecht 1961, S. 244ff., 252ff., 317～321；Vogler-LK, Rn. 2ff. vor §52；Samson-SK, Rn. 23 zu §52, Rn. 5 zu §53；Schönke/Schröder/Stree, Rn. 2, 3ff. vor §52。

制度存在，又可分為第一審、第二審及第三審的結構，究竟所謂裁判同一性的認定，所指者為何？我國刑法第 50 條僅規定「裁判確定前」，是否所謂裁判確定前，即可視為同時性之裁判？恐有疑問。基本上，在程序法的要求，對於獨立評價的複數評價客體，在處理上，有其基本的要求，其得以成為同一裁判的對象者，乃取決於起訴的效力。由於複數的評價客體，在實體法的性質，本就可以分別處斷，在程序法的處理亦然，複數的行為事實要成為同一裁判的訴訟客體，必然需受限於檢察官的起訴範圍**❾❺**，起訴後往後之訴訟程序，均需受到起訴範圍的拘束，不得超出該範圍之外**❾❻**。

第四項　實質競合之法律效應

實質競合之形成，除同一行為人須具有複數之犯罪事實外，更須在程序的處理上具有程序之同一性**❾❼**；倘若欠缺此種程序之同一性，則雖有複數之犯罪事實存在，亦僅能視為事後競合的形式而已，根本無法形成實質競合。是以雖然同樣具有複數之犯罪事實，程序是否具有同一性，乃成為決定複數評價對象競合類型的關鍵**❾❽**，由此所生之法律效應亦與單一犯罪事實所為之宣告刑有所不同。蓋單一犯罪事實的宣告刑，同時也形成執行名義，屬於執行刑之效果，倘若案件以該宣告刑確定者，則其乃成為執行名義之執行刑，此一執行刑是否以所宣告之原始方式為執行，則與執行刑之名義無涉，其所涉及者，僅在於執行上之考量而已，

---

❾❺ 由於審判受到「不告不理原則」之拘束，審判的案件如為可分者，則未經起訴的案件，法院並不能加以審判，否則即屬判決違背法令（刑事訴訟法第 379 條第 12 款），因此，裁判的範圍受到起訴的限制。如複數行為存在，而得為裁判同一性判斷的問題，僅在檢察官所起訴的範圍具有複數關係的存在，亦即屬於對於牽連案件（刑事訴訟法第 7 條）的合併起訴。是故，在確認裁判同一性之時，對於先決條件的限制，仍須加以考慮。

❾❻ 參見林山田，刑事程序法，4 版，505 頁以下；陳樸生，刑事訴訟法實務，368 頁以下。

❾❼ 參見林山田，刑法通論（下），10 版，359 頁；Jescheck/Weigend, aaO., S. 726；Geerds, aaO., S. 335；Bringewat, Die Bildung der Gesamtstrafe 1987, S. 84ff.。

❾❽ 倘若不具有程序處理之同一性關係者，表示複數的犯罪事實乃由不同之程序處理，由此必然發生非同一裁判而是數個裁判的問題，但因刑法整體刑形成的基本規範要求，只要複數之犯罪事實係存在於裁判確定前者，則必然必須予以併罰，亦即必須依據刑法第 51 條（德國刑法 §53）定最終應執行之刑。在不具有裁判同一性之情形者，其所生之競合情形，則屬事後競合的類型，亦即其整體刑之形成，係屬事後形成者，而事後形成整體刑的法律效應，自然不同於同時形成整體刑者。

例如宣告六個月以下之有期徒刑，經由易刑處分而變更為易科罰金，則該六個月以下有期徒刑，仍舊為執行刑；又如宣告二年以下有期徒刑或罰金，經考量而暫緩執行者（緩刑），其執行刑仍為所宣告之刑。然實質競合各罪所宣告之刑，並非具有執行名義之法律效果，充其量僅為宣告刑而已。

一、實體法效應

由於實質競合的複數犯罪事實係在同一程序中處理，是以整體刑之形成，乃成為同一程序不可或缺之最終科刑機制，亦即各罪必須先予以量定所屬之刑期，此專屬各罪之刑者，乃屬於宣告刑之名義，以作為最終執行刑量定之基礎。雖然各罪在同一程序中均屬獨立，且均需各別就各罪為論罪科刑，其中關於罪的認定部分，並不因審級程序而有所變化，惟在實質競合所涉及之主要的問題，乃在於科刑部分的法律效應。蓋因實質競合中之各罪所科之刑僅為宣告刑，其在刑法的意義上，僅具有宣示性之意義[99]，並不能成為刑罰實現之執行基礎，故而在刑法的意義下，舉凡必須以執行刑名義為基礎者，對於實質競合各罪之宣告刑，均無關連。

實質競合的實體法效應有二：1.得否作為執行名義的問題，倘得成為執行名義者，乃稱為執行刑，對於各別程序各別論罪的情況，其各罪所得者，既為宣告刑，且亦為執行刑，自得以作為執行之名義，但對於實質競合者，因其非各別程序處理，而係同一程序處理，各罪所為之宣告刑，並非最終執行之整體刑，其仍須作整體刑之形成，故各罪所宣告之刑，並無執行之名義，亦不能作為刑罰執行之依據，否則當屬於錯誤之刑罰執行，蓋以不具有執行名義之刑罰執行之，乃屬執行無名；2.有無行刑時效 (Vollstreckungsverjährung) 的問題，行刑時效的決定基準，必須發生有執行刑的名義存在，方有行刑時效起算或完成的問題。倘若不具有執行名義者，則與行刑時效完全無關，根本不生行刑時效問題。今實質競合各罪所得之宣告刑者，既非得以作為執行名義之執行刑，其雖對於該罪具有科刑之拘束性，但僅是該罪作為整體刑形成之基礎前提而已，並非執行刑，故雖然該罪確定，亦無法以其宣告刑作為執行之名義，自然也不發生所謂先確定先執行的

---

[99] 各罪之宣告刑如同時具有執行名義者，則成為執行刑，倘不具有執行名義者，其本質乃僅止於宣告刑而已，而刑法的法律效應中，宣告刑的意義乃僅止於對於一定犯罪依法定刑而為專屬該罪之刑罰宣告，其效應亦僅止於宣告而已，既不能成為刑法確定之法律效果，亦無法作為刑罰實現之執行名義，故此稱其僅具有宣示性之效應而已。

問題。

　　就實質競合法律效果之形成基礎者，乃在於同一程序中，以各罪之宣告刑為整體刑形成之基礎，各罪所科之刑僅是宣告刑而已，即使各罪有部分上訴，仍須待全部確定後，由最終審法院依各罪宣告刑為整體刑之形成，根本不生各罪科刑之執行問題，是以實質競合具有實體法上執行不可分之效應，其關於行刑時效的問題，乃取決於最終之執行刑，與各別宣告刑無關。

二、程序法效應與裁判確定力

　　實質競合的概念既然取決於程序處理同一性的機制，則對於複數犯罪之處理，在程序法上的效應，必然也不同於分別處理的機制，此種程序效應之差異性，主要係源自於合併審判，由於合併審判係將同一行為主體的複數犯罪事實於同一程序中處理，在同一程序的裁判中，雖然案件有數個，仍僅生一個裁判之問題，依此亦僅有一個裁判確定力存在，惟複數案件何以僅有一個裁判確定力存在？主要係因程序效應所致，蓋不論一個程序處理多少案件，對於所處理之案件，僅形成一個裁判書，雖然此一裁判書的內容有數個案件，但因實質競合之情況，雖各罪均需分別認定，且各別宣告其刑，但最終基於整體刑形成之要求，乃僅有一個具有執行名義之刑而已，是以僅有一個裁判確定力存在。

　　實質競合的案件中雖屬於原始繫屬之同一性，然終究為各別之犯罪事實，其各罪經審理法院裁判後，發生上訴救濟之問題時，乃產生一部之罪與所宣告之刑確定，但另一部上訴未確定者，則罪刑仍未確定，且原審所定之整體刑，因一部上訴所生之未確定狀態，亦使得該具有執行名義之整體刑發生未確定之結果，於是乎產生一部確定一部未確定之形象，其所確定者，乃未經上訴之部分，而未確定者，則屬上訴部分及最終之執行刑，是以在程序法上，對於未確定之執行刑，根本不生任何執行名義，即使已經確定部分仍有宣告刑，但其終究非執行名義，不得據為執行依據。必俟全體確定且由最終審理法院以全部之宣告刑為基礎，更為整體刑之形成後，方產生執行問題。故於實質競合的程序處理上，因其僅有一程序，故僅有一個刑之裁判確定力，得以作為執行之基礎。

第七節　事後競合

事後競合情形的發生，係源自於獨立之數罪往往不限於一裁判，而時有數裁判存在之情況。蓋對犯罪之發現有先後，若於裁判時即已發現，自就具體的情況判斷，是否成立實質競合，而可依第 50 條之規定，並按第 51 條所定者，形成整體刑。但如裁判後始行發覺之罪，或因犯罪案件繫屬不同，且未為刑事訴訟法第 6 條合併審判之裁定，或業已判決確定者，於處理上亦需特別注意。對此種情況仍須對於原本已經存在的法律效果，做一整體的考量，我國刑法第 52、53 條的規定，即是為此而設。依第 52 條之規定，未處斷之罪，仍須以另一新的裁判處理之。此時乃形成二裁判，且有二已宣告之執行刑，此二裁判所宣告之刑（本質上已為執行刑），而依第 53 條之規定形成另一整體刑，再自事後整體刑的形成 (nachträgige Bildung der Gesamtstrafe)，定出一最終之執行刑。由於此階段之整體刑，係自原始整體刑 (primäre Gesamtstrafe) 輾轉演化而生，故稱之為次級整體刑 (sekundäre Gesamtstrafe)。

第一項　基本概念

數罪併罰的前提條件下，非於同一裁判中接受評價的獨立數罪，其各自於獨立的程序中處理，且未產生合併審判的情形（刑事訴訟法第 6 條），基於併罰理念的要求，對最終的應執行之刑，仍應加以重新處理。此種獨立數罪分別處理的情形，與同一程序處理的實質競合最大的差異，僅在於複數評價的對象，是否具有裁判的同一性關係存在而已。實質競合與事後競合，決定法律效果的基礎依據並無差異，均以個別行為評價結果的宣告刑，作為處理的基礎；二者所差異者，僅在於是否於同一程序處理。是故對於非於同一裁判中接受評價的複數客體，在法律效果的處理上，自然不應排除其得以重新整合的可能性。

是故，事後競合所發生的競合關係，並非規範適用的競合，亦非評價內容的競合關係，僅為單純重新就已經存在的法律效果，為法律效果競合的處理而已。對於事後競合問題的法律效果處理，在程序法上，因具有數個獨立的裁判存在，其法律效果的處理，無法於同一裁判中為之，僅能於事後透過程序規定來加以整合，因此刑事訴訟法第 477 條規定，檢察官對於複數裁判存在的情形，應為更定其刑之聲請，即為事後競合之法律效果處理的程序規範。

第二項　事後整體刑形成之條件

　　事後競合本非真實競合的類型，亦不具有競合論的本然性質，其所以得為競合處理者，並非複數評價內容的適用問題，而僅是事後對於已經發生的法律效果重新加以調整，其性質屬於法律效果的競合。惟事後競合所採用的法律效果處理原則，係準用實質競合處理法律效果的方法，故而重新調整的法律效果，亦以個別行為所宣告的法律效果為依據，因而亦會發生整體刑形成的問題。惟事後競合之整體刑形成，亦為事後性質，故對於事後競合情況的整體刑形成，稱為「事後整體刑形成」，以有別於整體刑形成的本然適用範圍。

　　刑法第 53 條規定「數罪併罰，有二裁判以上者，依第五十一條之規定，定其應執行之刑」。將此一規定，重新說明，即為「裁判確定前犯數罪，而有二裁判以上者，準用第 51 條規定，定其應執行之刑」，從而得以產生事後競合者，必須具備二條件：　1.複數獨立行為必須在裁判確定前所犯，亦即得以成為評價客體者，需為複數行為；　2.需有二以上之裁判存在，即所有的行為非於同一裁判中接受評價。唯有同時具備此二條件，方得成為事後競合，而得為事後整體刑形成之處理。如行為跨越裁判確定的界限，即使仍存在有數裁判，則裁判確定前的行為評價，與裁判確定後的行為評價，根本不得發生任何競合關係，亦不得成為事後競合，而對於各裁判所得之法律效果，為事後整體刑形成之認定，此即所謂「裁判確定的阻斷效應」。

　　事後競合所處理的對象，必須是屬於得為數罪併罰的情形，亦即必須係裁判確定前所犯之數罪。其對於數罪併罰的關係，非於同一程序中處理，而係在不同的裁判中形成法律效果，因受到數罪併罰的基礎要求，雖數裁判各有宣告的法律效果，其所宣告的法律效果，仍須為「併罰」的處理，亦即仍須依刑法第 51 條作應執行刑的確認。

　　事後整體刑之形成，所得之最終應執行之刑，乃是經過三個階段的法律效果處理：第一階段：先從個別之評價客體的刑度中，得出其應受之宣告刑（原始）；第二階段：將個別宣告刑於同裁判中加以整合，成為次位之宣告刑；第三階段：以第二階段所整合之宣告刑為基礎，事後重新整合而為最終之宣告刑，即應執行之刑。故而，事後競合的整體刑形成，雖準用實質競合的處理原則，但在概念的本質上，則屬相異。

第三項　已執行刑問題之處理

　　如一人犯數罪，而受二以上之裁判者，其中對一裁判確定所宣告之刑已執行
或部分執行時，應如何予以考量，乃實務常見之例，而刑法對此種問題，並未於
個別法規中予以規定，因此，欲解決此類問題，僅得透過整體性之判斷，始能達
成。首先需予以考慮者，對二以上之裁判，應依刑法第 53 條之規定，更定其最終
應執行之刑。而已執行或部分已執行之刑期，是否可折算於最終應執行之刑中，
法並無明確之規定，僅於第 45 條為消極性之規定。但從第 45 條第 2 項之意義上
解釋及結合第 46 條之規定，對二以上確定裁判所宣告之執行刑，其中有一執行刑
已執行完畢或已為部分之執行者，應解為適用刑期折抵之規定，而已執行部分，
視為最終執行刑已執行之期間。蓋一方面稱未受拘禁者，不得併入刑期，即表示
如已受刑之執行，乃合於折抵事由；另一方面既允許為程序上保全作用，而為之
羈押折抵刑期，殊無任何理由排斥已受刑執行期間之折抵。故而，如一行為人犯
數罪，而先後受二以上之裁判確定，且該數罪皆於最初之裁判前所犯者❿，若已
受刑之執行，則已執行之刑應於應執行刑中折抵。此不論已部分執行完畢或仍在
執行者，均適用之。

---

❿　對刑法第 53 條之適用非毫無限制，若一味准許多數裁判之法律效果併罰的適用關係，任
　　意更動其應執行之刑，則易使法律狀態始終無法確定，故仍應加以設限。如行為人所犯
　　皆於最初裁判前所犯者，始有第 53 條之適用；否則如僅因有數裁判之存在，即動用第 53
　　條之規定，則執行刑便始終無法確定，殊非刑法之本旨。且刑法第 53 條亦明確限定「數
　　罪併罰」之情形，即符合第 50 條規定者，始為執行刑更定之基礎。若其中一部分未於併
　　罰中處理，而個別受刑之宣告，且已執行之刑，如其合於第 50 條之規定者，其刑期仍應
　　准於折抵，方為公平。蓋此項刑期折抵所涉者，並非刑之執行與否的問題，而是是否具
　　備「數罪併罰」之前提，而有第 53 條更定執行刑的問題，唯有此前提成立，方能進一步
　　論及折抵問題。

第八節　期刑的更定

數罪併罰或許是一種刑法上相當順口的概稱，但必須注意者，「數罪併罰」是二概念，而非單一概念[101]，數罪是前提，而併罰則是法律效果形成的方式，應執行刑的形成，會因所採用的處理程序不同，而有所差異，雖然不論是一裁判或是數裁判，最終應執行刑的法律效果，仍須回歸到第 51 條處理，但因一裁判與數裁判的差異關係，或是數罪在處理程序的先後確定關係，會發生更定其刑的問題。

第一項　定執行刑問題

甲犯竊盜、搶奪、妨害自由及詐欺等四罪，經檢察官偵查終結提起公訴，法院審理終結，各罪均屬成立，各依刑法第 320 條竊盜罪處十個月有期徒刑、第 325 條搶奪罪處一年六個月有期徒刑、第 302 條妨害自由罪處一年有期徒刑、第 339 條詐欺罪處一年二個月有期徒刑。如甲所犯之罪，均是裁判確定前所犯，則依刑法第 50 條規定，應為併合處刑，亦即必須將各罪所宣告之刑，依第 51 條第 5 款之規定，定其應執行之刑；倘若甲所犯之罪非屬於裁判確定前所犯，則應將裁判確定前所犯之數罪，依併合處罰之規定，定應執行之刑，再與裁判確定後之罪刑，累計刑度接續執行。惟當數罪皆屬於裁判確定前所犯時，因程序進行與處理的關係差異，併合處刑的方式與法律效應也有所不同，其可能發生的基礎情狀，有以下三種：

1.所犯數罪均在同一程序中處理，亦即甲所犯之數罪，法院於同一刑事程序中合併審判，且各罪均同時確定，則併合處罰定應執行刑的方式為何？

2.甲所犯數罪雖在同一程序處理，但因對各罪的上訴關係，而導致數罪中有部分之罪於一審確定，而部分於二審（乃至三審）確定時，因不同審級的確定，對於定應執行刑時，應如何處理？

3.甲所犯之數罪分別由不同程序審判，如甲所犯四罪，分別由 A、B 二法院

---

[101] 在德國的學理上，習慣將數罪併罰的關係，直接以實質競合稱之，其實這是不正確的概念運用，一方面並非一人犯數罪即屬於實質競合；另一方面不同的處理程序，會造成不同的法律關係，不宜均以實質競合統稱之。故對於具有併罰條件的數罪，在同一程序處理者，可稱為「實質競合」，而不同程序分別處理者，則稱之為「事後競合」，二者除概念不同外，在所產生的法律關係與法律效應，也應當有所差異。參照柯耀程，實質競合與事後競合，月旦法學教室，第 57 期（2007 年 6 月），51 頁以下、58 頁。

各審理二罪，待程序終結時，乃形成有二裁判的情形，其併合處罰時，應如何定應執行之刑？

　　當甲所犯之罪在同一程序中處理，且同時確定的情形（如例1），則其應執行之刑的形成，自由確定判決法院於判決主文逕為宣告，主文的科刑內容，須對各罪分別宣告其刑，再依刑法第51條第5款的規定，於宣告刑所形成的整體刑中，定其應執行之刑，本例即於一年六個月有期徒刑（最重之宣告刑）以上、四年六個月有期徒刑（合併以下），定其應執行之刑。惟各罪雖於同一程序審理，但因上訴的關係，形成各罪在不同審級確定的情形（如例2），原則上應執行之刑的處理方式，應是由最後確定的法院，就各罪確定的宣告刑，在其判決中，依刑法第51條第5款的規定，定應執行之刑。然今實務運作的方式，卻是以先確定先執行的方式，先執行確定判決的宣告刑，俟其他罪判決確定後，再依刑事訴訟法第477條的規定，聲請改定應執行之刑。至於已執行之刑，則從改定後的應執行刑中扣除。

　　又當有數裁判存在時，各裁判均存在有之宣告判決，經檢察官依據刑事訴訟法第477條規定，聲請改定其刑。法院依照刑法第51條規定，為併合處罰之整體刑處理時，倘若法院裁定所改定之刑期，固在各罪宣告刑所形成的整體刑範圍內，但卻超出單純各裁判所宣告刑合計的上限，例如上例3中，A法院審理甲之竊盜罪及搶奪罪，並宣告甲二罪併罰應執行二年有期徒刑（竊盜罪為十個月有期徒刑、搶奪罪為一年六個月有期徒刑，則整體刑為一年六個月以上、二年四個月以下）；而B法院審理甲妨害自由罪及詐欺罪，定應執行之刑為二年（妨害自由罪一年、詐欺罪一年二個月，整體刑則為一年二個月以上、二年二個月以下），經檢察官聲請改定其刑，法院乃須依刑法第51條第5款之規定，重新更定甲最終應執行之刑，整體刑的範圍為一年六個月以上、四年六個月以下❿，在此一刑度範圍內，更定應執行之刑，其可能的情形有二：

　　1.更定之執行刑在二裁判所科之刑合計的範圍以下：例如對甲所更定的刑期為三年十個月，此既屬整體刑範圍內之刑度，也未超過A、B二裁判所科之刑的總和。

---

❿　雖然刑法第53條規定，數罪併罰有二以上之裁判存在時，依第51條之規定，定其應執行之刑，作為整體刑形成的基礎，仍為各罪的宣告刑，而非各裁判主文所載之所科之刑，此是數罪併罰有二以上裁判存在時，必須注意的事項。但各裁判所科之刑，亦非全無任何法律效應存在，仍應注意更定之刑是否有超過各裁判所科之刑的情況。

2.更定之執行刑逾二裁判所科之刑總和：例如對甲更定應執行之刑為四年三個月有期徒刑。此一刑度固然超出二裁判所科之刑的總和（四年），但因整體刑範圍的上限為四年六個月，似乎只要在整體刑範圍內所科之應執行刑，都不能謂更定其刑有違法，然而，這樣的更定其刑，反而比二裁判刑期總和來得重，倘若未為刑期的更定，則甲僅需執行四年有期徒刑，卻因改定之後，反而須執行四年三個月有期徒刑，併罰的結果，卻要比累罰更不利於受判決人，此種情形的改定其刑，是否仍在法的容許性範圍內？不無疑問，值得檢討與釐清。

第二項　應執行刑的形成

數罪併罰的處理方式，乃至所產生的法律效應，會因程序處理的不同而有所差異，在同一程序處理的關係，是屬於直接適用整體刑形成的機制，處理結果僅會出現一個應執行之刑的判決，不會因審級的差異而變成數個科刑判決；而當屬於分別程序處理的數罪併罰關係時，因具有數裁判存在，會發生數個執行刑，但因具有併罰的條件存在（裁判確定前所犯），故即使有數執行刑，也非得以接續執行（累罰），仍須重新為執行刑之更定，而有聲請改定其刑的情況，以定最終應執行之刑。

從裁判形成的關係來看，分別程序處理者，則會有數個判決存在❿，固無問題，但對於同一程序處理者，認知上則頗為歧異，原則上，一個程序應僅有一個判決，惟因審級的不同，當所犯數罪經判決後，有部分上訴，部分未上訴時，乃會形成同一程序中的案件，有部分因未上訴而確定，有部分因上訴而未確定，而造成數案件於同一程序處理，卻發生部分確定、部分未確定的問題，在這樣的情形下，可否視為會發生數裁判存在，而必須將先確定之罪所科之刑為刑之執行？看待這樣的問題，意見上頗為兩極，可以從正反二面向來觀察：1.實務的操作層面上，認為這樣的情形，仍屬於已經確定的判決，既已判決確定，就形式的觀念而言，乃產生裁判確定力，而發生刑的執行效力，遂有「先確定先執行」的實務

---

❿　惟一般在實務的認知上，似乎誤解同一處理程序與不同處理程序的意義，即使在同一處理程序，因數罪中有於一審判決即已因捨棄上訴而確定者，有因上訴而未確定者，而因確定的審級關係不同，誤將不同審級的關係視為不同裁判，進而在同一程序處理的數罪，最終也變成刑法第53條的數裁判關係，其實這是一種錯誤的認知。同一程序的真正涵義，乃在於以一程序為處理之始，其最終仍只有一確定判決，不會發生轉變成為數確定判決。詳參柯耀程，刑法總論釋義（下），138頁以下。

定見出現，而未確定部分，則在其判決確定後，再為刑之執行處理； 2.學理詮釋的應然性，認為實務的操作模式，無異是將原本同一程序處理的數罪併罰關係，自動轉換為不同程序處理的模式,恐怕有嚴重誤解同一程序處理的法律應然效應，其誤解的情況有二：(1)誤解同一程序處理，始終都只能有一判決的意義，程序法上同一程序處理時，最終僅會發生單一裁判關係，也只會發生單一裁判確定力，不會因救濟而生審級不同的關係，而轉變為二以上之裁判；(2)誤解裁判確定的關係，雖然數罪在同一程序的不同審級處理，對於未為上訴而確定的各罪，充其量僅能說其罪已確定，且所宣告之刑也已確定，但宣告之刑仍舊為宣告刑，並非執行刑，並無執行的名義，也無聲請改定其刑的問題存在，但實務長期以來操作的模式，卻是先確定者必須先予以執行，倘若確定部分有數罪存在時，則仍習慣性地聲請法院定應執行之刑，其實這是一種法律概念的誤解，進而使得運作模式也發生謬誤。

須知，在同一程序的處理關係，必定會在原審級的裁判時，就各罪所宣告之刑，依第 51 條定其應執行之刑，此一應執行之刑的形成，方屬於該裁判之科刑判決，當有上訴的情形發生時，雖僅是部分案件上訴，但科刑判決的基礎（科刑部分），已經因上訴而造成無法確定的效果，即使各罪及其所宣告之刑，並未受到影響，但科刑部分已因上訴而不生確定效力，整體而論，都不能視為有任何科刑的確定，而發生執行的問題。實務對於同一程序處理之各罪，因審級關係，而造成確定有先後的問題，在刑的執行觀念上，恐有須再檢討的空間。

同時，在上訴審的審理也有須注意的部分，因上訴部分僅是數罪中的部分案件，就實質的審理範圍，上訴審僅能就上訴案件部分為審理，而當終結時，在論罪科刑的範圍，也是以上訴範圍部分為之，只是在最終量定應執行之刑時，必須將未上訴確定的各罪宣告刑，納入作為定應執行刑之基礎，不能對其置之不理，甚至認為將已經確定的部分，納入定最終應執行刑的考量，會有違背不告不理原則之疑慮，事實上，此種作法，既不違背不告不理的原則，蓋上訴審並未做未經上訴部分的審理，僅是以其已然確定的宣告刑，作為定應執行刑的基礎，非屬對未經上訴部分為審理的問題；同時在定應執行之刑者，本就是對於原審所定之應執行之刑的重新調整，也符合上訴的意旨，蓋雖僅是部分上訴，然因上訴部分造成原所科處應執行之刑受到動搖，上訴審僅是將原審確定之各罪宣告刑，做定應執行的基礎，既無撼動原審判決，也符合刑法第 51 條的要求，更合乎「一程序僅能一判決」的基本概念。

第三項　更定其刑的問題

分析數罪併罰定其應執行刑的程序處理關係之後，必須對於改定其刑的具體內容與操作方式，進一步加以檢討。嚴格而言，數罪併罰會有改定其刑問題者，主要是發生在具有數裁判存在的情形。依刑法第 53 條規定，數罪併罰有二以上裁判存在時，需依第 51 條之規定，定其應執行之刑，在具體的處理情況，因有數判決存在，且各判決所科之刑，均具有刑的執行效力，惟因法律必須將各裁判所科之刑為併罰的處理，乃須由執行之檢察官依刑事訴訟法第 477 條規定，為改定其刑之聲請，而改定應執行之刑，固然必須遵守著刑法第 51 條規定的整體刑範圍，但具體的運作上，改定其刑的裁定結果，可能將應執行之刑定在數裁判所科之刑總和範圍以內，也可能超出各裁判所科之刑的總和，如改定其刑是在各裁判所科之刑總和以內者，固不生爭議問題；惟如所改定之應執行之刑超出各裁判所科刑之總和，即使其科刑範圍仍在整體刑的範圍之中，是否這樣的改定其刑，仍為法所許可，不無疑慮。

一、實務見解分析

對於改定其刑而有逾各裁判所科之刑的總和，是否仍為法所允許的問題，最高法院很明確地持否定的見解，其認為「法律上屬於自由裁量事項，尚非概無法律性之拘束，在法律上有其外部界限及內部界限，前者法律之具體規定，使法院得以具體選擇為適當裁判，此為自由裁量之外部界限。後者法院為自由裁量時，應考量法律之目的，法律秩序之理念所在，此為自由裁量之內部界限。法院為裁判時，二者均不得有所踰越。在數罪併罰而有二裁判以上，應定其應執行刑之案件，法院所為刑之酌定，固屬自由裁量事項，然對於法律之內、外部界限，仍均應受其拘束」[104]。

此所稱「外部界限」者，乃指第 51 條所規定之刑度上下限之限制而言，亦即整體刑的範圍，在對數罪為併罰，決定應執行刑時，必須受到第 51 條整體刑條件與範圍的節制，不能逾越整體刑的範圍，而為應執行刑的量定；而所謂「內部界限」者，則是指法律存在的目的性關係而言，為此所稱的法律目的及法律秩序的理念，顯然相當抽象，並不能真正釐清何以遵守著外部界限，卻發生內部界限違

---

[104]　參照最高法院 80 年台非字第 473 號判例；最高法院 88 年台抗字第 278 號、91 年台非字第 32 號、92 年台非字第 187 號、第 227 號、第 235 號、第 319 號等判決。

背的問題。倘若改定其刑已經遵守著刑法第 51 條的界限範圍，而刑法第 51 條是以具有合理性的目的而存在，當遵守著法律規定而為刑之改定時，為何會有發生違背法律存在目的的問題？殊令人不解。

二、辯證分析

觀刑法所以將一人犯數罪，在一定的條件（裁判確定前）下，為併合處罰的處理，而非僅是單純將各罪所科之刑，予以分別計算並接續執行，亦即並非單純的累計處罰，其主要的考量有二： 1.法律所以具有規範並拘束人的行為，除制定犯罪類型的規範之外（法定原則），更須具體宣示一定行為的禁止與法的非難關係，而這樣的宣示性效應關係，乃落在於裁判確定的對外效力上，當裁判確定宣示一定行為觸犯法律的禁命時，同時對外的效應也要求不得再為犯罪行為，倘若再有為犯罪行為時，顯然是有意為法律的對抗，從而對此種處罰，即無須為任何刑罰上的斟酌與考量，逕以其行為所得之刑罰，而為刑之執行即可，此即裁判確定後的行為，並無法享有併合處罰的意義所在，也是裁判確定所具有價值確認的宣示性效應。反過來說，當行為人所為的行為，皆發生在裁判確定前時，顯然法律尚欠缺否定性非難的確定宣示，對於行為人所為之數行為，則得以為併合處罰的處理； 2.檢視併合處罰的關係，在刑的形成輕重程度上，顯然較諸直接將所科之刑予以併算的累罰要來得輕，畢竟併罰的刑度，是以各罪所科之刑為基礎，透過一次整體刑的形成，而產生一個新的刑度範圍，而這一個刑度範圍，則是以累罰結果作為刑度的上限，故在結構關係上，會有刑度的差異問題，如以此做輕重的比較，會得出如次的邏輯關係：一罪之刑 < 併罰之刑 ≦ 累罰之刑，是以累罰的刑度，可以視之為併罰的極限，自然不可逾越，否則乃產生違反比例原則的問題，而造成法律適用上的失當。

觀刑罰理念的發展歷史，何以不作一罪一罰的簡單處理，而要採取比較複雜的併罰處理？其實併合處罰的理念，主要是從累罰關係的反動而生，認為單純將一人所犯之數罪，個別所得之罪刑予以累計處罰，顯然並非恰當，漸漸將一定條件下的數罪，採取合併觀察的處理方式，遂產生併罰的觀念，其主要是在求刑事制裁的合理性，倘若刑罰並非僅是一種單純的應報，犯罪也非僅是單純行為人的問題，社會與法律制度均無法脫免於犯罪之外，則累罰的處理方式，顯然是將犯罪完全推給行為人，而且刑罰的本身也不再具有任何的目的，只是一種對於行為的應報關係而已，這樣的思維，顯然無法見容於現代的刑法思想，故而必須在刑

罰的科處上，除對於各罪的非難之外，也須考慮所制裁者是單一行為人，於是重新調整各罪之刑的併罰理念，乃因應而生。這是數罪所以併罰的意義所在，或許也可以視為數罪所以併罰的理念。

併罰既是以各罪所科之刑的總和（累計）為上限，自然併罰的結果，應執行之刑，不能超出累罰總和之界限。而所謂累罰者，乃是將得以執行之刑，直接未經調整地總和在一起接續執行，故在併合處罰的前提下，必須更定應執行之刑，則此應執行之刑，乃須受到雙重之限制**❶❺**： 1.不能超出整體刑的範圍； 2.不能超出得以執行之刑總和的範圍，否則乃會產生「併罰＞累罰」的結果，這樣的結果自然有所違誤。

因此，當數罪併罰有數裁判存在時，依據刑法第 53 條規定，必須適用第 51 條定其應執行之刑，惟在定應執行之刑時，除遵守整體刑的範圍節制之外，更須遵守著「累罰 ≥ 併罰」比例關係的邏輯要求**❶❻**。

就具體實務的操作上觀察，更定其刑的可能性情況及其操作模式有二：

1.更定其刑聲請的適用時機，一般而論，同一程序所處理的數罪併罰關係，並不會發生更定其刑的問題，更精細地說，屬於實質競合概念下的併罰關係，應僅限定在同一判決中形成，並無聲請改定其刑的問題，惟實務的操作，向來習慣於「先確定先執行」的認知，一方面唯恐已經確定的罪刑，會因不執行而罹於時效消滅；另一方面則是因實務不解同一程序處理的程序與實體意義，而造成行之有年的實務操作謬誤。須知，同一程序處理，即使會有因案件部分上訴的關係，而形成部分案件確定，部分未確定的關係，但就論罪科刑的判決而言，在一判決之中，雖有數案件的存在，但形成的科刑判決，卻只有一個應執行之刑，當案件部分上訴時，顯然原判決關於科刑判決部分，已經全部未確定，所確定的部分，也僅在未上訴之罪及其宣告之刑，惟此宣告之刑，在性質上，僅屬於單純之宣告刑而已，既無執行的效力，也不生行刑時效進行的問題，更不能提前做應執行刑改定之聲請。此一同一程序併罰問題，是目前實務尚待修正的部分。

---

❶❺ 或許本文與最高法院的見解，所得最終執行刑的結果固為相同，但在思維邏輯關係，以及推論的合理性上，並不一樣。簡單地說，累罰是併罰的極限，舉凡併罰結果有超越累罰時，所定應執行之刑，乃屬有瑕疵。

❶❻ 實務上確實有為釐清改定其刑合理性的努力，並嘗試在外部與內部界限的概念外，另尋更為妥切合理的理由。參見臺灣高等法院臺南高分院 93 年抗字第 6 號判決。這是一則相當經典的判決，值得實務引用與參照。

2.對於數罪併罰有數裁判存在的改定其刑問題,目前實務所採用最高法院「外部、內部界限」的見解,固然在定應執行刑的處理上,並無瑕疵,但究其根源,其實是相當簡單的比例關係邏輯問題,蓋當各裁判所定之刑,本質上均已屬於執行刑,倘若直接予以累計,乃形成累罰的關係,這樣的關係,在併罰應執行刑的形成關係上,已經形成科刑的外部上限,畢竟併罰所形成的應執行之刑不能高於累罰,否則併罰的理念將全數崩潰,這才是所謂真正的外部限制,而刑法第51條的併罰規定,乃是法規內部的基準要求,這樣單純的比例邏輯關係,似乎不需動用到法律目的與法秩序理念。

三、定執行刑之界限

刑法關於刑的問題,有涉及定應執行之刑者,乃屬於數罪併罰的問題,惟數罪併罰係屬二個概念之組合,並非單一概念,其係指裁判確定前犯數罪,且受獨立評價關係者而言;而併罰則是關於法律效果處理的關係。數罪得以併罰的情形,因不同的處理關係,會形成二種法律效果處理上的不同概念: 1.實質競合,即數罪併罰於同一處理程序所為者,簡言之,實質競合者,乃屬於合併審判的刑罰法律效果處理機制[107]; 2.事後競合,是指數罪併罰具有數個處理程序的關係存在的類型,亦即數罪併罰具有數裁判關係下的定執行刑問題[108]。而併罰的原則,乃係對於裁判確定前犯數罪,我國刑法既不採取一罪一罰的累罰處理模式,乃依刑法第51條所定的刑度範圍,作為併罰定應執行刑之基礎。在此種併罰刑度範圍形成的拘束力[109],具有絕對的效應存在,亦即其所得之刑度範圍,不論是其上限或是下限,均具有不得逾越的絕對效應。

對於數罪併罰有數裁判存在的情況,依刑法第53條及刑事訴訟法第477條規定,其屬於裁判確定前所犯之數罪,於確認犯罪行為人最終應執行之刑,須由檢察官向法院聲請更定其刑,而依刑法第51條規定的方式,定其最終應執行之刑。因有應執行刑的改定問題,實務上通常會因改定的過程,發生二種整體刑失

---

[107]　參照柯耀程,參與與競合,202頁以下。

[108]　事後競合的概念,參見柯耀程,參與與競合,208頁以下。

[109]　併罰機制的處理模式,係為整體刑形成的結構關係,其處理方式為: 1.先對各犯罪依各罪法定刑規定,為刑之宣告(各罪之宣告刑); 2.於各宣告刑中以最高之宣告刑為下度,各宣告刑合併之刑為上度(但有期徒刑不得逾上限之三十年),以此一刑度範圍(或稱之次位法定刑),作為定應執行之刑的基礎; 3.此刑度範圍內,為具體應執行之刑之確定。

衡的情況：

1.較諸各裁判所定應執行刑總和為重的最終應執行之刑，此種特異性的情況，如從刑法第 53 條規定適用第 51 條為最終執行刑更定的基礎觀之，似乎並無違法的問題，蓋所定之應執行之刑，仍在整體刑度的上限範圍之內，但各裁判所定之刑的總和，確實比更定之應執行刑為輕，此時對於受刑宣告之人而言，僅需分別執行各裁判所定之執行刑即可，反而在多一道更定程序之後，卻在應執行刑的程度上，受到更不利的後果。此種更定結果重於各裁判刑之總和時，雖無不適法的問題，但卻有不適當的疑慮存在❿。從而，數罪併罰有數裁判存在的事後競合情形，其整體刑的形成，乃具有雙重的拘束性：1.受到第 51 條所規定整體刑形成範圍之拘束；2.受到各裁判所定之執行刑總和的拘束。同時，定最終應執行之刑時，除考慮刑法第 51 條規定的範圍之外，各裁判所處應執行刑的總和，亦具有數罪併罰之節制性效應，更定最終應執行刑時，除應受第 51 條規定之限制者外，亦需受到各裁判所科之刑的總和的節制。

2.所定應執行之刑，低於整體刑度範圍的下度⓫，此種情形在實務的操作上，

---

❿ 實務上所出現的整體刑更定的問題，通常是此類逾越整體刑度上限的問題，此種問題在實務的理解上，較不生疑慮，蓋最高法院一致的見解，此種較重於各裁判所科之刑總和的情形，均認為係違背法令而應撤銷改定。最高法院長期以來發展出一套法則，以作為對數罪併罰定應執行刑的節制性基準，其謂：「按法律上屬於自由裁量之事項，須受其外部性界限及內部性界限之拘束。依據法律具體規定，法院應在其範圍內為適當裁判者，為外部性界限；而法院為裁判時，應考量法律之目的，及法律秩序之理念者，為內部性界限。」參照最高法院 80 年台非字第 473 號判例。往後實務關於更定其行裁定所提非常上訴的判決，均依循此種觀念。僅舉數端以為例，如最高法院 99 年台非字第 6 號、第 30 號、第 43 號、第 45 號、第 57 號、第 61 號、第 66 號、第 67 號等判決是。惟以「外部界限及內部界限」為節制的說法，固然合於刑法第 51 條之理念，但容有界限模糊與概念矛盾的問題，蓋外部界限與內部界限之說，在理論與邏輯基礎上稍嫌薄弱，未若從累罰與併罰的結構關係來思考，數罪併罰者，係為避免刑罰累計的效應而存在之機制，因此不論何種形式的併罰結果，均不得大於累罰的結果，從而數裁判而更定其刑的結果，自然不能超過各裁判所定之應執行刑的總和。另見臺灣高等法院臺南分院 93 年抗字第 6 號刑事裁定。

⓫ 特殊的案例情況，參見最高法院 98 年台非字第 338 號判決。其具體事實如次：被告犯有傷害致死及偽造文書二罪，分別經法院判決確定。偽造文書案件經判處有期徒刑六月確定，本案業經易科罰金已執行完畢；傷害致死案件經判處有期徒刑八年確定。檢察官以受刑人違反偽造文書及傷害致死案件，合於數罪併罰規定，且偽造文書部分合於減刑規

屬於相當特殊且少見,但此種情形屬於更定較整體刑度範圍下限更低之刑的裁定。究竟在刑法第 51 條所定的整體刑度範圍中,於更定應執行之刑時,是否得以逾越整體刑度下限而為具體應執行刑之量定?其答案自然是否定的。蓋一方面作為更定其刑準據的整體刑範圍,屬於絕對性的界限規定,不論上限或下限,均屬不得逾越的法律效果界限,不僅不得逾越上度,而為超量執行刑的更定,亦不得低於整體刑下度,而定應執行刑;另一方面,更定應執行刑,雖係屬於法官量刑的裁量事項,但此種量刑裁量範圍與基礎單一犯罪之量刑者不同,對於數罪併罰定應執行刑的裁量,並無刑法第 59 條得以適用的空間,因此,更定其刑時,不得低於整體刑之下度,否則即屬定應執行刑的本然違法,必須予以更正。

　　另關於更定其刑涉及已執行之刑的問題,當一人犯數罪,而受二以上之裁判者,其中對一裁判確定所宣告之刑已執行或部分執行時,應屬最終執行之刑的折抵問題,並不能因已執行之刑,而將其逕自定最終應執行之刑之中直接加以減除,而變成整體刑的變動。因此,欲解決此類問題,僅得透過整體性之判斷,始能達成。首先需予以考慮者,對二以上之裁判,應依刑法第 53 條之規定,更定其最終應執行之刑。而已執行或部分已執行之刑期,從所定之應執行之刑中,作執行上的折抵,亦即對於已執行部分,視為最終執行刑已執行之期間。此種數罪併罰已有刑之執行完畢的情形,其並非屬於不得併入定執行刑範圍的問題,而是屬於合於作為定執行刑的基礎,僅是於最終所定之應執行刑,視為已經執行的刑期折抵扣除問題,不應於刑期更定的扣除計算對象。

　　對於數罪併罰中已為部分刑期執行完畢的情形,在數罪併罰規定中,並無明文規定其處理方式,僅能透過法律解釋的方式,作妥適之處理其解釋的基礎,或可從刑法第 45 條及第 46 條的規範意旨中得知。因此,在整體刑的形成過程中,如有涉及部分已執行完畢之刑者,該已執行完畢之刑,並非整體刑形成的折抵事項,其並不生影響整體刑形成的基礎,對於整體刑的形成,仍是以個別之宣告刑為基礎,至於已執行之刑,乃屬於最後應執行之刑宣告後之執行減抵事項而已。

定,乃聲請最後事實審法院,就偽造文書部分減刑,並與不得減刑之傷害致死案件,合併定其應執行刑。因偽造文書部分減刑為有期徒刑三月,是揆諸上開規定,應在有期徒刑八年以上八年三月以下定其應執行之刑,而原裁定將應執行之刑定為有期徒刑七年十一月。此一執行刑的刑度,已低於整體刑最低度(有期徒刑八年),其所為更定其刑之裁定,已屬錯誤。對此判決之評釋,參見柯耀程,定執行刑界限及已執行刑扣抵,月旦裁判時報,第 3 期,2010 年 6 月,102 頁以下。

第六章　刑罰裁量

當犯罪行為確認，對應的法律規定成罪關係，構成要件的該當，可罰性確認之後，犯罪行為人的罪行成立，對應犯罪的構成要件規範，乃隨之發生法定刑的法律效果，此乃罪刑相隨的法定原則要求。有罪的存在，也有法定刑的對應，進而必須從法定刑刑罰效果的種類與刑度範圍中，決定具體的刑罰效果，乃進入所謂刑罰裁量的階段。就罪刑認定的流程觀察，在刑事訴訟程序中，犯罪事實的認定，為證據認定的階段，當事實成立之後，乃屬於構成要件規範適用的辯證問題，若所該當的構成要件確認，法律適用已經確認之後，乃進入科刑階段，亦即必須從罪所對應的法定刑中，確認具體的刑罰類型與刑度，此於實體法中，乃屬於刑罰裁量的任務。是以刑罰裁量者，乃為確認犯罪行為事實的具體刑罰之謂。

第一節　基本概念

刑罰裁量者，係指法官對於具有個別差異性的犯罪事實，在法律效果論已經處理所得出之特定刑度範圍內，衡量斟酌行為人及事實之整體情狀，確認個別之差異性關係，而在法定刑（包括既有的法定刑、變更的法定刑，乃至於第 51 條併罰所成之整體刑，在意義上都屬之）之中，篩選出一個最適當的法律效果，以確定刑罰之種類及應執行之刑度，其可謂行為可罰性判斷及法律效果確認的終點站。然而，刑罰裁量雖是解決刑法問題最終處理的階段，但其仍須依據一定之法律效果之種類與範圍，不能任意取捨，更不能無中生有，因而在體系地位上，刑罰裁量係以犯罪行為及法律效果的確認，作為裁量之前提。因此，刑罰裁量係刑法評價最後的結果，對於犯罪行為人因犯罪所生之刑事責任，其應承受的刑事制裁者，法定刑的規定，僅是揭示其所為行為的不法及受非難的程度而已，真正對於行為人賦予具體制裁者，乃在刑罰裁量，亦即科刑的階段。

刑罰裁量固然是法官對於已生犯罪事實，基於行為人對於規範破壞所生的可罰性，而為具體刑罰種類與程度確認的工作，惟此種法官確認的作為方式，究竟是一種個人良知及經驗法則的作用？或是屬於受法律所拘束的評價性衡量？在早期的認知中，認為刑法裁量的屬性，係法官在法律所定的刑度範圍內，基於自由之衡酌 (freie Ermessung)，以為刑罰之確認者；惟此種看法已經過時，且不足以維持，在現今通說的見解認為刑罰裁量的內涵，係法官基於法有明定或是不成文的法律規範與準則，所為刑罰之衡量，在法官的判決過程，固然具有法官個人的因

素在裡面，但對於刑罰的裁量，必須受到法律規範的拘束，亦即法官必須依循在一定法律所提供的基礎上，以及法律所設定的節制範圍內，並依照法律所提供之判斷條件，而對於具體的犯罪事實為評價之作為。故刑罰裁量是屬於一種評價的概念❶，並非單純是一種客觀經驗法則的問題，也不是一種自然科學上的對等關係，因此，刑罰裁量不是一個純粹經濟學上的問題，而得以客觀條件的數量，作為經濟分析的概念，其本質是屬於法律規範評價的相對性問題，亦即對於法律效果的得出，係基於評價所得的結果，不是條件層次多寡的問題。

因此，刑罰裁量者，係法官在一定的法律刑度範圍內，對於犯罪行為人所為犯罪行為之非難，而將此種評價上的非難關係，轉化成為具體法律效果的評價作為。其為刑罰確認的裁量時，必須遵守著三項的基本法律要求： 1.必須有得以依循的法定刑存在，或者是在為保安處分時，必須有法律授權及處分規範之存在； 2.雖在法定刑度的範圍內，得以為一定程度的自由判斷，但其自由判斷的形成，必須是源自於對行為人所為犯罪事實的評價關係； 3.選擇適合行為人（刑罰適應性），且合於刑罰目的的具體制裁手段與程度。基於此三種要求，刑罰裁量者，完全是屬於評價之作為，係屬於刑法規範實現的法律關係。

第二節　指導原則

刑罰裁量固然是法官所為之刑罰確認作為，其依循的標準，雖是以法定刑作為裁量的依據，但法定刑的存在形式，通常是具有一定可資選擇的種類，且各種不同種類的刑罰手段，亦多具有一定的範圍，如何從種類與範圍之中，選擇出一個適當的法律效果，則必須有指導性之原則存在。基本上，在刑罰裁量的法理中，作為裁量的指導性原則者，不外四個：即罪責、刑罰的目的觀、指導原則之調和及重複引用禁止。茲將此四原則分述之。

第一項　罪　責

罪責原則 (Schuldprinzip) 本係源自罪刑法定原則，而為刑法支配性的指導原則，其作為刑罰認定的基石，亦即「無罪責即無刑罰 (nulla poena sine culpa)」之謂❷。惟罪責的概念，本屬於多面性的概念，在刑法中所談的罪責原則，通常是

---

❶ Vgl. Gribbohm-LK, Rn. 5 vor §46; Hirsch-LK, Rn. 1b, 2 zu §46; Bruns, Das Recht der Strafzumessung, 2. Aufl., S. 1; Jescheck/Weigend, aaO., S. 871。

❷ Vgl. Kaufmann, Das Schuldprinzip, 2. Aufl., S. 2, 263ff.。

指對於可罰性與刑罰發生的節制而言，但這樣的罪責概念，似乎有所侷限性，蓋從罪責概念的層次來觀察，可以將罪責概念區分為三種不同層次的概念❸：

一、罪責理念

所謂「罪責理念 (Schuldidee)」，係指國家發動刑罰權而為刑事制裁時，必須以罪責的存在作為正當性之基礎，倘若沒有罪責之存在，所有刑事制裁的手段，都無法得到正當性之支撐，在這樣的形象下，國家欲對於一定犯罪行為為制裁時，必須先存在有罪責為前提。是以在這樣的理念形象思維下，乃有所謂罪責刑法 (Schuldstrafrecht)，故而，罪責理念乃屬於憲法指導性的概念，一般所稱 "nulla poena sine culpa"，即是指罪責理念而言。故而，罪責理念又可視為憲法上的罪責概念。

二、刑罰罪責

在罪責理念的指導下，以刑法的法律規範，作為認定行為可罰性，以及確認刑事制裁責任的罪責概念者，乃屬於刑罰形成的罪責概念。而在刑罰形成的前提，包括有不法可罰關係的認定，其認定關係透過法定的方式實現，故刑罰罪責的概念，乃是刑法專屬性的罪責概念，此一概念下，會形成刑罰罪責的基礎者，乃在於刑法所設定的基礎對象，亦即是以行為作為形成刑罰罪責的基礎，故在刑法的罪責概念下所形成的罪責，乃為「行為罪責 (Tatschuld)」，即罪責形成的前提條件，必須出自對於行為的判斷，而非行為人罪責 (Täterschuld)，更不是行為人的素行或人格罪責 (Lebensführungs- od. Charakterschuld)。在此一罪責概念下，刑罰法律效果的發生，必須是從可罰性的罪責而來，亦即行為不但須成就不法，也必須滿足刑事責任存在的前提，方有刑罰法律效果存在的可能，例如刑法第 16 條之規定，因不可避免性之禁止錯誤，而排除刑事責任，或是第 18 條第 1 項、第 19 條第 1 項因欠缺責任能力，而無法形成刑罰責任，故而屬於不可罰的情況。

刑罰罪責主要係刑法論理關係的指導性原則，專屬於刑法所有，故可將其視為刑法上的罪責概念，更嚴格而論，刑罰罪責應為可罰性形成的罪責概念，是屬於刑法犯罪論的指導性概念。在刑罰罪責的概念下，得以對於行為人加以責難者，乃因其行為所生的侵害事實，亦即行為事實的非難，故影響行為罪責程度的因素

---

❸ Vgl. Achenbach, Historische und dogmatische Grundlagen der strafrechtssystematischen Schuldlehre 1974, S. 2；Bruns, aaO., S. 7～9。

者，僅限定在與行為相關的事實之上，亦即僅在於實現構成要件的行為事實之上。

在這樣的關係下，舉凡足以影響行為之可罰性之因素，都屬刑罰罪責概念的範圍，不論是行為事實的層面，或是法律規定的層面，皆屬之，例如行為的動機、意向或目的，係基於故意或過失，行為手段，行為所使用的實現方式，乃至於是否造成侵害結果，有無加重結果的發生，有無法定必減或必免的情狀等，都是屬於會影響刑罰罪責的要素。這些屬於構成要件層面的因素，基本上都是屬於行為罪責概念的範圍，在刑罰罪責（行為責任）的概念中，並不得以行為人之人格或素行，作為罪責形成的基礎條件，故刑罰罪責係屬行為導向的罪責。屬於行為人的考量，除作為犯罪成立基礎的特別犯，係以行為主體之資格為行為判斷的前提之外，並不能作為判斷刑罰罪責的依據。此一罪責概念，乃係作為刑罰裁量指導性之基礎，亦即第 57 條所稱「以行為人之責任」為刑罰裁量基礎者，係指刑罰罪責而言。

三、裁量罪責

所謂裁量罪責 (Strafzumessungsschuld) 者，是指在可罰性成立之後，為確認具體的刑罰手段，所依據的罪責概念，倘若刑罰裁量是為確認刑法具體的制裁手段者，則最終所得出的制裁結果，在理性與目的性的觀察，其乃屬於具體刑罰的體現，而行為人所應承擔的責任，乃經過刑罰裁量之後，而得到最終適當且合理的反應，其所承擔的責任，乃是裁量罪責所致，故裁量罪責係屬於具體的刑罰罪責，是體現刑罰可罰性的具體化概念。是以，裁量罪責既是體現可罰性的關係，自應受到可罰性認定基礎指導原則的拘束，而可罰性認定的指導原則乃刑罰罪責的概念，故裁量罪責也必須受到刑罰罪責概念的拘束，此即刑法第 57 條所稱「以行為人之責任為基礎」之故，亦是德國刑法 §46 Abs. 1 所稱「罪責為刑罰裁量之基礎」之謂。但在裁量罪責的觀念上，仍不同於刑罰罪責❹，亦即裁量罪責係以刑罰罪責為指導原則，而在具體確認刑罰的過程中，兼含對於人之評量所得之罪責。

---

❹ 在德國學理中，亦認為裁量罪責的概念與刑罰罪責概念並不相同，亦即裁量上所指的罪責範圍 (Schuldrahmem) 與刑度範圍 (Strafrahmen) 有所差異。Dazu vgl. Zipf, Die Strafzumessung 1977, S. 26ff.; Gribbohm-LK, Rn. 6 vor §46, auch Rn. 4 zu §46; Schönke/Schröder/Stree, Rn. 9a zu §46; Horn-SK, Rn. 7, 8 zu §46。

第二項　刑罰的目的觀

在刑罰裁量的範圍內，其既是確認法律效果的機制，對於因不法行為所生非難的反應，法律定有法定刑的範圍，此一法定刑的範圍，係反應行為概化的責任內涵，但決定此一可罰性內涵的具體反應者，究竟僅是從行為不法的評價關係來判斷，或是仍有制裁的目的性存在？乃產生制裁目的性思考的關係。蓋刑罰裁量本就是最終確認刑罰法律效果的機制，確認出的法律效果，本質是一種制裁，此種制裁究竟是本身目的？或是具有特定目的性導向之存在？乃刑罰裁量必須先行確認者。倘若制裁的本身並無目的性存在，亦即是為制裁而制裁，則刑罰裁量僅能從客觀存在的不法行為為判斷，而制裁所施予的刑罰，乃只是成為單純痛苦科加的應報手段而已，此種認知，恐怕在刑法的發展過程中早已被拋棄。固然刑罰的本身是一種痛苦，這是一種本質，但痛苦無法均衡痛苦，且痛苦的本身，並不能實現刑法所追求的目的，故制裁的意義，並非為制裁而制裁，其必然是為避免犯罪而生，就如同藥物的本身可能是苦的一般，吃藥的苦，並非為苦而苦，而是為治病而苦。故而，制裁係一種目的性導向的作為，此種目的性，乃刑罰目的性之所在。

指導刑罰裁量的刑罰目的觀的構想，應是以作用於行為人為主要考量，亦即是以李斯特 (v. Liszt) 的特別預防構想為裁量思維的核心。此種指導原則的釐清，特別從科處保安處分的裁量最為明顯，蓋保安處分的科處，不論是基於犯罪行為人的人格危險性、或是人格缺陷，致有犯罪傾向，而有改善之必要，或者是基於社會防衛的思考，而對於犯罪人予以隔離，作社會排害的措施，其所針對者，都是行為人本身，而在預防思想中，只有特別預防思想係針對於行為人。李斯特認為，刑罰乃同時兼具有「改善」、「威嚇」及「排害」三種功能❺。而這三種功能反應在刑罰執行具體的運作，則須以行為人為導向，可以個別從三個方向，來作最適當的刑事制裁處遇：　1.對於具有改善可能且有改善必要之行為人，則刑罰應著重在改善效應；　2.對於有改善可能但無改善必要性之行為人，刑罰則側重在威嚇效應；　3.至於完全無改善可能犯罪人，則刑罰的作用，即在將其排除於社會之外❻，而保安處分即是此種構想下的產物。

---

❺　v. Liszt, Strafrechtliche Aufsätze und Vorträge Bd. I, S. 164。

❻　Aus v. Liszt, Strafrechtliche Aufsätze und Vorträge Bd. I, S. 166。

第三項　指導原則之調和

罪責與刑罰目的觀間的關係，原則上，是以罪責作為刑罰裁量的終極界限，刑罰目的性構想僅能在罪責範圍允許的條件下發生其作用，亦即刑罰的目的性構想，僅能在罪責容許的範圍內，而對於行為人因其行為而為裁量之影響。罪責範圍所反應於外者，乃是因行為可罰性所確認的法定刑，法定刑的形成，通常有其刑度的上下限範圍，此一法定刑度的範圍，即通常情況下法定罪責形成的範圍，如刑罰目的構想不能逾越罪責的範圍，則似乎刑罰目的性構想，僅能在這樣的範圍內，方得以有其作用，倘若刑罰目的性之作用，不在此一範圍內，亦即以刑罰目的性構想，而為超出法定刑範圍的科刑時，是否必然違背刑罰裁量基本節制的規範，而使得刑罰裁量發生科刑上的瑕疵？這樣的問題，應從二方面的命題來觀察：1.是否只要屬於逾越罪責範圍的科刑，皆為法律所禁止？亦即刑罰目的構想，必須絕對遵守罪責的界限，完全不能超越，不論是法定刑之上限或是下限；2.罪責所限制的刑罰目的的構想，僅係相對的節制，在一定的條件下，仍然允許基於刑罰目的的構想，而溢出罪責的情況。茲將二種可能情況分述之：

一、絕對禁止逾越罪責之觀點

此種觀點認為，刑罰在可罰性的判斷中，已然成形，其所賦予的法律效果，係基於不法與罪責內涵所得出，故於刑法的法定刑範圍中，所揭示的正是行為所生之行為人罪責範圍❼，在這樣的法定刑所反應出的刑度範圍，正是罪責範圍的具體體現，任何預防構想的衡量，都不得超出此一罪責的範圍，即使是特定的犯罪類型亦然❽。在這樣的觀念下，不論是罪責的上限或是下限，都不能以任何預

---

❼　在法律體制中最極端的量刑制度者，當屬美國的量刑制度。在其制度下，當犯罪成立時，法官僅能依其所犯的情狀及嚴重與危害程度，從量刑表中核對相當的刑罰，嚴格而論，在量刑統一化，乃至於量化的體制中，根本無刑罰裁量問題的存在，其是將刑罰裁量當作一種數量化的問題，刑罰裁量對此種統一量化的量刑機制，完全是另外一回事，在這樣的機制下，量刑只是一件算帳或記帳的工作而已，根本談不上是一種評價關係，完全忽略法律所針對的是人的社會，其中屬於人的評價關係，正是人所以為人的精髓。我國在立法上，常常都是以捨本逐末的心態，甚至想要將這種將人的行為數量化制度，導入我國刑法之中，殊不知，我國刑法對於刑罰裁量的體例，在法制上是屬於先進的制度。戒慎！戒慎！

❽　關於此種說法，vgl. Gribbohm-LK, Rn. 13 zu §46；Hirsch-LK, Rn. 14 vor §46；Jescheck/Weigend, aaO., S. 25；Horn-SK, Rn. 22～32 zu §46。在德國實務上亦有持此見解者，vgl.

防構想而使得刑罰逾越此一界限，如此刑罰裁量僅得以在法定刑度之內為之。此種見解甚至更認為，即使逾越罪責的處罰（特別是在低於法定刑下限的情形），雖然刑罰科處的意涵，仍可歸屬於罪責刑罰的概念範圍，但卻非法所允許 ❾。

以此種見解為基礎，認為罪責是刑罰高度決定的唯一標準者，當推所謂「層次或定位價值理論 (Stufen- od. Stellenswerttheorie)」❿，此一理論認為，刑罰的認定基礎，必須嚴格限定在罪責的範圍內，刑罰的高度，僅能從罪責範圍內求得，至於預防構想之作用者，不能在罪責的範圍內操作，僅能在制裁的另一層次中考量，亦即當罪責確認刑罰的程度時，其刑的種類選擇，方有預防構想著力的餘地。例如當罪責範圍所得出之法定刑，其中具有可作自由刑或罰金刑之選擇時，究竟為自由刑或是科罰金刑，預防思想方有作用之可能？又如在一定的罪責範圍內，犯罪行為人是否必須受保安處分？則屬於預防構想得以作用的範圍，從而，罪責範圍是屬於預防構想不能僭越的界限，然而在刑罰確認的不同層次中，罪責原則掌控著刑罰程度，而預防構想乃得以作用於刑的種類選擇 ⓫。

由於這個理論將刑罰裁量分為二層次階段：1.責任之確認：在此一階段中，法官依行為所生不法的判斷，而確認出責任的範圍，以及反應罪責之刑罰高低；2.具體的刑罰手段選擇：在刑度的範圍內，法官得選擇適合行為人矯治必要的手段。這個理論的見解，特別是對於保安處分的科處，有其值得關注之處，可以提供未來刑法規範保安處分的思考方向。

當然絕對禁止逾越罪責的嚴格限制見解，在現行的規定中，會有所扞格之處，我國刑法第 59 條至第 61 條及第 73 條之規定，以及德國刑法 §§59, 60 之規定，顯然對於逾越罪責的刑罰裁量，並非完全禁止。當然絕對禁止以預防構想而逾越罪責範圍的刑罰裁量的觀點，有其堅實的支撐存在，倘若法官於刑罰裁量中，雖表象上有罪責均衡要求的拘束，但因預防思想的作用，即使無法逾越法定刑的上限，但卻得以低於法定刑之下限，則法定刑的設置將形同虛設，畢竟都得以由法官來操作即可，故值得思考的問題，在於法定刑的刑度概念，其在科刑時所扮演的角色 ⓬。

BGHSt 20, 264, 267；24, 132；29, 319；BGH JZ 1977, 159。

❾　Aus Hirsch-LK, Rn. 14 vor §46；Gribbohm-LK, Rn. 13 zu §46；同樣在德國聯邦憲法法院的看法，亦有持此見解者，vgl. BverfGE 45, 187, 260；BverfG NJW 1979, 208。

❿　此一理論係由德國刑法學者鑒 (Horn) 所主張，vgl. Horn-SK, Rn. 33ff. zu §46。

⓫　So Horn-SK, Rn. 33, 35 zu §46。

二、禁止逾越上限，允許低於下限之見解

基本上，不論是基於法定原則之規範，或是基於逾越禁止原則 (Grundsatz des Übermaßverbots) 的限制，在一般通常的情況下，即並無刑罰加重事由存在的情況下，對於反應罪責程度的法定刑，其上限不得逾越，這是共通的基礎認知，但對於法定刑之下限，得否因刑罰裁量之作用，而使得所得之刑罰，低於原法定刑下限以下？則有所質疑。在德國聯邦憲法法院所持的見解，其所嚴格禁止者，僅在於逾越上限的禁止，至於低於法定刑下限的情況，則未予以嚴格禁止，其所持之理由認為，合於罪責的刑罰制裁，並非毫無例外地必須完全被實現，是以在其刑法 §§59, 60 的規定中，對於有罪責相當的刑罰存在時，賦予法官予以免除其刑 (Absehen von Strafe) 的可能性。畢竟刑罰的任務，並非基於本身的目的而為罪責之均衡，而是同時具有作為實現刑法預防性保護任務的必要性手段[13]。德國學理與實務持此見解者，認為現行法於刑罰裁量認知的出發點，乃在於刑罰既是罪責均衡，也是犯罪預防的手段，其同時具有雙重之目的，而且罪責均衡與犯罪預防存在一種彼此斟酌的關係，當一個刑罰已經具備有正確反應行為嚴重程度與行為人個人罪責的關係時，其根本上更須追求社會與個人教化的功能[14]。

在我國的實務操作上，低於法定刑以下的刑罰裁量，本就是常態性的作法，不論第 59 條、第 61 條之規定如何，從來實務即以得低於低度刑的實作方式為科刑[15]。

第四項　重複引用禁止

所謂「重複引用禁止 (Doppelverwertungsverbot)」，係指在刑罰裁量中，其所為之裁量條件，必須是屬於罪責評價以外的要素，倘若是屬於形成罪責的要素者，則在刑罰裁量中，即不得再行引用而作為刑罰裁量之事由。基本上，重複引用禁

[12] 堅持絕對界限的觀點者，在德國學理上不乏其人，如 Henkel, Die "richtige" Strafe 1969, S. 51；Horn-SK, Rn. 23ff. zu §46。

[13] Vgl. BverfGE 21, 391, 403f.；BGHSt 24, 40, 42。

[14] Vgl. Lackner, Über neue Entwicklungen in der Strafzumessungslehre und ihre Bedeutung für die richterliche Praxis 1978, S. 18, 23, 25；siehe auch Hirsch-LK, Rn. 17 vor §46 (mit kritische Bemerkumg)；Gribbohm-LK, Rn. 15 zu §46 (mit kritische Bemerkumg)。

[15] 參照最高法院 51 年台上字第 899 號、61 年台上字第 1781 號、69 年台上字第 4050 號判例。

止的思想根源，係源自於重複評價禁止原則（Grundsatz des Doppelbewertungsverbots），蓋對於已經在前一階段的形成，作為評價內容的要素，在後一階段的具體量刑關係，即不得再以之作為裁量上的依據。

重複引用禁止原則所禁止者，係屬於罪責形成的決定要素，而罪責之形成，係基於對行為的不法判斷，亦即以構成要件作為判斷行為的基礎，在行為被認定為不法之時，屬於構成要件的要素，都是判斷行為不法的要素，其在判斷行為不法時，已經使用，此種要素在刑罰裁量時，禁止再次被作為裁量衡酌之事由。例如殺人罪之死亡結果，對於該結果的本身，於殺人罪成立既遂的判斷時，即已被使用，在刑罰裁量時，不得再引用死亡的結果，作為裁量之衡量事由，其僅能以造成死亡的死狀、侵害程度為衡量，就死亡的結果本身，係屬於不法形成的要素，不能再次因死亡而為酌量的原因。同樣的情況，也存在於加重結果犯，加重結果的發生，本屬加重結果犯形成的要素，故不得再對此一結果作裁量之審酌。此一原則所要避免者，簡單地說，就是避免一隻羊被剝兩層皮。

同樣的情況，也適用於責任內涵的判斷，蓋形成責任的要件，有屬於主觀不法意識者，亦有屬於客觀之行為人年齡或素質者，這些要件在形成責任內涵時，都已經被評價使用過，在裁量時不得再次加以引用，例如公務員在刑罰形成時，已經刑罰加重事由（如第134條）而為加重，在刑罰裁量時，不得再以其為公務員，而作加重裁量之依據；同樣地，精神狀態有瑕疵，在形成責任內涵時，已經加以評價，在刑罰裁量時，不能因精神狀態之瑕疵，而作為酌量減輕之事由。刑罰裁量僅能從罪責形成事由以外之事由，而作為裁量上之斟酌，否則違背重複引用禁止原則者，刑罰裁量即屬瑕疵，科刑判決當然屬於有違誤之判決。

第三節　裁量理論的方法

刑罰裁量是刑法中確認刑罰法律效果的最終階段，其任務在於從可罰性所形成的罪責中，得出一個合於法律非價判斷的法律效果，惟在作為確認刑罰法律效果的法定刑存在的形式中，有二種可能性之結構：1.僅有刑度的存在，亦即屬於單一刑罰種類的法定刑，例如刑法第210條之偽造私文書罪，其法定本刑為五年以下有期徒刑，屬於單一刑種，但有刑度存在；2.具有得以選擇刑罰種類與程度的法定刑，例如第320條之竊盜罪，其法定刑為五年以下有期徒刑、拘役或罰金，在這樣的法定刑結構下，刑罰裁量到底要以何種方法，得出一個既能合乎罪責，也能滿足預防構想需求的刑罰？在刑罰的裁量上，是否需要一個精準的點，

作為刑罰裁量指標的基準？學理與實務在方法的選擇上，迭有分歧之意見，其中主要的裁量方法有三：即 1.原點理論 (Nullpunktlehren)； 2.精確刑理論 (Theorie der Punktstrafe)； 3.裁量空間理論 (Spielraumtheorie)。這三個理論都是如何在罪責範圍已經成形的基礎上，而為得出最終法律效果所提出之理論，嚴格而言，這三種理論都是裁量方法的問題，並非裁量本質性的問題，不可混淆。茲將三種處理方法的構想，分述之。

第一項　原點理論

原點理論思考刑罰裁量的出發點，在於法定刑上度與下度的中點 (Mitte)，作為對於通常犯罪行為的刑罰裁量基準，亦即所謂中度量刑之意。這種刑罰裁量的方法，是以數理上簡單的形式，要不就是以算術的平均值 (arithmetisches Mittel)、或者是以實證之幾何平均值 (geometrisches Mittel)，將罪責形成的法定刑單純依數理上的關係，將法定刑的上下度，或是從實際透過實證科刑的差異性輕重所得數據，上下輕重相平均，取其平均值作為刑罰裁量的基準，此種基準適用於通常的案件，當裁量的負面事由增加，則刑度從此平均值往上提升；反之則往下降❶❻。此種算術上的平均值，係以法律規定的通常情況，作為得出平均值的基準，其得以適用於具體的平均案件之上。但單純從想像上所得出的算術平均數，以這樣的平均數，要作為具體差異性案件的適用，恐想法太過於單純，畢竟同樣的通常情況下，其個別案件的形成內容與樣態，存在有相當大的差異性，在這樣的差異性之下，欲以一個平均值作基準，恐怕太過於牽強，故實務上，恐無法接受此種以數理得出的平均值作為裁量基準的說法。畢竟刑罰裁量的事由繁多，舉凡與行為或行為人有關的事由，其不在罪責認定的範圍內者，都是裁量必須審酌的事項❶❼。刑罰裁量本是評價的事項，採取數理上的平均值，作為裁量的準據，則評價關係似乎又回到單純數量計數的關係，吾人難以理解，高於平均值的量刑，所提高的部分，究竟對應多少程度或數量的負面裁量事由？這些都是原點理論所難以解決者。故原點理論的說法，根本無法得到支持❶❽。

---

❶❻ 採取此種看法者，其思維的基礎，乃在於刑罰裁量必須先有一個刑罰的基準點，作為具體案件衡量的準據，倘若欠缺此種明確的基準點，刑罰裁量都將失之恣意。傾向此種見解者，如 Bruns, aaO., S. 49ff.; Dreher, Über die Strafrahmen, in: Bruns-FS 1978, S. 141ff., 149; auch ähnlich Horn-SK, Rn. 51 zu §46。

❶❼ Vgl. BGHSt 27, 2ff.; BGH JR 1977, 164。

第二項　精確刑理論

　　所謂精確刑 (Punktstrafe) 的形式，在意義上有二種說法：　1.一定行為的罪責內涵，因其所形成的不法內涵關係，其所反應的法律效果完全單一，此種精確刑的作法，見諸於美國量刑制度，蓋刑罰的輕重程度，係精準地反應在犯罪的不法內涵上，其不法內涵高者，其刑度隨之愈高，且刑罰係精確地如影隨形，例如被告犯詐欺罪，則在精確刑的思維下，如其詐騙金額為五萬元，則其刑罰可能為一年；但詐騙金額如為五十萬元時，其刑罰就提高為五年；又如詐騙金額為五百萬元以上時，則刑罰即變成二十五年。這種精確刑的判斷關係，僅係依據行為所造成之侵害結果來論斷，基本上並無所謂刑罰裁量的問題存在，對於法官而言，僅需給他一張量刑表，使其得以作侵害關係的核對即可；　2.精確刑的另一種說法，認為刑罰裁量是為確認刑罰的法律效果，故而不論如何，於刑罰裁量之後所得出的結果，都是屬於精確而單一的刑罰效果，故而當法官從不論是法律層面，或是事實層面，在精確地衡酌所有犯罪事實之後，必須精確地得出一個明確的法律效果，故而刑罰裁量的操作，係以這一個精確的法律效果為思維核心，其係為追求一個精確的結果，而為法律的評價關係，故以此一結果作為刑罰裁量之準據❿。

　　對於第一種說法所稱之精確刑者，其根本與刑罰裁量無關，蓋其在犯罪事實成立之後，裁判者所為量刑者，並非基於刑罰裁量所為之斟酌，而是從量刑表所得的層次，選擇應科之刑而已，這種制度完全忽略同樣行為同樣結果的事實，其中存在的差異性，例如因好逸惡勞而竊盜，也可能是因飢寒而起盜心，二者都是竊盜，且當所偷得之財物完全相同時，是否量刑上也須完全一樣？抑或是必須有所差別？當然從一般性的認知來看，自然對於差異性的背景成因，在刑罰的量定上，也須採取差異性的評量。

　　而對於第二種精確刑的說法，或許其可以稱為裁量結果理論，但無法作為裁量方法的理論，蓋理所當然地裁量結果一定是精確刑，然而不能以結果作為方法的依據，固然結果是方法所欲追求的終點，但以結果作為方法，無異是反因為果，在邏輯上已經陷入錯誤。此種見解，在德國雖有支持者，但卻不為通說及實務所採。

---

❿　Vgl. Montenbruck, Strafrahmen und Strafzumessung 1983, S. 30～40。

❿　持此種見解者，不在少數，如 Dreher, aaO., S. 157, 163；Henkel, aaO., S. 31ff.；Zipf, Die Strafzumessung 1977, S. 64ff.。

第三項　裁量空間理論

裁量空間理論的出發點認為，對於具體存在的犯罪，在法律構成要件法律效果的規定中，其所存在的法定刑，已經是一個相當限縮的刑罰刻度，其刑度範圍的上下度，基本上就是合乎罪責範圍的界限，在刑度範圍內所有刑罰裁量的層次，都是符合罪責的刑罰，亦即刑度確保罪責相稱性[20]。所有個別案件因行為所生的罪責範圍，都不是一個精準的點，而是一個範圍，在這個範圍中，也存在著刑罰可能的範圍，在這個相對性存在的範圍中，裁判者得從行為人刑罰感受性與必要性的角度來衡量，一方面考量到不同刑罰所存在的效應，另一方面也顧及到刑罰作用於行為人的可能性效果，此種作用是否有助於行為人，在未來得以無害地融入社會生活，同時兼顧及罪責範圍與裁量空間的界限[21]。

裁量空間理論的構想，在邏輯的思維上，確實屬於裁量方法的見解，其顧及不同行為事實的差異性，且遵守著罪責範圍的界限，又對於罪責範圍與預防構想間的緊張關係，具有調和的效應，目前為德國實務及通說所採[22]。但是值得思考者，裁量空間理論的立論基礎，本就是以法定刑作為裁量空間的範圍，這樣的裁量空間，無異又回到罪責範圍，固然其已注意到個別案件的差異性，但卻無法真正提出一種指標性的確認，以作為特別是涉及刑罰加重或減輕時，乃至於必須予以酌加或酌減時的依據。看來刑罰裁量要能達到精緻化的目標，不論是我國或是德國都一樣，仍有相當遙遠的路要走。

第四節　個別裁量事由

刑罰裁量者，既係法官在罪責範圍之中，對於成罪事由以外的行為事實與行為人因素，而為具體刑罰審定的機制，其所得以審酌的事項，自應涉及舉凡行為成罪事項及罪責形成事項以外，而與行為人及行為事實相關的事由，這些事由的涵蓋層面甚廣，但必須是與行為人及行為事實有關者。刑法以第 57 條及第 58 條的規定，作為刑罰量刑事由判斷的基準，這樣的基準，應僅是所有刑罰裁量上審酌事由的一部分而已，尚有法律規定所未及，而仍應列入量刑審酌事由者[23]。茲

---

[20]　Aus Hirsch-LK, Rn. 21 zu §46；Gribbohm-LK, Rn. 18 zu §46。

[21]　Aus Jescheck/Weigend, aaO., S. 880, 881。

[22]　So BGHSt 7, 28, 32；20, 264, 266；27, 3；auch Gribbohm-LK, Rn. 20 zu §46；Hirsch-LK, Rn. 23 vor §46；Jescheck/Weigend, aaO., S. 881；Bruns, aaO., S. 105～109。

就裁量事由之節制，以及法定之審酌事由說明如次：

第一項　前提節制

刑罰裁量事由者，因受到禁止重複引用原則之拘束，故對於形成刑度範圍的法定要素，包括不法與罪責範圍的要素，因於可罰性形成，乃至犯罪形成時，已經被評價使用過，在刑罰裁量時，不得再次引用以作為刑罰裁量之依據，此不論是作為加重或是減輕的基礎，皆為法所禁止。

禁止重複引用的範圍，主要是以犯罪成立要件為節制的條件，而在犯罪成立的條件中，除不法形成的構成要件與罪責內涵判斷的規定外，尚有屬於構成要件以外的成罪條件，主要的是客觀可罰性要件，這些條件在刑罰裁量時，都不能再次加以引用，以作為刑罰裁量之事由，乃至於作為酌加、酌減或酌免的事由。這些限制條件包含三部分：即不法構成要件、罪責內涵認定條件與客觀可罰性要件。

構成要件屬於不法形成的法律判斷條件，已屬構成犯罪類型化的法律基礎，犯罪的成立與否，首先必須先經過構成要件該當性判斷之檢視，故構成要件對於行為的判斷，在不法階段即已使用過，在裁量時，不得再次引用作為判斷之依據。而構成要件的內容，是形成不法的要件，也都是刑罰裁量時，必須受到節制的要件。

其次，罪責形成的要件，也是刑罰裁量時不得重複引用的限制條件。判斷刑事責任的形成，基本上有三個責任要素：1.不法；2.不法意識；3.責任條件，其已在可罰性形成過程中，作為可罰性條件的內涵，故亦不得在裁量中再次重複引用，作為裁量的事由。

同樣地，構成要件不法內涵以外的客觀可罰性要件，亦屬於對於刑罰形成的（限制）條件，其在犯罪成立時，已經被判斷過，在刑罰裁量階段，當然不能再次被引用作為裁量之事由。

因重複引用禁止原則之指導，刑罰裁量中對於必須受到節制的事由，不得以之作為量刑之事由，除此之外，其他屬於行為人與行為相關性的事由，都屬於刑罰裁量審酌之事由。惟基於法定的因素，在刑法第 57 條及第 58 條的規定中，僅列舉：1.犯罪的動機與目的；2.犯罪時所受之刺激；3.犯罪的手段；4.犯罪行為

㉓　例如作為犯與不作為犯，在行為實現方式的審酌、參與關係、行為事實之時空背景條件因素、使用麻醉藥物後所為的犯罪等等情狀。參見林山田，刑法通論（下），10 版，535～537 頁。

人之生活狀況； 5.犯罪行為人之品行； 6.犯罪行為人之智識程度； 7.行為人與被害人之關係； 8.行為人違反義務的程度； 9.犯罪所生之危險或損害； 10.犯後的態度； 11.犯罪行為人之資力及犯罪所得之利益等十一項事由，作為刑罰裁量事由。因裁量事由均屬於行為人相關與行為事實相關的事項，故以此種關係為軸，而將個別事由分述之。

第二項　行為事實相關的裁量事由

在第 57 條法定的刑罰裁量事由中，屬於與行為事實相關的量刑事由者，包括： 1.犯罪的動機與目的； 2.犯罪時所受之刺激； 3.犯罪的手段； 4.行為人與被害人之關係； 5.行為人違反義務的程度； 6.犯罪所生之危險或損害； 7.犯罪所得之利益等七種事由。這些事由都可能作為於法定刑度內加重或減輕（可到低度刑以下）的事由，故其既有可能成為裁量之加重（刑度內），或裁量之減輕（刑度內或低於刑度）的事由，茲分述之：

一、犯罪的動機與目的

犯罪行為的形成關係，通常是由動機而起，藉由動機而形成犯罪之意思而為決意實行犯罪，而引發犯罪動機的因素，可以從外在因素與內在慾念二方面所引發，且常常是外在誘因與內在驅力交雜的結果。屬於外在引發的因素者，例如見錢眼開、見獵心喜，或是貧困交迫，而受利之引誘是；內在之慾念者，例如對他人之仇恨，而引發仇殺之動機，或是因迷戀物慾、沈迷酒色，鋌而走險。

通常於刑罰裁量上，對於行為人的動機與目的的非難者，係以一般社會倫理道德的容許範圍作為評定之標準，大家耳熟能詳的裁量「哲學」，即如飢寒起盜心者，其情可憫；富貴思淫慾者，罪無可宥。

所謂動機與目的者，係屬於犯罪故意或意圖以外的內在因素，倘若是與故意結合在一起時，則故意已經評價，不能再以動機作為裁量之事由。最典型者，當屬基於義憤之行為，其動機已經與故意結合成為犯罪成立的主觀要件，故此種動機不能在刑罰裁量中，再次引用作為衡量之事由。

二、犯罪時所受之刺激

意指在犯罪前或犯罪行為中，行為人所受的外在刺激而言，此種刺激會影響到其行為意識的判斷，例如行為人經由他人不斷之挑釁，在無可忍受的情狀下，

乃動手將挑釁之人毆傷，此時行為人係受到他人挑釁所致，其犯罪之情節顯然有得以輕量之事由；又如只因被害人姿色頗佳且衣著清涼，行為人係見色心迷，漸至慾火難耐，此時行為人所為之性侵害者，即無可宥恕之餘地。

三、犯罪的手段

通常行為既受一種實現侵害的手段，但刑法對於行為的規範評價者，在不法的階段中，是針對行為的類型化形式，至於在此種類型化的形式中，行為人究竟是以何種手段為之，則屬於裁量上的事由，例如行為人傷人，有的是單純赤手空拳（雖然練家子的赤手空拳，有時比任何武器都危險，但平均而論赤手空拳，總是比持刀持槍，在手段上來得輕微）而將人打傷；有的卻是持刀兇殘，雖是傷人卻刀刀見骨；也有的是憑藉專業的知識，利用無知之人而為其犯罪；有的是使人一刀斃命，卻也有將人冷酷地凌遲致死。在犯罪事實的情狀下，或許構成要件的評價關係都一樣，但行為手段則大有不同。

當然如行為手段是屬於構成要件之要件者，則此一事由即不能再被引用於刑罰裁量，例如第 229 條之詐術性交罪是。

四、行為人與被害人之關係

犯罪實證研究的關係中，若干犯罪類型的行為人與被害人，通常屬於不相識者，惟也有一些特定的犯罪類型，行為人與被害人有時不但認識，而且也具有相當親密的關係，例如關於性侵害的研究中，往往認識甚至熟識的性侵害的比例，常要較不相識的比例為高，在這種情況下，熟識人之侵害行為，往往更具有可受社會倫理的非難性。

惟必須注意者，倘若犯罪成立的規定中，行為人與被害人的關係，已經是犯罪成立的要件時，則在裁量上，此種關係即不能再被引用作為裁量之事由，例如第 228 條之利用權勢機會性侵害罪、第 232 條之引誘容留特定關係人之性侵害罪；第 272 條之殺害直系血親尊親屬罪；第 280、281 條之傷害直系血親尊親屬罪等等，因彼此關係屬於構成要件要素，故基於重複引用禁止，不能再作為裁量事由。

五、行為人違反義務的程度

刑法之中不乏有義務犯類型的存在，這些類型都是以行為人違反法定的一定

義務，作為犯罪成立的前提條件，最典型者為過失犯與不作為犯。這些義務違反的犯罪類型者，法律所為之成罪判斷，係以其義務違反的形式作為成罪條件，對於其違反的程度如何，則委交於刑罰裁量為判斷，此種判斷的要求，自然是與作為的情況相同，在作為犯要求審酌行為手段，在義務犯則要求審酌義務違反的程度。

六、犯罪所生之危險或損害

刑法對於所保護的法益，其規範為犯罪類型的方式有二種： 1.以生實際損害時，為刑法規範的類型，此稱為實害犯； 2.以造成法益侵害的危險狀態，作為規範之基準，此稱為危險犯。當然這些侵害的規範，都是以形式客觀的意義為成立的判斷，亦即傷害者就是介於未成傷與成重傷之間的客觀形式意義，至於成多嚴重的傷，乃委由刑罰裁量作判斷。

在犯罪所生的危險或損害者，除行為事實本身之外，也及於行為直接侵害以外的事實，例如施放電腦病毒，而造成金融體系的電腦系統完全當機，其雖僅是妨害電腦使用的行為，但卻因此而造成嚴重金融與經濟的損失，此亦屬刑罰裁量之事由。又如千面人在市售的飲料中下毒，而為恐嚇取財，雖無人飲用而中毒，卻造成商品嚴重之損失，此皆屬於裁量之事由。

惟如危險與損害已經在構成要件中判斷者，則不得在裁量中再次被引用。

七、犯罪所得之利益

依據第 58 條之規定，如行為人因犯罪所得，超出可得以科處罰金之範圍時，得以在其所得利益的範圍內，酌量加重罰金之科處，其性質在於剝奪犯罪行為人因犯罪所得之利益，蓋法律不允許犯罪行為人，因犯罪而在刑罰之後能因此而致富。

此種規定是屬於唯一在刑法中得以逾越法定刑而加重的情況，但必須注意者，必須是得以使用的刑罰手段，包括主刑的罰金、從刑的沒收與追徵、追繳或抵償之規定均不足以均衡時，方得以使用此一裁量手段。

第三項　行為人相關的裁量事由

在刑罰裁量中，主要係要從既有的法律效果條件中，選擇一個最適當的刑罰制裁手段，而對於行為人予以適當的處罰，故對於行為人相關性的裁量事由，除

應從刑罰的制裁效應思考外，更應從刑罰與法律規範對其所可能之作用，以及其在犯罪之後，對於犯罪存在的態度，乃至於其對於刑罰的感受性等因素來思考。在刑法第 57 條及第 58 條的規定中，關於行為人相關的裁量事由有五：　1.犯罪行為人之生活狀況；　2.犯罪行為人之品行；　3.犯罪行為人之智識程度；　4.犯後的態度；　5.犯罪行為人之資力。茲將此等事由分述如次：

一、犯罪行為人之生活狀況

一個人的生活狀況者，包括其出身、家庭、職業、交遊，以及日常生活的情形，都屬於生活狀況的一環。雖然我們不能遽下定論，認為出身卑微者，一定較容易傾向犯罪，在社會的現實中，有出身高貴而作奸犯科者，亦有出身低微而力爭上游者，不可一概而論。但在刑罰裁量中，值得思考的問題則是，一個人所以會犯罪，在諸多的成因之中，其生活狀況亦屬一個重要的成因因素，例如一個從小即成長在破碎家庭的人，其對於規範的感受能力，以及自制能力通常較為薄弱（以研究之通常平均值來論），故此類行為人的犯罪，在裁量上應要比利用職業關係，而為追逐財富的淘空企業之人，應較為輕微。

二、犯罪行為人之品行

對行為人衡量的重要因素之一，乃在於其素行，通常作為審查依據者，在實務上大多是以前科 (Vorstrafen) 資料，作為審查品行之依據。倘若一個向來素行端正之人不慎觸法，在情節上大多顯有可憫之處；但當一個素行不良，前科累累之人，其有作奸犯科之舉，法律對其制裁的程度，乃需予以更重或是轉向為保安處分之必要。

惟當素行事由已經作為刑罰法定評價的條件者，則在刑罰裁量時，即不能再次予以引用，例如累犯的加重，其素行因素已經成為刑罰加重之法定事由，在刑罰裁量時，即不能再次引用以為加重量刑之依據。

三、犯罪行為人之智識程度

以行為人之智識程度高低作為刑罰裁量事由者，可能比較具有爭議性。或許智識程度的高低所涉及者，應該是犯罪型態的差異，或是犯罪層面的不同，諸如行為人智識程度較低者，因無力為必須具備較高專業技術的犯罪，而大都僅能從事體力性的犯罪，在體力性之犯罪來看，智識程度高者，其所造成的侵害，不見

得會比智識程度低者為重，故以智識程度作為裁量事由者，自然會有一些爭議。

　　當然，如果有人是利用其專業智識能力而為鑽法律漏洞，或是以其職業能力為犯罪之行為者，則自然得以作為裁量上加重的依據，此不但是利用智識的問題而已，甚至利用其社經地位而犯罪者，其在倫理價值得非難程度上，自然較高。

　　但倘若這樣的智識程度關係，已經屬於刑罰成立或是加重事由時，例如第316條或第318條之2之犯罪，都是利用專業或專門智識所為之犯罪，其都已有刑罰成立或加重之規範，則基於重複引用禁止之要求，就不能再引為裁量之依據。

四、犯後的態度

　　犯罪之後的態度，攸關著行為人對於犯罪的良知感受的問題，當行為人犯罪之後坦承犯行，或者是行為人犯後旋即自首等，法律甚而都已作法定減輕的規範，例如第62條、第347條第5項後段。而當行為人於行為後，虔心向被害人道歉，顯示其惡性不深、良知未泯，情節尚得以輕量；惟如犯罪之後，即使已經被確認，仍舊狡辯脫罪，乃至於運用各種關係以規避制裁者，其情並無可宥恕。例如社會上發生犯罪行為人持刀行搶超商，並將店員頸部割傷，在法庭上，不但未知悔改，反而因見被害人出庭說話之情狀，而當庭鼓掌大笑，法官當然基於犯後態度全無悔悟之意，而科以重刑。

五、犯罪行為人之資力

　　所謂仗勢欺人者，情無可原，當行為人仗勢其財大氣粗，資力雄厚而恣意為犯罪之行為者，在量刑上，應酌予重科。雖然此一事由並非規定在第57條，而是規定於第58條，但其應得以作為行為人審酌的事由，雖然第58條主要規定罰金之酌加，但仍不妨得以作為行為人之量刑事由。

第四編

刑罰執行與時效

第一章　緩刑

刑法確認犯罪行為之可罰性之後，對於具有可罰性之行為予以科刑之反應，從科刑後的刑法處理關係，乃進入刑罰最終執行面的思考，這是屬於刑法評價最後階段的刑罰實現議題，仍屬刑法應加以關注的問題。刑罰權的最終實現，乃屬於刑罰效應與目的的體現關係，倘若刑法僅依據行為人的可罰性，以及其所應承擔的刑事責任，卻未貫徹刑罰宣示的作用時，刑罰的形象仍屬於虛幻的表象，從而所有刑罰的目的性思維，都將化諸空談，刑罰所以作為制裁手段的本質，亦將流於形式。是故，當司法宣示犯罪行為人的刑罰制裁時，於其確定之時，即進入刑罰實現的階段，剩下來的問題，則僅在於刑罰具體作用的思考問題，亦即刑罰是否必須予以完全的實現？抑或是在既有刑罰制裁前提的基礎下，是否有做轉向措施的必要性？

在刑法最終階段的刑罰實現議題上，對於犯罪行為已經宣示其應得之刑罰，但在科刑與執行之間，似乎又回到刑法論理 (Strafrechtsdogmatik) 與刑事政策 (Kriminalpolitik) 間辯證刑罰目的性的問題上❶。在刑法論理的關係上，刑罰科處的宣示，正是反應出罪責原則之實現主張，若貫徹此罪責原則者，則刑罰宣示後，必然必須付執行，且必須完全執行，如此方得以體現罪責原則的確實實現；惟刑罰的本身，雖然具有痛苦的本質，且具有均衡犯罪的社會正義需求，但制裁終究不是為制裁而制裁，處罰的意義，也並不是為處罰而處罰，其仍存在著不同的目的性關係，不論是對於行為人的懲罰，或是對於社會大眾的威嚇，或是對於行為

---

❶ 關於刑法論理學與刑事政策間的緊張關係，其爭論從刑罰目的性的想法存在時，即已經開始。在學理上，始終都在尋求一個調和二者的平衡點，就算是強調特別預防構想的刑事政策大師李斯特 (v. Liszt)，也不敢直接斷言以刑事政策為優位，故其名言「刑法乃刑事政策不可逾越的界限 (Das Strafrecht ist die unübersteigbare Schranke der Kriminalpolitik)」，一直都是二者間止爭定紛的指標，dazu vgl. v. Liszt, Strafrechtliche Aufsätze und Vorträge 2. Bd. 1970 (Nachdruck vom 1905), S. 80。刑法學發展至今，刑法的規範基於法定原則及法治國思想的指導下，刑事政策的構想，確實必須受到規範內涵的拘束，而調和的方式，乃在於規範所許可的範圍內，對於個別法律機制的思考，導入刑事政策的構想。此種調和關係，在刑法中最典型的情況有四：1.易刑處分；2.刑罰裁量；3.緩刑；4.假釋。爭議性較大者，為保安處分之問題。關於刑法論理與刑事政策間的界定與調和者，vgl. Hassemer, Strafrechtsdogmatik und Kriminalpolitik 1974, S. 23～29, 55, 56; Zipf, Kriminalpolitik 1980, S. 7～11。

人的改善或矯治。在這樣的目的性思考下，是否必須堅持對於受刑科處的行為人，必然一定得付機構性之刑的執行？或是在為機構性之執行時，必然只能完全執行，而無可以從不同的目的觀考量的可能性？倘若持此種極端的認知者，則刑罰的本身，將陷於僵硬化，目的性之探討成果，將形同空談。在現代的刑法中，都傾向於刑罰轉向的處理方式，對於刑罰實現的執行問題上，乃多採取更具有彈性的多元性處理方式❷，由於執行層面的問題所涉及的對象，主要係以受刑之宣告人及受刑人為主軸，對其制裁或處遇的觀點，特別受到特別預防構想的影響，而有緩刑與假釋制度的存在。

　　刑罰的實現，涉及到二層面的問題：1.對於確定的刑罰宣示，是否有完全實現的可能與必要性？此乃涉及刑罰是否應予以轉向的思考問題；2.如加以實現，是否有障礙的因素，從而會因一定期間的經過，而導致刑罰權的消滅？此一問題涉及刑法時效的問題，不論追訴時效或是行刑時效，都攸關刑罰權確認與實現效力的問題。

　　在刑法規範的評價過程中，幾乎都是一種正反二面的模式，從行為發生的評價開始，造成客觀上一定侵害的行為，落入刑法評價中，其評價關係可以分成五個層面：1.行為有無不法，這是構成要件判斷的問題，其結論必然是：有不法或無不法；2.不法存在後，行為有無可罰性，這是不法加責任判斷的問題，其結果必然是：有可罰性或無可罰性；3.可罰性存在後，犯罪即已成立，則是否要處罰，其科刑衡量結果是：要處罰或不處罰，要處罰者則科刑，不處罰者則為免刑判決；4.科刑後要不要加以執行，其結論必然是：要執行或不執行，如要執行者，其又可以有二種執行的可能性，即：(1)執行所宣告之原刑；(2)作易刑處分；5.刑罰執行要不要貫徹機構性之完全執行，機構性執行的衡量結果是：要完全執行或不要完全執行。基本上，對於刑法的認知基礎，大都放在前三者的關係，蓋在科刑之前的規範評價關係，顯然是刑法論理學的主軸。然而不可否認者，整體刑罰的實現，必然是從認定不法開始，而最終之實現，則在於執行的思考上，這是刑罰形成到實現的整體關係。

　　在刑罰執行問題思維的出發點，乃是以李斯特 (v. Liszt) 特別預防構想中，刑

---

❷　此種調和的方式，哈瑟姆 (Hassemer) 稱之為「除形式化 (Entformalisierung)」，亦即在刑法的觀念中，應避免過於僵化的形式，特別是在制裁的實現上，應採取多元的方式來因應。So Hassemer-AK (Alternativ-Kommentar zum StGB), Rn. 487ff. vor §1。Siehe auch Calliess, Theorie der Strafe um demokratischen und sozialen Rechtsstaat 1974, S. 173～175。

罰的三個效應，即改善、威嚇與排害，作為科刑以及刑的執行問題的基礎，依李斯特的構想，行為人可以將其對於刑罰的感受關係，區分為三類：

一、無改善可能者

　　屬於無刑罰改善可能者，此類犯罪人對於刑罰的感受性極為薄弱，刑罰的作用，對其僅是下一次犯罪的應行注意事項而已，其將刑罰作為其犯罪紀錄的統計數字罷了，完全不在乎刑罰的存在與否，此類犯罪的主要型態者，如習慣犯 (Gewohnheitsverbrecher) 與累犯 (Rückfälligen) 是。李斯特認為對於此種完全無改善可能的犯罪行為人，應採取保護社會的排害手段，即是將此類犯罪人終身隔離在社會之外，以免於社會受害❸。

二、有改善可能且有改善必要者

　　第二類的犯罪行為人，是屬於具有改善可能且有改善必要的犯罪人，此類犯罪人雖具有犯罪之傾向存在，但並非如習慣犯一般，其仍屬於有救的犯罪行為人，刑罰對於此類犯罪行為人的對應手段者，必須採取監禁的方式，亦即對於此類犯罪行為人，在刑罰的實現上，必須予以執行，其執行的方式，則依行為人必須受矯治與威嚇的程度而定，如單純以威嚇即為已足時，則監獄是最佳的執行處所；倘若行為人必須是到特別的處遇，方得以戒除其犯罪之傾向與習性者，則使之在矯治機構接受特別之治療，乃刑罰執行的方式，於是而有保安處分的手段出現❹。當然對於有改善可能且有改善必要的犯罪人，必須施以改善的措施，此時刑罰的執行，乃屬必要之途，但改善措施者，並非必然須將刑罰完全執行，刑罰之執行，依李斯特的構想，依然是彈性的，其執行期間之久暫，完全取決於改善的效果與程度而定。倘若在執行中，尚無法期待受刑人犯罪傾向或習慣已經獲得顯著的改善，足以期待其重返社會時，對於社會不會再產生危害，則仍須繼續作改善之措施❺；惟如在執行中已經收到改善之效，刑罰之執行顯然不再必要時，雖刑罰之

---

❸　So v. Liszt, Strafrechtliche Aufsätze und Vorträge Bd. I 1970 (Nachdruck vom 1905), S. 166～169。

❹　So v. Liszt, aaO., S. 171, 172。

❺　李斯特的特別預防構想，對於犯罪人具有改善可能且有改善必要的情況，倘若專從改善效應來思考，會造成為改善犯罪人，而使其刑期遷就於改善的時間，此種為求改善效應的特別預防構想，會造成刑罰執行上的衝突，蓋當改善的情況，無可期待其對於社會無

執行尚未期滿，仍得以提前為付觀察（保護管束）的釋放，此種以刑之改善成效作為提前釋放的構想，乃成為假釋存在的基礎構想。

三、有改善可能，但無改善必要者

第三種類型的犯罪行為人，是屬於有改善之可能，但無改善之必要者，亦即此類行為人固然觸犯刑法，而有受刑罰制裁之前提條件存在，但因其本質上對於社會並無潛在性的危害，例如行為人本身具有正常的社會規範認知，且行為控制能力也無問題，僅是在偶發的情況下而為犯罪行為，刑罰對其效應不大，單純以刑罰的宣示，即足以使其得到警惕，對於此類的犯罪行為人，法律僅需對其為一定之警告作用，不須使其到矯治機構接受刑罰之執行❻。緩刑制度的設計，基礎的理念與構想，即是源自於此種具有改善可能，而無改善必要的處置觀念。

從李斯特特別預防的構想中，可以搜尋出易刑處分、緩刑與假釋三種機制，因所涉及者皆屬刑之執行與否，以及如何執行的問題。經法律效果確認後，所得出的應執行之刑，其執行方式是否轉向，以及刑罰是否應予以執行的衡酌思考點，乃從刑罰對於行為人的作用，以及行為人所具有之得被改善關係而定。構想的出發點，則在於改善可能性與改善必要性的交叉作用觀察。其具體反應在易刑處分、緩刑與假釋的制度上，其改善可能與必要之間的具體思維如下：

1.**易刑處分**：行為人具有改善的可能，亦有改善的必要，但對於行為人所為的行為，並不需要使其接受既有刑罰的制裁，僅需採取刑罰手段的轉向處理即可，亦即採取易刑處分的方式，即可收刑罰之效。在易刑處分的構想下，除對行為人改善的觀察外，亦兼顧及執行手段所存在的負面效應，亦即刑罰的轉向思考（參照上述第三編第三章）。

2.**緩刑**：行為人本身具有改善之可能性，而刑罰對之並無行改善之必要性。

3.**假釋**：行為人本身具有改善之可能性，而刑罰對之亦有行改善之必要性，故須予以執行，但因改善可能性效應顯現，而無繼續執行之必要（毋須續為改善必要者），故在執行未完畢前，提前從機構性執行處所中，以附條件之方式釋放。

害時，顯然必須繼續對犯罪行為人施以改善的措施，從而將使得刑法變成不定期刑。就如同李斯特的意見，其認為對於此類犯罪人，所施予的刑罰期間不能低於一年，so v. Liszt, aaO., S. 171，雖然因此而區隔出短期自由刑的關係，但卻對於無改善期待的犯罪人，將形同無期監禁，這是在刑罰中，難與法定原則相容者。

❻ So v. Liszt, aaO., S. 172。

惟值得注意者，不論是改善可能性或改善必要性，都是一種觀察或預測性的判斷，並非無改善必要者，就完全不須執行應執行之刑罰，亦非因改善之成效顯著，而提前在執行未完畢前，即先行釋放受刑人，刑罰對其掌控關係即完全消失。蓋當有客觀情狀顯示，無改善必要性或不再須有改善必要性的條件，係屬於假象時，亦即行為人於緩刑或假釋期間內，有再為一定之行為，而顯示無改善必要性之預測有所失誤時，乃得在一定的期間與條件下，撤銷緩刑與假釋，而基於改善必要性的思維，對行為人執行其應執行之刑。

第一節　基本構想

刑罰的執行，係因有罪科刑的裁判確定，原則上，對於行為人依其行為的可罰性，並衡酌其應承擔的刑事責任，經過刑罰裁量之後，得出其應執行之刑，依刑罰執行的前提條件要求，行為人本應依照所宣告之應執行刑為執行。刑罰雖有對行為人既往惡害的制裁效應，但其不免也存在著一定的負面效應及後遺症，不論是對於受刑罰執行之人，或者是整體社會，刑罰均不能免其負面效應。為避免刑罰的負面效應，同時兼顧及受刑人與法社會秩序的調和關係，在刑罰的執行的制度上，必須有彈性的思維，亦即刑罰的轉向機制，此種轉向制度主要思考點有二：

第一項　刑罰負面效應的避免

犯罪行為人犯罪情狀較為輕微，且其所受的制裁程度較低，倘若堅持對於此種法律效果，必須予以機構性之處遇，反而容易使得受刑人在機構性處所之中，沾染到不良之習性，造成刑罰執行的負面效應；且行為人受刑之執行時，其與社會、家庭及其人際關係，會發生隔絕的效應，不論是對於行為人本身的社會生活關係，乃至於對其家庭、職業或是教育等的連帶關係，也產生相當重大的衝擊，為避免此種負面效應的發生，故宜採取不予以執行的方式。

第二項　無刑罰改善的必要性

犯罪行為人本身對於規範的遵守，並無本質上之瑕疵，僅因一時糊塗而為觸犯法律之行為，此時法律如仍堅持其應受之處罰，而須予以作隔絕式的制裁，則制裁的本身，並無加分的效果，蓋行為人本身並不須再為任何源自於刑罰的威嚇，以使其尊重法律規範，其對法律規範認知的程度，已無透過刑罰加以改善的必要

性，故對於此種犯罪行為人，僅須為刑罰宣示的警示作用，即為已足，不須非給予刑之執行不可。

在這樣的思考下，緩刑制度乃對於已經宣告之應執行之刑予以緩執行，甚至在制度上，更有予以緩宣告的情況，我國緩刑制度所採取者，則是以緩執行為規範的基準。當然這二種基礎的構想，僅是理念上的思維而已，其需轉化為具體的規範條件，以作為緩刑制度實際操作的依據。

第二節　緩刑條件

緩刑所針對的問題，係在於刑之執行與不執行的思考問題，故作為其衡酌基準者，乃在於宣告之應執行刑。雖然法定刑與宣告刑對於執行刑亦有影響，例如在一定程度的法定刑拘束下，根本得不出得以適用緩刑之科刑情況者，例如所犯為最輕本刑五年以上有期徒刑之刑之罪者，其在通常的情況下，根本得不出得以適用緩刑科刑條件之情形，是以法定刑對於緩刑的本身，並非毫無影響，只是緩刑主要的條件，在法律的規定中，並非以罪或法定刑為認定基礎，而係以應執行之刑為適用的條件。依刑法第 74 條第 1 項基礎條件之規定「受二年以下有期徒刑、拘役或罰金之宣告」，即是以應執行之刑為基礎條件。但此所謂應執行之刑者，並非是指最終裁判所宣告之應執行之刑為限，而是以各審判階段（各審級）所為之應執行刑宣告者為適用條件。

依緩刑規定（第 74 條第 1 項）的內容觀察，得以成立緩刑之條件有三：1.二年以下之應執行刑宣告；2.具有無受徒刑宣告之條件者；3.以不執行為適當之衡酌。茲將法定緩刑條件分述如次：

第一項　刑度條件

緩刑的基礎條件，必須是受宣告之應執行之刑，屬於較為輕度者，依法的規定，以受二年以下有期徒刑、拘役或罰金之宣告者，為適用之條件，此不問有期徒刑、拘役或罰金間的科處關係，究竟為單科或併科的關係，即使在有期徒刑或拘役之外併科罰金者，只要屬於二年以下有期徒刑者，均適用緩刑之科刑條件。故而緩刑之科刑條件者，係以有期徒刑的刑度為二年以下為判斷之核心，惟特別法中有特別規定者，從其規定❼。

---

❼　如少年事件處理法第 79 條，少年所犯為刑事案件，而經審判為科刑判決者，其宣告為三年以下有期徒刑、拘役或罰金者，亦得適用緩刑。

因緩刑科刑條件所適用者，為宣告之應執行刑，此所謂應執行之刑者，係指刑事程序各審級之科刑判決而言，並不以終局裁判之科刑為限，故當下級審認定應科二年以下有期徒刑、拘役或罰金者，而案經上級或終局法院撤銷改判二年以上有期徒刑者，下級法院所認定之科刑條件仍符合緩刑之規定，其自得以為緩刑之宣告，不因終局判決可能為緩刑科刑條件外之判決，而有所差異。即使案經撤銷發回時，更審法院亦得自為認定，當科刑合於緩刑條件者，自亦得為緩刑之宣告。

又緩刑之科刑前提，雖屬宣告之應執行刑，而會發生單一宣告應執行刑的情況有二，即： 1.犯罪行為人所犯之罪為單一； 2.行為人所犯為數罪併罰的數罪，基本上，如單純僅從科刑的關係來觀察，似乎只要其所宣告之刑屬於二年以下有期徒刑者，均合於緩刑之科刑條件範圍。然而，緩刑的條件，並非僅以科刑的關係為適用條件而已，其仍須觀察其他的成立條件，特別是得以為緩刑宣告者，必須行為人未曾因故意犯罪而受有期徒刑以上刑之宣告（第 1、2 款之規定）。是以，當數罪併罰的情況存在時，在現行規定的適用上，恐怕不能僅是以宣告之應執行刑來判斷❽。當然，在數罪併罰的情況下，當各罪受宣告之刑，雖均為二年以下之有期徒刑，但經併罰後，宣告之應執行刑逾二年者，即使在科刑條件上亦無緩刑之適用。惟數罪併罰時，是否因所宣告之應執行之刑為二年以下有期徒刑者，即得以適用或完全不適用緩刑之規定，恐不能一概而論，而須依據具體的存在關係來觀察，倘若不作整體性之觀察，而僅認為緩刑者，僅須合於科刑條件者，即得為緩刑，將造成規範間的矛盾。故而本書採取不同之見解，認為數罪併罰得以為緩刑的情狀，必須依具體的科刑關係來觀察，而非僅依科刑的條件來決定。

---

❽ 有認為實質競合時，如最終宣告之應執行之刑為二年以下有期徒刑者，在科刑條件上，仍合於緩刑之規定。參照林山田，刑法通論（下），10 版，563 頁；韓忠謨，刑法原理，1992 年 4 月，502、503 頁。惟本書持不同之見解，蓋從撤銷緩刑的規定中觀察，在第 75 條第 1 項第 2 款規定「緩刑前因故意犯他罪，而在緩刑期內受逾六月有期徒刑之宣告確定者」中，只要屬於緩刑前故意所犯者，其在不同程序處理（事後競合），其受有期徒刑以上刑之宣告，而不得易科罰金者，即屬於應撤銷緩刑的事由，從而同樣得以數罪併罰，何以一方面在實質競合中，得以允許緩刑？另一方面卻又在事後競合的情況下，必須為緩刑之撤銷？這是相當矛盾的情況。且實務的認知與作法上，確實有相當可議之處。蓋其對於科刑以外之緩刑條件，特別是未曾因故意犯罪而受有期徒刑以上刑之宣告，認定此種宣告，必須為裁判確定的宣告，參照司法院 34 年院解字第 2918 號解釋、最高法院 54 年台非字第 148 號判例。

在一人犯數罪而有數罪併罰的競合情況時，其得否適用緩刑之規定者，有二個值得注意並思考的問題：

一、被告所犯之罪中，僅有一個罪被宣告有期徒刑，其餘均為拘役或罰金者

在這種情形下，不論被告之數罪處理關係，為一程序處理的實質競合，或是數程序處理的事後競合，只要所科有期徒刑的部分屬於二年以下有期徒刑者，其雖依第 51 條第 10 款之規定，將徒刑、拘役與罰金併執行，但在科刑條件上，仍舊合於緩刑之科刑規定，且亦非其他科刑以外之緩刑條件所限制，蓋其並無因故意犯罪而受有期徒刑以上刑之宣告（第 1、2 款），在條件上，仍合於緩刑之條件，故此種情形，雖經併罰，仍得以為緩刑之宣告。

二、被告所犯之罪中，非僅有一個罪被宣告有期徒刑者

倘若被告所犯數罪，並非僅有一個在併罰的過程中被宣告為有期徒刑，即使最後所宣告之應執行之刑，仍屬二年以下有期徒刑，仍舊不得為緩刑之適用。蓋雖在科刑條件上，合於緩刑之科刑規定，但其他限制條件則要求，必須是未受或未曾受有期徒刑以上刑之宣告，方得適用之，故在有二罪以上是受有期徒刑之宣告時，倘該罪又係故意所犯，則無緩刑適用之餘地，即使誤為緩刑之適用，仍將成為緩刑撤銷之事由（第 75 條第 1 項第 2 款）。

第二項　適當性考量

除科刑與素行條件外，得以為緩刑之適用者，必須法官認為對於行為人以暫不執行刑罰為適當，亦即執行適當性之考量。其主要考量的依據，除對於刑罰的作用與效應斟酌之外，亦應對於行為人是否會有犯罪傾向，以及是否會反覆為犯罪行為，為全盤性之審酌，亦即對於行為人是否應透過刑罰的矯治作用，以抑制或改善行為人的犯罪抗拒能力，此為法官為緩刑決定時的實質審酌條件。若法官認為以執行為適當時，即使其他條件皆合於規定，仍得不為緩刑之宣告，唯有法官認為以暫不執行刑罰為適當時，方得為緩刑之宣告。且法官為緩刑宣告時，必須同時考慮到，是否對於受緩刑宣告人為付觀察之處分，其中包括有二種情況：1.為附條件緩刑之宣告（第 74 條第 2 項）；2.付保護管束處分之宣告（第 93 條第 1 項）。

對於適當性的考量，受刑宣告之人，除對於受刑人為綜合觀察之外，尚須符合客觀上的二條件：1.未曾受有期徒刑以上刑之宣告；2.或雖曾受刑之宣告與執行，但執行完畢或赦免後五年內未曾受有期徒刑以上刑之宣告。當犯罪行為人受二年以下有期徒刑、拘役或罰金之宣告時，其必須是在宣告時具備二條件：1.未曾因故意犯罪而受有期徒刑以上刑之宣告；2.雖曾因故意犯罪而受有期徒刑以上之宣告，但執行完畢或赦免後，五年之內未曾因故意犯罪而受有期徒刑以上刑之宣告，方得以合於緩刑之條件。

惟對於是否曾因故意犯罪而受有期徒刑以上刑之宣告者，其判斷的基準，依實務之見解，必須是指前曾受有期徒刑之判決確定而言，倘若未曾受有期徒刑之判決確定，雖有有期徒刑以上刑之宣告存在，仍得以為緩刑之宣告❾。此種將科刑宣告界定為確定之宣告者，恐在規範的理解上會發生問題，蓋一方面，緩刑所以設置的基本構想，固然有杜絕刑罰不當效應的顧慮，但其主要的觀察，仍在於行為人是否有改善的必要性，其反映在外的客觀判斷基準，則在於其所犯之罪，到底為一個或是數個，倘若其所犯之罪為數個，且多為故意犯罪者，則顯示其規範的拘束性偏低，而有受刑之矯治之必要；另一方面，在撤銷緩刑的規定（特別是第75條第1項第2款）中，行為人在緩刑前因故意犯罪而在緩刑期內受有不得易科罰金之有期徒刑以上刑之宣告確定者，須為緩刑之撤銷，其意指乃宣示同屬之前所為的犯罪，只要有受有期徒刑以上刑之宣告者，即無得以為緩刑適用之餘地。

此種情況，最主要係發生在數罪併罰分別審判的情況，蓋只有此種情況下，會發生部分之罪的裁判確定為緩刑宣告，而卻又有他罪必須處理，依刑法第53條之規定，其所得之判決結果，仍是屬於應執行之刑，但須再依第51條為併罰處理，此時，對於受確定判決而為緩刑宣告者，仍應為緩刑之撤銷，何以在數罪併罰的一般情況，卻允許為緩刑之宣告，這是一種處理認知上的矛盾，且緩刑前未曾受有期徒刑以上刑之宣告，如必須以此裁判確定為界限者，則撤銷緩刑的規定，將成為錯誤的規定，而造成宣告緩刑與撤銷緩刑間的規範衝突。故而，作為緩刑條件之「未曾因故意犯罪受有期徒刑以上刑之宣告者」並不需以裁判確定為界定基準，就算是數罪併罰，其中有數犯罪係故意所為，而有受有期徒刑以上刑之宣告時，即不得為緩刑之宣告。

又在本罪受裁判，而有合於緩刑科刑條件之情況下，即使本案之前曾有因故意犯罪而受有期徒刑以上刑之宣告，但其於刑之執行完畢或赦免後，非屬累犯得

---

❾　參照司法院34年院解字第2918號解釋、最高法院54年台非字第148號判例。

以適用之情形時，即五年內未曾因故意犯罪而受有期徒刑以上刑之宣告者，亦得適用緩刑之規定。

另如犯罪行為人因犯罪而受緩刑之宣告，於緩刑期滿，緩刑未經撤銷，其雖有再犯罪而受二年以下有期徒刑、拘役或罰金之宣告者，原則上仍得為緩刑之宣告，蓋依現行法第76條前段之規定，緩刑期滿緩刑宣告未經撤銷者，其所宣告之刑失其效力，其有如未曾受刑之宣告一般，故原則上仍得為緩刑之適用。但當緩刑期滿，卻因有受緩刑撤銷之事由而受緩刑宣告之撤銷時，不論撤銷緩刑之效力是否須為刑之執行，其刑之宣告效力仍舊存在（第76條但書❿），此時本案雖合於緩刑之科刑條件，但仍不得為緩刑之適用，蓋其曾受刑之宣告效力依舊存在。

第三節　附條件緩刑

緩刑附負擔的構想，在其他國家的刑法規定中，早就已經存在，例如德國刑法§56b之規定即屬之。我國刑法對於緩刑附條件的構想，則是在2005年刑法修正時，導入於刑法緩刑規定之中❶。2005年刑法修正，對於緩刑增加附條件之規定，雖然並沒有在立法理由內，明確指出立法引據的根本，然增列刑法第74條第2項的規定，不可諱言地是參考德國刑法§56b之規定；而關於負擔性緩刑條件的規定，其實與德國刑法§56c指令性緩刑條件規定相當。我國刑法第74條第2項所規定之緩刑條件，能與德國刑法§56b相對照者，在附條件的具體內容中，並非全數移植，而係選擇性的引用，包括：命令向被害人支付相當數額之財產或非財產上之損害賠償（第3款）；向公庫支付一定之金額（第4款）；向指定之政府機關、政府機構、行政法人、社區或其他符合公益目之機構或團體，提供四十小時以上二百四十小時以下之義務勞務（第5款）等。法條本身雖然沒有規定優先順序，在解釋上，可參考德國立法例者，以第3款之向被害人支付損害賠償為優先❷。

---

❿　第76條但書之規定，為2005年刑法修正時所新增之規定。關於此一規定的適用關係，參見下述本節第三項之說明。

❶　這樣的立法，顯然如同立法理由所云，係仿照刑事訴訟法第253條之2的規定，因襲緩起訴附條件的規定而來，但此種規定是否全無問題？頗值得深思，例如當附條件成就之後，特別是對於法秩序公益的平復作為者，而緩刑卻被撤銷，此種已經履行的負擔者，似乎成為刑罰以外的額外負擔，極容易變相成為附加刑罰 (Zusatzstrafe)，這是相當值得注意的問題。固然緩刑附負擔的構想，值得引介，但必須審慎思考，並關注到前後規範的關係，不能想當然耳就任意引入。

緩刑附負擔條件 (Strafaussetzung mit Auflagen) 者，其主要的任務有二：1.對於行為人所為不法之填補與修復❸，包括對於被害人及法秩序；2.對於被害人因犯罪所生之權利侵害的填補與賠償。其具體的類型，可以概分為三種：

第一項　對被害人權利的平復

依第 74 條第 2 項第 1 至 3 款的規定，緩刑對於被害人受損權利修復的嘗試與努力，其主要係以對於被害人的權利平復為附負擔條件的思考。當犯罪行為人因犯罪，而使得被害人權利受到損害時，行為人應對於此種權利之侵害關係，努力加以修復，透過修復被害人權利之必要與努力，可以思考刑罰緩予以執行之基礎。此種刑罰緩執行的構想，主要係從行為人對被害人權利修復 (Schadenwiedergutmachung) 的觀念出發。當行為人願意向被害人致歉、或盡力為被害人損害之賠償時，則顯示其對於規範的良知並未泯滅，其雖因行為而具有刑罰的可罰性存在，但鑑於其於行為後對於被害人權利平復的意願，應重新檢視貫徹刑罰的必要性，而在條件許可的情形下，得予以緩刑之宣告。

第二項　對於法秩序的平復

行為人因犯罪而造成整體法秩序關係的震撼，其具有修復法秩序平和的義務存在，故在第 2 項第 4、5 款的規定中，得對於被告為一定公益上的履行作為，此種作為包括財產上的給付（向公庫支付一定之金額），或非財產上的勞務關係（向指定之政府機關、政府機構、行政法人、社區或其他符合公益目的之機構或團體，提供四十小時以上二百四十小時以下之義務勞務）。但應注意者，如為一定勞務作為時，應使行為人出於自由意願，且對於法秩序之平復者，在為裁量時，應避免因為履行法秩序之平復，而損及對於被害人權利平復的能力與可能性。

第三項　其他緩刑的附條件

法官為緩刑之宣告時，必須從行為人與犯罪行為的整體性關係來思考，除附負擔條件的作用外，尚應注意到行為人所以犯罪的生心理因素，倘行為人有因特

---

❷　參閱蔡蕙芳，違反著作權法刑事案件之附條件緩刑宣告，中原財經法學雜誌，2008 年 6 月，50～65 頁。

❸　Dazu vgl. Gribbohm-LK, Rn. 1, 2 zu §56b；Jescheck/Weigend, Strafrecht AT, 5. Aufl., S. 840；Ruß-LK, Rn. 1 zu §56b。

定因素而為犯罪行為者，其具有特別矯治必要的情況，應在為緩刑宣告時，附條件責成行為人為一定治療行為或心理輔導之行為（第6款）；倘若被害人對於行為人具有潛在的恐懼，或是因行為人而生的安全上顧慮時，法官為緩刑時，亦得命令受緩刑宣告人，禁止其對於被害人為一定之行為，或是命令被害人為一定必要之行為（第7款）；除此之外，為確保受緩刑宣告人，能夠因刑罰之宣告，而受到警示，避免其有再犯罪之情狀，得以為一定的指示事項（第8款），例如要求其不得進出特定之場所，或要求其飲用酒類必須適量適當，且不能為駕駛之行為等。

上述緩刑附負擔條件者，如有屬於財產上之負擔，亦即須為一定金額之給付者，其亦構成民事強制執行之效力（第74條第3項）。

惟緩刑附負擔條件者，係屬於緩刑時裁量的事由，其是否為附負擔條件，法官自得衡酌具體情狀而定之。且如法官定有負擔條件者，其有未被遵守的違反情形時，得構成撤銷緩刑之事由（第75條之1第1項第4款）。

第四節　緩刑期間與效力

緩刑者，係屬對於應執行的刑，所為之暫緩執行之宣告，故而其所適用的內容者，僅限定在應受執行之刑。詳言之，其效力僅觸及所應執行之刑而已，而所應執行之刑者，係以主刑為基礎，故其所緩執行者，僅限定在主刑，至於從刑，則不在其效力之範圍內，故而如沒收、褫奪公權、追徵、追繳或抵償者，仍須予以執行。惟有問題者，則在於褫奪公權的起算時點，依第37條第5項但書之規定，同時宣告褫奪公權與緩刑者，褫奪公權之時間從緩刑之裁判確定時起算，但這樣的起算關係，倘若遇到緩刑撤銷時，則會發生褫奪公權已經進行，或者已經期滿，反而變成從刑先於主刑執行的情況，這會是比較弔詭的關係；又如犯罪行為人受刑之宣告，同時有諭知付保安處分（不包括作為保安處分替代處分的保護管束）者，因保安處分的屬性，重在行為人必要性之矯治，例如毒癮之戒除、疾病之強制治療等，故依法律之規定，緩刑之效力仍不及保安處分❹。同時依第93條第1項之規定，緩刑期內有應付保護管束及得付保護管束之規定，自然緩刑之

---

❹　此種新增之規定不無問題，一方面保安處分依修正法的規定，具有免除刑的執行效力，且如須為保安處分者，何以得為緩刑之宣告？這是一個刑罰制裁手段相當矛盾的問題；另一方面，倘若保安處分後，原得為免除刑罰之執行，倘為刑之執行免除，卻又因緩刑的撤銷，是否仍須再次為刑之執行？確實存有問題。故修正法的修正，並未全盤考慮緩刑的結構性關係，誠屬囫圇吞棗式的修法，令人難以苟同。

效力亦不及保護管束。

倘若犯罪行為人雖受刑之宣告，但合於緩刑條件而受緩刑之宣告者，因緩刑期間為二至五年，此一期間必須明確加以指定並宣告，亦即緩刑期間之決定，必須是在二年以上五年以下，且自裁判確定之日起算。是以，法官依科刑之具體情況考量，而欲為緩刑之宣告時，須在此一法定期間中，選定一明確之期間，作為緩刑期間，例如被告犯竊盜罪，受有期徒刑十個月之宣告，同時諭知三年之緩刑是。

又當緩刑期滿，緩刑之宣告未經撤銷時，依第 76 條之規定，其刑之宣告失其效力，亦即刑之宣告溯及自始未存在❶。然而，當緩刑因有第 75 條第 2 項及第 75 條之 1 第 2 項之撤銷事由存在，而為撤銷緩刑時，緩刑已經期滿，此種情況依修正法的規定，仍得予以撤銷，只是其撤銷的效力，並非回復刑之執行，蓋緩刑已經期滿，並無再有刑之執行的問題，故此種情形之撤銷者，其效力僅作為「刑之宣告失其效力」的限制，亦即其刑之宣告，不以失其效力論❶。惟不知不以刑之宣告失其效力之意義為何？

第五節　緩刑之撤銷

緩刑本是對於應受刑之執行者，因特定事由的考慮，而為一定期間之觀察期（法定為二至五年內選定一明確時間），予以刑之緩執行，惟倘若在此一觀察期內，發生有原不得或不宜為緩刑宣告之情形，或是在緩刑期間中，違反緩刑的基本構想時，則得以為緩刑之撤銷。

---

❶ 關於緩刑期滿法律規定為「刑之宣告失其效力」並不妥當，一方面將使得失效的刑的範圍難以界定，且從刑在刑之宣告失其效力之後，將無所附麗；另一方面亦將使得原本裁判發生問題，怎麼會因事後的緩刑期滿未經撤銷緩刑宣告，變成有罪而無刑？故宜將「刑之宣告失其效力」更正為「刑以已執行論」為妥。不過修正法並無妥善將其作適當之調整，顯然不是一個周延的立法。

❶ 這是移植自假釋撤銷的觀念，將假釋撤銷規定（第 78 條第 2 項）轉植到緩刑規定中，恐有不妥。蓋一方面緩刑期滿刑之宣告已失效力，如何以事後之運作使其效力回復？恐有疑義；另一方面，以裁判遲速作為不利益轉嫁之作法，恐生更大之爭議。雖然奧地利刑法有類似規定，但未必其規定即屬可採之立法，本書認為倘若堅持緩刑期滿，緩刑之宣告未經撤銷者，其刑之宣告失其效力，而非是以「刑以已執行論」，則依法律之規定，刑罰宣告效力既已消失，根本不能以任何程序上之藉口作為回復的理由。修正法的立法理由顯不足採。其主要的理由，乃是對於此種不在此限的理由，希望能夠作為累犯之適用，但既非規定為「刑以已執行論」，要適用累犯，似乎也不可能。

第一項　撤銷條件

依第 75 條及第 75 條之 1 的規定，緩刑因一定之事由存在，而有撤銷及得撤銷之情況存在，茲將二者之事由分述之：

一、應撤銷緩刑

依第 75 條之規定，受緩刑之宣告，而有下列情形之一者，撤銷其宣告：

緩刑期內因故意犯他罪，而在緩刑期內受不得易科罰金之有期徒刑以上刑之宣告確定者。

緩刑前因故意犯他罪，而在緩刑期內受不得易科罰金之有期徒刑以上刑之宣告確定者。

遇有此種情況時，必須為緩刑之撤銷，法官並無衡酌的餘地。而為緩刑之撤銷者，係由受緩刑宣告人所在地或最後住所地之檢察署檢察官，向該管法院為聲請撤銷之裁定（刑事訴訟法第 476 條）。

其撤銷緩刑的時間，限定為於作為撤銷緩刑之罪的裁判確定後六個月內為之，且必須於緩刑期滿前為撤銷，倘若雖於裁判確定後六個月內，但緩刑已經期滿者，原則上並無撤銷之問題，但第 76 條但書的規定，似乎得於緩刑期滿後，仍得為緩刑之撤銷。蓋依此規定，則對於緩刑期內的故意犯罪，且受逾六月有期徒刑之宣告確定；或緩刑前故意犯罪，而於緩刑期內受逾六月有期徒刑之宣告確定，其得於該裁判確定後六個月內聲請撤銷緩刑，此時原受緩刑宣告的案件，若其緩刑期間已經期滿，似乎仍得於緩刑期滿後為撤銷緩刑之宣告，這是相當弔詭的規定。惟若逾此裁判六個月之期限者，即不得再為緩刑之撤銷。刑法第 75 條第 2 項及第 75 條第 2 項的緩刑撤銷例外規定，顯得相當怪異！

二、得撤銷緩刑

依第 75 條之 1 之規定❼，受緩刑宣告而有下列情形之一，足認原宣告之緩刑

---

❼　此一規定，係 2005 年刑法修正所新增之規定，此一規定，使得原本撤銷緩刑不適用於過失犯的情形，變成得以適用過失犯（第 1 項第 3 款），亦即對於過失犯的緩刑撤銷者，以得撤銷的方式規範之，顯然是擴張撤銷緩刑的範圍，就刑罰謙抑的思想而言，這並不是一個妥適的立法，顯然仍沈迷在重刑化的謬想漩渦之中。同時，將是否為易科罰金作為節制緩刑應或得撤銷之基準，顯然相當不當，蓋既屬科刑時予以易科罰金之宣告者，自

難收其預期效果，而有執行刑罰之必要者，得撤銷其宣告：

緩刑前因故意犯他罪，而在緩刑期內受六月以下有期徒刑、拘役或罰金之宣告確定者。

緩刑期內因故意犯他罪，而在緩刑期內受六月以下有期徒刑、拘役或罰金之宣告確定者。

緩刑期內因過失更犯罪，而在緩刑期內受有期徒刑之宣告確定者。

違反第七十四條第二項第一款至第八款所定負擔情節重大者。

得撤銷緩刑者，本屬法官得以衡酌之情況，並非有上述事由存在時，即須為緩刑之撤銷，倘若法官認為不影響緩刑構想之實現者，仍得予以維持既有之緩刑，不予以撤銷；惟當法官認為緩刑之構想已經無以期待，而有使受緩刑之人為刑之執行必要者，則得為緩刑之撤銷。

緩刑之撤銷程序，係由受緩刑宣告人所在地或最後住所地之檢察署檢察官，向該管法院為聲請撤銷之裁定（刑事訴訟法第476條）。

關於得撤銷緩刑的時間，有二種不同之情形（第75條之1第2項）：1.屬於因犯罪而為得撤銷之事由者，其撤銷緩刑之時間，限於作為撤銷緩刑之罪的裁判確定後六個月內為之，且必須於緩刑期滿前為撤銷，倘若雖於裁判確定後六個月內，但緩刑已經期滿者，則無撤銷之問題。同樣地，倘若逾此裁判六個月之期限者，則不得再為緩刑之撤銷；2.如屬違反附負擔條件而受撤銷者，於緩刑期內隨時撤銷之，並無六個月之限制。

綜合上述撤銷之條件，受緩刑之裁判確定，而有撤銷緩刑者，均需在緩刑期內為撤銷之，倘若緩刑已經期滿，即不生撤銷之問題。惟當撤銷原因不同時，在法律規定上，其撤銷的時間節制亦有所差異，主要又有二個不同時間的規範：

一、因犯罪而撤銷者

不論是因故意犯罪之應撤銷，或是因過失犯罪之得撤銷，只要決定為撤銷時，其必須在作為撤銷事由的犯罪裁判確定後六個月內為之。倘若逾此六個月之時間，則不問緩刑是否期滿，均不得再為撤銷。

然係考慮到犯罪行為人不宜受機構性之處遇，今將其作為應撤銷或得撤銷，特別是作為得撤銷之衡酌者，顯然使得不宜受機構性執行的構想完全崩潰。蓋其受易科罰金者，僅需對其易科罰金為執行即可，何須再成為撤銷緩刑之事由？

二、因違反附負擔條件之撤銷者

依刑法第 75 條之 1 第 1 項的規定，若受緩刑宣告人，其為附條件宣告緩刑者，本應善為遵守所附條件之實現，倘有違反緩刑宣告所為具體的附條件情節重大者，而足認難收原宣告緩刑之效果時，自得為緩刑的撤銷。此種撤銷的關係，並無時間上之限制，只要是在緩刑期內，都得以為撤銷，並不受六個月期間之限制。

第二項　撤銷之效應

緩刑的意旨，乃對於特定條件下受刑宣告之人，認其並無具體刑罰的必要性，而對於既有的刑罰暫不予執行。惟當緩刑被撤銷時，表示刑罰不予執行的期待並未達成，受刑宣告之人，自然必須回歸原本所應受之刑的執行。惟因緩刑的宣告，依現行法的規定，本有二種可能的緩刑宣告情形： 1.單純為緩刑宣告者，亦即未為附條件的緩刑宣告； 2.附條件緩刑宣告者，即依刑法第 74 條第 2 項的附條件規定，具體對受緩刑宣告人所為的個別性附條件。此二種緩刑的情形，於緩刑被撤銷時，乃產生不同的撤銷效應。

一、未附條件之緩刑撤銷

對於未附條件的緩刑，其緩刑宣告經撤銷時，即應回復所宣告的應執行之刑。

二、附條件之緩刑撤銷

受緩刑宣告，法院同時諭知附條件時，一者該附條件的性質，乃屬於刑罰執行的性質，具有執行貫徹的效力；再者，緩刑被撤銷的原因，基本上均屬於可歸責於受緩刑宣告人，不論其撤銷事由是因其他犯罪行為的關係（第 75 條、第 75 條之 1 第 1 項第 1～3 款），或是因違反附條件的情節重大事由（第 75 條之 1 第 1 項第 4 款），均屬於得歸責於受緩刑宣告人。在這樣的撤銷前提條件下，撤銷的效應均應由受緩刑宣告人承擔。由於緩刑撤銷均屬於可歸責受緩刑宣告之人，故附條件緩刑的撤銷，具有雙重效應存在：

㈠附條件未履行的撤銷效力

故若有附條件未履行的情況，特別是對於一定財產上或非財產上的賠償，或

是科以特定支付條件者（第 74 條第 2 項第 3、4 款），於緩刑期內其得為民事強制執行的名義（第 74 條第 4 項）；若該賠償或支付條件未履行時，亦得成為撤銷緩刑的事由，惟若撤銷緩刑後，該賠償或指定支付，因屬撤銷之事由，自不得再為民事強制執行之名義，蓋其既屬撤銷緩刑事由，且緩刑一經撤銷，原依附緩刑宣告的附條件，自然失其依附。故當撤銷緩刑時，所附條件亦隨緩刑撤銷而失其效力。

㈡附條件已履行的撤銷效力

附條件的緩刑，其所附的條件，雖是刑罰轉向的替代或擔保性手段，其仍具有刑罰的效應，故緩刑的附條件本應確實履行，若有附條件不履行情節重大的情況，本得構成撤銷緩刑的事由。又倘若對於已經履行的附條件，特別是一定財產或非財產上的賠償或支付，或是已經為一定義務勞務者，因緩刑被撤銷時，均不得要求返還或對價的補償❶。

---

❶　緩刑撤銷對於已履行的附條件，刑法於 2009 年修正該規定時，雖未如刑事訴訟法第 253 條之 3 第 2 項不得請求返還或賠償的規定，但在解釋上，緩刑附條件的本質，仍屬於刑罰權的效應，且緩刑的撤銷，本屬於可歸責受緩刑宣告人的事由，故對於已履行的附條件，自無得請求為返還或賠償（更貼切的用語應為「補償」）之理，其既毋須引用刑事訴訟法第 253 條之 3 第 2 項規定意旨，更毋須檢討撤銷緩刑的具體事由，蓋緩刑的撤銷本與緩起訴的撤銷不同，其既均屬可歸責受緩刑宣告人，自無得為請求之理。關於緩刑與緩起訴附條件的本質差異與效應，參見柯耀程，緩刑與緩起訴附條件之分析與檢討，軍法專刊，第 56 卷第 4 期，2010 年 8 月，101 頁以下。

第二章 假 釋

假釋 (Strafrestaussetzung) 制度是一種於刑罰（自由刑）之執行中，基於特別預防構想，認為行為人在具體的刑罰執行過程中，確實有具體而明顯的改善，而認定刑罰已無繼續為執行之必要時，於餘刑的範圍內，停止機構性之執行方式，提前使受刑人返回社會，而在一定之柔性管制措施的觀察下，提前釋放的一種制度，或者可以稱其為暫時性之釋放。其所以為提前釋放者，乃在於行為人因有受刑之執行必要，而進入機構性之執行機構，在執行的過程中，受刑人因其在監獄的具體行為表現，得以期待其返回社會，將無再感染犯罪的疑慮，且已具備有規範拘束的感受，無再犯罪之虞時，所為提前釋放，而使其從機構性處遇轉化為非機構性處遇的方式。在本質上，假釋制度可以視為一種刑罰的寬恕制度❶，就基礎構想而言，自由刑之執行者，不論是有期自由刑或是無期自由刑❷，特別是對於有期自由刑的執行，在特別預防的構想中，主要的思維方向，係對於有改善可能，且有改善必要之行為人，使之接受刑之執行，藉由刑之執行，以達改善的期待，而當於刑罰執行的過程中，得以預測其改善之成效已達者，則非必然需要將所有的刑期完全執行，得許其在一定的條件下，提前釋放，而以保護管束的手段，作為其假釋期間的約制措施。須知假釋制度，是刑罰執行中的一種寬恕制度，得否予以假釋者，雖然定有原則性之法定條件，但假釋並非受刑人之權利，而是一種刑事政策對於執行成效評估的緩衝性機制。

第一節　基本理念

假釋制度乃係伴隨著刑罰的執行而生的一種提前釋放機制，其所以在刑罰未完全實現之前，即使受刑人先行重返社會，提前回復自由之身，主要的考量，乃

❶ 參見林山田，刑法通論（下），10 版，569、570 頁。

❷ 通常在無期徒刑的宣告時，似乎已經宣示犯罪行為人必須終身隔離於社會之外，但近世的刑罰制度，並不硬性要求無期徒刑之執行完全無釋放之可能性，倘若受無期徒刑執行之受刑人，確實已達改過遷善，且得以期待其返回社會，亦能成為一位無害於社會之成員時，自然也可以開放一定程度的空間，使其得有重返社會的可能。這樣的可能性期待，具有比無可能性釋放的期待更正面的效果，蓋當受刑人對於重返社會無可期待時，其在監獄中大多處於自暴自棄、自我放逐的心理狀態，不僅在矯治的實務上，會顯得困難重重，也使得矯治成本的負擔加重。故即使對於無期徒刑者，在法律的規定上，仍許其在一定的條件下，具有假釋之可能。

在於受刑人因其在監的表現，得以作為再行犯罪的危險性已顯著且大幅降低，對於法秩序的要求，可以預期具有接受與融入的期待，加上隔離式的刑罰執行，恐不利於其未來重返社會的適應性，基於特定目的的構想下，給予提前釋放，而輔以保護管束的措施 (Aussetzung der Strafvollstreckung zur Bewährung)。

於刑罰執行的過程中，當考量刑罰制裁的具體成效時，亦即對於受刑罰之人，因刑罰的制裁，而衷心對其行為的懺悔（是所謂懺其前愆，誨其後過），已得收刑罰制裁之效，倘已不具有再犯的危險性，而誠心與法秩序作調和時，刑罰的作用，似乎已經達成，而不需再繼續隔離式的監禁，得以為提前釋放。惟倘若無法確認受刑人的改善程度，已經得與法秩序社會相容時，則並無提前釋放之餘地。至於刑罰應有的成效是否已經實現？非必然需要將所有的刑期完全執行，得許其在一定的條件下，提前釋放，而以保護管束的手段，作為其假釋期間的約制措施。

假釋固然是對於刑罰執行的一種提前釋放措施，但其並非是一種刑罰的改變，其僅是一種執行方式的轉向而已，亦即從機構性的隔離處遇，轉換成一種開放自由式的非機構性處遇關係，此種轉向的考量，乃在於刑罰執行與實現的成效評估上，受刑人在其受刑之執行過程中，是否果真表現出與法秩序適應的態度與行為，是否果真顯示出再犯危險性的顯著降低，而於社會之中，能成為一個無害之人❸。在本質上，假釋是一種對於刑罰執行的提前釋放機制，可以視為一種刑罰的寬恕制度❹。

第一項　假釋制度的本質

假釋制度本質上，仍是屬於刑罰執行範圍內的問題，係在刑罰執行的過程中，基於特別衡量的構想，對於滿足一定形式條件及實質條件之受刑人，評估其法秩序之期待與刑罰改善的具體成效，認為不必要繼續為刑罰機構性處遇方式之執行，

---

❸ 刑罰的本質是一種制裁，是一種對於過往的不法行為的一種反動，其加諸於受刑人之上，故有其目的性的指導，畢竟刑罰本身不應被視為目的。惟刑罰雖有矯治的作用，但不應期待刑罰之後，受刑罰制裁之人，都能成為人格崇高之人，這是刑罰難以承受的期待。但刑罰的作用，最低的限度，應該有使得曾經犯罪之人，能夠於其重返社會之時，不論是懼於刑罰的威嚇嚴屬性，或是果真達到喚起行為人良知的作用，至少應使原為有害於社會秩序之人，成為無害於法秩序之人。

❹ 參見林山田，刑法通論（下），10 版，569 頁。惟值得釐清者，刑罰的寬恕，並不等於國家的寬恕，假釋乃刑罰內質的問題，並非是一種國家恩惠的表徵，故不能以國家對於受刑人的恩惠來解讀。

而提前使其脫離機構性處遇，進入具有非機構性處遇方式，其既非屬於刑罰執行完畢，也無法作為刑罰的抵充，僅有在觀察期間已有脫離再犯罪的情況下，經過假釋期間之後，當假釋未被撤銷時，視其餘刑為已執行論，因此，假釋係一種附條件的非機構性處遇的行刑方式，是一種從機構性隔離方式的刑罰執行，轉向為社會開放式的非機構性行刑方式，假釋既非刑罰的替代方式，也不是阻卻刑罰實現的措施，其所以作為刑罰實現的一種寬恕機制，主要係因受刑人再社會化之行為瑕疵修復的緩衝措施。此種緩衝措施，是一種對於具體刑罰執行的改善成效的觀察，並非是一種受刑人的刑罰上權利，更不能將其視為是一種基本人權的保障。是以是否對於受刑人為假釋的斟酌，乃屬於行刑機關對於受刑人的刑罰改善的具體作用觀察。因此，受刑人雖得以申請或請求為假釋的審核，但卻不能遽認為是一種行刑期間上的權利行為。

第二項　基礎思維

假釋制度的濫觴，雖源自於十九世紀中期的愛爾蘭，但在實定法的機制中，主要的構想，乃受到刑罰特別預防構想的影響。當一個必須受刑罰制裁之人，進入機構性之處遇系統，所呈現制裁的意義，乃為刑罰具體的實現，在刑罰實現的要求下，受刑人必須從其所得之刑罰完全執行。然而，當一個受刑人在刑罰執行過程中，從其在處遇機構的具體表現，可以預測或期待已經達到刑罰的改善目的時，雖刑期仍未屆滿，受刑人經評估重返社會之後，亦無再犯之危險性時，顯然已毋須再繼續刑罰的改善作用，此時如仍堅持繼續為刑罰之執行，不但無益於受刑人的改善，反而使其產生對法秩序和解關係的鈍化，適足以產生刑罰執行的負面效果。因此，觀察刑罰執行的過程中，一方面必須關注受刑人的改善情況；另一方面也必須防止刑罰發生對於受刑人負面性的作用，是以當刑罰的作用已經達成改善的目的之後，正式刑罰控制手段似乎即可予以轉向。

特別預防的構想，主要係將刑罰的作用，置於犯罪人危險性的改善，以及社會對於犯罪人的防衛關係。在特別預防構想下，認為刑罰的目的，乃在使犯罪人遠離犯罪，避免使行為人陷入再犯的漩渦之中，亦即對於已經犯罪之人，透過刑罰的制裁，以達成再犯預防的目的。受刑人透過刑罰的作用，一方面強化行為人法律信賴的動機，對於因刑罰的作用，而產生畏懼心理，且習得合乎社會價值的正當行為；另一方面，則藉由刑罰嚴屬的干預，促使行為人與犯罪隔絕❺。

❺　Dazu Neumann/Schroth, Neuere Theorien von Kriminalität und Strafe 1980, S. 19。

　　特別預防的構想，認為犯罪係行為人特質與環境影響下的產物，而刑罰所對抗者，則係針對行為人未來可能發生犯罪的原因，因此李斯特視刑罰為抗治行為人產生犯罪因素的手段，且僅注重刑罰對於個別行為人的效應❻。李斯特認為刑罰是一種強制，而此種強制具有雙重的特質存在：其一為間接的、心理的強制或動機，刑罰賦予行為人所欠缺之動機，藉以增加並強化行為人未來適應社會的能力，此時刑罰的特性一方面為改善並強化行為人利他的社會性動機，另一方面藉由刑罰的威嚇，以抑制行為人自我的、犯罪傾向的任意性動機；其二為直接的、機械性強制，即刑罰具有暫時或長期管收 (Sequestrierung) 犯罪人的特質，將未來無社會適格的個人加以篩選，並排除於社會之外❼。

　　就假釋制度設計的基礎構想觀察，得適用此一制度的具體對象，乃屬於具有改善可能且有改善必要之行為人。若是完全無改善可能犯罪人，其受刑罰的作用，即在將其排除於社會之外❽，此類行為人，於刑罰具體實現之執行觀點，應在於完全刑罰執行的適用對象，亦即在自由刑的條件下，應屬於無假釋可能性之人。

　　假釋制度的基本思維基礎，乃建構在刑罰具體作用後，受刑人已經達到改善的效果，已無再予改善之必要，即便刑期仍未執行完畢，但刑罰的目的已經達成，刑罰的作用，對於受刑人僅剩些微的改善效果，受刑人已毋須再透過刑罰的作用，以促其不再犯罪，此時，刑罰即應作適度的轉向。假釋制度即是此種刑罰行刑制度下的轉向措施。

第二節　假釋條件

　　假釋係以實際受徒刑之執行為其前提條件，亦即必須有徒刑之執行者，不論是有期徒刑或是無期徒刑，而符合一定之執行條件時，方有假釋的問題存在，倘若未受徒刑之執行，或是雖受徒刑之執行，但因刑度過低時，或者是法律根本不予假釋者，均無假釋的可能性存在。依刑法第 77 條第 1 項之規定，假釋的基本條件可從形式與實質層面加以觀察。

---

❻　So Franz v. Liszt, Strafrechtliche Aufsätze und Vorträge 2. Bd. 1970 (Nachdruck vom 1905), S. 439, 440；auch Schmidhäuser, Vom Sinn der Strafe, 2. Aufl., 1971, S. 26。

❼　So v. Liszt, Strafrechtliche Aufsätze und Vorträge Bd. I 1970 (Nachdruck vom 1905), S. 163, 164。

❽　Aus v. Liszt, Strafrechtliche Aufsätze und Vorträge Bd. I, S. 166。

第一項　形式條件

依刑法第 77 條第 1 項之規定，假釋的形式條件有二：

一、受自由刑之執行

假釋者，本係對於純正機構性之刑罰執行的緩衝機制，其必須先存在有機構性（監獄）之刑的執行，為存在之前提條件，且機構性之刑罰執行，亦限定在屬於期間較長的自由刑，倘若自由刑的期間過短，則無假釋的問題存在。是故假釋存在的基本條件，必須受刑人實際有受徒刑之執行，倘行為人雖有受刑之執行，但其應執行之刑並非徒刑，儘管仍是屬於自由刑性質的拘役，因其期間屬於短期的自由刑，即無假釋存在的問題。

且假釋所對應者，必須是有自由刑實際之執行，倘若僅是宣告，但並未執行時，仍無假釋的問題存在，故而，假釋的規範對象，係以自由刑（中長度）之實際受執行為根本適用條件。

二、須有一定之執行期間

假釋本是基於刑罰執行中，改善情況之觀察，確認有實際之改善，而有認為不必要繼續執行，予以附條件之提前釋放的機制，對於刑罰執行是否必須有一定之期間，以作為改善可能性之客觀判斷基礎？這是制度面權衡的問題。在一般假釋制度的設計，通常都以一定之執行期間，作為行為人改善的時間依據，我國假釋制度的規定，亦是以一定期間為假釋考量之前提條件。

惟所稱一定之執行期間者，到底是以實際執行的時間為判斷，或是以擬制的執行期間為判斷之標準？必須先予以說明。由於應執行刑在實際執行時，會因三種原因而產生變動：

㈠有折抵刑期的問題存在時

其所折抵的是應執行之刑，故對於有期徒刑為執行刑的情況，必須先作折抵之後，再將所折抵過之有期徒刑，作執行期間之思考，而不是以有期徒刑之總數作為執行期間之思考，蓋假釋的前提，係在對行為人矯治成效的思考，其應是以實際執行為準。故折抵應是對應執行之刑的先折抵，折抵後的實際應入監服刑期間，方為假釋前提的執行期間基準。

㈡因有縮短刑期制度之存在

在執行刑罰的法律規定中，特別是如行刑累進處遇條例及外役監條例中，定有縮短刑期制度（有稱為善時制度），例如行刑累進處遇條例第 28 條之 1 的規定，縮短刑期最長者（第一級受刑人）每執行一個月，可縮短刑期六日；又外役監條例第 14 條之規定，縮短刑期最長者，每執行一個月得以縮短刑期十六日。此種縮短刑期制度對應於假釋之執行期間，其謂之縮短刑期者，應解為視為已執行的意思，故假釋執行的期間，係以併算縮短刑期之期間，為假釋執行期間。

㈢羈押對應於無期徒刑之執行者

雖然刑法第 46 條規定，羈押得以折抵刑期，但因無期徒刑本無可折抵，故無法先作刑期之折抵。第 77 條第 3 項乃規定「無期徒刑裁判確定前逾一年部分之羈押日數算入第一項已執行之期間內」，亦即羈押對於無期徒刑者，係以抵入假釋執行之期間中，但羈押得以計入無期徒刑執行期間者，僅限定在裁判確定前逾一年以上之羈押為限，如羈押未逾一年者，仍不得併入無期徒刑之執行期間內計算。

然而，對於此種執行期間的思考上，我國立法上，卻始終拿捏不準，時而過長、時而過短，故常出現令人啼笑皆非的情況❾。

依修正法在 2005 年修正的假釋規定（第 77 條），假釋前提的期間條件者，依其受執行的期間作為假釋判斷的期間標準，惟必須先注意者，此種執行期間之計算，並非以實際執行的時間為計算標準，而是以法定有擬制執行的時間為基準，其受到縮短刑期制度與第 77 條第 3 項一年以上之羈押，併算入執行期間之影響。關於執行期間的規定，可以分成三種執行期間的類型：

---

❾ 例如 1994 年 1 月 28 日修正公布的假釋規定者，係將原無期徒刑必須執行逾十五年，有期徒刑必須執行逾二分之一的規定，修正成為無期徒刑僅需執行十年、有期徒刑執行逾刑期三分之一，即得予以假釋，且對於假釋期間，無期徒刑之假釋期間為十年、有期徒刑假釋期間為餘刑，亦即其所剩餘之約三分之二之刑期。此時會產生一種相當奇特的現象，有可能對於受有期徒刑之執行者，其可能是基於接續執行有期徒刑者，或可能是因數罪併罰而受有期徒刑二十年之科處而執行者，也可能犯一罪，因刑之加重，而需執行有期徒刑十五年以上者，其假釋期間反而比無期徒刑為長，這是相當荒謬的假釋制度的認知。

㈠受無期徒刑之執行者

受無期徒刑之執行，其執行期間逾二十五年者，得予以假釋，惟受刑人為少年時，依少年事件處理法第81條第1項之規定，其執行期間逾七年者，得予以假釋。

惟會發生應執行無期徒刑的情況不一，倘若受刑人所應執行之無期徒刑僅有一個，則對其假釋的期間適用關係，自得依第77條規定，判斷其應執行之期間，但當應受之無期徒刑有數個時，在法律上並無此種情形之假釋執行規定，這種問題有二種思維的可能性：1.當犯罪行為人受數個無期徒刑之宣告，且必須執行數個無期徒刑時，各無期徒刑的假釋適用規定分別觀察，而於單一無期徒刑之執行外，另予以規定其得予假釋之執行期間，美國的刑事司法制度中，通常採取此種制度，對於應執行之刑有數個無期徒刑時，由法官裁定一個不得假釋之期間，例如四十年，作為此類整合性的執行期間界定。惟此種制度，我國並不採用；2.舉凡有應執行之刑為無期徒刑時，不論是否為數罪併罰，或是屬於裁判確定後所犯之累罰關係（接續執行的問題），一概都以一個無期徒刑作為應執行的刑，則其在假釋的規定適用上，乃僅以一個無期徒刑之執行，作為得以假釋之執行期間條件，此觀乎第79條之1第2項前段及第5項前段之規定，我國似乎是採取此種認定的方式。

㈡受有期徒刑之執行者

受有期徒刑之執行者，其執行期間為逾應執行之有期徒刑總數的二分之一，而對於少年受刑人者，則其執行逾三分之一（少年事件處理法第81條第1項）。此為應執行之有期徒刑總數，不論受刑人所應執行之有期徒刑，係源自於單一犯罪之科刑，或是數罪併罰之科刑，乃至非數罪併罰之接續執行者，亦屬之。其界定有期徒刑之期間者，係以應執行之有期徒刑刑之總數的二分之一為界限。故而，刑法第79條之1第1項規定，二以上徒刑併執行者，其應執行之期間，合併計算之。惟當二以上徒刑合併計算逾四十年時（有可能出現百年的情況），則執行期間以逾二十年為其得假釋之執行期間（第79條之1第2項）。

綜合差異的情狀，有期徒刑得以為假釋之應執行期間者：

1.應執行之刑只有一個有期徒刑者：須執行逾刑期之二分之一。

2.應執行之刑有數個有期徒刑而接續執行者：如合計未逾四十年時，須執行逾合計總數之二分之一；如逾四十年時，以執行逾二十年為計。

㈢因累犯而受有期徒刑之執行者

因累犯而受有期徒刑之宣告，應執行有期徒刑者，其得予假釋之執行期間必須逾刑期之三分之二。

第二項　實質條件

假釋規定除受徒刑之執行及一定之執行期間之外，尚須有具體的實質條件，方得以作為假釋評估的基礎。刑法第 77 條第 1 項之規定，僅謂「有悛悔實據」，作為假釋實質審核的條件，惟何謂「悛悔實據」？則似乎無法從刑法法律規定，乃至監獄行刑相關規定中，得出其具體的條件內涵，必須透過解釋與目的性的指導，方得以界定與詮釋出實質條件的內容。因「悛悔實據」的條件❿，是屬於刑罰執行成效的檢視事項，以及受刑人刑罰執行改善的具體評估事項，故必須受刑人確實已經改善，其得以預測的效應，在於即使提前釋放，對於法秩序之防衛，以及社會安全的確保，得以有具體之期待。故法定假釋之實質審核條件者，必須受刑人確實有悛悔之實據，以作為提報假釋之具體憑據。惟受刑人是否果真具有悛悔實據，其係屬於素行判斷與人格評量之問題，原則上，評估的原則是，行為人得以提前釋放時，可以有無害於社會之期待。至於具體的評量問題，乃屬於監獄行刑實作的關係（參照監獄行刑法第 81 條，行刑累進處遇條例第 75、76 條），故而是否得予以假釋，須由第一線實施矯治與從事監獄行刑事務者提報申請，經過審核與決定程序，方得以假釋之。

---

❿ 一般對於「悛悔實據」的實質條件，在實務具體運作的評量標準，大抵都是依監獄行刑法的累進處遇層級作為客觀的標準。至於其實質的內涵，則鮮少被觸及。基本上，所謂「悛悔實據」乃是受刑人於刑罰執行成效中的實質條件，其判斷的標準，應該注意下列四項條件：1.受刑人於執行中是否已有基本的規範內化認知，以作為接受法秩序行為標準的適當準備；2.受刑人是否已經達到遵守社會規範的基本要求，得以在復歸社會時，成為一個能遵守規範之人；3.受刑人是否已經具有基礎的權利尊重認知，懂得尊重他人的權利，得以在群體生活中，成為無害於他人權利之人；4.行為人對於因其犯罪行為所損害的權利，是否具有衷心悔過的態度，敢於面對其因犯罪所帶來的非難，並透過刑罰的執行，潛心贖罪。

第三節　假釋之限制

在假釋本質與條件的限制下，並非一定刑度的所有受刑人，均得為假釋之適用，亦即只要是執行一定程度自由刑的受刑人，人人都可以假釋，僅有合於假釋機制本質意旨，以及符合法定條件之人，方能成為假釋與否的檢討對象。

假釋的限制，依法律的規定，有三種情況存在：

一、有期徒刑執行未滿六個月者

有期徒刑執行可能僅有八個月，亦可能超過一年，如同時將執行期間的條件加以觀察，有期徒刑之執行必須逾二分之一，而執行未滿六個月者，不得假釋，故應執行之刑如其二分之一之數未滿六個月者，其執行必須滿六個月，方得以假釋。這也是矯治成效期待最基礎的期間。

二、特別累犯❶之假釋限制

亦即當受刑人所執行之刑，係因犯最輕本刑五年以上有期徒刑之罪之累犯，於假釋期間受徒刑之執行完畢，或一部之執行而赦免後，五年以內故意再犯最輕本刑為五年以上有期徒刑之罪者，不得假釋。

三、性侵害而受強制治療未見改善者

此類受刑人，係因犯性侵害之罪，而須於刑之執行期間接受診斷與評估其危險性，倘若其危險性未降低，而認會有再犯之危險時，一方面得對之施以強制治療（第91條之1第1項）；另一方面，則作假釋之管制，即此類犯罪之受刑人，如未具有改善之具體評估者，不得予以假釋。故第77條第2項第3款規定，犯刑法第91條之1所列之罪，於徒刑執行期間接受輔導或治療後，經鑑定、評估其再犯危險未顯著降低者，不得假釋。

---

❶ 稱特別累犯者，係指以重複犯一定程度之犯罪為界定。亦即犯最輕本刑五年以上有期徒刑以上之刑之罪，而受刑之執行完畢或赦免後，再犯最輕本刑為五年以上有期徒刑以上之刑之罪者，為特別累犯。參見柯耀程，刑法的思與辯337、338頁。

第四節　假釋程序

假釋除具備有法定之條件之外，仍須經過一定之提報程序，經審核許可後，方得以假釋。假釋的執行，是屬於監獄行刑的事項，且是否具有合於假釋的具體條件，亦是監獄行刑機關最為清楚。刑之執行事項，固然係由檢察官所執行，然畢竟是屬於刑罰權實現的最後一環，本質上，仍應屬於刑事司法的事項，在審核假釋的決定者，依然必須由法院為決定❷。但現行法（及歷來的修正法）均將決定假釋的審核與許可權置於法務行政的機關，故第 77 條第 1 項後段的規定，係由監獄報請法務部，得許假釋之❸。

第一項　審核程序

假釋既是由監獄提報法務部許可，則提報假釋的運作程序乃是以監獄審核為基礎，其所依據的規定，為監獄行刑法及行刑累進處遇條例，依據監獄行刑法第 81 條第 1 項之規定「對於受刑人累進處遇進至二級以上，悛悔向上，而與應許假釋情形相符合者，經假釋審查委員會決議，報請法務部核准後，假釋出獄」。是以程序必須先經過假釋審查委員會之決議，再報請法務部審核，而報請法務部審核時，必須將合於假釋條件之資料，檢具足資證明受刑人確有悛悔情形之紀錄及假釋審查委員會之決議（監獄行刑法第 81 條第 2 項）❹。

---

❷ 我國一直都稱刑法是繼受德國之規範構想，但對於假釋的許可者，卻完全無關德國的制度，蓋德國在假釋的許可上，仍舊是法院以裁定決定之，參照德國刑事訴訟法 §§454, 462a 之規定甚明。

❸ 此種由法務行政機關核准的情況，會連帶發生未來撤銷假釋時，被撤銷假釋之人，在救濟上必然會發生矛盾，蓋到底是採取司法救濟之途徑為之？或是採取行政救濟的途徑為之？倘若是採取司法途徑，卻因法無規定，致使得刑事法院亦無從為受理或決定；惟若採取行政救濟之途徑，則假釋事項，係屬刑罰執行之緩衝機制，其由行政救濟決定，亦顯得法律體系的混亂。此種混亂的情形，在大法官釋字第 681 號解釋及釋字第 691 號解釋中，呈現出最明顯的對立關係。參見柯耀程，假釋的定性，軍法專刊，第 57 卷第 6 期，2011 年 12 月，134 頁以下。

❹ 法務部對於報請假釋的案件，在理想的制度設計上，必須成立「假釋審查委員會」作專責之審查，對於提報假釋人之監獄執行資料，以及行刑累進資料，乃至於對於提前釋放的評估，審慎加以審查。惟這樣理想的前提作業，恐都難以實現，畢竟在目前假釋作業的業務機關，僅是法務部矯正司第二科的業務範圍而已，距理想仍有一段差距。質疑此種由法務部為決定之方式者，參見林山田，刑法通論（下），10 版，573 頁（特別是註

依刑法第 77 條第 1 項之規定，受刑人符合一定條件（受六個月以上刑之執行，有期徒刑執行逾刑期二分之一、無期徒刑逾二十五年，且無不得假釋之事由，具有具體的悛悔實據），由負責刑罰執行的監獄，檢具具體之事由，提報法務部審核假釋之。刑法從來均將假釋的審核權限，授權予法務部決定，亦即法務部乃為假釋決定的機關。

第二項　假釋權歸屬的檢討

假釋係屬於刑罰執行的緩衝機制，其本質仍屬於刑罰權實現的核心範疇，其前提條件既需為刑罰之實際執行，且必須滿足一定程度的刑罰實現條件（期間與改善），而刑罰之執行，乃刑罰權實現的具體展現，必須滿足刑罰權決定的前提條件，亦即必須由代表司法權形象的法院，經過正式的審判程序，並為具體科刑之判決確定，判決產生實質的確定力之後，方有刑罰執行的問題。反過來說，假釋係建立在刑罰執行的基礎上，而刑罰執行的前提條件，必須存在著法院科刑的確定判決，亦即假釋的前提係屬於刑罰權確認與實現的問題，而刑罰權的決定者，在現代法治國家的基本要求，必須是代表司法權運作的法院決定，而非屬於行政形象的行政機關作為假釋的決定者。雖然假釋係建立在刑罰的具體執行條件上，而刑罰的執行，乃監獄行刑的具體作為，似乎僅是一種執行層面的行政事項。但不可誤解者，監獄固然負有刑罰執行的任務，但其執掌刑罰執行的事務本質，僅在於「執行」，不在於決定。對於刑罰權的決定，不論是刑罰權存在的確認（罪的決定），或是刑罰執行方式的決定（科刑與執行的問題），均應交與代表司法權作用的法院為妥❺。

30）。

❺ 關於假釋權的歸屬，似乎只在我國法治中才會發生問題，將其置於法務部之手，顯然是一種行政最後指導的體制，亦即司法權認定之後，最終行政權仍得加以作最後的方式變更，則司法權不再是司法權，僅是行政權的附庸而已。在現代法治國家的刑法體制中，殊難想像經法院裁判確定的科刑判決，行政機關得以作執行方式的轉換！反觀德國刑法 §§57、57a 的規定，假釋的核可，根本上就是法院決定的事項。參照柯耀程，假釋與撤銷問題的思辯，軍法專刊，第 57 卷第 2 期，2011 年 4 月，51 頁以下；柯耀程，假釋的定性，軍法專刊，第 57 卷第 6 期，2012 年 2 月，134 頁以下。

第三項　假釋程序的困擾問題

假釋是一種對於刑罰執行具體觀察，而認為具有合於社會化的基本程度，得以作附條件提前釋放的機制。故當合於假釋條件，且經審核通過假釋之受刑人，必須於假釋期間付保護管束（刑法第 93 條第 2 項）。現行法規定假釋的核可，係授權法務部為之，但假釋期間須付保護管束，法務部根本無權為保護管束的決定，加上付保護管束的形成，並非核准假釋必然的附隨處分，其不會因假釋的核可而自然發生效力，仍須由具有科處保安處分的決定機關為之，亦即仍須由法院為裁定❶。是以假釋現狀的具體作法，乃由法務部為准駁之決定，如准予假釋時，則因有「應付保護管束」的法定要求，乃交由執行所在地之檢察機關的檢察官，向管轄法院為保護管束之聲請，法院就假釋付保護管束裁定之，使得假釋制度的整體性被切割，假釋的決定與假釋的附條件被一分為二，也造成刑罰權實現的決定關係被支解。此種拆卸式的處置方式，本存在著刑罰基本理念的謬誤問題。

此種假釋決定與付保護管束裁定，被劃歸不同機制處理的困擾問題，在假釋撤銷時，尤然。由於假釋的核可機關為法務部，當假釋撤銷時，決定撤銷的機關，自然也是法務部，然而，假釋付保護管束的裁定者為法院，當假釋撤銷時，必須重返監獄執行假釋前所餘的殘刑，此時保護管束已無繼續存在的效益，蓋監獄行刑的刑罰執行，與非監獄處遇的保護管束，無法並存，而保護管束因假釋撤銷不能存在，其並不會自動消失，仍須聲請撤銷保護管束，以終結保護管束的效力。惟在假釋撤銷決定在法務部，而保護管束決定權在法院的雙頭馬車的奇特關係下，以假釋撤銷的效力與保護管束存在的效力比較，終究保護管束是假釋的附條件關係，當假釋撤銷時，自無由使附條件繼續存在之理，而假釋撤銷權在法務部；保護管束裁定權在法院，撤銷的效力是主、保護管束的效力為輔，當假釋撤銷時，自然附屬的保護管束必須隨之失其效力，此時乃形成司法決定權被行政決定權所凌駕的荒謬景象❷，其問題之所在，乃不言可喻。

---

❶　參照柯耀程，假釋的定性，軍法專刊，第 57 卷第 6 期，2012 年 2 月，149 頁以下；方文宗，刑法假釋規範之研究，國立中正大學犯罪防治研究所博士論文，2012 年 5 月，116 頁、189 頁以下。

❷　參照方文宗，刑法假釋規範之研究，國立中正大學犯罪防治研究所博士論文，2012 年 5 月，95 頁以下。

第五節　假釋期間與期滿效應

當假釋成立之後，因假釋者，本屬於刑執行中提前釋放之機制，此提前釋放的意義，並非刑期執行完畢，而是以非機構性執行的方式，來替代機構性執行的方式，故假釋雖有釋放之名，但仍屬刑之執行，只是執行的方式不同而已，且依刑法第 93 條第 2 項之規定，假釋期間付保護管束，故其只是執行方式變更而已。故既屬刑之執行，則其執行期間為何，必須有遵循之規範，依規定假釋期間原則上以受刑人已經執行之餘刑為假釋期間的基準，但仍有不同之情狀存在，故將假釋期間分述說明如次：

第一項　無期徒刑之假釋期間

原本得假釋的執行期間與假釋期間，對於無期徒刑的適用，係作統一的規定，亦即無期徒刑需執行多久得以假釋，假釋期間即為多久，但 2005 年修法時，將無期徒刑的執行與假釋作區分的規定。故無期徒刑假釋者，其假釋期間為二十年（第 79 條第 1 項前段）。

第二項　有期徒刑之假釋期間

有期徒刑之假釋期間，原則係以應執行之刑尚未執行的餘刑為假釋期間。但遇有二以上有期徒刑，因接續執行者，其餘刑之期間如逾二十年，則假釋期間以二十年計（第 79 條之 1 第 3、4 款）。

惟當於假釋期間中，因另案而受刑之執行，或是於刑事程序中，有受拘束人身自由之強制處分者，其期間不併算入假釋期間，但如係受不起訴處分或無罪判決確定，其之前曾受羈押或其他依法拘束人身自由之期間，得併入假釋期間中計算。

又經過假釋期間之後，其假釋未經撤銷，則其為執行之餘刑，乃以已執行論，亦即視為執行完畢。但倘若在假釋期間，因法定事由而撤銷假釋者，則假釋所經過之期間，不能算入刑期之內（第 78 條第 2 項），亦即假釋期間因撤銷假釋，必須執行假釋前之餘刑者，假釋期間不算入刑期之內，但如於假釋期間因另案又受羈押，而另案已經不起訴或無罪判決確定者，則得作為刑期之折抵，或無期徒刑刑期之執行。

第六節 撤銷假釋

假釋本是因刑之執行，而發現受刑人確實有改善的實據，為使其能及早適應社會之生活，所作的一種提前釋放之緩衝機制，但當受刑人釋放之後，於假釋期間有違反假釋期待之行為時，顯示其假釋的預測並未符合期待，且非機構性之處遇方式也未能收其成效，於是乃必須為假釋之撤銷，而使假釋人重回機構性執行之監獄，繼續執行其假釋前所剩餘之餘刑。

第一項 撤銷條件與限制

依現行法的規定，假釋人於假釋期間，有特定事由存在時，得撤銷假釋，但撤銷假釋並非毫無限制，其仍受有一定條件之節制，茲將撤銷假釋的事由與限制分述之：

一、撤銷條件

假釋會遭撤銷的事由有二：

㈠假釋中因故意犯罪，而受有期徒刑以上刑之宣告者

假釋人因犯罪而得為假釋撤銷者，僅限定為故意犯罪，對於因過失者，不得作為撤銷假釋之事由，即使過失犯罪受有期徒刑以上刑之宣告者，亦然。

此所謂受有期徒刑以上刑之宣告，係指確定判決而言，倘若判決尚未確定時，僅是單一審級的科刑宣告，尚非屬於撤銷假釋之原因，故假釋人於假釋期內故意犯罪，而受有期徒刑以上刑之宣告確定，乃得以為假釋之撤銷，此不論其受有期徒刑之宣告，是否須為有期徒刑之執行，即使受有期徒刑之宣告，而予以易科罰金者，仍屬撤銷之事由。

惟假釋人雖於假釋期內故意犯罪，但從該犯罪受追訴到審判確定，時常期間拖延甚久，為免因此而使得假釋人利用程序的操作，而造成裁判無法確定，以換取假釋期滿，故在撤銷假釋的規定中，乃定撤銷假釋的時間點，以所犯之罪裁判確定後六個月內為之，此時不論假釋是否已經期滿，即使假釋已經期滿，仍得予以撤銷，但有條件之限制。

㈡違反保護管束之要求者

依刑法第 93 條第 2 項之規定，假釋期間付保護管束。此一保護管束的意義，乃在於假釋仍屬一種非機構性的非正式刑之執行，其係屬於附條件的提前釋放機制，故附條件的作用，則在於敦促假釋人，必須遵守一定的要求，以確保社會防衛之需要，以及確認假釋人果真具有改善之真實效益，同時也協助假釋人重返社會之適應性。當假釋人刻意違背保護管束所要求之遵守事項（保安處分執行法第 74 條之 2），情節重大時，依保安處分執行法第 74 條之 3 第 2 項之規定，得報請撤銷假釋。惟因違反保護管束所應遵守事項，而為撤銷假釋者，僅能於假釋期內為之，如假釋期滿後，即不得以此事由為假釋之撤銷。

二、撤銷假釋之限制

基本上，假釋撤銷並非決定性之規定，其仍受到一定條件之限制，就現行法之規定，限制事由有二：

㈠假釋期內雖有犯罪，但並非故意、而是過失所犯者，不論是否受有期徒刑以上刑之宣告，均不構成撤銷假釋之事由。

㈡假釋期滿逾三年

撤銷假釋的程序條件者，必須在所犯之罪裁判確定後六個月內為之，此時不問假釋是否已經期滿，即使假釋期滿，因所犯之罪係在假釋期內所為，只要在裁判確定後六個月內，仍得為假釋之撤銷，但必須是屬於假釋期滿後三年內者，倘若假釋期滿已逾三年，即使是假釋期內之犯罪，而受有期徒刑之宣告者，仍不得再為假釋之撤銷[18]。

第二項　撤銷之效應

假釋經撤銷後之效應，乃回歸到正式機構性刑之執行，亦即必須重回監獄繼

---

[18] 此一期間之限制，係 2005 年刑法修正法所修正，在原第 78 條第 2 項的規定中，撤銷假釋不論假釋是否期滿，也不論期滿多久，只要所犯者係在假釋期內，其裁判確定後，都得以撤銷之。原規定顯然是讓假釋期滿的法律關係遲遲未定，故在修正法將其限制為絕對不得撤銷假釋的期間為假釋期滿逾三年後。

續執行釋放前尚未執行的刑期。假釋出獄的期間，因假釋被撤銷，不能算入已執行之刑期內，故假釋前餘刑有多少，假釋撤銷重回執行者，就應執行多少剩餘的刑期，亦即必須重返監獄，對於假釋釋放前未執行之刑完全執行，一直到執行完畢。惟所謂執行完畢所指為何？因徒刑之類型不同，而有所差異，茲將個別徒刑所存在餘刑之情況，分別說明之：

一、無期徒刑

無期徒刑之假釋被撤銷時，因其本質仍屬無期徒刑，但並非必須將其以無期徒刑視之，依法之規定，無期徒刑之假釋被撤銷者，必須執行之餘刑期間為二十五年，亦即重回監獄再執行二十五年，該無期徒刑即視為執行完畢。

二、有期徒刑

受有期徒刑之執行而假釋者，其假釋被撤銷時，所須繼續執行者，即假釋前所剩之餘刑。

❈—第三章　時　效—❈

在法律的關係中，對於既存的權利或權力，是否毫無限制地容任其無限期之主張？或者是得以有條件地加以節制？倘若得以無限期地容任具有權利或權力之人，不論何時何地都得以為主張，則表示權利或權力永遠不滅❶，且得以無限期地隨時主張，此種情況下，法律關係所存在的狀態，將永遠持續下去，甚至永遠不得確定。在現代法律思想之下，對於權利的主張與行使，或是權力的實現，多設定一定的行使條件，乃至設定有主張與實現的時間限制，在這樣的節制觀念下，乃有對於一定的法律關係，設定有時效的規定。

第一節　時效基本理念

刑罰權因犯罪行為而生，當有犯罪行為的事實存在時，刑罰權的確認與刑罰權的實現問題，乃伴隨而生。惟刑罰權是否應隨著一定時間的經過，而造成刑罰權會發生消滅的結果？亦即時效 (Verjährung) 的觀念，是否應作為節制刑罰權的作用？在法制發展的過程中，是一個具有爭議性的議題。刑罰權時效的概念，可以追溯到羅馬法時期，然而在觀念的發展過程，卻存著相當分歧的見解，在德國法的歷史中，1532 年的卡羅利納刑法典（Constitutio Criminalis Carolina 簡稱 CCC）及 1794 年普魯士城邦刑法（Allgemeines Landsrecht für die Preußischen Staaten 簡稱 ALR）並無時效的規定，亦即並無刑罰時效的問題存在。德國刑法關於時效概念的正式確認，應是十九世紀以後的事❷，而確認刑法的時效概念，並不意味著全盤承認時效的普遍適用性，對於個別犯罪或是刑罰的刑度，是否需受到時效概念的拘束？仍存有歧見❸，特別是對於謀殺罪是否仍有時效效力的限制？

---

❶　在若干的國家中，尚且持著權利或權力不滅的看法，特別是對於刑罰權的主張，不論時間經過多久，刑罰權依舊存在，例如美國的司法制度，其不管時間經過多久，對於一定犯罪之存在，而有刑罰權主張的必要時，只要該犯罪行為尚未經過追訴或審判，其於多年以後所為之追訴或處罰，並非法所限制。

❷　Vgl. Jähnke-LK (Leipziger Kommentar), 11. Aufl., 1994, Rn. 1 vor §78。

❸　德國在 1960 年代刑法修正的過程中，因納粹罪犯的制裁思維，認為不應有時效完成而導致刑罰權消滅的問題，經過相當的折衝，最後拍板定案採取併存的思維：1.一般犯罪的類型，原則受時效概念的拘束，但謀殺罪 (§211) 及種族屠殺罪 (§220a)，並不受追訴時效概念的拘束；2.對於犯罪確認所為執行刑的判決，原則受到行刑時效的適用，但對於刑罰確定宣告為無期徒刑或是種族屠殺之罪所科之刑，並無行刑時效規定適用的餘地。參

爭議性較大。最終刑法確認追訴時效對於謀殺罪 (§211 Mord) 及種族屠殺罪 (§220a Völkermord) 並不適用，亦即謀殺罪及種族屠殺罪並無時效的問題；而行刑時效對於因種族屠殺罪所科之刑，以及宣告確定為無期徒刑者，並不適用。

　　我國刑法繼受自德國刑法的理念，在時效的思維上，自然也繼受自德國法的時效概念，只是我國刑法對於時效規定，並無除外的規定，亦無對於特定的犯罪類型，或是對於特定的刑罰程度或類型，設有追訴時效或行刑時效規定，以作限制性的機制。一直以來刑法對於時效的規定，不論在學理或實務都只是依循既有規定而論斷，殊少有提出質疑或辯證，對於追訴時效或是行刑時效的判定標準，時效期間的認定，特別是何時具有時效進行？何時必須為時效停止？乃至何時並無時效進行的問題，鮮有深入的檢討，以致對於一人犯數罪而其論罪科刑判決確定後，受判決人逃匿，其時效的認定（包括對於逃匿所為之程序上之通緝期間），迭有失誤！即便刑法於 2005 年對於時效規定有所修正，其所修正的方向，並不在根本理念的思考，而僅是在期間的長短作調整而已，根本無助於時效概念的全盤理解。

　　稱時效 (Verjährungsfrist)❹者，乃為一定之權利或權力，在法律所設定的一定時間內，不主張或不實現時，其權利或權力即不得再予以主張或實現；或者是法律根本就認定其權利或權力，在經過法定之期間之後，其權利或權力消滅，亦即發生所謂失權效應，從而，對於時效的效力問題，乃產生二種權利節制性的認知關係：1.認定權利經過一定期間而不主張或行使時，其權利並非因此而消失，只是權利的主張或行使，受到對應性的阻礙，亦即對於該權利的主張或行使，被主張的一方，在權利期間經過之後，乃產生對於該權利的對抗權，此種權利不行使而生對抗權的效應，特別見諸於民事法的法律觀念之中，例如民法第 125 條以下關於時效消滅的規定，當時效消滅後所生的效應，為發生所謂之抗辯權（民法第 144 條）；2.認定權利或權力經過一定時間及一定條件，而不主張或行使時，其權利或權力的本身，並非僅是產生相對的對抗權而已，而是法律直接為權利或權力消滅的認定，亦即自消滅時起，視同權利或權力不存在。此種權力消滅的認定觀念，主要存在於刑事法的領域中，故而當刑罰權，不論是主張、認定或確認，乃

照德國刑法第 16 次修正案 (16. StrÄndG) 及德國刑法 §§78、79。

❹　一般對於時效的觀念，大多是以德文 "Verjährung" 一詞稱之，其具有過期或失效的意義，亦即當一定之法律權利或權力，經過一定的時間而未予以主張或行使時，此種權利或權力，即屬過期，其效力可能是失效，或是產生其他法律限制性之效應。

至於實現，法律皆定有一定的期間，當經過此一期間而不主張或行使時，刑罰權所涉及的權力關係，乃產生消滅之效應，亦即不得再對於犯罪為刑罰權之主張，或是當刑罰具體法律效果存在時，其不實現者，則不得再行主張。

固然時效概念的意旨，並不能逕作僅是刑罰權限制來理解，但因其具體的效應，終究會造成追訴權或行刑權的消滅，在其概念的形象上，終究會使得犯罪人認為有機可乘，而使得時效的規範，變相成為有利犯罪人的負面規範，似乎只要逃過一定的期間，只要時效完成，追訴權或行刑權即行消滅，國家既不得再對已然的犯罪行為加以追訴，亦不得對於既成的刑罰再為執行。以致近來有不少的犯罪行為人於犯罪行為之後逃匿，以規避刑事追訴；亦有不少的受刑之判決人，於刑罰確定判決之後，隱匿潛逃，而造成追訴或行刑的不能，此種不能卻又在時效的節制下，似乎成為犯罪人規避刑罰的另類保護傘。從此種形式關係而言，刑法時效的規定，似乎僅是一種保護犯罪人，或者是僅是一種促使犯罪人規避追訴與刑罰的誘因，其除具有刑罰權消滅的作用外，從現行規定的方式中，似乎看不出其督促刑罰權實現的作用。

時效觀念存在法律規範之中者，其基礎思維，固然是基於一定的法律關係，經過一段法定的時間而不主張或不行使時，其法律關係所存在的權力，會受到一定之限制，不論是產生對抗權或是宣示為失權效應，但這樣的法律節制，並非全無一定之正當理由，完全僅是以一定時間內之不行使，即會產生權力的限制效應，其主要考量的內涵意義，乃在於法律規範雖不希望一定的法律關係一直懸而未決，但產生無法主張或不能行使的原因，有係單純權力人的不主張或不行使，也有係因不可抗力，而導致無法主張或行使，更有是因權力人或權力相對關係人之行為，所導致權力無法主張或行使者，其原因不一而足，不可完全等同視之。

基本上法律所以保障權利或權力者，乃在於權利或權力之主張與行使，均具有合法與正當的事由存在，當有不合法或是法律所不允許的情況存在時，法律對之即無保障之義務，故而在時效的觀念中，亦應以此種基礎認知作為時效規範之基礎，亦即當可歸責於受權利或權力人❺，有怠於行使權利或權力時，經過一定之期間，其權利或權力之主張、行使與實現，乃受到程度不等之限制；惟如當權利或權力之未予以主張、行使與實現，係不可歸責於權利或權力人，而是外在之事實因素，或是相對人之行為所導致實現之不能時，法律對於時效的觀念，乃需

---

❺ 關於時效基礎歸責理念，參見柯耀程，論刑罰權時效，軍法專刊，第 58 卷第 2 期，2012 年 6 月，149 頁以下。

加以修正與調整，並不能將此種不主張或實現之不利益，完全以時間因素，而歸由權利或權力人承擔。

時效的概念，雖然具有節制刑罰權的作用，但究其原因，應係針對刑罰權確認的過程，以及刑罰權實現的執行，因刑罰權機關的怠惰，致使得既存的法律關係無法確定，刑罰權的最終實現效應，受到障礙之故。因此，在追訴或執行機關對於既生的法律關係，有怠惰的不作為時，方有時效進行的問題，反之，若追訴或執行機關對於刑罰權非刻意不作為，而是因事實或是法律的關係而造成無法進行時，時效應即停止進行；而當刑罰權的確認或實現，是因犯罪人刻意的規避或逃匿時，即使追訴或執行機關欲為積極的作為亦有所不能的情形下，時效理應不進行，蓋刑罰權的不能實現，係因犯罪人刻意隱匿或逃避所致，如非可歸責於刑罰權機關時，自不能以時效的不利益加諸於刑罰權機關❻。

觀實務對於時效規定的具體運作關係，追訴時效的適用範圍，僅限定在當犯罪未進入審判程序時❼，均有追訴時效規定的適用，不論檢察官偵查程序如何努

---

❻　我國刑法時效的規定中（第 80 條至第 85 條），雖有時效停止的規定（追訴時效停止：第 83 條；行刑時效停止：第 85 條），但並無時效中斷或時效不進行的概念，不論是何種原因，只要追訴不能或是行刑不能的情形，除有停止時效的原因之外，時效始終都處於進行狀態。反觀德國刑法除有時效停止 (Ruhen der Verjährung) 的規定（§78b 追訴時效停止；§79a 行刑時效停止）外，在 §78c 定有追訴時效中斷 (Unterbrechung der Verfolgungsverjährung) 的規定，其中斷時效的意旨，主要均在於刑罰權機關確實有具體的積極作為，不論是對於犯罪人的訊問、鑑定，或是有強制處分的作為（搜索、扣押、羈押等），或是審判的開啟、處刑命令的決定等等。且時效的中斷，具有阻斷及消除已進行時效的效力，其時效中斷者，則時效重新計算 (§78c Abs. 3)。同時對於行刑時效也有延長的規定 (§79b)。

❼　刑法第 80 條所規定的追訴時效，原修法前的規定，係以追訴權的不行使，作為時效進行的條件，但於 2005 年修正時，將「不行使」修正為「未起訴」，於修正理由中指出：「按追訴權之性質，係檢察官或犯罪被害人對於犯罪，向法院提起確認國家刑罰權之有無及其範圍之權利。因此，追訴權消滅之要件，當以檢察官或犯罪被害人未於限期內起訴為要件。蓋未起訴前，法院基於不告不理原則，無從對於犯罪之國家刑罰權確認其有無及其範圍；自反面而言，倘經起訴，追訴權既已行使，原則上即無時效進行之問題」。爰追訴權的概念，主要係以確認刑罰權的關係，作為概念的範圍，其本包括檢察官的偵查、起訴與審判，蓋若案件起訴後，進入審判階段，不論審判機關是否有所怠惰，時效均屬不進行狀態。惟若將追訴權的概念，限縮在檢察官起訴，似乎對於檢察官的偵查階段，並不認其為追訴權行使的正當事由，充其量僅得以作為時效停止的原因而已（第 83 條），

力，只要案件未起訴，即有時效進行的問題，偵查僅能作為追訴時效停止的原因，不能作為時效不進行的事由。惟案件起訴後，進入審判程序，依現行法的規定，似乎逕為推定追訴權已為主張，故屬追訴時效停止進行的問題（刑法第83條），亦即只要進入審判階段，即具有停止追訴時效進行的效應，不論案件在審判中是否有所延宕，抑或審判機關是否對於案件的程序進行有所怠惰，均視為時效停止進行❽。此種依現行法的時效觀念，具有二極端且受質疑的問題：1.追訴時效的意旨，乃在促使刑罰權得以儘速確認，若職司刑罰權確認的機關，本於刑罰權確認的授權，本應盡力促使刑罰權的確認，當其有可歸責於己的事由，而有延宕或怠惰時，以時效的機制，作為追訴機關的節制，其意在促使刑罰權主張的實現。又追訴時效的適用對象，主要係針對於偵查機關，但並非審判機關即屬於追訴權的排外，審判機關本有確認刑罰權之責，若其有刻意的延宕或是審判的怠惰時，自然應受時效規範的拘束。在解讀追訴時效時，不應以起訴與否，作為判斷追訴權是否主張的唯一條件；2.從權力行使的觀念而言，案件進入審判階段，若審判如時進行，則屬於刑罰權確認關係的持續進行，其並非屬於權力的不行使，當追訴權確實有行使的情形，追訴時效本不宜使之進行，亦即根本不應有時效的問題存在，惟現行法卻僅將其視為是一種追訴時效停止的條件，故當停止期間經過法定時效期間的四分之一時，即又恢復時效的進行，此並不合於時效的應然概念。同樣的問題，亦發生於行刑時效，蓋當受刑人有逃匿（可歸責於受刑人之事由），則僅成為行刑時效停止的事由，並非時效不進行的條件。

然若檢察官積極偵查，且努力追尋犯罪人，盡力蒐集證據，似乎仍舊無法被認定為是一種追訴權的行使，而使得時效不進行。若從時效是以節制刑罰權機關的怠惰，則當追訴機關並未怠惰時，自不應使時效進行，此種思維，僅適用於審判階段（起訴），卻無法作用於偵查階段，不但限縮追訴權的概念，也誤解時效的基礎理念與思維，故現行法的規定，雖經2005年的修正，但修正的結果，反而不如修正前規定為佳，其如欲體現時效的概念，現行法的規定，誠有修正的必要。

❽ 現行司法運作最受詬病者，在於審判程序太過於冗長，案件每每無法確定，甚至有一個案件在一個更審程序中，可以拖延五年、七年（周人蔘電玩弊案臺灣高等法院更四審審了七年：臺灣高等法院94年重矚上更㈣字第1號，判決時間為2012年4月25日），卻完全不受到任何法規範的拘束。若以檢察官的起訴，作為追訴權是否行使的標準，則審判乃屬於追訴權行使之後的案件確認程序，但審判並不能解為追訴權以外的程序，其仍屬刑罰權確認的程序階段，故當審判有刻意延宕，或是審判者有怠惰的情事，理應使其回歸到時效進行的概念。

又若追訴或行刑的無法進行，既非屬於追訴或行刑機關的怠惰，也非可歸責於犯罪人之事由，例如犯罪是否成立、刑罰是否存在，必須依循其他法律關係為斷；或是犯罪人因身心狀態，而致使得追訴或審判有所障礙時，此種非可歸責的權力無法行使事由，乃應屬於時效停止的事由。

因此，時效的概念，在現行法實然面的規定，既未區分造成刑罰權行使不能的原因，也未有時效不進行的具體事由，以規範的內容詮釋，似乎案件只要起訴，則時效就自動轉換為不進行，此種思維恐有相當的疑慮！而於時效的應然面，應從其所以造成刑罰權無法進行的原因為思考，時效所以進行，在理論上應係以可歸責於追訴或執行機關為由，惟有追訴權或行刑權有怠於行使或刻意不行使的條件下，方有時效進行的餘地。

我國刑法對於時效的規範，包含有追訴時效與行刑時效，其所適用的對象與關係，均有不同，茲將二者分別論述之。

第二節 追訴時效

國家刑罰權係因犯罪行為的發生而被觸動，惟刑罰權是否存在，必須經過認定的程序，此即所謂追訴的意義，亦即當犯罪行為發生後，為確認國家刑罰權是否存在，必須有一確認程序，此一程序包括偵查機關的偵查，檢察官之起訴，以及法院之審判，當經此一程序之後，確認刑罰權存在，乃有制裁的問題存在，亦即確認刑罰權後，乃有刑罰權實現的問題。惟當犯罪發生後，對於確認國家刑罰權的作為一直都按兵不動，從而刑罰權無從確認，因犯罪行為所觸動的國家刑罰權的認定關係，乃懸而未決，為避免此種法律關係懸而不決，乃有追訴時效之設。故所謂追訴時效者，乃指犯罪行為發生後，導致國家刑罰權的存在具有確認的必要，而為法定刑罰權認定之時間之謂。倘若追訴機關未於此一期間內為刑罰權之確認者，則刑罰權確認的關係，乃產生消滅的效應。惟應注意者，追訴時效的經過所產生的消滅效應者，並非犯罪消滅的意思，亦即時效經過之後，犯罪行為並非視為自始不發生，其所稱消滅者，乃指一定之權力主張或行使的法律關係[9]。

又刑罰權本須經過一定之認定程序，方得以確認，而認定之期間，乃屬於時效的規範，此種規範的性質，應是刑罰權認定的基本期間條款，但因其須經一定之程序認定，於是乃產生追訴時效規範的本質爭議問題。

---

[9] Vgl. Maurach/Gössel/Zipf, Strafrecht AT, Bd. 2, 7. Aufl., S. 747。

第一項　追訴時效的本質

　　追訴時效既屬刑法的規定，其作用故屬確認刑罰權認定之期間規範，但確認刑罰權又須經過一定的法定程序，於是追訴時效的本質，究竟是實體法之性質？或是屬於程序法的法律機制？在學理的見解顯得分歧❿。一般而言，對於追訴時效的本質認定，學理的見解有三種差異性的觀點存在：

一、屬於程序法概念者

　　由於追訴時效的規範意義，是對於一定犯罪所生的追訴期的規範，而追訴者，乃程序上對於一定犯罪行為所為釐清作為之程序，故時效規範所拘束者，既為追訴之作為，當時效完成後，其所消滅者，乃屬於追訴權，當屬於程序法上的概念，其所造成的效應，乃是程序阻礙的效果，故追訴時效係屬於一種程序障礙事由(Verfahrenshinderungsgründe)⓫。

---

❿　於學理的認知中，容易發生分歧的情況者，通常是規範於實體法，但主要的作用，卻大多發生在程序法，此種概念最容易造成本質判斷的意見分歧，除時效的問題外，尚有如告訴的概念、舉證的概念等，事實上，從方法邏輯的思維出發，若干法律規定或概念，不能因其作用在程序法，即認為是屬於程序法的概念，當然也不能因其規範在實體法，就肯定其必然是實體法的本質，所要理解的關係，應該從概念的本體與實現來觀察，畢竟刑法上的所有概念，都必須在程序上加以實現，但總不能據此即認為通通都是程序法的概念；同樣地，也不能因若干屬於程序法的問題，只因實體法有規定，即認定其為實體法的概念，例如刑法第46條羈押折抵刑期之規定，不能將羈押視為實體的概念是。基本上，當一個概念其本質意義是建立在刑法的基礎上者，則在本質的歸屬上，即應屬於刑法，這是前提因素；至於實現的關係，乃是概念作用於外的問題，固然需依賴程序來實現，但那是效應問題，二者在邏輯概念上，應加以區分。其區分最主要的意義，則在於當法律變更時，其適用關係的檢討，如是屬於刑法的概念者。自然需受到法定原則（特別是溯及既往禁止原則），以及法律變更適用的基礎規範之拘束；如是屬於程序概念者，則一般而言，法律變更時，因其是處理規範，故原則都是從新適用。

⓫　持此種認知見解者，如 Bockelmann/Volk, Strafrecht AT, 4. Aufl., S. 18；Maurach/Gössel/Zipf, aaO., S. 747；Roxin, Strafrecht AT I, 3. Aufl., S. 912；Schönke/Schröder/Stree, Rn. 3 vor §78；Pfeiffer-KK (Karlsruher Kommentar zur Strafprozeßordnung, 3. Aufl.), Rn. 135 in Einleitung.

二、屬於實體法概念者

　　主張時效規範的本質，係屬於實體法上之概念者，認為時效造成權力消滅的主要原因，乃因犯罪行為在經過一段長時間之後，刑罰的必要性已經漸漸消失，對於犯罪行為人的制裁，已不再具有法秩序維護需求的必要性，且行為人對於國家刑罰的作用感受性，也已經非常之薄弱，故而在經過一段長時間之後，國家刑罰權對於犯罪的反應，以及對於犯罪人的制裁，已顯無必要，故而時效的概念，乃是對於此種無必要的刑罰權解除機制，應是屬於實體法的本質概念，蓋其所針對的問題，係在於判斷刑罰權存在的認定關係，當時效完成後，所產生的效應，並非犯罪不存在，而僅是刑罰權之主張與行使受到限制，亦即刑罰權不能在時效之後更為主張，時效規範的屬性，應為一種刑罰解除事由 (Strafaufhebungsgründe)❷。從而因其屬於實體法的概念，故當時效法律發生變更時，乃須受到法定原則與法律適用規範的拘束，以及必須遵守溯及既往禁止的法律適用關係。

三、兼具實體與程序法概念者

　　時效既然是規範於實體法，而其效應乃使得刑罰權之主張受到障礙；同時其所反應在處理程序者，又造成追訴之不能，而形成追訴的障礙，其屬性應同時間具有實體與程序的雙重效應，故而時效的概念，一方面是屬於實體法之刑罰解除事由；另一方面則有反應在程序法的效應上，而成為一種程序障礙事由，其本質應同時兼具有實體與程序法之概念❸。

　　確實追訴時效的規範者，係規定於刑法之中，單從形式而言，其當屬於刑法的概念；但其反應的具體效果者，則又是程序上之追訴障礙的問題，故似乎又是屬於程序法效應之概念，故而將時效概念的本質，視為同時兼具有實體法與程序法的性質，在形式上，似乎最為貼切。然而，幾乎所有刑法的概念，最終都需透

---

❷　持這種見解者，如 Bloy, Die dogmatische Bedeutung der Strafausschließungs- und Strafaufhebungsgründe 1976, S. 180, 190, 251。

❸　這是通說之見解，參見林山田，刑法通論（下），10 版，604、605 頁；auch Baumann/Weber, Strafrecht AT, 9. Aufl., S. 125, 126, 462；Lackner/Kühl, Rn. 1, 2 zu §78；Jähnke-LK, Rn. 8 vor §78；Jescheck/Weigend, Strafrecht AT, 5. Aufl., S. 912；Rudolphi-SK, Rn. 10 vor §78。

過程序加以實現，例如構成要件的該當與否，在程序上所涉及者，又有法律適用變更（刑事訴訟法第 300 條之變更法條適用）關係，是否因在程序上具有作用，即得以將此種概念視為兼具雙重效應？恐怕這樣的界定關係，僅是一種形式的觀察而已。況且刑法的任務，本屬於靜態的評價判斷關係，亦即是屬於刑罰權存在到實現的評價關係，其本身只是宣示刑罰權的存在與實現關係，並無實現的功能，是以必須透過一定之程序，來作為實現刑罰權的體現機制，在邏輯的關係上，如果沒有刑罰權存在與否的判斷關係者，自然也不會有程序開啟的問題，而攸關刑罰權的形成、認定與實現的基礎者，都必須在刑法中作基礎性原則性的規範，其所規範者，自然屬於刑法的本質性概念。而所以界定是否為刑法概念或是法律認定機制的意義，並非僅在於其係由刑法所規定的角度來判斷而已，其主要的規範意義，乃在於必須遵守法定原則的基本指導概念，特別是涉及溯及既往的關係時，是否有法定原則拘束之效應存在。倘若時效的規定本質，是屬於程序法上程序障礙的事由，則似乎與法定原則的溯及既往禁止無關，當其對於程序障礙事由的法律發生變更時，自然不須受到法定原則之拘束，從而也不須檢討適用關係問題；但很明顯地，追訴時效規範的變更，顯然是使得行為人法律地位有惡化之虞，因其行為的刑罰權主張期限被延長時，卻不須受到溯及既往禁止規範之拘束，顯然使其在法律上既有的地位，因法律修正的關係而被惡化，此種惡化法律地位的關係，顯然非法定原則所能忍受。

又持時效規範具有雙重性格的見解者，似乎僅是從時效對外所發生的效應來觀察，並非是針對其本質概念作理解。這樣的見解受到質疑之處，乃在於時效的概念，既屬於實體與程序的雙重性質，則是否表示時效的法律效應，得以游走在實體與程序的間隙之中？這種雙重定位的認知，對於時效問題的適用關係，絲毫無法提供任何之助益。其既無法解決時效規範變更的問題，也不能區分出眾多程序障礙事由的本質，顯然是將時效的本質與其作用的關係，相互混淆的結果。

追訴時效的規範，所涉及的本質性問題，乃在於刑罰權主張與認定的問題，雖然主張與認定須透過一定程序的作用，但沒先有本質問題的決定，根本無由發生處理程序的關係，此為實體法與程序法根本性的結構關係，實體法主認定、程序法主處理。既然追訴時效所涉及的本體性問題，是刑罰權主張與行使的限制問題，其條件自然是屬於實體的認定關係，因其是實體的規範屬性，在適用的基礎上，自然必須回歸到法定原則之拘束，亦即必須受到溯及既往禁止，以及利益衡量的法律適用關係之規範。因此，追訴時效的本質，係屬於刑罰權主張與行使的

排除事由，本質上完全屬於實體法，當追訴時效法律有變更時，其自然須受到刑法第 1 條及第 2 條第 1 項規定之拘束。

第二項　追訴時效期間

依刑法修正法之規定，追訴權因一定時間不行使而消滅，此一段時間，因犯罪輕重而有所差別，其決定之基準，係以所犯之罪之法定刑上限為追訴時效決定的基礎，且追訴權時效所規範者，係以個別所犯之罪為基礎，而計算其追訴時效，故而當一人犯一罪時，其追訴時效的計算，自以該罪所定之法定刑最上度，為追訴時效之計算基準，即使一行為人分別為數個犯罪行為時，追訴時效亦是以各所犯之罪的法定刑為計算基準，故當行為人犯數罪時，其追訴時效會發生同時進行的情況，蓋其係以個別之罪為基準，是以追訴時效係屬於犯罪個別化的規範。惟修正法將原追訴權不行使的規定，修正為二種方向來觀察：1.如不行使是屬於不起訴者，則時效進行；2.如不行使的關係，係因起訴者，或因法定停止偵查事由者（刑事訴訟法第 261、262 條參照），或因偵查時有特定得以歸咎於行為人之原因者（即因犯罪行為人逃匿而通緝者），則視為時效停止。

故而時效的規定，係因一定期間內不起訴，而使得追訴權罹於消滅，茲將法律原則性規定之追訴時效期間，分列於次：

1.所犯最重本刑為死刑、無期徒刑或十年以上有期徒刑者，追訴時效為三十年。

2.所犯最重本刑為三年以上十年未滿者，追訴時效為二十年。

3.所犯最重本刑為一年以上三年未滿者，追訴時效為十年。

4.所犯最重本刑為未滿一年有期徒刑、拘役或罰金之罪者，追訴時效為五年。

因追訴時效所涉及的判斷關係者，為犯罪之刑罰權確認問題，而刑罰權確認的基礎，乃在於犯罪行為之發生，故而追訴時效之規範對象，亦係以犯罪行為為對象，其時效起算的基準，乃在於行為完成之時起算，亦即對於犯罪行為被認定為終了時，作為時效進行的起算時點。因犯罪類型之行為終了，其判斷的時點有所差異，故從具體行為類型觀察，可以分為二種判斷的關係：

一、狀態犯

所謂狀態犯者，係指刑法設定的犯罪類型中，其行為著手之後，當犯罪所設定的侵害結果被確認，而行為人之行為也已經完成時，其行為乃屬終了。

二、繼續犯

繼續犯的類型，因具有時間之延續性，故當行為造成犯罪侵害結果時，行為尚未完成，必須等到行為人放棄其對於所生侵害關係的控制時，行為方屬完成，而當此行為放棄繼續實行時，行為乃為終了。故而第 80 條第 2 項但書乃規定，犯罪行為有繼續之狀態者，自行為終了之日起算。

至於其他非屬於己手實現犯罪行為者，其判斷追訴時效的起算時點者，乃須以實現構成要件及行為人之行為終了，作為其追訴時效起算時點，此包括如共同正犯、間接正犯與共犯。

第三項　時效停止與續行

時效所以進行，係因權力不行使，故當權力行使時，時效自然不能容任其繼續進行，否則將使得追訴權為實現之前，時效有罹於消滅之虞。故而法律乃規定，在一定條件之下，追訴時效停止進行（第 83 條第 1 項）。有得以思考者，是否當權力行使時，時效就必須完全且絕對停止？這是可以思考與斟酌的問題，可能性有二：1.當權力並未怠於行使時，得以使得時效完全不進行，德國刑法關於追訴時效的觀念，乃傾向採取此種作法，蓋其不只有時效停止的規定（德刑 §78b），且更有時效中斷的規定（德刑 §78c），所謂時效停止者，係使得時效不進行，待原因消失後，時效繼續接續以進行之期間進行；而所謂時效中斷者，乃只當時效因一定事由之介入，例如已經發動實質之偵查作為（如偵訊被告、羈押被告等），則時效不但不進行，且等同於阻斷時效的問題，當新生時效進行之原因時，時效重新計算。基本上，此種機制，會對於行為人在時效的效益上，較為不利；但對於非怠於追訴權之行使者，卻是較為合理的方式；2.當權力行使時，已進行之時效予以暫時凍結，然此種停止並非毫無時間之限制，必須在一定之時間內，完成其追訴權所要求之所有的應行事項，否則停止經過一定時間後，時效停止者，自動回復進行。我國係採取此種相對性時效停止的觀念。故時效因一定事由而停止，但停止經過一定期間後，時效回復進行。茲將時效停止條件與回復時效進行的關係，分別說明之。

一、時效停止原因

依第 83 條第 1 項之規定，追訴時效停止進行的原因有三：

㈠起　訴

檢察官偵查犯罪終結時，依刑事訴訟法第 251 條之規定，如認被告犯罪嫌疑重大者，應向法院提起公訴。是以起訴者，顯示追訴權並未怠於行使，故而追訴時效乃需暫予停止。

㈡依法應停止偵查

法律上具有特定之原因存在，致使得檢察官必須暫時為偵查之停止，或者是因一定原因，而導致偵查無法終結而為起訴，例如刑事訴訟法第 261 條，犯罪是否成立或刑罰應否免除，以民事法律關係為斷者，檢察官應於民事訴訟終結前，停止偵查；又刑事訴訟法第 262 條之規定，犯人不明者，而造成不得終結偵查之情況是。此種情況下，追訴機關並非怠於行使追訴權，只是因客觀存在的因素，而使得追訴權在行使上有所未定，故先予以停止或繼續為偵查之工作。

㈢因犯罪行為人逃匿而通緝者

依刑事訴訟法第 84 條之規定，被告逃亡或藏匿者，得通緝之，當被告抗拒追訴，而有逃匿的情事存在時，偵查機關為確實落實其追訴作為，得對於逃匿的被告，發布通緝，亦即所有偵查機關，皆得以逮捕之（刑事訴訟法第 87 條第 1項）。此時，追訴權因可歸責於犯罪行為人之事由存在，且具有追訴權之機關，亦未怠於行使追訴權時，追訴時效應停止進行。

二、停止原因消滅

由於我國刑法關於追訴時效所採行的觀念，並無時效中斷或是時效不進行的情況，僅採用時效停止的觀念。惟時效停止亦非永久性之停止，當時效停止之原因消失，或是原因雖未消失，但因停止經過一定期間時，仍視為停止原因消滅，故停止原因消滅的情況有二： 1.事實之停止原因消滅者； 2.法律擬制停止原因消滅者，茲分述之：

㈠事實之停止原因消滅

所謂事實原因消滅者，係指追訴機關於停止期間內，怠不行使其追訴權，例如檢察官雖已經起訴，但法院卻遲不予以審判者。對於此種事實原因消滅的觀察，

通常有其難處，且法律亦未（也無法）規定檢察官起訴之案件，法院須於何種期間內為審理，或是須於何種時間內審理完成，故僅能就個別的情狀來觀察。

(二)法律擬制停止原因消滅

依刑法第 83 條第 2 項規定，擬制追訴時效停止原因消滅的情況有三：

1. 諭知公訴不受理判決確定，或因程序上理由終結自訴確定者。

2. 審判程序依法律之規定或因被告逃匿而通緝，不能開始或繼續，而其期間已達第 80 條第 1 項各款所定期間四分之一者。

3. 依第 1 項後段規定停止偵查或通緝，而其期間已達第 80 條第 1 項各款所定期間四分之一者。

惟第一種情況，應非屬於追訴時效停止原因消滅的問題，而是屬於刑罰權有無、或是是否予以追訴的認定問題，應不屬於停止時效原因消滅的擬制規定。這是立法上失誤的問題。

又當停止原因消滅之後，其表示時效恢復進行，故在第 83 條第 3 項之規定中，時效停止原因消滅後，時效恢復進行，且與已經進行之時效一併計算。當時效進行至第 80 條所定之期間，或是因時效停止原因消滅後，前後時效進行之時間併計，達到一定法定之期間時，時效乃發生完成之效應，亦即追訴時效完成，其會發生追訴權主張或行使的不能，亦即造成追訴權消滅的效應。

第四項　時效完成效應

所謂追訴權消滅者，乃指刑法對於犯罪行為的刑罰權認定關係消滅，亦即不得對於犯罪行為人，再予以主張刑罰權。因不再具有刑罰權的存在，而反應於程序法上者，於偵查中必須為絕對不起訴處分（刑事訴訟法第 252 條第 2 款）；在審判中，必須為免訴之判決（刑事訴訟法第 302 條第 2 款）。

第三節　行刑時效

當犯罪行為經確認之後，刑罰權乃進至實現的階段，亦即犯罪行為事實經程序裁判科刑確定之後，乃生刑罰執行的問題。惟刑罰的法律效果，並非僅是宣示的效應而已，具體刑罰權之實現，乃須將法律效果具體付諸實行，亦即刑罰執行(Strafvollstreckumg) 的問題。惟刑罰之科刑裁判確定之後，應即產生刑罰執行之事宜，倘若刑罰實現之名義存在，但卻未加以執行，刑罰權也不能謂完全實現。

又當應執行刑罰而遲未執行時，對於應受刑之執行之人，乃處於不確定的法律關係狀態之下，為確認此一法律關係，乃有行刑時效之設，亦即當刑罰發生一定執行的名義時，因一段時間之不執行，而所以不執行係可歸責於執行機關者，其不利益的後果，不應由應受刑之執行人承擔。故而行刑時效乃是要求執行機關，在刑之執行名義發生之後，必須於一定時間內為刑之執行，亦即必須為刑罰權之具體實現，若未於此一期間內為實現者，則刑罰權之行刑時效完成，國家不得再行主張刑之執行。

第一項　行刑時效期間

刑罰之執行，必須是從科刑裁判確定之後，方得以為之，而行刑時效的起算時點，自然也是以得以為刑罰執行的時點，作為執行名義的基準點，故而，當作為行刑名義的科刑裁判確定時起，經過一定之時間而不執行者，行刑時效完成，而產生行刑權消滅之效應，惟因刑法中法律效果除刑罰規定外，尚有保安處分存在，且對於刑罰之執行者，因保安處分先行的關係，真正執行刑罰者，必俟保安處分執行完畢後，方有執行刑罰的情況，故對於科處刑罰同時付保安處分者，倘若先執行保安處分，則刑罰之行刑時效，自其得以執行之時起算（第 84 條第 2 項但書）。

所謂行刑時效者，其時效時間計算的基準，係以實際之科刑為基準，依刑法第 84 條之規定，行刑權因一定時間不行使而消滅，此期間因所宣告之應執行之刑的差別而有所不同，茲分列之：

1. 宣告死刑、無期徒刑或十年以上有期徒刑者，行刑時效為四十年。
2. 宣告三年以上十年未滿有期徒刑者，行刑時效為三十年。
3. 宣告一年以上三年未滿有期徒刑者，行刑時效為十五年。
4. 宣告一年未滿有期徒刑、拘役、罰金或專科沒收者，行刑時效為七年。

第二項　時效停止與續行

當刑罰權因執行而實現時，其於刑罰執行中，本就不生行刑時效進行的問題❹，故唯有當一定事由之存在，而導致行刑無法進行（開始或繼續）時，行刑

---

❹ 2005 年修正刑法第 85 條之規定時，竟將刑之執行視為時效停止之原因，顯然係誤解行刑時效之意義，蓋所謂行刑時效者，係指有刑罰之存在而不執行為前提條件，當刑罰都已經執行，何以會發生時效進行之問題？這是相當奇怪而弔詭的規定。

時效乃須停止進行，惟當停止經過一定之時間，而停止原因無法消失時，依法律之規定，仍須視為停止原因消失，而如仍無法為行刑時，則行刑時效依舊進行，茲將停止行刑時效進行之原因與原因消滅之效應，分別說明之：

一、停止原因

依第 85 條第 1 項之規定，會發生停止行刑時效進行之原因有三：

㈠依法應停止執行者

此所稱依法應予以停止者，例如刑事訴訟法第 465 條第 1、2 項規定：

1.受死刑之諭知者，如在心神喪失中，由司法行政最高機關命令停止執行。

2.受死刑諭知之婦女懷胎者，於其生產前，由司法行政最高機關命令停止執行。

又如刑事訴訟法第 467 條規定，受徒刑或拘役之諭知而有左列情形之一者，依檢察官之指揮，於其痊癒或該事故消滅前，停止執行：

1.心神喪失者。

2.懷胎五月以上者。

3.生產未滿二月者。

4.現罹疾病，恐因執行而不能保其生命者。

㈡應受刑人逃匿，或受刑人脫逃者

科刑確定後，進至執行階段，如應受刑之執行人，未受羈押者，執行時，檢察官應傳喚之，傳喚不到則應行拘提，如拘提不到者，應發布通緝，故而，受刑人逃匿而通緝者，乃非屬於可歸責於執行機關之事由，自然應予以停止時效之進行。又當已在執行中之受刑人，於執行期間脫逃，而導致刑罰未能繼續執行者，其原本已有執行之存在，本不生行刑時效之問題，但因受刑人脫逃，而使得行刑發生障礙，故當在時效的進行上，自然應予停止。

㈢受刑人依法另受拘束自由者

基本上，行刑時效係從科刑裁判確定之時起算，但因受刑人除刑罰之外，另受有保安處分，或是類似保安處分之拘束自由者，例如檢肅流氓條例所定之感訓處分者，其必須先執行這類處分時，刑罰之未執行，係因一定之事由存在，故視

為停止之原因，但此種原因會與第 84 條第 2 項但書的規定，發生競合的關係，在理解上，作為停止原因者，應屬於保安處分以外之事由，倘若是屬於保安處分事由者，則執行保安處分之時，刑罰之執行尚未發生，依第 84 條第 2 項但書之規定，行刑時效尚未起算，自無停止之問題存在。

二、時效續行

當停止原因消滅後，或是停止經過一定之期間者，則行刑時效恢復續行，且續行之時間與前已經過之時效期間併計。其發生時效續行之事由有二：

㈠事實上之原因消滅

亦即行刑機關於停止原因消滅後，應開始或繼續為刑之執行，卻因事實上之不為，怠於行使者。

㈡擬制停止原因消滅

亦即當上述停止原因存在時，其原因雖為真正消失，但經過一定之期間時，則法律擬制停止原因消滅，時效繼續進行，此一擬制期間為應執行之刑的行刑時效期間之四分之一（第 85 條第 2 項）。

第三項　時效完成效應

行刑時效經過一定期間，而未予以為行刑權之實現者，則行刑權因時效之完成而消滅，此時，國家對於其所存在之刑罰執行權，即不得再行主張，亦即不能再對於應受刑人為刑之執行。

惟值得注意者，所謂不能再予以執行之意者，僅是刑罰不得再予執行，並非表示其行為已執行完畢，或是免於執行之意，故如後續所生之效應者，僅能以未執行來看待，因行刑時效完成，而導致行刑權消滅者，當應受刑人於時效完成後再犯罪者，仍不能論以累犯。

第四項　數罪併罰的行刑時效

因行刑時效主要係作為節制刑罰權實現的機制，其判斷的基準，係在於具體的刑罰，亦即得以作為行刑名義的刑罰而言，倘若刑罰的發生尚未具有執行的效力，則其雖有刑罰的宣告確定，仍非屬於行刑時效判定的基準。因此，行刑時效

的適用關鍵，乃在於具體所生的執行刑，若非屬於執行刑的效力者，即無行刑時效適用的空間。

　　就單一犯罪的科刑判決而言，確定判決所為宣告之刑，即屬於執行刑的名義；惟如屬於數罪併罰的情形，則雖各罪均有受宣告之刑，且各罪的處理關係，亦可能有先後確定的問題，然因數罪併罰的關係，依刑法第50條的規範，必須為併合處罰，此種併合處罰的處理關係，可能發生在同一程序的同一階段確定，此時依刑法第51條的要求，必須從各罪宣告刑中，定應執行之刑，各罪之宣告刑，其效力仍舊屬於宣告刑而已，並無執行的效力，故非屬於行刑時效的判斷基準，真正行刑時效的判斷基準，在於所定之應執行之刑；又若各罪的確定，係發生在同一程序的不同階段時，則行刑時效的基準，仍舊在所定的應執行之刑，而非各罪的確定宣告之刑，蓋即使在不同的程序階段先後確定，先確定者並非即得以以其宣告刑為執行，其仍須遵守著刑法第51條的要求，而為更定其刑的聲請（刑事訴訟法第477條）。

　　倘若數罪併罰並非於同一程序中處理，亦即數罪併罰的關係會有二以上的裁判，而因各裁判的確定，均有其確定的效力，且各裁判所科之刑，均屬於應執行之刑，則數罪併罰各裁判所科之刑，均有行刑時效適用的關係，雖刑法第53條的規定，必須依第51條的規定，更定應執行之刑，但因其屬於各自獨立的裁判，其判決所科之刑，本質仍屬於執行刑的名義，本有行刑時效適用的關係，然最終的時效判斷，仍舊必須以所更定之應執行之刑為準。惟有一種特殊的情況，當數罪併罰有數裁判時，而個別的裁判所科之刑中，有行刑時效已經完成的情形，則該行刑時效已完成的科刑，其刑罰的實現權已經消失，自不能再併入未完成時效判決的更定其刑。

　　綜合而論，行刑時效的適用前提，在於發生刑罰執行名義，亦即在於科刑判決確定，而有得以為執行的刑罰發生，其終極的基礎，乃在於所科之刑必須具有執行效力的執行刑，倘若非屬於執行刑的概念，特別是數罪併罰各罪之宣告刑，則既無執行的效力，自然也無行刑時效適用的問題。因此，行刑時效的適用基準，在於確定之應執行之刑。

━◆━ 索 引 ━◆━

·七劃

·八劃

刑法分則實例研習——國家、社會法益之保護
刑法分則實例研習——個人法益之保護

曾淑瑜／著

　　近年來法學教育特別重視學子對實例的演練。刑法不只是理論及法條架構的問題，遇到具體個案應如何正確且適當地適用法律亦很重要，尤其是我國實務判例及判決所出現的相關法律問題，皆可供研究與學習者參酌。故兩本書均依條文次序編排，有系統地設計種種問題，以案例導引出相關概念，且適時將實務案件穿插其中，使理論及實務並進；並於每題最後列舉二相關問題供學子練習，期增加學習效果。

刑法總論

蔡墩銘／著

　　與刑法總則之章節相配合，本書主要分為三個大體系，即（一）刑法適用體系、（二）犯罪體系、（三）刑事處遇體系。刑法適用體系所檢討者為刑法總則第一章〈法例〉。犯罪體系部分所檢討者分別為刑法總則第二章〈刑事責任〉、第三章〈未遂犯〉、第四章〈共犯〉、第七章〈數罪並罰〉。刑事處遇體系部分所檢討者分別為刑法總則第五章〈刑〉、第六章〈累犯〉、第八章〈刑之酌科及加減〉、第九章〈緩刑〉、第十章〈假釋〉、第十一章〈時效〉及第十二章〈保安處分〉。本書之特色即對於刑法總則之理論與實例作簡單扼要、提綱挈領的說明，以便於瞭解，此外中外刑法理論之發展亦在本書之修訂有所補充，而新公布之國內法與刑法有關法令，亦盡量予以引用，俾使本書之修正版力求完備。

民法 ・ 行政法 啟蒙系列優質好書！

書名	作者
民法系列	
承攬	葉錦鴻
動產所有權	吳光明
買賣	陳添輝
契約之成立與效力	杜怡靜
侵權行為	郭冠甫
繼承	戴東雄
遺囑	王國治
運送法	林一山
贈與	郭欽銘
抵押權	黃鈺慧
占有	劉昭辰
婚姻法與夫妻財產制	戴東雄 戴瑀如
不當得利	楊芳賢
民法上權利之行使	林克敬
法律行為	陳榮傳
保證	林廷機
論共有	溫豐文
物權基本原則	陳月端
無因管理	林易典
行政法系列	
行政命令	黃舒芃
地方自治法	蔡秀卿
行政罰法釋義與運用解說	蔡志方

新書陸續出版中

無因管理　　　　　　　　　　　　　　　　林易典／著

　　本書之主要內容為解析無因管理規範之內涵，並檢討學說與實務對於相關問題之爭議與解釋。本書共分十三章：第一章為無因管理於民法體系中之地位，第二章為無因管理之體系與類型，第三章為無因管理規範之排除適用與準用，第四章至第六章為無因管理債之關係的成立要件，第七章為無因管理規範下權利義務的特徵，第八章至第十章為管理人之義務，第十一章為管理人之權利，第十二章為管理事務之承認，第十三章為非真正無因管理。期能使讀者在學說討論及實務工作上，能更精確掌握相關條文之規範意旨及適用，以解決實際法律問題。

物權基本原則　　　　　　　　　　　　　　陳月端／著

　　本書主要係就民法物權編的共通性原理原則及其運用，加以完整介紹。民國九十六年、九十八年及九十九年三次的物權編修正及歷年來物權編考題，舉凡與通則章有關者，均是本書強調的重點。本書更將重點延伸至通則章的運用，以期讀者能將通則章的概括性規定，具體運用於其他各章的規定。本書包含基本概念的闡述、學說的介紹及實務見解的補充，讓讀者能見樹又見林；更透過實例，在基本觀念建立後，再悠遊於條文、學說及實務的法學世界中。

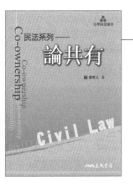

論共有　　　　　　　　　　　　　　　　　溫豐文／著

　　本書主要在敘述我國現行共有制度，分別就共有之各種型態──分別共有、公同共有、準共有以及區分所有建築物之共有等，參酌國內外論著及我國實務見解，作有系統的解說，期使讀者能掌握共有型態之全貌，瞭解共有制度之體系架構。

　　在論述上，係以新物權法上之條文為對象，闡明其立法意旨與法條涵義。其中，對共有制度之重要問題，如應有部分之性質、共有物之管理方法、共有物之分割方法與效力、公同共有人之權利義務以及區分所有建築物共有部分之專用使用權等，特別深入分析，並舉例說明，以增進讀者對抽象法律規範之理解，進而能夠掌握其重點，並知所應用。

刑法構成要件解析

柯耀程／著

　　構成要件是學習刑法入門的功夫，也是刑法作為規範犯罪的判斷基準。本書的內容，分為九章，先從構成要件的形象，以及構成要件的指導觀念，作入門式的介紹，在理解基礎的形象概念及指導原則之後，先對構成要件所對應的具體行為事實作剖析，以便理解構成要件規範對象的結構，進而介紹構成要件在刑法體系中的定位，再次進入構成要件核心內容的分析，從其形成的結構，以及犯罪類型的介紹。本書在各部詮釋的開頭，通常採取案例引導的詮釋方式，並在論述後，對於案例作一番檢討，以使得學習之人，能夠有一個較為完整概念。也期待本書能成為一個對於構成要件的理解較為順手的工具。

三民網路書店　會員

獨享好康大放送

書種最齊全
服務最迅速

超過百萬種繁、簡體書、外文書 5 折起

通關密碼：A5969

憑通關密碼
登入就送 100 元 e-coupon。
（使用方式請參閱三民網路書店之公告）

生日快樂
生日當月送購書禮金 200 元。
（使用方式請參閱三民網路書店之公告）

好康多多
購書享 3% ～ 6% 紅利積點。
消費滿 250 元超商取書免運費
電子報通知優惠及新書訊息

三民網路書店 www.sanmin.com.tw

パクスとパンマ